U0216174

吉林人民出版社

简体字本二十六史

清史稿

卷一〇五——卷一四〇

（四）

［民国］ 赵尔巽等 撰

许凯等 标点

清史稿卷一〇五
志第八〇

舆服四　卤簿附

皇帝卤簿　太上皇卤簿皇太子仪卫
皇后仪驾　太皇太皇仪驾皇太后仪驾
皇贵妃以下仪仗采仗
亲王以下仪卫　固伦公主以下仪卫
额驸仪卫　职官仪卫

　　清自太宗天聪六年定仪仗之制,凡国中往来,御前旗三对,伞二柄,校尉六人,其制甚简。自天聪十年改元崇德,始定御仗数目及品官仪从。迨世祖入关定鼎,参稽往制,量加增饰。原定皇帝仪卫有大驾卤簿、行驾仪仗、行幸仪仗之别,乾隆十三年,复就原定器数增改厘订,遂更大驾卤簿,为法驾卤簿,行驾仪仗为銮驾卤簿。行幸仪仗为骑驾卤簿。三者合,则为大驾卤簿。而凡皇后仪驾、妃嫔仪仗采仗以及亲王以下仪卫,均视原定加详。兹依乾隆朝所定者标目,而以原定器数及崇德初年所定者附见于后。又太上皇卤簿、皇太子仪卫,皆一时之制,非同常设,亦并著于篇。庶考因革者,得以沿流溯源,详稽一代之制焉。

　　皇帝大驾卤簿,圜丘、祈谷、常雩三大祀用之。大阅时诣行宫,礼成还宫,亦用之。其制,前列导象四,次宝象五,次静鞭四。次《前部大乐》,其器大铜角四,小铜角四,金口角四。次革辂驾马四,木辂驾马六,象辂驾马八,金辂驾象一,玉辂驾象一。次《铙歌乐》,《铙歌鼓吹》与《行幸乐》并设,名《铙歌乐》。其器金二,铜鼓四,铜钹二,扁鼓二,铜点二,龙笛二平笛二,云锣二,管二,笙二,金口角八。大铜角十六,小铜角十六,蒙古角二,金钲四,画角二十四,龙鼓二十四,龙笛十二,拍板四,仗鼓四,金四,龙鼓二十四,间以红镫六。次引仗六,御仗十六,吾仗十六,立瓜、卧瓜各十六,星、钺各十六,出警、入跸旗各一,五色金龙小旗四十,次翠华旗二,金鼓旗二,门旗八,日、月旗各一,五云旗五,五雷旗五,八风旗八,甘雨旗四,列宿旗二十八,五星旗五,五岳旗五,四渎旗四,神武、朱雀、青龙、白虎旗各一,天马、天鹿、辟邪、犀牛、赤熊、黄罴、白泽、角端、游麟、彩狮、振鹭、鸣鸢、赤乌、华虫、黄鹄、白雉、云鹤、孔雀、仪凤、翔鸾旗各一。五色龙纛四十,前锋纛八,护军纛八,骁骑纛二十四。次黄麾四,仪锽氅四,金节四,进善纳言、敷文振武、褒功怀远、行庆施惠、明刑弼教、教孝表节旌各二。龙头幡四,豹尾幡四,绛引幡四,信幡四。羽葆幢四,霓幢四,紫幢四,长寿幢四。次鸾凤赤方扇八,雉尾扇八,孔雀扇八,单龙赤团扇八,单龙黄团扇八,双龙赤团扇八,双龙黄团扇八,赤满单龙团扇六,黄满双龙团扇六,寿字黄扇八。次赤素方伞四,紫素方伞四,五色花伞十,五色花伞十,五色妆缎伞十,间以五色九龙团扇十。次九龙黄盖二十,紫芝盖二,翠华盖二,九龙曲柄黄盖四。次戟四,殳四,豹尾枪三十,弓矢三十,仪刀三十。次仗马十。次金方几一,金交椅一,金瓶二,金盥盘一,金盂一,金合二,金炉二,拂二。次九龙曲柄黄盖一。前引佩刀大臣十人,提炉二,玉辇在中。后扈佩刀大臣二人,豹尾班执枪佩仪刀侍卫各十人,佩弓矢侍卫二十人,领侍卫内大臣一人,侍卫班领二人。后管宗人府王、公二人,散秩大臣一人,前锋护军统领一人,给事中、御史二人,各部郎中、员外郎四人,侍卫班领一人,署侍卫班领一人,侍卫什长二人。次黄龙大纛二,领侍卫内大臣一人,司纛侍卫什长二人,建纛亲军四人,鸣

佩螺亲军六人。太宗崇德元年，备大驾卤簿，玉玺四颗。黄伞五，团扇二。纛十，旗十。大刀六，戟六。立瓜、卧瓜，骨朵各二，吾仗六。马十。金椅、金机、香合、香炉、金水盆、金唾壶、金瓶、乐器全设。嗣复定仪仗数目，用金漆椅一，金漆机一，蝇拂四，金唾盂一，金壶一，金瓶、金盆各一，香炉、香合各二。曲柄伞一，直柄伞四，扇早，节四。骨朵二、立瓜、卧瓜各二，吾仗六，红仗四，锣二，鼓二，画角四，箫二，笙二，架鼓四，横笛二，龙头横笛二，檀板二，小铜钹四，小铜锣二，大铜锣四，云锣二，唢呐四。世祖入关，一仍旧制。迨顺治三年以后，更定皇帝卤簿，有大驾卤簿、行驾仪仗、行幸仪仗之别。大驾卤簿之制，曲柄九，龙伞四，直柄九龙伞十六，直柄瑞草伞六，直柄花伞六，方伞八。大刀二十，弓矢二十，豹尾枪二十，龙头方天戟四。黄麾二，绛引幡四，信幡、传教幡、告止幡、政平讼理幡各四，仪锽氅八，羽葆幢四，青龙、白虎、朱雀、神武幢各一，豹尾幡、龙头竿幡各四。金节四。销金龙纛、销金龙小旗各二十。金钺六。马十。鸾凤扇八，单龙扇十二，双龙扇二十。拂子二，红镫六，金香炉、金瓶、金香合各二，金唾壶、金盆、金机、金交椅、金脚踏各一。御仗六，星六。箟头八。棕荐三十。静鞭三十。品级山七十二。肃静旗、金鼓旗、白泽旗各二，门旗八，日、月、风、云、雷、雨旗各一，五纬旗五，二十八宿旗各一，北斗旗一，五岳旗五，四渎旗四，青龙、白虎、朱雀、神武、天鹿、天马、鸾麟、熊罴旗各一。立瓜、卧瓜、吾仗各六。画角二十四，鼓四十八，大铜号、小铜号各八，金、金钲、仗鼓各四，龙头笛十二，板四串。凡郊祀大典，万寿、元旦、冬至三大朝会及诸典礼皆用之。

法驾卤簿，与大驾卤簿同，惟彼用《铙歌乐》，此则用《铙歌鼓吹》。其器大铜角八，小铜角八，金钲四，画角二十四，龙鼓二十四，龙笛十二，拍板四，仗鼓四，金二，龙鼓二十四，间以红灯六，视《铙歌乐》为减。又御仗、吾仗、立瓜、卧瓜、星、钺皆各六，五色金龙小旗二十，五色龙纛二十，九龙黄盖十，豹尾枪二十，弓矢二十，仪刀二十，佩弓矢侍卫十人，其赤满单龙团扇、黄满双龙团扇及五色妆缎伞皆不设，亦均较大驾为减，又玉辇改设金辇，余均与大驾卤簿同。凡祭方泽、太庙、社稷、日月、先农各坛，历代帝王、先师各庙，则陈之。若遇庆典朝贺，则陈于太和殿庭。其制，九龙曲柄黄华盖设于太和殿门外正中，次拂、炉、盒、盂、盘、瓶、椅、几在殿檐东、西。次仪刀、弓矢、豹尾枪亲军、护军相间为十班，暨殳戟，均在丹陛东、西。次九龙曲柄黄盖、翠华盖、紫芝盖、九龙黄盖、五色九龙伞、五色花伞、自丹陛三成，相间达于两阶。阶下静鞭、仗马列甬道东、西。紫、赤方伞、扇幢、幡、旌、节、氅、麾、纛、旗、钺、星、瓜、仗，列丹墀东、西。玉辇、金辇在太和门外，五辂在午门外，宝象在五辂之南，《卤簿乐》即《铙歌鼓吹》。在宝象之南，朝象即导象。在天安门外。若于圆明园行庆贺礼，则陈于正大光明殿阶下，至大宫门外，惟辇辂仪象不设。若御楼受俘，则设九龙曲柄黄华盖于楼檐下，设丹陛卤簿于午门外左右两观下，设丹墀卤簿于阙左右门至端门北，设仗马于两角楼前，设辇辂仪象于天安门外，设静鞭于两角楼夹御道左右，设《金鼓铙歌大乐》《铙歌鼓吹》与《前部大乐》并列，曰《金鼓铙歌大乐》。于午门前。设《丹陛大乐》于卤簿之末，其器云锣二，方响二，箫二，笛四，头管四，笙四，大鼓二，仗鼓一，拍板一。

　　銮驾卤簿，行幸于皇城则陈之。其制，前列《导迎乐》，先以戏竹二，次管六，笛四，笙二，云锣二，导迎鼓一，拍板一。次御仗四，吾仗四，立瓜、卧瓜、星、钺各四，次五色金龙小旗十，五色龙纛十。次双龙黄团扇十，黄九龙伞十。次九龙曲柄黄华盖一。皆在皇帝步辇前。次前引佩刀大臣十人，后扈佩刀大臣二人，步辇在中，次豹尾班侍卫执枪十人，佩仪刀十人，佩弓矢十人，殿以黄龙大纛。原定行驾仪仗，销金九龙伞十，销金龙纛十，销金龙小旗十，双龙扇十，金钺四，星四，御仗四，吾仗四，立瓜、卧瓜各四。凡车驾出入，执事人马上排列。

　　骑驾卤簿，巡方若大阅则陈之。其制前列《铙歌大乐》。间以《铙歌清乐》，器用大铜角八，小铜角八，金口角八，云锣二，龙笛二，平笛二，管二，笙二，铜鼓四，金二，铜点二，铜钹二，行鼓二，蒙古角二。次御仗六，吾仗六，立瓜、卧瓜、星、钺各六。次五色金龙小旗十，五色龙纛十。次单龙赤团扇六，双龙黄团扇六，五色花伞十。次豹尾枪十，弓矢十，仪刀十。次九龙曲柄黄华盖一。皆在皇帝轻步舆前，若乘马则在马前。次前引佩刀大臣十人，后扈佩刀大臣二人，轻步舆在中。次豹尾班侍卫执枪十人。佩仪刀十人佩弓矢十人，殿以黄龙大纛。驻跸御营，朝陈蒙古角，夕陈《铙歌乐》。大阅则陈卤簿于行宫门外。原定行幸仪仗，妆缎伞十，销金龙纛十，销金龙小旗十。双龙扇六,单龙扇四,豹尾枪十。大刀十,弓矢十,金钺六,星六,御仗、吾仗、立瓜、卧瓜各六。金二,笙二,云锣二,管二,笛四,金钲四,铜钹四,鼓二,锁呐八,铜点二,小号、大号各八,蒙古号六。凡车驾行幸,执事人步行排列。

太上皇卤簿,原定无之。嘉庆元年,因授玺礼成,陈太上皇卤簿于宁寿宫。其制,引仗六,御仗十六,吾仗十六,立瓜、卧瓜各十六,星、钺各十六,旗、纛二百二十四,麾、氅、节各四,旌十六,幡十二,幢二十,扇八十六,伞六十六,戟殳各四,豹尾枪、弓矢、仪刀各三十,金交椅、金马杌各一,拂二,金器八,银水、火壶各一,雨伞二,盘线镫二,红镫六。乐器备设,笙管、管、云锣、平笛、钹、点鼓各二,金及金钲、铜鼓、扁鼓、仗鼓各四,架鼓、金口角各十二,龙笛十四,大铜角、小铜角、蒙古画角各二十四,龙鼓四十八。

皇太子仪卫,清自康熙五十二年后不复建储,故国初虽有皇太子仪仗,几同虚设,乾隆六十年,以明年将行内禅,九月,议定皇太子出入内朝,用导从侍卫四人,乾清门侍卫二人。如出外朝及城市内外,随从散秩大臣一人,侍卫十人,领侍卫内大臣一人,乾清门侍卫四人。前设虎枪六,后设豹尾枪八。是年复谕礼臣,以册立皇太子典礼既不举行,其一切仪仗制造需时,亦毋庸另行备办。原定皇太子仪仗,曲柄九龙伞三,直柄龙伞四,直柄瑞草伞二,方伞四,双龙扇四,孔雀扇四。白泽旗二。金节二。羽葆幢二,传教幡、告止幡、信幡、绛引幡各二,仪锽氅二,销金龙纛十,销金龙小旗十。豹尾枪十,弓矢十,大刀十,马八,金钺四,立瓜、卧瓜、骨朵、吾仗各四。拂二。画角十二,花匡鼓二十四,大铜号八,小铜号二,金、金钲、仗鼓各二,龙头笛二,板二。金香炉、金瓶、金香盒各二,金唾壶、金盆各一,金杌一,金交椅一,金脚踏一。

皇后仪驾,原名卤簿。吾仗四,立瓜四,卧瓜四,五色龙凤旗十。次赤、黄龙、凤扇各四,雉尾扇八,次赤、素方伞四,黄缎绣四季花伞四,五色九凤伞十。次金节二。次拂二,金香炉二,金香盒二,金盥盘一,金盂一,金瓶二,金椅一,金方几一。次九凤曲柄黄盖一。凤舆一乘,仪舆二乘,凤车一乘,仪车二乘。原定太皇太后卤簿,销金龙凤旗八。金节二。吾仗四,立瓜四,卧瓜四。黄曲柄九凤伞一,黄直柄花伞四,红直柄瑞草伞二，青黑直柄九凤伞各二，红方伞二，黄、红销金龙、凤扇各二，金黄素扇二，红鸾凤扇二。拂二，金香炉二，金瓶二，金香盒二，金唾壶一，金盆一，金机一，金交椅一，金脚踏一。凡万寿节、元旦、冬至及诸庆典，銮仪卫先时陈设。皇太后、皇后卤簿并同。

太皇太后仪驾暨皇太后仪驾，均与皇后仪驾同。惟车、舆兼绘龙凤文。

皇贵妃仪仗，吾仗四，立瓜四，卧瓜四。赤、黑素旗各二，金黄色凤旗二，赤、黑凤旗各二。金黄、赤、黑三色素扇各二，赤、黑鸾凤扇各二，赤、黑瑞草伞各二，明黄、赤、黑三色花伞各二。金节二。拂二，金香炉、香盒、盥盘、盂各一，金瓶二，金椅一，金方几一。七凤明黄曲柄盖一。翟舆一乘，仪舆一乘，翟车一乘。原定皇贵妃仪仗，红、黑凤旗各二，金节二，吾仗二，立瓜二，卧瓜二。红曲柄七凤伞一，红直柄花伞二，红直柄瑞草伞二，红方伞二，金黄素扇二，红绣扇二。拂二，金香炉一，金瓶二，金香盒一，金唾壶一，金盆一，马机一，交椅一，脚踏一。贵妃仪仗同。

贵妃仗仪，吾仗二，立瓜二，卧瓜二。赤、黑素旗各二，赤黑凤旗各二，金黄、赤、黑三色素扇各二，赤、黑鸾凤扇各二，赤、黑瑞草伞各二，金黄、赤、黑三色花伞各二。金节二。拂二，金香炉、香盒、盥盘、盂各一，金瓶二，金椅一，金方几一。七凤金黄曲柄盖一。翟舆一乘，仪舆一乘，仪车一乘。

妃采仗，原名仪仗。吾仗二，立瓜二，卧瓜二。赤、黑凤旗各二。赤黑素扇各二，赤、黑花伞各二，金黄素伞二。金节二。拂二，银质饰金香炉、香盒、盥盘、盂各一，银瓶二，银椅一，银方几一。七凤金黄曲柄盖一。翟舆一乘，仪舆一乘，仪车一乘。原定妃仪仗，黑凤旗二。金节二。吾仗二，立瓜二，卧瓜二。红直柄花伞二，红直柄瑞草伞二，金黄素扇二。拂二，银质饰金香炉、香盒各一，瓶一，唾壶一，盆一，马机一，交椅一，脚踏一。

嫔采仗，原名仪仗。视妃采仗少直柄瑞草伞二。余同。

亲王仪卫，原名仪仗。以下并同。吾仗四，立瓜四，卧瓜四，骨朵四。红罗绣五龙曲柄盖一。红罗绣四季花伞二，红罗销金瑞草伞二，红罗绣四季花扇二，青罗绣孔雀扇二。旗枪十，大纛二，条纛二。豹尾枪四，仪刀四。马六。遇大典礼，则陈于府第，出使用以导从。常日在京，用曲柄盖一。红罗伞扇各二。吾仗、立瓜、卧瓜、骨朵全。马四。前引十人，后从六人。因事入景运门，带从官三人。原定有红罗绣花曲柄伞一，豹尾枪二，大刀。二兹改为五龙曲柄盖一，豹尾枪四，仪刀四。余同。崇德初年，定亲王销金红伞二，纛二，旗十，立瓜、骨朵各二，吾仗四。

世子仪卫，吾仗四，立瓜四，卧瓜二，骨朵二。红罗四龙曲柄盖一。红罗绣四季花伞一，红罗销金瑞草伞二，红罗绣四季花扇二，青罗绣孔雀扇二。旗枪八，大纛一，条纛一。豹尾枪二，仪刀二。马六。常日用红罗伞、扇各二，吾仗、立瓜、卧瓜、骨朵全。马四。前引八人，后从六人。原定吾仗二，立瓜二，有红罗绣花曲柄伞一，无豹尾枪，兹增为吾仗四，立瓜四，改曲柄伞为四龙曲柄盖，添豹尾枪二。余同。崇德年所定，无世子仪仗。

郡王仪卫，吾仗四，立瓜四，卧瓜二，骨朵二。红罗绣四龙曲柄盖一。红罗销金瑞草伞二，红罗绣四季花扇二，青罗绣孔雀扇二。旗枪八，条纛二，豹尾枪二，仪刀二。马六。常日用红罗纛、扇各二，吾仗、立瓜、卧瓜、骨朵全。马二。前引八人，后从六人。原定有红罗绣花曲柄伞一，无豹尾枪、仪刀。兹改曲柄伞为四龙曲柄盖，增豹尾枪二，仪刀二。余同。崇德初年，定郡王销金红伞一，纛一，旗八。卧瓜二，吾仗四。

郡王长子仪卫，原定及崇德年所定均无。吾仗二，立瓜二，卧瓜二，骨朵二。红罗销金瑞草伞一，红罗绣四季花扇二。旗枪六，条纛一。马四。常日用伞一，吾仗、立瓜、卧瓜、骨朵全。前引六人，后从六人。

贝勒仪卫与郡王长子同。原定红罗销金伞二，兹减一。余同。崇德初年，定贝勒销金红伞一，纛一，旗六，骨朵二，红仗二。自世子以下至贝勒，因事入景运门带从官二人。

贝子仪卫，吾仗二。立瓜二，骨朵二。红罗销金瑞草伞一，红罗绣四季花扇二。旗枪六，条纛一。常日用吾仗、立瓜、骨朵全。前引四人，后从六人。原定红罗销金伞二，兹减一。余同。崇德初年定贝子彩画云红伞一，豹尾枪二，旗六，红仗二。

镇国公、辅国公仪卫，吾仗二，骨朵二。红罗销金瑞草伞一，青罗绣孔雀扇一。旗枪六。常日用吾仗、骨朵全。前引二人，后从八人。原定同。崇德初年，定镇国公红伞一，豹尾枪二，旗六，红仗二。辅国公减豹尾枪一，余同。

自贝子以下辅国公以上，因事入景运门，带从官一人。

镇国将军仪卫，杏黄伞一，青扇一，旗枪六。常日前引二人，后从六人。原定有金黄伞一，无青扇。兹改为杏黄伞一，增青扇一，余同。自镇国将军以下，原定均照崇德初年定制。

辅国将军仪卫，与镇国将军同。常日前引一人，后从四人。原定常日前引二人，兹减一。余同。

奉国将军、奉恩将军仪卫，原定无奉恩将军。青扇一，旗枪四。常日后从四人，原定无青扇。

固伦公主仪卫，吾仗二，立瓜二，卧瓜二，骨朵二。金黄罗曲柄绣宝相花伞一，红罗绣宝相花伞二，青罗绣宝相花扇二，红罗绣孔雀扇二。黑纛二。前引十人，朝贺日随侍女五人。原定曲柄伞用红罗，兹改金黄罗。余同。崇德初年，定固伦公主清道旗二。红仗、吾仗各二。销金红伞一，青扇一。拂子二，金吐盂、金水盆各一。

和硕公主仪卫，吾仗二，立瓜二，卧瓜二，骨朵二。红罗曲柄绣宝相花伞一，红罗绣宝相花伞二，红罗绣孔雀扇二。黑纛二。前引八人，随朝侍女四人。原定同。崇德初年，定和硕公主红仗、吾仗各二，销金红伞一，青扇一，拂子二。金水盆一。

郡主仪卫，吾仗二，立瓜二。红罗绣宝相花伞一，红罗绣宝相花扇二。前引六，人，随朝侍女三人。原定同。崇德初年，定郡主吾仗二，销金红伞一，青扇一，拂子二。

县主仪卫，吾仗二，立瓜二。红罗绣宝相花伞一，青罗绣宝相花扇二。前引二人，随朝侍女三人。原定同。崇德初年，定县主红仗二，销金红伞一，拂子二。

郡君随朝侍女二人，县君随朝侍女二人，乡君随朝侍女一人，俱无仪仗。原定郡君以下无仪仗。崇德初年，定郡君红仗二，销金青伞一，县君红仗二。

亲王福晋视固伦公主，惟曲柄伞用红色，随朝侍女四人。世子福晋视和硕公主，郡王福晋视郡主，郡王长子福晋、贝勒夫人均视县主，随朝侍女二人。贝子夫人、公夫人随朝侍女一人。自贝子夫人以下无仪仗。自将军夫人以下无随朝侍女。原定同。惟福晋皆称妃，又别定侧妃、侧夫人仪仗。其制，亲王侧妃视嫡妃少青罗花扇二。余同。世子侧妃纛二，吾仗、立瓜、骨朵各二，红罗绣花伞、红罗绣孔雀扇各二。郡王侧妃吾仗、立瓜各二，红罗绣花伞一，青罗绣花扇二。贝勒侧夫人及贝子夫人均无仪仗。崇德初年，定亲王妃清道旗二，红仗。吾仗各二，销金红伞一，青扇一，拂子二，金唾盂、金水盆各一。郡王妃同，惟少红仗、金唾盂。贝勒夫人红仗二，销金红伞一，拂子二。贝子夫人以下无仪仗。

额驸仪卫，固伦公主额驸，红仗二，红伞一，大小青扇二，旗枪十，豹尾枪二。常日前引二人，后从八人。和硕公主额驸，红棍四，杏黄伞二，大、小青扇二，旗枪十。常日前引二人，后从八人。郡主额附，红棍四，杏黄伞一，大小青扇二，旗枪十。常日前引二人，后从八人。县主额驸，杏黄伞一，青扇一，旗枪六。常日前引二人，后从八人。郡君额驸，青扇一，旗枪六。常日前引二人，后从六人。县君额驸，青扇一，旗枪四。常日无前引，惟后从二人。乡君额驸，青扇一，旗枪二。常日惟后从一人。

职官仪卫，原名仪从。民公视和硕公主额驸。侯、金黄棍四，余视郡主额驸。其有加级者，棍得用红。伯，大、小青扇二，余视侯。子，金黄棍二，杏黄伞一，大、小青扇二，旗枪八。前引、后从视侯。男，金黄棍二，杏黄伞一，大、小青扇二，旗枪六。常日前引二人，后从六人。

京官，一品视子，二品视男，三品，金黄棍二，杏黄伞一，大、小青扇二，旗枪六。常日前引二人，后从四人。四品，杏黄伞一，大、小青扇二，旗枪四。常日无前引，惟后从二人。余官均用青素扇一。常日惟后从一人，宗室、觉罗之有职者，各从其品，惟扇柄及棍皆髹以朱。以上仪卫，于京外得全设，常日在京，不得用旗、伞、黄棍。文官三品以上，得用甘蔗棍二。武官三品以上，得用棕竹棍二。自一品至九品，均得用扇，扇各用清、汉字书衔。若进皇城，扇棍及前引人均不得入。文武大臣因事入景运门，带从官一人。

　　直省文官，总督，青旗八，飞虎旗、杏黄伞、青扇、兵拳、雁翎刀、兽剑、金黄棍、桐棍、皮槊各二，旗枪四，回避、肃静牌各二。巡抚、青旗八，杏黄伞、青扇、兽剑、金黄棍、桐棍、皮槊各二，旗枪二，回避、肃静牌各二。凡二品以上大臣陛见到京，入景运门，带从官一人。布政使、按察使，青旗六，杏黄伞、青扇、金黄棍、皮槊各二，回避、肃静牌各二。各道青旗四，杏黄伞、青扇各一，桐棍、皮槊各二，回避、肃静牌各二。知府与道同。府倅、知州、知县，青旗四，蓝伞一，青扇一，桐棍、皮槊各二，肃静牌二。县佐、蓝伞一，桐棍二。学官，蓝伞一。杂职，竹板二。河道、漕运总督视总督，学政、盐政、职造暨各钦差官三品以上视巡抚。四品以下视两司。

　　武官，提督，青旗八，飞虎旗、杏黄伞、青扇、兵拳、雁翎刀、兽剑、刑仗各二，旗枪四，回避、肃静牌各二。总兵官，青旗八，飞虎旗、杏黄伞、青扇、兽剑、旗枪、大刀各二，回避、肃静牌各二。副将，青旗六，杏黄伞一，青扇二，金黄棍二，回避、肃静牌各二。参将、游击、都司，青旗四，杏黄伞一，青扇一，桐棍二，回避、肃静牌各二。守备，青旗四，杏黄伞一，青扇一，桐棍二。各省驻防将军视内都统。副都统以下均与京职同。顺治三年，定京官仪从，公，掌扇帖方金一。职官掌扇，一品帖圆金四，二品帖圆金三，三品帖圆金二，四品用洒金掌扇，五品至七品俱用素黑掌扇，八品、九品俱用白掌扇。六年，定公以下四品官以上用大、小洒金扇各一，文官用甘蔗棍二，武官用棕竹棍二。八年，定民公、和硕公主额驸，杏黄伞二，旗十，大、小扇二，贴方金四。侯、郡主额驸，杏黄伞一，旗十，大、小扇二，贴方金三。伯，杏黄伞一，旗十，大、小扇二，贴圆金一。一品官，杏黄伞一，旗八，大、小扇二，贴圆金四。二品官，杏黄伞一，旗六，大、小扇二，贴圆金三。三品官，杏黄伞一，旗六，大、小扇二，贴圆金二。四品官，旗四，洒金大、小扇二。五品以下官如三年例。京城内不得排列旗、伞，惟于外用之。宗室、觉罗各官,扇柄及棍皆丹漆。凡入皇城,惟用小扇。九年,定公以下、汉文官三品以上,皇城外坐暗轿,四人舁之,掌扇各书官衔,兼满、汉字。康熙初年,定公、和硕公主额驸,旗十,杏黄伞二,金黄棍四。侯、伯、郡主额驸,旗十,杏黄伞一,金黄棍四。都统,镇国将军,内大臣,县主额驸,子,满、汉大学士。尚书,左都御史,旗八,杏黄伞一,金黄棍二。辅国将军,郡君额驸,护军统领,前锋统领,副都统,男,满、汉侍郎,学士,步军总尉及三品官,旗六,杏黄伞一,金黄棍二。四品官旗四。京城内一品官以上惟用伞、棍,二品官并不用伞。四年,定在京文官三品以上,武官散秩大臣以上,一人引马前导,其余各官禁之。七年,定在京各官停用伞、棍,民公以下俱照顺治八年例,出京用鞍笼闲马前导。康熙七年,定外官仪从。总督,杏黄伞二,金黄棍二,旗八,扇二,兵拳二,雁翎刀二。飞虎旗二,兽剑二,桐棍二,槊棍二,伞四,回避、肃静牌各二。巡抚,杏黄伞二,金黄棍二,旗八,扇二,兽剑二,桐棍二,槊棍二,枪二,回避、肃静牌各二。布政使、按察使,杏黄伞二,金黄棍二,旗六,扇二,槊棍二,回避、肃静牌各二。各道掌印、都司、知府,杏黄伞一,旗四,桐棍二,槊棍二,回避肃静牌各二。同知、通判、知州、知县,蓝伞一,扇一,桐棍一,槊棍一,回避牌二。州同、州判、县丞,蓝伞一,桐棍二。典史、杂职,竹板二。提督,杏黄伞二,金黄棍二,旗八,扇二,兵拳二,雁翎刀二,飞虎旗二,枪二,兽剑二,刑杖二,回避、肃静牌各二。总兵,杏黄伞二,金黄棍二,旗六,扇二,回避、肃静牌各二。参将、游击、都司,杏黄伞一,旗四,扇一,桐棍二,回避、肃静牌各二。守备,杏黄伞一,旗四,扇一,棍二。崇德初年,定固伦额驸,彩画云红伞一,豹尾枪二,红仗二。超品公、和硕额驸,金黄伞一,豹尾枪一,旗六,后从八人。都统、子、尚书、县主额驸,金黄伞一,旗六,后从六人。内大臣、大学士、副都统、护军都领、前锋统领、侍郎、郡君额驸,旗六,后从四人。一等侍卫、护卫、参领、前锋参领、县郡额驸、学士、满启心郎、郎中,旗四,后从四人。二等侍卫、护卫、佐领、汉启心郎、员外郎,旗二,后从二人。三等侍卫、护卫、护军校、主事以下官员,止用后从一人。

清史稿卷一〇六
志第八一

选举一

学校上

古者取士之法，莫备于成周，而得人之盛，亦以成周为最。自唐以后，废选举之制，改用科目，历代相沿。而明则专取《四子书》及《易》、《书》、《诗》、《春秋》、《礼记》五经命题试士，谓之制义。有清一沿明制，二百余年，虽有以他途进者，终不得与科第出身者相比。康、乾两朝，特开制科。博学鸿词，号称得人。然所试者亦仅诗、赋、策论而已。洎乎末造，世变日亟。论者谓科目人才不足应时务，毅然罢科举，兴学校。采东、西各国教育之新制，变唐、宋以来选举之成规。前后学制，判然两事焉。今综其章制沿革新旧异同之故著于篇。

有清学校，向沿明制。京师曰国学，并设八旗、宗室等官学。直省曰府、州、县学。

世祖定鼎燕京，修明北监为太学。顺治元年，置祭酒、司业及监丞、博士、助教、学正、学录、典籍、典簿等官。设六堂为讲肄之所，曰率性、修道、诚心、正义、崇志、广业，一仍明旧。少詹事李若琳首为祭酒，请仿明初制，广收生徒，官生除恩荫外，七品以上官子弟勤敏好学者，民生除贡生外，廪、增、附生员文义优长者，并许提学考选送监。又言学以国子名,所谓国之贵游子弟学焉。前朝公、侯、伯、驸马初袭授者,皆入国学读书。满洲勋臣子弟有志向学者,并请送监肄业。诏允增设满洲司业、助教等官,是为八旗子弟入监之始。厥后定为限制,条例屡更,益臻详备。肄业生徒,有贡、有监。贡生凡六:曰岁贡、恩贡、拔贡、优贡、副贡、例贡。监生凡四:曰恩监、荫监、优监、例监。荫监有二:曰恩荫、难荫。通谓之国子监生。

六堂肄业,分内、外班。初,内班百五十名,堂各二十五名;外班百二十名,堂各二十名。户部岁发帑银,给膏火,奖励有差,余备周恤。乾隆初,改内班堂各三十名,内、外共三百名。既而裁外班百二十名,加内班膏火,拨内班二十四名为外班。嘉庆初,以八旗及大、宛两县肄业生距家近,不住舍,不许补内班。补班之始,赴监应试,曰考到。列一、二等者再试,曰考验。贡生一、二等,监生一等,乃许肄业。假满回监曰复班。内班生愿依亲处馆,满、蒙、汉军恩监生习翻译或骑射,不能竟月在学者,改外班。旷大课一次,无故离学至三次以上,例罚改外。置集愆册,治诸不帅教者。出入必记于簿,监丞掌之。省亲、完姻、丁忧、告病及同居伯、叔、兄长丧而无子者,予假归里,限期回监。迟误惩罚,私归黜革,冒替除名。

课士之法,月朔、望释奠毕,博士厅集诸生,讲解经书。上旬助教讲义。既望,学正、学录讲书各一次。会讲、覆讲、上书、覆背,月三回,周而复始。所习《四书》、《五经》、《性理》、《通鉴》诸书,其兼通《十三经》、《二十一史》,博极群书者,随资学所诣。日摹晋、唐名帖数百字,立日课册,旬日呈助教等批晰,朔、望呈堂查验。祭酒、司业月望轮课《四书》文一、诗一,曰大课。祭酒季考,司业月课,皆用《四书》、《五经》文,并诏、诰、表、策论、判。月朔,博士厅课经文、经解及策论。月三日,助教课,十八日,学正、学录课,各试《四书》文一、诗一、经文或策一。

积分历事之法,国初行之。监生坐监期满,拨历部院练习政体。三月考勤,一年期满送廷试。其免坐监,或免历一月二月者,恩诏有之,非常例也。顺治三年,祭酒薛所蕴奏定汉监生积分法,常课外,月试经义、策论各一,合式者拔置一等。岁考一等十二次为及格,免拨历,送廷试超选。十五年,祭酒固尔嘉浑议:"令监生考到日,拔其优者许积分;不与者,期满咨部历事。积分法一年为限。常课外,月试一等与一分,二等半分,二等以下无分。有《五经》兼通,全史精熟,或善摹钟、王诸帖,虽文不及格,亦与一分。积满八分为及格,岁不逾十余人。恩、拔、岁、副,咨部历满考职,照教习贡生例,上上卷用通判,上卷用知县。例监历满考职,与不积分贡生一体廷试。每百名取正印八名,余用州、县佐贰。积分不满数,愿分部者,咨部不得优选。愿再肄业满分者听。"从之。是年,科臣王命岳以贡途壅塞,请暂停恩、拔、岁贡。于是坐监人少,难较分数。十七年,固尔嘉浑奏停积分法,后遂不复行。康熙初,并停拔历,期满咨部考试,用州同、州判、县丞、主簿、吏目。自是部院诸司无监生,惟考选通文理能楷书者,送修书各馆,较年劳议叙,照应得职衔选用,优者或加等焉。

监生坐监期,恩贡六月,岁贡八月,副贡廪膳六月,增、附八月,拔贡廪膳十四月,增、附十六月,恩荫二十四月,难荫六月,例贡廪膳十四月,增、附十六月,俊秀二十四月。例监计捐监月分三十六月。雍正五年,定除监期计算。各监生肄业,率以连闰扣满三年为期。告假、丁忧、考劣、记过,则扣除月日。告假依限到监,或逾限而本籍有司官具牍者,仍前后通算。

旧制,祭酒、司业总理监务。雍正三年,始设管理监事大臣。乾隆二年,孙嘉淦以刑部尚书管监事。初嘉淦在世宗朝官司业,奏言:"学校之教,宜先经术,请敕天下学臣,选拔诸生贡太学,九卿举经明行修之士为助教,一以经术造士。三年考成,举以待用。"议未及行,迁祭酒,申前请,世宗韪之。先是太学生名为坐监肄业,率假馆散处。遇释奠、堂期、季考、月课,暂一齐集。监内旧有号房五百余间,修圮不时,且资斧不给,无以宿诸生。嘉淦言:"各省拔贡云集京师,需住监者三百余人。六堂祇可诵读,不能栖止。乞给监南官房,令助教等官及肄业生居住。岁给银六千两为讲课、桌饭、衣服、赈助之费。"允之。是为南学。

至是,请仿宋儒胡瑗经义、治事分斋遗法。明经者,或治一经,或兼他经,务取《御纂折中》、《传说》诸书,探其原本,讲明人伦日用之理。治事者,如历代典礼、赋役、律令、边防、水利、天官、河渠、算法之类。或专治一事,或兼治数事,务穷究其源流利弊。考试时,必以经术湛深、通达事理、验稽古爱民之识。三年期满,分别等第,以示劝惩。从之。令诸生有心得或疑义,逐条札记,呈助教批判,按期呈堂。季考月课,改《四书》题一,《五经》讲义题各一,治事策问一。时高宗加意太学,嘉淦严立课程,奖诱备至,六堂讲师,极一时之选。举人吴鼎、梁锡玙,皆以荐举经学授司业。进士庄亨阳,举人潘永季、蔡德峻、秦蕙田、吴鼐,贡生官献瑶、王文震,监生夏宗澜,皆以潜心经学,先后被荐为本监属官。分长六堂,各占一经,时有"四贤五君子"之称。师徒济济,皆奋自镞砺,研求实学。而祭酒赵国麟又以经义、治事外,应讲习时艺,请颁六堂《钦定四书文》资诵习。并报可。

清代临雍视学典礼綦重。顺治九年,世祖首视学。先期行取衍圣公、《五经》博士率孔氏暨先贤各氏族裔赴京观礼。帝释奠毕,诣彝伦堂御讲幄。祭酒讲《四书》,司业讲经。宣制勉太学诸生。越日,赐衍圣公冠服,国子监官赏赉有差。各氏后裔送监读书。嗣是历代举行以为常。乾隆四十八年谕曰:"稽古国学之制,天子曰辟雍,所以行礼乐、宣德化、昭文明而流教泽,典至钜也。国学为人文荟萃之地,规制宜隆。辟雍之立,元、明以来,典尚阙如,应增建以臻美备。"命尚书德保,尚书兼管国子监事刘墉,侍郎德成,仿《礼经》旧制,于彝伦堂南营建。明年,落成。又明年,高宗驾临辟雍行讲学礼。命大学士、伯伍弥泰,大学士管监事蔡新,进讲《四书》。祭酒觉罗吉善、邹奕孝,进讲《周易》。颁御论二篇,宣示义蕴。王、公、衍圣公、大学士以下官,暨肄业观礼诸生,三千八十八人,圜桥听讲。礼成,赐燕礼部,恩赉有加。是时天子右文,群臣躬遇休明,翊赞文化,彬彬称极盛矣。嘉庆以后,视学典礼,率循不废。咸丰初,犹一举行焉。

道光末，诏整饬南学，住学者百余人，监规颓废已久，迄难振作。咸丰军兴，岁费折发，章程亦屡更。同治初元，以国学专课文艺，无裨实学，令兼课论、策。用经、史、性理诸书命题，奖励留心时务者。明年，增发岁费三千两。九年，乃复旧额。选文行优者四十人住南学，厚给廪饩，文风稍稍兴起。光绪二年，增二十名。十一年，许各省举人入监，曰举监。其后无论举人、贡监生，凡非正印官未投供，举、贡未传到教习，均得入监，以广栽成。

贡监生诸色目多沿明制，岁贡，取府、州、县学食廪年深者，挨次升贡。顺治二年，命直省岁贡士京师。府学岁一人，州学三岁二人，县学二岁一人，一正二陪。学政严加遴选，滥充发回原学。五名以上，学政罚俸。十五年，令到部时详查，年力强壮者，乃许送监。康熙元年，减贡额，府三岁二人，州二岁一人，县三岁一人。八年，复照顺治二年例。二十六年，罢岁贡廷试。其后但由学政挨序考准咨部选授本省训导。得缺后，巡抚一加考验，愿入监者益鲜矣。恩贡，因明制，国家有庆典或登极诏书，以当贡者充之。顺治元年，诏直省府、州、县学，以本年正贡作恩贡，次贡作岁贡。历代恩诏皆如之。九年，五氏子孙观礼生员十五人，送监读书，准作恩贡。乾隆后，恩赐临雍观礼圣贤后裔廪、增、附生入监以为常。

至康、乾间，天子东巡，亲诣阙里，拔取五氏、十三氏子孙生员贡成均，则加恩圣裔，非恒制也。拔贡，因明选贡遗制，顺治元年举行。顺天六人，直省府学二人，州、县学各一人。康熙十年，令学臣于考取一、二等生员内，遴选文行兼优者贡太学，从祭酒查禄请也。明年，始选拔八旗生员，满洲、蒙古二人，汉军一人。时各省选贡多冒滥，三十七八年间，祭酒特默德、孙岳颁面试山西选拔张汉羽中等六名，陕西吕尔恒等四名，广东陈其玮等三名，均文理不堪，字画舛谬，原卷驳回，学臣参处，遂停选拔。雍正元年，礼部尚书陈元龙疏请严成均肄业之规。部议，太学监生，皆由捐纳，能文之士稀少，应令学臣照旧例选拔送监。从之。五年，世宗以岁贡较食廪浅深，多年力衰惫之人，欲得英才，必须选拔。命嗣后六年选拔一次。明年,又谕学政选拔不拘一、二等生员,酌试时务策论,果有识见才干,再访平日品行,即未列优等,亦许选拔。故雍、乾间充贡国学,以选拔为最盛。

乾隆初定朝考制,列一、二等者,拣选引见录用。三等札监肄业。寻停拣选例。三年期满,祭酒等分别等第,核实保荐,用知县、教职。七年,帝以拔贡六年一举,人多缺少,妨举人铨选之路。且生员优者,应科举时,自可脱颖而出,不专藉选拔为进身。改十二年一举。遂为永制。十六年,以天下教官多昏耄,滥竽恋栈。虽定例六年甄别,长官每以闲曹,多方宽假。谕详加澄汰。廷臣议,督、抚三年澄汰教职员缺,以朝考拣选拔贡充备。未入拣选者,札监肄业如旧。四十一年,定朝考优等兼用七品小京官。五十五年,朝考始用覆试。学政选拔分二场,试《四书》文、经文、策论。乾隆十七年,经文改经解。二十三年,增五言八韵诗。会同督、抚覆试。朝考试书艺一、诗一。副榜入监,顺治二年,令顺天乡试中式副榜增、附,准作贡监。廪生及恩、拔、岁贡,免坐监,与廷试。十五年,他贡停,惟副榜照旧解送。康熙元年,停副贡额。十一年,以查禄奏复,旧制优贡之选与拔贡并重。

顺治二年,令直省不拘廪、增、附生,选文行兼优者,大学二人、小学一人送监。康熙二十四年,以监生止输纳一途,贫窭之士无由观光,令照顺治二年例选送。雍正间,始析贡监名色,廪、增准作优贡,附生准作优监。乾隆四年,限大省无过五、六名,中省三、四名,小省一、二名,任缺无滥。学政三年会同督、抚保题,分试两场,略同选拔。试《四书》文、经解、经文、策论,后增诗。二十三年,定优生到部,如拔贡朝考例。试书艺一、诗一,文理明通者升太学;荒疏者发回,学政议处。二十九年,学臣有以拔贡年分暂停举优为请者,部议拔贡十二年一举,而学臣三年任满,宜举优黜劣,通省不过数名,应仍旧例。嘉庆十九年,御史黄中杰条奏,请与拔贡一体廷试录用。礼部议驳。请免来京朝考,示体恤。帝以优生经朝考准作贡生,斯合贡于王廷之义。停朝考,名实不符。弗许。然卒以无录用之条,多不赴京报考。同治二年，议定甲子科始廷试优生，仿顺天乡试例，分南、北、中卷。八旗、奉天、直隶、山东、山西、河南、陕西、甘肃为北卷，江苏、江西、浙江、安徽、福建、湖北、湖南为南卷，四川、广东、广西、云南、贵州为中卷。考列一、二等用知县、教职，三等用训导。恩、拔、副、岁、优，时称“五贡”。科目之外，由此者谓之正途。所以别于杂流也。

恩监，由八旗汉文官学生、算学满、汉肄业生考取。又临雍观礼圣贤后裔，由武生、奉祀生、俊秀入监者，皆为恩监。例贡与例监相仿，由廪、增、附生或俊秀监生援例报捐贡生者，曰例贡；由俊秀报捐监生者，曰例监。凡捐纳入官必由之。或在监肄业，或在籍，均为监生。恩荫，凡满、汉子弟奉敕送读书，恩诏分别内外文武品级，荫子入监。顺治二年，定文官京四品、外三品以上，武官二品以上，俱送一子入监。十一年，觉罗荫生照各官荫生例，一体送监。包衣佐领下官子弟，向例不得为荫监。康熙九年，例除。宗室给荫入监，自康熙五十二年始也。难荫始顺治四年，以殉难陕西固原道副使吕鸣夏子入监读书。九年，定内、外满、汉三品以上官，三年任满，勤事以死者，荫一子入监。后广其例，凡三司首领，州、县佐贰官死难者，亦得荫子矣。

外国肄业生，康熙二十七年，琉球国王始遣陪臣子弟梁成楫等随贡使至，入贡肄业。雍正六年，鄂罗斯遣官生鲁喀等留学中国，以满、汉助教等教之，月给银米器物，学成遣归，先后络绎。至同治间，琉球官生犹有至者。

他如顺治二年，于随征入关奉天十五学，取三十人入监，为天下劝。十一年，宅随征廪生准作贡监。生员有军功二等，准作生监。更有军功二等，准作贡生，谓之功贡。未几例停，则开国时权宜之制也。

考送校录，始于乾隆三年，令国子监选正途贡生，年力少壮、字画端楷者十人，送武英殿备誊录。年满议叙。三十四年例停，归吏部录贡生内选取。嗣以吏部无合例者，仍由在监拔、副、优贡生考选。嘉庆间增十名,后不复行。

五贡就职,学政会同巡抚验看,咨部依科分名次、年分先后,恩、拔、副贡以教谕选用,岁贡以训导选用。康熙中,捐纳岁贡,并用训导。雍正初,捐纳贡生,教谕改县丞,训导改主簿。既仍许廪生捐岁贡者,用训导;恩、拔、副贡年力富强者,得就职直隶州州判。嘉庆以后,凡朝考未录之拔贡及恩、副、岁、优贡生,遇乡试年,得具呈就职、就教。优贡就教,附岁贡末用训导。道光初,许满、蒙正途贡生就职,与汉员通较年分先后选用。贡监考职,定例必监期已满,乃许送考。惟特恩考职,不论监期满否。凡正途、捐纳各项贡、监生,及候补誊录、教习、校录,一体送考。其已就教、就职及捐职、袭世职者不许。初制,考职岁一举,贡、监一例以州同、州判、县丞、主簿、吏目录用。

乾隆元年,定考职以乡试年,恩科不考。恩、拔、副贡考列一等以州同、二等以州判、三等以县丞选用。岁贡一等以主簿、二等以吏目选用。愿就教者听。捐纳贡监考取如岁贡例。五十六年停考职。嘉庆五年,仅一行之。光绪三十一年,直隶总督袁世凯等奏停科举折宽筹举贡生员出路一条,"请十年三科内优贡加额录取。已酉选拔如旧,朝考用京官知县。督、抚、学政三科内考选学贡通算学、地理、财政、兵事、交涉、铁路、矿务、警察、外国政法之一者,三年一次,保送若干名,略视会试中额两三倍。赴京试取者,用主事、中书、知县。"诏议行。明年,政务处详议,已酉拔贡,照向额倍取,本年丙午考优。以后三年一考,视例额加四倍。廪生出贡许倍额。部院考用誊录,分举人、五贡、生员三等。二年期满奖叙。举人、优拔,择尤改用七品小京官。又为广就职之例,五贡一体以直隶州州判,按察、盐运经历,散州州判、经历,县丞,分别注选,或分发试用。盖五贡终清之世,未尝废弃也。

算学隶国子监,称国子监算学。乾隆四年,额设学生满、汉各十二,蒙古、汉军各六。续设汉肄业生二十四。遵《御制数理精蕴》,分线、面、体三部。部限一年通晓。七政限二年。有季考、岁考。五年期满考取者,满、蒙、汉军学生咨部,以本旗天文生序补。汉学生举人用博士,贡监生童用天文生。

此外隶国学者,为八旗官学。顺治元年,若琳奏:"臣监僻在城东北隅,满员子弟就学不便,议于满洲八固山地方各立书院,以国学二厅、六堂教官分教之,以时赴监考课。"下部议行。于是八旗各建学舍。每佐领下取官学生一名,以十名习汉书,余习满书。二年,从所蕴言,合两旗为一学。每学教习十人,教习酌取京省生员。其后学额屡有增减,教习于国学肄业生考选,止用恩、拔、副、岁贡生。如无其人,准例监生亦得考取。举人愿就,一例考选。雍正元年,于八旗蒙古护军、领催、骁骑内,选熟练国语、蒙古语者十六人,充蒙古教习。向例官学生分佐领选送。五年,定每旗额设百名。满洲六十,习清、汉书各半。蒙古、汉军各二十,通一旗选择,不拘佐领。年幼者习清书,稍长者习汉文。拨八旗教养兵额满洲三十,蒙古、汉军各十名钱粮分给学生。定汉教习每旗五人。

乾隆初,定官学生肄业以十年为率,三年内讲诵经书,监臣考验,择材资聪颖有志力学者,归汉文班;年长愿习翻译者,归满文班。三年,钦派大臣考取汉文明通者,拔为监生,升太学。与汉贡监究心明经治事,期满,择尤荐,考选录用。八年,定汉教习三年期满,分等引见。一等用知县,二等用知县或教职铨选。一等再教习三年,果实心训课者,知县即用。蒙古教习五年期满实心训课者,用护军校、骁骑校。满助教每旗二人,以八旗文进士、举人,翻译进士、举人,恩、拔、副、岁贡生,文生员,翻译生员,废员,笔帖式考取。三十三年,下五旗包衣每旗增设学生十名。满洲六,蒙古、汉军各二,不给钱粮。五十四年,于每旗百名内裁十名,选取经书熟、文理优者二十人,加给膏火资鼓励。嘉、道以后,官学积渐废弛,八旗子弟仅恃此进身。教习停年期满予录用例,月课虚应故事。虽明谕屡督责,迄难振刷。光绪初,力筹整顿。每学以满、汉科甲官一人为管学官,专司考核学生课程,教习勤惰。简派满、汉进士出身大员二人为管理八旗官学大臣。每学添设翰林编、检一员。月课季考,分司考校。

春秋赴监会考如旧。

同、光间，国学及官学造就科举之才，亦颇称盛。然囿于帖括，旧制鲜变通。三十一年，监臣奏于南学添设科学，未几，裁国子监，并设学部。文庙祀典，设国子丞一人掌之。八旗官学改并学堂，算学亦改称钦天监天文算学，隶钦天监。而太学遂与科举并废云。

宗学肇自虞廷，命夔典乐，教胄子。三代无宗学名，而义已备。唐、宋后，有其名而制弗详。清顺治十年，八旗各设宗学，选满洲生员为师。凡未封宗室子弟，十岁以上，俱入学习清书。雍正二年定制，左、右两翼设满、汉学各一，王、公、将军及闲散宗室子弟十八岁以下，入学分习清、汉书，兼骑射。以王、公一人总其事。设总、副管，以宗室分尊齿长者充之。清书教习二人，选罢闲旗员及进士、举人、贡生、生员善翻译者充之。骑射教习二人，选罢闲旗员及护军校善射者充之。每学生十人，设汉书教习一人，礼部考取举、贡充之。三年期满，分别等第录用。十一年，两学各以翰林官二人董率课程，分日讲授经义、文法。

乾隆初，以满、汉京堂各一人总稽学课，月试经义、翻译及射艺。九年，定每届五年，简大臣合试两翼学生，钦定名次，以会试中式注册。俟会试年，习翻译者，与八旗翻译贡生同引见，赐进士，用府属额外主事。习汉文者，与天下贡士同殿试，赐进士甲第，用翰林部属等官。十年，考试汉文、翻译无佳作。谕曰："我朝崇尚本务，宗室子弟俱讲究清文，精通骑射。诚恐学习汉文，流于汉人浮靡之习。世祖谕停习汉书，所以敦本实、黜浮华也。嗣后宗室子弟不能习汉文者，其各娴习武艺，储为国家有用之器。"明年，定学额，左翼七十，右翼六十。二十一年，裁汉教习九人，改翻译教习。增骑射教习，翼各一人。嘉庆初，画一两翼学额，增右翼十名。定每学教习满三人，汉四人。十三年，两翼各增学额三十，足百名，为永制。

觉罗学，雍正七年，诏八旗于衙署旁设满、汉学各一，觉罗子弟八岁至十八岁，入学读书习射，规制略同宗学。总管王、公，春秋考

验。三年钦派大臣会同宗人府考试,分别奖惩。学成,与旗人同应
岁、科试及乡、会试,并考用中书、笔帖式。学额镶黄旗六十一,正黄
旗三十六,正白旗、正红旗各四十,镶白旗十五,镶红旗六十四,正
蓝旗三十九,镶蓝旗四十五。满、汉教习,旗各二人。惟镶白旗各一。

景山官学,康熙二十四年,令于北上门两旁官房设官学,选内
府三旗佐领、管领下幼童三百六十名。清书三房,各设教习三人。汉
书三房,各设教习四人。初,满教习用内府官老成者,汉教习礼部考
取生员文理优通者。寻改选内阁善书、射之中书充满教习,新进士
老成者充汉教习。雍正后,汉教习以举人、贡生考取,三年期满,咨
部叙用。学生肄业三年,考列一等用笔帖式,二等用库使、库守。乾
隆四十四年,许回子佐领下选补学生四名。嘉庆间,定额镶黄旗、正
白旗均百二十四,正黄旗百四十,回童四。

咸安宫官学,雍正六年,诏选内府三旗佐领、管领下幼童及八
旗俊秀者九十名,以翰林官居住咸安宫教之。汉书十二房,清书三
房,各设教习一人,教射、教国语,各三人,如景山官学考取例。五年
钦派大臣考试,一、二等用七、八品笔帖式。汉教习三年,清语骑射
教习五年,分别议叙。乾隆初,定汉教习选取新进士,不足,于明通
榜举人考充。期满,进士用主事、知县、举人用知县、教职。二十三
年以后,不论年分,许学生考翻译中书、笔帖式、库使。定教习汉九
人,满六人。

宗学、觉罗学隶宗人府,景山学、咸安宫学隶内务府。诸学总
管、教习等,类乏通才,经费徒縻。甚者黉舍空虚,期满时,例报成就
学生若干名而已。光绪二十八年,翰林院侍读宝熙奏请援同文馆归
并大学堂例,将宗室、觉罗、八旗等官学改并中、小学堂,均归管学
大臣办理。从之。

他如世职官学,八旗及礼部义学,健锐营、外火器营、圆明园、
护军营等学,皆清代特设,习满、蒙语言文字。

府、州、县、卫儒学,明制具备,清因之。世祖勘定天下,命赈助

贫生,优免在学生员,官给廪饩。顺治七年,改南京国子监为江宁府学。寻颁卧碑文,刊石立直省学宫。谕礼部曰:"帝王敷治,文教为先。臣子致君,经术为本。自明末扰乱,日寻干戈,学问之道,阙焉未讲。今天下渐定,联将兴文教,崇经术,以开太平。尔部传谕直省学臣,训督士子,凡理学、道德、经济、典故诸书,务研求淹贯。明体则为真儒,达用则为良吏。果有实学,联必不次简拔,重加任用。"初,各省设督学道,以各部郎中进士出身者充之。惟顺天、江南、浙江为提督学政,用翰林官。宣大、苏松、江安、淮扬、肇高先皆分设,既乃裁并。上下江、湖南北则裁并后仍分设。雍正中,一体改称学院,省设一人。奉天以府丞,台湾以台湾道兼之。甘肃自分闱后,始设学政。

各学教官,府设教授,州设学正,县设教谕,各一,皆设训导佐之。员额时有裁并。生员色目,曰廪膳生、增广生、附生。初入学曰附学生员。廪、增有定额,以岁、科两试等第高者补充。生员额初视人文多寡,分大、中、小学。大学四十名,中学三十名,小学二十名。嗣改府视大学,大州、县视中学减半,小学四名或五名。康熙九年,大府、州、县仍旧额,更定中学十二名,小学七名或八名。后屡有增广。满洲、蒙古、汉军子弟,初归顺天考试取进,满洲、汉军各百二十名,蒙古六十名。康熙中减定满、蒙四十名,汉军二十名。旋复增为满、蒙六十,汉军三十。学政三年任满。岁、科两试。顺治十五年停直省科试,康熙十二年复之。

儒童入学考试,初用《四书》文、《孝经》论各一,《孝经》题少,又以《性理》、《太极图语》、《通书》、《西铭》、《正蒙》命题。嗣定正试《四书》文二,覆试《四书》文、《小学》论各一。雍正初,科试加经文。冬月晷短,书一、经一。寻定科试《四书》、经文外,增策论题,仍用《孝经》。乾隆初,覆试兼用《小学》论。中叶以后,试书艺、经艺各一。增五言六韵诗。圣祖先后颁《圣谕广训》及《训饬士子文》于直省儒学。雍正间,学士张照奏令儒童县、府覆试,背录《圣谕广训》一条,著为令。凡新进生员,如国子监坐监例,令在学肄业,以次期新生入学为满。

教官考校之法,有月课、季考,《四书》文外,兼试策论。翌日讲《大清律》刑名、钱谷要者若干条。月集诸生明伦堂,诵《训饬士子文》及卧碑诸条,诸生环听。除丁忧、患病、游学、有事故外,不应月课三次者戒饬,无故终年不应者黜革。试卷申送学政查覆。讫于嘉庆,月课渐不举行。御史辛从益以为言,诏令整顿。嗣是教官阘茸不称职,有师生之名,无训诲之实矣。

学政考核教官,按其文行及训士勤惰,随时荐黜。康熙中,令抚臣考试。嗣教职部选后,赴抚院试。四等以上,给凭赴任,五等学习三年再试,六等褫职。雍正初,定四、五等俱解任学习。六年考成俸满,尽心训导,士无过犯者,督、抚、学政保题,擢用知县。

学臣按临,谒先师,升明伦堂,官生以次揖见。生员掣签讲书,各讲《大清律》三条,西向立;讲毕,东向立;俟行赏罚。

考试生员,旧例岁、科试俱《四书》文二、经文一。自有给烛之禁,例不出经题。雍正元年,科试增经文,冬月一书、一经。六年,更定岁试两书、一经,冬月一书、一经。科试书一、经一、策一,冬月减经文。乾隆二十三年,改岁试书一、经一,科试书一、策一、诗一,冬月亦如之。欠考,勒限补行。三次,黜革。后宽其例,五次以上乃黜。

驻防考试,清初定制,各省驻防弁兵子弟能读书者,诣京应试。乾隆时,参领金玹请许岁、科试将军先试骑射,就近送府院取进。严旨切责。嘉庆四年,湖南布政使通恩奏如金玹言,诏议行。应试童生,五六名取进一名,佐领约束之。训习清语、骑射,府学课文艺。明年谕曰:"我满洲根本,骑射为先。若八旗子弟专以读书应试为能,轻视弓马,怠荒武备,殊失国家设立驻防之意。嗣后各省驻防官弁子弟,不得因有就近考试之例,遂荒本业。"

汉军设廪、增,自顺治九年始。康熙十年,满、蒙亦设廪、增。初制各二十名,嗣减汉军十名。雍正间定额,满、蒙六十,汉军三十。直省廪、增额,府四十,州三十,县二十,卫十。其新设者,府学视州学,州学视县学。其一学分两学,则均分其额,或差分之。

六等黜陟法,视明为繁密。考列一等,增、附、青、社俱补廪。无廪缺,附、青、社补增。无增缺,青、社复附,各候廪。原廪、增停降者收复。二等,增补廪,附、青、社补增。无增缺,青、社复附。停廪降增者复廪。增降附者复增,不许补廪。三等,停廪者收复候廪。丁忧起复,病痊考复,缘事辨复,增降附者许收复,青衣发社者复附,廪降增者不许复。四等,廪免责停饩,不作缺,限读书六月送考。停降者不许限考。增、附、青、社俱扑责。五等,廪停作缺。原停廪者降增,增降附,附降青衣,青衣发社,原发社者黜为民。六等,廪膳十年以上发社,六年以上与增十年以上者,发本处充吏,余黜为民。入学未及六年者发社。科试一、二等送乡试,帮补廪、增,如岁试大率祇列三等,八旗生员给钱粮,考列四等以下停给,次届列一、二、三等给还。优等补廪、增,劣等降青、社,如汉生员。八旗故重骑射,往往不苛求文艺,但置后等。

凡优恤诸生,例免差徭。廪生贫生给学租养赡。违犯禁令,小者府、州、县行教官责惩,大者申学政,黜革后治罪,地方官不得擅责。学政校文外,赏黜优劣,以为劝惩。如教官徇庇劣生不揭报,或经揭报,学政不严加惩处,分别罚俸、镌级、褫职。其大较也。

光绪末,科举废,丙午并停岁、科试。天下生员无所托业,乃议广用途,许考各部院誊录。并于考优年,令州县官、教官会保申送督、抚、学政,考取文理畅达、事理明晰者,大省百名,中省七十名,小省五十名,咨部以巡检、典史分别注选,或分发试用。各省学政改司,考校学堂。未几学政裁,教官停选。在职者,凡生员考职、孝廉方正各事属之,俸满用知县,或以直州同、盐库大使用。儒学虽不废,名存实亡,非一日矣。

武生附儒学,通称武生。顺治初,京卫武生童考试隶兵部。康熙三年,改隶学院,直省府、州、县、卫武生,儒学教官兼辖之。骑射外,教以《五经七书》、《百将传》及《孝经》、《四书》。学政三年一考。顺天旧设武学,自八旗设儒学教官,兼辖满洲、蒙古、汉军武生,裁武学官。大、宛两县武生,顺天教官辖之,学额如文生童例,分大、中、小学。自二十名递减至七八名。考试分内、外场，先外场骑射，次内场策论。岁试列一、二等，准作科举。故武生有岁试无科试。

各省书院之设，辅学校所不及，初于省会设之。世祖颁给帑金，风励天下。厥后府、州、县次第建立，延聘经明行修之士为之长，秀异多出其中。高宗明诏奖劝，比于古者侯国之学。儒学浸衰，教官不举其职，所赖以造士者，独在书院。其裨益育才，非浅鲜也。

又有义学、社学。社学，乡置一区，择文行优者充社师，免其差徭，量给廪饩。凡近乡子弟十二岁以上令入学。义学，初由京师五城各立一所，后各省府、州、县多设立，教孤寒生童，或苗、蛮、黎、瑶子弟秀异者。规制简略，可无述也。

清史稿卷一〇七

志第八二

选举二

学校下

　　学校新制之沿革,略分二期。同治初迄光绪辛丑以前,为无系统教育时期;辛丑以后迄宣统末,为有系统教育时期。自五口通商,英法联军入京后,朝廷鉴于外交挫衄,非兴学不足以图强。先是交涉重任,率假手无识牟利之通事,往往以小嫌酿大衅,至是始悟通事之不可恃。又震于列强之船坚炮利,急须养成翻译与制造船械及海陆军之人才。故其时首先设置之学校,曰京师同文馆,曰上海广方言馆,曰福建船政学堂及南北洋水师、武备等学堂。

　　京师同文馆之设,从总理各国事务衙门之请,始于同治元年。初止教授各国语言文字。六年,议于同文馆内添设算学馆。时京曹于时务,谤读言繁兴,原疏排斥众议,言之剀切。谓:"西人制器之法,无不由度数而生。中国欲讲求制造轮船、机器诸法,苟不藉西士为先导,师心自用,无裨实际。疆臣如左宗棠、李鸿章等,皆深明其理,坚持其说,详于奏牍。且西人之术,圣祖深题之矣,当时列在台官,垂为时宪,本朝掌故,不宜数典而忘。若以师法西人为耻,其说尤谬。中国狃于因循,不思振作,耻孰甚焉。今不以不如人为耻,独以学其人为耻,将安于不如而终不学,遂可雪耻乎?学期适用,事贵因时,物议虽多,权衡宜定。原议招取满、汉举人,恩、拔、副、岁、优贡生,并由此出身之正途人员。又拟推广,凡翰林院庶吉士、编修、检讨,与五品以下进士出身之京、外各官,年在三十岁以内者,均可送考。三年考列高等者,按升阶优保班次,以示鼓励。”诏从其议。

上海广方言馆,创设于同治二年。江苏巡抚李鸿章言:“京师同文馆之设,实为良法。惟洋人总汇地,以上海、广东两口为最。拟仿照同文馆例,于上海添设外国语言文字学馆,选近郡年十四岁以下资禀颖悟、根器端静之文童,聘西人教习,并聘内地品学兼优之举、贡生员,课以经、史、文艺。学成送本省督、抚考验,作为该县附学生。其候补、佐杂等官,年少聪慧者,许入馆一体学习,学成酌给升途。三五年后,有此一种读书明理之人,精通番语,凡通商、督、抚衙署及海关监督,应设翻译官承办洋务者,即于馆中遴选派充。庶关税、军需可期核实;无赖通事,亦稍敛迹。且能尽阅西人未译专书,探赜索隐,一切轮船、火器等巧技,由渐通晓,于自强之道,不无裨助。”上谕广州将军查照办理。

福建船厂,同治五年,左宗棠督闽时奏设,并设随厂学堂。分前、后二堂。前堂习法文,练习造船之术;后堂习英文,练习驾驶之术。课程除造船、驾驶应习常课外,兼习策论,令读《圣谕广训》、《孝经》以明义理。首总船政者为沈葆桢,规画闳远,尤重视学堂。十二年,奏陈船工善后事宜:“请选派前、后堂生分赴英、法,学习制造驾驶之方,及推陈出新、练兵制胜之理。学生有天资杰出,能习矿学、化学及交涉、公法等事,均可随宜肄业。”寻葆桢任南洋大臣。光绪二年,奏派华、洋监督,订定章程。船政学堂成就之人材,实为中国海军人材之嚆矢。学堂设于马尾,故清季海军将领,亦以闽人为最多。

天津水师学堂,光绪八年,北洋大臣李鸿章奏设。次年招取学生,入堂肄业。分驾驶、管轮两科。教授用英文,兼习操法,及读经、国文等科。优者遣派出洋留学,以资深造。厥后海军诸将帅由此毕业者甚夥。

鸿章又于光绪十一年奏设天津武备学堂,规制略仿西国陆军学堂。挑选营中精健聪颖、略通文义之弁目，入堂肄业。文员愿习武事者，一并录取。其课程一面研究西洋行军新法，如后膛各种枪炮，土木营垒及布阵分合攻守各术。一面赴营实习，演试枪炮阵势及造筑台垒。惟学生系挑选弁目。虽聘用德国教员，不能直接听讲，仍用翻译，展转教授，与水师学堂注重外国文者不同。初制，学习一年后，考试及格学生，发回各营，由统领量材授事。其后逐渐延长年限，选募良家年幼子弟肄业。迨庚子之变，学堂适当战区，全校沦为灰烬矣。

此外广东水陆师学堂，则粤督张之洞于光绪十三年奏设。之洞调任鄂督，二十一年又奏设湖北武备学堂，其办法课程，水师分管轮、驾驶两项，陆师分马、步、枪、炮、营造等项，大略参照北洋成法。洎海军成立，新军改建，此类学堂，南洋及各省增设日盛，不具述。

至湖北自强学堂，亦之洞创设。初分方言、格致、算学、商务四门。惟方言一斋，住堂肄业，余三斋按月考课。其后算学改归两湖书院教授，格致、商务停课，本堂专课方言，以为西学梯阶。方言分英、法、德、俄四门，亦类似同文馆之学堂也。

光绪丙申、丁酉间，各省学堂未能普设，中外臣工多以变通整顿书院为请。诏饬裁改，礼部议准章程，并课天算、格致等学。陕西等省创设格致实学书院，以补学堂不逮焉。大抵此期设学之宗旨，专注重实用。盖其动机缘于对外，故外国语及海陆军得此期教育之主要，无学制系统之足言。惟南洋公学虽亦承袭此期教育之宗旨，而学制分为三等，已寓普通学校及豫备教育之意旨。

先是光绪二十一年，津海关道盛宣怀于天津创设头、二等学堂。头等学堂课程四年，第一年习竣，欲专习一门者，得察学生资质酌定。专门凡五：一工程学，二电学，三矿务学，四机器学，五律例学。二等学堂课程四年，按班次递升，习满升入头等。意谓二等拟外国小学，头等拟外国大学。因初设，采通融求速办法。教员既苦乏才，学生亦难精择，无甚成效。

二十三年，宣怀又于上海创设南洋公学，如津学制而损益之，经费取给招商、电报两局捐助。奏明办理,因名公学。分四院:曰师范院,曰外院,曰中院,曰上院。外院即附属小学,为师范生练习之所。中、上院即二等、头等学堂,寓中学堂、高等学堂之意。课程大体分中文、英文两部,而注重法政、经济。上院毕业生,择尤异者咨送出洋,就学于各国大学。意谓内国大学猝难设置,以公学为预备学校,而以外国大学为最高学府。论者谓中国教育有系统之组织,此其见端焉。后改归邮传部管辖,定名高等实业学堂。其课程性质,非复设立之初旨。此第一期无系统教育之大略也。

　　自甲午一役,丧师辱国,列强群起,攘夺权利,国势益岌岌。朝野志士,恍然于向者变法之不得其本。侍郎李端棻、主事康有为等,均条议推广学堂。光绪二十四年,德宗谕曰:"迩者诏书数下,开特科,改武科制度,立大、小学堂。惟风气尚未大开,论说莫衷一是。国是不定,则号令不行。特明白宣示中外,自王公至士庶,各宜努力发愤,以圣贤义理之学植其根本,博采西学切于时务者,实力讲求,以救空疏迂谬之弊。京师大学为各省倡,应首先举办。凡翰林编、检,部、院司员,各门侍卫,候补、候选道,府、州、县以下各官,大员子弟,八旗世职,各省武职后裔,均准入学肄业,以期人材辈出,共济时艰。"下军机大臣、总理各国事务王、大臣,妥议奏闻。寻议复筹办京师大学堂。拟定章程,要端凡四:一宽筹经费,二宏建学舍,三慎选管学大臣,四简派总教习。诏如所拟。命孙家鼐管理大学堂事务,经费由户部筹拨。

　　五月,又谕各直省督、抚,将各省府、厅、州、县大、小书院,一律改为兼习中、西学之学校,其阶级,以省会之大书院为高等学,郡城之书院为中学,州、县之书院为小学。颁给《京师大学章程》,令仿照办理。各书院经费,尽数提作学堂经费。绅民如能捐建学堂,或广为劝募,准奏请给奖。有独立措捐巨款者,予以破格之赏。民间祠庙不在祀典者,一律改为学堂,以节糜费而隆教育。是时管学大臣之权限,不专管理京师大学堂,并节制各省所设之学堂。实以大学校长兼全国教育部长之职权。

又以同文馆及北洋学堂多以西人为总教习,于中学不免偏枯。且外国文不止一国,学科各有专门,非一西人所能胜任。必择学贯中、西,能见其大之中国学者,为总教习,破格录用,有选派分教习之权。盖以管学大臣必大学士或尚书充任,而总教习则不拘资格,可延揽新进之人才也。学生分两班,已治普通学卒业者为头班,现治普通学者为二班,犹是南洋公学之旧法。课程分普通、专门两类。普通学,学生必须通习,专门学,人各占一门或二门。普通学科目为经学,理学,掌故学,诸子学,初级算学,初级格致学,初级政治学,初级地理学,文学,体操学,语言文字学。专门学科目为高等算学,高等格致学,高等政治学、法律属之,高等地理学、测绘属之,农学,矿学,工程学,商学,兵学,卫生学、医学属之。考验学生,用积分法。学生月给膏火银两有差。上海设编译局,各学科除外国文外,均读编译课本。筹办大学章程之概要如此。

未几,八月政变,由旧党把持朝局,卒酿成庚子之祸。逮二十七年,学校渐有复兴之议。其首倡者,则山东巡抚袁世凯也。初,世凯奏陈东省开办大学堂章程,有旨饬下各省仿办,令政务处会同礼部妥议选举鼓励章程。寻议言:"东西各国学堂,皆系小学、中学、大学以次递升,毕业后始予出身,拟请按照办理。小学毕业生考试合格,选入中学堂。毕业考试合格,再选入大学堂。毕业考试合格,发给凭照。督、抚、学政,按其功课,严密局局。优者分别等第,咨送京师大学堂复试,作为举人、贡生。其贡生留下届应考,愿应乡试者听。举人积有成数,由京师大学堂严加考试,优者分别等第,咨送礼部。简派大臣考试,候旨钦定,作为进士,一体殿试,酌加擢用,优予官阶。查世凯办法,以通省学堂一时未能遍举,先于省城建立学堂,分斋督课,其备斋、正斋,即隐寓小学、中学之规制。既经谕令各省仿办,应酌照将来选举章程,用资鼓励。"报可。所议混合科举、学制为一事,谓之《学堂选举鼓励章程》,各省多未及实行而罢。

辛丑,两宫回銮。以创痛巨深,力求改革。十二月,谕曰:"兴学育才,实为当今急务。京师首善之区,尤宜加意作育,以树风声。前建大学,应切实举办。派张百熙为管学大臣,责成经理,务期端正趋向,造就通才。其裁定章程,妥议具奏。"旋谕将同文馆并入大学堂,毋庸隶外务部。二十八年正月,百熙奏筹办大学堂情形豫定办法一条,言:"各国学制,幼童于蒙学卒业后入小学,三年卒业升中学,又三年升高等学,又三年升大学。以中国准之,小学即县学堂,中学即府学堂,高等学即省学堂。目前无应入大学肄业之学生,通融办法,惟有暂时不设专门,先设立一高等学为大学预备科。分政、艺二科,以经史、政治、法律、通商、理财等事隶政科,以声、光、电、化、农、工、医、算等事隶艺科。查京外学堂,办有成效者,以湖北自强学堂、上海南洋公学为最。此外如京师同文馆,上海广方言馆,广东时敏、浙江求是等学堂,开办皆在数年以上,不乏合格之才。更由各省督、抚、学政考取府、州、县高材生,咨送来京,覆试如格,入堂肄业。三年卒业,及格者升大学正科。不及格者,分别留学、撤退。大学预科与各省省学堂卒业生程度相同,由管学大臣考验合格,请旨赏给举人。正科卒业,考验合格,请旨赏给进士。惟国家需材孔亟,欲收急效而少弃才,则有速成教员一法。于预备科外设速成科,分二门:曰仕学馆,曰师范馆。凡京员五品以下、八品以上,外官道员以下、教职以上,皆许考入仕学馆。举、贡、生、监,皆许考入师范馆。仕学三年卒业,择尤保奖。师范三年卒业,择优异者带领引见。生准作贡生,贡生准作举人,举人准作进士,分别给予准作小学、中学教员文凭。盖预科生必取年岁最富、学术稍精者,再加练习,储为真正合格之才。速成生则取更事较多、立志猛进者,取其听从速化之效。至增建校舍,附设译局,广购书籍、仪器,尤以宽筹经费为根原。经费分两项:一,华俄道胜银行存款之息金,全数拨归大学堂;一,请饬各省筹助经费,每年大省二万金,中省一万金,小省五千金,常年拨解京师。"从之。

七月,百熙遵拟学堂章程,疏言:"古今中外,学术不同,其所以致用则一。欧、美、日本诸邦现行制度,颇与中国古昔盛时良法相同。《礼记》载家有塾,党有庠,州有序,国有学。比之各国,则国学即大学,家塾、党庠、州序即蒙学、小学、中学。等级盖其分明。周以前选举、学校合而为一,汉以后专重选举,及隋设进士科以来,士皆殚精神于诗、赋、策、论,所谓学校,名存而已。今日而议振兴教育,必以真能复学校之旧为第一要图。虽中外政教风气原本不同,然其条目秩序之至赜而不可乱,不必尽泥其迹,不能不兼取其长。谨上溯古制,参考列邦,拟定京师大学暨各省高等学、中学、小学、蒙学章程,候钦定颁行各省,核实兴办。凡名是实非之学堂及庸滥充数之教习,一律从严整顿。"诏下各省督抚,按照规条实力奉行。是为《钦定学堂章程》。教育之有系统自此始。

京师大学堂分大学院、大学专门分科、大学预备科。附设者,仕学、师范两馆。大学院主研究,不讲授,不立课程。专门分科凡七:曰政治科,曰文学科,曰格致科,曰农业科,曰工艺科,曰商务科,曰医术科。政治科分目二:政治,法律。文学科分目七:经学,史学,理学,诸子,掌故,词章,外国语言文字。格致科分目六:天文,地质,高等算学,化学,物理,动植物。农业科分目四:农艺,农业化学,林学,兽医。工艺科分目八:土木,机器,造船,造兵器,电气,建筑,应用化学,采矿冶金。商务科分目六:簿记,产业制造,商业语言,商法,商业史,商业地理。医术科分目二:医学,药学。预备科分政、艺两科。政科课目:伦理,经学,诸子,词章,算学,中外史,中外舆地,外国文,物理,名学,法学,理财,体操。艺科课目:伦理,中外史,外国文,算学,物理,化学,动植物,地质及矿产,图画,体操。为入专理某科便利计,得增减若干科目。各三年卒业。仕学馆课目:算学,博物,物理,外国文,舆地,史学,掌故,理财,交涉,法律,政治。师范馆课目:伦理,经学,教育,习字,作文,算学,中外史,中外舆地,博物,物理,化学,外国文,图画,体操。

各省高等学堂为中学卒业之升途,又为入分科大学之预备。分政、艺两科。课程与大学预科同。三年卒业。高等学外,得附设农、工、商、医高等实业学堂,亦中学卒业生升入。教授用专科教员制,各任一门。中学堂,为高等小学卒业之升途,即为入高等学之预备。

课目:修身,读经,算学,词章,中外史,中外舆地,外国文,图画,博物,物理,化学,体操。四年卒业。中学外,得设中等农、工、商实业学堂,高小卒业一愿治普通学者入之。又附设师范学堂,课目视中学,惟酌减外国文,加教育学、教授法。得合两班或三班,以两三教员各任数科目,分教之。小学堂分高等、寻常二级。儿童自六岁起,受蒙学四年。十岁入寻常小学,修业三年。此七年定为义务教育。十三岁入高等小学,三年卒业。得附设简易农、工、商实业学堂,寻常小学卒业者入之。寻常小学课目:修身、读经、作文、习字、史学、舆地、算术、体操。高等小学课目,增读古文辞、理科、图画,余同寻常小学。教授采用级任制。正教习外,得置副教习。蒙学堂属义务教育,府、厅、州、县、城、镇、乡、集均应设立。凡义塾或家塾,应照蒙学课程,核实改办。课目同寻常小学,惟作文易以字课。蒙学宗旨,在于改良私塾,故章程规定,颇注重教授法之改善,于儿童身心之体察,三致意焉。至学生出身奖励,小学卒业,奖给附生;中学卒业,奖给贡生;高等学卒业,奖给举人;大学分科卒业,奖给进士。各省师范卒业,照大学师范馆例给奖。其大较也。钦定章程虽未臻完备,然已有系统之组织。颁布未及二年,旋又废止。先是百熙招致海内名流,任大学堂各职。吴汝纶为总教习,赴日本参观学校。适留日学生迭起风潮,诼谣繁兴,党争日甚。二十九年正月,命荣庆会同百熙管理大学堂事宜。二人学术思想,既各不同,用人行政,意见尤多歧异。时鄂督张之洞入觐。之洞负海内重望,于川、晋、粤、鄂,曾创设书院及学堂。著《劝学篇》,传诵一时;尤抱整饬学务之素志。闰五月,荣庆约同百熙奏请添派之洞会商学务,诏饬之洞会同管学大臣厘定一切学堂章程,期推行无弊。

　　十一月,百熙、荣庆、之洞会奏《重订学堂章程》,言:"各省初办学堂,难得深通教育理法之人。学生率取诸原业科举之士,未经小学陶熔而来,言论行为,不免轶于范围之外。此次奉谕会商厘定,详细推求,倍加审慎。博考外国各项学堂课程门目,参酌变通,择其宜者用之,其于中国不相宜者缺之,科目名称不可解者改之,过涉繁重者减之。无论何等学堂，均以忠孝为本，以中国经史之学为基，俾学生心术壹归于纯正。而后以西学瀹其智识，练其艺能，务期他日成材，各适实用。拟成初等小学、高等小学、中学、高等学各章程，大学附通儒院章程。原章有蒙学名目，所列实即外国初等小学之事。外国蒙养院，一名幼稚园，参酌其意，订为蒙养院章程及家庭教育法。此原章所有，而增补其缺略者也。办理学堂，首重师范。原订师范馆章程，系仅就京城情形试办，尚属简略。另拟初级、优级师范学堂章程，并任用教员章程，京城师范馆改照优级师范办理。此外仕学馆属暂设，不在各学堂统系之内，原章应暂仍旧。译学馆即方言学堂；进士馆系奉特旨，令新进士概入学堂肄业，课程与各学堂不同，并酌定章程课目。又国民生计，莫要于农、工、商实业，兴办实业学堂，有百益而无一弊，另拟初等、中等、高等农、工、商实业学堂章程，附实业补习普通学堂、艺徒学堂、实业教员讲习所各章程。此原章未及，而别加编订者也。又中国礼教政俗与各国不同，少年初学，胸无定识，咙杂浮嚣，在所不免。规范不容不肃，稽察不容不严。特订立规条，申明禁令，为学堂管理通则。并将设学宗旨、立法要义，总括发明，为学务纲要。果能按照现定章程认真举办，民智可开，国力可富，人才可成，不致别生流弊。至学生毕业考试、升级、入学考试及奖励录用之法，亦经详定专章，伏候裁定。"

又奏："奉旨兴办学堂，两年有余。至今各省未能多设者，经费难筹也。经费所以不能捐集者，科举未停，天下士林谓朝廷之意并未专重学堂也。科举不变通裁减，人情不免观望，绅富孰肯筹捐？经费断不能筹，学堂断不能多。入学堂者，恃有科举一途为退步，不肯专心向学，且不肯恪定学规。况科举文字多剿窃，学堂功课务实修；科举止凭一日之短长，学堂必尽累年之研究；科举但取词章，学堂并重行检。彼此相衡，难易迥别。人情莫不避难就易，当此时势阽危，除兴学外，更无养才济时之术。或虑停罢科举，士人竞谈西学，而中学无人肯讲。现拟章程，于中学尤为注重。凡中国向有之经学、史学、文学、理学，无不包举靡遗。科举所讲习者，学堂无不优为；学堂所兼通者,科举皆所未备。是取材于科举,不如取材于学堂,彰彰明矣。或又虑学堂虽重积分法,分数定自教员,保无以爱憎而意为增损。不知功课优绌,当堂考验。教员即欲违众徇私,而公论可凭,万难掩饰。臣等尚恐偶有此弊,故于中学考试,归学政主持,督同道、府办理。高等学毕业,请简放主考,会同督、抚、学政考试。大学毕业,请简放总裁,会同学务大臣考试。不专凭本学堂所定分数。凡科举抡才之法,已括诸学堂奖励之中,实将科举、学堂合并为一。就事理论,必须科举立时停罢,学堂办法方有起色,经费方可设筹。惟此时各省学堂,未能遍设,已设学堂,办理未尽合法,不欲遽议停罢科举。然使一无举动,天下未见朝廷有递减以至停罢之明文,实不足风示海内士民,收振兴学堂之效。请查照臣之洞会同袁世凯原奏分科递减之法,明降谕旨,从下届丙午科起,每科递减中额三分之一。一面照现定各学堂章程,从师范入手,责成各省实力举行,至第三届壬子科应减尽时,尚有十年。计京、外开办学堂,已逾十年以外,人才应已辈出。天下士心专注学堂,筹措经费必立见踊跃。人人争自濯磨,相率入学堂,求实在有用之学,气象一新,人才自奋。转弱为强,实基于此。"诏悉如所请。是为颁布奏定章程之期,时科举未全废止也。

　　迨三十一年,世凯、之洞会奏:"科举一日不停,士人有侥幸得第之人,以分其砥砺实修之志。民间相率观望,私立学堂绝少。如再迟十年甫停科举,学堂有迁延之势,人才非急切可求。必须二十余年后,始得多士之用。拟请宸衷独断,立罢科举。饬下各省督、抚、学政,学堂未办者,从速提倡;已办者,极力扩充。学生之良莠,办学人员之功过,认真考察,不得稍辞其责。"遂诏自丙午科始,停止各省乡、会试及岁、科试。寻谕各省学政专司考校学堂事务。于是沿袭千余年之科举制度,根本铲除。嗣后学校日渐推广,学术思想因之变迁,此其大关键也。

　　是时学务之组织,尚有一重要之变更,则专设总理学务大臣也。二十九年,之洞言:"管学大臣既管京城大学堂,又管外省各学堂事务。当此经营创始，条绪万端，专任犹虞不给，兼综更恐难周。请于京师专设总理学务大臣，统辖全国学务。另设总监督一员，专管京师大学堂事务，受总理学务大臣节制考核，俾有专责。"诏允改管学大臣为学务大臣，并加派孙家鼐为学务大臣，命大理寺少卿张亨嘉充大学堂总监督。奏定章程，规定学校系统，足补钦定章程所未备。

其分科及课目，较旧章亦多有变更。大学设通儒院及大学本科。通儒院不讲授，无规定课目。大学本科分科八。曰经学科，分十一门：《周易》、《尚书》、《毛诗》、《春秋左传》、《春秋三传》、《周礼》、《仪礼》、《礼记》、《论语》、《孟子》，附理学。曰政法科，分二门：政治、法律。曰文学科，分九门：中国史、万国史、中外地理、中国文学、英国文学、法国文学、俄国文学、德国文学、日本国文学。曰医科，分二门：医学、药学。曰格致科，分六门：算学、星学、物理、化学、动植物、地质。曰农科，分四门：农学、农艺化学、林学、兽医。曰工科，分九门：土木、机器、造船、造兵器、电气、建筑、应用化学、火药、采矿冶金。曰商科，分三门：银行及保险、贸易及贩运、关税。各专一门。经学愿兼习一两经者听。各学科分主课、补助课。三年毕业。惟政治、医学四年毕业。

高等学与大学预备科性质相同。学科分三类：第一类为预备入经学、政法、文学、商科等大学者治之，第二类为预备入格致、农、工等科大学者治之，第三类为预备入医科大学者治之。学科除人伦道德、经学大义、中国文学、外国语、体操各类共同外，第一类课历史、地理、辨学、法学、理财，第二类课算学、物理、化学、地质、矿物、图画，第三类课蜡丁语、算学、物理、化学、动物、植物。其有志入某科某门者，得缺或科目加课他科目，分通习、主课。三年毕业。中学科目：修身、读经、讲经、中国文学、外国语、历史、地理、算学、博物、物理及化学、法制及理财、图画、体操。五年毕业。高等小学科目：修身、读经、讲经、中国文学、算术、中国历史、地理、格致、图画、体操。视地方情形，可加授手工、农、商业等科目。四年毕业。初等小学科目:修身、读经、讲经、中国文学、算术、历史、地理、格致、体操,为完全科。视地方情形,可加授图画、手工之一二科目。其乡民贫瘠、师儒缺少地方,得量从简略,修身、读经合为一科,中国文学科,历史、地理、格致合为一科,算术、体操,为简易科。五年毕业。

中、小学科目,不外普通教育之学科。其特殊者,则读经、讲经一科也。《学务纲要》载中、小学宜注意读经以存圣教一节,其言曰:"外国学堂有宗教一门,中国之经书即是中国之宗教。学堂不读经,则是尧、舜、禹、汤、文、武、周公、孔子之道,所谓三纲五常,尽行废绝,中国必不能立国。无论学生将来所执何业,即由小学改业者,必须曾诵经书之要言,略闻圣教之要义,以定其心性,正其本源。惟学堂科学较繁,晷刻有限,概令全读《十三经》,精力日力断断不给。兹择切要各经,分配中、小学堂。若卷帙繁重之《礼记》、《周礼》,止选读通儒节本,《仪礼》止选读最要一篇。自初等小学第一年日读约四十字起,至中学日读约二百字为止,大率小学每日以一点钟读经,一点钟挑背浅解。中学每星期以六点钟读经,三点钟挑背讲解。温经每日半点钟,归自习时督课。学生并不过劳,亦无碍讲习西学之日力。计中学毕业,已读过《孝经》、《四书》、《易》、《书》、《诗》、《左传》及《礼记》、《周礼》、《仪礼》节本十经,并通大义。较之向来书塾、书院所读所解,已为加多。不惟圣经不至废坠,且经学从此更可昌明。"其立论甚正,可考见当时之风气焉。

蒙养院意在合蒙养、家教为一,辅助家庭教育,兼包括女学。

直系学堂外,并详订师范及实业学堂专章。其大异于旧章者,为优级师范学堂。学科分三节:一曰公共科,以补中学之不足,为本科之豫备。科目:人伦道德、群经源流、中国文学、东语、英语、辨学、算学、体操。一年毕业。二曰分类科,凡四类:第一类以中国文学、外国语为主。第二类以地理、历史为主。第三类以算学、物理、化学为主。第四类以动植物、矿物、生理为主。科目除人伦道德、经学大义、中国文学、教育心理、体操各类共同外,第一类课周秦诸子、英语、德语或法语、辨学、生物、生理。第二类课地理、历史、法制、理财、英语、生物。第三类课算学、物理、化学、英语、图画、手工。第四类课植物、动物、生理、矿物、地学、农学、英语、图画。分通习、主课，均三年毕业。三曰加习科，于分类科毕业，择教育重要数门，加习一年，以资深造。科目：人伦道德、教育学、教育制度、教育政令机关、美学、实验心理、学校卫生、专科教育、儿童研究、教育演习，并增入教授实事练习。优级师范附属中学堂、小学堂。初级师范学科程度，与中学略同。完全科学科，于中学科目外，增教育学、习字。视地方情形，可加外国语，手工，农、工业之一科目或数科目。五年毕业。初级师范附属小学堂。

实业学堂之种类，曰实业教员讲习所，曰高等农、工、商实业学堂，曰中等农、工、商实业学堂，曰初等农、工、商实业学堂，及高等、中等、初等商船学堂，曰实业补习普通学堂，曰艺徒学堂。实业教员讲习所，以备教成各项实业学堂之教习。分农、商、工三种，农业、商业教员讲习所，除人伦道德、英语、教育、教授法、体操为共同学科外，农业课算学及测量气象、农业泛论、农业化学、农具、土壤、肥料、耕种、畜产、园艺、昆虫、兽医、水产、森林、农产制造、农业理财实习；商业课应用化学、应用物理、商业作文、商业算术、商业地理、商业历史、簿记、商品、商业理财、商业实践。均二年毕业。工业教员讲习所，置完全科及简易科。完全科凡六：曰金工科、木工科、染织科、窑业科、应用化学科、工业图样科。除人伦道德、算学、物理、化学、图画、工业理财、工业卫生、机器制图实习、英语、教育、教授法、体操为共同学科外，金工科课无机化学、应用力学、工场用具及制造法、电气工业大意、发动机。木工科课无机化学、应用力学、工场用具及制造法、构造用材料、家具及建筑流派、房屋构造、卫生、建筑制图及意匠。染织科课一切器用化学、应用机器、定性分析、工业分析、染色配色、机织及意匠。窑业科课一切应用化学、应用机器、定性分析、工业分析、窑业品制造。应用化学科课一切应用化学、机器、电铸及电矿。工业图样科课图样、材料。均三年毕业。简易科分金工、木工、染色、机织、陶器、漆工六科。课目较略。一年毕业。高等实业学堂程度视高等学堂，分预科、本科。预科授以各科普通基本功课。一年毕业。高等农业本科凡三：曰农学科，曰林学科，曰兽医学科。高等工业分科十三：曰应用化学科，曰染色科，曰机织科，曰建筑科，曰窑业科，曰机器科，曰电器科，曰电气化学科，曰土木科，曰矿业科，曰造船科，曰漆工科，曰图稿绘画科，各授以本科原理、原则、应用方法及补助科目，多者至三十余门，得斟酌地方情形，择合宜数科设之。均三年毕业。中等实业学堂程度视中学堂，亦分预科、本科，课目较高等为略。初等实业学堂程度视高等小学堂，分普通、实习两种科目。均三年毕业。商船学堂亦分三等，以授航海机关之学术及驾运商船之知识技术。五年或三年毕业。实业补习普通学堂，以简易教法授实业必须之知识技能，并补习小学科目。艺徒学堂，授平等程度之工筑技术，俾成良善工匠，均可于中、小学堂便宜附设。

其不在学堂统系内者，曰译学馆，曰进士馆。先是同文馆并入大学堂，设英、法、俄、德、日本五国语文专科，后由大学分出，名译学馆。仍设英、法、俄、德、日本文各一科，无论习何国文，皆须习普通及专门学。普通科目：人伦道德、中国文学、历史、地理、算学、博物、物理及化学、图画、体操。专门科目：交涉、理财、教育。五年毕业。进士馆令新进士用翰林部属、中书者，入馆肄业，讲求实用之学。课目：光学、地理、教育、法学、理财、交涉、兵政、农政、工政、商政、格致。得选习农、工、商、兵之一科或两科。西文、东文、算学、体操为随意科。三年毕业。

各学堂管理通则之规定，与旧章大体相同。月朔，监督、教员集诸生礼堂，宣读《圣谕广训》一条。皇太后、皇上万寿节，至圣先师孔子诞日，春、秋上丁释奠，为庆祝日。堂中各员率学生至万岁牌前或圣人位前行三跪九叩礼。毕，各员西向立，学生向各员行三揖礼，退。开学、散学或毕业，率学生至万岁牌前、圣人位前行礼如仪。学生向监督、教员行一跪三叩礼。监督等施训语，乃散。月朔，率学生至圣人位前行礼如仪。每日讲堂授课，多者不得过六小时。房、虚、星、昴日为休息例假,庆祝日、端午、中秋节各放假一日。每年以正月二十日开学。至小暑节散学,为第一学期。立秋后六日开学,至十二月十五日散学,为第二学期。学生赏罚,由教员、监学摘出,监督核定。赏分三种:曰语言奖励,曰名誉奖励,曰实物奖励。罚分三种:曰记过,曰禁假,曰出堂。学生以端饬品行为第一要义,监督、监学及教员随时稽察,详定分数,与科学分数合算。

学堂考试分五种:曰临时考试,曰学期考试,曰年终考试,曰毕业考试,曰升学考试。临时试无定期,学期、年终、毕业考试分数与平日分数平均计算。年考及格者升一级,不及格者留原级补习,下届再试,仍不及格者退学。评定分数,以百分为满格,八十分以上为最优等,六十分以上为优等,四十分以上为中等,二十分以上为下等,谓之及格,二十分以下为最下等,应出学。

毕业考试最重,视学堂程度,由所在地方官长会同监督、教员亲莅之,照乡会试例。高等学毕业,简放主考,会同督、抚、学政考试。大学分科毕业,简放总裁,会同学务大臣考试。分内、外二场:外场试,就学堂举行。择各科讲义精要一二条摘问,令诸生答述。内场试,择地扃试。分两场:首场以中学发题,经、史各一,经用论,史用策。二场以西学发题,政、艺各一,西政用考,西艺用说。通儒院毕业,不派员考试,以平日研究所得各种著述,评定等第,进呈,候钦定。其奖励章程,比照奖励出洋游学日本学生例,通儒院毕业,予以翰林升阶,或分用较优京、外官。大学分科毕业,最优等作为进士出身,用翰林院编修、检讨。优等、中等均作为进士出身,分别用翰林院庶吉士、各部主事。大学选科,比照分科大学降等给奖。大学豫备科及各省高等学毕业,最优等作为举人,以内阁中书、知州用。优等、中等均作为举人,以中书科中书、部司务、知县、通判用。中学毕业,分别奖以拔贡、优贡、岁贡。高等小学毕业,分别奖以廪、增、附生。初等小学属义务教育,不给奖。优级师范毕业,最优等、优等、中等均作为举人,分别以国子监博士、助教、学正用。初级师范毕业,分别奖以拔贡、优贡、岁贡,以教授、教谕、训导用。高等实业学堂毕业,最优等、优等、中等均作为举人,分别以知州、知县、州同用。中等实业学堂毕业,奖励视中学。奏定章程规定之概要如此。

三十一年,诏以各省学堂次第兴办,必须有总汇之区,以资董率而专责成。特设学部,命荣庆为尚书,熙瑛、严修为侍郎。裁国子监,归并学部。明年,学部奏请宣示教育宗旨,略言:"今中国振兴学务,宜注重普通教育,令全国之民无人不学。尤以明定宗旨,宣示天下,为握要之图。中国政教所固有,亟宜发明以距异说者有二:曰忠君,曰尊孔。中国民质所最缺,亟宜箴砭以图振起者有三:曰尚公,曰尚武,曰尚实。"上谕照所陈各节通饬遵行。寻奏定学部官制,于本部各司、科分掌教育行政事务外,设编译图书局、调查学制局、京师督学局。又拟设高等教育会议所,属学部长官监督。其议员选派部员,及直辖学堂、各省中等以上学堂监督,暨京、外官绅,学识宏通,于教育素有经验者充任。又拟设教育研究所,延聘精通教育之员,定期讲演,以训练本部员司焉。先是直督袁世凯奏陈学务未尽事宜,以裁撤学政为言。云南学政吴鲁奏请裁撤学政。至是学部会同政务处复议,言:"各省教育行政及扩张兴学之经费,督饬办学之考成,与地方行政在在皆有关系。学政位分较尊,事权不属,于督、抚为敌体,诸事不便于禀承,于地方为客官,一切不灵于呼应。且地方寥阔,官立、公立、私立学堂日新月盛,势不能如岁、科试分棚调考之例。而循例按临,更日不暇给。劳费供张,无裨实事。拟请裁撤学政,各省改设提学使司提学使一员,统辖全省学务,归督、抚节制。于省会置学务公所,分曹隶事。选派官绅有学行者,别设学务议绅四人,延访本省学望较崇之绅士充选。议长一人,学部慎选奏派。"从之。嗣是各省学务始有确定之执行机关矣。

劝学所之设,创始于直隶学务处。时严修任学务处督办,提倡小学教育,设劝学所,为厅、州、县行政机关。仿警察分区办法,采日本地方教育行政及学校管理法,订定章程,颇著成效。三十二年,学部奏定劝学所章程,通行全国,即修呈订原章也。劝学所由地方官监督,设总董一员,以县视学兼充,综核各学区事务。区设劝学员一人,任一学区内劝学之责,以劝募学生多寡,定劝学员成绩之优劣。其章程内推广学务一条,规定办法凡五:曰劝学,曰兴学,曰筹款,曰开风气,曰去阻力。又奏定各省教育会章程,省会设立者为总会,府、州、县设立者为分会,以补助教育行政,与学务公所、劝学所相辅而行。皆普及教育切要之图也。

学部设立后,于各项学堂章程多所更正。其要者,如改订考试办法,详定师范奖励义务,变通中、小学课程,中学分文科、实科之类,然大致不外修正科目,确定限制,其宏纲细目,不能出奏定章程之范围。所增定者,则女学堂章程也。先是学部官制已将女学列入职掌。三十三年,奏定女子师范、女子小学章程,以裨补家计,有益家庭教育为要旨。师范科目:修身、教育、国文、历史、地理、算学、格致、图画、家事、裁缝、手艺、音乐、体操。四年毕业。音乐得随意学习。小学分两等,高等科目:修身、国文、算术、中国历史、地理格致、图画、女红、体操,得酌加音乐,为随意科。初等科目:修身、国文、算术、女红、体操,得酌加音乐、图画二随意科。均四年毕业。其授业钟点,较男子小学减少,与男子小学分别设立,不得混合。宣统三年,奏设中央教育会议,以讨论教育应行改进事宜及推行方法。则根据学部原奏,拟设高等教育会议所之规定行之。此为第二期有系统之教育制度也。

至考验游学毕业生,光绪二十九年,鄂督张之洞奏准《鼓励游学章程》。三十一年,学务大臣考验北洋学生金邦平等,援照乡、会试覆试例,奏请在保和殿考试,给予出身,分别录用。迨三十二年,学部奏定,自本年始,每年八月举行一次。并为综核名实起见,妥议考验章程。将学成试验与入官试验分为两事,酌照分科大学及高等学毕业章程,会同钦派大臣,按所习学科分门考试。酌拟等第,候钦定分别奖给进士、举人等出身。仍将某科字样加于进士等名目之上,以为表识。考试分两场:第一场就所习学科择要命题;第二场试中国文、外国文,罢廷试。明年,学部宪政编查馆会奏《游学毕业廷试录用章程》,仍暂照三十一年成案。于钦派大臣会同学部考试请予出身后,廷试一次,分别授职。廷试用经义、科学、论、说各一,其医、工、格致、农等科大学及各项高等实业学堂毕业者,免试经义。时游学日本、欧、美毕业回国者,络绎不绝,岁举行考验以为常,终清世不废。

清史稿卷一〇八
志第八三

选举三

文科　武科

有清科目取士，承明制用八股文。取《四子书》及《易》、《书》、《诗》、《春秋》、《礼记》五经命题，谓之制义。三年大比，试诸生于直省，曰乡试，中式者为举人。次年试举人于京师，曰会试，中式者为贡士。天子亲策于廷，曰殿试，名第分一、二、三甲。一甲三人，曰状元、榜眼、探花，赐进士及第。二甲若干人，赐进士出身。三甲若干人，赐同进士出身。乡试第一曰解元，会试第一曰会元，二甲第一曰传胪。悉仍明旧称也。

世祖统一区夏，顺治元年，定以子午卯酉年乡试，辰戌丑未年会试。乡试以八月，会试以二月。均初九日首场，十二日二场，十五日三场。殿试以三月。

二年，颁《科场条例》。礼部议覆，给事中龚鼎孳疏言："故明旧制，首场试时文七篇，二场论、表各一篇，判五条，三场策五道。应如各科臣请，减时文二篇，于论、表、判外增诗，去策改奏疏。"帝不允。命仍旧例。首场《四书》三题，《五经》各四题，士子各占一经。《四书》主朱子《集注》，《易》主程《传》、朱子《本义》，书主蔡《传》，诗主朱子《集传》，《春秋》主胡安国《传》，《礼记》主陈澔《集说》。其后《春秋》不用胡《传》，以《左传》本事为文，参用《公羊》、《谷梁》。二场论一道，判五道，诏、诰、表内科一道，三场经史时务策五道。乡、会试同。乾隆间，改会试三月，殿试四月，遂为永制。

乡试，先期提学考试精通三场生儒录送，禁冒滥。在监肄业贡、监生，本监官考送。倡优、隶、皂之家，与居父母丧者，不得与试。卷首书姓名、籍贯、年貌、出身、三代、所习本经。试卷题字错落，真草不全，越幅、曳白、涂抹、污染太甚，及首场七艺起讫虚字相同，二场表失年号，三场策题讹写，暨行文不避庙讳、御名、至圣讳，以违式论，贴出。士子用墨，曰墨卷。誊录用朱，曰朱卷。主考墨笔，同考蓝笔。乾隆间，同考改用紫笔。未几，仍用蓝。试士之所曰贡院，士子席舍曰号房，拨军守之曰号军。试官入闱封钥，内外门隔以帘。在外提调、监试等曰外帘官，在内主考、同考曰内帘官。亦有内监试，司纠察，不与衡文事。以大员总摄场务，乡试曰监临。顺天以府尹，各省初以巡按御史，巡按裁，巡抚为之。会试曰知贡举，礼部侍郎为之。顺天提调以府丞，监试以御史。初，各省提调以布政使，监试以按察使，各副以道员。雍正间，以藩、臬两司为一省钱谷、刑名之总汇，入闱月余，恐致旷滞，提调监试，专责二道员。会试监试以御史。殿试临轩发策，以朝臣进士出身者为读卷官，拟名第进呈，或如所拟，或有更定。一甲状元授修撰，榜眼、探花授编修，二、三甲进士授庶吉士、主事、中书、行人、评事、博士、推官、知州、知县等官有差。

有清以科举为抡才大典，虽初制多沿明旧，而慎重科名，严防弊窦，立法之周，得人之盛，远轶前代。其间条例之损益，风会之变迁，系乎人才之盛衰，朝政之得失。述其大者，不可阙也。

乡、会试首场试八股文，康熙二年，废制义，以三场策五道移第一场，二场增论一篇，表、判如故。行止两科而罢。四年，礼部侍郎黄机言："制科向系三场，先用经书，使阐发圣贤之微旨，以观其心术。次用策论，使通达古今之事变，以察其才猷。今止用策论，减去一场，似太简易。且不用经书为文，人将置圣贤之学于不讲，请复三场旧制。"报可。七年，复初制，仍用八股文。二十四年，用给事中杨尔淑请，礼闱及顺天试《四书》题俱钦命。时诏、诰题士子例不作，文、论、表、判、策率多雷同剿袭，名为三场并试，实则首场为重。首场又《四书》艺为重。二十六年废诏、诰，既而令《五经》卷兼作。论题旧出《孝经》，康熙二十九年，兼用《性理》、《太极图说》、《通书》、《西铭》、《正蒙》。五十七年，论题专用《性理》。世宗初元，诏《孝经》与《五经》并重，为化民成俗之本。宋儒书虽足羽翼经传，未若圣言之广大，率题仍用《孝经》。

乾隆三年，兵部侍郎舒赫德言："科举之制，凭文而取，按格而官，已非良法。况积弊日深，侥幸日众。古人询事考言，其所言者，即其居官所当为之职事也。时文徒空言，不适于用，墨卷房行，辗转抄袭，肤词诡说，蔓衍支离，苟可以取科第而止。士子各占一经，每经拟题，多者百余，少者数十。古人毕生治之而不足，今则数月为之而有余。表、判可预拟而得，答策随题敷衍，无所发明。实不足以得人。应将考试条款改移更张，别思所以遴拔真才实学之道。"章下礼部，覆奏："取士之法，三代以上出于学，汉以后出于郡县吏，魏、晋以后出于九品中正，隋、唐至今，出于科举。科举之法不同，自明至今，皆出于时艺。科举之弊，诗、赋只尚浮华，而全无实用。明经徒事记诵，而文义不通。唐赵匡所谓'习非所用，用非所习'是也。时艺之弊，今该侍郎所陈奏是也。圣人不能使立法之无弊，在因时而补救之。苏轼有言：'得人之道，在于知人。知人之道，在于责实。'能责实，虽由今之道，而振作鼓舞，人才自可奋兴。若惟务徇名，虽高言复古，法立弊生，于造士终无所益。今谓时文、经义及表、判、策论皆空言剿袭而无用者，此正不责实之过。凡宣之于口，笔之于书，皆空言也，何独今之时艺为然？时艺所论，皆孔、孟之绪言，精微之奥旨。参之经史子集，以发其光华；范之规矩准绳，以密其法律。虽曰小技，而文武干济、英伟特达之才，未尝不出乎其中。不思力挽末流之失，而转咎作法之凉，不已过乎？即经义、表、判、论、策，苟求其实，亦岂易副？经文虽与《四书》并重，积习相沿，士子不专心学习。若著为令甲，非工不录。表、判、论、策，皆加覆核。必淹洽词章、通晓律令，而后可为表、判。有论古之识，断制之才，通达古今，明习时务,而后可为论、策。何一不可见之施为,切于实用？必变今之法,行古之制,将治宫室、养游士,百里之内,置官立师,讼狱听于是,军旅谋于是。又将简不率教者,屏之远方,终身不齿。毋乃纷扰而不可行？况人心不古,上以实求,下以名应。兴孝则有割股、庐墓以邀名者矣,兴廉则有恶衣菲食、敝车羸马以饰节者矣。相率为伪,借虚名以干进取。及莅官后,尽反所为,至庸人之不若。此尤近日所举孝廉方正中所可指数,又何益乎？司文衡职课士者,诚能仰体谕旨,循名责实,力除积习,杜绝侥幸,文风日盛,真才自出,无事更张定制为也。"遂寝其议。时大学士鄂尔泰当国,力持议驳,科举制义得以不废。

二十二年,诏剔旧习,求实效,移经文于二场,罢论、表、判,增五言八韵律诗。明年,首场复增《性理》论。御史杨方立疏请乡、会试增《周礼》、《仪礼》二经命题。帝以二《礼》义蕴已具于戴《记》,不从。四十七年,移置律诗于首场试艺后,《性理》论于二场经文后。五十二年,高宗以分经阅卷,易滋弊窦。且士子专治一经,于他经不旁通博涉,非敦崇实学之道。命自明岁戊申乡试始,乡、会五科内,分年轮试一经。毕,再于乡、会二场废论题,以《五经》出题并试。永著为令。

科场拟题最重。康熙五十二年,以主司拟题,多取《四书》、《五经》冠冕吉祥事,致多宿构幸获。诏此后不拘忌讳。向例禁考官拟出本身中式题,至是弛其禁。历科试官,多有以出题错误获谴者。先是康熙五十六年,从詹语王奕清言,场中七艺,破、承、开讲,虚字概不誊写,以防关节。乾隆四十七年,令考官预拟破、承、开讲虚字,随题纸发给士子遵用。嘉庆四年,以无关弊窦,废止。制艺篇末用大结,有明中叶,每以此为关节。康熙末年,悬之禁令。乾隆十二年,编修杨述曾有复用大结之请,大学士张廷玉等以为无益而弊窦愈起,奏驳之。初场文原定每篇限五百五十字,康熙二十年增百字。五十四年,会元尚居易以首艺字逾千二百,黜革。乾隆四十三年,始定乡、会试每篇以七百字为率,违者不录。自是遵行不易。三场策题,原定不得逾三百字。乾隆元年,禁士子空举名目,草率塞责。其后考官拟题,每问或多至五六百字,空疏者辄就题移易,点窜成篇。三十六年,左都御史张若淟以为言,诏申明定例。五十一年,定答策不满三百字,照纰缪例罚停科。然考官士子重首场,轻三场,相沿积习难移。制义体裁,以词达理醇为尚。顺治九年壬辰,会试第一程可则以悖戾经旨除名。考官学士胡统虞等并治罪。

世宗屡以清真雅正诰戒试官。乾隆元年,高宗诏曰:“国家以经义取士,将以觇士子学力之浅深,器识之淳薄。风会所趋,有关气运。人心士习之端倪,呈露者甚微,而徵应者甚巨。当明示以准的,使士子晓然知所别择。”于是学士方苞奉敕选录明、清诸大家时文四十一卷,曰钦定《四书文》,颁为程式。行之既久,攻制义者,或剽窃浮词,罔知根柢,杨述曾至请废制义以救其弊。四十五年,会试三名邓朝缙首艺语意粗杂,江南解元顾问《四书文》全用排偶,考官并获谴。嘉庆中,士子捃撦僻书字句,为语文竞炫新奇,御史辛从益论其失。诏曰:“近日士子猎取诡异之词,以艰深文其浅陋,大乖文体。考官务各别裁伪体。支离怪诞之文,不得录取。”历代辄以厘正文体责考官,而迄无实效。议者谓文风关乎气运。清代名臣多由科目出身,无不工制义者。开国之初,若熊伯龙、刘子壮、张玉书,为文雄浑博大,起衰式靡。康熙后益轨于正,李光地、韩菼为之宗。桐城方苞以古文为时文,允称极则。雍、乾间,作者辈出,律日精而法益备。陵夷至嘉、道而后,国运渐替,士习日漓,而文体亦益衰薄。至末世而剿袭庸滥,制义遂为人诟病矣。

光绪二十四年,湖广总督张之洞有变通科举之奏。二十七年,乡、会试首场改试中国政治史事论五篇,二场各国政治艺学策五道,三场《四书》义二篇、《五经义》一篇,其他考试例此,用之洞议也。行之至废科举止。

乡、会考官,初制,顺天、江南正、副主考,浙江、江西、湖广、福建正主考,差翰林官八员。他省用给事中、光禄寺少卿、六部司官、行人、中书、评事。某官差往某省,皆有一定。康熙三年除其例。顺天初同各省,简正、副二人。乾隆中叶增为三,用协办大学士、尚书以下,副都御史以上官,编、检不复与矣。道光中,简三四人。同治后,额简四人。初,考官不限出身,康熙初,主事蔡骃、曹首望俱以拔贡典试。十年,从御史何元英请,考官专用进士出身人员。然举人出身者间亦与焉。雍正三年,颁考试令,始限翰林及进士出身部、院官,仍参用保举例。乾隆九年,御史李清芳言:"大臣保举应差主考四十九人,满洲四,各直省十六,余均江、浙人。保荐者大都平日往来相知,饶于财而凭于势。至守正不阿者,不肯伺候公卿之门,边隅之士,声气不通,交游不广,无人荐举。请将合例人员通行考试。"帝疑清芳未列保荐,激为是语,不允所请,仍考试、保举并行。三十六年后,考试遂著为令。初御试录取名单皆发出,其后密定名次,不复揭晓。嘉庆以后,更别试侍郎、阁学及三品京堂等官,曰大考差。会试总裁,初用阁、部大员四人或六人,多至七人。嗣简二三人或四五人。咸丰后,简四人,以为常。

同考官,初,顺天试京员,推、知并用。各省用甲科属官及邻省甲科推、知,或乡科教官,房数无定。会试初用二十人,翰林官十二,六科四,吏、礼、兵部官各一,户、刑、工部官每科轮用一。嗣额定十八人,顺天试同。康熙五十四年,令不同省房官二人同阅,互相觉察,用三十六人。未几即罢。康、雍间,顺天房考停用京员,止用直隶科甲知县。各省停用本省现任知县,专调有邻省在籍候选进士、举人。大省十八,中省十四,小省十二至十,均分经校阅。厥后增减不一,小省减至八人。乾隆间,礼闱及顺天同考,始钦简京员,各省复用本省科甲属官。四十二年,停五经分房之例。至顺天房考,南、北省人回避南、北皿卷,边省人回避中皿卷,会房则同省相回避云。

考官综司衡之责,房考膺分校之任,历代极重其选。康熙间,顺天同考官庶吉士郑江以校阅允当,授职检讨。雍正元年,会试总裁朱轼、张廷玉持择公允,帝嘉之,加太傅、太保有差。其衡鉴不公、草率将事者,罚不贷。而交通关节贿赂,厥辜尤重。顺治十四年丁酉,顺天同考官李振邺、张我朴受科臣陆贻吉、博士蔡元禧、进士项绍芳贿，中田耜、邬作霖举人。给事中任克溥奏劾，鞫实。诏骈戮七人于市，家产籍没，戍其父母兄弟妻子于边。考官庶子曹本荣、中允宋之绳失察降官。江南主考侍讲方犹、检讨钱开宗，贿通关节，江宁书肆刊《万金传奇记》诋之。言官交章论劾，刑部审实。世祖大怒，犹、开宗及同考叶楚槐等十七人俱弃市，妻子家产籍没。一时人心大震，科场弊端为之廓清者数十年。康熙五十年辛卯，江南士子吴泌、程光奎赂副考官编修赵晋获中。二人素不能文，舆论哗然。事闻，命尚书张鹏翮会江南督、抚严鞫。苏抚张伯行劾总督噶礼贿卖徇庇，噶礼亦劾伯行他罪，诏俱解任。令鹏翮会总漕赫寿确讯，覆奏请镌噶礼级，罢伯行职。帝怒二人掩饰和解，复遣尚书穆和伦、张廷枢往鞫，奏略如鹏翮等指。部议，互讦乖大臣体，应并褫职。帝卒夺噶礼职。以伯行清名素著，褫职仍留任。处晋及同考王曰俞、方名大辟，以失察夺正考官左必蕃官。是年福建房考吴肇中亦以贿伏法，考官检讨介孝璪、主事刘俨失察削职。咸丰八年戊午，顺天举人平龄朱、墨卷不符，物议沸腾，御史孟傅金揭之。王大臣载垣等讯得正考官大学士柏葰徇家人靳祥请，中同考编修浦安房罗鸿绎卷。比照交通嘱托、贿买关节例，柏葰、浦安弃市，余军、流、降、革至数十人。副考官左副都御史程庭桂子郎中炳采，坐接收关节伏法，庭桂遣戍。盖载垣、端华及会审尚书肃顺素恶科目，与柏葰有隙，因构兴大狱，拟柏葰极刑。论者谓靳祥已死，未为信也。然自嘉、道以来，公卿子弟视巍科为故物。斯狱起，北闱积习为之一变。光绪十九年，编修丁维禔典陕试，同年友饶士腾先期为之辗转嘱托。事觉，俱逮问。士腾自杀，寻并削职。有无与关节贿赂而获咎者，康熙三十八年己卯，御史鹿佑劾顺天闱考试不公，正考官修撰李蟠遣戍，副主考编修姜宸英牵连下吏，未置对，死狱中。宸英浙江名士，善属古文，举朝知其无罪，莫不叹惜。四十四年乙酉，顺天主考侍郎汪霦、赞善姚士藟校阅草率，落卷多不加圈点。下第者束草如人，至其门戮之。事闻，夺职。六十年辛丑，会试副总裁左副都御史李绂用唐人通榜法，拔取知名之士。下第者喧哄于其门，被劾落职，发永定河效力。然是闱一时名宿，网罗殆尽，颇为时论所许。其他贿通关节，未济败露，与因微眚获谴者，例尤不一。

乡试解额，顺治初定额从宽，顺天、江南皆百六十余名，浙江、江西、湖广、福建皆逾百名，河南、山东、广东、四川、山西、陕西、广西、云南自九十余名递杀，至贵州四十名为最少。俱分经取中。顺天试直隶生员贝字号约占额十之七，北监生皿字号十之三，宣化旦字、奉天夹字仅二三名。江南试南监生皿字号约十之二，余为江、安并闱生员额。南雍罢，南监中额并入北监。十四年，监生分南、北卷，直隶八府，延庆、保安二州，辽东、宣府、山东、山西、河南、陕西、四川、广西为北皿，江南、浙江、江西、福建、湖广、广东为南皿，视人数多寡定中额。十七年，减各直省中额之半。康熙间，先后广直省中额。五十年，又各增五之一。雍正元年，湖南北分闱，照旧额分中。各省略有增减，乾隆元年，顺天皿字分南、北、中卷，奉天、直隶、山东、河南、山西、陕西为北皿，江南、江西、福建、浙江、湖广、广东为南皿，各中额三十九。四川、广西、云南、贵州另编中皿，十五取一。江南分上下江，取中下江江苏十之六，上江安徽十之四。九年，严定搜检之法。北闱以夹带败露者四十余人，临时散去者三千八百数十人，曳白与不终篇、文不切题者又数百人。帝既治学政、祭酒滥送之罪，诏减各直省中额十之一。于是定顺天南、北皿各三十六，中皿改二十取一，贝字百二，夹、旦各四，江南上江四十五，下江六十九，浙江、江西皆九十四，福建八十五，广东七十二，河南七十一，山东六十九，陕西六十一，山西、四川皆六十，云南五十四，湖北四十八，湖南、广西皆四十五，贵州三十六。自是率行阘越。光绪元年，陕、甘分闱，取中陕西四十一，甘肃三十。咸、同间，各省输饷辄数百万，先后广中额。四川二十，江苏十八，广东十四，福建及台湾十三，浙江、湖南、湖北、江西、山西、安徽、甘肃、云南、贵州各十，陕西九，河南、广西各八，直隶、山东各二。视初定中额尚或过之。

会试无定额，顺治三年、九年俱四百名，分南、北、中卷。浙江、江西、福建、湖广、广东五省，江宁、苏、松、常、镇、淮、扬、徽、宁、池、太十一府,广德一州为南卷,中二百三十三名。山东、山西、河南、陕西、四川、顺天、永平、保定、河间、真定、顺德、广平、大名八府,延庆、保安二州,奉天、辽东、大宁、万全诸处为北卷,中百五十三名。四川、广西、云南、贵州四省,安、庐、凤、滁、徐、和等府、州为中卷,中十四名。十二年,中卷并入南、北卷。厥后中卷屡分屡并,或更于南、北、中卷分为左、右。或专取川、广、云、贵四省,各编字号,分别中一、二、三名。五十一年,以各省取中人数多少不均,边省或致遗漏,因废南、北官、民等字号,分省取中。按应试人数多寡,钦定中额。历科大率三百数十名,少或百数十名,而以雍正庚戌四百六名为最多,乾隆己酉九十六名为最少。

《五经》中式,仿自明代。以初场试《书》艺三篇,《经》义四篇,其合作《五经》卷见长者,因有"二十三篇"之目。顺治乙酉,山东乡试,法若真以全作《五经》文赐内阁中书,一体会试。康熙丁卯顺天乡试,浙江监生查士韩、福建贡生林文英,壬午顺天南皿监生庄令舆、俞长策,皆以兼作《四书》、《五经》文二十三篇违式,奏闻,俱授举人。诏嗣后不必禁止,旋著为令。乡、会试《五经》卷,于额外取中三名。二场添诏、诰各一,于是习者益众。直隶、陕西等省,至有以《五经》卷抢元者。五十年,增各省乡试一名,顺天二名,会试三名。五十六年,停《五经》应试。雍正初,复其制。顺天皿字号中四名,各省每额九名加中一名。大省人多文佳,额外量取副榜三四名。雍正四年丙午,诏是科以《五经》中副榜者,准作举人,一体会试,尤为特异。乾隆十六年,始停《五经》中式之例。

至历代临雍,增北闱监生中额,恩诏广乡、会试中额,均属于常额外也。乡、会试正榜外取中副榜,会试副榜免廷试,咨吏部授职。康熙三年罢之。乡试副榜原定顺天二十名,江南十二,江西十一,浙江、福建、湖广各十,山东、河南各九,山西、陕西、四川、广东各八,广西六。取文理优者,不拘经房。康熙元年停取。十一年,取中如旧例。增云南五,贵州四。嗣是各直省率正榜五名中一名,惟恩科广额不与焉。雍正四年,准是科由副榜复中副榜者作举人,非常例也。

雍正五年，命各省督、抚、学政甄别衰老教职休致之缺，以是年会试落卷文理明顺之举人补授。乾隆间，屡行选取如例，大、中、小省各数十名。明通别为一榜。二十六年，廷议于明通榜外选取中书四十名，其余年力老成、宜课士者，另选用学正、学录数名。报可。五十五年悉罢。此后下第者，于正榜外挑取誊录，北闱数百名或百数十名。会试额定四十名，备各馆缮写，积资得邀议叙。此则旁搜博采、俾寒畯多获进身之阶也。

八旗以骑射为本，右武左文。世祖御极，诏开科举，八旗人士不与。顺治八年，吏部疏言："八旗子弟多英才，可备循良之选，宜遵成例开科，于乡、会试拔其优者除官。"报可。八旗乡、会试自是年始。其时八旗子弟，每年录下读满、汉书者有定额，应试及各衙门任用，悉于此取给，额外者不得习。往往不敷取中。故自十四年至康熙十五年，八旗考试，时举时停。先是乡、会试，殿试，均满洲、蒙古为一榜，汉军、汉人为一榜。康熙二十六年，诏同汉人一体应试，寻定制，乡、会场先试马步箭，骑射合格，乃应制举。庶文事不妨武备，遂为永制。初八旗乡试，仅试清文或蒙古文一篇，会试倍之。汉军试纰《书》艺二篇、《经》艺一篇，不通经者，增书艺一篇。二、三闱试论、策各一。逐科递加，自与汉人合试，非复前之简易矣。

乡试中额，顺治八年，定满洲、汉军各五十，蒙古二十，嗣减满洲、汉军各五之一，蒙古四之一。康熙八年，编满、蒙为满字号，汉军为合字号，各取十名。二十六年，再减汉军五名。后复递增。乾隆九年，诏各减十之一，定为满、蒙二十七，汉军十二。同治间，以输饷增满、蒙六名，汉军四名。各省驻防，初亦应顺天试，嘉庆十八年，始于驻防省分试之。十人中一，多不逾三名，副榜如例。会试初制，满洲、汉军进士各二十五，蒙古十。康熙九年，编满、合字号，如乡试例，各中四名。嗣亦临时请旨，无定额。

宗室不应乡、会试，圣祖、世宗降有明谕。乾隆八年，宗人府试宗学，拔其尤者玉鼎柱等为进士，一体殿试，是为宗室会试之始。未久即停。嘉庆六年,宗室应乡、会试始著为令。先期宗人府或奉天宗学考试骑射如例,试期于文闱乡、会试场前,或场后,或同日,试制艺、律诗各一,一日而毕。乡试九人中一人。会试,考官酌取数卷候亲裁,别为一榜。殿试、朝考,满、汉一体,除庶吉士等官有差。

顺治十五年,帝以顺天、江南考官俱以贿败,亲覆试两闱举人,是为乡试覆试之始。取顺天米汉雯等百八十二名,准会试。江南汪溥勋等九十八名,准作举人。罚停会试、除名者二十二名。惟吴珂鸣以三次试卷文理独优,特许一体殿试,异数也。康熙三十八年,帝以北闱取士不公,命集内廷覆试。列三等以上者许会试,四等黜之。五十一年壬辰,顺天解元查为仁以传递事觉而逸,帝疑新进士有代倩中式者,亲覆试畅春园,黜五人。会试覆试自是始。乾隆间,或命各省督、抚、学政于乡试榜后覆试,或专覆试江苏、安徽、江西、浙江、广东、山西六省丙午前三科俊秀贡监中式者,或止覆试中式进士,或北闱举人,临期降旨,无定例。五十四年,贡士单可虹覆试诗失调讹舛,不符中卷,除名。诏旨严切,谓“礼闱非严行覆试,不足拔真才、惩幸进。”至嘉庆初,遂著为令。道光二十三年,定制,各省举人,一体至京覆试,非经覆试,不许会试。以事延误,于下三科补行。除丁忧展限外,托故不到,以规避论,永停会试与赴部铨选。覆试期以会试年二月。咸、同间,因军兴道路梗阻,光绪季年,以辛《丑条约》,京师停试,假闱河南,俱得先会试后覆试,非恒制也。覆试诗文兹谬,诗失粘,抬写错误,不避御名、庙讳、至圣讳,罚停会试、殿试一科或一科以上。文理不通,或文理笔迹不符中卷者黜。乾隆五十八年,中式举人邓棻春等八名补覆试,停科者五,斥革者二,监临俱获谴。历科因是黜罚者有之。洎末造益趋宽大,光绪十九年,北闱倩作、顶替中式者至数十人,言官劾举人周学熙、汤宝霖、蔡学渊、陈步銮、黄树声、万航六人,下所司举出录科中卷不符者,学渊、树声、航三人俱斥革,余覆试无一黜者,监临各官均免议,而侥幸者接迹矣。

定例各省乡试揭晓后,依程限解卷至部磨勘,迟延者罪之。盖防考官闱后修改试卷避吏议也。磨勘首严弊幸，次检瑕疵。字句偶疵者贷之。字句可疑，文体不正，举人除名。若干卷以上，考官及同考革职或逮问。不及若干卷，夺俸或降调。其校阅草率，雷同滥恶，杂然并登，及试卷不谙禁例，字句疵蒙谬额，题字错落，真草不全，誊录错误，内、外帘官、举子议罚有差。禁令之密，前所未有也。磨勘官初礼部及礼科主之，康熙间，始钦派大臣专司其事。解额渐广，试卷日多，于是令九卿公同磨勘。六部官牵于职事，以其余暇勘校，往往虚应故事。乾隆初，改任都察院科、道五品以上，科甲京堂、中、赞以上翰、詹官，集朝房磨勘。嗣复增编、检。额定四十人，以专责成。先是磨勘试卷不署名，亦无功过之条。与斯役者，每托名宽厚，不欲穷究。乾隆二十一年，始令磨勘官填注衔名。二十五年，复增大臣覆勘例，分别议叙、议处，功令始严。是年特派秦蕙田、观保、钱汝诚为覆勘大臣。事竟，原勘官御史朱丕烈劾其瞻徇，下军机大臣核覆。蕙田等实有误驳及疏漏之处，歪烈亦以弹劾不实，俱下部议。其时磨勘诸臣慎重将事，不稍假借，一变因循敷衍之习。太仆寺卿宫焕文、御史阎循琦、朱稽、朱丕烈，嘉庆初御史辛从益，俱以抉摘精审闻于时。

历科考官举子因是谴黜者不乏人，而藉端报复，盖亦有之。乾隆六十年乙卯，会元为浙江王以铻，第二名即其弟以衔，帝心异之。正总裁侍郎窦光鼐素与和珅不协，且以诋诃后进忤同列，均欲藉以倾之。因摘两人闱墨中并有"王道本乎人情"语，以为关节。抑置以铻榜末，停其殿试，降光鼐四品休致，镌副总裁侍郎刘跃云、祭酒瑚图礼四级。及廷试传唱，以衔第一，上意释然。谕廷臣曰："此亦岂朕之关节耶？"以铻后亦入词馆。嘉庆五年，磨勘官辛从益、戴璐于北闱策题、试卷指摘不遗余力。从益江西籍，向以严于磨勘称。是科江西仅中一人，璐子下第，人谓因是多所吹求。上闻，命二人退出磨勘班。同治间，鸿胪寺少卿梁僧宝复以磨勘过严为人所惮。盖自磨勘例行，足以纠正文体，抉剔弊窦，裨益科目，非浅鲜也。

庶吉士之选无定额。顺治三年，世祖始策贡士于廷，赐一甲三人傅以渐等及第，简梁清宽等四十六人为庶吉士。四年、六年复选用。九年，以给事中高辛允言，按直省大小选庶吉士。直隶、江南、浙江各五人，江西、福建、湖广、山东、河南各四人，山西、陕西各二人，广东一人，汉军四人。另榜授满洲、蒙古修撰、编修、庶吉士九人。自是专选如例。惟满、蒙、汉军选否无常。康熙间，新进士得奏请读书中秘。辄以家世多任馆阁，或边隅素少词臣为言。间邀俞允。故自四十五年至六十七年科中，各省皆有馆选。世宗令大臣举所知参用，廷对后，亲试文艺。雍正元、二年间，汉军、蒙古、山西、河南、陕西、湖南及诸边省每不入选。三年，太常寺少卿李钟峨疏请分省简选，广储材之路。廷议驳之。五年，诏内阁会议简选庶常之法，寻议照雍正癸卯科例，殿试后，集诸进士保和殿考试，仍令九卿确行保举。考试用论、诏、奏议、诗四题。是为朝考之始。乾隆元年，御史程盛修言：“翰林地居清要，欲得通材，和端始进。自保举例行，而呈身识面，广开请托之门；额手弹冠，最便空疏之辈。宣亟停止。”报可。高宗谕禁向来新进士请托奔竞、呈送四六颂联之陋习，既慎校文艺，复令大臣察其仪止、年岁，分为三等，钦加简选。三年，罢大臣拣选例，依省分甲第引见，临时甄别录用。后世踵行其制。嘉庆以来，每科庶常率倍旧额，各省无不入选者矣。

凡用庶吉士曰馆选。初制，分习清、汉书，隶内院，以学士或侍读教习之。自康熙九年专设翰林院，历科皆以掌院学士领其事，内阁学士间亦参用。三十三年，命选讲、读以下官资深学优者数人，分司训课，曰小教习。六十年，以礼部尚书陈元龙领教习事。厥后尚书、侍郎、阁学之不兼掌院事者，并得为教习大臣，满、汉各一。雍正十一年，特设教习馆，颁内府经、史、诗、文，户部月给廪饩，工部供张什物，俾庶吉士肄业其中，尤为优异。三年考试散馆，优者留翰林为编修、检讨，次者改给事中、御史、主事、中书、推官、知县、教职。其例先后不一，间有未散馆而授职编、检者。或供奉内廷，或宣谕外省，或校书议叙，或召试词科，皆得免其考试。凡留馆者，迁调异他官。有清一代宰辅多由此选，其余列卿尹膺疆寄者，不可胜数。士子咸以预选为荣,而鼎甲尤所企望。康熙间,庶吉士张逸少散馆改知县,迁秦州知州,其父大学士玉书奏乞内用,复得授编修。三十年辛未,上以鼎甲久无北人,亲擢黄叔琳一甲三名。叔琳,大兴人。雍正间,大学士张廷玉子若霭。廷对列一甲第三,廷玉执不可,上为抑置二甲第一,诚重之也。

先是,顺治九年,选庶常四十人,择年青貌秀者二十人习清书,嗣每科派习十数人不等,散馆试之。乾隆十三年,修撰钱维城考列清书三等,命再试汉书,始留馆。其专精国书者,汉文或日就荒落。十六年,高宗以清书应用殊少,而边省馆选无多,命云南、贵州、四川、广东、广西等省庶吉士不必派习清书,他省视人数酌派年力少壮者一二员或二三员,但循举旧章,备国朝典制已足。其因告假、丁忧、年齿已长者,例准改习汉书。于是习者日少。道光间例停。穆宗初元,令以治经、治史、治事及濂、洛、关、闽诸儒之书课诸庶常。光绪季年,设进士馆,课鼎甲庶吉士及阁部官以法政诸科学,或赍遣游学异国。业成而试,优者授职奖擢。俱未久即罢。

达官世族子弟,初制一体应试,而中式独多。其以交通关节败者,顺治十四年,少詹事方拱乾子章钺应江南试,以与正主考方犹联族获中,事觉遣戍。康熙二十三年,都御史徐元文子树声、侍讲学士徐乾学子树屏同中顺天试,上以是科南皿悉中江、浙籍,命严勘。斥革五人,树声、树屏俱黜。三十九年,帝以缙绅之家多占中额,有妨寒畯进身之路。殿试时,谕读卷诸臣,是科大臣子弟置三甲,以裁抑之。寻诏定官、民分卷之法,乡试满、合字号二十卷中一,直省视举额十分中一,副榜如之。会试除云南、贵州、四川、广西四省外,编官卷二十人中一。未几罢会试官卷。乾隆十五年,廷臣有以官生过优为言者,部议仍旧,诏责其回护,并及吏、礼二部司官编官卷之不当,令再议。始议中额二十五中官卷一,吏、礼部司员及内阁侍读子弟停编官卷。明年再议,以京官文四品、外官文三品、武二品以上及翰、詹、科、道等官为限。并减中额,顺天十四,浙江六,余省五至一名。二十三年,大学士蒋溥、学士庄存与复以为言。令官生大省二十卷中一,中省十五卷,小省十卷中一,满、蒙、汉军如小省例,南、北皿如中省便,中皿额中一名,不足一名人民卷。永以为例。乡、会试考官、房考、监临、知贡举、监试、提调之子孙及宗族,例应回避。雍、乾间,或另试,或题由钦命,另简大臣校阅。乾隆九年停其例,并受卷、弥封、誊录、对读等官子弟、戚族亦一体回避矣。

有清重科目,不容幸获。惟恩遇大臣,嘉惠儒臣耆年,边方士子,不惜逾格。历代优礼予告或在职大臣,与夫奖叙饰终之典,赐其子孙举人、进士、有成例者无论已。至如雍正七年,廷臣遵旨举出入闱未中式之大学士蒋廷锡子溥、尚书嵇曾筠子璜等十二人,俱赐举人。侍郎刘声芳子俊邦以疾未与试,赐举人,尤为特典。康熙间,浙江举人查慎行、江苏举人钱名世、监生何焯、安徽监生汪灏,以能文受上知。召试南书房,赐焯、灏举人。四十二年,赐焯、灏、蒋廷锡进士。六十年,以内廷行走举人王兰生、留保学问素优,礼闱不第,俱赐进士。雍正八年,赐江南举人顾天成、广东举人卢伯蕃殿试。乾隆十八年,赐内廷行走监生徐扬、杨瑞莲举人。四十三年,助教吴省兰、助教衔张羲年以校《四库》书赐殿试,俱非常例。乾隆以来,凡年七十以上会试落第者,予司业、编、检、学正等衔。乡试年老诸生,赐举人副榜。雍正十一年,诏于云、贵、广东西、四川、福建会试落卷,择文理可观、人材可用者,拔取时余等十人,一体殿试,赵绳其等四十人,拣选录用。乾隆初,拣选如例,则边省士子犹沐殊恩也。

历科情形略异者,顺治三年,从大学士刚林请,以天下初定,广收人才,再举乡、会试。十六年,以云、贵新附,绥辑需人,再举礼部试,均不循子丑之旧。康熙十六年,乡试顺天专遣官,山东、山西、陕西并河南省,湖广、江西并江南省,福建并浙江省考试。试期九月,十五人中一,不取副榜,亦无会试。江南榜江西无中式者。咸、同间军兴,各直省或数科不试。或数科并试,倍额取中。或一省止试数府、州、县,减额取中。试期或迟至十月、十一月,不拘成例。顺天正主考,初制均差翰林官。康熙初,沿明制,以前一科一甲一名为之。士子希诡遇者,得预通声气。二十年,修撰归允肃主顺天闱,撰文自誓力除积弊,不通关节,榜后下第者哗然,冀兴大狱。刑部尚书魏象枢暴其事,浮议始息。制亦寻废。二年,顺天《春秋》题"郑子"讹"邾人",罢考官白乃贞等职。士子因书子字贴出者,弘文院官覆试,优者准作举人,无中式者。雍正元年,顺天榜后,命大学士王顼龄等同南书房翰林检阅落卷,中二人。是年会试复检如前,中落卷七十八人。二年,中七十七人。乾隆元年,中三十八人。后不复行。雍正四年,以浙人查嗣庭、汪景祺著书悖逆,既按治,因停浙江乡、会试。未几,以李卫等请,弛其禁。七年,广东连州知州朱振基私祀吕留良,生员陈锡首告,上嘉之。令是科连州应试完场举子,由学政遴取优通者四人赏举人。乾隆四十六年辛丑会试,江南解元钱棨领是科会、状。嘉庆二十五年庚辰会试,广西解元陈继昌亦领是科会、状,士子艳称"三元"。有清一代,二人而已。八旗与汉人一体考试,康、乾以来,无用鼎甲者。同治四年,蒙古崇绮以一甲一名及第,光绪九年,宗室寿耆以一甲二名及第,汉军鼎甲尤多。至历代捐输军饷、赈款、园庭工程赏举人,拿获叛匪及杀贼立功,有贡监给举人、举人给进士之例,则又一时权宜之制也。

　　初,太宗于蒙古文字外,制为清书。天聪八年,命礼部试士,取中刚林等二人,习蒙古书者俄博特等三人,俱赐举人。嗣再试之。顺治八年,举行八旗乡试,不能汉文者试清文一篇,再举而罢。康熙初,复行翻译乡试,自满、汉合试制举文,罢翻译科。雍正元年,诏八旗满洲于考试汉字生员、举人、进士外,另试翻译。廷议三场并试,满、汉正、副考官各二,满同考官四。诏乡试止试一场,或章奏一道,或《四书》、《五经》量出一题,省汉考官,增誊录,余如文场例。嗣后翻译谕旨,或于《性理精义》及《小学》,限三百字命题。乾隆三年,令于翻译题外作清文一篇。七年,定会试首场试清字《四书》文,《孝经》、《性理》论各一篇。二场试翻译。凡满洲、汉军满、汉字贡、监生员、笔帖式,皆与乡试。文举人及武职能翻译者,准与会试。先试骑射如例。蒙古翻译科,雍正九年,诏试蒙古主考官一,同考倍之。初令乡、会试题,俱以蒙字译清字《四书》、章奏各一道。乾隆元年,改译清文《性理小学》，与满洲翻译同场试，别为一榜。时应清文乡试者，率五六百人额中三十三名，应蒙文乡试者，率五六十人额中六名。原定翻译乡、会试三年一次，然会试讫未举行。乾隆四年，以乡试已历六科，八月始行会试。中满洲二十名，蒙古二名。因人数无多，诏免殿试，俱赐进士出身，优者用六部主事。二十二年，以翻译科大率寻章摘句，无关翻译本义，诏停。四十三年，复行乡试，罢誊录对读。明年会试，向例须满六十人，是科仅四十七人，特准会试，免廷试，如四年例。自是每届三年，试否请旨定夺。五十二年，更定乡、会试五年一次，然会闱自五十三年讫嘉庆八年，仅一行之，犹不足定例六十名之数。且枪昌顶替，弊端不可究诘。蒙文尝以不足七八人停试。虽诏旨谆谆勉以国语骑射为旗人根本，而应试者终属寥寥。八年，从侍郎赓音请，复旧制三年一举以为常。二十四年，定乡、会覆试如文闱例。道光八年，罢翻译同考官，末年始有用庶吉士者。各省八旗驻防，初但应汉文乡、会试，道光二十三年，改试翻译，十人中一，三名为额。宗室应翻译试，自乾隆时始。别为一题，中额钦定。

武科，自世祖初元下诏举行，子午卯酉年乡试，辰戌丑未年会试，如文科制。乡试以十月，直隶、奉天于顺天府，各省于布政司，中式者曰武举人。次年九月会试于京师，中式者曰武进士。凡乡、会试俱分试内、外三场。首场马射，二场步射、技勇，为外场。三场策二问、论一篇，为内场。外场考官，顺天及会闱以内大臣、大学士、都统四人为之。内场考官，顺天以翰林官二人，会闱以阁部、都察院、翰、詹堂官二人为之。同考官顺天以科甲出身京员四人，会闱以科甲出身阁、科、部员四人为之。会试知武举，兵部侍郎为之。各直省以总督、巡抚为监临、主考官，科甲出身同知、知县四人为同考官。外场佐以提、镇大员。其余提调、监射、监试、受卷、弥封、监门、巡绰、搜检、供给俱有定员，大率视文闱减杀。殿试简朝臣四人为读卷官，钦阅骑射技勇，乃试策文。临轩传唱状元、榜眼、探花之名，一如文科。

初制，一甲进士或授副将、参将、游击、都司，二、三甲进士授守备、署守备。其后一甲一名授一等侍卫，二、三名授二等侍卫。二、三甲进士授三等及蓝翎侍卫，营、卫守备有差。凡各省武生、绿营兵丁皆得应乡试，武举及现任营千、把总，门、卫、所千总，年满千总，通晓文义者，皆得应会试。惟年逾六十者，不许应试。其后武职会试，以武举出身者为限。康熙间，欲收文武兼备之材，尝许文生员应武乡试，文举人应武会试，颇滋场屋之弊。乾隆七年，以御史陈大玠言，停文武互试例。

考试初制，首场马箭射毡球，二场步箭射布侯，均发九矢。马射中二，步射中三为合式，再开弓、舞刀、掇石试技勇。顺治十七年，停试技勇，康熙十三年复之。更定马射树的距三十五步，中三矢为合式，不合式不得试二场。步射距八十步，中二矢为合式。再试以八力、十力、十二力之弓，八十斤、百斤、百二十斤之刀，二百斤、二百五十斤、三百斤之石。弓开满，刀舞花，掇石去地尺，三项能一、二者为合式，不合式不得试三场。合式者印记于颊，嗣改印小臂，以杜顶冒。三十二年，步射改树的距五十步中二矢为合式。乾隆间，复改三十步射六矢中二为合式。马射增地球，而弓、刀、石三项技勇，必有一项系头号、二号者，方准合式，遂为永制。

内场论题，向用《武经七书》。圣祖以其文义驳杂，诏增《论语》、《孟子》。于是改论题二，首题用《论语》、《孟子》，次题用《孙子》、《吴子》、《司马法》。

乡试中额，康熙二十六年制定，略视各省文闱之半。雍正间小有增减，惟陕、甘以人材壮健，弓马娴熟，自康熙讫乾隆，先后各增中额三十名。咸、同间，各省输饷广额如文闱例。综计顺天中额百十，汉军四十，奉、锦三，江南八十一，福建六十三，浙江、四川各六十，陕西五十九，河南五十五，江西、广东、甘肃各五十四，山西五十，山东四十八，云南四十二，广西三十六，湖北三十五，湖南三十四，贵州二十五。会试中额多或三百名，少亦百名。康熙间，内场分南、北卷,各中五十名。五十二年,始分省取中,临期以外场合式人数请旨裁定。

嘉庆六年,仁宗以科目文武并重,文闱条例綦严,防弊周密,武闱考官面定去取,尤易滋弊,命比照文闱磨勘例,《乡试题名录》将中式武生马步射、技勇一一详注进呈。各省交兵部,顺天另简磨勘官核对。滥中及浮报者惩不贷。覆试始乾隆时。初制从严,仅会闱行之。不符者罚停科,考官议处。三次覆试不合式,除名。道光十五年,始覆试顺天武举如会试例。咸丰七年,覆试各省武举如顺天例,然稍从宽典矣。

初制,外场但有合式一格,其中弓马优劣,技勇强弱,无所轩轾。内场但凭文取中,致娴骑射、习场艺者或遭遗弃。康熙五十二年,令会试外场择马步射、技勇人材可观者,编"好"字号,密送内帘。内场试官先于好字卷内,择文理通晓者取中。不足,始于合式卷内选取。雍正二年,从侍郎史贻直言,各省乡试外场一体别编好字号,嗣于好字号再分双好、单好。内场先中双好,次中单好。而合式卷往往千余人,仅中数人,因之内场枪冒顶替诸弊并作。乾隆二十四年,御史戈涛奏革其弊,于是外场严合式之格,内场罢《四书》论,文理但取粗通者,而文字渐轻。嘉庆十二年,乡、会试内场策论改默写《武经》百余字,无错误者为合式。罢同考官,遂专重骑射、技勇,内场为虚设矣。历代踵行,莫之或易。光绪二十四年,内外臣工请变更武科旧制,废弓、矢、刀、石,试枪炮,未许。二十七年,卒以武科所习硬弓、刀、石、马步射无与兵事,废之。

满洲应武科始雍正元年,乡试中二十名,会试中四名。十二年,诏停,数十年无复行者。嘉庆十八年,复旧制。满、蒙乡试中十三名,各省驻防就该省应试,率十人中一,多者十名,少或一名。会试无定额。凡骁骑校,城门吏,蓝翎长,拜唐阿,恩骑尉,亲军前锋,护军,领催,马甲,巡捕营千总、把总及文员中书,七、八品笔帖式,荫生,俱准与武生同应乡试。乡、会试内、外场与汉军、汉人一例考试。

清史稿卷一〇九
志第八四

选举四

制科　荐擢

制科者,天子亲诏以待异等之才。唐、宋设科最多,视为优选。清代科目取士,垂为定制。其特诏举行者,曰博学鸿词科、经济特科、孝廉方正科。若经学,若巡幸召试,虽未设科,可附见也。圣祖敦崇实学,康熙甲辰、丁未两科,改试策论。既廷臣以古学不可猝办,请仍旧制。

十七年,诏曰:“自古一代之兴,必有博学鸿儒,备顾问著作之选。我朝定鼎以来,崇儒重道,培养人才。四海之广,岂无奇才硕彦、学问渊通、文藻瑰丽、追踪前哲者?凡有学行兼优、文词卓越之人,不论已仕、未仕,在京三品以上及科、道官,在外督、抚、布、按,各举所知,朕亲试录用。其内、外各官,果有真知灼见,在内开送吏部,在外开报督、抚,代为题荐。”嗣膺荐人员至京,诏户部月给廪饩。明年三月,召试体仁阁。凡百四十三人,赐燕,试赋一、诗一,帝亲览试卷,取一等彭孙遹、倪灿、张烈、汪霦、乔莱、王顼龄、李因笃、秦松龄、周清原、陈维崧、徐嘉炎、陆葇、冯勖、钱中谐、汪楫、袁佑、朱彝尊、汤斌、汪琬、邱象随等二十人。二等李来泰、潘耒、沈珩、施闰章、米汉雯、黄与坚、李铠、徐釚、沈筠、周庆曾、尤侗、范必英、崔如岳、张鸿烈、方象瑛、李澄中、吴元龙、庞垲、毛奇龄、钱金甫、吴任臣、陈鸿绩、曹宜溥、毛升芳、曹禾、黎骞、高咏、龙燮、邵吴远、严绳孙等三十人。三、四等俱报罢。命阁臣取前代制科旧事,查议授职。寻议:"两汉授无常职。晋上第授尚书郎。唐制策高等特授尊官,次等予出身,因有及等、出身之目。宋分五等:一、二等皆不次擢用;三等为上等,恩数视廷试第一人;四等为中等,视廷试第三人;皆赐制科出身。五等为下等,赐进士出身。"得旨,俱授为翰林官。以光禄少卿邵吴远为侍读。道员、郎中汤斌等四人为侍讲。进士出身之主事、中、行、评、博,内阁典籍,知县及未仕之进士彭孙遹等十八人为编修。举、贡出身之推、知,教职,革职之检讨、知县及未仕之举、贡、荫、监、布衣倪灿等二十七人为检讨。俱入史馆,纂修《明史》。时富平李因笃、长洲冯勗、秀水朱彝尊、吴江潘耒、无锡严绳孙,皆以布衣入选,海内荣之。其年老未与试之杜越、傅山、王方谷等,文学素著,俱授内阁中书,许回籍。

雍正十一年,诏曰:"博学鸿词之科,所以待卓越淹通之士。康熙十七年,特诏荐举,召试授职,得人极盛。数十年来,未尝广为搜罗。朕延揽维殷,宜有枕经葄史、殚见洽闻、足称鸿博之选者,当特修旷典,嘉予旁求。在京满、汉三品以上,在外督、抚、学政,悉心体访,保题送部。朕临轩亲试,优加录用。"诏书初下,中外大吏,以事关旷典,相顾迟回。逾年,仅河东督臣举一人,直隶督臣举二人,他省未有应者。诏责诸臣观望。高宗即位,再诏督促。期以一年内齐集阙下,先至者月给廪饩。

乾隆元年,御史吴元安言:"荐举博学鸿词,原期得湛深经术、敦崇实学之儒,诗赋虽取兼长,经史尤为根柢。若徒骈缀俪偶,推敲声律,纵有文藻可观,终觉名实未称。"下吏部议,定为两场,赋、诗外增试论、策。九月,召试百七十六人于保和殿,赐燕如例。试题首场赋、诗、论各一,二场制策二。取一等五人,刘纶、潘安礼、诸锦、于振、杭世骏等,授编修。二等十人,陈兆仑、刘藻、夏之蓉、周长发、程恂等,授检讨;杨度汪、沈廷芳、汪士、陈士璠、齐召南等,授庶吉士。二年,补式体仁阁,首场制策二,二场赋、诗、论各一。取一等万松龄,授检讨。二等张汉,授检讨;朱荃、洪世泽,授庶吉士。

自康、乾两朝,再举词科,与其选者,山林隐逸之数,多于缙绅,右文之盛,前古罕闻。时承平累叶,海内士夫多致力根柢之学,天子又振拔淹滞,以示风励,爰有保荐经学之制。乾隆十四年,诏曰:"崇尚经术,有关世道人心。今海宇升平,学士大夫精研本业,穷年矻矻,宗仰儒先者,当不乏人。大学士、九卿、督、抚,其公举所知,不限进士、举人、诸生及退休、闲废人员,能潜心经学者,慎选毋滥。寻中外疏荐者四十余人。帝为防幸进,下廷臣覆核,得陈祖范、吴鼎、梁锡玙、顾栋高四人。命呈览著述,派翰林、中书官在武英殿各缮一部。寻授鼎、锡玙国子监司业,召对勤政殿。祖范、栋高以年老不能供职,俱授司业衔。后不复举行。

至属车临幸,宏奖士林,康熙四十二年、四十四年,圣祖巡幸江、浙,召试士子,中选者赐白金,赴京录用有差。高宗六幸江、浙,三幸山东,四幸天津,凡士子进献诗赋者,召试行在。优等予出身,授内阁中书;次者赐束帛。仁宗东巡津、淀,西幸五台,召试之典,亦如前例。道光以后,科举偏重时文。沿习既久,庸滥浮伪,浸失精意。三十年,候补京堂张锡庚请复开博学鸿词科,以储人才。礼部议以非当务之急,遂止。

洎光绪中叶,外侮孔棘,海内皇皇,昌言变法。二十四年,贵州学政严修请设经济特科,下总理各国事务衙门会礼部核议。八月,慈禧皇太后临朝训政,以经济特科易滋流弊,罢之。庚子,京师构乱,乘舆播迁。两宫怵于时局阽危,亟思破格求才,以资治理。

二十七年,皇太后诏举经济特科,命各部、院堂官及各省督、抚、学政保荐,有志虑忠纯、规模闳远、学问淹通、洞达中外时务者,悉心延揽。并下政务大臣拟定考试事宜。御史陈秉崧奏请力除夤缘积习,诏饬诸臣务矢至公。既三品以下京卿纷纷保送,帝觉其冗滥,适太仆少卿隆恩荐疏,上竟报寝,并命撤销太常少卿李擢英前保诸人。二十九年,政务处议定考试之制,如廷试例,于保和殿天子亲策之。凡试二日,首场入选者,始许应覆试,均试论一、策一。简大臣考校，取一等袁家珏、张一麟、方履中、陶炯照、徐沅、胡玉缙、秦锡镇、俞陛云、袁励准等九人，二等冯善徵、罗良鉴、秦树声、魏家骅、吴钟善、钱镕、萧应椿、梁焕奎、蔡宝善、张孝谦、端绪、麦鸿钧、许岳钟、张通谟、杨道霖、张祖廉、吴烈、陈曾寿等十八人。迨授官命下，京职、外任，仅就原阶略予升叙，举、贡用知县、州佐，以视康、乾时词科恩遇，寝不如矣。

三十四年，御史俾寿请特开制科，政务处大臣议以"孝廉方正、直言极谏两科，皆无实际，惟博学鸿词科，康熙、乾隆间两次举行，得人称盛。际兹文学渐微，保存国粹，实为今日急务。应下学部筹议。"时方诏各省徵召耆儒硕彦。湖南举人王闿运被荐，授翰林检讨。两江、安徽相继荐举王耕心、孙葆田、程朝仪、吴传绮、姚永朴、姚永概、冯澂等。部议以诸人覃研经史，合于词科之选，俟章程议定，陈请举行。未几，德宗崩，遂寝。

孝廉方正科，始于康熙六十一年，世宗登极，诏直省府、州、县、卫各举孝廉方正，赐六品章服，备召用。雍正元年，诏曰："国家敦励风俗，首重贤良。前诏举孝廉方正，距今数月，未有疏闻。恐有司怠于采访，虽有端方之品，无由上达。各督、抚速遵前诏，确访举奏。"寻浙江、直隶、福建、广西各荐举二员，用知县；年五十五以上者，用知州。其后历朝御极，皆恩诏荐举以为常。

乾隆元年，刑部侍郎励宗万言："孝廉方正之举，稍有冒滥，即有屈抑。从前选举各官，鲜克公当。非乡井有力之富豪，即宫墙有名之学霸。迨服官后，庸者或以劣黜，黠者或以赃败。请慎选举，以重名器。"吏部议准府、州、县、卫保举孝廉方正，应由地方绅士里党合辞公举，州、县官采访公评，详稽事实。所举或系生员，会学官考核，申送大吏，核实具题，给六品章服荣身。果有德行才识兼优者，督、抚逾格保荐赴部，九卿、翰、詹、科、道公同验看，候旨擢用。滥举者罪之。

五年，定考试例。除朴实拘谨、无他技能、不能应试者，例予顶戴，不送部外，其膺荐赴部者，验看后，试以时务策、笺、奏各一于太和殿门内。道光间，改于保和殿，如考试御史例。

同治初元，明诏选举，又以知县黎庶昌条陈，谕令在京四品以上，在外督、抚、学政，各举所知，不限绅士、布衣，以躬行实践为先，毋得专取文词藻丽者，滥膺盛典。其有年登耄耋，或诚朴无华，足为里闾矜式，不愿来京者，州县官岁时存问，赐以酒米。光绪六年，定自恩诏日起，予限八年，人文到部。每年二月、八月，各会验奏考一次，逾限者止许章服荣身，不得与考。

初制授官用知州、知县，厥后荐举人众，乃推广用途，分别以知县、直隶州州同、州判、佐杂等官及教职用。知县得缺视拔贡，教职视大挑二等举人，余均分省试用序补。历朝以来，有司奉行，第应故事。徇情冒滥之弊，台谏屡以上闻。惟嘉庆朝湖南严如熤以对策第一，召见授知县。咸丰朝湖南罗泽南以书生率湘勇越境剿贼，皆以勋绩见称于时。宣统初，各省所举多至百数十人，少亦数十人，诏饬严行甄核。选举之风，于斯滥矣。

清代科目取士外，或征之遗佚，或擢之廉能，或举之文学，或拔之戎行，或辟之幕职，荐擢一途，得人称盛，有足述焉。

太祖肇兴东土，选拔英豪以辅大业，委略杖策之士咸与擢用，或招直文馆，或留预帷幄。乙卯十一月，谕群臣曰：“国务殷繁，必得贤才众多，量能授职。勇能攻战者，宜治军；才优经济者，宜理国；博通典故者，宜咨得失；娴习仪文者，宜襄典礼。当随地旁求，俾列庶位。”时削平诸国，设八旗制，需才亟。太宗即位，首任儒臣范文程领枢密重事。天聪八年，甲喇章京朱继文子延庆上书，言：“我朝攻城破敌、斩将搴旗者不乏人，守境治民、安内攘外者未多见。”因疏举汉人陈极新、刑部启心部申朝纪，足备任使。帝召延庆等御前，温谕褒奖。命延庆、极新，文馆录用；朝纪仍任部事。九年，谕满、汉、蒙古各官，荐举人才，不限已仕、未仕，牒送吏、礼二部，具名以闻。直文馆宁完我言：“古者荐举之条，功罪连坐，所以杜弊端、防冒滥。请自后所举之人，或功或罪，举者同之。若其人砥行于厥初，改节于末路,许举者随时检举,免连坐。"帝嘉纳焉。

世祖定鼎中原,顺治初元,遣官征访遗贤,车辐络绎。吏部详察履历,确核才品,促令来京。并行抚、按,境内隐逸、贤良,逐一启荐,以凭征擢。顺天巡抚宋权陈治平三策,首广罗贤才以佐上理,并荐故明蓟辽总督王永吉等。诏廷臣各举所知。一时明季故臣如谢升、冯铨、堂崇雅等,纷纷擢用。中外臣工启荐除授得官者,不可胜数。嗣以廷臣所举,类多明季旧吏废员,未有肥遁隐逸逃名之士。诏自今严责举主,得人者优加进贤之赏,舛谬者严行连坐之罚。荐章止以履历上闻,才品所宜,听朝廷裁夺。倘以赀郎杂流及黜革青衿、投闲武弁,妄充隐逸,咎有所归。若畏避连坐,缄默不举,治以蔽贤罪。二年,陕西、江南平,诏征山林隐逸,并故明文、武进士、举人。山东巡抚李之奇以保荐滥及赀郎,诏旨切责。十三年,江南巡抚张中元荐故明进士陆贻吉、于泚,帝亲试之。是年复诏各省举奏地方人才,给事中梁铉言:"皇上寤寐求才,诏举山林隐逸,应聘之士,自不乏人。然采访未确,有负盛举。如江南举吕阳,授监司,未几以赃败;山东举王运熙,授科员,未有建明,以计典去。吕阳等岂真抱匡济之才,不过为梯荣之藉耳。山林何为?谓远于朝市也。隐逸者何?谓异于趋竞也。必得其人,乃当其位。请饬详加采访。"疏入,报闻。

顺、康间,海内大师宿儒,以名节相高。或廷臣交章论荐,疆吏备礼敦促,坚卧不起。如孙奇逢、李颙、黄宗羲辈,天子知不可致,为叹息不置,仅命督、抚抄录著书送京师。康熙九年,孝康皇后升祔礼成,颁诏天下,命有司举才品优长、山林隐逸之士。自后历朝推恩之典,虽如例行,实应者寡。

初制,督、抚升迁离任时,荐举人才一次。嗣令岁一荐举,部议大省限十人,小省限三四人,后复改二年荐举一次。自顺治十八年停差巡按,乃定各省巡抚应举方面有司、佐贰、教官员额,总漕、总河应荐方面有司、佐贰额,亦著为例。康熙二年,御史张吉午奏:"三年考满之法,一、二等称职者,即系荐举,请罢督、抚二年荐举例。"从之。六年,停考满。用给事中李宗孔言复荐举,与卓异并行。先是漕、河荐举例停。十二年，漕督帅颜保请复旧例，每年得举劾属吏示劝惩。部议行。因疏荐粮道范周、迟日巽、知县吴兴祚。诏擢兴祚福建按察使。

圣祖亲政，锐意整饬吏治，屡诏群臣荐举天下廉能官。十八年，左都御史魏象枢疏荐清廉，原任侍郎高珩、达哈塔、雷虎、班迪，大理卿瑚密色，侍读萧维豫，郎中宋文运，布政使毕振姬，知县张沐、陆陇其等十人。得旨分别录用。并谕陆陇其廉能之员，宜任繁剧，如直隶清苑、江苏无锡等县，庶可表见其才。十九年，福建巡抚吴兴祚荐按察使于成龙天下廉能第一，迁布政使，寻擢直隶巡抚。二十年入觐，帝温谕褒美。问属吏中亦有清廉者否？成龙以知县谢锡衮、同知何如玉、罗京对。未几，调成龙两江总督。濒行，疏荐直隶守道董秉忠、通州知州于成龙、南路通判陈大栋、柏乡知县邵嗣尧、阜城知县王燮、高阳知县孙宏业、霸州州判卫济贤，并堪大用。会江宁知府阙，诏即以通州知州于成龙擢补。不数年，擢直隶巡抚。同时两于成龙，先后汲引，并以清操特邀帝眷，时论称之。二十三年，谕部臣保举应补关差，金以"有才及谨慎者不乏人，而操守实难知"对。帝曰："清操如何可废？如郝浴居官甚好，犹侵蚀钱粮，魏象枢曾荐郝浴，此事安能豫知！腾信部院堂官清操而委任之，堂官亦信司官而委任之。但将有守之人举出，被举者自能效力。"是年九卿、詹事、科、道遵旨疏举清廉：直隶巡抚格尔古德、吏部郎中苏赫、范承勋，江南学道赵仑，扬州知府崔华，兖州知府张鹏翮，灵寿知县陆陇其等。二十六年，帝嘉直隶巡抚于成龙清廉，命九卿各举廉吏如成龙者。大学士等荐云贵总督范承勋、山西巡抚马齐、四川巡抚姚缔虞。帝谓承勋等居官皆优，但尚有勉强之意。成龙则出自诚心，毫无瞻顾。命加成龙太子少保衔，以劝廉能。四十年，敕总督郭秀、张鹏翮、桑额、华显，巡抚彭鹏、李光地、徐潮荐道、府以下，知县以上，清廉爱民者，勿计茔误降罚，勿拘本省邻属，具以名闻。时天子广厉风节，群士慕效，吏治丕变。循吏被荐赝显擢者，先后踵相接。

先是廷臣会推广西按察使缺，吏部侍郎胡简敬，淮安人，以推举淮扬道高成美违例获谴，至是申禁九卿毋得保举同乡及本省官，复限每人岁举毋逾十人。五十三年，尚书赵申乔举潮州知府张应诏能耐清贫，可为两淮运使。帝曰："清官不系贫富，张伯行家道甚饶，任所日用皆取诸其家，以为不清可乎？一心为国即好官，或操守虽清，不能办事，亦何裨于国？"

六十一年，世宗嗣位。谕曰："知人则哲，自古为难。朕临御之初，简用人才，或品行端方，或操守清廉，或才具敏练，诸大臣密奏所知。勿避嫌徇私，沽名市恩，有负咨询。"又以道、府、州、县，亲民要职，敕总督举三员，巡抚举二员，布、按各举一员，将军、提督亦得举一员，密封奏闻。雍正四年，以各省所举未能称旨，诏切责之。令各明举一人，不得雷同。时荐贤屡下，帝综核名实，赏罚必行。七年，以督、抚、布、按，为全省表率。命京官学士、侍郎以上，外官藩、臬以上，各密保一人，不拘满、汉，不限资格，即府、县中有信其可任封疆大僚，亦许列荐剡。

高宗重视亲民之官，乾隆二年，谕仿雍正时例，督、抚、布、按，各密举一、二人。次年，复命大学士、九卿举堪任道、府人员，露章启奏。八年，诏大学士举编、检能任知府者。十四年，命侍郎上举能任三品京堂者，尚书以上举能任侍郎者。其时明扬、密保，并行不废。科、道行取，自康熙七年复旧制。诏督、抚举亲民之官，贤能夙著者，亲加选用。二十九年，诏九卿各举所知。尚书王陆举清苑知县邵嗣尧，李天馥举三河知县彭鹏、灵寿知县陆陇其，徐元文举麻城知县赵苍璧。及廷推时，帝复问都御史陈廷敬，廉者为谁？廷敬亦以陇其、嗣尧天下清官为言。时同举十二人，俱用科、道。得人为最。乾隆四年，吏部奏请行取，高宗命尚书、都御史、侍郎于各部属州、县内，秉公保举，如康熙二十九年例。次年，谕"圣祖时如汤斌、陆陇其学问纯正，言行相符，陈瑸、彭鹏操守清廉，治行卓越。天下之大，人材之众，岂无与数人颉颃者？大学士、九卿其公举备采择。"

七年，帝思骨鲠质朴之士，如古马周、阳城起布衣为御史者，诏大学士、九卿及督、抚，勿论资格，列名举奏。嗣诸臣奏到，下吏部定期考试。明年二月，考选御史，试以时务策，帝亲取中书胡宝瑮第一。引见宝瑮、涂逢震等十人用御史，沈澜发江南补用。既而从御史李清芳奏，选用御史，令吏部将合例人员奏请考试。于是保荐御史例罢。清代未设直言极谏之科，而选择言官至为慎重，裨益政治，非浅鲜也。

自康、乾两朝，敦尚实学，一时名儒硕彦，膺荐擢者，尤难悉数。康熙十七年，圣祖问阁臣，在廷中博学能诗文者孰为最？李霨、冯溥、陈廷敬、张英交口荐户部郎中王士禛，召对懋勤殿，赋诗称旨，授翰林院侍讲。部曹改词臣，自士禛始。三十三年，诏大学士举长于文学者，王熙、张玉书疏荐在籍尚书徐乾学、左都御史王鸿绪、少詹事高士奇。召来京修书。乾学未闻命卒，诏进呈遗书，并召其弟秉义来京。四十五年，大学士李光地荐直隶生员王兰生入直内廷，寻赐举人、进士，授编修，荐跻卿贰。历康、雍、乾三朝，凡天禄秘书，靡不与校勘之役。同时江南何焯，亦以寒儒赐举人、进士，值南书房，授编修。被劾解官，仍值书局。亦光地荐也。雍正中，侍郎兼祭酒孙嘉淦荐举人雷铉学行，为国子监学正。乾隆初，尚书管监事杨名时荐进士庄亨阳、举人潘永季、蔡德峻、秦蕙田、吴甝、贡生官献瑶、王文震，监生夏宗澜等，潜心经学，并为国子监属官。三十八年，诏开四库馆。延置儒臣，以翰林官纂辑不敷，大学士刘统勋荐进士邵晋涵、周永年，尚书裘曰修荐进士余集、举人戴震，尚书王际华荐举人杨昌霖，同典秘籍。后皆改入翰林，时称"五征君"。此其著者也。

嘉庆初，和珅败，仁宗下诏求贤。谕满、汉大臣，密举操守端洁、才猷干济、居官事迹可据者，降敕褒擢廉吏刘清，风厉天下。十九年，御史卓秉恬请严禁滥保，帝是之。宣宗即位，尚书刘之荐起名儒唐鉴，授广西知府。四川总督蒋攸铦荐川东道陶澍治行第一，擢按察使。澍好臧否人物，开藩皖中，入觐论奏，侃侃多所举劾。宣宗疑之。密谕巡抚孙尔准察其为人，尔准条列善政，密疏保荐。遂获大用，擢两江总督。临殁遗疏荐粤督林则徐继己任。澍以知人称，咸、同中兴诸名臣,多为所识拔。

文宗嗣位,诏求直言。侍郎曾国藩疏陈:"本原至计,尤在用人。人材有转移之道,培养之方,考察之法。"帝嘉纳之。诏中外大臣荐举保才。大学士穆彰阿奏保宗室文彩,聂沄。特旨用京堂。大学士潘世恩疏荐前总督林则徐、按察使姚莹、员外郎邵懿辰、中允冯桂芬。尚书杜受田首荐则徐及前漕督周天爵。诏起则徐督师,天爵巡抚广西。侍郎曾国藩荐太常少卿李棠阶、郎中吴廷栋、通政副使王庆云、江苏淮扬道严正基、浙江知县江忠源。尚书周祖培亦荐棠阶、廷栋及郎中易棠等,多蒙擢用。云贵总督吴文熔、贵州巡抚乔用迁荐知府胡林翼,擢道员。

咸丰五年,以各省用兵,诏采访才兼文武、胆识出众之士。御史宗稷辰疏荐湖南左宗棠,浙江姚承舆,江苏周腾虎、管晏,广西唐启华。命各督、抚访察,送京引见。是时海内多故,粤寇纵横。文庆以大学士直枢廷,屡密请破除满、汉畛域,用人不拘资地。谓汉人来自田间,知民疾苦,熟谙情伪,办贼当重用汉人。国藩起乡兵击贼,战失利,谤议纷起。文庆独谓国藩忠诚负时望,终当建非常功,宜专任讨贼。又尝奇林翼才略,林翼以贵州道员留楚带勇剿贼,国藩荐其才堪大用,胜己十倍。一岁间擢湖北巡抚,文庆实中主之。袁甲三督师淮上,骆秉章巡抚湖南,文庆荐其才,请勿他调,以观厥成。时论称之。七年,林翼奏兴国处士万斛泉及其弟子宋鼎、邹金粟,砥砺廉隅,不求仕进,请予奖励,诏赏斛泉等七品冠服有差。时军事方殷,迭饬疆吏及各路统兵大臣奏举将才。林翼举左宗棠,予四品京堂,襄办国藩军务。沈葆桢、刘蓉、张运兰,命国藩、林翼调遣。他如塔齐布、罗泽南、李续宾、李续宜、彭玉麟、杨岳斌等,俱以末弁或诸生,拔自戎行,声绩烂然。曾、胡知人善任,荐贤满天下,卒奏中兴之功。

穆宗践祚,以军兴后吏治废弛,特擢天津知府石赞清为顺天府尹,谕各省访察循良,有伏处山林、德行醇备、学问渊通之士,督、抚、学政据实奏闻。寻国藩疏称常州士民尚节义,城陷与贼相持。其士子多读书稽古。如候选同知刘翰清，监生赵烈文、方骏谟、华蘅芳，从九品徐寿等，若使阅历戎行，廓其闻见，有裨军谋。诏谭廷襄、严树森、左宗棠、薛焕访求，遣送国藩军营录用。

同治元年，谕廷臣曰："上年屡降旨令保举人才，各督、抚已将政绩卓著人员登诸荐牍。在京如大学士周祖培，大学士衔祁寯藻、翁心存，协办大学士倭仁，侍郎宋晋、王茂荫，科道高延祜、薛春黎、郭祥瑞等，各有荐举。人臣以人事君，不必俟有明诏，始可敷陈。其各胪列事实，秉公保奏。"复屡谕国藩保荐督抚大员。国藩言："封疆将帅，惟天子举措之。四方多故，疆臣既有征伐之权，不当更分黜陟之柄，宜防外重内轻之渐，兼杜植私树党之端。"帝优诏褒答。

二年，河南学政景其浚奏副贡生苏源生等学行，授本省训导。命各学臣访举经明行修之士，酌保数人，不为恒制。九年，浙江学政徐树铭，以采访儒修，疏荐已革编修俞樾，请赏还原衔，送部引见；秀水教谕谭廷献、举人赵铭、江西拔贡杨希闵等，比照召试博学鸿词例，予廷试。帝以树铭私心自用，下部严议，镌四级。此因荐举获谴，乃其变也。光绪七年，两督臣张树声、抚臣裕宽，荐在籍绅士山西襄陵知县南海进士朱次琦，国子监典籍衔番禺举人陈澧笃行。诏予五品卿衔，以励绩学。

十年，以外衅迭启，时事日艰。谕大学士、六部、九卿、直省将军、督、抚："无论文武两途，有体用赅备，谋勇俱优，或谙习吏治兵事，熟悉中外交涉，或善制船械，精通算术，或骁有机智，饶勇善战，或谙练水师及沿海情形者，广为访求，具实陈奏。"二十一年，访求奇才异能，精天文、地舆、算法、格致、制造学者。二十四年，翰林院侍读学士徐致靖疏荐工部主事康有为、刑部主事张元济、湖南盐法长宝道黄遵宪、江苏知府谭嗣同、广东举人梁启超，特予召见。征遵宪、嗣同至京，赏启超六品衔，任译书局事。时德宗亲政，激于外势，亟图自强。诏求通达时务人才，中外纷纷荐举。而草茅新进之臣，刻励求新，昌言变法矣。未几党祸起，慈禧皇太后训政，有为窜海外，其弟广仁及御史杨深秀、军机章京谭嗣同、林旭、杨锐、刘光第弃市,致靖以党附下狱禁锢,复追论原保诸臣罪。御史宋伯鲁、湖南巡抚陈宝箴,开缺户部尚书、协办大学士翁同龢,俱削官永不叙用。礼部尚书李端棻谪戍边,内阁学士张百熙下部议处。其他言新政者,斥逐殆尽。

追庚子京师遭乱,越年和议成,两宫西幸回銮,时事日棘。三十三年,诏中外大臣访求人才,不拘官阶大小,有无官职,确知才堪大用,及擅专长者,切实荐举。派王大臣察验询问,出具考语,召见。于时被荐人员,分起赴京,除官录用者,至宣统间犹未已。然自光绪之季,改订官制,增衙署,置官缺,破格录用人员辄以千数,荐擢亦太滥矣。宣统元年,御史谢远涵言:"变法至今,长官但举故旧,士夫不讳钻营。请严定章程,以贪劣闻者,反坐旧主,加以惩处。"疏下所司而已。

荐举不拘流品。清代才臣,以佐杂荐跻开府者,如雍正间之李卫、田文镜,乾隆间之杨景素、李世杰,政绩最著。厥后捐纳日广,起家杂流,膺显擢者无算,其人大都饶有干局,以视科目循资迁转,以资格坐致高位,盖不侔也。荐举之尤异者,康熙初,陕西提督王进宝,荐其子用予材武可胜副将,后以功擢总兵,父子同建节钺。雍正间,云南总兵赵坤擢贵州提督,请以其子秉铎为贵州提标参将,帝允所请。孙嘉淦为祭酒,举其弟扬淦为国子监学正,湖南衡永郴桂道汪树,且荐其父原任刑部司官沄学问优裕,政事练达,授四川知府。此则举不避亲,其破除成例又如此。

征辟幕僚,雍正元年诏吏部,嗣后督抚所延幕宾,将姓名具奏,称职者题部议叙,授之职位,以示砥砺。乾隆元年,侍郎吴应棻以鼓励贤才,请立劝惩之法。洎道光间,幕友滥邀甄叙,台谏屡以为言,诏督、抚、盐政,一切议叙,不许保列幕友,并严禁本省属员滥充,违者吏部查参议处。然康熙时,布衣陈潢佐靳辅治河,特赐金事道衔。雍正时,方观承为定边大将军平郡王记室,以布衣召见,赐中书衔。乾、嘉间,名臣如王杰、严如熤、林则徐辈,皆先佐幕而后通籍。迨咸、同军兴,左宗棠、李鸿章、刘蓉等,多以幕僚佐绩戎旃,成中兴之业。曾国藩总制军务,幕府号多才,宾从极一时人选,尤卓卓可纪者也。

清史稿卷一一〇
志第八五

选举五

封荫　推选

　　封赠之制，文职隶吏部，八旗、绿营武职隶兵部。顺治间，覃恩及三年考满，均给封赠。康熙初，废文、武职考满封赠。

　　文职封赠之阶，初正一品、特进、光禄大夫。寻改光禄大夫，从一品光禄大夫，后改荣禄大夫。正二品资政大夫。从二品通奉大夫。正三品通议大夫。从三品中议大夫。正四品中宪大夫。从四品朝议大夫。正五品奉政大夫。从五品奉直大夫。正六品承德郎。从六品儒林郎，吏员出身者宣德郎。正七品文林郎，吏员出身者宣议郎。从七品征仕郎。正八品修职郎。从八品修职佐郎。正九品登仕郎。从九品登仕佐郎。

　　武职封赠之阶，初分三系。一曰满、汉公、侯、伯封光禄大夫，后改建威将军。二曰八旗。一品光禄大夫。二品资政大夫。三品通议大夫。四品中宪大夫。五品奉政大夫。六品承德郎，后改武信郎。七品文林郎，后改奋武郎。八品修职郎。九品登仕郎。乾隆三十二年，改同绿旗。三曰绿旗营。封赠官阶屡变。初制正、从一品荣禄大夫。正二品骠骑将军。从二品骁骑将军。正三品昭勇将军。从三品怀远将军。正四品明威将军。从四品宣武将军。正五品武德将军。从五品武略将军。正六品昭信校尉。从六品忠显校尉。后增正七品奋勇校尉。乾隆二十年,改正二品武显大夫。从二品武功大夫。正三品武义大夫。从三品武翼大夫。正四品昭武大夫。从四品宣武大夫。正五品武德郎。从五品武略郎。正六品武信郎。从六品武信佐郎。正七品奋武郎。三十二年,改正一品建威大夫。从一品振威大夫。增从七品奋武佐郎。正八品修武郎。从八品修武佐郎。八旗与绿营制度始画一。五十一年,改正一品建威将军。从一品振威将军。正二品武显将军。从二品武功将军。正三品武义都尉。从三品武翼都尉。正四品昭武都尉。从四品宣武都尉。正五品武德骑尉。从五品武德佐骑尉。正六品武略骑尉。从六品武略佐骑尉。正七品武信骑尉。从七品武信佐骑尉。正八品奋武佐校尉。从八品奋武佐校尉。增正九品修武校尉。从九品修武佐校尉。于是文、武官阶等级相侔矣。

文、武正、从一品妻封一品夫人。满、汉公妻为公妻一品夫人。侯妻为侯妻一品夫人。伯妻为伯妻一品夫人。正、从二品夫人。正、从三品淑人。正、从四品恭人。正、从五品宜人。正、从六品安人。正、从七品孺人。正、从八品八品孺人。正、从九品九品孺人。武职八旗八品以下、绿旗营七品以下妻无封。后改绿旗营正七品妻封孺人。

顺治五年,定制,凡遇恩诏,一品封赠三代,诰命四轴。二、三品封赠二代,诰命三轴。四、五品封赠一代,诰命二轴。六、七品封赠一代,敕命二轴。八、九品止封本身,敕命一轴。凡轴端一品用玉,二品用犀,三、四品用裹金,五品以下用角。

凡推封之例,顺治初制,父祖现任者,不得受子孙封。致仕及已故者许给,愿弃职就封者听。两子均仕,其父母受封,从其品大者。妇人因子封赠,而夫与子两有官,亦从其品大者。父官高于子者,嫡母从父官,生母从子官。为人后者,已封赠祖父母、父母,请以本身妻室封典赀封本生祖父母、父母者,许赀封。康熙五年,定父职高于子者,依父原品封赠。官卑于子者,从子官封赠。武职子现任文职,封赠依文官例。雍正三年,定四品至七品官愿将本身妻室封典赀封祖父、母者,八、九品官愿封父、母者,皆许貤封。三品以上封曾祖父、母者,请旨定夺。乾隆间,折中礼制,颇有更定。二十七年谕曰:"子孙官品不及祖、父之崇,则父为大夫子为士,记有明文。旧例依祖、父原阶封赠,殊未允协,其议改之。"吏部议定文、武官子孙职大,祖、父职小,依子孙官阶封赠。祖、父职大,子孙职小,不得依祖、父原品封赠。父官高于子者,生母从子官封赠,嫡母、继母不得依父官请封,愿依子官受封者听。武职子任文职者亦如之。五十年,定一品至三品官不得貤封高祖父、母,四品至七品官不得貤封曾祖父、母,八品官以下不得封祖父、母。

道光以后,捐封例开。二十三年,许三品以上官欲捐请本生曾祖父、母封赠者,得依貤封曾祖父、母例报捐。二十八年,许四品至七品官捐请貤封曾祖父、母,八品官以下捐请貤封祖父、母,均依常例加倍报捐。而限制始废矣。旧例八、九品官许封父、母,不封本身妻室。应封妻者,止封正妻一人。正妻未封已殁,继室当封者,正妻亦得追赠。其再继者不得给封。道光二十三年,许八品以下捐封人员欲捐请及妻室者,加倍报捐。咸丰二年,许京、外文职及捐职人员得先封本身及原配、继配妻室,再依本身品级为第三继妻捐封。四年,并从部议,第三继妻以后,谊同敌体,亦许依次递捐矣。旧例仕宦至三品,幼为外祖父、母抚养,其外祖父、母殁无嗣者,许依其官阶貤赠,其余外姻不许封。道光二十三年,许捐封人员为其受恩抚养之母舅、舅母、姑夫、姑母、姨夫、姨母、妻父、妻母依封外祖父、母例,捐请貤封。咸丰三年,并许封貤曾祖父、母,伯叔祖父、母,伯叔父母,庶母,兄、嫂并嫡堂伯叔祖父、母,嫡堂伯叔父、母,嫡堂兄、嫂,从堂、再从堂尊长及外曾祖父、母,外祖父、母,妻祖父、母。按例定品级,一体捐请。又许为人妇者,为其已故夫之祖若父捐职请封。为人后者,为祖若父貤封其先人,展转推衍,而经制荡然矣。

加级请封之制,其初限制亦严。顺治初,凡恩诏加级者,以新加之级给封。康熙五十二年,定例七品以下加级请封,不得逾五品,五、六品不得逾四品,三、四品不得逾二品,捐级不得计算。乾隆间,外官加级不论新旧,不得依加级请封。五十年,部议京官八品以下,得依加级请五品封,不惟逾分,亦觉太优。嗣后八品以下不得逾七品,在外未入流不得给封,愿捐纳荣亲者,许其捐封。从之。嘉庆后,限制渐宽。京、外官恭遇覃恩,许报捐新级请封。议叙三、四品职衔人员,加级捐请二品封典,许加倍纳银,按现任及候补、候选例给封。咸丰初,推广捐例,京、外各官及捐职人员,由加级及捐加之级捐封者,现任及候补、候选三、四品官,许捐至二品。其五、六品加等捐请三品封者,依常例加倍报捐。加等捐请至二品者,依四品职衔得捐二品封例,加倍半报捐。其七品加等捐请三、四品封,八品以下加等捐请五、六品封,均依常例,分别加倍报捐。十年,定三品人员加级捐封,按一品人员银数加倍,许给从一品封。二、三品虚衔人员捐从一品封,应按二、三品实职银数加成或加倍报捐。其有为外姻捐从一品封者,许各按二、三品实职虚衔银数,再行分别加成报捐。

陵夷至光绪中,御史李慈铭疏曰:"治国之要,惟赏与罚。罚固不可稍逾,赏亦岂可或滥!康熙、乾隆两朝,享国久长,广典武功,缕指难尽。其时内外臣工,屡逢恩诏,论功行赏,班序秩然,未有越等者。今则外官道员多至二品,其封皆至一品矣。知府、同知多加三品,其封皆至二品矣。牧、令大半四品,簿、尉大半五、六品,其封率至三、四品矣。夫爵赏者,人君所以进退贤愚,人臣所以奔走吏士。得之太易,则人不知恩,予之太骤,则士无由劝。尊卑不别,等级不明,长伪士之浮嚣,惑小民之观听,非所以尊朝廷、清流品也。"奏上,亦未杀减。

厥后外患频仍,人才缺乏。二十六年,诏停报捐实官,而虚衔封典报捐如故。宣统元年,吏部议定条例,京官依加级、外官依本任请封,颇欲规复旧制,格不得行。明年,改定京官依加级、外官依加衔,五品人员许请至三品封赠,八品人员许请至六品封赠。欲稍事补救,而积重难返矣。

荫叙之制,曰恩荫,曰难荫,曰特荫。恩荫始顺治十八年,恩诏满、汉文官在京四品、在外三品以上,武官在京、在外二品以上,各送一子入监。护军统领、副都统、阿思哈尼哈番、侍郎、学士以上之子为荫生，余为监生。初制，公、侯、伯予一品荫，子、男分别授荫。雍正二年改世职俱依三品予荫。乾隆三十四年，定公、侯、伯依一品，子依二品，男依三品予荫。雍正初，定例荫生、荫监生通达文义者，交吏部分各部、院试验行走。其十五岁以上送监读书者，年满学成，咨部奏闻，分部、院学习。又令文、武荫、监生通达文理者，遵例考试，以文职录用。其幼习武艺，人材壮健，愿改武职者，呈明吏部，移兵部改荫。

考试之法，雍正三年，令荫生到部年二十以上者，奏请考试引见。乾隆十一年，定考试以古论及时务策，钦派大臣阅卷，评定甲乙，进呈御览。文理优通者，交部引见。荒谬者，发回原籍读书，三年再试。历代遵例行。光绪三十一年，免汉荫生考试如满员例。

录用之法，汉荫生有内用、外用、改武职用三途。内用者，雍正元年定制，尚书一品用员外郎，侍郎二品用主事，总督同尚书，巡抚同侍郎。七年，改定正一品用员外郎、治中，从一品用主事，正二品用主事、都察院经历、京府通判，从二品用光禄寺署正、大理寺寺副，正三品用通政使司经历、太常寺典簿、中、行、评、博，从三品用光禄寺典簿、銮仪卫经历、詹事府主簿、京府经历，四品荫生与捐纳贡监考职者一例，轮班选用。乾隆七年，定左都御史荫同尚书。同治十年，定河道总督荫用员外郎、主事。宣统间，改革官制，裁撤各官，以相当品级改用。外用者，乾隆间定制，正一品用府同知，从一品用知州，二品用通判，三品用知县，汉世职子爵用知县，终清世无变更。改武职用者，雍正间定制，在京一品尚书等官，在外总督、将军，荫生用都司。衔管都司二品侍郎等官，巡抚、提督，用署都司。衔管都司三品副都御史等官，布政使、总兵官，用守备衔管守备。按察使、加一品衔副将，用署守备衔管守备。二品衔副将，用守御所千总。乾隆间定汉子爵三品用千总，男爵四品用把总。

汉军录用，康熙十二年原定一品用员外郎，二品用大理寺寺正、知州。雍正七年，用知州者以主事改补。乾隆五年，定三品用七品笔帖式,四品用八品笔帖式。宣统元年,吏部奏言:"汉文、武官荫生,按品级正、从授职,满荫生不分正、从。汉荫生引见,以内用、外用拟旨,满荫生以文职侍卫旗员拟旨。惟光绪三十二年以后,汉员一体简授,旗职若现任都统、副都统,荫生依满例给荫,不无窒碍。拟请原系尚书、侍郎改授升授者,都统依汉尚书例,副都统依汉侍郎例,三品以下京堂、监司升授之副都统,依汉正二品例,仍以内用、外用拟旨。"允之。

初制,非现任官不得荫,内务府佐领以下官不给荫。康熙六年,定各官不论级衔,均依实俸荫子,是年始许内务府佐领以下官子弟给荫。十二年,并许原品解任食俸者给荫。

先是康熙三年定荫、监生已得官及科目中式者,不得补荫。乾隆四十五年改定嫡长子孙有科名尚未选用,及有职衔愿承荫者,许补荫。道光以后,捐例宏开,既得官职,仍许补荫。铨选混淆,幸进滋多。

光绪二十二年,御史熙麟奏言:"吏部铨选,以奉特旨人员统压各班,然如荫生暨及岁引见之员,曾捐道府,引见奉谕仍以道府选用者,本系捐班,部章竟归特旨班铨选。比年以来,率皆营私取巧,预捐道府,为他日例邀特旨统压各班之地。致使同一荫生暨及岁人员,而廉吏儿孙,兴嗟力薄,纨绔子弟,逞志贪缘,于世道人心,大有关系。请以此等人员加捐道、府者,与捐纳人员同班铨选。"下部议行。

难荫,顺治三年定制,官员殁于王事者,依应升品级赠衔,并荫一子入监读书,期满候铨。康熙十八年定殉难官依本衔荫子,不依赠衔。雍正十二年,奏定官员因公差委,在大洋、大江、黄河、洞庭、洪泽等湖,遭风漂殁者,依应升品级荫、赠,在内洋、内河漂殁者,减等荫、赠,八品以下,赠衔不给荫。乾隆六十年定官员随营任事,催饷尽力,因病身故者,依内洋、内河漂殁例荫、赠。道光二十三年,许八品以下官因公漂殁及军营病故者,赠衔,荫一子监生,许应试,不得铨选。光绪二年奏定见任官遇贼殉难及军营病故,如系以何种官阶升用、补用、即用并捐保升衔者，依升阶、升衔、赠衔，依实官给荫。候补、候选者，依现任官荫、赠。休致、告病者，依原官荫、赠。降调者，依所降官荫、赠。已拣选之举人，就职、就教之恩、拔、副、岁、优贡生，并考有职衔之捐纳贡监生，各按品级，依现任官荫、赠。未经拣选举人，依七品例。恩、拔、副、岁、优贡生依八品例。廪、增、附文生员依九品例荫、赠。虚衔顶戴人员，止予赠衔，不给荫。

乾隆以前，旗员效力行间，懋著劳绩，及临阵捐躯者，其子孙例得世职。年未及岁，已承袭未任职者，给半俸。绿营员弁阵亡议恤，仅得难荫而已。乾隆四十九年诏曰："旗员及绿营人员，效命疆场，同一抒忠死事，何忍稍存歧视。嗣后绿营员弁军功议叙恤赏，仍依旧例。阵亡人员，无论汉人及旗人，用于绿营者，一体给予世职。袭次完时，依例酌给恩骑尉，俾赏延于世。"自是汉员死难者，亦多得世职矣。

凡殉难赠衔，总督加尚书衔者，赠太子少保衔。巡抚加副都御史衔者，赠左都御史衔。布政使赠内阁学士衔。按察、盐运使赠太常寺卿衔。道员赠光禄寺卿衔。知府赠太仆寺卿衔。同知、知州、通判赠道衔。知县赠知府衔。教谕、训导赠国子监助教、学录衔。其余各官，按品级比例加赠。光绪二年，定内洋、内河漂殁及军营病故者，减等赠衔。惟总督、巡抚、布政使，无庸议减，仍减等给荫。

凡给荫，康熙间定制，三品以上荫知州，四品以下至通判荫知县，布政、按察、都转盐运三司首领官及州、县佐贰六品、七品官荫县丞，八品、九品官荫县主簿，未入流荫州吏目。光绪二年，定遇贼殉难官给荫如康熙旧制。惟知县荫州判，军营病故及因公漂殁者，减等荫子。武职难荫，有都司、守备、千总、把总，与恩荫改用武职同。凡给世职，阵亡提督，依参赞、都统例，给骑都尉兼一云骑尉。总兵官依副都统例，给骑都尉。副将以下，把总、经制、外委以上，依参领以下及有顶戴官以上例，俱给云骑尉。应袭人员年十八岁者，送部引见，发标学习。未及岁者给半俸，及岁补送引见。光绪间，部章恩荫许分发，难荫不得援例。二十二年，熙麟奏言："恩荫既分部并外用，待之已优，又予分发，难荫专外用，待之已绌，又不予分发，殊失其平。今时事多艰，需人孔亟。正赖鼓天下忠义之气，俾临难毋苟。顾于恩荫则为显宦儿孙扩功名之路，于难荫不为忠臣后裔开一线生机，是使国殇饮恨于重泉，忠义灰心于临事。请饬部臣援恩荫外用例，一体分发补用。"下部议行。

特荫，乾隆三年诏曰："皇考酬庸念旧，立贤良祠于京师。凡我朝宣劳辅治完全名节之臣，永享禋祀，垂誉无穷。其子孙登仕籍者固多，或有不能自振、渐就零落者，朕甚悯焉。其旁求贤良子孙无仕宦者，或品级卑微者，各都统、督、抚，择其嫡裔，品行材质可造就者，送部引见加恩。"四十七年，原任广西巡抚、灭寇将军傅弘烈曾孙世海等，降旨录用。嘉庆四年，追赠已故御史曹锡宝副都御史，依赠衔给予其子荫生。历代眷念功臣后嗣，恩旨屡颁。光绪季年，海内多故，因思将帅有功之臣，诏曰："咸、同以来，发、捻、回匪，次第戡定。文武大员，勋绩卓著。懋赏酬庸，阅时五十余年。各勋臣子孙，名位显达者，固不乏人；而浮沉下位，伏处乡里者，亦复不少。"令各督、抚、都统详察勋臣后裔，有无官职汇列上闻。军机大臣缮单呈览。前西安将军多隆阿次孙寿庆、曾孙奎弼，湖北提督向荣曾孙楷、乃全，安徽巡抚江忠源孙慎勋、曾孙勤培，布政使衔、浙江宁绍台道罗泽南孙长耿、曾孙延祚，协办大学士、四川总督骆秉章孙懋勋、曾孙毓枢，江南提督张国梁孙绳祖、继祖，巡抚衔、浙江布政使李续宾孙前普、曾孙正绳，兵部尚书彭玉麟次孙见绥、曾孙万澂，陕甘总督杨岳斌子正仪、孙道澂，四川提督鲍超次子祖恩、孙世爵，署安徽巡抚、布政使李孟群孙兴仁、兴孝，江西南赣镇总兵程学启嗣子建勋，广东提督刘松山孙国安、曾孙家琨，贵州提督冯子材次子相华、孙承凤等，命各按官级升用。湖南提督塔齐布，令访明立嗣，奏请施恩。其明年，又诏开列勋绩最著之臣，前云贵总督刘长佑，台湾巡抚、一等男刘铭传，赠布政使、道员王鑫，绥远城将军福兴，福建陆路提督、一等男萧孚泗，记名提督、一等子、河南归德镇总兵李臣典，浙江提督邓绍良，都统衔、广东副都统乌兰泰，署广西提督、甘肃肃州镇总兵张玉良,工部左侍郎吕贤基,漕运总督袁甲三,都察院副都御史、江西巡抚张芾,署贵州巡抚韩超,布政使衔、福建督粮道赵景贤,云南鹤丽镇总兵朱洪章,直隶提督郭松林,广东等省巡抚蒋益澧,布政使衔、江南道员温绍原,署安徽庐凤颖道金光箸,护军统领恒龄,新疆巡抚、一等男刘锦棠,记名提督、广西右江镇总兵张树珊,赠布政使衔、升用知府、天津知县谢子澄,令各都统、督、抚访明有无后嗣,有何官职,请旨施恩。若夫乾隆四十八年录用明臣经略熊廷弼五世孙世先,督师袁崇焕五世孙炳,则推恩特荫胜代忠臣后裔,尤旷典也。

　　任官之法,文选吏部主之,武选兵部主之。吏部四司,选司掌推选,职尤要。凡满、汉入仕,有科甲、贡生、监生、荫生、议叙、杂流、捐纳、官学生、俊秀。定制由科甲及恩、拔、副、岁、优贡生、荫生出身者为正途,余为异途。异途经保举,亦同正途,但不得考选科、道。非科甲正途,不为翰、詹及吏、礼二部官。惟旗员不拘此例。官吏俱限身家清白,八旗户下人、汉人家奴、长随,不得滥入仕籍。其由各途入官者,内则修撰、编、检、庶吉士、主事、中书、行人、评事、博士,外则知州、推官、州县教授,由进士除授。内阁中书、国子监学正、学录、知县、学正,由举人考授及大挑拣选。小京官、知县、教职、州判,由优、拔贡生录用。员外郎、主事、治中、知州、通判,由一、二品荫生考用。此外贡监生考职,用州判、州同、县丞、主簿、吏目、京通仓书、内阁六部等衙门书吏、供事,五年役满,用从九品未入流。礼部儒士食粮三年,用府检校、典史。吏员考职,一等用正八品经历,二等用正九品主簿,三、四等用从九品未入流。官学生考试,用从九品笔帖式、库使、外郎。俊秀识满、汉字者考翻译,优者用八品笔帖式。厥后官制变更,略有出入。其由异途出身者,汉人非经保举、汉军非经考试,不授京官及正印官,所以别流品、严登进也。

　　凡内、外官分满洲缺、蒙古缺、汉军缺、汉缺,满洲又有宗室、内务府包衣缺。其专属者,奉天府府尹、奉锦、山海、吉林、热河、口北、山西、归绥等道缺。各直省驻防官、理事、同知、通判为满洲缺。唐古特司业、助教、中书、游牧员外郎、主事为蒙古缺。钦天监从六品秋官正为汉军缺。宗人府官为宗室缺。内务府官为内务府包衣缺。此外京师各衙门、陵寝衙门、盛京五部、各直省地方俱设额缺。满洲京堂以上缺，宗室汉军得互补。汉司官以上缺，汉军得互补。外官蒙古得补满缺，满、蒙包衣皆得补汉缺。惟顺天府府尹、府丞，奉天府府丞，京府、京县官，司、坊官不授满洲。刑部司官不授汉军。外官从六品首领，佐贰以下官不授满洲、蒙古。道员以下不授宗室。其大凡也。

官吏论俸序迁曰推升，不俟俸满迁秩曰即升。内而大学士至京堂，外而督、抚、藩、臬，初因明制由廷臣会推。嗣停会推，开列题请。太常、鸿胪、满洲少卿，开列引见。不开列，以应升员拟正、陪引见授官曰拣授，论俸推取二十人引见授官曰推授。京司官、小京官、笔帖式，分留授、调授、拣授、考授，皆引见候旨，余则选。外官布政使、按察使开列，运使请旨。道府缺有请旨、拣授、题授、调授、留授，余则选。厅、州、县缺同道、府，无请旨者。佐杂、教职、盐官，要缺则留，余或咨或选。初京司官缺，题、选无定例，长官以意为进退。久之，员缺率由题补，而应升、应补、应选者多致沈滞。乾隆九年，诏以各司题缺咨部注册，余缺则选，不得混淆。于是定各部各司汉郎中、员外部、主事各几缺题授，余若干缺则选。道光间，更定题补缺额，嗣各部时有增益。顺治十二年，诏吏部详察旧例，参酌时宜，析州、县缺为三等，选人考其身、言、书判，亦分三等，授缺以是为差。厥后冲、繁、疲、难四者定员缺紧要与否。四项兼者为最要，三项次之，二项、一项又次之。于是知府、同、通、州、县等缺，有请旨调补、部选之不同。

凡选缺分即选、正选、插选、并选、抵选、坐选，各辨其积缺不积缺，到班者选之。选班有服满、假满、俸满、开复、应补、降补、散馆庶吉士、进士、举、贡、荫生、议叙、捐纳、推升。大选双月，急选单月。满、蒙、汉军上旬，汉官下旬，笔帖式中旬。初制，选人均到部投供点卯,已而例停,令各回籍,部查年月先后掣选,寄凭赴任。康熙二年,给事中于可托言:"寄凭既虑顶冒,远省选人往返辄经年。遇有事故,缴凭更选,亦复需时。悬缺迟久,劾署员肆贪,催新任速赴者,连章见告。宜仍令人文到部,按次铨选。"八年,御史戈英复以为言。议行。自是应选者悉赴部投供点卯,为永制。圣祖念选人一时不能得官,往往饥寒旅邸,令吏部截留一年选人留京,余听回籍。御史田六善言:"半载以来,截留推官八十选一人,知县三百选三十一人,余须守候三、四年。陪掣空签,选期难料。当按名挨掣实签,临选前两月投供。"下部议,罢按月点卯及掣空签,诏减半截留人数。选人投供,初于应选前月十五日,距选期近,出缺美恶易滋弊。后改每月初一日投供,间一选期铨补,著为令。选人得缺,初试以八股时文,寻罢。改书履历三百字,条列治民厚俗、催科抚字、谳狱听讼诸方法,谓之条陈。补任、升任,并须敷陈旧任地方利弊。然条陈多倩作,或但作颂圣语,其制未久亦废。选人例由吏部会九卿验看,后增科、道、詹事。康熙二十七年,从御史荆元实言,令州、县、同、通等官掣缺后,俱随本引见,后世踵行焉。故事,大臣验看月官,查有行止不端、出身不正、祖父有钱粮亏空或人缺不相当者以闻。乾隆时,月官有人缺不称,引见时帝辄为移易,颇足剂铨法之穷。十年,引见月官,帝以知县周仲等四人衰颓,特降教职。十二年,复亲汰衰庸不胜知县四人,而切责验看诸臣之不纠举。厥后分发、候补、试用之州、县、同、通,且一体引见,不限实官。久之,州、县、同、通在外补官,及杂职分发,并得援例捐免引见,验看益视为具文,无足轻重矣。

内、外官互用,本有成例。初行内升、外转制。在内翰、詹、科、道四衙门品望最清,升转特异他官。编、检迁中允、赞善曰开坊,他若翰、詹、坊、局、国子监堂官、京堂,俱得升调,大考上第,擢尤不次。外转例始顺治十年,诏定少詹事以下二十一员用司、道,治行优者,内擢京堂。寻更定正、少詹事用布政,侍读学士用按察,中允用参政,编、检用副使。十八年,复定侍读以下每年春秋外转各一员,读、讲用参政,修撰用副使,编、检用参议。未几例停。康熙二十五年，甄别翰林官平常者，外用同知、运副、提举通判。二十八年，编修李涛外简知府，翰林官授知府自涛始。三十七年，左都御史吴涵言编、检升转迟滞，请破格外用，照编修李涛、检讨汪楫例，补知府一、二人。若破格改授，请照少詹王士禛、徐潮，侍读顾藻、编修王九龄例，用副都御史、通政使。帝纳其言，为授检讨刘涵知府。雍正初，以编、检、庶吉士人多，内用科、道、吏部，外用道、府、州、县，以疏通之。嗣是编、检率内升坊缺，用科、道，外授道、府，以为常。吏部六官之长，初定司官内升、外转岁各一人。已，罢其制。康熙八年，用御史余缙言复之。四十年，例复停，与他部司员一体较俸。给事中升转岁一次，御史倍之，外简道、府，内擢京堂。五十九年，诏定历俸制，由编、检、郎中授者限二年，员外郎或主事授者递增一年。乾隆十六年，定科、道三年升转一次，五十五年停其例。内官外用，京察外有截取保送，皆俟俸满保送。分发截取，则选繁简，由长官定之。府、牧、令、丞、倅皆得以其班次改外。外官内升，初定司、道岁三人，汉人以科目出身，且膺卓异、俸荐俱优者为限。

知县行取，盖仿明制，初有荐推、知皆得考选科、道。康熙间屡诏部臣行取贤能，内用科、道。吴江知县郭琇、清苑知县邵嗣尧、三河知县彭鹏、灵寿知县陆陇其、麻城知县赵苍璧，皆以大臣荐举，行取授御史，得人称最。四十三年，川抚能泰请罢督、抚保题例，帝韙之。诏嗣后知县无钱粮盗案者，省行取三、四员。明年，御史黄秉中言知县考选科、道，殊觉太骤。廷议停止。寻定行取三年一次，直隶、江南、湖广、陕西各五员，余省三员、一员不等，以主事补用。雍正间，刑部尚书徐本请复行取御史旧制，格于部议。行取官用主事者，初选补犹易，后与捐纳间补，遂病壅滞。乾隆元年，令视武官保举注册例，仍留本任。已赴京者，许外补同知。时各省视行取为具文，例以无参罚之次等州、县应选，十六年罢之。洎光绪季年，令州、县以上实官及曾署缺者，一体考试御史。非复行取遗意，亦行之未久而罢。

铨选按格拟注，凭签掣缺，拘于成例，历代间行保荐制，以补铨法之不逮。顺治初,定保举连坐之法。十二年,以直隶保定、河间,江南江宁、淮、扬、苏、松、常、镇,浙江杭、嘉、湖、绍等三十府,地方紧要,诏京、外堂官、督、抚各举一人备简,不次擢用。已,有以贪庸败者,给事中任克溥言:"皇上对天下知府中权其繁剧难治者三十,许二品以上官荐举,破格任用。为时未久,以贪劣劾罢者数人。诸臣不能仰承圣意,秉公慎选,乞下吏议。"从之。康熙七年,诏部、院满、汉官才能出众者,许不计资补用。明年,吏部请罢保荐,仍循俸次升转,以杜钻营贿赂。报可。四十年,令总督郭琇、张鹏翮,巡抚彭鹏、李光地等,各举道、府、州、县惠爱清廉者以闻。世宗御极,屡诏京、外大臣荐举道、府、同、通、州、县,所举非人,辄遭严谴。户部尚书史贻直言:"迁擢宜循资格,资格虽不足以致奇士,而可以造中材。捐弃阶资,幸进者不以为奖励之公,而阴喜进取之独巧;沈滞者不自咎才智之拙,而徒怨进身之无阶。请照旧例,循阶按级,以次铨除。果才猷出众,治行卓越,仍许破格荐擢。"从之。乾隆间,历行保荐之法,司、道、郡守,多由此选。宣宗初元,郎中郑裕、知府阿麟、唐仲冕,皆以大臣推举,陟方面、擢疆圻。历代相沿,率以荐贤举能责诸臣工,间亦破格任用。初京职简道、府,疆吏察其才不胜任,疏请调京任用,多邀俞允。乾隆初,廷臣有以衰废之人不宜复玷曹司为言者,诏切止之。嗣是外官才力不及者,但有休致、降补,无内用矣。

官吏升转论俸,惟外官视年劳为差,异于京秩。在外有边俸,有腹俸。腹俸之道、府、州、县佐贰、首领官,五年无过失,例得迁擢。边俸异是。广东崖州、感恩、昌化、陵水等县,广西百色、太平、宁明、明江、镇安、泗城、凌云、西隆、西林等府、厅、州、县及忠州、河池等数十杂职,为烟瘴缺。云南元江、鹤庆、广南、普洱、昭通、镇边等府通判、同知,镇雄、恩乐、恩安、永善、宁洱、宝宁等州、县,贵州古州兵备道,黎平、镇远、都匀、铜仁等府同知,清江、都江、丹江通判,永丰知州,荔波知县,四川马边、越嶲同知,为苗疆缺。俱三年俸满,有政绩、无差忒者,例即升用。江苏太仓、上海等十县,浙江仁和、海宁等十七县,山东诸城、胶州等七州、县,广东东莞、香山等十三县,福建

闽侯等九县,为沿海缺。直隶良乡、通州等十二州、县,河南祥符、郑
州等十一州、县,山东德州、东平等十三州、县,江南山阳、邳州等十
三州、县,为沿河缺。历俸升擢,与边俸同。边疆水土恶毒,或不俟
三年即升。其水土非甚恶劣,苗疆非甚紧要者,升迁或同腹俸。乾
隆间,定边缺、夷疆、海疆久任之制,升用有须满八年或六年者,则
为地择人,不拘牵常例也。

选班首重科目正途。初制,进士知县惟双月铨五人,选官有迟
至十余年者。雍正二年,侍郎沈近思请单月复铨用四人。于是需次
二、三年即可得官。举、贡与进士虽并称正途,而轩轾殊甚。顺治间,
贡生考取通判,终身无望得官。乾隆间,举人知县铨补,有迟至三十
年者。廷臣屡言举班壅滞,然每科中额千二百余人,综十年计之,且
五千余人,铨官不过十之一。谋疏通之法,始定大挑制。大挑六年
一举行,三科以上举人与焉。钦派王大臣司其事,十取其五。一等
二人用知县,二等三人用学正、教谕。用知县者,得借补府经历、直
隶州州同、州判、县丞、盐库大使。用学正、教谕者,得借补训导。视
前为疏通矣。异途人员,初与正途不相妨。康熙初,生员、例监、吏
员出身官,须经堂官、督、抚保举,始升京官及正印官。无保举者,郎
中、员外郎、主事以运同、府同知分别补用。汉军捐纳官,朝考后方
得授官。十八年,复令捐纳官莅任三年称职者,题请升转,否则参
劾,以示限制。自二十六年,以宣大运输,许贡监指捐京官正印官
者,捐免保举。寻复许道、府以下纳赀者,三年后免其具题,一例升
转。于是正途、异途始无差异。乾、嘉以后,纳赀之例大开,洎咸、同
而冗滥尤甚。捐纳外复有劳绩一途,捐纳有遇缺尽先花样,劳绩有
无论题选咨留遇缺即补花样,而正途转相形见绌。甲榜到部,往往
十余年不能补官,知县迟滞尤甚。光绪二年,御史张观准条上疏通
部员之法:一,捐纳部员勿庸减成;一,主事俸满即准截取;一,散馆
主事尽数先选;一,进士主事准以知县改归原班铨选。报可。顺天
府府尹蒋琦龄亦言各省即用知县,不但无补缺之望,几无委署之
期,至有以得科名为悔者。廷臣多以进士知县壅滞,纷请变更成例,

帝辄下所司核议。十六年，御史刘纶襄言："近日诸臣条奏选补章程，吏部议核，日不暇给。朝廷设官，惟欲任用得人，以资治理，非能胥天下仕者使尽偿所愿也。国家缺额有定，士子登进无穷。安得如许美官，以待萦情眈仕之人？徒滋纷扰，无济于事。"帝为下诏切止之。是时异途竞进，疆吏多请停分发。吏部以仕途幸滥，申多用科甲之请。势已积重，不能返也。

满人入官，或以科目，或以任子，或以捐纳、议叙，亦同汉人。其独异者，惟笔帖式。京师各部、院、盛京五部，外省将军、都统、副都统各署，俱设笔帖式额缺。其名目有翻译、缮本、贴写。其阶级自七品至九品。其出身有任子、捐纳、议叙、考试。凡文、武翻译举人、贡监生，文、武翻译生员，官、义学生，骁骑闲散，亲军领催，库使，皆得与试。入选者，举、贡用七品，生、监用八品，官、义学生、骁骑闲散等用九品。六部主事，额设百四十缺，满、蒙缺八十五，补官较易。笔帖式擢补主事，或不数年，辄致通显。其由科甲进者，编、检科仅数人，有甫释褐即迁擢者。翰林坊缺，编、检不敷补用，得以部院科甲司员充之，谓之外班翰林。外官东三省、新疆各城，各省驻防文、武大员，俱用满人。甘肃、新疆等边地道、府、同、通、州、县，各省理事、同知、通判，皆设满洲专缺。满缺外，汉缺亦得补用。其有终养回旗，得授京秩。内、外文职选补，一时不能得官，及降调、咨回各员，许改授武职，尤特例也。

保举为国家酬庸之典，所以励劳勋、待有功也。历朝纂办实录，各馆奉敕修书，及各省军营、河工、徵赋、缉盗有功者奖叙。康熙十一年《世祖实录》成，四十九年《平定朔漠方略》成，副总裁以下官但奖加级。六十一年算法成书，始议以三等叙功，奖应升、加等、即用有差。康、雍两朝实录成，从总裁请，无议叙。嘉庆间，修书馆臣请超一、二等优奖，帝不许。寻定非特旨专设之官，不得议叙、升用，历代踵行。其军营、河工等奖案，始不过加级，或不俟俸满即升，名器非可幸邀。迨季世以保举为捷径，京、外奖案，率冒滥不遵成例。光绪元年，御史王荣琯请下越阶保升之禁。帝韪之。三年，以纂修《穆宗实录》过半,与事诸臣俱保升并加衔,备极优异。十年,部议限制保举,五、六品京堂、翰、詹坊缺,及遇缺题奏,俱不得擅保。未几,仍有以候补郎中保京堂,编、检保四、五品坊缺,及应升缺并开列在前者。咸、同军兴,保案踵起。吏部于文选司设专处司稽核,事之繁重,与一司埒。同治十二年,闽抚王凯泰言:"军兴以来,保案层迭,开捐以后,花样纷繁。军营保案,藉花样以争先恐后,各项保举,又袭军营名目以纷至沓来。名器之滥,至今已极。盈千累百,徒形冗杂。请敕部察核京、外各班人员,酌留二、三成,余令回籍候咨取。"下所司核议。军功外,号称冗滥者,为河工保。光绪二十年,御史张仲炘言:"山东河工保案,近年多至五、六百人。部定决口一处,奖异常、寻常者六人。该省所报决口多寡,辄以所保人数为衡。图保者以山东为捷径,捐一县丞、佐杂,不数月即正印矣。请饬所司严定章程。"帝俞其请。

三十二年,御史刘汝骥复言:"吏治之蠹,莫如保举一途。其罔上营私者,一曰河工。国家岁糜数十万帑金以慎重河防,封疆大吏乃以此为调剂属员之举。幸而无事,丞、倅保州、县矣,同通保府、道矣。一曰军功。工厂之鼓噪,饥民之啸聚,辄浮夸其词曰大张挞伐。耳未闻鼙鼓,足未履沙场,而谬称杀敌致果、身经百战者,比比然也。一曰劝捐。顺天赈捐一案,保至千三百余人,山东工赈,保至五百余人,他省岁计亦不下千人。请严禁徇情滥保,以杜幸进。"下所司核议限制之法。其时吏部投供月多至四、五百人,分发亦三、四百人,选司原设派办处,司其事者十余人,犹虞不给。季年乃毅然废捐纳,停部选,为疏通仕途,慎选州、县之计。然捐例虽停,而旧捐移奖,层出不穷。加以科举罢后,学堂卒业,立奖实官。举、贡生员考职,大逾常额。且勋臣后裔,悉予官阶,新署人员,虚衔奏调。纷然错杂,益难纪极。宣统三年,裁吏部,设铨叙局,虽有刷新政治之机,而一代铨政,终不复能廓清也。

武职隶兵部,八旗及营、卫官之选授,武选司掌之。内而骁骑、前锋、护军、步军、火器、健锐、虎枪各营,外而陵寝、围场、热河、乌里雅苏台、科布多、阿尔泰、乌梁海、西宁、西藏、塔尔巴哈台游牧、察哈尔、绥远城、各省驻防，皆旗缺，属八旗。门千总为门缺，属汉军。河营、陆路、水师皆营缺，满、汉分焉。漕运为卫缺，汉军、汉人得兼补。旗缺副都统以上开列，余则拣选。五品以上题补，六品以下咨补。绿旗总兵以上，初用会推，嗣罢其例，开列具题。副将投供引见，亦有开列者。其次要缺则题，简则推，把总拔补。其大略也。

凡满、汉入仕，有世职、荫生、武科。八旗世职，公、侯、伯、子、男补副都统，轻车都尉、骑都尉补佐领，云骑尉补防御，恩骑尉补骁骑校。汉伯、子、男用副将，轻车都尉用参将，骑都尉用游击或都司，云骑尉用守备。尚书至副都御史等官，总督、将军至二品衔副将荫生改武者，用都司、守备、守御所千总、卫千总。武科进士一甲一名授头等侍卫，二、三名授二等侍卫，二、三甲拣选十名授三等侍卫，十六名授蓝翎侍卫，余以营、卫守备补用。汉军、汉人武举拣选一、二等用门千总及营千总，三等用卫千总。其以资劳进用者，营伍差官、提塘、随帮、随营差操，经制及外委、千、把总、无责任效用官，因功加都督至副将等衔者用游击。加参将、游击衔者用都司。加都司、守备衔者用守备。加千总衔者拔补把总。武进士、武举充提塘差官满三年，由部考验弓马，优者用营、卫守备，次者武举用防御所千总。武举随营差操满三年，以营千总拔补。随帮三运报满，用卫千总。凡部推之缺，岁二月，参将、游击缺，用汉一、二等侍卫一人。四、六、八月游击、都司缺，用汉三等侍卫三人。正、三、五、七、九月都司缺，用蓝翎侍卫五人。正月、七月营守卫缺，以门、卫千总升用。其余单月缺轮补之班七，双月缺轮补之班十二，卫守备单月缺轮补之班十一，双月缺轮补之班六，守御所千总、卫千总缺，俱不论双、单月推选，惟门千总专于双月铨补焉。

满人入官，以门阀进者，多自侍卫、拜唐阿始。故事，内、外满大臣子弟，五年一次挑取侍卫、拜唐阿，以是闲散人员，勋旧世族，一经拣选，入侍宿卫，外膺简擢，不数年辄致显职者，比比也。缘旗武职，占缺尤多。向例山海关至杀虎口、保德州副、参、游、都、守缺，绿旗补十之三,满洲补十之七。马兰、泰宁二镇,直隶、山西沿边副、参、游、都、守缺,满、汉各补其一。雍正六年,副都统宗室满珠锡礼言京营参将以下、千总以上,不宜专用汉人。得旨:"满洲人数本少,补用中、外要缺已足,若京营参将以下悉用满洲,则人数不敷,势必有员缺而无补授之人。"乾隆间,拣发各省武职,率以满人应选。帝曰:"绿营将领,满、汉参用,必须员缺多寡适均,方合体制。若概将满员拣发,行之日久,绿营尽成满缺,非所以广抡选而励人材。"饬所司议满、汉间用之法。兵部议上,凡行走满二年之汉侍卫,与巡捕营八旗满、蒙人员,由该管大臣保送记名。拣发时,与在部候补、候推者,按满、汉分派引见。如所议行。三十八年,兵部复疏言:"直隶、山西、陕西、甘肃、四川五省,自副将至守备,满缺六百四十七,各省自副将至守备,千一百七十九缺,向以绿营人员选补。现满、蒙在绿营者逾原额两倍,实绿各省请员时,多用满员拣选。请嗣后除原用满员省分外,其河南、山东、江南、江西、湖广腹地及闽、浙、两广海滨烟瘴等省。需员请拣,应于绿营候补候选,及保卓荐人员,并行走年满之头、二、三等侍卫、蓝翎侍卫,一并拣选。"从之。自是绿营满、汉员缺始稍剂其平,非复从前漫无限制矣。

武职以行伍出身为正途,科目次之。故事,考验部推人员衰老病废者,勒令休致。惟军功带伤者,虽年老仍行推用。副、参例以俸深参、游题补。若有军功保举,虽俸浅亦得与焉。科目自康熙初即病壅滞。御史朱斐疏请定科目、行伍分缺选用之制,外委、效力等与武进士、武举较人数多寡,仿二八分缺之例,先选科目人员。其外委各弁,须有战功及捕盗实绩,不得止凭咨送选补。下所司议行。雍正初,廷臣有请改并卫、所各州、县者,部议:"科甲人员,专选卫、所守备、千总,若尽裁卫、所,必致选法壅滞,事不可行。"帝不许。为定榜下进士增用营守备以调剂之。乾隆十五年,给事中杨二酉言:"各省、卫守备归部选者三十九缺,现武进士以卫用者积至数百人,提塘差官、效力报满归班选用者亦数十人,加以新例飞班压铨,缺少班多,选用无期。请照乾隆元年例,将三等武进士再行拣选,一、二等以营用,三等仍以卫用。"报可。向例拣选武进士以营用者,选缺犹易,卫用往往濡滞不能得官。洎道光间,卫用武进士得捐改营用,而裁缺卫守备、卫千总、守御所千总,均准改归绿营。营守备以上官,并得报捐分发。由是部推、外补,同一沈滞,不仅科目为然矣。

凡不属于部推之缺,皆题补预保注册者最先授。定例边疆、内河、外海水师员缺及陆路紧要者得预保。康熙九年,兵部疏言:"总督、提、镇遇标、营员缺,不论地方缓急,衔缺相当,辄将标员坐名题补,使俸深应补人员致多壅滞。请定副将以下、守备以上缺出,实系近海、沿边、岩疆人地相宜者,酌量题补,余不得率行题请。"从之。雍正五年,诏部推缺由各督、抚、提、镇保题备用。乾隆初,罢陆路近省预保例。十年,江督尹继善言:"武职预保,咨部注册,遇缺擘补,诚慎重要缺之良法。乃或豫保之初,年力本强,数年后渐已衰老,骑射生疏,营伍废弛。请将预保满三年未得缺者,各提督再行甄别,果堪升用,出具考语咨部,否则注销。"报可。

其时保荐别以三等,限以五年,于副将堪胜总兵、参将堪胜副将者,尤慎选。一经保荐,辄予升擢。洎咸、同军兴,十余年保题旧例不复行,所恃以鼓励人材者,惟军功保举。奖叙之案,层出不穷。以兵丁积功保至提、镇记名者,殆难数计。同治五年,诏以记名提、镇无标、营可归者,发往各省各营差遣。各省投标候补者,提、镇多至数十,副、参以下数百,本职补官,终身无望,于是定借补之法。提、镇准借补副、参、游缺,副、参、游准借补都、守缺,都、守准借补千、把总缺。虽内停部推,外停尽先,仍不足疏通冗滞。

光绪季年,诏裁绿营,练新军,罢武科,设武备学校。一时新军将、弁,与学成授官者,特为优异。历朝武职尊重行伍之意,荡无复存。虽绿营武职未尽废除,然无铨法可言云。

清史稿卷一一一
志第八六

选举六

考　绩

　　三载考绩之法，昉自唐、虞。清沿明制，而品式略殊。京官曰京察，外官曰大计，吏部考功司掌之。京察以子卯午酉岁，部院司员由长官考核，校以四格，悬"才、守、政、年"为鹄。分称职、勤职、供职三等。列一等者，加级记名，则加考引见备外用。纠以六法，不谨、罢软者革职，浮躁、才力不及者降调，年老、有疾者休致，注考送部。自翰、詹、科、道外，依次过堂。三品京堂由部开列事实，四、五品由王、大臣分别等第，具奏引见取上裁。大计以寅巳申亥岁，先期藩、臬、道、府递察其属贤否，申之督抚，督抚核其事状，注考缮册送部覆核。才守俱优者，举以卓异。劣者，劾以六法。不入举劾者为平等。卓异官自知县而上，皆引见候旨。六法处分如京察，贪酷者特参。

　　凡京察一等、大计卓异有定额，京官七而一，笔帖式八而一，道、府、厅、州、县十五而一，佐杂、教官百三十而一，以是为率。非历俸满者，未及年限者，革职留任或钱粮未完者，满官不射布靶、不谙清语者，均不得膺上考。其大较也。顺治八年，京察始著为令，以六年为期。十三年，吏部奏定则例，三品以上自陈，四品等官吏部、都察院考察议奏，亲定去留。笔帖式照有职官列一体考察。遇京察时，各官暂停升转。寻复定考满议叙例，三年考满与六年察典并行。十七年，从左都御史魏裔介请，行纠拾之法，以补甄别所未及。康熙元年罢京察，专用三年考满例。三品以上仍自陈。余官分五等：一等称职者纪录，二等称职者赏赉，平常者留任，不及者降调，不称职者革职。三年，御史季振宜请停考满三疏，极言徇情钻营，章奏繁扰，无裨劝惩。因停考满自陈例。六年，复行京察。明年，甄别不及官三十七员。嗣以各部、院甄别司员，类多末职，二十三年，严谕指名题参，复甄汰王三省等三十六人。明年，京察又停。雍正元年复举行，改为三年，自是为定制。

初，京察一等无定额，康熙三年，御史张冲翼疏请以部、院员数之多寡定一、二等名数，以息奔竞，从之。乾隆间，部、院保送一等，或浮滥溢旧额，诏停兼部行走，仍归本衙门另班声叙，暨到任未满半年，仍由原衙门注考等例。又罢未授职庶吉士保列一等之例，以示限制。四十二年，命部、院保送一等人数，毋庸过泥上届成例，递行裁减，以防溢额。应将上两次数目比较，酌中定制。既无虑滥膺保荐，亦不至屈抑人才。五十年，定例保送一等人数，以不溢四十八年原额为准。后世踵行，间有增损，无甚悬殊也。向例部、院司官由吏部、都察院考核，雍正四年，命内阁大学士同阅。乾隆九年，帝虑部、院堂官有瞻徇情面滥列一等者，敕大学士验看，慎重甄别，不称一等者裁去。十一年谕曰："前命大学士分别去留，亦权宜办理之道。察核司员，惟堂官最为亲切。要在平日留心体察，临时举措公平。如上次定一等者，三年中行走平常，当改为二、三等。上次原列二、三等者，三年中知所奋勉，即改为一等。庶察典肃而人知劝惩。"厥后考察权责，悉属吏部，验看特奉行故事而已。

大臣循例自陈求斥罢，候旨照旧供职，国初以来行之。乾隆八年，曾谕大臣自陈罢斥者举贤自代。嗣以所举不得其人，或树党营私，行不久即罢。十七年，帝以"内、外大臣亲自简擢，随时黜陟，奚待三年，自陈繁文，相率为伪，甚无谓也。"诏罢其例。

先是京堂官无甄叙例，乾隆十五年，帝以三品以上堂官，具本自陈，部、院司员，皆令引见，而四、五品京堂不在自陈之列，亦无引见之例，吏部、都察院考语无实，龙钟庸劣者得姑容，才具优长者无由见。特派王、大臣分别等第，奏闻引见。十八年，敕吏部开列三品京堂事实，亲为裁夺。四十八年，以三品京堂不便派大臣验看，令吏部带额引见。嘉庆十二年，以三、四品京堂，向来京察但有降黜无甄叙，既与内、外大臣办理两歧，并不得与部、院司员同邀加级。于是予太常少卿色克精额等议叙，而予陈钟琛等休致。自后三品以下京堂始有甄叙之例矣。

年老休致，例有明文。乾隆二十二年，定部、院属官五十五岁以上，堂官详加甄别。三十三年，改定京察二、三等留任各官，六十五岁以上引见。嘉庆三年，命京察二、三等官引见，以年逾七十为限。寻复旧例。六法处分綦严，长官往往博宽大之名，每届京察，只黜退数人，虚应故事，余概优容，而被劾者又不免屈抑。雍正中，汪景祺、查嗣庭辈论列时政，以部员壅滞为言，有"十年不调、白首为郎"等语。帝责以怨望诽谤，而事实不得谓诬。盖部员冗滥，康、雍时已然矣。

乾隆三年，鸿胪少卿查斯海疏言："京官被劾，不无以嫌隙入吏议者。京察六法官，应援大计例送部引见。"从之。乾隆末，士夫习为谄谀，堂官拔职司员，率以逢迎巧捷为晓事，察典懈弛。仁宗初，锐意求治，颇思以崇实黜华，奖励气节，风示天下。嘉庆五年，诏部、院堂官慎重选举，猷守兼优者膺首荐，余宁取资格较久、谨愿朴实之员，其少年浮薄、才华发越者，应令深其经练，下届保列。尚书、侍郎各备册密识贤否，公议同览。十一年，大学士、尚书等议奏京察事宜："捐纳人员，限以年资，军机处司员能兼部务者，方列上考，不许滥保充数。"报可。

道光四年，侯际清赎罪舞弊一案，刑部司员恩德等朋谋撞骗堂官，以谬登荐牍，保列一等，下部议处。谕嗣后京察有冒滥徇私者连坐。七年，给事中吴杰奏："大计、军政，皆有举有劾。近年六部办理京察，除保举一等外，不问贤否，概列二等。间有三等数人，仍予留任。六法不施，有劝无惩。应申明旧章，举劾并用。"帝韪其言，降谕饬行。十五年,令于京察外随时纠参,以为补救。咸丰十年,刑部堂官滥保不谙例案之员,朝廷务循宽大,辄以相习成风,不独刑部为然,多为原宥。仅予大学士桂良等镌级留任,出考堂官罚俸而已。穆宗即位,大难未平,厉精澄叙。五年,诏部、院堂官谨遵嘉庆五年备册密识贤否、公议同览之谕,并常川进署,与司员讲求公事,藉觇其属贤否。公议同览之谕,并常川进署,与司员请求公司,藉觇其属贤否。

八年,又谕京察不得有举无劾,冀涤涤旧习,一新庶政。然积重之势,不能复返。光绪七年,礼部侍郎宝廷疏陈京察积弊,言之痛切,谓:"瞻徇情面之弊,不专在部、院堂官,当责枢臣考察,必公必严。枢臣果精白乃心,破除情面,不特能考察部、院司员之贤否,并能考察内、外大臣之贤否。而考察枢臣功过,在圣明独断。若朝廷先以京察为故事具文,何责乎枢臣,更何责乎部、院堂官!"论虽切中而难实行,徒托空言而已。宣统二年,吏部设立宪政筹备处,改考功司为考绩科,主文职功过应行变通事宜。其时浮议纷纭,新旧杂糅,吏部等于赘疣矣。

大计始顺治二年,御史张㴶疏请有司殿最,宜以守己端洁、实心爱民为上考。部覆如议。明年,定朝觐考察,颁五花册,令督、抚以四格注考。故事故事计参外,台、省例有拾遗。是岁计群吏,止据抚、按所揭为黜陟。台、省拟循故事。内大臣不喜。大学士陈名夏力主之,给事中魏象枢亦以为请。得旨,纠拾官照大计处分挟私妄纠者论。自后台、省意存瞻顾,纠拾者鲜。已,罢不行,而督、抚权乃日重矣。四年,定大计三年一举,计处官不许还职。谕朝觐官曰:"贪酷重惩,阘茸罔贳。尔等姑许留任,当思袯濯前愆,勉图后效。"嗣是每届入觐之年,必严切诫饬以为常。旧例朝觐计典,藩、臬、府、州、县正官皆入觐。顺治九年,止令藩、臬各一员、各府佐一员代觐。十八年,给事中雷一龙疏言:"三年大计,勿得遗大吏而摘微员,惩去位而宽现在。请令藩、臬赴部,面同指实,按册详察。"下部议行。康熙元年,停藩、臬入觐,以参政、副使等官代。十二年,复令藩、臬入觐。二十五年，以朝觐藉端苛派，奸弊滋生，藩、臬、府佐入觐例悉罢。官吏贤否去留，凭督、抚文册，布、按二司册籍悉停止。国初大计与考满并行，康熙元年，罢大计，止行考满。司、道历腹俸二年，边俸一年半，有司历边俸二年、腹俸三年，钱粮全完者许考满。分别地方荒残、冲疲、充实、简易四者开注，以政绩多寡酌定等第。四年，考满停，复行大计，为永制。大计举劾注考，例由州、县正官申送本府、道考核；教官由学道，盐政官由该正官考核；转呈布、按覆考，督、抚核定，咨达部、院。河官兼有刑名、钱粮之责者，总河、督、抚各行考核。专管河务者，总河自行考核具题。

康熙二十三年，以藩、臬与督、抚亲近，停其卓异。凡卓异官纪录即升，不次擢用。历朝最重其选，徇私滥保者罪之。康熙初，御史张冲翼请申严卓异定额，以详核事迹，使名实相副为言。下部议。六年，从御史田六善请，卓异官以清廉为本，司、道等官必注明不派节礼、索馈送，州、县等官必注明不派杂差、重火耗、亏损行户、强贷富民。以清吏之有无，定督、抚之贤否。其时廉吏辈出，灵寿令陆陇其等擢隶宪府，吏治蒸蒸，称极盛焉。

四十四年，诏举卓异，务期无加派，无滥刑，无盗案，无钱粮拖欠、仓库亏空，民生得所，地方日有起色。其他虚文，不必开载。乾隆八年，命督、抚以务农本计察核属员，论者谓以劝农为劝吏之要，深得治本，与汉诏同风。先是雍正六年，定卓异荐举失实处分，自行奏参者免。卓异官有贪酷不法，或钱粮、盗案未清，发觉者，原荐督、抚处分较司、道、府为轻。乾隆四十八年，改定卓异官犯脏，核其年月在原荐上司离任前后，分别议处。臬司、道、府减督、抚一等，藩司照督、抚例，以道、府按例转详督、抚、藩司亲为核定也。五十年，帝以保荐卓异，向分正附，未明定限制，易开徼幸之渐。敕部详核各省大小、缺分多寡，酌中定制，裁去附荐名目。于是各省卓异官有定额，终清世无大变更也。

八法处分，行之既久，长吏或视为具文，每将微员细故，填注塞责。历朝训谕谆谆，力戒瞻徇，犹防冤抑。雍正元年，诏大计降级罚俸官,例不许卓异,果有居官廉干因公违误者,准与卓异。又以卓异八法举劾不过数十人,其不列举劾之平等官,自知县以上,令督、抚注考,报部察核。四年,谕参劾人员或有冤抑及避重就轻等弊,除贪酷官无庸引见外,其不谨、浮躁、不及等被劾官,督、抚给咨送部引见。乾隆二十四年,帝以八法参本内不谨、浮躁官,未将何事不谨、何事浮躁、一一声叙,或有公事无误而节目阔疏,才具有为而气质粗率,上司以意见不洽,概登白简,不无可惜。其或败检逾闲,仅与避重就轻,均非整饬官方之意。命详注实迹,不得笼统参劾。嘉庆八年,定督、抚随时参劾阘冗平庸等事,未列叙实迹,被劾官情愿赴部引见者,得援大计六法例。此则考核不压详密,冀搜求遗才,辅计典之不及也。嘉、道以后,计典一循旧例,督、抚奉行故事,鲜克振刷。道光八年,山东大计卓异,护抚贺长龄原注新城令容琨恫福慈祥等语,诏以宽厚难膺上考,令各省荐举体用兼备、熟明治理者。咸、同军兴,或地方甫收复,有待抚绥,或疆圉逼寇氛,亟筹保卫,敕各督、抚留心存记廉能之员,列上考,备擢用。时督、抚权宜行事,用人不拘资格,随时举措,固不能以大计常例绳其后也。

光绪间,言者每条奏计典积弊,请饬疆臣认真考察。屡诏戒饬。然人才既衰,吏治日坏,徒法终不能行。二十八年,诏各省设立课吏馆,限半年具奏一次。三十一年,定考核州、县事实,分最优等、优等、平等、次等四级。顾课吏只凭一日文字,考核仅据一年事实,责以公当,盖亦难矣。宣统二年,宪政编查馆疏请考核州、县,分别学堂、巡警、工艺、种植、命盗、词讼、监押、钱漕,以为殿最。由主管衙门另订考核章程。名目繁多,表册虚伪,徒饰耳目,于劝惩无当也。至若旧例翰、詹大考,分别优劣,升调降革有差,为特别考绩之法。外省司、道,年终有密考。州、县一年期满,教、佐六年俸满,皆有甄别。则又随时考核之法,不属于察、计二典者。

武之军政,犹文之考察,兵部职方司掌之。内、外卫、所,分属于武选司。在京武职,由管旗及部、院核奏,各省由统兵大员注考。京营千总以上,外省绿营守备以上,各由长官考核,分操守、才能、骑射、年岁四格。举劾与文职同。三品以上自陈,由部疏闻候旨。八旗世爵,则校其艺进退之。绿营举劾,每于军政后一年半举行,题升一二人入荐举班升用,劾者照军政处分。此其大略也。

国初未立限制,顺治九年,定六年一举,是为军政考核之始。十一年,改定五年为期。十三年,从给事中张文光请,军政卓异,照文官赐服旌劝,后改为加一级。康熙元年,停军政,专行考满。既而兵部疏请直省武职应依文官例,按年限由总督、提督会同举劾。御史季振宜疏言:“武职考满,营谋优等,克扣军饷,贻误封疆。请按历俸功次升转。”于是六年定举行军政事宜,京、外武职长官,注以四格,并详列履行、军功,分别去留,咨部。必注明行止端方、弓马娴熟、管辖严肃、供职勤慎、不扰害地方等考语,方许荐举。必有八法等款实迹,如行纠参。复令提督、总兵官自陈,提督由总督注考,总兵官由总督、提督注考。无总督省分,巡抚注考。嗣以滇省用兵,海内骚动,羽书倥偬,军政旷不举行者十年。

至二十一年,滇逆荡平,从给事中硕穆科请,举行军政大典,各官事实履行,自康熙十一年军政后开起。九门千总等由九门提督注考。候补总兵官亦令自陈。副将以下候缺者,照旧例考察。六十一年,命在京武职领侍卫内大臣,八旗都统、前锋、护军、步军统领、副都统等,毋庸自陈。考选军政时,属员注考,照外省举劾例。各省驻防将军、副都统等,照提、镇例自陈。属员照京城例。德州等处城守尉、协领,派大臣往考,会同察核其属,注考以闻。雍正元年,命平等官守备以上,督、抚、提、镇注考。其冬,诏曰:“初次考选军政,有出兵效力、年老俸深、尚能坐理者,留任。不宜留任者,另奏加恩。或虽未效力行间,而供职年久者,亦留心验看。”此则垂念资劳,特颁宽典,非常例也。二年,谕各省所保副、参、游击,轮流引见,察其人材弓马,督、抚、提、镇以其操守训练,分别等第密陈。六年,山西太原总兵官袁立松疏陈平垣营守备梁玉廉洁敏练,以年老入参劾。帝以谙练才不可多得,命酌量以游击题补,尤殊恩也。是年定卓异官原任内有贪酷不法，或升调他省，别犯赃罪，原举长官，分别处分。

乾隆二年，部议出兵效力人员，年老休致，令子弟一人入伍食粮，无子弟亦给守粮养赡。从之。时直省保题员弁，类以明白勤敏、才堪办事列上选。十一年，谕嗣后保题，务重弓马汉仗。十五年，以各省所保兵官鲜当意，谕曰："年满千总一项，类多猥琐。国家擢用武职，营伍为正途，拔补将弁，必选之若辈。缘次而升，皆自年满千总始。折冲御侮之用，豫筹于升平先事之日，不可视为缓图。"二十四年，以大臣自陈例既罢，敕兵部于军政年，将在京都统、副都统，在外驻防将军、都统、副都统，各省提督、总兵官，分别三本，条举事实候鉴裁，以重考绩。四十二年，定卫、所绿营武职荐举卓异尚未升转，再遇军政列平等者，将上次卓异注销。

嘉庆四年，定侍卫军政考试，向例军政年不许告病乞休，以杜规避。八年，申谕查阅营伍年分，事关考核，照军政例，不得告病、乞休。咸、同军兴，百度稍弛，军政大典，相沿不废。咸丰二年，黑龙江将军英隆以俄兵窥伺，派将弁扼守要隘，疏请本年军政展限举行。不允。嗣湖广总督程矞采等以军务未竣，疏请展限，令凯撤后再行补考。并谕年老力衰者，随时参办。沿及德宗，虽加意振饬，势成弩末，展限之举，史不绝书。

光绪十四年，编定北洋海军，由海军衙门司黜陟。甲午以后，力鉴覆辙，裁绿营，练新军，别订考核章程，三十二年，改兵部为陆军部，其考核隶军衡司。宣统二年，设海军部，其考核隶军制司。朝廷锐意革新，军纪宜可少振。无如积习已深，时艰日棘，卒归罔济云。

清史稿卷一一二
志第八七

选举七

捐　纳

　　清制，入官重正途。自捐例开，官吏乃以资进。其始固以搜罗异途人才，补科目所不及，中叶而后，名器不尊，登进乃滥，仕途因之殽杂矣。捐例不外拯荒、河工、军需三者，曰暂行事例，期满或事竣即停，而现行事例则否。捐途文职小京官至郎中，未入流至道员；武职千、把总至参将。而职官并得捐升，改捐，降捐，捐选补各项班次、分发指省、翎衔、封典、加级、纪录。此外降革留任、离任，原衔、原资、原翎得捐复，坐补原缺。试俸、历俸、实授、保举、试用、离任引见、投供、验看、回避得捐免。平民得捐贡监、封典、职衔。大抵贡监、衔封、加级、纪录无关铨政者，属现行事例，余属暂行事例。

　　历代捐例，时有变更，惟捐纳官不得分吏、礼部，道、府非由曾任实缺正印官，捐纳仅授简缺，则著为令。铨补则新捐班次视旧班为优，此通例也。捐事户部捐纳房主之，收捐或由外省，或由部库，或省、部均得报捐。咸丰后，并由京铜局。

　　凡报捐者曰官生，部予以据，曰执照。贡监并给国子监照。俊秀纳贡监或职衔，贡监纳职衔，由原籍地方官查具身家清白册，季报或岁报。纳职官者，查明有无违碍，取具族邻甘结，依限造报。逾限或查报不实，罪之。其大略也。

　　文官捐始康熙十三年，以用兵三藩，军需孔亟，暂开事例。十六年，左都御史宋德宜言："开例三载，知县捐至五百余人。始因缺多易得，踊跃争趋。今见非数年不克选授，徘徊观望。宜限期停止，俾输捐恐后。既有济军需，亦慎重名器。"帝纳其言。滇南收复，捐例停。嗣以西安、大同饥，又永定河工，复开事例。五十一年，增置通州仓廒，科臣有请开捐者，廷议如所请。侍郎王掞抗疏言："乡里童骏，一旦捐资，俨然民上。或分一县之符，或拥一道之节，不惟滥伤名器，抑且为累地方。宜禁止，以塞侥幸之路，杜言利之门。"帝韪之，为饬九卿再议。青海用兵，馈饷不继，内大臣议停各途守选及迁补，专用捐资助饷者。刑部尚书张廷枢言："惟捐纳所分员缺可用捐员，正途及迁补者宜仍旧。"从之。

　　雍正二年，开阿尔台运米事例。五年，直隶水灾，议兴营田，从大学士朱轼请，开营田事例。云贵总督鄂尔泰以滇、黔垦荒，经费无著，请开捐如营田例。帝曰："垦田事例，于地方有裨益。向因各捐例人多，难于铨选，降旨停止。年来捐纳应用之人，将次用完，越数年，必致无捐纳之人，而专用科目矣。应酌添捐纳事款。除道、府、同知不许捐纳，其通判、知州、知县及州同、县丞等，酌议准捐。"下九卿议行。十二年，开豫筹粮运例。

　　先是俊秀准贡得输资为教职。已，虑异途人员不胜训迪表率之责，康熙三十三年，令俊秀准贡捐学正、教谕者改县丞，训导改主簿。雍正元年，谕"捐纳教职，多不通文理少年，以之为学问优长、年高齿长者之师可乎？"诏改用如前例。

　　高宗初元，诏停京、外捐例。乾隆七年，上下江水灾，命刑部侍郎周学健、直督高斌往同督、抚办理。寻合疏言赈务、水利需费浩繁，请仿乐善好施例，出资效力者，量多寡叙职官。诏以京官中、行、评、博以下，外官同知、通判以下，无碍正途，如所请行。嗣是上下江、直隶、山东、河南屡告灾，辄徇臣工请，许开捐例。十三年，进剿大金川，四川巡抚纪山奏行运米事例，部议运米石抵捐银二十五两，纳官以是为差。川陕总督张广泗言："军前口粮领折色，石发银

五、六两。事例既开，各员以存米纳捐，计贡监纳即用同知不过千余金，即用小京官不过数百金，请令如数交银，以杜弊端。"报可。三十九年，再征金川，复开川运例。惟四库馆誊录、议叙等职，多斳不令捐纳，余得一体报捐。贡监纳道、府例，自雍正五年后，数十年无行者，至是复行。

五十八年，诏曰："前因军需、河工，支用浩繁，暂开事例，原属一时权宜。迄今二十余年，府库充盈，并不因停捐稍形支绌。可见捐例竟当不必举行。不特慎重名器，亦以嘉惠士林，我子孙当永以为法。倘有以开捐请者，即为言利之臣，当斥而勿用。"

嘉庆三年，从户部侍郎蒋赐棨请，开川楚善后事例，帝虑正途因之壅滞，饬妥议条款。寻议："京官郎中、员外郎，外官道、府，有理事亲民之责，未便滥予登进。进士，举人，恩、拔、副、优、岁贡，始许捐纳。非正途候补、候选正印人员，亦得递捐。现任、应补、候选小京官、佐贰，止准以应升之项捐纳。"从之。嗣以河屡决，续开衡工、豫东、武陟等例。十一年，定捐纳道、府，系曾任知府、同知、直隶州知州并州、县正印等官加捐，及现任京职，堪胜繁缺者，许以繁简各缺选用。其贡监初捐，及现任京职仅堪简缺，并外任佐杂等官递捐者，专以简缺选用。

宣宗、文宗御极之初，首停捐例，一时以为美谈。自道光七年开酌增常例，而筹备经费，豫工遵捐，顺天、两广及三省新捐，次第议行。其时捐例多沿旧制，惟于推广捐例中准贡生捐中书，预工例中准增、附捐教职而已。咸丰元年，以给事中汪元方言，罢增、附捐教职，其已选补者，不许滥膺保荐。是年特开筹饷事例；明年，续颁宽筹军饷章程。九年，复推广捐例。时军兴饷绌，捐例繁多，无复限制，仕途芜杂日益甚。同治元年，御史裴德俊请令商贾不得纳正印实官，以虚衔杂职为限。下部议行。寻部臣言捐生观望，有碍饷需，诏仍旧制。四年，山东巡抚阎敬铭言："各省捐输减成，按之筹饷定例，不及十成之三。彼辈以官为贸易，略一侵吞钱粮，已逾原捐之数。明效输将，暗亏帑项，请将道、府、州、县照筹饷例减二成，专于京铜局报捐。"从之。时内则京捐局,外则甘捐、皖捐、黔捐,设局遍各行省。侵蚀、勒派、私行减折,诸弊并作。

光绪初,议者谓乾隆间常例,每岁贡监封典、杂职捐收,约三百万。今捐例折减,岁入转不及百五十万。名器重,虽虚衔亦觉其荣,多费而有所不惜。名器轻,则实职不难骤获,减数而未必乐输。所得无几,所伤实多。停捐为便。时复有言捐官宜考试,花翎及在任、候选等捐宜停者。辄下部议。五年,帝以捐例无补饷需,实伤吏道,明诏停止。未几,海疆多故,十年,开海防捐,如筹饷例,减二成核收,常例捐数并核减。是时台湾甫开实官捐。他如四川按粮津贴捐,顺天直隶、河南、浙江、安徽、湖北各赈捐,户部广东军火捐,福建洋药、茶捐,云南米捐,自海防例行,惟川捐如旧,余或并或罢。十三年,河南武陟,郑州沁、黄两河漫决。御史周天霖、李士锟先后请开郑工例,以济要工。部议停海防捐,开郑工捐。十五年,筹办海军,复罢郑工,开海防新捐。新捐屡展限,行之十余年。二十六、七年间,江宁筹饷,秦、晋实官捐,顺直善后赈捐,次第举办。江宁顺直捐视新海防例,秦、晋捐但奖五品以下实官。庚子变后,帝锐意图治,言者多谓捐纳非善政,诏即停止。然报效叙官,旧捐移奖,用继续行之。但有停捐之名而已。

武职捐,雍正初惟纳千、把总、乾隆九年,直赈捐有纳卫守备者。三十九年,川运例,参、游、都、守始得递捐。但武生、临生捐止都司。嘉庆三年,川楚善后例,武营捐纳,略如川运。同治五年,闽浙总督左宗棠言:"闽省武营捐班太多,应严加区别,以肃军政。"并请罢武职捐,从之。光绪二十一年,新海防例展限,议增武职捐。于拣发外别立一班,俾捐输踊跃。三十一年,兵部奏:"开捐十年,入款仅十余万,无裨国帑,有碍营伍。请将实官、虚衔捐复翎衔、封典一切停罢。"报可,捐例初开,虑其弊也,尝设为限制,往往不久而其法坏。康熙十八年,定捐纳官到任三年称职者,具题升转,不称职者题参。然疆吏罕有以不职上闻者。已,令道、府以下捐银者免具题,照常升转。左都御史徐元文言:"国家大体所关,惟贤不肖之辨。三年具题，所以使贤者劝，不肖者惧。输银免具题，是金多者与称职同科。此曹以现任之官营输入之计，何所不至？急宜停止。”

顺治间，准贡、例监出身官不得升补正印。康熙六年，定为保举之法，各途出身官，经该堂官及督、抚、保举称职者，升京官及正印。无保举者，升佐贰、杂职。三十年，大军征噶尔丹，户部奏行输送草豆例，准异途人员捐免保举。御史陆陇其言：“捐纳一事，不得已而暂开，许捐免保举，则与正途无异。且督、抚保举之人，必清廉方为合例。何举可捐免，是清廉可纳资得也。”又言：“督、抚于捐纳人员，有迟至数年不保举亦不纠劾。乞敕部通稽捐纳官到任三年无保举者，开缺休致。”疏下九卿，议：“捐免保举，无碍正途。若三年无保举即休致，则营求保举益甚，应毋庸议。”陇其持之益坚，廷议陇其不计缓急轻重，浮词粉饰，致捐生观望，迟误军机，拟夺职。帝特宥之。自是吏员例监出身者，欲升补或捐纳京、外正印官，必先捐免保举，惟准贡独否。初，纳岁贡者同正途，故捐免保举例开，贡监虽同一捐纳，而轩轾殊甚。乾隆二十六年，部议御史王启绪奏豫工例内，捐贡纳京、外正印官，捐免保举，如例监例。先纳官者，补行捐免。不愿者，以佐贰改补。成例为一变矣。汉军捐纳官，非经考试，不得铨选，如汉官保举例。康熙间，并准捐免。六十一年，帝以捐纳部员补主事未久即升员郎，外官道、府亦然，饬议试俸之法。寻议郎中、道、府以下，小京官、佐杂以上，于现任内试俸三年，题咨实授，方许升转，从之。乾隆间，试俸复得捐免。四十一年，户部奏请保举、考试、试俸、捐免例，列入常捐。限制之法，至是悉弛。

官吏缘事罢谴，降革留任，非数年无过，不得开复。康熙间，大同赈饥，部议京察、大计罢黜者，悉予捐复。徐元文力言不可。议遂寝。三十三年，河道总督于成龙以黄、运两河，工费繁巨，请仿陕西赈饥例开捐，革职、年老、患疾、休致人员得捐复。帝面谕捐纳称贷者多，非朘削无以偿逋负，事不可行。尚书萨穆哈等议成龙怀私妄奏，拟褫职，得旨从宽留任。乾隆九年，直赈捐，部议捐复条款，京察、大计及犯私罪者，降调人员，无论是否因公，及比照六法条例，武职军政纠参及贪婪者,不准捐复。因公罣误无余罪,悉得捐复。三十五年,帝念降革留任人员,因公处分,辄停升转,诏许捐复。三十九年,川运例增进士、举人捐复原资例。四十八年,定革职、降调官,分段承修南运河工程捐复例。嘉庆三年,川楚善后推广其例,凡常捐不准捐复人员,酌核情节,得酌加报捐。奉旨,降革除犯六法外,因公情节尚轻人员,得加倍捐复。大计劾参,有疾休致,调治就痊,及特旨降革留任限年开复人员,加十分之五捐复。十年,部臣疏请于常例捐复外,增文、武大员捐复革职留任例。帝曰:“大员身罣吏议应罢斥,经改革职留任,开复有一定年限。若甫罹重谴,即可捐复,此例一开,毫无畏忌。有资者脱然为无过之人,无资者日久不能开复。殊失政体。”不允行。咸丰二年,王、大臣等议宽筹军饷。凡降革不准捐复人员,除实犯赃私外,余准加倍半捐复。降革一、二品文、武官,向不在捐复之列者,许捐复原官顶带,允行。但饬一、二品大员捐复原衔须请旨。嗣复推广,文职京察、大计六法,武职军政被劾,无奸赃情罪,亦许捐复原衔。终清世踹行,不复更也。

捐纳官或非捐纳官,于本班上输资若干,俾班次较优,铨补加速,谓之花样。康熙十三年,知县得纳先用、即用班,工部侍郎田六善极言其弊,谓宜停止。三十三年,户部议行输送草豆例,台臣请增应升、先用捐。御史陆机言:“前此有纳先用一例,正途为之壅滞。皇上灼见其弊,久经停止。纳先用者,大都奔兢躁进。多一先用之人,即多一害民之人。不待辨而知其不可。”乾隆年事例屡开,惟双月、单月,不论双月选用及双月先用,不论双、单月即用等寻常班次。盖是时正途铨补,未病壅滞,无庸加捐花样,纳资者亦至是而止。七年,部议鼓励江省赈捐,各班选用特优。道光年,增插班间选、抽班间选、遇缺、遇缺前等名目。咸丰元年,省遇缺、遇缺前、而增分缺先、本班尽先。三年,复增分缺间、不积班。九年,先后奏设新班遇缺、新班尽先、分缺先前、分缺间前、本班尽先前、不论班尽遇缺选补等班。推广捐例,又有保举捐入候补班、候补捐本班先用例。花样繁多,至斯已极。

　　自筹饷例开,既多立班次以广捐输,复减折捐例以期踊跃。时纳捐率以饷票,成数或不及定额之半。同治三年,另订加成新章。于是有银捐新班、尽先、遇缺等项,输银不过六成有奇,而选用之优,他途莫及。八年,吏部以银班遇缺占缺太多,拟改分班轮用,删不积班,于新班遇缺上,别设十成实银一班,曰新班遇缺先,是谓大八成花样。维时分缺先前、分缺间前、本班尽先前、新班遇缺、新班遇缺先,统曰银捐。而新班遇缺先最称优异,新班遇缺次之。序补五缺一周,先用新班遇缺先三人,然后新班遇缺及各项轮补班各得其一。光绪二年,江苏巡抚吴元炳言:“新班遇缺先、新班遇缺等班,序补过速,有见缺指捐之弊。请停捐免试用例,以救其失。”格于部议。四年,实官及各项花样一律停捐。七年,御史叶荫昉复言:“近年大八成各项银捐班次,无论选、补,得缺最易,统压正途、劳绩各班。今捐例已停,请改订章程,银捐人员,只列班之前。”疏下部议。然积重难返,进士即用知县,非加捐花样,则补缺綦难,他无论已。十年,台湾海防相继例开,三班分先、分间、尽先,复得一体报捐,而知县并增海防新班。十三年,郑工新例增遇缺先班捐例等,大八成班次亦相埒,海防新例因之。至二十七年,各项花样随实官捐并停。

　　初捐纳官但归部选,乾隆间,为疏通选途,许加捐分发。二十六年,豫工例,京职郎中以下,得捐分各部、院。外官道、府以下,得捐分各省。三十九年,川运例,知州、同知、通判捐分发如旧。知县有碍正途补用,靳不与。四十年,兵部侍郎高朴言:“捐班知县,不许分发,恐有碍举班。查壬辰科会试后,拣选分发,已阅四年,湖北、福建均因差委乏人,奏请拣选,可见举班渐已补完。请变通事例,川运捐不论双单月即用者,许一体报捐分发。”部议如所奏行。惟大省分发不得逾十二人,中省不得逾十人,小省不得逾八人。云、贵两省需员解送铜铅,云南得分发二十人,贵州如大省额。从之。是年兵部奏请候补、候选卫守备、卫千总如文职例,加捐分发,随漕学习。明年,浙江巡抚三宝奏请教职捐不论双单月即用者,设加捐分发,到省委用。均报可。川运例停分发,归入常例报捐,为永例。四十二年,以山东布政使陆燿言东省分发佐杂渐多，停布政司经历、理问、州同以下佐杂官分发例。四十六年，候补布政司经历郑肇芳等、候选州同张衍龄等具呈户部，以投供日久，部选无期，各省佐杂班已疏通，请准报捐分发，为奏行如旧例。嘉庆四年，给事中广兴请将俊秀附生报捐道、府、州、县者，停铨实缺，准加捐分发。责成督、抚试看三年，酌量题补。帝以停选示人不信，令加捐分发，有碍政体，不允行。道、咸间，增加捐指省例。光绪四年，捐例停，而分发指省以常例得报捐如故。五年，御史孔宪鹔以指省分发，流弊不可胜言，请罢之。格部议，不果行。八年，复申前请，部覆如议。未几，海防例开，仍准报捐。时分发人员拥挤殊甚，疆吏辄奏停分发，期满复请展限，各直省比比然也。

定例，捐纳官分发各部、院学习三年，外省试用一年。期满，各堂官、督、抚实行甄别奏留，乃得补官。嘉庆十六年，谕："捐纳员签分部、院学习行走年满，当详加甄别。近来该堂官于行走报满人员，无不保留。市恩邀誉，不顾登进之滥，可为寒心。"道光八年，谕："酌增当例报捐，分发人员为数更多，著各督、抚、盐政留心察看，不必拘定年限，认真甄核。"然奉行日久，长官循例奏留，徒有甄别之名，不尽遵上指也。咸丰七年，从御史何兆瀛请，诏各部、院考试捐纳司员，察其能否办理案牍。寻兵部试以论题，御史朱文江以为言，诏切责之，命嗣后毋得以考试虚文，徒饰观听。外官分发到省，例由督、抚考试，分别等第，黜陟有差。光绪初，各省遵例考试，顾云南有咨回降调者。五年，诏各省考试捐纳人员，府、厅、州、县试论一，佐杂试告示判语。八年，闽浙总督何璟言："闽省应试府、厅、州、县百五十四员，盐大使五十五员，佐杂五百九十六员，知府、直隶州知州、盐大使取留十之五，同、通、佐杂留十之四。"报闻。三十三年，宪政编查馆议覆御史赵炳麟疏，捐纳道、府、同、通、州、县佐杂未到省者，入吏部学治馆肄业半年。已到省，入法政学堂肄业，长期三年，速成一年有半。寻议上考验外官章程，各省遵章考试，间亦罢黜数人，以应明诏，而于澄清吏治之道无补也。

　　贡监捐清初已行。监捐沿明纳粟例。顺治十二年，开廪生捐银准贡例，从御史杨义请也。十七年，礼部以亢旱日久，请暂开准贡，令士民纳银赈济。允之。贡监例得考职，康熙六年，御史李棠言："进士、举人迟至十年始得一官，今例监考补中书，三年后即升部属，应停罢。"部覆如议。自是贡监考职，只以州同、州判、县丞、主簿、吏目用。初考职例行，各省监生或惮远道跋涉，或因文理不通，多倩代顶冒。世宗深知其弊，特遣大臣司考试。五年，令与考者千一百余人悉引见，时以顶冒避匿者九百余人。帝于引见员中拣选七十余人，授内、外官有差。乾隆元年，停考职。三年，令捐纳贡监如岁贡例，分别等第，以主簿、吏目考取。捐监未满三年者不与。道光后，考职例罢。

　　雍正间，帝以积贮宜裕，允广东、江、浙、湖广以本色纳监。乾隆元年，罢一切捐例。廷议捐监为士子应试之阶，请于户部收捐，备各省赈济，从之。三年，诏复行常平捐监例，各省得一体纳本色。原定各省捐谷三千余万石，数年仅得二百五十余万石，复令户部兼收折色。十年，湖广总督鄂弥达言："捐监事例，谷不如银。银有定数，谷无成价。易捐谷为捐银，倘遇荒歉，亦可动支采买。"允行。大学士等复言："各省纳本色，有名无实，请停止，专由部收折色。"得旨："各省收捐不必停，在部捐折色者听。"三十一年，以陕、甘监捐积弊最甚，诏停罢。寻并罢安徽、直隶、山西、河南、湖南北，惟云南、福建、广东收本色如旧。三十九年，陕西巡抚毕沅、陕甘总督勒尔谨请如例收纳监粮，允之。是年甘省奏报六个月内捐监万九千十七名，监粮八十余万石。帝疑之。布政使王亶望主其事，私收折色，减成包办，更虚报赈灾，侵冒巨款。继任布政使王廷赞知其弊，不能革。事觉，置亶望、勒尔谨、廷赞于法，官吏缘是罢黜者数十人，报捐监生或加捐职官者，分别停科、罚俸、停选。其后监捐无复纳粟遗意矣。贡捐属常例，向于部库报捐。嘉庆间，疆吏屡以为请，辄阻部议。十二年，部臣言库帑充裕，请变通常例，各省一体收捐。报可。

　　此外尚有捐马百匹予纪录、运丁三年多交米三百石给顶带之例。其乐善好施例内,凡捐资修葺文庙、城垣、书院、义学、考棚、义仓、桥梁、道路,或捐输谷米银两,分别议叙、顶带、职衔、加级、纪录有差。余如各省盐商、士绅,捐输巨款,酌予奖叙。皆出自急公好义,与捐纳相似,而实不同也。

清史稿卷一一三
志第八八

选举八

新选举

新选举制,别于历代取士官人之法。清季豫备宪政,仿各国代议制度,选举议员,博采舆论。议员选举有二:曰资政院议员选举,曰各省谘议局议员选举。自辛丑回銮,朝廷锐意求治,派大臣赴各国考察政治,设考察政治馆。命甄择各国政法,斟酌损益,候旨裁定。

光绪三十二年七月,诏曰:"考察政治大臣载泽等回国陈奏,国势不振,由于上下相暌,内外隔阂;而各国所以富强,在实行宪法,取决公论。今日惟有仿行宪政,大权统于朝廷,庶政公诸舆论,廓清积弊,明定责成,以豫备立宪基础。俟规模初具,妥议立宪实行期限。各省将军、督、抚晓谕士庶人等,各明忠君爱国之义,合群进化之理,尊崇秩序,保守和平,豫备立宪国民之资格。"九月,庆亲王奕劻等遵旨核议厘定官制,以"立宪国官制,立法、行政、司法三权并峙,各有专属,相辅而行。立法当属议院,今日尚难实行。请暂设资政院,以为预备。"诏如所议。

三十三年,改考察政治馆为宪政编查馆。八月,谕曰:"立宪政体,取决公论,中国上、下议院未能成立,亟宜设资政院,以立议院基础。派溥伦、孙家鼐为资政院总裁,妥拟院章,请旨施行。"寻谕:

"各省应有采取舆论之所，俾指陈通省利病，筹计地方治安，并为资政院储才之阶。各省督、抚于省会速设咨议局，慎选公正明达官绅，创办其事。由各属合格绅民，公举贤能为议员，断不可使品行悖谬、营私武断之人滥厕其间。凡地方应兴应革事宜，议员公同集议，候本省大吏裁夺施行。将来资政院选举议员，由该局公推递升。"

三十四年六月，资政院奏言："立宪国之有议院，所以代表民情，议员多由人民公举。凡立法及预算、决算，必经议院协赞，方足启国人信服之心。《大学》云："民之所好好之，民之所恶恶之。"孟子云："所欲与聚，所恶勿施。"又云："乐以天下，忧以天下。"皆此理也。昔先哲王致万民于外朝，而询国危国迁，实开各国议院之先声。日本豫备立宪，于明治四年设左、右院，七年开地方会议，八年立元老院，二十三年遂颁宪法而开国会。所以筹立议院之基者至详且备。谨旁考各国成规，揆以中国情势，酌拟院章目次，凡十章，先拟就《总纲》、《选举》二章呈览。"报可。

是月宪政编查馆会同资政院拟订《各省咨议局章程》，并《议员选举章程》。奏言："立宪政体之要义，在予人民以与闻政事之权，而使为行政官吏之监察。东、西立宪各国，虽国体不同，法制各异，无不设立议院，使人民选举议员，代表舆论。是以上下之情通，暌隔之弊少。中国向无议院之说，今议倡设，人多视为创举。不知虞廷之明目达聪，大禹之建鞀设铎，洪范之谋及庶人，周官之询于外朝，古昔盛时，无不广采舆论，以为行政之准则，特未有议院之制度耳。今将创设议院，若不严定规则，事为之制，曲为之防，流弊不可胜言。中国地大民众，分省而治。各省之政，主于督、抚，与各国地方之治直接国都者不同。而郡县之制，异于封建，督、抚事事受命于朝廷，亦与各国联邦之各为法制者不同。咨议局为地方自治与中央集权之枢纽，必使下足衷集一省之舆论，上仍无妨国家统一之大权。此日各省咨议局办法，必须与异日京师议院办法有相成而无相悖。谨仰体圣训，博考各国立法之意，兼采外省所拟章程，参伍折衷，拟订《各省咨议局章程》，别为《选举章程》一百十五条，候钦定颁行。"诏

饬各督、抚迅速举办,实力奉行,限一年内一律办齐。并谕曰:"朝廷
轸念民依,使国民与闻政事。先于各省设谘议局,以资历练。凡我
士庶,当共体时艰,同摅忠爱。于地方应兴应革之利弊,切实指陈。
于国民应尽之义务,应循之秩序,竭诚践守。各督、抚当本集思广益
之怀,行好恶同民之政,虚衷审察,惟善是从。至选举议员,尤宜督
率有司,认真监督,精择慎选。宪政编查馆、资政院迅将君主立宪大
纲,暨议院选举各法,择要编辑。并将议院未开以前应筹备各事,分
期拟议具奏。俟亲裁后,即将开设议院年限,钦定宣布。"

八月,宪政编查馆、资政院会奏遵拟宪法议院选举法纲要,暨
议院未开以前逐年筹备事宜。自本年起,分九年筹备。其关于选举
议员者,第一年各省筹办咨议局,第二年举行咨议局选举,各省一
律成立,颁布资政院章程,举行资政院选举。第三年召集资政院议
员举行开院。第九年始宣布宪法,颁布议院法,暨上、下议院议员选
举法,举行上、下议院议员选举。谕令京、外各衙门依限举办。

先是资政院奏拟院章目次,第二章为选举。宣统元年七月,资
政院奏续拟院章,改订第二章目次为议员,专详议员资格、额数、分
类、任期,而另定选举详细章程,以免混淆,从之。院章规定资政院
议员资格,由下列各项人员年满三十岁以上者选充。一,宗室王、公
世爵;二,满、汉世爵;三,外藩王、公世爵;四,宗室、觉罗;五,各部、
院四品以下、七品以上官,惟审判、检察、巡警官不与;六,硕学通
儒;七,纳税多额人;八,各省咨议局议员。定额:宗室王、公世爵十
六人,满、汉世爵十二人,外藩王、公世爵十四人,宗室、觉罗六人,
各部、院官三十二人,硕学通儒十人,纳税多额者十人。各省咨议局
议员一百人。类别为钦选、互选。宗室王、公世爵,满、汉世爵,外藩
王、公世爵,宗室、觉罗,各部、院官,硕学通儒,纳税多额者,钦选。
各省谘议局议员互选。任期三年,任满一律改选。

九月,资政院会奏《资政院议员选举章程》,疏言:"疏政院议员
选任之法,大别为钦选、互选二者,各有取义。而钦选议员名位有崇
卑,人数有多寡,当因宜定制,取便推行。宗室王、公世爵,满、汉世

爵及外藩王、公世爵,阶级既高,计数较少,应开列全单,恭候简命。宗室、觉罗,各部、院官及纳税多额者,合格人数,与议员定额比例,多少悬殊。考外国上院制,敕任议员多经互选。拟略师其意,于钦选之前,举行互选。各照定额,增列多名。好恶既卜诸舆情,用舍仍归于宸断。其硕学通儒,资格确定较难,人数调查不易,互选势所难行。拟略仿从前保荐鸿博之例,宽取严用,以搜访之任,寄诸庶官。抉择之权,授诸学部。仍宽定开列名数,冀不失钦选之本旨。以上各项,略采各国上院办法,为建设上议院之基础。而资政院兼有下院性质,不能无民选议员,与钦选相对待。特以咨议局为资政院半数议员之互选机关,咨议局议员本由各省合格绅民复选而来,则咨议局公推递升之资政院议员,即不啻人民间接所选举。公推递升之标准,不能不以得票多寡为衡。但监督权属于督、抚,非经覆定,不令遽膺是选。既与钦选大权示有区别,自与下院要义不相背驰。"诏如所议行。《资政院议员选举章程》之规定,宗室王、公世爵,列爵凡十二:一,和硕亲王;二,多罗郡王;三,多罗贝勒;四,固山贝子;五,奉恩镇国公;六,奉恩辅国公;七,不入八分镇国公;八,不入八分辅国公;九,镇国将军;十,辅国将军;十一,奉国将军;十二,奉恩将军。按院章定额分配,自和硕亲王至奉恩辅国公十人,自不入八分镇国公至奉恩将军六人。满、汉世爵,以满洲、蒙古、汉军旗员及汉员三等男以上之爵级为限,按定额分配。三等侯以上八人,一等伯至三等男四人。外藩王、公世爵,凡下列蒙古、回部、西藏各爵:一,汗;二,亲王;三,郡王;四,贝勒;五,贝子;六,镇国公;七,辅国公。按定额分配。内蒙古六盟,盟各一人;外蒙古四盟,盟各一人;科布多及新疆所属蒙古各旗一人;青海所属蒙古各旗一人;回部一人;西藏一人。凡各项世爵年满三十岁以上,未奉特旨停止差俸,及因疾病或事故自请开去一切差使者,均得选充资政院议员。每届选举,资政院于前一年九月行知宗人府、各该管衙门、理藩部,分别查明合格者,造具清册,于选举年分二月以前,咨送资政。由院分别开单,于三月以前,奏请按额钦选。其宗室王、公,满、汉世爵,现任军机大臣,参与政务大臣,及资政院总裁、副总裁者,无庸选充。有缺额时,资政院随时行知各该衙门,修正清册。按爵级或部落应选充者,奏请钦选补足之。

宗室、觉罗,凡男子年满三十岁以上,无下列情事者,得选充资政院议员:一,曾处圈禁或发遣者;二,失财产上信用被人控实未清结者;三,吸食鸦片者;四,有心疾者;五,不识文义者。其现任三品以上职官,审判、检察、巡警官,及现充海、陆军军人者,无庸选充。按定额分配,宗室四人,觉罗二人,由各该合格人先行互选。于选举年分二月初一日,在京师及奉天府行之。京师以宗人府堂官为监督,奉天以东三省总督为监督。每届互选,资政院于前一年九月行知互选监督,照章举行。设互选管理员,掌调查互选人,管理投票、开票、检票等事宜。由互选管理员查明合格人员,造具互选人名册,先期呈由互选监督宣示公众。如本人认为错误遗漏,得于宣示期内呈请互选监督更正补入。经批驳者,不得渎请。互选选举人及被选举人,均以列名互选人名册者为限。届期互选监督应亲莅投票所,或派员监察之。互选人应亲赴投票所自行投票,用记名单记法。互选人有因职务或因疾病、事故不能亲赴投票者,得就互选人内委托一人代行投票,应由本人亲书密封署名画押,连同委托凭证,送致受托人。该受托人应将密封及委托凭证临时向互选监督呈验,方许代投。以得票较多数者为当选。互选当选人额数,各以议员定额之十倍为准。互选告竣,互选监督即日将当选人名榜示投票所。不愿应选者,得于三日内呈明互选监督撤销,将得票次多数者补入。互选管理员造具当选人名册,连同票纸,呈由互选监督咨送资政院,由院将当选人名及得票数目,于选举年分三月以前,奏请按额钦选。有缺额时,资政院随时将本届当选人开单奏请钦选补足之。本届当选人数不足议员缺额之三倍时,应举行临时互选,一切照寻常互选办理。

各部、院官,以下列各官为限:一,内阁侍读学士以下,中书以上;二,翰林院侍读学士以下,庶吉士以上;三,各部左、右参议以下,七品小京官以上;四,掌印给事中、给事中及监察御史。各官以年满三十岁以上,具下列资格之一,得选充资政院议员:一,现任实缺者;二,曾任实缺未休致、革职者;三,奉特旨署理或奏署者;四,奉特旨候补、补用、选用或学习行走者;五,其余候补满三年以上者。由合格人先行互选,于选举年分二月初一日在京师行之,以都察院堂官为监督。互选当选人额数,以议员定额之五倍为率,各部、院官选充资政院议员者,于院内职权,本衙门长官不得干涉。其因升转降调致失原定资格者,即同时失资政院议员之资格。所有举行互选、奏请钦选、补足缺额各办法,与宗室、觉罗选举同。

硕学通儒资格凡四:一,不由考试、特旨赏授清秩者;二,著书有裨政治或学术者;三,有入通儒院之资格者;四,充高等及专门学堂主要科目教习五年以上著有成绩者。凡年满三十岁以上,具前列资格之一,均得选充资政院议员。每届选举,资政院于前一年九月行知学部,由部通行京堂以上官、翰林、给事中、御史、各省督、抚、提学司、出使各国大臣,各搜访一人或二人,开具事实,保送学部审查。择定合格得保多者三十人,作为硕学通儒议员之被选人。于选举年分二月以前,咨送资政院。由院将被选人姓名及原保人姓名官职开单,于三月以前,奏请按额钦选。有缺额时,资政院随时将本届被选人照章奏请钦选补足之。本届被选人数不足议员缺额之三倍时,应另行保送。

纳税多额人,以下列资格为限:一,男子照地方自治章程有选民权者;二,年纳正税或地方公益捐,在所居省分占额较多者。凡具此资格,年满三十岁以上,得选充资政院议员。由合格人先行互选,于选举年分二月初一日在各省城行之,以布政使或民政使为监督。每届互选,资政院于前一年九月行知各省督、抚,照章举行。互选监督会同商务总会总理、协理,遴派互选管理员。互选办法与普通互选同。互选人额数,每省以二十人为限。投票用记名连记法,以得票过互选人数三分之一者为当选。互选当选人额数,以互选人额数十分之一为率。如当选人不足定额,就得票较多者,令互选人再行投票，以足额为止。其得票及格、额满见遗者，作为候补当选人。当选人不愿应选，得呈明互选监督撤销，以候补当选人依次递补。互选管理员造具当选人及候补当选人名册，连同票纸，呈由互选监督申送本省督、抚，各督、抚将当选人姓名及得票数目咨送资政院，由院开单，于三月以前，奏请按额钦选。有缺额时，资政院随时将本届当选人开单奏请钦选补足之。本届当选人不足议员缺额之三倍时，以候补当选人递补。候补当选人数不敷时，举行临时互选。

各省咨议局互选资政院议员，按定额分配：奉天三人，吉林二人，黑龙江二人，顺直九人，江苏七人，安徽五人，江西六人，浙江七人，福建四人，湖北五人，湖南五人，山东六人，河南五人，山西五人，陕西四人，甘肃三人，新疆二人，四川六人，广东五人，广西三人，云南四人，贵州二人。互选于选举年分前一年十月十一日，在各省咨议局行之。以督、抚为监督。每届互选，资政院于前一年九月行知各互选监督，照章举行。届期互选监督亲莅监察之。投票、开票、检票等事，由咨议局办事处管理。适用普通互选规则，互选选举人及被选举人均以该省咨议局议员为限。投票用记名连记法，以得票过互选人半数者为当选。互选当选人额数，以各该省议员额数之二倍为率。知当选人不足定额，就得票较多者，令互选人再行投票，以足额为止。其投票及格、额满见遗者，作为候补当选人。谘议局办事处造具当选人及候补当选人名册，连同票纸，呈送互选监督，覆如选定，为资政院议员。不愿应选者，得呈明互选监督辞退，依次将本届当选人及候补当选人覆加选定补充。不敷选充者，举行临时互选。选定后，由互选监督造具名册，连同当选人及候补当选人原册，咨送资政院。凡选充资政院议员者，不得兼充本省咨议局议员，有缺额时，由院行知该省、抚，覆加选定补充，或举行临时互选。此资政院议员钦选、互选办法之概要也。

《各省咨议局议员选举章程》之规定，议员之选任，用复选举法。复选之别于单选者，单选径由选举人投票选出议员，复选则先由选举人选出若干选举议员人，更令选举议员人投票选出议员是也。咨议局议员定额,因各省户口尚无确实统计,参酌各省取进学额及漕粮多寡以定准则。奉天五十名,吉林三十名,黑龙江三十名,顺直百四十名,江宁五十五名,江苏六十六名,安徽八十三名,江西九十七名,浙江百十四名,福建七十二名,湖北八十名,湖南八十二名,山东百名,河南九十六名,山西八十六名,陕西六十三名,甘肃四十三名,新疆三十名,四川百零五名,广东九十一名,广西五十七名,云南六十八名,贵州三十九名。京旗及各省驻防,以所住地方为本籍。但旗制未改以前,京旗得于顺直议员定额外,暂设专额十名,各省驻防得于该省议员定额外,每省暂设专额一名至三名。选举权之规定,用限制选举法。凡属本省籍贯之男子,年满二十五岁以上,具下列资格之一者,有选举咨议局议员之权:一,在本省地方办理学务及公益事务满三年以上著有成绩者;二,在本国或外国中学堂及与中学同等或中学以上之学堂毕业者;三,有举、贡、生员以上之出身者;四,曾任实缺职官文七品、武五品以上未被参革者;五,在本省地方有五千元以上之营业资本或不动产者。凡非本籍之男子,年满二十五岁,寄居本省满十年以上,有万元以上之营业资本或不动产者,亦得有选举权。被选举权之规定及其限制:凡属本省籍贯或寄居本省满十年以上之男子,年满三十岁以上者,得被选举为咨议局议员。凡有下列情事之一者,不得有选举权及被选举权。一,品行悖谬、营私武断者;二,曾处监禁以上之刑者;三,营业不正者;四,失财产上信用被人控实未清结者;五,吸食鸦片者;六,有心疾者;七,身家不清白者;八,不识文义者。其有所处地位不适于选举议员及被选举为议员者:一,本省官吏或幕友;二,军人;三,巡警官、吏;四,僧、道及宗教师;五,学堂肄业生,均停其选举权及被选举权。其现充小学教员者,停其被选举权。咨议局设议长一,副议长二,用单记投票法,分次互选。设常驻议员,以议员额数十分之二为额,用连记投票法,一次互选。凡议员三年一改选,议长、副议长任期同。常驻议员任期限一年。议长因事出缺,以副议长递补。副议长出缺,由议员互选充补。议员出缺,以复选候补当选人依次递补。议员改选,再被选者得连任,以一次为限。议员非因下列事由,不得辞职:一,确有疾病,不能担任职务者;二,确有职业,不能常驻本省境内者;三,其余事由,经咨议局允许者。

凡选举区域,初选举以厅、州、县为选举区,复选举以府、直隶厅、州为选举区。直隶厅、州及府之本管地方,均作为初选区。直隶厅无属县者,以附近之府为复选区。初选区,厅以同知、通判,州、县以知州、知县为初选监督。复选区,府以知府,直隶厅、州以同知、通判、知州为复选监督。府、直隶厅、州作为初选区者,得遴派教佐员为初选监督。初选、复选均设投票、开票、管理员、监察员若干名。管理员不拘官绅,监察员以本地绅士为限。初选区选举人名册及当选人姓名票数,由初选监督申报复选监督;复选当选人姓名票数,由复选监督申报督、抚,分别咨报资政院、民政部立案。

选举年限,三年一次,以正月十五日为初选日期,三月十五日为复选日期。凡初选举,初选监督按地方广狭、人口多寡、分划本管区域为若干投票区,分设选举调查员,按照选举资格,详细调查,将合格选举人造具名册,于选举期六个月以前,呈由复选监督申报督、抚,并宣示公众。如本人认为错误遗漏,得于宣示期内呈请初选监督更正。初选当选人额数,按照议员定额加多十倍。各初选区应出当选人若干名,由复选监督分配。投票用无名单记法,其有写不依式者,夹写他事者,字迹模糊者,不用颁发票纸者,选出之人不合被选资格者,作为废票。以本区应出当选人额数除选举人总数,所得半数,为当选票额。得票不满当选票额以上者,不得为初选当选人。复选由初选当选人齐集复选监督所在地行之。复选当选人,即为咨议局议员。各复选区应得议员若干名,由督、抚按全省议员定额分配,投票当选,一切与初选同。

关于选举之变更,如选举人名册有舞弊、作伪情事,或办理不遵定章,被控判定确实者,初选、复选均无效。当选议员有辞任、或疾病不能应选,或身故,或被选资格不符,当选票数不实,被控判定确实者,其当选无效,各以候补当选人递补。如选举人确认办理人员不遵定章,有舞弊、作伪证据,或当选人被选资格不符,当选票数不实,及落选人确信得票可当选而不与选,候补当选人名次错误、遗漏者,均得向该管衙门呈控。限自选举日起三十日,凡选举诉讼,初选向府、直隶厅、州衙门,复选向按察使衙门呈控。各省已设审判厅者,分别向地方高等审判厅呈控。不服判定者,初选得向按察使衙门,复选得向大理院上控。限判定日起三个月。已设审判厅者,照审判厅上控章程办理。选举人及办理选举人、选举关系人,有违法行为,分别轻重,处以监禁、罚金有差;二年以上、十年以下,不得为选举人及被选举人。

专额议员选举人及被选举人,以京旗及驻防人员为限,选举及被选举资格,与咨议局普通议员资格同。各省驻防专额议员之数,视该省驻防取进学额全数在十名以内者设议员一名,二十名以内设二名,二十名以外设三名。初选当选人额数,以议员定额十倍之数为准。复选当选人额数,以议员定额为准。调查选举人名册,由督、抚会同将军、都统,于京旗及驻防人员内,各酌派选举调查员。当选、改选、补选及诉讼、罚则各事,均照《咨议局选举章程》办理。此各省咨议局议员初选、复选办法之概略也。

各省咨议局选举,宣统元年各督、抚次第奏报举行。于九月初一日,召集开会,举行互选资政、咨议员。二年四月,资政院奏请钦选各项议员,奉敕选定。以八月二十日为召集期,九月初一日,资政院举行第一次开院礼。监国摄政王代行莅选,颁谕嘉勉议员。三年九月,遵章第二次召集开会。

资政院、咨议局议员选举外,尚有地方自治团体之选举。地方自治为立宪基础,列于筹备事宜清单。光绪三十四年、宣统元年,宪政编查馆先后核议,民政部奏城、镇、乡、府、厅、州、县及京师地方自治暨选举各章程,各省次第筹办。其选举办法,与咨议局议员选举略有出入。以繁琐,不备载。

清史稿卷一一四

志第八九

职官序　职官一

宗人府　师傅保　内阁

稽查钦奉上谕事件处　中书科　军机处

内翻书房　方略馆　吏部　户部　三库

仓场　关税各差　礼部　会同四译馆　乐部

兵部　刑部　工部　火药局　河道沟渠

盛京五部

太祖肇基东土，国俗淳壹，事简职专，置八旗总管大臣、佐管大臣董统军旅，置议政五大臣、理事十大臣厘治政刑，任用者止亲贵数臣，官称职立，人称官置，兴也勃焉。太宗厉精为治，设三馆，置八承政，论功料勤，翕斯郅治。世祖入关，因明遗制，内自阁、部以迄庶司，捐益有物。藩部创建，名并七卿，外台督抚，杜其纷更，著为令甲。绿营提镇以下，悉易差遣为官，旗营御前领卫，年宿位重，意任隆密。都统旗长，军民合治，职视专圻驻防，分翰外畿，规抚京制。西北边陲，守以重臣，绥靖、蒙、番，方轨都护，斯皆因俗而治，得其宜已。世宗综核，罢尚宝、行人、金都诸目。高宗明哲，损参政、参议、副使、金事诸衔，沙汰虚冗，奉职肃然。嘉、道以降，整厘如旧。日久颓弛,精意浸失,日革月易,百职相侵。光绪变法,宣统议制,品目张皇,掌寄纷杂,将以靖国,不益嚣乎!夫一国事权,操自枢垣,汇于六曹,分寄于疆吏。自改内三院为内阁,台辅拱袂。迨军机设,题本废,内阁益类闲曹,六部长官数四,各无专事。甚或朝握铨衡,夕兼支计,甫主戎政,复领容台,一职数官,一官数职,曲存禀仰,建树宁论。时军机之权,独峙于其上,国家兴大兵役,特简经略大臣、参赞大臣,亲寄军要。吏部助之用人,户部协以巨饷,用能藉此雄职,奏厥肤功。自是权复移于经略,督抚仪品虽与相埒,然不过承号令、备策应而已。厥后海疆衅起,经略才望稍爽,权力渐微。粤难纠纷,首相督师,屡偾厥事。朝廷间用督抚董戎,多不辱命,犹复不制以文法,故能霈施魄力,自是权又移于督抚。同治中兴,光绪还都,皆其力也。洎乎末造,亲贵用事,权削四旁,厚集中央,疆事遂致不支焉。初制内外群寮,满、汉参用,蒙古、汉军,次第分布。康、雍两朝,西北督抚,权定满缺,领队、办事大臣,专任满员,累朝膺阃外重寄者,满臣为多。逮文宗兼用汉人,勋业遂著。大抵中叶以前,开疆拓宇,功多成于满人。中叶以后,拨剧整乱,功多成于汉人。季世厘定官制,始未尝不欲混齐畛域,以固厥根本也。而弊风相仍,一物自为鸿乙,徒致疑骇,虽危亡之政,无关典要,亦必辑而列之,以著一时故实,治乱之迹,庶皎然若览焉。

宗人府 宗令,左、右宗正,左、右宗人,俱各一人。宗室王、公为之。府丞,汉一人。正三品。其属:堂主事,汉主事,经历司经历,并正六品。左、右二司理事官,正五品。副理事官,从五品。主事,委署主事,俱各二人;笔帖式,效力笔帖式,各二十有四人。俱宗室为之。

宗令掌皇族属籍,显祖宣皇帝本支为宗室,系金黄带。旁支曰觉罗,系红带。革字者,系紫带。以时修辑玉牒,奠昭穆,序爵禄,宗室封爵十有二:曰和硕亲王,曰多罗郡王,曰多罗贝勒,曰固山贝子,曰奉恩镇国公,曰奉恩辅国公,曰不入八分镇国公,曰不入八分辅国公,曰镇国将军,曰辅国将军,曰奉国将军,曰奉恩将军。嫡子受封者二等:曰世子,曰长子。福晋、夫人之号,各视夫爵以为差。公主之等二：曰固伦公主，曰和硕公主。格格之等五：曰郡主，曰县主，曰郡君，曰县君，曰乡君。不入五等曰宗女。额驸品级，各视公主、格格等级以为差。丽派别，申教诫，议赏罚，承陵庙祀事。宗正、宗人佐之。府丞掌校汉文册籍。左、右二司分掌左、右翼宗室、觉罗谱牒，序录子女嫡庶、生卒、婚嫁、官爵、名谥，并核承袭次序，秩俸等差，及养给优恤诸事。堂主事掌清文奏稿。汉主事掌汉文典籍。经历掌出纳文移。笔帖式掌翻译文书。各部同。笔帖式为满员进身之阶。国初，大学士达海、额尔德尼、索尼诸人，并起家武臣，以谙练国书，特恩赐号“巴克什”，即后之笔帖式也。厥后各署候补者纷不可纪矣。其兼领者：左、右翼宗学，总理学务王二人，稽察京堂官三人，并请旨简派。总管四人，食七品俸。副管十有六人，食八品俸。并以宗室中分尊年长者引见补授。清书教习、骑射教习各六人，汉书教习八人。所辖银库，以本府堂官及满洲大臣各一人领之，请旨简派。司官二人，由府引见补授。笔帖式四人。空房、司官、笔帖式亦如之。黄档房，司官、笔帖式无员限。

　　初制，列署笃恭殿前，置八和硕贝勒共议国政，各置官属。顺治九年，设宗人府，置宗令一人，亲王、郡王为之。左、右宗正，贝勒、贝子兼摄。宗人，镇国公、辅国公及将军兼摄。后择贤，不以爵限。俱各二人。启心郎，觉罗一人，汉军二人，初制，秩视理事官。九年，改视侍郎。始以满臣不谙汉语，议事令坐其中。后多缘以为奸，康熙十二年省。与府丞并为正官。其郎中六人，康熙三十八年省二人。员外郎四人，主事三人，以觉罗为之，嗣改觉罗、满洲参用。堂主事二人，经历三人，宗室、满洲二人，汉一人。康熙三十八年省汉缺。乾隆二十九年改用宗室。笔帖式二十有四人。后增减无恒。初为他赤哈哈番，笔帖式哈番，寻改六、七、八品及无顶戴笔帖式。各部同。康熙十二年，省启心郎，增满洲主事一人，分隶左、右二司。雍正元年，增汉主事二人。用进士出身者。明年，改郎中为理事官，员外郎为副理事官，并定为宗室、满洲参用。乾隆二十九年，允府丞储麟趾奏，始专用宗室人员。五十三年，增置委署主事四人。笔帖式改。

　　太师、太傅、太保为三公。正一品。少师、少傅、少保为三孤。从一品。太子太师、太子太傅、太子太保，从一品。太子少师、太子少傅、太子少保，正二品。俱东宫大臣，无员限，无专授。

　　初沿明制，大臣有授公、孤者。嗣定为兼官、加官及赠官。

　　内阁　大学士，满、汉各二人。初制，满员一品，汉员二品。顺治十五年，改与汉同。雍正八年，并定正一品。协办大学士。满、汉各一人。尚书内特简，正一品。学士，满洲六人，汉四人。初制，满员二品，汉员三品，顺治十五年，并改正五品，兼礼部侍郎者正三品。雍正八年，定从二品，后皆兼礼部侍郎衔。典籍厅典籍，满、汉、汉军各二人。正七品。侍读学士，满洲四人。蒙、汉各二人。初兼太常寺卿衔，寻罢。雍正三年，定从四品。中书，正七品。满洲七十人，蒙古十有六人，汉军八人。贴写中书，满洲四十人，蒙古六人。

　　大学士掌钧国政，赞诏命，厘宪典，议大礼、大政，裁酌可否入告。协办佐之。修实录、史、志，充监修总裁官。经筵领讲官。会试充考试官。殿试充读卷官。春秋释奠，摄行祭事。学士掌敷奏。侍读学士掌典校。侍读掌勘对。典籍掌出纳文移。内阁为典掌丝纶之地，自大学士以下，皆不置印，惟典籍置之，以钤往来文牒。中书掌撰拟、翻译。分办本章处凡五：曰满本房，汉本房，蒙古本房，满签票处，汉签票处。又诰敕房，稽察房，收发红本副本处，饭银库，俱由大学士委侍读以下官司之。惟批本处额置满洲翰林官一人，请旨简派。中书七人。满中书内补授。

　　初，天聪二年，建文馆，命儒臣分直。十年，更名内三院。曰国史，曰秘书，曰弘文。始亦沿承政名，后各置大学士一人。顺治元年，置满、汉大学士，不备官，兼各部尚书衔。学士，满洲、康熙九年改置二人，十年增四人，通旧为六人。汉军康熙十年改置二人，十二年并入汉缺。各三人，汉学士无员限。康熙十年改置二人，明年增二人，十二年省汉军入汉缺，通旧为四人。典籍，满、汉、汉军各三人。康熙九年改置二人。侍读，满洲十有一人，清文五人，清汉文六人。康熙三十八年省清文一人，清汉文二人。寻复增二人，通旧为十人。蒙古、汉军、康熙九年各置二人。汉康熙

九年省。雍正四年置二人。各三人。中书，满洲七十有五人，蒙古十有
九人，汉军十有三人，汉三十有六人。康熙三十八年省满洲、汉军各五
人，蒙古三人，汉四人。乾隆十三年复省汉三人。二年，定为正二品衙门，
以翰林官分隶之。三院上并系"内翰林"字。八年，置侍读学士，满、蒙、
汉军各三。十八年增满洲二人，蒙古三人。康熙九年增满洲四人，余改置二
人。乾隆十七年省汉军入汉缺。十年，置三院汉大学士各二人。十五年，
更名内阁，别置翰林院官，以大学士分兼。殿阁曰中和殿、保和殿、
文华殿、武英殿、文渊阁、东阁，诸大学士仍兼尚书，学士亦如之。十
八年，复三院旧制。康熙九年，仍别置翰林院，改三院为内阁，置满、
汉大学士四人。雍正九年，礼部尚书陈元龙、左都御史尹泰特授额
外大学士。置协办自此始。厥后多至六人，少或一二人。乾隆十三
年，始定大学士、协办大学士员限，省中和殿，增体仁阁，以三殿、三
阁为定制，唯保和殿不常置。嗣后授保和者止傅恒一人。凡遇岁时庆节朝
会，汉员列满员下。自光绪间李鸿章系文华殿衔，而宝鋆时系武英殿，班转居
其右。五十八年，停兼尚书衔。宣统三年，改组内阁，别令大学士序
次翰林院。

　　先是世祖亲政，日至票本房，大学士司票，拟意任隆密。康熙
时，改内阁，分其职设翰林院。雍正时，青海告警，复分其职设军机
处，议者谓与内三院无异。顾南书房翰林虽典内廷书诏，而军国机
要综归内阁，犹为重寄。至本章归内阁，大政由枢臣承旨，权任渐轻
矣。

　　稽钦奉上谕事件处，兼理大臣无员限。满、汉大学士、尚书、左都御
史内特简。掌察诸司谕旨特交事件，督以例限。委署主事，满洲一人。
行走司官，汉四人。并于吏、兵、刑、工四部选补。笔帖式四十人。额外
笔帖式八人。

　　中书科，稽察科事内阁学士，满、汉各一人，由内阁学士内特
简。掌稽颁册轴。掌印中书，满洲一人。掌科中书，汉一人。中书，
并从七品。满洲一人，汉三人，掌缮书诰敕。笔帖式十人。

　　初制，置满洲中书舍人一人，乾隆十四年增一人。汉中书舍人

八人。雍正十三年派兼内阁行走。乾隆十三年省四人。顺治九年，置满洲记事官，同掌科事。康熙九年，改记事官为中书舍人。乾隆三十六年，置管中书科事汉内阁学士一人。明年，改管科事为稽察科事；增置满洲内阁学士一人；改中书舍人为中书科，置掌印中书，满、汉各一人。宣统三年省。

军机处　军机大臣，无定员，由大学士、尚书、侍郎内特旨召入。区其名曰大臣，曰大臣上行走。其初入者加"学习"二字。掌军国大政，以赞机务。常日侍直，应对献替，巡幸亦如之。明降谕旨，述交内阁。谕本处行者，封寄所司。并册藏存记人员，届时题奏。其属曰章京，满洲十有六人，汉二十人，名曰行走，分头班、二班。初无定额，嘉庆四年定每班八人。后增减无恒。光绪三十二年，定三十有六人。复定领班秩视三品，帮领班秩视四品，余并以原官充补。三十四年，改领班为从三品，帮领班为从四品。分掌清文、汉字。

初设议政处，令巩阿岱等为议政大臣，参画军要。雍正十年，用兵西北，虑儳直者泄机密，始设军机房，后改军机处，而满洲大学士尚有兼议政衔者。乾隆五十六年停。高宗苫政，更名总理处，寻复如初。时入直者皆重臣。故事，亲王不假事权。至嘉庆四年，始命成亲王入直，旋出之。咸丰间，复命恭亲王入直，历三朝领班如故。嗣是醇贤亲王、礼亲王、庆亲王等踵相蹑。光绪二十七年，设政务处，以军机大臣领督办事。参预大臣无定员，提调、帮提调、总办、帮总办，俱各二人，章京八人，并以本处员司兼充。二十八年，附设财政处，寻罢。三十二年更名会议政务处，隶内阁。宣统三年省。三十一年，定署名制。越二年，设宪政编查馆，复命军机大臣领之。先是设考察政治馆，命度支部尚书载泽等考察各国政治，至是更名。置提调四；总核、参议各二；庶务处总办一；一、二等咨议官，无恒额。设编制、统计、官报三局，局长、副局长各一，科员视事酌置。又考核科总办一，帮办正科员各二，副科员八，调京、外官兼充。宣统三年省。宣统三年，改责任内阁，以军机大臣为总协理大臣。

内翻书房管理大臣,满洲军机大臣兼充,掌番谕旨、御论、册祝文字。提调、协办提调,各二人。收掌官、掌档官,俱各四人。并于本房行走官内酌派。翻译四十人。宣统初,改隶翰林院。

方略馆总裁,军机大臣兼充。掌修方略。提调、收掌,俱满、汉二人。纂修,满洲三人,汉六人。俱由军机章京内派充。汉纂修缺内由翰林院咨送充补一人。校对,无员限。六部司员、内阁中书兼充。有事权置,毕乃省。

吏部　尚书,初制,满洲一品,汉人二品。顺治十六年,改满尚书二品。康熙六年复故,九年仍改正二品。雍正八年,俱定从一品。各部同。左、右侍郎,初制,满洲、汉军二品,汉员三品。顺治十六年,改满侍郎三品。康熙六年复故,九年仍改正三品。雍正八年,俱定从二品。各部同。俱满、汉一人。其属:堂主事,初制四品。顺治十六年,改六品。康熙六年,升五品,九年定正六品。各部同。清档房,满洲二人,汉本房,满洲二人,汉军一人。司务厅司务,初制从九品。乾隆三十年定正八品。各部同。满、汉各一人。缮本笔帖式,十有二人。文选、考功、验封、稽勋四清吏司:郎中,初制三品。顺治十六年,改五品,寻升四品。康熙六年仍改三品,九年定正五品。各部同。满洲九人,文选四人,考功三人,验封、稽勋司各一人。蒙古一人,文选司置。汉五人。文选二人,余各一人。员外郎,初制四品。顺治十六年,改五品。康熙六年复故,九年定从五品。各部同。宗室一人,稽勋司置。满洲八人,文选三人,考功、验封各二人,稽勋一人。蒙古一人,考功司置。汉六人。文选三人,余各一人。主事,宗室一人,稽勋司置。满洲四人,司各一人。蒙古一人,验封司置。汉七人。文选三人,考功二人,余各一人。笔帖式,宗室一人,满洲五十有七人,蒙古四人,汉军十有二人。学习行走者,有额外司员、七品小京官。各部同。

尚书掌铨综衡轴,以布邦职。侍郎贰之。堂主事掌文案章奏。司务掌出纳文移。以上二员各部同。文选掌班秩迁除,平均铨法。

官分九品，各系正从，级十有八，不及九品曰未入流。选人并登资簿，依流平进，踵故牒序迁之。考功掌考课，三载考绩。京察、大计各听察于长官，著迹计簿。凡论劾、释免、引年、称疾，并核功过处分。交议者，辨公私轻重，条议以闻。稽勋掌勋级、名籍、丧养，兼稽京朝官廪禄，稽俸厅隶之。汉司官员数，八旗世职继袭。验封掌荫叙、正一品子正五品叙，从一品子从五品叙，其下以是为差。封赠、阶十有八：正一品授光禄大夫，从一品授荣禄大夫，正二品授资政大夫，从二品授奉通大夫，正三品授通议大夫，从三品授中议大夫，正四品授中宪大夫，从四品授朝议大夫，正五品授奉政大夫，从五品授奉直大夫，俱授诰命。正六品授承德郎，从六品授儒林郎，吏员出身者宣德郎，正七品授文林郎，吏员出身者宣议郎，从七品授徵仕郎，正八品授修职郎，从八品授修职佐郎，正九品授登仕郎，从九品授登仕佐郎，俱授敕命。命妇之号九：一曰一品夫人，二品亦曰夫人，三品曰淑人，四品曰恭人，五品曰宜人，六品曰安人，七品曰孺人，八品曰八品孺人，九品曰九品孺人，不分正从。因其子孙封者加"太"字，夫在则否。一品封赠三代，二、三品二代，四品至七品一代，以下止封本身。一品四轴用玉，二品三轴用犀，三品三轴、四品二轴用抹金，五品以下二轴用角。凡嫡母在，生母不得并封。又两子当封，从其品大者。酬庸、奖忠。核赠、荫死难官员，有赠，有荫。当否。袭封则辨分合，别宗支等。其世流降除，勘土官世职，移文选司注拟。推恩外戚，加荣圣裔，优恤胜国，并按典奏闻。别设督催所，趣各司交议事，督以例限。当月处，主受事、付事，兼监堂印。邀司员分司之。各部同。

初，天聪五年，诏群寮议定官制，建六部，各以贝勒一人领之。顺治元年罢。八年复以亲王、郡王兼摄，九年罢。置承政四人，满二人，蒙、汉各一人。唯工部满一人，汉二人。参政八人，唯工部置蒙、汉各二人。共十有二人。启心郎一人。工部置汉二人。顺治九年，定秩视侍郎。崇德三年，六部定承政一人，左参政二人，右参政三人，户部四人。启心郎三人，满一人，汉二人。理事官四十有三人，吏、礼二部各四人，户、兵二部各十人，刑部六人，工部九人。副理事官六十有五人，吏部六人，户、兵二部各十有六人，礼部七人，刑部八人，工部十有二人。额哲库二人。

顺治元年，改承政为尚书，参政为侍郎，理事官为郎中，副理事官为员外郎，额哲库为主事。初置增减无恒。时满洲尚书，满、汉左、右侍郎，亦无员限。汉右侍郎兼翰林院学士衔。非翰林出身者不兼，寻罢。本部郎中，满洲四人，十二年增四人。光绪十三年增文选一人。汉军二人，雍正五年省。满、蒙员外郎八人，十二年省蒙古缺。十八年复置蒙古八人，康熙元年省，五十七年复置一人。汉军六人。康熙三十八年省四人。雍正五年并省。满洲堂主事、清文、清汉文各二人。司主事光绪十三年增文选一人。各四人，汉军一人，汉司务二人。四年省一人。十五年定满、汉各一人。各部同。文选司，汉郎中、员外郎各一人，雍正五年，增员外郎一人。光绪十三年各增一人。主事二人。光绪十三年增一人。考功、稽勋、验封三司，汉郎中、员外郎、主事各一人。雍正五年增考功主事一人。并置笔帖式，分隶堂司。各部同。五年，定满、汉尚书各一人。七年，增满洲一人，十年省。十五年，省启心郎，定满、汉左、右侍郎各一人。康熙五十七年，增置蒙古郎中、主事各一人。雍正元年，以大学士领部事。嘉庆四年，更命亲王综之，寻罢。改满洲员外郎、主事各一人，为宗室员缺。六年，复以大学士管部，自是为定制。光绪二十三年，澄汰书吏，增文选、考功二司郎中、员外郎、主事各一人。满、汉参用。三十二年，定尚书，左、右侍郎，左、右丞、议各一人。丞、参品秩，详新官制外务部。

初制，满、蒙、汉军司官，六部统为员额，不置专曹，后始分司定秩如汉人。季世诏泯满、汉畛域，各部复参用矣。吏部班次曩居六部上。各司郎官，非科甲出身者，不得注授。礼部、宗人府、起居注主事同。自外务部设，班位稍爽，改组内阁，设铨叙、制诰等局，吏部遂废。

户部　尚书,左、右侍郎,俱满、汉一人。其属:堂主事,南档房,满洲二人,北档房满洲、汉军各二人。司务厅司务,满、汉各一人。缮本笔帖式二十人。江南、江西、浙江、湖广、福建、山东、山西、河南、陕西、四川、广东、广西、云南、贵州十四清吏司:郎中,宗室一人,江西司置。满洲十有七人,江南、浙江、河南、山西、陕西、四川、广东、广西、贵州司各一人,福建、湖广、山东、云南司各二人。蒙古一人,山西司置。汉十有四人。司各一人。员外郎,宗室二人,广东、广西司置。满洲三十有六人,山西司一人,浙江、江西、河南、四川、广东、湖广司各二人,江南、陕西、广西、山东、云南、贵州司各三人,福建司五人。汉十有四人。主事,宗室一人,浙江司置。蒙古一人,福建司置。满、汉各十有四人。笔帖式,宗室一人,满洲百人,蒙古四人,汉军十有六人。

尚书掌军国支计,以足邦用。侍郎贰之。右侍郎兼掌宝泉局鼓铸。十四司,各掌其分省民赋,及八旗诸司廪禄,军士饷糈,各仓,盐课,钞关,杂税。江南司兼稽江宁、苏州织造支销,江宁、京口驻防俸饷,各省平余地丁逾限未结者。江西司兼稽各省协饷。浙江司兼稽杭州织造支销,杭州、乍浦驻防俸饷,及各省民数、谷数。福建司兼稽直隶民赋,天津海税,东西陵、热河、密云驻防俸饷,司乳牛牧马政令,文武乡会试支供,五城赈粟。湖广司兼稽奉省厂课,荆州驻防俸饷,各省地丁耗羡之数。河南司兼稽开封驻防俸饷,察哈尔俸饷,及报销未结者。山东司兼稽青州、德州驻防俸饷,东三省兵糈出纳,参票畜税,并察给八旗养廉,长芦等处盐课。山西司兼稽游牧察哈尔地亩,土默特地粮,喀尔喀、回部定边左副将军办事官属,张家口、赛尔乌苏台站俸饷,乌里雅苏台、科尔多屯田官兵番换,并各省岁入岁出之数。陕西司兼稽甘肃民赋,行销盐引,西安、宁夏、凉州、庄浪各驻防俸饷,并汇核在京支款,新疆经费。四川司兼稽本省关税,两金川等处、新疆屯务,成都驻防俸饷,并京城草厂出纳,各部院纸朱支费,入官户口,赃罚银两,凡各省郡县丰歉水旱,岁具其数以上。广东司兼稽广州驻防俸饷,八旗继嗣户产更代,凡寿民、孝子、节妇受旌者,给以坊直。广西司兼稽本省矿政厂税,及京省钱法,内仓出纳。云南司兼稽本省厂课,山东、河南、江南、江西、浙江、湖广漕政,京、通仓储,及江宁水次六仓考核。贵州司兼稽各关税课,并核貂贡。所辖内仓监督,满洲二人。司员内派委。宝泉局监督、各部司员内保送补用。主事。本部司员内派委。俱满、汉各一人,局大使,东、西、南、北四厂大使,俱满洲一人。笔帖式充。初置汉一人。雍正四年,增四人。七年,改满洲员缺。各省钱局监铸官,十有八人。外官兼充,并受法式法部。其别领者三:曰井田科,典八旗土田、内府庄户;曰俸饷处,核八旗俸饷丁册;曰现审处,平八旗户口田房诤讼。又饭银处、减平处、捐纳房、监印处、则例馆,俱派司属分治其事。

初,天聪五年,设户部。顺治元年,置尚书、侍郎。右侍郎管钱法堂事。郎中,满洲十有八人,蒙古四人,康熙三十八年省。五十七年,复置一人。汉军二人。康熙三十八年省。员外郎,满洲三十有八人,蒙古五人,康熙三十八年省,五十七年,复置一人。汉军六人。康熙三十八年省。满洲堂主事四人,主事十有四人,汉军堂主事二人。十四司,汉郎中、员外郎各一人,主事各三人。六年,司各增一人。十一年省增额。康熙六年省江南、浙江、江西、湖广、福建、河南、陕西、广西、四川、贵州各一人。三十八年,省山东、山西、广东、云南各一人。五年,定满、汉尚书各一人。七年增满洲一人,十年省。康熙六年复置,八年又省。康熙五十七年,增置福建司蒙古主事一人。雍正初,始令亲王、大学士领部事。嘉庆四年,以川省用兵,销算务剧,复令亲王永瑆综之。寻罢。并改满洲郎中一人,员外郎二人为宗室员缺。十一年,仍令大学士管部。光绪六年,增浙江司宗室主事一人。三十二年,更名度支部。初制,按省分职,十三司外,增设江南一司,凡铜、关、盐、漕,及续建行省,别以司之事简领之。

管理三库大臣,满、汉各一人,三年请旨更派。掌库藏出纳,月会岁要,核实以闻。其属:档房主事一人,银、缎匹、颜料三库郎中各一人,员外郎各二人,司库五人,正七品。银库一人,余各二人。大

使四人，银库二人，余各一人。各部司员内补授。笔帖式四人，库使
十有一人。未入流。以上俱为满缺。

顺治初，设后库，在部署。置郎中四人，员外郎二人。康熙二十
九年，定三库俱各一人。雍正二年，增员外郎各一人。十三年，分建
三库，改后库为银库。缎匹库在东华门外，即旧里新库。颜料库在
西安门内，即旧甲字库。置理事官综其事。雍正元年，改命王公大
臣领之。明年，置大使各一人，乾隆三年，增银库一人。并增主事一
人。稽核档案。光绪二十八年省。

总督仓场侍郎，满、汉各一人，分驻通州新城。掌仓谷委积，北
河运务。其属：笔帖式四人。所辖坐粮厅，满、汉各一人，满员由六
部、理藩院郎员，汉员由六部郎员内简用。掌转运输仓，及通济库出
纳。大通桥监督，满、汉各一人，十一仓监督内补用。掌转大通陆运。
十一仓监督，曰禄米、曰南新、曰旧太、曰富新、曰兴平、曰海运、曰
北新、曰太平，俱清初建。曰本裕，康熙四十五年建。曰储济，雍正
六年建。曰丰益，七年建。旧有万安、裕丰，后省。满、汉各一人，各
部院保送补用。掌分管京仓。中、西二仓监督，沿明制建。旧有南
仓，后省。满、汉各一人，十一仓监督内调补。掌分管通仓。

顺治元年，置汉侍郎一人。康熙八年省，十八年复。京、通各仓，
户部员司分理之。通州坐粮厅，十二年设京粮厅。十五年，并入大
通桥。康熙二年，置满、汉监督各一人，寻省。四十七年复。以户部
官一人承其事。九年，置满洲、汉军侍郎各一人。寻省汉军缺。十
五年，定满、汉各一人。康熙五十年，定京、通仓监督满、汉各一人。
雍正二年，置副监督，寻省。其缺由内阁中书、部院监寺官番选。又
初有总理，满洲侍郎一人，与总漕并理漕务。顺治八年省，十二年
复，十八年又省。

京师崇文门，正监督、副监督，左翼、右翼各一人。内府大臣及
尚书侍郎兼充。其各常关，或部臣题请特简，或由京掣差部司官，或
改令外官兼辖。天津关，长芦盐政兼管。通州，坐粮厅兼管。张家
口、杀虎口，部院司员兼充。潘桃口，多伦诺尔同知兼理。龙泉、紫

荆、喜峰、五虎、固关、白石、倒马、茨沟、插箭岭、马水口,提督兼管,
委参将、都司、府备、把总监收。三座塔、八沟、乌兰哈达,理藩院司
员兼充。奉天牛马税,部院司员兼充。中江,盛京将军衙门章京及
五部司员番选,后归兴凤道兼理。临清,巡抚兼管,委知州监收。归
化城,巡抚兼管,委道员监收。潼关,道员兼理。浒墅关,苏州织造
监理。淮安关兼庙湾口,内府司员兼充。扬关,巡抚兼管,委淮扬海
道兼收。西新关,江宁织造兼理,后改归巡抚。凤阳关,皖北道兼理。
赣关,巡抚兼管,委吉南赣宁道监收。闽安关,巡抚兼管,后改归总
督,委福州府同知监收。北新关,杭州织造兼管,后改归巡抚。武昌
厂、荆关,巡抚兼管,后改归总督委员监收。夔关,总督兼管,委知府
监收。打箭炉,同知兼理。太平关,巡抚兼管,委南韶连道监收。梧
厂、浔厂,巡抚兼管,委梧、浔二知府监收。

　　初制,榷百货者曰户关,榷竹木船钞者曰工关,为户、工二部分
司,后改今制。宣统三年,工关多改称常关,唯直隶等省名称如故。
并隶度支部。往例以内府官简充。乾隆间,改令内务府大臣为之。
后部院大臣并得简充,定为满洲员缺。

　　礼部　尚书,左、右侍郎,俱满、汉一人。其属:堂主事,清档房,
满洲二人,汉本房,满洲、汉军各一人。司务厅司务,满、汉各一人。
笔帖式,宗室一人,满洲三十有四人,蒙古二人,汉军四人。典制、祠
祭、主客、精膳四清吏司:郎中,满洲六人,典制、祠祭,各二人,余俱
一人。蒙古一人,主客司置。汉四人。司各一人。员外郎,宗室一
人,主客司置。满洲八人,典制、祠祭司各三人。余俱一人。蒙古一
人,祠祭司置。汉二人。典制、祠祭司各一人。主事,宗室、蒙古各
一人,精膳司置。满洲三人,典制、祠祭、精膳司各一人。汉四人。司
各一人。印铸局,汉员外郎、满洲署主事、汉大使,未入流。各一人。
堂子尉,满洲八人。七品二人,八品六人。

　　尚书掌五礼秩叙,典领学校贡举,以布邦教。侍郎贰之。典制
掌嘉礼、军礼。稽彝章,辨名数,颁式诸司。三岁大比,司其名籍。四

方忠孝贞义,访懋旌闾。祠祭掌吉礼、凶礼。凡大祀、中祀、群祀,以岁时辨其序事与其用等。日月交食,内外诸司救护;有灾异即奏闻。凡丧葬、祭祀、贵贱有等,皆定程式而颁行之。勋戚、文武大臣请葬祭、赠谥,必移所司核行。并籍领史祝、医巫、音乐、僧道,司其禁令,有妖妄者罪无赦。主客掌宾礼。凡藩使朝贡,馆饩赐予,辨其贡道远迩、贡使多寡、贡物丰约以定。颁实录、玉牒告成褒赏。稽霍茶岁额。精膳掌五礼燕飨与其牷。赐百官礼食,视品秩以为差,光禄供膳馐,会计其数而程其出纳,汇核各司。铸印局题销铸印,掌铸宝玺,凡内外诸司印信,并范冶之。用银质直钮三台者:宗人府、衍圣公,清、汉文尚方大篆,方三寸三分,厚一寸;六部、户部盐茶、都察院、行在部院,清、汉、蒙三体字,清、汉文尚方大篆,蒙文不篆,方三寸三分。厚九分,直钮二台者:盛京五部、户部三库,清、汉文尚方大篆,方三寸三分;厚八分,军机处;内务府、盛京内务府、翰林院、銮舆卫,清、汉文尚方大篆,方三寸二分,厚八分。虎钮三台者:提督、总兵。虎钮二台者:侯、伯、领侍卫内大臣、都统、前锋统领、护军统领、步军统领、总管火器营神机营、圆明园总管八旗包衣三旗官兵、经略大臣、大将军、镇守将军、科布多参赞大臣、镇守挂印总兵,清、汉文柳叶篆;西宁办事大臣、驻藏办事大臣,清、汉、回三体字;伊犁将军,清、汉、回、托忒四体字;定边参赞大臣,清、汉、托忒三体字,清、汉文柳叶篆,塔尔巴哈台参赞大臣,清文、托忒二体字,清文柳叶篆;库伦办事大臣,清、汉、蒙三体字,清、汉文柳叶篆;外藩札萨克各盟长,清、蒙二体字,不篆,并方三寸三分,厚九分;向导总领、驻防副都统,清、汉文柳叶篆,方三寸二分,厚八分。直钮者:布政使司,清、汉文小篆,方三寸一分,厚八分;通政使司、大理寺、太常寺、顺天府、奉天府,清、汉文小篆,方二寸九分,厚六分五厘。用铜质直钮者:詹事府、按察使司,清、汉文小篆;额鲁特总管,清、汉、蒙三体字,清文殳篆;宣慰使司、指挥使司,清、汉文殳篆,并方一寸七分,厚九分;光禄寺、太仆寺、武备院、上驷院、奉宸苑,清、汉文小篆;盐运使司,清、汉文钟鼎篆;旗手卫、城守尉,清、汉文殳篆;卫守备,清、汉文悬针篆；察哈尔总管，清、蒙二体字，清文叐篆，并方二寸六分，厚六分五厘；府，清、汉文垂露篆，方二寸五分，厚六分；宗人府左右司、左右春坊、司经局、六部理藩院各司，銮舆卫各所、钦天监、太医院、盛京五部各司，清、汉文钟鼎篆宗人府经历、盐课提举司，清、汉文垂露篆，并方二寸四分，厚五分；宣抚使司副使、安抚使司、领运千总，清、汉文悬针篆；方二寸四分，厚五分五厘。州，清、汉文垂露篆，方二寸三分，厚四分五厘；土千户，清、汉文悬针篆，方厚如州；内务府各司、銮舆卫驯象等所，清、汉文钟鼎篆；吏户二部稽俸厅、都察院经历、大理寺、太仆寺左右司、光禄寺四署、乐部和声署、五城兵马司、大兴、宛平二县、盛京承德县、布政使司经历、理问，清、汉文垂露篆，旗手卫左右司、九姓长官司、指挥佥事，清、汉文悬针篆，并方二寸二分，厚四分五厘；六科、钦天监时宪书，清、汉文钟鼎篆；中书科、太常寺、光禄寺典簿、詹事府、太仆寺主簿、部寺司务、县銮舆卫、通政使司、按察使司、盐运使司、各卫宣慰使司诸经历，并方二寸一分，厚四分四厘；国子监三厅、鸿胪寺、钦天监各主簿、京府儒学、坛庙祠祭署、布政使司照磨、府经历，清、汉文垂露篆，方二寸，厚四分二厘；刑部司狱、国子监典簿、神乐观牺牲所、光禄寺银库、太医院药库、宝泉宝源二局，清、汉文垂露篆，方一寸九分，厚四分二厘；京府照磨、司狱、布政使司府库、按察使司照磨、司狱、府照磨、司狱、库大使、府卫儒学、巡检司、都税司、税课司、茶马司，清、汉文垂露篆，并方一寸九分，厚四分。直钮有孔者：监察御史，稽察宗人府内务府御史、清、汉文钟鼎篆，方一寸五分，厚三分。喇嘛、呼图克图，或金质，或银质，扎萨克大喇嘛，铜质，并云钮，用清文、蒙古、唐古忒三体字，不篆，或清、汉文转宿篆、正一真人，铜质直钮，清、汉文钟鼎篆，方二寸六分，厚六分五厘。僧录司、道录司，铜质直钮，清、汉文垂露篆，方二寸二分，厚四分五厘。余用关防或图记、条记也。别设书籍库、板片库、南库、养廉处、地租处，俱遴员司分治其事。

天聪五年，设礼部。顺治元年，置尚书、侍郎各官。十五年省汉军侍郎。郎中，满洲四人，十八年增二人。员外郎六人，十二年增四人。堂主事二人，司主事四人；蒙古章京二人；康熙九年改郎中、员外郎各一人。三十八年省。汉军郎中八人，康熙九年，省七人。雍正五年俱省。员外郎五人，康熙三十八年，省二人。雍正五年俱省。堂主事一人。仪制、祠祭、主客、精膳四司，汉郎中、员外郎、主事各一人。二年，省主客、精膳员外郎各一人。满洲读祝官六人。九年，省四人。康熙十年改隶太常寺。皇史晟尉，正七品。满洲三人。司牲官，正七品。蒙古二人。铸印局，满洲员外郎一人，以上三员寻省。汉大使一人。五年，定满、汉尚书各一人。康熙五十七年，增置蒙古郎中、主客司。员外郎、祠祭司。主事、精膳司。各一人。雍正元年，以亲王、郡王、大学士领部事，随时简任，不为常目。乾隆三年，增置筹印局汉员外郎、笔帖式、署主事各一人。十三年，省行人司入之。嘉庆四年，改满洲员外郎、主事各一人为宗室员缺。光绪二十四年，省光禄、鸿胪二寺入之，寻复故。三十一年，诏罢科举，各省学政改隶学务大臣，自是厘正士风之责，不属本部矣。三十二年，以光禄、太常、鸿胪三寺同为执礼官，仍省入。更精膳司曰光禄，主客司曰太常，并各置郎中、员外郎、主事各一人。鸿胪事稍简，归入典制司，增员外郎一人，并满、汉参用。是岁定尚书、侍郎，左、右丞、参员额如吏部。设礼器库，置郎中、员外郎各一人，赞礼官、读祝官亦如之。俱六品。太常寺丞改充。簿正、光禄寺署正改充。典簿太常寺博士改充者三人，光禄寺典簿改充者一人。各四人，司库二人，太常、光禄两寺司库改充。以上品秩俱如旧。笔帖式十有四人。三寺内拣选酌留。宣统元年，避帝讳，改仪制司曰典制。

　　初制，礼部设马馆，置正、副监督各一人。正监督，本部司员充。副监督，理藩院司员充。乾隆二十七年，省入理藩院。又初置满洲宣表官四人，后减二人，寻并入太常寺。

　　会同四译馆，满洲稽察大臣二人，部院司寺堂官内简派。提督馆事兼鸿胪寺少卿一人，礼部郎中内选补。掌治宾客，谕言语。汉大使一人，正九品。正教、序班汉二人，朝鲜通事官八人。六品、七品各二人,八品四人。

顺治元年,会同四译分设二馆。会同馆隶礼部,以主客司主事满、汉各一人提督之。四译馆隶翰林院,以太常寺汉少卿一人提督之。分设回回、缅甸、百夷、西番、高昌、西天、八百、暹罗八馆,以译远方朝贡文字。置序班二十人,十五年,定正教、协教各八人。康熙间省至九人,以一人管典务厅事。乾隆十三年,省典务一人,序班六人,额定二人。朝鲜通事官六人。后增十人。凡六品十人、七品六人。乾隆二十三年省六品四人、七品二人,增八品二人。后俱省。十四年,置员外郎品级通事一人,掌会同馆印。寻省。乾隆十三年,省四译馆入礼部,更名会同四译馆。改八馆为二,曰西域,曰八夷,以礼部郎中兼鸿胪寺少卿一人摄之。光绪二十九年省。

乐部,典乐大臣无员限,礼部满洲尚书一人兼之。后改各部侍郎、内务府大臣兼理。又满洲王大臣知乐者,亦曰管理大臣。掌考乐律乐均度数,协之以声歌,播之以器物。辨祭祀、朝会、燕飨之用,以格幽明,和上下。神乐署,署正一人,正六品。左、右署丞各一人,从八品。协律郎五人,正八品。司乐二十有九人。正九品。凡乐生百八十人,舞生三百人属之,俱汉员,兼隶太常寺,掌郊庙、祠祭诸乐。和声署,署正、署丞,俱满、汉各一人。满员,内务府郎中、员外郎兼充。汉员,礼部郎中、员外郎兼充。凡供用官三十人,本署八人。礼部笔帖式兼充二人,内务府赞礼郎兼充六人,笔帖式及各项有品级者兼充十有二人,鸿胪寺鸣赞官兼充二人。署史长十有六人,署史百四十有八人属之,掌殿廷朝会、燕飨诸乐。其宫廷之乐,内务府掌礼司中和乐处典之。卤簿之乐,銮舆卫、旗手卫校尉典之。并隶以部。

什傍处,掇尔契达一人,兼三等侍卫。六品衔达、七品衔达各二人。拜唐阿六十人,兼隶侍卫处。掌奏掇尔多密之乐,燕飨列之。

顺治元年,置教坊司,奉銮一人,左、右韶舞,左、右司乐各一人,协同十人。以上并正九品。俳长无定员。未入流。太常寺神乐观,汉提点一人,正六品。左、右知观各一人,正八品。汉协律郎五人。康熙三十八年省。雍正元年复故。乾隆二年增三人，九年省六人。嘉庆四年，增二人。道光元年，增二人，咸丰二年，增二人。雍正七年，改教坊司为和乐署，省奉銮各官。乾隆七年，设乐部，简典乐大臣领之。置和声署官，以内府、太常、鸿胪各官兼摄，侍从、待诏为加衔。并诏禁太常乐员习道教，不愿改业者削籍。先是依明制，凡乐官祀丞概用道流。明年，改神乐观为所，知观为知所。十三年，复改神乐所为署，更提点曰署正，知所曰署丞。

兵部　尚书，左、右侍郎，俱满、汉一人。其属：堂主事，清档房，满洲二人，汉本房，满洲二人，汉军一人。司务厅司务，满、汉各一人。缮本笔帖式十有五人。武选、车驾、职方、武库四清吏司：郎中，宗室一人，车驾司置。满洲十有一人，武选三人，职方五人，车驾一人，武库二人。蒙古一人，武选司置。汉五人。职方二人，余俱一人。员外郎，宗室一人，车驾司置。满洲九人，武选四人，职方、车驾各二人，武库一人。蒙古三人职方、车驾、武库各一人。汉四人。武选、职方各二人。主事，满、汉各四人。司各一人。笔帖式，宗室一人，满洲六十有二人，蒙古，汉军各八人。

尚书掌厘治戎政，简核军实，以整邦枢。侍郎贰之。武选掌武职选授、品级、阶十有八：正一品授建威将军，公、侯、伯同；从一品授振威将军；正二品授武显将军；从二品授武功将军；正三品授武义都尉；从三品授武翼都尉；正四品授昭武都尉；从四品授宣武都尉；正五品授武德骑尉；从五品授武德佐骑尉；正六品授武略骑尉；从六品授武略佐骑尉；正七品授武信骑尉；从七品授武信佐骑尉；正八品授奋武校尉；从八品授奋武佐校尉；正九品授修武校尉；从九品授修武佐校尉。高下各如其级。命妇之号视文职。封赠、袭荫，俱同文职。并典营制，暨土司政令。职方掌各省舆图。绿营官年老三载甄别，五年军政，叙功核过，以待赏罚黜陟，并典处分、叙恤、关禁、海禁。车驾掌牧马政令，以裕戎备。凡置邮曰驿、曰站、曰塘、曰台、曰所、曰铺，驰驿者验邮符，泄匿稽留者论如法。武库掌兵籍、戎

器，乡会武科，编发、戍军诸事。有征伐，工部给器仗，籍纪其数。制
敕下各边徵发，或使人出关，必验勘合。其分摄者，会同馆管理馆所
侍郎一人，本部侍郎简派。满、汉监督各一人，司员内补授。典京师
驿传，以待使命。又捷报处司官无定额。驻京提塘官十有六人。直
隶、山东、山西、河南、江西、福建、浙江、湖北、湖南、四川、广东各一
人，陕甘、新疆一人，云南、贵州一人，漕河一人，由督抚保送本省武
进士、举人及守备咨补。后改隶邮传部。

　　初，天聪五年，设兵部。顺治元年，置尚书、侍郎各官。郎中，满
洲八人，十二年增三人。雍正五年，增一人。蒙古四人，康熙三十八
年省。五十七年复置一人。汉军二人，雍正五年省。汉四人。雍正
五年，增一人。员外郎，满洲八人，十二年增五人。康熙三十八年，
省三人。蒙古四人，康熙三十八年省。五十七年，复置三人。汉军
六人，康熙三十八年省四人，雍正五年，俱省。汉四人。十一年省二
人。雍正五年增一人。堂主事、司主事，俱满洲四人，汉军堂主事一
人，汉主事五人。会同馆大使一人。康熙三十八年省。五年，定满、
汉尚书各一人。八年，以诸王、贝勒兼理部事。寻罢。

　　十一年，增置督捕。满左侍郎、汉右侍郎各一人。汉协理督捕、
太仆寺少卿，二人。寻改。左、右理事官，满洲、汉军各一人。后改
满、汉各一人。满、汉郎中各一人。员外郎，满洲七人，汉军八人，汉
一人。堂主事，满洲三人，司主事一人，十四年增一人。汉主事六人，
司狱二人。郎中以下亦有兼督捕衔者。分理八司掌捕政。三营将
弁隶之。十二年，增置督捕员外郎八人。旗各一人。时八旗武职选
授处分，并隶铨曹，康熙二年始来属。三十八年，省督捕侍郎以次各
官，并入刑部。雍正元年，命大学士管部，自后以为常。嘉庆四年，
省满洲郎中、员外郎各一人，为宗室员缺。光绪三十二年，更名陆军
部。

　　刑部　尚书，左、右侍郎，俱满、汉一人。其属：堂主事，清档房，
满洲二人，汉档房，满洲三人，汉军一人。司务厅司务，满、汉各一

人。缮本笔帖式四十人。直隶、奉天、江苏、安徽、江西、福建、浙江、湖广、河南、山东、山西、陕西、四川、广东、广西、云南、贵州十七清吏司：郎中，宗室一人，湖广司置。满洲十有五人，除奉天、湖广两司外，司各一人。蒙古一人，奉天司置。汉十有九人。湖广、陕西司各二人，余俱一人。员外郎，宗室二人，广东、云南司各一人。满洲二十有三人，江苏、湖广、河南、山东、陕西、广东司各二人，余俱一人。蒙古一人，直隶司置。汉十有九人。直隶、浙江司二人，余俱一人。主事，宗室一人，广西司置。满洲十有五人，除奉天、湖广二司外，司各一人。蒙古一人，山西司置。汉十有七人。司各一人。督捕清吏司：郎中，满、汉各一人。员外郎，满洲一人。主事，满、汉各一人。笔帖式，宗室一人，满洲百有三人，蒙古四人，汉军十有五人。提牢厅主事，满、汉各一人。由额外及试俸主事引见补授。司狱，从九品。满洲四人，汉军、汉各一人。赃罚库，正七品。满洲一人。库使，未入流。满洲二人。

　　尚书掌折狱审刑，简核法律，各省谳疑，处当具报，以肃邦纪。侍郎贰之。十七司各掌其分省所属刑名。直隶司兼掌八旗游牧、察哈尔左翼所属，并理京畿道御史、顺天府、东西陵、热河都统、围场总管、密云副都统、山海关副都统、古北口、张家口、独石口、喜峰口、芦峰口、塔子沟、三座塔、八沟、乌兰哈达、喀拉阿屯、多伦诺尔文移。奉天司兼掌吉林、黑龙江所属，并理宗人府、理藩院文移。江苏司兼掌各省减免之案，凡遇恩赦，审详具奏。并理江南道御史、江宁将军、京口副都统、漕运总督、南河总督文移。安徽司兼理镶红旗、宣武门文移。江西司兼理江西道御史、中城御史、正黄旗、西直门文移。浙江司兼理都察院刑科、浙江道御史、南城御史、杭州将军、乍浦副都统文移。并司条奏汇题，及各司爰书驳正者，会其成，比年一奏。福建司兼理都察院户科、仓场衙门、左右两翼监督、镶蓝旗、阜成门、福州将军文移。湖广司兼掌湖北、湖南所属，并理湖广道御史、荆州将军文移。河南司兼理礼部、都察院礼科、河南道御史、太常寺、光禄寺、国子监、鸿胪寺、钦天监、太医院、东城御史、正红旗、德胜门文移。凡夏令热审,颁行各省钦恤如制。山东司兼理兵部、都察院兵科、山东道御史、太仆寺、青州副都统、东河总督文移。凡步军营捕获盗贼,岁登其数请叙。山西司兼理察哈尔右翼、绥远城将军、归化城副都统、定边左副将军、科布多参赞大臣、库伦办事大臣所属,并理军机处、内阁、翰林院、詹事府、起居注、中书科、内廷各馆、内务府、山西道御史、北城御史、镶白旗、崇文门文移,及各省年例咨报之案。陕西司兼掌甘肃、伊犁、乌鲁木齐、塔尔巴哈台、叶尔羌、喀什噶尔、乌什、阿克苏、库车、吐鲁番、哈喇沙尔、和阗、哈密所属,并理陕西道御史、大理寺、西城御史、西安将军、宁夏将军、凉州副都统、伊犁将军文移。囚粮则以时散给。四川司兼理工部、都察院工科、四川道御史、成都将军文移。凡秋审,会九卿、詹事於朝房以定爰书,并收发刑具。广东司兼理銮舆卫、正白旗、广东道御史、安定门、广州将军文移。广西司兼理通政司、广西道御史文移。凡朝审,具题稿,囚衣则以时散给。云南司兼理镶黄旗、云南道御史,东直门文移。并司堂印封启。贵州司兼理吏部、都察院吏科、正蓝旗、贵州道御史、朝阳门文移。并定各司汉员升补。督捕司掌八旗及各省逃亡。提牢厅掌检狱圄。司狱掌督狱卒。赃罚库掌贮现审赃款,会数送户部。别设律例馆,由尚书或侍郎充总裁。提调一人,纂修四人,司员兼充。校对四人,收掌二人,翻译、誊录各四人。司员及笔帖式充。掌修条例。五年汇辑为小修,十年重编为大修。秋审处,主核秋录大黄。初以四川、广西二司分理。雍正十二年,始别遣满、汉司员各二人,曰总办秋审处。寻佐以协办者四人。录各省囚,谓之秋审;录本部囚,谓之朝审。岁八月,会九卿、詹事、科道公阅爰书,核定情实。凡大辟,御史、大理寺官会刑司录问,案法随科,曰会小三法司。录毕,白长官。都御史、大理卿诣部偕尚书、侍郎会鞫,各丽法议狱,曰会大三法司。谳上,复召大臣按覆,然后丽之於辟。初制,刑部会拟朝审,俱本部案件。其外省之案,康熙十六年,始命刑部覆核,九卿会议。

初天聪五年,设刑部。顺治元年,置尚书、侍郎各官。设江南、浙江、福建、四川、湖广、陕西、河南、江西、山东、山西、广东、广西、云南、贵州十四司,置满洲郎中六人,五年增八人。员外郎八人,五年增十人。堂主事五人,司主事十有四人;汉军郎中四人,雍正五年省。员外郎十有二人,康熙三十八年省八人,雍正五年俱省。堂主事一人;汉郎中,雍正五年,增江南、湖广、陕西司各一人。员外郎、十五年,省湖广、广西、云南、广东司各一人。雍正三年复故,并增四川司一人。五年增浙江、山东司各一人。主事,十五年省河南、四川、陕西、贵州司各一人。雍正三年复故。各十有四人。满洲司库一人,汉司狱四人。康熙五十一年,增满洲四人。乾隆六年,定汉军、汉各二人。五年,定满、汉尚书各一人。七年,增满洲一人,十年省。十八年,置蒙古员外郎八人。康熙元年省。康熙三十八年,增设督补前、后司,为十六司。由兵部并入。五十七年,增置蒙古郎中、员外郎、主事各一人。雍正元年,设现审左、右二司,主鞫讯囚系。十二年,析江南司为江苏、安徽二司,定满、汉郎中俱各一人,满洲员外郎三人,江苏司二人,安徽司一人。汉员外郎二人,满、汉主事司各一人,并督捕前、后司为一。自时厥后,亲王、郡王奉命管部,无常员。乾隆六年,更现审左司为奉天司,右司为直隶司,定满洲、直隶司置。蒙古奉天司置。郎中各一人,汉郎中各一人,满洲员外郎二人,蒙古一人,直隶司置。汉三人,奉天司一人,直隶司二人。满、汉主事俱各一人,是为十七司。嘉庆四年,以大学士领部事,改满洲郎中、员外郎、主事各一人为宗室员缺。光绪六年,增置云南司宗室员外郎一人。三十二年,更名法部。

工部　尚书,左、右侍郎,俱满、汉一人。其属:堂主事,清档房,满洲三人,汉本房,满洲、汉军各一人。司务厅司务,满、汉各一人。缮本笔帖式,宗室一人,满洲十人。营缮、虞衡、都水、屯田四清吏司:郎中,宗室一人,屯田司置。满洲十有六人,营缮、虞衡各四人,都水五人,屯田三人。蒙古一人,营缮司置。汉四人。司各一人。员外郎,宗室一人,虞衡司置。满洲十有六人,营缮、虞衡各四人,都水

五人,屯田三人。蒙古一人,营缮司置。汉四人。司各一人。员外郎,宗室一人,虞衡司置。满洲十有六人,营缮、虞衡各四人,都水五人,屯田三人。蒙古一人。营缮司置。汉四人。司各一人。主事,宗室一人,屯田司置。满洲十有一人,营缮、屯田各二人,虞衡三人,都水一人。蒙古一人,营缮司置。汉六人。营缮、都水各二人,虞衡、屯田各一人。笔帖式,宗室一人,满洲八十有五人,蒙古二人,汉军十人。制造库,郎中,满洲二人,汉一人;司库、正七品。司匠,初制七品,康熙九年,定从九品。俱满洲二人,库使,未入流。满洲二十有一人。节慎库,满洲郎中、员外郎各一人,司库二人,库使十有二人。硝磺库、铅子库,满洲员外郎、主事俱各一人。

尚书掌工虞器用,辨物庀材,以饬邦事。侍郎贰之。右侍郎兼掌宝源局鼓铸。营缮掌营建工作,凡坛庙、宫府、城郭、仓库、廨宇、营房,鸠工会材,并典领工籍,勾检木税、苇税。虞衡掌山泽采捕,陶冶器用。凡军装军火,各按营额例价,计会核销,京营则给部制。颁权量程式,办东珠等差。都水掌河渠舟航,道路关梁,公私水事。岁十有二月,伐冰纳窖,仲夏颁之;并典坛庙殿廷器用。屯田掌修陵寝大工,辨王、公、百官坟茔制度。大祭祀供薪炭,百司岁给亦如之;并检督匠役,审核海、苇、煤课。节慎掌主帑藏,司出纳。制造掌典五工:曰银工、曰镀工、曰皮工、曰绣工、曰甲工。凡车辂仪仗,展采备物,会銮仪卫以供用。所辖宝源局,满、汉监督各一人,满员由宗人府、六部、步军统领衙门司员内保送。汉员由六部司员内保送。大使二人,正九品。本部笔帖式内保送。初置笔帖式一人,雍正七年改置。职视宝泉局。其皇木厂,琉璃窑,木仓,军需局,官车处,惜薪厂,冰窖彩绸库,满、汉监督俱各一人。炮子库,满洲监督一人。皇差销算处,满、汉司员各二人。料估所,满、汉司员各三人。黄档房无定员。以上各员,并由本部司员内选用。

初,天聪五年,设工部。顺治元年,置尚书、侍郎各官。右侍郎兼管钱法。康熙十八年增满洲一人兼管。郎中,满洲八人,内一人管节慎库。十二年,增八人。雍正五年,增一人。蒙古一人。康熙三十八年省,五十七年复故。员外郎,满洲九人,十二年,增八人。康熙五十七年,增一人,雍正五年,增一人。道光十六年,改营缮司员外郎一人专司铅子库,都水司员外郎一人专司硝磺库。蒙古三人。康熙三十八年省,五十七年复置一人。满洲堂主事三人,清文二人,清汉文一人。司主事四人;康熙二十三年,增八人。汉军郎中二人,雍正五年省。员外郎六人,康熙三十八年,省四人,雍正五年俱省。堂主事一人。节慎库,满洲员外郎一人,司库二人,汉大使一人。十五年省。制造库,满洲郎中一人,员外郎二人,寻省。司库、司匠各二人。营缮、虞衡、都水、屯田,汉郎中五人,营缮二人,余各一人。十五年,省营缮一人。十六年,增虞衡一人。十八年,复置营缮一人。康熙元年,增额仍省。员外郎七人,屯田一人,余各二人。十五年,省营缮、都水、虞衡各一人。康熙十一年,增都水二人。三十年,增额仍省。主事二十人。营缮、虞衡、屯田各三人,都水十有一人。十四年,增营缮三人。十五年,省都水一人。明年省营缮一人。康熙元年,又省营缮一人。六年,省营缮、虞衡、屯田各一人,都水四人。十二年,又省都水四人。道光十六年,改营缮一人专司铅子库,都水一人专司硝磺库。营缮司所正、所副各一人。文思院,广积库,柴炭司,通州抽分竹木局,各大使俱一人。十五年并省。宝源局监督三人。康熙十七年,定二人。五年,定满、汉尚书各一人。十四年,增置营缮司所丞二人。分管清江厂、临清砖厂。十五年省临清厂一人。康熙六年,省清江厂一人。九年,复置清江一人。雍正四年俱省。康熙五十七年,增置蒙古主事一人。雍正元年,命亲王、郡王、大学士摄部事。寻罢。七年,增置宝源局大使二人。初置笔帖式一人,至是改置。嘉庆四年,改满洲员外郎、主事各一人为宗室员缺。十年,改令大学士管部。光绪六年,增置宗室郎中一人。屯田司置。三十二年,更名农工商部,省节慎库,并土木工程入民政部,木税、船政入度支部,军械、兵舰入陆军部,内外典礼分入内府与礼部。初制,置柴薪正、副监督各一人,本部司员充。煤炭监督二人。一以部员兼摄,一以内府司员兼摄。乾隆四十六年,亦改隶内府。

管理直年火药局大臣二人，钦派一人，本部侍郎一人。掌储火药。监督无恒额。本部司员、笔帖式内派委。

直年河道沟渠大臣四人，本部堂官一人，奉宸院、颐和园、步军统领衙门堂官各一人，每岁并由工部奏请。掌京师五城河道沟渠。督理街道衙门御史，满、汉各一人。本部司员、步军统领衙门司员各一人，掌道路沟渎。

盛京五部　户部，侍郎一人，自侍郎以下，俱满缺。品秩视京师。各部同。掌盛京财赋。宗室郎中、堂主事各一人。经会、粮储、农田三司，郎中三人，农田司一人，乾隆八年增。员外郎六人，司各二人。主事五人。经会、粮储各二人，农田一人。经会典泉货。粮储典谷糈。农田典亩数。管银库，正关防郎中、副关防员外郎，各一人。管庄，六品官二人。管喇嘛丁银委，六品官一人。司库二人，库使八人。笔帖式二十有二人。内汉军二人。外郎九人。汉军六缺，候补笔帖式内挨补。六年期满，除授州同、州判、县丞。

礼部，侍郎一人，掌盛京朝祭。宗室主事一人，堂主事二人。左、右两司，郎中各一人，员外郎各二人。左司典祭物，司关领。右司典祭物，赡僧道。读祝官初制五品。后改九品。八人，赞礼郎初制四品，后改九品。十有六人。管千丁，六、七品官各一人。管学，助教四人。笔帖式十人。库使八人。外郎二人。僧录、道录二司视京师。

兵部，侍郎一人，掌盛京戎政。宗室员外郎一人，堂主事二人。左、右两司，郎中各一人，员外郎各二人，主事各一人。笔帖式十有二人。外郎四人。内汉军二缺。左司典邮政，右司司边禁。

刑部，侍郎一人，掌盛京谳狱。边外蒙古隶之。宗室员外郎一人，掌主事二人。汉军一人。肃纪前、后、左、右四司，郎中各一人，员外郎六人，前司、左司各二人，余俱一人。主事六人。右事蒙古三人，余俱一人。司狱二人。汉军一人。司库一人，库使二人。笔帖式三十有一人。内蒙古二人，汉军五人。外郎二人，汉军缺。前司、左司典十五城狱讼，右司典蒙古狱讼，后司典参库禁令。

工部，侍郎一人，掌盛京工政。宗室主事一人，堂主事二人。左、右两司，郎中各一人，员外郎各二人，主事各一人。左司治木税，右司治苇税。管千丁，四品官一人。世袭。大政殿，六品官一人。满洲、汉军参用。黄瓦厂，五品官一人。侯姓世袭。司匠役，六品官一人。司库二人，库使八人。笔帖式十有七人。汉军一人。外郎九人。汉军四人。

初，缔造沈阳，建六部，置承政、参政各官。世祖奠鼎燕京，置官镇守，户、礼、兵、工四曹隶之。十五年设礼部。明年，设户、工两部。康熙元年，设刑部。三十年，复设兵部。并置侍郎以次各官，五部之制始备。旧制各置理事官正四品。一人，六十年省。雍正三年，定每岁差御史一人，稽察五部。嘉庆四年停。五年，允御史傅色纳请，增置汉郎中等官。乾隆八年省。复定凤凰城迎送官三人。正五品。乾隆三十六年省。八年，置尚书领其事。寻省。光绪初，定将军兼理兵、刑二部，佩金银库印钥，稽核户部。余悉如故。四年，增置宗室司员。如前所列。三十一年，复命将军赵尔巽兼管五部。寻以政令纷歧，疏省之。报可。

清史稿卷一一五
志第九〇

职官二

理藩院　都察院　五城兵马司　六科给事中
通政使司　大理寺　翰林院　文渊阁
国史馆　经筵讲官　起居注　詹事府
太常寺　光禄寺　鸿胪寺　国子监
衍圣公　五经博士　钦天监　太医院
坛庙官　陵寝官　僧道录司

　　理藩院　管理院务大臣,满洲一人。特简大学士为之。尚书,
左、右侍郎,俱各满洲一人。间亦有蒙古人为之。额外侍郎一人。以
蒙古贝勒、贝子之贤能者任之。其属:堂主事,满档房,满洲二人、蒙
古三人,汉档房,汉军一人。领办处,员外郎、主事,满、蒙各一人。司
务厅司务,满、蒙各一人。笔帖式,满洲三十有六人,蒙古五十有五
人,汉军六人。旗籍、王会、柔远、典属、理刑、徕远六清吏司:郎中,
宗室一人,柔远司置。满洲三人,旗籍、王会、典属司各一人。蒙古
八人。旗籍、王会、理刑司各二人。典属、徕远司各一人。员外郎,
宗室一人,旗籍司置。满洲十人,王会、柔远、典属、理刑司各二人。
旗籍、徕远司各一人。蒙古二十有四人。旗籍二人,王会三人,柔远

五人,典属六人,理刑、徕远司各一人。主事,满洲二人,旗籍、典属司各一人。蒙古七人。柔远、典属、理刑司各一人。王会、徕远司各二人。笔帖式,满洲三十有六人,蒙古五十有五人,汉军六人。银库,司官二人,司官内奏委。司库一人,正七品。库使、笔帖式各二人。以上俱满洲缺。

尚书掌内外藩蒙古、回部及诸番部,制爵禄,定朝会,正刑罚,控驭抚绥,以固邦翰。侍郎贰之。旗籍掌考内扎萨克疆里,大漠以南曰内蒙古,部二十有四:曰科尔沁,曰扎赉特,曰杜尔伯特,曰郭尔罗斯,曰敖汉,曰奈曼,曰巴林,曰扎鲁特,曰阿鲁科尔沁,曰翁牛特,曰克什克腾,曰喀尔喀左翼,曰喀喇沁,曰土默特,曰乌珠穆沁,曰浩齐特,曰苏尼特,曰阿巴噶,曰阿巴哈纳尔,曰四子部落,曰茂明安,曰乌喇特,曰喀尔喀右翼,曰鄂尔多斯,为旗四十有九。畴封爵,凡六等:一亲王,二郡王,三贝勒,四贝子,五镇国公,六辅国公。不入六等者,曰台吉、塔布囊,亦分四等。辨谱系。凡官属、扎萨克之辅曰协理台吉。其属曰管旗章京,曰副章京,曰参领,曰佐领,曰骁骑校。部众会盟、盟地六:曰哲里木,曰卓索图,曰昭乌达,曰锡林郭勒,曰乌尔察布,曰伊克昭。置盟长、副盟长,各一人,由扎萨克请简。军旅邮传,并隶治之;兼稽游牧内属者。凡归化城土默特、黑龙江布特哈皆是。王会掌内扎萨克宾礼,典朝觐、贡献仪式。凡飨赉、馆饩,视等级以为差。典属掌外扎萨克部旗封爵,大漠以北曰外蒙古,部四:曰土谢图汗,曰赛音诺颜,曰车臣汗,曰扎萨克图汗,为旗八十有六。又有杜尔伯特部,土尔扈特部,和硕特部,辉特部,绰罗斯部,额鲁特部。别于蒙古者,曰和托辉特,曰哈柳沁,曰托斯,曰奢集努特,曰古罗格沁,并属。以外扎萨克封爵有汗,以列王、贝勒、贝子、公之右。无塔布囊,有台吉。治盟会。喀尔喀四盟:曰汗阿林,曰齐齐尔里克,曰克鲁伦巴尔和屯,曰扎克毕拉色钦毕都尔诺尔。杜尔伯特二盟:曰赛因济雅哈图左翼,曰赛因济雅哈图右翼。土尔扈特五盟:曰南乌讷恩素珠克图,曰北乌讷恩素珠克图,曰东乌讷恩素珠克图,曰西乌讷恩素珠克图,曰青塞特奇勒图。和硕特一盟:

曰巴图塞特奇勒图。置盟长、副盟长各一人,于同盟扎萨克内简用。惟青海之盟无长。置邮驿,颁屯田、互市政令;兼稽游牧内属者。一曰察哈尔,二曰巴尔呼,三曰额鲁特,四曰扎哈沁,五曰明阿特,六曰乌梁海,七曰达木,八曰哈萨克。柔远掌治外扎萨克众部,凡喇嘛、番僧禄廪、朝贡,并司其仪制。徕远掌回部扎萨克、伯克岁贡年班,番子、土司亦如之;并典外裔职贡。附牧回城卡伦外,曰布鲁特。内附者各给以衔,岁遣使输马。他哈萨克,若浩罕,若博罗尔,若巴达克山,若爱乌罕,并各效其职贡。理刑掌蒙古、番、回刑狱净讼。领办处掌综领众务。银库掌帑金出纳。

其兼领者:蒙古翻译房,员外郎、主事各一人,司官内奏委。校正汉文官二人,满、蒙内阁侍读学士、侍读、翰林院侍读、侍讲学士、侍读、侍讲内奏派。主章奏文移。内、外馆监督各一人,六部司员内充补。光绪三十三年省。主宾馆缮完涤除。乌兰哈达、三座塔、八沟司官各一人,分驻塔子沟笔帖式一人,嘉庆十五年撤回,并四处司员俱改为理事官,隶热河都统,仍由本院司员内简放。分主蒙古部落民人讼事。察哈尔游牧处理事员外郎十有六人,以在京蒙古各旗与察哈尔各旗官员内番选。由护军、骁骑校选用者授员外郎。由中书、笔帖式选用者,先授主事,三年称职,升员外郎。分主游牧察哈尔民人讼事。张家、喜峰、独石、杀虎、古北诸口管理驿站员外郎、司员内奏委。笔帖式各一人,主蒙古邮驿政令。围场总管一人,康熙四十五年置。乾隆十四年始来隶。嘉庆七年后,改隶热河都统。左、右翼长各一人,章京八人,初制六品。乾隆十八年升五品。骁骑校八人,主守木兰围场,专司巡察。

初,崇德元年,设蒙古衙门,置承政、参政各官。三年,更名理藩院,定承政、左、右参政,各一人,副理事官八人,启心郎一人。顺治元年,改承政为尚书,参政为侍郎,满、蒙参用。副理事官为员外郎,置二十有一人,康熙二十年增满、蒙八人。乾隆四十二年,省蒙古一人,四十九年,改满洲二人为蒙缺。后满、蒙司官增减不一。启心郎三人,满洲一人,汉军二人。十五年省。堂主事二人,康熙二十八年,增汉文一人。司务二人,满、蒙各一人。康熙三十八年省。雍正十年复故。汉副使一人。从八品。五年,增置汉院判、正六品。知事正八品。自副使以下,俱康熙三十八年省。各一人。十四年,置唐古忒学教习一人。给六品俸。后改司业。其助教以他官兼。乾隆五年,定为额缺,寻省。十六年,定以礼部尚书衔掌院事,侍郎衔协理院事。越二年,以隶礼部未合旧制,停兼衔,依六部例,令入议政,班居工部后。并设录勋、宾客、柔远、理刑四司,置满、蒙郎中共十有一人,乾隆四十二年,增蒙古一人。四十九年,改满洲二人为蒙缺。员外郎二十有一人,康熙二十年增满、蒙八人。乾隆四十二年,省蒙古一人。四十九年,改满洲六人为蒙缺。主事满、汉各四人。康熙二十八年,省汉缺。乾隆四十九年,改满洲二人为蒙缺。康熙二十年,增蒙古文主事二人。三十八年,析柔远司为二,曰前司,曰后司。四十六年,设银库,初制,蒙古王、台吉等入朝,由户、工二部及光禄寺庀器用,具廪饩。至是始创设。置郎中、员外郎各一人,司员内奏派。司库一人,库使四人。雍正元年,始命王、公、大学士领院事,省库使二人。乾隆二十二年,改录勋司为典属,宾客司为王会,柔远后司为旗籍,前司仍曰柔远。二十六年,合旗籍、柔远为一,增设徕远一司。明年,仍析旗籍、柔远为二。二十九年,改典属司为旗籍,旧旗籍为典属。嘉庆四年,改满洲郎中、员外郎各一人为宗室员缺。咸丰五年,定伊犁塔尔巴哈台通商章程,始司外交职务。见第十七款。十年,定中俄续约,以军机处及本院典外交文移。见第九款。后归外部。光绪三十二年,更院为部,拟设殖产、边卫二司。嗣先设编纂、调查二局,隶领办处,以汉档房、俸档房、督催所改并。汉档房主事缺未省。寻置员外郎、主事各一人。蒙古房改俱蒙缺。宣统三年,改尚书为大臣,侍郎为副大臣,额外侍郎如故。

理藩一职,历古未有专官,唯周官大行人差近之。秦、汉以降,略存规制。退荒绝漠,统治王官,为有清创制。自译署设,职权渐替已。

　　都察院　左都御史,初制,满员一品,汉员二品。顺治十六年,并改二品。康熙六年,仍升满员为一品,九年,并定正二品。雍正八年,升从一品。左副都御史,正三品。俱满、汉二人。其属:经历司经历,正六品。都事厅都事,正六品。俱满、汉一人。笔帖式四十有二人。十五道掌印监察御史,初制,满洲、汉军三品,顺治十六年,改七品。康熙六年,升四品。九年,复为七品。雍正七年,改由编、检、郎员授者正五品。由主事、中、行、评、博授者正六品。乾隆十七年,并定从五品。满、汉各一人。监察御史,京畿、江西、浙江、福建、湖广、河南、山西、陕西八道,满、汉各一人,江南道满、汉各三人,山东道满、汉各二人。

　　左都御史掌察核官常,参维纲纪。率科道官矢言职,率京畿道纠失检奸,并预参朝廷大议。凡重辟,会刑部、大理寺定谳。祭祀、朝会、经筵、临雍,执法纠不如仪者。左副都御史佐之。十五道掌弹举官邪,敷陈治道,各核本省刑名。京畿道分理院事,及直隶、盛京刑名,稽察内阁、顺天府、大兴、宛平两县。河南道照刷部院诸司卷宗,稽察吏部、詹事府、步军统领、五城。江南道稽察户部、宝泉局、左右翼监督、京仓、总督漕运,磨勘三库奏销。浙江道稽察礼部及本院。山西道稽察兵部、翰林院、六科、中书科、总督仓场、坐粮厅、大通桥监督、通州二仓。山东道稽察刑部、太医院、总督河道,催比五城命盗案牒缉捕之事。陕西道稽察工部、宝源局,覆勘在京工程。湖广道稽察通政使司、国子监。江西道稽察光禄寺。福建道稽察太常寺。四川道稽察銮仪卫。广东道稽察大理寺。广西道稽察太仆寺。云南道稽察理藩院、钦天监。贵州道稽察鸿胪寺。其祭祀、监礼、侍班纠仪,科道同之。经历掌董察吏胥。知事掌缮写章奏。其分摄者:巡视五城御史,满、汉各一人,科道中简用。一年更替。掌绥靖地方,厘剔奸弊。兵马司指挥、正六品。副指挥、正七品。吏目,未入流。自正指挥以下俱汉员。五城各一人,掌巡缉盗贼,平治道路,稽检囚徒,火禁区为十坊领之。

　　初沿明制,设都察院。天聪十年,谕曰:“凡有政事背谬,及贝勒、大臣骄肆慢上者,许直言无隐。"崇德元年,置承政、参政各官。
明年定承政一人,左、右参政满、蒙、汉理事官各二人。后省。顺治
元年,改左都御史掌院事,满、汉各一人。左副都御史协理院事,各
二人。汉左佥都御史一人。先用汉军,后参用汉人。乾隆十三年省。
外省督、抚并以右系衔。右都御史、右副都御史、右佥都御史为督、
抚坐衔。乾隆十三年,停右都御史衔。司务,后改经历。满、汉各一
人。都事,满洲二人,乾隆十七年改满、汉各一人。汉军一人。康熙
三十九年省。设十五道。河南道参治院事,置监察御史,满洲六人,
河南、江南、浙江、山东、山西、陕西掌印各一人。五年,增十有七人。
康熙二十八年增一人,后复省四人。乾隆十四年定江南、山东道各
三人,京畿、河南、浙江、山西、陕西、湖广、福建道各二人,四川、广
东、广西、云南、贵州道各一人。汉军八人,协理河南道一人,余隶江
南等五道。康熙三十九年,省入汉缺。汉员,江南道五人,内掌印一
人。十八年省一人。康熙七年,省二人。雍正四年,增一人。乾隆
十四年,增一人。浙江道六人,内掌印一人。九年省一人,十八年省
二人。康熙七年,省一人。雍正四年,增一人。乾隆十四年,省一人。
江西道六人,十六年,省一人,十八年,省三人。康熙七年,省一人,
雍正四年,增一人。乾隆十四年,省一人。福建道五人,十年省一人。
康熙七年,省二人。湖广道六人,八年、九年、十五年俱省一人。康
熙七年,省一人。雍正四年,增一人。乾隆十四年,复省一人。河南
道六人,内掌印一人。十年、十八年,俱省一人。康熙七年,省二人。
乾隆六年增一人,十四年复省一人。山东道五人,内掌印一人。十
八年省二人。康熙七年,省一人。乾隆十四年增一人。山西道五人,
内掌印一人。十年省一人,十八年省二人。乾隆六年,增一人,十四
年,省一人。陕西道四人,内掌印一人。十八年,省二人。雍正四年,
增一人。乾隆十四年省一人。四川道四人,十八年,省二人。康熙
七年,省一人。雍正四年,增一人。乾隆十四,年省一人。广东道五
人,十八年,省二人。康熙七年,省二人。雍正四年,增一人。乾隆
十四年省一人。广西道、云南道各四人,十八年,省二人。康熙七年,

各省二人。乾隆十四年，各省二人。贵州道四人。十八年，省二人。康熙七年，省一人。雍正四年，增一人。乾隆十四年，省一人。京畿道无专员。乾隆十四年，定满、汉各一人。启心郎，满洲、汉军各一人，十五年俱省。蒙古章京二人。康熙元年省。笔帖式，满洲五十有一人，康熙三十八年，省十有六人。汉军七人。康熙三十八年，省二人。雍正十二年，置蒙古二人。光绪三十三年，满、蒙、汉军共酌留三十人。中、东、西、南、北五城兵马司指挥各一人，副指挥各二人，康熙十一年，省五城各一人。乾隆三十一年，改东、西、南、北四城副指挥分驻朝阳、永定、阜成、德胜诸门外，钤辖关厢，中城如故。吏目各一人。是岁定左都御史、左副都御史、监察御史许风闻言事。给事中同。二年，省京畿道。三年，定左副都御史满、汉各一人。九年，复设京畿道，专司照刷各署卷宗。乾隆十四年，改归河南道。光绪三十二年，停止刷卷。并置五城汉军理事官，是为巡城之始。十年，定满洲、汉军、汉五城御史各一人。十八年，各增满员一人。雍正元年，定满、汉各一人。乾隆三十九年，汉军停开列。康熙二十九年，命左都御史马齐同理藩院尚书阿喇尼列议政大臣。故事，二院长官俱不预议政，预议自此始。五十七年，增置蒙古监察御史二人。满缺改。雍正二年，置内务府御史四人。十三年省。乾隆三年复置二人，本院御史内奏派。光绪三十二年停。五年，增置宗室御史二人。满缺改。乾隆十四年复改二人，通旧为四人。七年，置五城铺司巡检各一人。乾隆初省。乾隆十四年，诏按道定额。先是设十五道，唯河南、江南、浙江、山东、山西、陕西六道授印信，掌印者曰掌道。余曰协道，京畿道亦给印信，未设专官。湖广等八道分隶之，曰坐道，不治事。掌河南道兼理福建道，掌江南道兼理江西、四川道，掌浙江道兼理云南道，掌山东道兼理广西道，掌山西道兼理广东、贵州道，掌陕西道兼理湖广道。至是各道并给印信，规制始称。二十年，复命京畿道列河南道前，互易所掌，京畿道遂为要职。光绪三十二年，改定都御史一人、副都御史二人，按省分道。增设辽沈道，仿京畿道例，置掌道、协道各二人；析江南为江苏、安徽二道，湖广为湖北、湖南二道，并增甘肃、新疆二道，置满、汉御史各一人。是为二十道。令访求利病，专司纠察，后设之外务、农工商、民政诸部事件，多不关报。旧制，各部及各衙门分道稽察，至是停止。其制已洒然非旧云。

顺治初，又有巡按御史，省各一人。十七年省。巡盐御史，两淮、两浙、长芦、河东各一人。十年停，十二年复故。康熙十一年停，寻复置。三十年，复差福建、两广各一人。五十九年，停两广盐差。雍正元年，停福建盐差。明年停长芦、河东监差。四年停两浙盐差。巡漕御史一人。十四年停。雍正七年，定差淮安、通州各二人。乾隆二十年，改差淮安、济宁、天津、通州各一人。十七年，增差通州四人。二十三年停差天津一人。二十六年，复差天津一人。嘉庆十三年，定科、道并差。道光二年俱停。巡视京、通各仓御史一人。七年停，八年复故。康熙七年，又停。二十年，定差满、汉各一人，二十六年再停。雍正元年，置巡察御史一人，总查仓弊。五年，改京、通仓各差一人。乾隆十七年，定科、道并差。四十三年，增差内仓一人。五十九年，改令科、道监放，停差查仓官。嘉庆四年，复故。光绪二十八年，又停。巡视江南上下两江御史二人。六年省。巡视屯田御史一人。四年，省。督理陕甘洮宣等处茶马御史一人。康熙七年省，三十四年，复故，四十二年又省。雍正间，置巡察各省御史，江宁、安徽一人，湖北、湖南一人，山东、河南一人。巡视吉林、黑龙江科道，满洲二人。稽察奉天文武衙门御史一人。巡视山东、河南工务御史一人。直隶巡查御史：顺天、永平、宣化二人，保定、正定、河间二人，顺德、广平、大名二人。巡农御史一人。先后俱省。

六科给事中，吏、户、礼、兵、刑、工六科掌印给事中，满、汉各一人。初制，满员四品，汉员七品。康熙二年，改满员七品，六年复为四品。九年俱定七品。雍正七年，升正五品。光绪三十二年，升正四品。给事中，满、汉各一人。初制七品。雍正七年，升正五品。笔帖式八十人。吏、户、兵、刑各十有五人，礼、工各十人。光绪三十二年，酌留三十人。掌言职，传达纶音，勘鞫官府公事，以注销文卷。吏科分稽铨衡，注销吏部、顺天府文卷。户科分稽财赋，注销兵部文卷。礼科分稽典礼，注销礼部、宗人府、理藩院、太常寺、光禄寺、鸿胪寺、国子监、钦天监文卷。兵科分稽军政，注销兵部、銮舆卫、太仆寺文卷。刑科分稽刑名，注销刑部文卷。工科分稽工程，注销工部文卷。有封驳即闻。

初沿明制，六科自为一署，给事中无员限，并置汉军副理事官。顺治十八年，定满、汉都给事中，左、右给事中，各一人，都给事中由左给事中转，左给事中由右给事中转。汉给事中二人，省副理事官。康熙三年，六科止留满、汉各一人。五年，改都给事中为掌印。雍正初，以六科内升外转，始隶都察院。凡城、仓、漕、盐与御史并差，自是台省合而为一。光绪三十二年，省六科名，别铸给事中印，额定二十人。

通政使司　通政使，初制，满员二品，汉员三品。顺治十六年，并定为三品。康熙六年复故。九年仍改定正三品。副使，初制，满员三品，汉员四品。顺治十六年，并定为四品，康熙六年复故，九年仍改定正四品。参议，初制，满员四品，汉员五品。顺治十六年，并定正五品。俱满、汉各一人。其属：经历司经历、正七品。知事，初制四品，后改正七品。满、汉各一人。笔帖式，满洲六人，汉军二人。

通政使掌受各省题本，校阅送阁，稽核程限，违式劾之。洪疑大狱，偕部、院预议。副使、参议佐之。经历、知事，分掌出纳文移。其兼领者：登闻鼓厅，以参议一人分直，知事帅役巡察。笔帖式，满洲、汉军各一人，掌叙雪冤滞，诬控越诉者论如法。

初，顺治元年，诏："自今内外章奏，俱由通政司封进。"置满、汉通政使各一人，左通政使各一人。汉右通政使二人。乾隆十年，省一人，十三年俱省。左参议，满、汉各二人。康熙五十三年，省汉一人。乾隆十三年，各省一人。右参议，汉二人。康熙三十八年，省一人。乾隆十三年俱省。满、汉司务各一人。后改经历。知事，满洲二人，汉军一人。乾隆十七年，改满、汉各一人。康熙六十一年，以登闻鼓厅笔帖式来属。故事，通状，通政司状。鼓状，登闻院状。纷争无已。自控诉者赴都察院，以给事中或御史一人主受诉讼，至是停科道差，改隶本司。乾隆十三年，改左通政使为副使，去左、右衔；参议亦如之。光绪二十四年，省入内阁，寻复故。二十八年，以改题为奏，职无专司，复省。

大理寺　卿，初制，满员二品，汉员三品。顺治十六年，并定为三品。康熙六年复故，九年仍改定正三品。少卿，初制，满员三品，汉员四品。顺治十六年，并定为四品。康熙六年复故，九年仍改定正四品。俱满、汉一人。其属：堂评事，初制四品。顺治十六年，改七品。康熙六年，升五品。五年，定正七品。满洲一人。司务厅司务，满、汉各一人。左、右寺丞，初制，满员四品，汉员六品。顺治十六年，并定为六品。康熙六年，升五品。九年，仍改定正六品。满洲、汉军、汉俱各一人。左、右评事，汉各一人。笔帖式，满洲四人，汉军二人。

卿掌平反重辟，以贰邦刑。与刑部、都察院称三法司。凡审录，刑部定疑谳，都察院纠核。狱成，归寺平决。不协，许两议，上奏取裁。并参豫朝廷大政事。少卿佐之。寺丞掌核内外刑名，质成长官，参纠部谳。评事掌缮左、右两寺章奏。

顺治元年，定满、汉卿各一人。少卿满洲一人，汉二人。乾隆十三年，省一人。满寺丞一人。正五品。康熙三十八年省。汉司务二人。十五年，定满、汉各一人。左、右寺正，正六品。满洲、汉军、汉各一人；左、右寺副，从六品。汉各一人。康熙三十八年省。堂评事，满、汉各一人；康熙三十八年，省汉军一人。左、右评事，汉各一人。十一年，差寺正、寺副各一人充各省恤刑官。刑部差郎中、员外郎十三人。寻省。乾隆十七年，改左、右寺正为寺丞。光绪二十四年，省入刑部，寻复故。三十二年，更寺为院。

翰林院　掌院学士，初制，正五品。顺治元年，升正三品。雍正八年，升从二品。大学士、尚书内特简。满、汉各一人。侍读学士、初制，从四品。光绪二十九年，升正四品。侍讲学士，初制，从四品。宣统元年，升正四品。满洲各二人，汉各三人。侍读、初制，正六品。雍正三年，升从五品。光绪二十九年，升正五品。宣统元年，升从四品。侍讲，初制，正六品。雍正三年，升从五品。宣统元年，升从四品。满洲各三人，汉各四人。修撰、初制，从六品。编修、初制，正七品。检讨、初制，从七品。自修撰以下，宣统元年，并改从五品。庶吉士，由新进士改用。试博学鸿词入式，或奉特旨改馆职者，间得除授。光绪末停科举，改由外国留学毕业及本国大学毕业者，廷试后授之，食七品俸。或径授编修、检讨，与旧制殊。俱无定员。其属：主事，满洲二人，汉军一人。典簿厅典簿、从八品。孔目，满员从九品，汉员未入流。俱满、汉各一人。待诏厅待诏，从九品。满、汉各二人。笔帖式，满洲四十人，汉军四人。

掌院掌国史笔翰，备左右顾问。侍读学士以下掌撰著记载。祭告郊庙神祇，撰拟祝文。恭上徽号、册立、册封，撰拟册文、宝文，及赐内外文武官祭文、碑文。南书房侍直，尚书房教习，咸与其选。修实录、史、志，充提调、总纂、纂修、协修等官。庶吉士入馆，分习清、汉书，吏部疏请简用大臣二人领教习事。初以内院学士为之，侍读等官亦间有与者。后令掌院兼其职。康熙六年，始以工部尚书陈元龙领之，自是尚书、侍郎、内阁学士并得充之。是为大教习。其小教习由掌院选派，始于康熙三十三年。雍正间停止，高宗复旧制。侍读、侍讲司训课，派编、检二人提调馆饩。三年考试，分别散留。办事翰林，满、汉各二人，雍正元年，命俸浅编、检主定稿说堂，此清秘堂办事翰林之始。厥后人数稍增，有奏办、协办之目。侍读、侍讲间亦为之。掌帅厅官治事。主事、典簿、孔目，掌章奏文移，董帅吏役。待诏掌缮写校勘。

初，翰林之职隶内三院。顺治元年，设翰林院，定掌院学士为专官，置汉员一人，兼礼部侍郎衔。侍读学士、侍讲学士各二人。十五年各增二人。侍读、侍讲各二人。十五年各增一人。修撰、编修、检讨、庶吉士，无定员。典簿二人，十五年，改一人为满缺。孔目一人，十五年,增满洲一人。俱汉人为之。明年,省入内三院。十五年,复旧制,增满洲掌院学士一人,兼衔如故。乾隆五十八年停。置待诏六人。满员四人,汉员二人。十八年,复归内三院。康熙九年,定满、汉侍读学士,侍讲学士、侍读、侍讲,各三人。乾隆五十年,省满洲各一人。光绪二十九年,增侍读、侍讲满、汉各二人。典簿、孔目各一人,待诏各二人。康熙九年,定满、汉各一人。十六年,命侍讲学士张英等入直南书房。先是诏册词命多由院拟,至是始为西清专职。后改归军机处。二十八年,以院务窳废,命大学士徐元文兼掌院事,重臣兼领自此始。明年,定尚书、侍郎,左都御史俱得兼摄。光绪二十九年,增置堂主事,满洲二人、汉一人。是岁省詹事府,以词臣叙进无阶,增置满、汉学士正三品。各一人,撰文正六品。宣统元年,升正五品。各二人。三十三年,增置秘书郎,从六品。宣统元年,升正五品。满、汉各二人。并设讲习馆,令翰林官研习学科,备各部丞、参选。宣统元年,复崇侍讲学士以下品秩,停止外班升用。初制、翰、詹出缺,编、检不敷升转,以部、院科甲出身司员升用,是为外班。初制,进士论甲第,修撰、编修、检讨不分升降。顺治间,授编修程芳朝等为修撰。检讨李惣等为编修,姜元衡以编修降检讨,不为定制。又内三院编修等官不必尽由科目,靳辅、刘兆麟等并以官学生授编修,盖亦创举。庶吉士旧隶内弘文院,后设本院,始来属。雍正十三年,建庶常馆。故事,散馆后始授职,然亦有未选庶常而遽授者,均异数也。

　　文渊阁领阁事三人,掌典综册府。大学士、协办大学士、掌院学士兼充。直阁事六人,掌典守厘缉。内阁学士、少詹事、讲读学士兼充。校理十有六人,掌注册点验。庶子、讲、读、编、检兼充。检阅八人。内阁中书派充。内务府司员、笔帖式各四人。由提举阁事大臣番选奏充。

　　国史馆总裁,特简,无定员。掌修国史。清文总校一人。满洲侍郎内特简。提调,满洲、内阁侍读学士或侍读派充。蒙古、内阁蒙古堂或理藩院员司派充。汉翰林院侍读学士以下官派充。各二人。

总纂,满洲四人,蒙古二人,汉六人。纂修、协修,无定员。蒙古由理藩院司官充。满、汉由编、检充。校对,满、蒙、汉俱各八人。内阁中书充。光绪间,增置笔削员十人。

经筵讲官,满、汉各八人,掌进读讲章,敷陈训典。岁仲春、仲秋两举之。满员由大学士以下,都察院副都御史以上各官兼充。汉员由大学士、尚书、侍郎、副都御史、掌院学士、侍读学士、侍讲学士、詹事府詹事、少詹事、国子监祭酒等官,由读翰林出身者兼充。讲官满、汉各二人。翰林院请旨简派。

初制以大学士知经筵事。后定经筵讲官满、汉各六人,阁臣遂不进讲。自徐元文、熊赐履辈相继以尚书擢大学士,仍与兼充,嗣是以为常。宣统初,各部丞、参亦间有与者。

起居注馆,日讲起居注官,满洲十人,汉十有二人。由翰、詹各官简用。唯满、汉掌院学士例各兼一缺。主事,满洲二人,汉一人。以科甲出身者充之。笔帖式,满洲十有四人,汉军二人。日讲官掌侍直起居,记言记动。经筵临雍,御门听政,祭祀耕藉,朝会燕飨,勾决重囚,并以二人侍班。凡谒陵、校猎、巡狩方岳,请旨、扈从、侍直,敬聆纶音,退而谨书之。月要岁会,贮置铁匦,送内阁尊藏。主事掌出纳文移,校勘典籍。

初,天聪二年,命儒臣分两直,巴克什达海等译汉字书,即日讲所繇始,巴克什库尔禅等记注政事,即起居注官所繇始。顺治十二年,始置日讲官。康熙九年,始设起居注馆,在大和门西庑。置满洲记注官四人,汉八人,以日讲官兼摄。十二年,增满洲一人,汉二人。十六年,复增满洲一人。二十年,增汉八人。三十年,定汉员十有二人。时日讲与起居注各自为职,并置满洲主事二人,汉军一人。五十七年省。雍正元年,置满洲二人。十二年,增汉一人。二十五年,停日讲,其起居注官仍系衔“日讲”二字。五十七年,省起居注馆,改隶内阁,遇理事日,以翰林官五人侍班。雍正元年,复置日讲起居注,满洲六人,汉十有二人。乾隆元年,增满员二人。嘉庆八年,复增满员二人。于是日讲、起居注合而为一。

詹事府　詹事,正三品。少詹事,正四品。左春坊左庶子,正五品。左中允,正六品。左赞善,从六品。右春坊右庶子,右中允,右赞善,品秩俱同左。司经局洗马,从五品。俱满、汉各一人。其属:主簿厅主簿,从七品。满、汉各一人。笔帖式,满洲六人。

詹事、少詹事掌文学侍从。经筵充日讲官。编纂书籍,典试提学,如翰林。并豫秋录大典。左、右春坊各官掌记注撰文。洗马掌图书经籍。主簿掌文移案牍。

顺治元年,置少詹事一人,掌府事。其冬省入内三院。九年,复置詹事一人,少詹事二人,主簿一人,录事、通事舍人各二人。并从九品。左、右春坊庶子、谕德各一人,中允、赞善各二人,司经局洗马一人,正字二人,从九品。俱汉人为之,令内三院官兼摄。专置满洲詹事一人,掌府印。十五年,省詹事府官。康熙十四年,复置满、汉詹事各一人,汉员兼翰林院侍读学士衔。少詹事各二人,汉员兼翰林院侍讲学士衔。三十七年,省满员一人。乾隆十三年,省汉员一人。主簿各一人,录事各二人。三十七年省满缺,留汉一人。五十二年俱省。左、右春坊置满、汉左、右庶子各一人,满员以四品冠带食五品俸,左、右同。汉左庶子兼翰林院侍读衔,右庶子兼翰林院侍讲衔。左、右谕德各一人,汉员兼翰林院修撰衔。三十七年,省满右谕德一人。五十七年,省汉右谕德一人。乾隆十三年俱省。左、右中允各二人,满员以五品冠带食六品俸。汉员兼翰林院编修衔。三十七年,省满员各一人。明年,省汉右中允一人。五十二年,省汉左中允一人。左、右赞善各二人。汉员兼翰林院检讨衔。三十七年,省满员各一人。明年,省汉右赞善一人。五十二年,省汉左赞善一人。司经局满、汉洗马各一人,汉员兼翰林院修撰衔。以上各兼衔,俱乾隆五十四年停。正字各二人。三十七年,省满员缺。明年,省汉一人。例以应选内阁中书者除授,遂为中书兼衔。乾隆三十六年俱省。二十五年,命詹事汤斌、少詹事耿介等为皇太子讲官,尚沿宫僚旧制。三十一年,命徐元梦入直上书房,皇子在上书房读书,选翰林官分侍讲读，简大臣为总师傅。总师傅之称，自乾隆二十二年以介福、观保等为总师傅始，曩时俱称入直。嗣是本府坊、局止备词臣迁转之阶。嘉庆二年，以府事改隶翰林院。五年，复旧制。光绪二十四年，仍省入翰林院，寻复故。二十八年，再省入。

太常寺　管理寺事大臣一人。满洲礼部尚书兼。卿，正三品。少卿，正四品。俱满、汉各一人。其属：寺丞，正六品。满、汉各二人。赞礼郎，宗室二人，满、汉二十有八人。初制，满员四品。顺治十六年，改九品。康熙四年，升六品，六年，升五品，九年，仍改九品。寻定由护军校、骁骑校选授者六品职衔，八品笔帖式、库监生选授者八品职衔，无品笔帖式、库使、前锋护军选授者九品职衔。乾隆元年，改定以六品冠带，食七品俸。学习，宗室四人，满洲五人，汉十有四人。正九品。读祝官，宗室一人，满洲十有一人；初制五品。康熙九年，改正九品。寻定品秩如赞礼郎，视出身为差。乾隆元年，改定以六品冠带，食七品俸。学习，宗室三人，满洲五人。正九品。博士厅博士，满洲、汉军、汉各一人。典簿厅典簿，满、汉各一人。满洲司库一人，博士以下并正七品。库使二人。正九品。笔帖式，满洲九人，汉军一人。

卿掌典守坛壝庙社，以岁时序祭祀，诏礼节，供品物，辨器类。前期奉祝版，稽百官斋戒，祭日帅属以供事。少卿佐之。寺丞掌祭祀品式，辨职事以诏有司，并遴补吏员，勾稽廪饩。赞礼郎、读祝官分掌相仪序事，备物洁器，并习趋跄读祝，祭礼各充执事。博士考祝文礼节，著籍为式，坛庙陈序毕，引礼部侍郎省粢，并岁核祀赋。典簿掌察祭品，陈牲牢，治吏役。库使掌守库藏。

顺治元年，设太常寺，隶礼部。置卿，少卿、满、汉各一人。满洲寺丞一人，光绪十二年，增一人。汉左、右丞各一人。典簿，博士，满、汉各一人。读祝官，满洲四人。康熙十年，礼部改隶二人，寻增额外二人。雍正十一年改正额。嘉庆四年，增一人。道光元年，增一人。咸丰二年，增一人。赞礼郎，满、雍正十一年，增八人。乾隆三十七年,改二人隶銮舆卫补鸣赞鞭官。嘉庆四年,增二人。道光元年,增二人。咸丰二年,增二人。汉康熙三十八年,省二人。雍正元年复故。乾隆二年,增二人,九年,省四人。各十有六人。牺牲所正千户、五年更名所牧。副千户,五年更名所副。汉各一人。从七品。乾隆二十四年,改满缺。二十六年,改隶内府。满洲司库一人。乾隆十一年省。十六年,改归本寺。康熙二年,复隶礼部。十年,仍归本寺。十五年,敕诸官肄习雅乐。雍正元年,特简大臣综理寺事,并增库使二人。乾隆十三年,改寺丞为属官。先是沿明旧制,丞为正官,议者病赘余,至是体制始协。明年,定礼部满洲尚书兼管太常职衔。四十年,增学习赞礼郎、四十六年,增三人。嘉庆十六年,增三人。读祝官,四十六年,增三人。嘉庆十六年,增三人。满洲各二人。光绪二十四年,增宗室学习赞礼郎四人、读祝官三人。寻省入礼部,旋复故。三十二年,仍省入。

光禄寺　管理寺事大臣一人。特简。卿,从三品。少卿,初制,满员、汉军四品,汉员五品。顺治十六年,并定正五品。俱满、汉各一人。其属:典簿厅典簿,从七品。大官、珍馐、良酝、掌醢四署署正,初制,满员四品。顺治十六年,改六品。康熙六年,升五品。九年,定从六品。汉员同。亦如之。署丞,初制六品。康熙九年,定从七品。满洲各二人。银库司库,满洲二人。笔帖式,满洲十有八人。

卿掌燕劳荐飨,辨品式,稽经费。凡祭祀,会太常卿省牲,礼毕,进胙天子,颁胙百执事。蕃使廪饩,具差等以供。少卿佐之。大官掌供豕物,备器用,稽市直,徵菜地赋额致诸库。珍馐掌供禽兔鱼物,大祭祀供龙壶、龙爵,辨燕飨等差。良酝掌供酒醴,别水泉,量曲蘖,并大内牛酪。掌醢掌供醯酱,筵燕廪饩皆供其物,徵果园赋额致诸库。典簿掌章奏文移。司库掌库帑出纳。别设督催所、当月处,俱派员分治其事。

顺治元年,设光禄寺,置满、汉卿各一人。少卿,满洲一人,汉二人。康熙三十八年省一人。汉寺丞一人。康熙三十八年省。满、汉典簿各一人。大官、珍馐、良酝、掌醢四署,满、汉署正各一人,满洲署丞各一人,康熙三十八年,各增一人。汉署丞、十五年省。监寺,十二年省。俱各一人。满洲司库二人,司牲司汉大使一人十五年省。凡事并由礼部具题,札寺遵行。十年,定各省额解银米径送礼部,并司府、州、县考成。十五年,仍归本寺。十八年,复隶礼部。钱粮由寺奏销,考成仍归礼部。康熙三年,以礼部清厘无法,复改储户部。十年,仍以礼部精膳司所掌改归本寺。乾隆十三年,始命大臣兼管寺事。光绪二十四年,省入礼部,寻复故。三十二年,仍省入。

鸿胪寺 管理寺事大臣各一人。满洲礼部尚书兼。卿,初制,满员从三品,汉员正四品。顺治十六年,并定正四品。少卿,从五品。俱满、汉各一人。其属:鸣赞,从九品。满洲十有四人,汉二人,学习,满洲四人。序班,从九品。汉四人;学习,八人。主簿,从八品。满、汉各一人。笔帖式,满洲四人。

卿掌朝会、宾飨赞相礼仪,有违式,论劾如法。少卿佐之。鸣赞掌傧导赞唱。序班掌百官班次。主簿职掌同太仆寺。

顺治元年,设鸿胪寺,置满、汉卿各一人。满洲少卿一人,汉左、右少卿各一人。十五年,省一人。汉左、右寺丞各一人。正六品。十五年省一人。康熙五十二年,省一人。满、汉主簿各一人。鸣赞,满洲十有六人,乾隆三十七年,改隶銮舆卫二人。汉八人。二年,省一人。十二年,省一人,十三年,省二人。乾隆七年,省二人。序班二十有二人,十五年,省十人。康熙三十八年,省六人。乾隆七年,省二人。司宾序班二人,乾隆二年省。学习序班无恒额。雍正六年,定以直隶、山东、山西、河南儒学生内考取。乾隆九年,定为十二人。十七年,定直隶六人,余各二人。十七年,省山东等省四人。凡事由礼部具题,十六年,改归本寺。十八年,仍隶礼部。康熙十年复故,雍正四年,复归礼部统辖。乾隆十四年,始以满洲尚书领寺事。五十九年,增置满洲学习鸣赞四人。光绪二十四年,省入礼部。寻复故。三十二年,仍省入。

国子监　管理监事大臣一人。满、汉大学士、尚书、侍郎内特简。祭酒，从四品。初制，满员三品。顺治十六年，俱定从四品。满、汉各一人。司业，正六品。满、蒙、汉各一人。其属：绳愆厅监丞，初制，满员五品，汉员八品。后并改正七品。博士厅博士，从七品。初制，汉员八品。乾隆元年，改同满员。典簿厅典簿，从八品。俱满、汉各一人。典籍厅典籍，从九品。汉一人。率性、修道、诚心、正义、崇志、广业六堂，助教，初制，从八品。乾隆元年，升从七品。学正、学录，率性、修道、诚心、正义四堂曰学正，崇志、广业二堂曰学录。初制，学正正九品，学录从九品。乾隆元年并升正八品。各一人。八旗官学助教，俱满洲二人，蒙古一人。教习，俱满洲一人，蒙古二人，汉四人。恩、拔、副、优贡生内选充。笔帖式，满洲四人，蒙古、汉军各二人。

祭酒、司业掌成均之法。凡国子及俊选以时都授，课第优劣。岁仲春、秋上丁，释奠，释菜，综典礼仪。天子临雍，执经进讲，率诸生圜桥观听。新进士释褐，坐彝伦堂行拜谒簪花礼。监丞掌颁规制，稽勤惰，均廪饩，核支销，并书八旗教习功过。博士掌分经教授，考校程文，偕助教、学正、学录经理南学事宜。典簿掌章奏文移。典籍掌书籍碑版。其兼领者：算法馆，汉助教二人，特简满洲文臣一人管理。俄罗斯馆，满、汉助教各一人。琉球学，汉教习一人。肄业贡生选充。后俱省。又档子房，钱粮处，俱派厅员司其事。

初，顺治元年，定满、汉祭酒各一人，兼太常寺少卿衔。满洲司业二人，乾隆十三年省一人。蒙、汉各一人，兼太常寺寺丞衔。后停兼衔。满、汉监丞、典簿俱各一人，汉博士三人。十年省一人。康熙五十二年，省一人。建八旗官学，置满洲助教十有六人，康熙五十七年，省四人。雍正三年复故。蒙古八人。十八年省四人。雍正三年复故。分设六堂，置满、汉助教，十五年省六人。康熙五十七年，省四人。雍正三年复增四人。学正，康熙三十八年，省一人。五十二年，省二人。各十有二人；学录六人，十五年省四人。典籍一人，隶礼部。十五年复故。十八年,置满洲博士一人。康熙二年,复隶礼部。十年,仍归本监。雍正元年,诏监丞等官停用捐纳。明年,特简大臣管监事。九年,建南学。在学肄业者为南学,在外肄业赴学考试者为北学。高宗莅治,向用儒术,以大学士赵国麟、尚书杨时、孙嘉淦领太学事,官献瑶、庄亨阳辈综领六堂,世号"四贤五君子"。乾隆四十八年,建辟雍于集贤门,国学规制斯为隆备。道光三年,以成均风励中外,诏监臣无旷厥职。光绪三十三年,省入学部。嗣以文庙、辟雍典礼隆重,特置国子丞以次各官,分治其事。

初制,诏各省选诸生文行兼优者,与乡试副榜贡生,入监肄业。圣祖初政,给事中晏楚澜疏停乡试副榜贡生,遂不复举。康熙五年,徐元文为祭酒,始请学政间岁一举优生,乡试仍取副榜,自是为恒制。光绪间,并推广举人入监,时风稍振。未几科举废,此制替已。

衍圣公　孔氏世袭。正一品。顺治元年,授孔子六十五世孙允植袭封。其属:司乐,典籍,屯田管勾,俱由衍圣公保举题授。管勾之属,屯官八人,分掌巨野、郓城、平阳、东阿、独山五屯。林庙守卫司百户,秩视卫守备。以上为兵、农、礼、乐四司。知印,掌书,书写,奏差,启事,各一人。随朝伴官六人。初制一人。乾隆十五年,定为六人。自司乐以下,俱正七品,由衍圣公保举题授或题补。圣庙执事官四十人。三品二人,四品四人,五品六人,七品八人,八品、九品各十人,由衍圣公会同山东学政拣选孔氏族人充补。翰林院世袭五经博士,正八品。孔氏北宗一人,顺治元年,授孔子六十五世孙允钰,奉子思庙祀。南宗一人。自明彦绳授职后,数世未袭。康熙四十一年,始授孔子六十六世孙兴燫主衢州庙祀。东野氏、康熙二十三年,授元圣周公七十三世孙东野沛然。姬氏、乾隆四十三年,授周公七十七世孙肇勋,主咸阳庙祀。颜氏、顺治元年,授复圣颜子渊六十八世孙绍绪。曾氏、顺治元年,授宗圣曾子舆六十四世孙文达。孟氏、顺治元年,授亚圣孟子舆六十三世孙贞仁。仲氏、顺治二年,授先贤仲子路六十一世孙子升。闵氏、康熙三十八年,授先贤闵子骞六十五世孙衍籀。冉氏、雍正二年,授先贤冉子伯牛六十五世孙士朴。冉氏、雍正二年,授先贤冉子仲弓六十七世孙天琳。端木氏、康熙三十八年,授先贤端木子贡七十世孙谦。卜氏、康熙五十九年,授先贤卜子夏六十四世孙尊贤。言氏、康熙五十一年,授先贤言子游七十三世孙德坚。颛孙氏、雍正二年,授先贤颛孙子张六十六世孙诚道。道光四年,改归嫡长树勋。有氏、乾隆五十三年,授先贤有子若七十二世孙守业。伏氏、嘉庆十年,授先儒伏子胜六十五世孙敬祖。韩氏、乾隆三年,授先儒韩子愈三十世孙法祖。张氏、康熙二十六年,授先儒张子载二十八世孙守先,主凤翔庙祀。邵氏康熙四十一年,授先儒邵子雍三十世孙延祖。俱各一人。朱氏二人。顺治十二年,授先儒朱子熹徽派十五世孙煌,奉婺源庙祀。康熙二十九年,授闽派十八世孙溁,主建安庙祀。关氏三人。康熙五十八年,授关公羽五十七世孙惚,主洛阳庙祀。雍正四年,授五十二世孙居斌,奉解州庙祀。十三年,授五十二世孙朝泰,主当阳庙祀。其属于孔氏者,又有太常寺世袭博士一人;正七品。顺治九年,以孔允铭暂主圣泽书院祀。康熙二十六年,授六十七世孙毓琮。国子监学正一人;正八品。顺治八年,授六十五世孙允齐,由衍圣公保举。尼山书院学录,正八品。顺治元年,授六十二世孙闻然,由衍圣公咨送弟侄题补。洙泗书院学录,顺治元年,授六十四世孙尚澄。世袭六品官,由衍圣公拣选族人充补。各一人;孔、颜、曾、孟四氏教授,正七品。学录历俸六年升补。学录,由衍圣公咨送孔氏生员题补。后改由移送抚臣验看,送部具题。各一人。

衍圣公掌奉至圣阙里庙祀。圣贤后裔翰博各掌奉其先世祀事。圣裔太常博士掌奉圣泽书院祀。国子监学正掌仪封圣庙祀。学录分掌尼山、洙泗两书院祀。世袭六品官掌分献崇圣祠。四氏教授、学录掌训课四氏生徒。执事官掌祭祀分献,并司爵帛香祝。司乐掌乐章、乐器。典籍掌书籍及礼生。管勾掌祀田钱谷出入。百户掌陵庙户籍,典守乐器,祭祀则司涤濯。知印、掌书书写掌文书印信。奏差掌赍表笺章疏。随朝伴官掌随从朝觐办事。

顺治元年，复衍圣公及四氏翰博等爵封，命孔允植入觐，班列阁臣上。明年，改锡三台银印。十六年，改满、汉文三台银印。乾隆十四年，复改清、汉篆文三台银印。九年，世祖视学释奠，召衍圣公孔兴燮及四氏博士赴京陪祀观礼，自后以为常。十三年，依例授光禄大夫。康熙六十一年，定锡荫视正一品，荫一子五品官，著为例。旧制，衍圣公锡荫依正二品。雍正八年，以崇奉祀典，广置圣庙执事官，各按品级给予章服。乾隆二十一年，改世职知县孔传令为世袭六品官。先是曲阜知县为世职，由衍圣公选族人题授。至是改为在外拣选调补。五十年，诏："博士有枉法婪赃革职治罪者，停其承袭。"定例衍圣公归长子袭，北宗博士次子袭，太常博士三子袭，余并以嫡子袭。东野氏及圣门各贤裔，由衍圣公达部上名，余各报部云。

钦天监　管理监事王大臣一人。特简。监正，初制，满员四品。康熙六年，升三品。九年，满、汉并定正五品。左、右监副，初制，五品。康熙六年，升四品，九年，定正六品。俱满、汉各一人。其属：主簿厅主簿，正八品。满、汉各一人。时宪科五官正，从六品。满、蒙各二人，汉军一人。春官正、夏官正、中官正、秋官正、冬官正，并从六品。汉各一人。司书，正九品。汉一人。博士，从九品。满洲四人，蒙古二人，汉军一人，汉十有六人。天文科五官灵台郎，从七品。满洲二人，蒙古、汉军各一人，汉四人。监候，正九品。汉一人。博士，满洲四人，汉二人。漏刻科挈壶正，从八品。满、蒙各一人，汉二人。司晨，从九品。汉军一人，汉七人。笔帖式，满洲十有一人，蒙古四人，汉军二人。天文生，食九品俸。满、蒙各十有六人，汉军八人，汉二十有四人。食粮天文生，汉五十有六人。食粮阴阳生，汉十人。并给九品冠带。助教厅助教一人，教习二人。

监正掌治术数，典历象日月星辰，宿离不贷。岁终奏新历，送礼部颁行。监副佐之。时宪科掌度验岁差以均节气，制时宪书，以国书、蒙文译布者，满、蒙五官正司之。推算日月交食、七政相距、冲退留伏、交宫同度,汉五官正司之。颁之四方。天文科掌观天象,书云物讥祥;率天文生登观象台,凡晴雨、风雷、云霓、晕珥、流星、异星,汇录册簿,应奏者送监,密疏上闻。漏刻科掌调壶漏,测中星,审纬度;祭祀、朝会、营建,诹吉日,辨禁忌。主簿掌章奏文移,簿籍员数。天文生分隶三科,掌司观候推算。阴阳生隶漏刻科,掌主谯楼直更,监官以时考其术业而进退之。助教掌分教算学诸生。

初,顺治元年,设钦天监,分天文、时宪、漏刻、回回四科,置监正、监副、五官正、保章正、挈壶正、灵台郎、监候、司晨、司书、博士、主簿等官,并汉人为之,行文具题隶礼部。是岁仲秋朔日食,以西人汤若望推算密合,大统、回回两法时刻俱差。令修时宪,领监务。十四年,省回回科,改其职隶秋官正,寻复旧制。十五年,定与礼部分析职掌。康熙二年,仍属礼部。明年,增置天文科满洲官五人,满员入监自此始。又明年,定满、汉监正各一人,左、右监副各二人,主簿各一人,满、蒙五官正各二人。省回回科博士仍隶秋官正。置汉军秋官正一人,春、夏、中、秋、冬五官正汉各一人。满洲灵台郎三人,乾隆四十七年,改一人为蒙古员缺。汉军一人,汉四人。满洲挈壶正二人,乾隆四十七年,改一人为蒙古员缺。汉二人。汉监候一人,保章正二人,正八品。十四年省。司书二人。十四年省一人。汉军司晨一人,汉一人。十四年省。满洲博士六人,乾隆四十七年,改一人为蒙古员缺。汉军二人,汉三十有六人。寻省十四人,五年,复置二人,通旧二十有四人。并定监官升转不离本署,积劳止加升衔,著为例。先是新安卫官生汤光先请诛邪教,镌若望职。至是以光先为监副,寻升监正,仍用回回法。南怀仁具疏讼冤。八年,复罢光先,以南怀仁充汉监正,更名监修,用西法如初。雍正三年,实授西人戴进贤监正,去监修名。八年,增置西洋监副一人。乾隆四年,置汉算学助教一人,隶国子监。十年,定监副以满、汉、西洋分用。十八年省满、汉各一人,增西洋二人,分左、右。四十四年,更命亲王领之。道光六年,仍定满、汉监正各一人,左、右监副各二人。时西人高拱宸等或归或没,本监已谙西法,遂止外人入官。光绪三十一年,改国子监助教始来隶。

太医院　管理院事王大臣一人。特简。院使,初制,正五品。宣统元年,升正四品。左、右院判,初制,正六品。宣统元年,升正五品。俱汉一人。其属:御医十有三人,内兼首领厅事二人。初制,正八品。雍正七年,升七品,给六品冠带。宣统元年,升正六品。吏目二十有六人,内兼首领厅事一人。初制八、九品各十有三人。宣统元年,改八品为七品,九品为八品。医士二十人,内兼首领厅事一人,给从九品冠带。医生三十人。

院使、院判掌考九科之法,帅属供医事。御医、吏目、医士各专一科,曰大方脉、小方脉、伤寒科、妇人科、疮疡科、针灸科、眼科、咽喉科、正骨科,是为九科。初设十一科。后痘疹科归小方脉,咽喉、口齿并为一科。掌分班侍直,给事宫中曰宫直,给事外廷曰六直,西苑寿乐房以本院官二人直宿。

顺治元年,置院使,左、右院判各一人,吏目三十人,十八年,省二十人,康熙九年,复故。十四年省十人,雍正元年,又复。豫授吏目十人,十八年省。康熙九年,复故,三十一年,又省。御医十人,康熙五十三年,省二人。雍正元年,复故,七年,增五人。道光二十三年,省二人。医士二十人。十八年,省二十人。康熙九年,复故,十四年,省十人。雍正元年增二十人。凡药材出入隶礼部。十六年,改归本院。十八年,生药库复隶礼部。康熙三年,定直省岁解药材,并折色钱粮,由户部收储付库。雍正七年,定八品吏目十人,九品二十人。后定各十三人。乾隆五十八年,命内府大臣领院务。宣统元年,院使张仲元疏请变通旧制,特崇院使以次各官品秩.初制,入院肄业,考补恩粮,历时甚久,军营、刑狱医士悉由院简选。光绪末叶,民政部医官,陆军部军医司长,与院使、院判品秩相等。至是厘定,崇内廷体制也。又定制,院官迁转不离本署。同治间,曾议吏目食俸六年,升用按察司经历、州判。嗣以与素所治相剌,乃寝。

坛庙官　天坛尉,地坛尉,各八人。五品一人,六品七人。太庙尉十人。四品二人,五品八人。社稷坛尉五人。五品一人,六品四人,并隶太常寺。堂子尉八人。七品二人,八品六人,隶礼部。俱满员。掌管钥,守卫直宿,朔望奉芟以行礼。天坛、地坛、朝日坛、夕月坛、先农坛,各祠祭署奉祀,从七品。祀丞,从八品。俱各一人。日、月二坛祀丞后省。帝王庙祠祭署无专员。以汉赞礼郎、司乐内一人委充,并隶乐部。俱汉员。掌典守神库,以时巡视,督役泛埽;凡葺治墙宇、树艺林木,并敬供厥事。四品尉以五品序升,其下以是为差。唯太庙尉以各坛六品尉及各部院休致郎员间次选授。六品等尉吏部牒八旗番送除授,奉祀以祀丞序升,祀丞以祝版生番选除授。

陵寝官　三陵总理事务大臣,盛京将军兼充。光绪三十年,改归东三省总督。承办事务衙门大臣,光绪三十一年,改盛京守护大臣置。各一人。主事,委署主事,各一人。读祝官八人。赞礼郎十有六人。四品、五品、七品官各一人,六品官四人,外郎九人。旧置户部六品官二人。礼部六、七品官,工部四、五、六品官,各一人。又户、礼、工三部外郎二十人。光绪三十一年,省外郎十有一人。自读祝以下,并改隶三陵总理事务衙门。永陵:掌关防官,四品。副关防官兼内管领,正五品。副关防官兼尚膳正,五品。尚茶副,尚膳副,副内管领,并八品。各一人。笔帖式二人。福陵、昭陵:掌关防官各一人,副关防官各二人。五品。尚茶正,尚膳正,并五品。尚茶副,尚膳副,内管领,正五品。副内管领,俱各一人。笔帖式各二人。掌守卫三陵。凡班直、飨献、泛埽,以时分司其事。

东陵:总管大臣一人。泰宁镇总兵兼内务府大臣简充。承办事务衙门礼部主事,笔帖式,各二人。石门衙署工部郎中一人。员外郎,笔帖式,各四人。昭西陵:内务府掌关防官郎中,嘉庆十五年,调往景陵,仍管昭西陵事务。员外郎,主事,尚茶正,尚膳正,并四品。内管领,各一人,笔帖式二人。礼部郎中一人。员外郎,读祝官,各二人。赞礼郎,笔帖式,各四人。工部郎中一人。孝陵:内务府掌关防郎中,员外郎,主事,尚茶正,尚膳正,内管领,副内管领,正六品。各一人。笔帖式二人。礼部郎中一人。员外郎,读祝官,各二人。赞礼郎四人。笔帖式二人。工部员外郎一人。孝东陵:内务府掌关防郎中,员外郎,主事,尚茶正,尚膳正,尚茶副,尚膳副,并正七品。内管领,副内管领,各一人。笔帖式二人。礼部员外郎,读祝官,各二人。赞礼郎,笔帖式,各四人。工部员外郎一人。景陵:内务府总管,从五品。员外郎,主事,尚茶正,内管领,副内管领,各一人。尚膳正,笔帖式,各二人。礼部郎中一人。员外郎,读祝官,各二人。赞礼郎,笔帖式,各四人。工部员外郎一人。景陵皇贵妃园寝:内务府员外郎,尚膳正,各一人。礼部读祝官二人。赞礼郎三人。景陵妃园寝:内务府尚茶副,尚膳副,副内管领,委署副内管领,七品衔。各一人。礼部读祝官二人。赞礼郎三人。笔帖式二人。裕陵:内务府掌关防郎中,员外郎,主事,尚茶正,尚膳正,内管领,副内管领,各一人。笔帖式二人。礼部郎中一人。员外郎,读祝官,各二人。赞礼郎,笔帖式,各四人。工部员外郎一人。裕陵皇贵妃园寝:内务府尚茶副,尚膳副,并七品。副内管领,委署副内管领,各一人。礼部读祝官二人。赞礼郎二人。端慧皇太子园寝:内务府内管领,副内管领,尚茶副,尚膳副,各一人。礼部读祝官二人。赞礼郎三人。定陵:内务府掌关防郎中,员外郎,主事,尚茶正,尚膳正,内管领,副内管领,各一人。笔帖式二人。礼部郎中,员外郎,读祝官,各二人。赞礼郎四人。普祥峪定东陵:内务府掌关防郎中,员外郎,主事,尚茶正,尚膳正,内管领,各一人。笔帖式二人。礼部员外郎,读祝官各二人。赞礼郎四人。菩陀峪定东陵:内务府掌关防郎中,员外郎,主事,尚茶正,尚膳正,内管领,各一人。笔帖式二人。礼部员外郎,读祝官,各二人。赞礼郎四人。定陵妃园寝:内务府副内管领,委署副内管领,尚茶副,尚膳副,各一人。礼部读祝官二人。赞礼郎三人。惠陵:内务府掌关防郎中,员外郎,主事,尚茶正,尚膳正,内管领,各一人。笔帖式二人。礼部郎中一人。员外郎,读祝官,各二人。赞礼郎四人。

惠陵妃园寝:礼部读祝官二人。赞礼郎三人。内务府不设官,暂置领催一人,闲散拜唐阿一人。

西陵:总管大臣,泰宁镇总兵兼内务府大臣简充。承办事务衙门主事,委署主事,各一人。笔帖式四人。易州衙署工部郎中一人,员外郎三人,主事一人,笔帖式二人。泰陵:内务府总管员外郎,主事,尚茶正,尚膳正,尚茶副,九品。尚膳副,九品。内管领,副内管领,各一人。笔帖式二人。礼部郎中,员外郎,各一人。读祝官二人。赞礼郎,笔帖式,各四人。工部郎中,主事,各一人。泰东陵:内务府掌关防郎中,员外郎,主事,尚茶正,尚膳正,尚茶副,尚膳副,内管领,各一人。笔帖式二人。礼部员外郎,读祝官,各二人。赞礼郎,笔帖式,各四人。工部员外郎一人。泰陵皇贵妃园寝:内务府主事,副内管领,各一人。礼部主事一人。读祝官二人。赞礼郎三人。工部主事一人。昌陵:内务府掌关防郎中,员外郎,主事,尚茶正,尚茶副,尚膳副,内管领,副内管领,各一人。尚膳正,笔帖式,各二人。礼部郎中一人。员外郎,读祝官,各二人。赞礼郎,笔帖式,各四人。工部员外郎一人。昌西陵:内务府掌关防郎中,员外郎,主事,尚茶正,尚膳正,尚茶副,尚膳副,内管领,各一人。笔帖式二人。礼部员外郎,读祝官,各二人。赞礼郎四人。工部员外郎一人。昌陵皇贵妃园寝:内务府主事,副内管领,各一人。礼部读祝官二人。赞礼郎三人。慕陵:内务府掌关防郎中,员外郎,主事,尚茶正,尚茶副,尚膳副,内管领,副内管领,各一人。尚膳正,笔帖式,各二人。礼部郎中一人。员外郎,读祝官,各二人。赞礼郎四人。工部员外郎一人。慕东陵:内务府掌关防郎中,员外郎,主事,尚茶正,尚膳正,内管领,各一人。尚茶副,尚膳副,委署副内管领,笔帖式,各二人。礼部员外郎,读祝官,各二人。赞礼郎四人。工部主事一人。后省。慕东陵皇贵妃园寝:内务府尚茶副,尚膳副,委署副内管领,各一人。礼部读祝官二人。赞礼郎三人。东陵宗室主事,昭西陵宗室员外郎,泰陵宗室员外郎、主事,各一人。余并满洲员缺。

总管大臣掌督帅官兵巡防游徼,以翊卫陵寝。内务府官掌奉祭

祀奠享之礼,司扫除开阖。礼部官掌判署文案,监视礼仪,岁供品
物,以序祀事。工部官掌修葺缮治,凡祭祀供厥楮币。顺治十三年,
置礼陵、昭陵掌关防等官。康熙二年,复置各陵寝内府、礼部、工部
司官。光绪三十一年,改盛京户、礼、工三部陵寝官隶总理三陵事务
衙门。宣统三年,陵寝郎、员、主各缺并改归内务府,带礼部、工部衔
如故。

　　僧录司　正印,副印,各一人。□品。左、右善世,正六品。阐
教,从六品。讲经,正八品。觉义,从八品。俱二人。道录司一人。
□品。左、右正一,正六品。演法,从六品。至灵,正八品。至义,从
八品。俱二人。分设各城僧、道协理各一人。僧官兼善世等衔,道
官兼正一等衔,给予部札。协理给予司札。龙虎山正一真人。正三
品。提点,提举,法箓局提举,由太清宫法官充补。各一人。副理二
人。赞教四人。知事十有八人。自提点以下,并由正一真人保举,
报部给札。

　　初,天聪六年,定各庙僧、道以僧录司、道录司综之。凡谙经义、
守清规者,给予度牒。顺治二年,停度牒纳银例。八年,授张应京正
一嗣教大真人,掌道教。康熙十三年,定僧录司、道录司员缺,及以
次递补法。十六年,诏令僧录司、道录司稽察设教聚会,严定处分。
雍正九年,嘉法官娄近垣忠诚,授四品提点,寻封妙正真人。十年,
定提点以次员缺。乾隆元年,酌复度牒,并授正一真人光禄大夫,妙
正真人通议大夫。五年,正一真人诣京祝万寿,鸿胪寺卿梅珏成疏
言:"道流卑贱,不宜滥厕朝班。"于是停朝觐筵宴例。十七年,改正
一真人为正五品,不许援例请封。三十一年,以法官品秩较崇,复升
正一真人正三品。三十九年,真人府监纪司张克诚留京,置协理提
点二人。四十二年,授克诚提点,兼京畿道录司,省协理。

清史稿卷一一六
志第九一

职官三　外官

顺天府　奉天府　总督巡抚　学政　布政使　按察使　盐运使　道　府　州　县　儒学　巡检　驿丞　库仓税课河泊各大使闸官　医学　阴阳学　僧纲司道纪司

顺天府　兼管府尹事大臣，汉大学士，尚书、侍郎内特简。尹，正三品。丞，正四品。俱各一人。其属：治中，正五品。通判，正六品。经历司经历，从七品。照磨所照磨，司狱司司狱，并从九品。俱各一人，并汉员。儒学教授，正七品。训导，从八品。满、汉各一人。所辖四路厅，正五品。二十州、县，正七品。各一人。在京者大兴、宛平二县知县各一人，正六品。县丞，正七品。四人，大兴一人，宛平三人。巡检，从九品。七人，大兴三人，宛平四人。典史，闸官，崇文门副使，俱未入流。副使后隶监督。各一人。

尹掌清肃邦畿，布治四路，帅京县颁政令条教。岁立春，迎春东郊。天子耕耤，具耒耜丝鞭，奉青箱播种，礼毕，率庶人终亩。田赋出纳，以时勾稽，上其要于户部。治乡饮典礼。乡试充监临官。丞掌学校政令，乡试充提调官。治中掌贰府事，纪纲众务，兼乡会试场务。通判掌主牙税,平禁争伪。经历、照磨掌出纳文书。司狱掌罪囚籍录。儒学掌京畿黉序,文武生月课其艺射,不帅教者戒饬之,三岁报优劣于学政。大兴、宛平二县各掌其县之政令,与五城兵马司分壤而治,品秩服章视外县加一等。

初,世祖奠鼎燕京,建顺天府,置尹一人,丞一人,兼提督学政衔。乾隆五十八年停。别置学政。丞止申送童生。治中三人,通判三人,顺治六年留管粮一人。省马政、军匠各一人。经历、照磨、司狱,各一人,推官、知事、并从六品。检校、从九品。以上三员俱康熙六年省。递运所大使、康熙三十八年省。库大使、康熙三十九年省。张家湾宣课司大使,康熙四十年省。以上三员俱未入流。各一人。儒学汉教授一人,训导六人。顺治二年省四人。康熙四年俱省,五年复置一人。京卫武学汉教授一人,训导二人。顺治二年省。康熙十五年复置一人。辖大兴、宛平二县,知县各一人,县丞各一人,雍正四年,增宛平管河一人。嘉庆十三年复增宛平管河一人。巡检七人,主簿、顺治三年省。典史、闸官,详内务府。各一人。顺治六年,省治中二人。康熙十五年,始以昌平等十九州、县来隶。二十七年,置东、西、南、北四路同知。雍正元年,特简大臣领府事,号兼尹。三年,改京卫武学为府武学。明年,省武学教授、训导官;增府儒学教授、训导,满洲各一人。乾隆八年,定为二十四州、县隶府。嘉庆十八年,定所属官吏归尹考察。光绪元年,省治中。别设驿巡道。宣统二年,罢兼尹。

奉天府　兼管府事大臣一人。盛京五部侍郎内特简,后归将军兼管。尹,满洲一人,丞,汉一人。其属:治中,围场通判,库大使,经历,司狱,巡检兼司狱,府学教授,各一人。所辖海防同知,军粮同知,各一人。承德县知县,典史,各一人。

尹掌留都治化与其禁令,小事决之,大事以闻。丞掌主学校,兼稽宗室、觉罗官学、义学。治中以次各官所掌视顺天府。

初建盛京,顺治十年,设辽阳府。十四年,更名奉天府,置尹一人,经历、教授、训导,康熙三年省。各一人。康熙二年,置丞一人;治中、通判、推官,六年省。各一人。设承德县附郭,置知县、典史,各一人。巨流河巡检一人。乾隆四十二年省。七年,增府司狱一人。二十八年,定府丞主奉天考试事。乾隆二十七年,诏府尹受将军节度。明年,增兴京理事厅通判一人。光绪二年省。三十年,始以侍郎为兼尹,著为令。光绪二年,省治中,别设驿巡道。改命将军兼管;加兼尹总督衔,府尹二品衔,以兵部侍郎、右副都御史行巡抚事。三十一年,改行省,罢尹丞,置知府。宣统元年,省教佐各官。越明年,省承德县。

总督,从一品。掌厘治军民,综制文武,察举官吏,修饬封疆。标下有副将、参将等官。巡抚从二品。掌宣布德意,抚安齐民,修明政刑,兴革利弊,考核群吏,会总督以诏废置。标下有参将、游击等官。其三年大比充监临官,武科充主试官,督、抚同。

初沿明制,督、抚系右都御史、右副都御史、右佥都御史衔,无定员。顺治十年,谕会推督、抚,不拘品秩,择贤能者具题。康熙元年,停巡抚提督军务加工部衔。不置总督省分,兼辖副将以下等官。十二年复故,并设抚标左、右二营。三十一年,定总督加衔制。由各部左、右侍郎授者,改兵部左、右侍郎;由巡抚授者,升兵部右侍郎兼都察院右副都御史。乾隆十三年,定大学士兼管总督者仍带原衔。明年,改授右都御史衔,其兵部尚书衔由吏部疏请定夺。嘉庆十四年,定以二品顶戴授者兼兵部侍郎衔,俟升品秩再加尚书衔。光绪三十二年,更名陆军部尚书衔。宣统二年停。七年,定山陕督、抚专用满员。雍正元年,定巡抚加衔制。由侍郎授者,改兵部右侍郎兼右副都御史衔;由学士、副都御史及卿员、布政使等官授者,俱为右副都御史;由左佥都御史或四品京堂、按察使等官授者,俱为右佥都御史。乾隆十四年,定巡抚不由侍郎授者,俱兼右副都御史;其兵部侍郎衔,疏请如总督。光绪三十二年,更名陆军部侍郎衔。宣统二年停。时西安有同署巡抚者,山东、山西并有协办巡抚之目,非制也。是岁，谕山陕督、抚参用蒙古、汉军、汉人，纂为令甲。乾隆十八年，以漕运、河道总督无地方责，授衔视巡抚。嘉庆十二年，定由尚书授者，应否兼兵部尚书衔，疏请如总督。光绪二十四年，加总理各国事务衙门大臣衔，寻罢。三十二年，定辟除掾属、分曹治事制。条为十科：曰交涉、曰吏、曰民、曰度支、曰礼、曰学、曰军政、曰法、曰农工商、曰邮传，各置参事、秘书，是为幕职。宣统二年，充会办盐政大臣兼职，寻亦罢。

初，河南、山东、山西等省专置巡抚，无统辖营伍权，以提督为兼衔。直隶、四川、甘肃等省专置总督，吏治归其考核，以巡抚为兼衔。而巡抚例受总督节度，浸至同城巡抚仅守虚名。即分省者，军政民事亦听总督主裁。文宗莅政，命浙江、安徽、江西、陕西、湖南、广西、贵州各巡抚节制镇、协武职；总督兼辖省分，由巡抚署考会题，校阅防剿，定为专责，职权渐崇。光绪季年，裁同城巡抚，其分省者，权几与总督埒，所谓兼辖，奉行文书已耳。宣统间，军政、盐政厚集中央，督、抚权削矣。

总督东三省等处地方兼管三省将军、奉天巡抚事一人。康熙元年置将军。详武职。光绪二年，兼管兵、刑二部及府尹，以兵部尚书、都察院右都御史衔行总督事。三十二年，建行省，改将军曰总督，授为钦差大臣，随时分驻三省行台。宣统二年，兼奉天巡抚事。初建行省，置巡抚一人，至是省。

总督直隶等处地方提督军务、粮饷、管理河道兼巡抚事一人。顺治五年，置直隶山东河南三省总督，驻大名。十五年，改为直隶巡抚。十七年，徙真定。明年，复置总督于大名。康熙三年，仍为三省总督。八年省，移巡抚还驻保定。五十四年，加巡抚以总督衔，不为例。雍正元年，诏嘉李维钧勤慎，特授总督，自是为永制。四年，以礼部右侍郎协理总督，不为常目。乾隆十四年，令兼河道。二十八年，诏依四川例，兼管巡抚事。咸丰三年，兼管长芦盐政。同治九年，加三口通商事务，授为北洋通商大臣，驻天津。冬令封河，还驻保定。初置有宣大总督，顺天、保定、宣府三巡抚。顺治八年，省宣府巡抚，以宣大总督兼其事。十三年，省宣大总督，令顺天巡抚兼之。十八年，省顺天巡抚，归保定巡抚兼管。后亦省。

总督两江等处地方提督军务、粮饷、操江、统辖南河事务一人。顺治二年，以内阁大学士洪承畴总督军务，招抚江南各省。寻改应天府为江宁，罢南直隶省府尹。四年，置江南江西河南三省总督，驻江宁。九年，徙南昌，时号江西总督；已，复驻江宁。十八年，江南、江西分置总督。康熙元年，加江南总督操江事务。初置凤庐巡抚，驻淮安，以操江管巡抚事领之。六年省归漕督。至是始来隶。四年，复并为一。十三年，复分置。二十一年仍合。寻定名两江总督。雍正元年，以综治江苏、安徽、江西三省，加兵部尚书兼都察院右都御史衔。道光十一年，兼两淮盐政。同治五年，加五口通商事务，授为南洋通商大臣，与北洋遥峙焉。

总督陕甘等处地方提督军务、粮饷、管理茶马兼巡抚事一人。顺治元年，置陕西总督，驻固原，兼辖四川。十四年，徙汉中。康熙三年，更名山陕总督，兼辖山西，还驻西安。十四年，改为陕甘总督。时山西别置总督。十九年，仍改陕甘为山陕，省山西总督入之。辖四川如故。雍正元年，以综治陕西、甘肃、四川三省，加兵部尚书兼都察院右都御史衔。三年，授兵部尚书岳钟琪为总督。先是定为满缺，参用汉人自此始。九年，谕仍专辖陕、甘。十四年，复辖四川，更名川陕甘总督。乾隆十三年，西陲用兵，仍置陕西总督。十九年，省甘肃巡抚，移陕甘总督驻兰州，兼甘肃巡抚事。二十四年，别置甘肃总督，兼辖陕西，驻肃州；移川陕总督驻四川。寻复定名陕甘总督，还驻兰州，仍兼巡抚事。光绪八年，新疆建行省，复兼辖之。

总督闽浙等处地方提督军务、粮饷兼巡抚事一人。顺治二年，置福建总督，驻福州，兼辖浙江。五年，更名浙闽总督，徙衢州，兼辖福建。十五年，两省分置总督，福建总督驻漳州，浙江总督驻温州。康熙十一年，移福建总督驻福州。明年，省浙江总督。二十六年，改福建总督为福建浙江总督。雍正五年，特授李卫总督浙江，整饬军政吏治，并兼巡抚事；郝玉麟以浙闽总督专辖福建。十二年，复省浙江总督,仍合为一。乾隆元年,诏依李卫例,特授嵇曾筠为浙江总督,郝玉麟仍专辖福建。三年,嵇曾筠入阁,郝玉麟仍总督闽、浙如故。闽、浙或分或合,至是始为永制。光绪十一年,省福建巡抚,并兼巡抚事。

总督湖北湖南等处地方提督军务、粮饷兼巡抚事一人。顺治元年,置湖广总督,驻武昌。康熙七年省,九年复置。十九年,改川湖总督复为湖广总督,还驻武昌。二十六年,更名湖北湖南总督。光绪三十年,兼湖北巡抚事。

总督四川等处地方提督军务、粮饷兼巡抚事一人。顺治元年,置四川巡抚,驻成都,不置总督。十年,以川省兵马钱粮皆从陕西调发,诏陕西总督孟乔芳兼督四川。十四年,停陕督兼辖,专置四川总督,驻重庆。康熙七年,更名川湖总督,徙荆州。九年,还驻重庆。十三年,四川省会别置总督一人。十九年,省隶陕甘总督,其川湖总督省归湖广总督兼理。雍正九年复置,驻成都。十三年又省。乾隆十三年,以金川用兵,始定为专缺,兼管巡抚事。二十四年,兼辖陕西,寻停兼辖。宣统元年,以将军所辖松潘、建昌二镇,阜和协所属各营,建昌、松茂二道府、厅、州、县改隶之。

总督两广等处地方提督军务、粮饷兼巡抚事一人。顺治元年,置广东总督,驻广州,兼辖广西。十二年,徙梧州。康熙二年,别置广西总督,移广东总督驻廉州。三年,复并为一,驻肇庆。雍正元年,复分置。明年仍合。七年,以苗患,令云贵总督兼辖广西。十二年,仍隶广东。光绪三十一年,兼广东巡抚事。

总督云贵等处地方提督军务、粮饷兼巡抚事一人。顺治十六年,置经略,寻改总督,两省互驻。康熙元年,分置云南总督,驻曲靖;贵州总督,驻安顺。三年,复并为一,徙贵阳。十二年,仍分置,寻复故。二十六年,徙云南府。雍正十年,上嘉鄂尔泰才,以云贵总督兼制广西,给三省总督印。十二年,仍辖两省,以经略苗疆,授张广泗为贵州总督兼巡抚事,尹继善为云南总督,专辖云南。十二年复故。光绪三十一年,兼云南巡抚事。

总督漕运一人。掌治漕挽，以时稽核催趱，综其政令。标下官同总督。顺治元年，遣御史巡漕，寻置总督，驻淮安。四年，以满洲侍郎一人襄治漕务。八年省。十三年复置，十八年又省。六年，兼凤庐巡抚事。十六年，停兼职。康熙二十一年，定粮艘过淮，总漕随运述职。咸丰十年，令节制江北镇、道各官。光绪三十年，以淮、徐盗警，改置巡抚。明年省。

河道总督，江南一人，山东河南一人。直隶河道以总督兼理。掌治河渠，以时疏浚堤防，综其政令。营制视漕督。顺治元年，置总河，驻济宁。康熙十六年，移驻清江浦。二十七年，还驻济宁，令协理侍郎开音布等驻其地。三十一年，总河并驻之。三十九年，省协理。四十四年，兼理山东河道。雍正二年，置副总河，驻武涉，专理北河。七年，改总河为总督江南河道，驻清江浦，副总河为总督河南山东河道，驻济宁，分管南北两河。八年，增置直隶正、副总河，为河道水利总督，驻天津。自是北河、南河、东河为三督。九年，置北河副总河，驻固安，并置东河副总河，移南河副总河驻徐州。十二年，移东河总督驻兖州。乾隆二年，省副总河。厥后省置无恒。十四年，省直隶河道总督。咸丰八年，省南河道总督。光绪二十四年，省东河河道总督，寻复置。二十八年又省，河务无专官矣。

巡抚江苏等处地方提督军务兼理粮饷一人。顺治元年，置江南巡抚，驻苏州，辖江宁、苏州、松江、常州、镇江五府。十八年，江南分省，更名江苏巡抚。

巡抚安徽等处地方提督军务、节制各镇兼理粮饷一人。顺治元年，置操江兼巡抚安徽徽、宁、池、太、广，驻安庆。康熙元年，省操江，所部十二营改隶总督，始置安徽巡抚。嘉庆八年，以距寿春镇辽远，加提督衔。

巡抚山东等处地方提督军务、粮饷兼理营田一人。顺治元年置，驻济宁。时海防巡抚驻登州，九年省。康熙四十四年，管理山东河道。五十三年，兼临清关务。乾隆八年，依山西、河南例，加提督衔。

巡抚山西等处地方提督军务兼理粮饷一人。顺治元年,置巡抚,驻太原,提督雁门等关。雍正十二年,管理提督事务,通省武弁受节度。

巡抚河南等处地方提督军务、粮饷兼理河道、屯田一人。顺治元年置,驻开封。康熙十七年,定管理河南岁修工程。雍正四年,加总督衔,不为例。寻省。十三年复置。乾隆五年,以盗警,加提督衔。

巡抚陕西等处地方提督军务、节制各镇兼理粮饷一人。顺治元年置,驻西安,定为满缺。雍正九年,以兵部尚书史贻直署巡抚,参用汉人自此始。

巡抚新疆等处地方提督军务兼理粮饷一人。顺治元年,置甘肃巡抚,驻甘州卫。雍正二年改卫为府。五年,徙兰州。康熙元年,移驻凉州卫。后亦改府。五年,还驻兰州,寻改驻巩昌。十九年,仍回兰州。四十四年,兼管茶马事。乾隆十九年省,移陕甘总督来驻,兼巡抚事。光绪十年,新疆建行省,置甘肃新疆巡抚,驻乌鲁木齐。初置有延绥巡抚、宁夏巡抚各一人,康熙间俱省。

巡抚浙江等处地方提督军务、节制水陆各镇兼理粮饷一人。顺治元年置,驻杭州。雍正五年,改总督。十三年,仍为巡抚,兼总督衔。乾隆元年,复置总督。三年复故。

巡抚江西等处地方提督军务、节制各镇兼理粮饷一人。顺治元年置,驻南昌,辖十一府。康熙三年,兼辖南安、赣州。初置南赣巡抚,至是省入。乾隆十四年,加提督衔。

巡抚湖南等处地方提督军务、节制各镇兼理粮饷一人。顺治元年,置偏沅巡抚,驻偏桥镇。同时置抚治郧阳都御史,驻沅州,以控湘、蜀、豫、晋之交,十八年省。康熙十五年,以盗警复置。十九年又省。康熙三年,湖南分省,移驻长沙。雍正二年,更名湖南巡抚,令节制各镇。

巡抚湖北等处地方提督军务兼理粮饷一人。顺治元年,置湖广巡抚,驻武昌。康熙三年,更名湖北巡抚。光绪二十四年省,寻复置。三十二年又省。

巡抚广东等处地方提督军务兼理粮饷一人。顺治元年置,驻广州。雍正二年,兼太平关务。光绪二十四年省,寻复置。三十一年,以广西军务平,又省。

巡抚广西等处地方提督军务兼理粮饷加节制通省兵马衔一人。顺治元年置,驻桂林。六年,省凤阳巡抚标兵来隶。雍正九年,令节制通省兵马。

巡抚云南等处提督军务兼理粮饷一人。顺治元年置,驻云南府。雍正四年,命江苏布政使鄂尔泰为巡抚,兼总督事。十年,升总督,兼巡抚事。张广泗继之,亦兼巡抚。乾隆十二年,始授图尔炳阿为巡抚。光绪二十四年省,寻复置。三十年又省。

巡抚贵州等处地方提督军务兼理粮饷加节制通省兵马衔一人。顺治十五年置。十八年,停提督军务。乾隆十二年,以苗患复之。明年,加爱必达节制通省兵马衔。十八年,著为例。

巡抚台湾等处地方提督军务兼理粮饷一人。顺治元年,置福建巡抚,驻福州。光绪元年,移驻台北。十一年,台湾建行省,改福建巡抚为台湾巡抚,兼学政事,其福建巡抚事归闽浙总督兼管。二十一年,弃台湾,省巡抚。

提督学政,省各一人。以侍郎、京堂、翰、詹、科、道、部属等官进士出身人员内简用。各带原衔品级。掌学校政令,岁、科两试。巡历所至,察师儒优劣,生员勤惰,升其贤者能者,斥其不帅教者。凡有兴革,会督、抚行之。

初,各省并置督学道,系按察使佥事衔,各部郎中进士出身者补用。惟直隶差督学御史一人。后称顺天学政。顺治十年改用翰林编、检、中、赞、讲、读并差。乾隆以来多用卿贰。江南、江北二人。顺治十年改用翰林官,明年仍用佥事。康熙元年省并为一。二十四年复用翰林官。雍正三年,析置江苏、安徽各一人。称学院。顺治七年,定学道考选部属制。由内阁与吏、礼二部会考选,礼部二人,户、兵、刑、工各一人。十六年停。十五年,省宣大学政归山西学道兼理。康熙元年，并湖北、湖南提学道为一，更名湖广提学道。雍正二年，复分置。明年，命奉天府丞主考试事，省陕西临巩学政改归西安学道兼理。二十三年，停督学论俸补授例，并定浙江改用翰林官，依顺天、江南北例称学院，其各省由部属、道、府任者，仍为学道。三十九年，定翰林与部属并差。雍正四年，各省督学并更名学院，凡部属任者，俱加编修、检讨衔，自是提学无道衔矣。明年，命巡察御史兼理台湾学政。乾隆十七年，改台湾道兼理。光绪十二年，巡抚兼学政事。七年，改广东学政为广韶学政，增置肇高学政一人。乾隆十六年，复并为一。光绪二年，增置甘肃学政一人。先是甘肃岁、科试由陕西学政兼理，至是始置。三十一年，省奉天府丞，增置东三省学政一人。是岁罢科举，兴学校，改学政为提学使。详新官制。初置有提督满洲、蒙古翻译学政，以满洲侍读、侍讲充。雍正元年省。

承宣布政使司布政使，省各一人。从二品。其属：经历司经历，正六品。都事，从七品。照磨所照磨，从八品。理问所理问，从六品。库大使，正八品。仓大使，从九品。各一人。布政使掌宣化承流，帅府、州、县官，廉其录职能否，上下其考，报督、抚上达吏部。三年宾兴，提调考试事，升贤能，上达礼部。十年会户版，均税役，登民数、田数，上达户部。凡诸政务，会督、抚议行。经历、都事掌出纳文移。照磨掌照刷案卷。理问掌推勘刑名。库大使掌库藏籍帐。仓大使掌稽检仓庾。

初，直隶不置布政使，置口北道一人司度支，兼山西布政使衔。雍正二年，改从直隶布政使衔。各省置左、右布政使一人，贵州事简，不置右布政使。左、右参政、参议，因事酌置。守道并兼参政、参议衔。所属经历，江宁、苏州、湖南、甘肃不置。都事，福建、河南各一人。照磨，浙江、福建、湖北、山西、四川、甘肃各一人。检校，正九品。雍正二年省。理问，副理问，从七品。康熙三十八年省。库大使，仓大使，宝源局大使，正九品。康熙三十八年省。因时因地，省置无恒。顺治三年，罢南直隶旧设部院遣侍郎，满、汉各一人，驻江宁治事,至是省,定置左、右布政使各一人。十八年,江南分省,右布政使徙苏州,左仍驻江宁。康熙二年,陕西分省,右布政使徙巩昌,分治甘肃。明年,湖广分省,右布政使徙长沙,分治湖南。六年,改江南右布政使为江苏布政使,左为安徽布政使;陕西左布政使为西安布政使,右为巩昌布政使;湖广左布政使为湖北布政使,右为湖南布政使。并定山东、山西、河南、江苏、安徽、江西、福建、浙江、湖北、湖南、四川、广东、广西、云南、贵州各一人,陕西二人,罢左、右系衔,名曰守道。七年,定山西、陕西、甘肃为满洲缺。雍正元年,授胡期恒陕西布政使。明年,授高成龄山西布政使。又明年,授孔毓璞甘肃布政使。参用汉人自此始。八年,置直隶守道一人,综司度支。改西安布政使为陕西布政使;徙巩昌布政使驻兰州,为甘肃布政使。雍正二年,改直隶守道为布政使。乾隆十八年,停各省守道兼布政使、参政、参议衔。二十五年,以江宁钱谷务剧,增置布政使一人,析江、淮、扬、徐、通、海六府、州隶之;苏、松、常、镇、太五府仍隶苏州布政使;其安徽布政使回治安庆。光绪十年,新疆建行省,增置甘肃新疆一人,驻乌鲁木齐。十三年,台湾建行省,增置福建台湾一人,驻台北。二十一年弃台湾,乃省。三十年,命江宁布政使兼理江淮布政使事,寻罢。宣统二年,各省设财政公所,或名度支公所。分曹治事,以布政使要其成,间省经历等官。

　　提刑按察使司按察使,省各一人。正三品。其属:经历司经历,正七品。知事,正八品。照磨所照磨,正九品。司狱司司狱,从九品。各一人。按察使掌振扬风纪,澄清吏治。所至录囚徒,勘辞状,大者会藩司议,以听于部、院。兼领阖省驿传。三年大比充监试官,大计充考察官,秋审充主稿官。知事掌勘察刑名。司狱掌检察系囚。经历、照磨所司视藩署。

　　初,直隶不置按察使,置大名巡道兼河南按察使衔,通永天津巡道兼山东按察使衔,霸昌井陉巡道兼山西按察使衔。雍正二年,改直隶按察使衔。各省置按察使一人。副使、佥事,因事酌置。巡

道并兼副使、佥事衔。所属经历、安徽、湖南、甘肃、贵州不置。知事,
江西、福建、山西、广东、广西各一人。照磨,安徽、福建、浙江、湖南、
甘肃、贵州各一人。检校,康熙六年定江西、福建、山西、陕西各一
人。三十九年省。司狱,因时因地,省置无恒。顺治三年,增置江宁
按察使一人。康熙三年,增置江北按察使,驻泗州;湖广按察使,驻
长沙;甘肃按察使,驻巩昌。六年,定江苏、安徽、湖北、湖南、陕西、
甘肃、浙江、江西、福建、山东、山西、河南、四川、广东、广西、云南、
贵州各一人,名曰巡道,徙安徽按察使驻安庆。七年,定山西、陕西、
甘肃为满洲缺。雍正元年,授高成龄山西按察使。二年,授费金吾
陕西按察使,张适甘肃按察使。参用汉人自此始。八年,增置直隶
巡道一人,综司刑名。徙甘肃按察使驻兰州。雍正二年,改直隶巡
道为按察使。八年,江苏按察使徙苏州。江宁隶此。乾隆十八年,
停各省巡道兼按察使副使、佥事衔。咸丰三年,加安徽徽宁池太广
道按察使衔。后改皖南道。同治五年,加奉天奉锦山海道按察使衔。
后改锦新营口道。光绪十三年,福建台湾道、甘肃新疆道并加按察
使衔。三十年,加江苏淮扬海道按察使衔。福建台湾道后省,余并
改提法使衔。宣统三年,更名提法使,间省经历等官。

　　都转盐运使司盐运使,从三品。奉天、直隶、山东、两淮、两浙、
广东、四川各一人。盐法道,江南、江西、福建、湖北、湖南、河南、山
西、陕西、四川、广西、云南各一人,甘肃二人。兼分守地方者二,分
巡地方者六。详道员。运同,从四品。长芦、山东、广东分司各一人。
运副,从五品。两浙分司一人。监掣同知,正五品。山西、河东、两
淮、淮南、淮北各一人。盐课提举司提举,从五品。云南三人,分司
石膏、黑盐、白盐三井。运判,从六品。直隶蓟永分司、两淮海州通
州泰州分司、两浙嘉松分司各一人。盐课司大使,正八品。直隶、场
凡八:曰越支、曰岩镇、曰芦台、曰丰财、曰石碑、曰归化、曰济民、曰
海丰。山东场凡八:曰王家冈、曰永阜、曰永利、曰富国、曰涛雒、曰
石河、曰官台、曰西繇。各八人,山西三人,曰东场、曰西场、曰中场。

两淮二十有三人，曰板浦、曰临兴、曰中正、曰金沙、曰吕四、曰余西、曰掘港、曰丰利、曰石港、曰角斜、曰拼茶、曰庙湾、曰刘庄、曰新兴、曰伍佑、曰富安、曰安丰、曰梁垛、曰河垛、曰草堰、曰丁溪、曰东台，场各一人。福建十有六人，内西河、浦下验掣大使各一人。其场曰福清、曰诏安、曰莆田、曰下里、曰浯州、曰福兴、曰浔美、曰石马、曰惠安、曰祥丰、曰莲河。又有江阴西场、漳浦南场、前江圃场。两浙三十有二人，内崇明巡盐大使一人。其场曰仁和、曰三江、曰钱清、曰曹娥、曰穿山、曰石堰、曰鸣鹤、曰清泉、曰大嵩、曰双穗、曰长林、曰长亭、曰黄岩、曰下沙、曰下沙头、曰杜渎、曰西路、曰许村、曰海沙、曰鲍郎、曰芦沥、曰横浦、曰袁浦、曰永嘉、曰青村、曰浦东、曰龙头、曰玉泉、曰黄湾、曰东江、曰金山。四川五人，曰青堤渡、曰庸家渡、曰牛华溪、曰云阳、曰大宁，场各一人。广东十有二人，曰白石、曰博茂、曰大洲、曰招收、曰淡水、曰小靖、曰石桥、曰茂晖、曰隆井、曰东界、曰墩白、曰电茂，场各一人。云南七人。曰黑盐井、曰白盐井、曰石膏井、曰阿陋井、曰按板井、曰大井、曰丽江井，场各一人。盐引批验所大使，正八品。直隶、分驻小直沽、长芦。山东、分驻雒口、蒲台。两淮分驻仪征、淮安。各二人，四川三人，重庆、嘉定府经历各兼一人。遂宁县丞兼一人。两浙四人，杭州、绍兴、松江、嘉兴各一人。广东一人。驻西汇关。库大使，从八品。长芦、两淮、两浙、山东、广东、隶盐运使。山西、福建、四川、云南隶盐法道。各一人。经历，从七品。长芦、两淮、两浙、山东、广东、隶盐运使。山西隶盐法道。各一人。知事，从八品。两淮、广东各一人。巡检，从九品。长芦一人，驻张家湾。两淮、分驻白塔河、乌沙河。山西分盐池驻长乐。各二人。

运使掌督察场民生计，商民行息，水陆辇运，计道里，时往来，平贵贱，以听于盐政。长芦、两淮各一人。其福建、四川、广东，总督兼之。两浙、山西、云南，巡抚兼之。沿革详下。盐法道亦如之。运同，运副，运判，掌分司产盐处所，辅运使、盐道以治其事。同知掌掣盐政令。提举治事如分司。场大使掌治盐场、池、井，分辖于运同、运判,统辖于运使或盐法道。

初,差御史巡视盐课,长芦、咸丰十年省归直隶总督兼理。河东、雍正二年省归川陕总督兼理,明年复故。乾隆四十三年省归山西巡抚兼理。嘉庆十二年改隶河东道。两淮、道光十一年省归两江总督兼理。两浙雍正三年省归浙江巡抚兼理。乾隆五十八年改织造为盐政。嘉庆二十五年仍归巡抚。各一人。十年,停差巡盐御史,十二年复故。康熙六年,定各部郎员并差满、汉各一人。八年仍改御史。十年定差一人。十一年俱归各省巡抚兼理。十二年复差。后兼差内府员司。并称盐政。置都转盐运使,长芦、山东、河东、乾隆五十七年省。两淮、两浙、康熙四十九年改驿盐道。乾隆五十八年复故。福建、雍正四年改驿盐道,十二年更名盐法。两广寻改驿盐道。康熙三十二年复故。各一人,云南盐法道一人。其各省行销事务,并守巡道兼之。运同,长芦、山东、俱康熙十六年省,明年复置。两淮、康熙六十年省。两浙、康熙十六年省。明年复置。四十三年又省。河东、康熙十六年省。雍正二年复置。乾隆五十七年又省。两广康熙十六年省。三十二年复置。各一人,副使各一人。顺治十三年省两淮一人。康熙十六年俱省。明年,复置两浙一人。运判,两淮四人,康熙三十八年省一人。长芦、康熙十七年省。乾隆四十六年复置。山东、河东、俱雍正二年省。嘉庆十二年复置。十七年又省。两浙各一人。提举,广东一人,康熙五年省市舶提举七人,归盐提举兼理。三十二年省。云南三人。吏目,从九品。广东、康熙三十二年省。云南雍正十年省。各一人。经历,知事,并所辖各场盐课司,盐引批验所,库仓大使,巡检,省置无恒。顺治三年,置江南驿盐道一人。十三年省。康熙十三年置二人,分驻江宁、安庆。二十一年省安庆一人。七年,置湖北驿盐道一人。改屯盐水利、驿传二道置。康熙七年省,十三年复置。五十八年又省。雍正元年复置。乾隆四十四年改分守武昌盐法道。明年,置甘肃庆阳盐课同知一人。寻省。康熙四年,以广西桂平梧郁道兼盐法。明年,置江西驿盐道一人。十七年,置福建运同一人。四十三年省。三十年,差巡盐御史，两广、三十二年停。五十七年差广东一人。五十九年改归两广总督兼理。福建雍正元年改隶闽浙总督。十二年改归盐法道。各一人。雍正四年，置山西盐捕同知一人。嘉庆十二年省。明年，置四川驿盐道一人。先是归粮道兼理。二十五年，专司盐茶。十一年，置江苏盐务巡道，乾隆六年省。两广运判，乾隆七年省。各一人。十二年，改陕西驿传道为驿盐，专司盐法。乾隆五十九年，改置分巡凤郿道。并置湖南驿盐道一人。兼辖常、宝。十三年，改河南开归道为分守粮驿盐道。先是归大梁道兼理。乾隆元年，置广西梧州运同一人。七年省。二十四年，定淮南、淮北盐掣同知二人。拣员兼摄。明年定为额缺。嘉庆十一年，定陕西凤郿道、宣统元年省归巡警道兼理。甘肃宁夏道兼盐法。明年，复设山西盐署，以河东道兼盐法，置监掣同知一人。宣统二年，增置奉天运使一人，复改四川盐茶道为运使。明年，改各省运使为盐务正监督，增福建、云南、山东、河东各一人。省盐法道，改置副监督，定淮南、江岸、皖岸、西岸、鄂岸、湘岸、淮北、四川、滇黔边计、济楚、广西、甘肃，各一人。统辖于盐政大臣。

道员，正四品。　　粮道。江南、苏松、江安、浙江、云南各一人。其山东、湖北、湖南、广东、贵州，俱光绪、宣统间省。江西兼巡南抚建、福建兼巡福宁、陕西兼守乾郿，并省。河道。直隶永定河道驻固安。山东运河道、江苏河库道，俱光绪季年省。各道兼河务者详后。海关道。津海关道驻天津。兼关务者详后。巡警道。劝业道。省各一人，均驻省。详新官制。分守道：山东济东泰武临道，兼驿传、水利，驻省。山西雁平道，驻代州。宣统元年省。冀宁道，兼水利，驻省。宣统二年省。湖北武昌道，广西桂平梧道；俱盐法道兼，驻省。其带兵备者，黑龙江兴东道，兼营务、垦务、木植、矿产，驻内兴安岭。山西河东道，盐法道兼，驻运城。陕西潼商道，驻省城。福建兴泉永道，兼海政、驿传，驻厦门。湖北安襄郧荆道，兼水利，驻襄阳。湖南衡永郴桂道；兼驿传，驻衡州。整饬兵备道，直隶口北道，驻宣

化,定为满缺。后参用汉人。甘肃甘凉道。驻凉州。分巡道:直隶
清河道,兼河务,驻省。霸昌道,驻昌平。光绪三十年省。河南河陕
汝道,兼水利、驿传,驻陕州。福建延建邵道,驻延平。浙江金衢严
道,兼水利,驻衢州。湖南岳常澧道,兼驿传、商埠、关务,驻澧州。四
川川南道,驻卢州。广东广肇罗道,兼水利,驻肇庆。云南临安开广
道;兼关务,驻蒙自。其带兵备者,奉天洮昌道,兼蒙旗事,驻辽源
州。临长海道,驻临江。锦新营口道,兼关务,驻营口。兴凤道,驻
安东。吉林东南路道,兼关务,驻珲城。东北路道,兼关务,驻三姓。
西路道,专司交涉,驻长春。黑龙江呼伦道,驻呼伦。瑷珲道,驻瑷
珲。以上五员并加参领衔。直隶通永道,兼河务、海防、屯田,驻通
州。天津道,兼河务,见前。大顺广道,兼河道、水利,驻大名。苏州
道,粮道兼,并司水利,见前。苏松太仓道,兼水利、渔业、关务,驻上
海。常镇通海道,兼河道、关务,驻镇江。淮扬海道,兼盐法、漕务、
海防,加提法使衔,驻淮安。徐州道,兼河务,驻宿迁。安徽安庐滁
和道,驻省城。光绪三十三年省。皖南道,省宁太池广道改置,兼关
务,加提法使衔,驻芜湖。皖北道,省凤颖六泗道改置,驻凤阳。山
东兖沂曹济道,兼驿传、河务、水利,驻兖州。山西归绥道,兼关务、
驿传及蒙旗事,驻绥远。初定为满缺,后参用汉人。河南开归陈许
郑道,兼河务,驻省。河北道,兼河务、水利,驻武陟。南汝光道,兼
水利,驻信阳州。陕西陕安道,兼水利,驻汉中。凤邠道,盐法道兼。
宣统元年省。甘肃平庆泾固化道,盐法道兼,驻平凉。兰州道,兼屯
田、茶马,驻省城。宣统二年省。阿克苏道,兼水利、屯政,抚驭蒙部,
稽查卡伦,驻本城。喀什噶尔道,兼水利、屯垦、通商,抚驭布鲁特,
稽查卡伦,驻本城。福建汀漳龙道,驻漳州。台湾道,光绪二十一年
弃台湾,省。浙江杭嘉湖道,兼海防,驻嘉兴。宁绍台道,兼水利、海
防,驻宁波。温处道,兼水利、海防,驻温州。江西瑞南临道,盐法道
兼,驻萍乡。抚建广饶九南道,兼关务、水利、窑务,驻九江。吉南赣
宁道,兼关务、水利、驿传,驻赣州。湖北汉黄德道,兼水利,驻汉口。
上荆南道,兼关务、水利,驻沙市。施鹤道,兼辖文武,驻施南。湖南

辰沅永靖道,兼界亭,镇苗疆,驻凤凰营。四川成绵龙茂道,兼水利,驻省城。光绪三十四年省。建昌上南道,兼驿传,抚土司,驻雅州。川东道,兼驿传,驻重庆。川北道,驻保宁。康安道,驻巴安,加提法使衔。边北道,驻登科。以上二员,宣统二年置,隶川滇边务大臣。广东南韶连道,兼水利,驻韶州。惠潮嘉道,驻惠州。廉钦道,驻钦州。高雷阳道,驻高州。琼崖道,驻琼州。广西左江道,驻南宁。右江道,驻柳州。太平思顺道,驻龙州。以上二员,并控制汉、土。云南迤东道,兼驿传,驻曲靖。迤西道,兼驿传、关务,驻大理。迤南道,兼驿传,驻普洱。贵州贵东道,兼驿传,镇苗疆,驻古州。贵西道,驻安顺。宣统二年省。整饬兵备道,直隶热河道,加提法使衔,驻本城。江南江宁道,盐法道兼,并司水利,驻省。山东登莱青道,兼海防、水利,驻登州。陕西延榆绥道,兼盐茶,驻榆林。甘肃宁夏道,兼盐法、水利,驻宁夏。巩秦阶道,兼茶马、屯田,驻秦州。新疆镇迪道,兼驿传,加提法使衔,驻省。伊塔道;兼水利、屯田,稽查卡伦,驻宁远。抚治兵备道,甘肃西宁道,兼治蒙、番,驻西宁。乾隆间定为满、蒙缺,后参用汉人。嘉庆间复旧制,后仍参用。安肃道。兼屯田,驻肃州。各掌分守、分巡,及河、粮、盐、茶,或兼水利、驿传,或兼关务、屯田;并佐藩、臬核官吏,课农桑,兴贤能,励风俗,简军实,固封守,以帅所属而廉察其政治。其杂职有库大使,从九品。仓大使,关大使,俱未入流,详后杂职。皆因地建置,不备设。

布、按二司置正、副官。寻改置布政使左、右参议,是为守道;按察使副使、佥事,是为巡道。时道员止辖一府,或数道同辖一府也。顺治十六年,谕各道兼带布、按二司衔,著为例。康熙六年,省守、巡道百有八人,厥后渐次复置,有统辖阖省者,有分辖三、四州者,省置无恒,衔额靡定,均视其升补本职为差。如由京堂等官补授者为参政道,掌印给事中、知府补授者为副使道,由科道补授者为参议道,郎中、员外郎、主事、同知补授者为佥事道,守、巡皆同。乾隆十八年,罢参政、参议、副使、佥事诸衔,特峻其品秩。初制,参政道从三品,副使道正四品,参议道从四品,佥事道正五品。至是俱定正四品。嗣是守、巡诸道先后加兵备者，八十余人。四十一年，诏道员署布、按二司者，许上封奏。嘉庆四年，以道员职司巡察，诏复雍正间旧制，许言事。德宗以降，别就省会置巡警、劝业二道，分科治事，议省守、巡道，酌留一二带兵备者，未果。又初制有山东、安徽、浙江、江西、湖北、湖南兴屯道，浙江、江苏海防道，福建巡海道，江苏江防道，马政道，后俱省。

府　知府一人。初制正四品。乾隆十八年改从四品。同知，正五品。通判，正六品。无定员。其属：经历司经历，正八品。知事，正九品。照磨所照磨，从九品。司狱司司狱，从九品。各一人。又江苏检校、贵州长官司吏目，各二人。知府掌总领属县，宣布条教，兴利除害，决讼检奸。三岁察属吏贤否，职事修废，刺举上达，地方要政白督、抚，允乃行。同知、通判，分掌粮盐督捕，江海防务，河工水利，清军理事，抚绥民夷诸要职。其直隶布政使者，全国二十有二，制同直隶州，或隶将军与道员，各因地酌置。经历、知事、照磨、司狱，所掌如两司首领官。自同知以下，事简者不备。

初制，知府秩正四品，区三等，多用汉员，时满洲郎、员外转布、按不占府缺。康熙初始参用。并置推官康熙六年省。及挂衔推官。顺治三年省。督捕左、右理事官康熙三十八年省。各一人。康熙元年，以委署州、县专责知府，行保举连坐法。五十一年，允御史徐树庸请，引见督、抚特举人员。自是知府授官，引见时观敷奏，报最时课治迹，著为令甲。雍正元年，谕督、抚甄别知府，厥后府与同知且许言事。后停。十二年，以府职重要，援引古谊，思复久任制。部议以迁擢为鼓励，止于限年升调。仁宗亲政，以知府为承上接下要职，严谕各督、抚考核。宣宗时犹然。文、穆而下，古辙浸远矣。宣统之季，省各府附郭县，以知府领其事。自江南、陕西、湖广分省，奉天、吉林、黑龙江、新疆建省，四川、云南改土归流，各以府隶之，计全国府二百十有五。

州　知州一人。初制从五品。乾隆三十五年，改直隶州知州正五品。州同，从六品。州判，从七品。无定员。其属：吏目一人。从九品。知州掌一州治理。属州视县，直隶州视府。唯无附郭县。州同、州判，分掌粮务、水利、防海、管河诸职。吏目掌司奸盗、察狱囚、典簿录。

初制，州置知州一人。嗣后因地制宜，省析并随时更易，佐贰亦如之。计全国直隶州七十有六，属州四十有八。

县　知县一人。正七品。县丞一人。正八品。主簿无定员。正九品。典史一人。未入流。知县掌一县治理，决讼断辟，劝农赈贫，讨猾除奸，兴养立教。凡贡士、读法、养老、祀神，靡所不综。县丞、主簿，分掌粮马、征税、户籍、缉捕诸职。典史掌稽检狱囚。无丞、簿，兼领其事。

初制，县置知县一人。顺治十二年，谕吏部参酌州、县制，区三等。先是台谏需人，依明往例，行取知县。圣祖亲政，以亲民官须谙利弊，命督、抚举贤能。康熙二十九年，复谕九卿察廉吏。清苑知县邵嗣尧等十二人擢置宪府，铮然有声。高宗犹亟称之。自部议防太骤，俾回翔曹司间，其途稍纡矣。乾隆十六年，停止行取升部员，其贤能者仍得题擢也。嘉庆十五年，刊《钦定训饬州县规条》一书，颁示各省。文宗时，军书旁午，民生凋瘵，申谕督、抚随时严察。顾其时杂流竞进，廉能者寡。穆宗厉精图治，谕各省甄别捐纳、军功人员，寻以招流亡、垦地亩课第殿最。同治七年，复命设局刊《牧令》诸书，犹存振厉至意。光绪间，督、抚违例更调州、县官，视同传舍。二十四年，议复久任制。三十一年，定考核州、县章程，详考绩。制亦少密焉。计全国县凡千三百五十有八。

儒学　府教授、正七品。训导，从八品。州学正、正八品。训导，县教谕、正八品。训导，俱各一人。教授、学正、教谕，掌训迪学校生徒，课艺业勤惰，评品行优劣，以听于学政。训导佐之。例用本省人。

同府、州者否。江苏、安徽两省通用。初沿明制，府、厅、州、县及各卫武学并置学官。康熙三年，府、州及大县省训导，小县省教谕。十五年复置。自是教职分正复。厥后开俊秀监生捐纳教职例。三十年，允江南学政许汝霖请，凡捐学正、教谕者改为县丞，训导改为主簿，繇是唯生员始得入赀，教授必由科目。三十二年，省各卫武学训导。三十九年，颁学宫圣谕十六条，月朔望命儒学官集诸生宣读。四十一年，颁《御制训饬士子文》，命学宫镵石。四十二年，定教职，学各二人。雍正元年，允云南土人、四川建昌番夷、湖南永绥等处建立义学。嗣是改土归流，塞外荒区渐次俱设儒学。明年，置云南井学训导，井学自此始。又明年，省都司儒学、京卫武学教授，满洲生员并归汉官月课。十三年，定府、州、县儒学官品秩。如前所列。光绪三十年后，科举既罢，各省教职缺出不补。时议改置文庙官，不果。

巡检司巡检，从九品。掌捕盗贼，诘奸宄。凡州县关津险要则置。隶州厅者，专司河防。

驿　驿丞，未入流。掌邮传迎送。凡舟车夫马，廪糗庖馔，视使客品秩为差，支直于府、州、县，籍其出入。雍正六年，定满人不得为驿丞。典史同。

库大使一人。隶布政使者正八品，运使、盐法道、各道从九品，盐茶道及各所俱未入流。掌主库藏。

仓大使一人。隶布政使及各府从九品。州、县未入流。掌主仓庾。

税课司大使一人。隶道、府者从九品。州、县未入流。掌主税事。凡商贾、侩屠、杂市俱有常征，以时榷之，输直于道、府若县。

闸官一人。未入流。掌潴泄启闭。

河泊所大使一人。未入流。掌征鱼税。

医学　府正科,州典科,县训科,各一人。俱未入流。由所辖有司遴谙医理者,咨部给札。宣统元年,奉天模范监狱成,置医务所所长,省府正科。

阴阳学　府正术,州典术,县训术,各一人。俱未入流。由所辖有司遴行端者,咨部给札。雍正七年,令兼辖星学。

府僧纲司都纲、副都纲,州僧正司僧正,县僧会司僧会,各一人。

府道纪司都纪、副都纪,州道正司道正,县道会司道会,各一人。俱未入流。遴通晓经义,恪守清规者,给予度牒。

清史稿卷一一七

志第九二

职官四　武职　藩部土司各官

公侯伯子男　额驸　侍卫处

銮舆卫　骁骑营八旗都统

前锋营护军营统领　景运门直班

八旗内务府三旗护军营总统

三旗包衣骁骑营　三旗包衣护军营　步军统领

火器健锐神机虎枪诸营　向导处

上虞备用处　善扑营　王公府属各官

公主府长史　陵寝驻防各官

各省驻防将军等官　提督等官

各处驻扎大臣　回部各官

藩属各官　土司各官　番部僧官

公、侯、伯超品。子、正一品。男、正二品。轻车都尉、正三品。以上俱分三等。骑都尉、正四品。云骑尉、正五品。恩骑尉，正七品。凡九等，以封功臣及外戚。

初，天命五年，论功序列五爵，分总兵为三等，副将、参将、游击

亦如之，牛录额真称备御。天聪八年，始设一等公，即五备御之总
兵。及一、二、三等昂邦章京，即总兵。梅勒章京，即副将。扎兰章
京，一、二等即参将，三等游击。牛录章京。即备御。顺治元年，加
封功臣公、侯、伯世爵，锡之诰券。时公、侯、伯下无子、男，副、参即
其爵也。四年，改昂邦章京为精奇尼哈番，梅勒章京为阿思哈尼哈
番，扎兰章京为阿达哈哈番，牛录章京为拜他喇布勒哈番。授爵自
拖沙喇哈番始，旧为半个前程，汉称外所千总，正五品。递上为拜他
喇布勒哈番，汉称外卫指挥副佥事，从四品。再一拖沙喇哈番，称外
卫指挥佥事，正四品。阿达哈哈番，三等称外卫副同知，二等称外卫
指挥同知，俱从三品。一等称外卫指挥副使，再一拖沙喇哈番，称外
卫指挥使，正三品。阿思哈尼哈番，三等称外卫都指挥副同知，二等
称外卫都指挥同知，俱从二品。一等称外卫都指挥副使，再一拖沙
喇哈番，称外卫都指挥使，俱正二品。精奇尼哈番。二等称銮仪卫
都指挥同知，从一品。一等称銮仪卫都指挥使，正一品。积拖沙喇
哈番二十六，为一等公。八年，定世袭罔替制。十八年，定合并承袭
制。

　　康熙元年，以世爵合并至公、侯、伯者，仍与分袭。雍正二年，锡
明裔朱之琏一等侯。乾隆十四年，锡名延恩。八年，嘉大学士张廷
玉等辅弼勤劳，赐一等阿达哈哈番世袭，汉世职自此始。明年，锡公
爵嘉名。如褒绩、忠达类。外戚命为承恩公。往制为一等公。乾隆
四十三年改三等。

　　乾隆元年，定精奇尼哈番汉字为子，阿思哈尼哈番为男，阿达
哈哈番为轻车都尉，拜他喇布勒哈番为骑都尉，拖沙喇哈番为云骑
尉，满文如故。十三年，定公、侯、伯以次封爵表。一等公袭二十六
次，一等侯兼一云骑尉袭二十三次，一等伯兼一云骑尉十九次，一
等男兼一云骑尉十一次，自公至男，一、二、三等依次递降。十四年，
追锡侯、伯嘉名。如奉义侯、敦惠伯类。自是垂为永制。十六年，定
世袭七品官为恩骑尉，是为九等。三十二年，嘉黄芳度功，予袭公爵
十二世，并依八旗例，复给恩骑尉，优恤于无穷。时将军张勇等，提

督孙思克等，并缘此推恩，繇是汉官亦有世袭罔替例。同治中兴，剖符析圭者，汉官为多，犹古武功爵也。光绪三十三年，制定创兴大业者予子、男，号曰商爵，则颁爵之制少异已。

公主额驸，位在侯、伯上。尚固伦公主、中宫所生女。曰固伦额驸，秩视固山贝子；尚和硕公主、妃所生女及中宫抚养者，曰和硕额驸，秩视超品公。亲王女曰郡主，额驸秩视武职一品。世子、郡王女曰县主，额驸视二品。贝勒女曰郡君，额驸视三品。贝子女曰县君，额驸视四品。入八分镇国公、辅国公女曰乡君，额驸视五品。近支格格予岁禄，远支止予虚衔。下嫁蒙藩亦如之。所生之子，各予其父品级。

初，太祖时，额驸何和礼授都统，达尔汉继之。太宗时，巴雅思祜朗授都统，拉哈继之。自是御前领卫大臣、护军前锋统领，皆为专职。亦有仅受岁禄，而护从随征受命一充其任者。至出镇西北，则自定边左副将军策凌始。踵其后者，世宗时，观音保为领队大臣，高宗时，色布腾巴勒珠尔为参赞大臣。其授文职者，止天命间苏鼐、乾隆间福隆安二尚书而已。

侍卫处　领侍卫内大臣，正一品。内大臣，初制正一品，后改从一品。各六人。镶黄、正黄、正白旗各二人。散秩大臣、都统、护军前锋统领、满大学士、尚书内特简。散秩大臣无员限。从二品，食三品俸。主事一人。署主事三人。笔帖式二十有七人。内委署十五人。协理事务侍卫班领，正三品。侍卫班领，正四品。各十有二人。署班领二十有四人。侍卫什长七十有九人，宗室九人。侍卫一等正三品。六十人，旗各二十人。宗室九人。旗各三人。二等正四品。百五十人，旗各五十人。三等正五品。二百七十人，旗各九十人。宗室六十有三人。旗各二十一人。蓝翎侍卫九十人。旗各三十人，三旗通为五百七十人。内隶黏竿处三十四人，上驷院二十四人，上虞备用处三十六人。善扑营、武备院无常额。四等侍卫、汉侍卫，分一、

二、三等及蓝翎。俱无员限。亲军校,正六品。署亲军校,初无品级。乾隆五十一年,定从八品。各七十有七人。

领侍卫掌董帅侍卫亲军,偕内大臣、散秩大臣翊卫扈从。协理、主事、笔帖式,分掌章奏文移。侍卫掌营卫周庐,更番侍直。分两翼宿卫。乾清门、内右门、神武门、宁寿门为内班,太和门为外班。行幸驻跸如宫禁制。朝会、祭祀出入,则卫官填街,骑士塞路。领侍卫内大臣、侍卫班领,帅豹尾班侍卫。散秩大臣、侍卫什长,执纛亲军以供导从,大阅则按队环卫。亲军校掌分辖营众。其常日侍直者,御前大臣、王大臣兼任。御前侍卫、御前行走、乾清门行走,俱侍卫内特简。无常员。故事,凡宿卫之臣,惟满员授乾清门侍卫,其重以贵戚或异材,乃擢入御前。汉籍辄除大门上侍卫,领侍卫内大臣辖之。其以材勇擢侍乾清门者,班崇极矣。惟嘉庆间杨芳特授国什哈辖,汉国什哈内大臣,叹为未有。其出入扈从者,后扈大臣二人,御前大臣、领侍卫内大臣兼任。前引大臣十人。内大臣、散秩大臣、前锋统领、护军统领、副都统兼任。所辖奏事处,御前大臣兼管。侍卫一人,御前侍卫、乾清门侍卫内特简。章京六人,内府司员四人。各部、院司员二人。笔帖式二人,内府笔帖式兼充。奏蒙古事侍卫六人。乾清门或大门侍卫兼充。

初,太祖以八旗禁旅戡定区夏,镶黄、正黄、正白三旗皆自将,爰遴其子弟,命曰侍卫,亦间及宗室秀彦、外藩侍子,统以勋戚,备环直焉。顺治元年,定侍卫处员数。如前所列。时汉荫生亦与选,寻罢。康熙二十九年,擢武进士娴骑射者为侍卫,附三旗。三十七年,增宗室侍卫,无常员。雍正七年定九十人。雍正三年,选蓝翎侍卫材力魁健者置四等。后复如故。明年,定武进士一甲一名授一等侍卫,二、三名授二等,二甲选三等,三甲选蓝翎,置满洲主事一人。乾隆三十六年,以随印协理事务侍卫班领为一等,侍卫班领为二等。凡十人置一长,三旗什长六十人,宗室九人。四十年,增委署亲军校七十有七人。嘉庆十九年,以散秩大臣无办事责,谕凡擢都统者停兼职。

　　銮舆卫　掌卫事大臣一人。正一品,无专员。以满、蒙王、公、大臣兼授。銮舆使,初制正二品。康熙二年,改正三品。七年复故。满洲二人,凡满缺并以蒙古人兼授。汉军一人。凡汉军缺并以汉人兼授。其属:堂主事,满洲一人。经历厅经历,汉一人。笔帖式,满洲七人,汉军三人。又六所、一卫:曰左所,曰右所,曰中所,曰前所,曰后所,曰驯象所,曰旗手卫。冠军使,初制正三品。康熙二年,改正四品,七年复故。宗室一人,满洲、汉军七人。云麾使,初制正四品。康熙二年,改正五品,七年复故。宗室二人,满洲、汉军十有八人。治宜正,初制正五品。康熙二年,改正六品,七年复故。宗室三人,满洲、汉军二十有九人。整宜尉,初制正六品,康熙二年,改从。七年复故。雍正十年,升正五品。后复改从六品。宗室三人,满洲、汉军二十有三人。鸣赞鞭官,由太常、鸿胪二寺赞礼郎、鸣赞官咨补。满洲四人,学习二人。

　　銮舆使掌供奉乘舆与秩序卤簿,辨其名物与其班列。凡祭祀、朝会、时巡、大阅,帅所司供厥事。左所掌舆乘辇路;右所掌伞盖、刀戟、弓矢、殳枪;中所掌麾氅、幡幢、纛帜、节钺、仗马;前所掌扇炉、瓶盂、杌椅、星拂、御仗、棕荐、静鞭、品级山;后所掌旗爪、吾仗;驯象所掌仪象、骑驾、卤簿、前部大乐;旗手卫掌金钲、鼓角、铙歌大乐,兼午门司钟,神武门钟鼓楼直更。主事掌章奏。经历掌文移。

　　其别设者:往制,步辇云麾使一人,治宜正三人,驾库管理整宜尉二人,俱汉军为之。后分金、玉、象、革、木五辂,并拜褥,棕毯、笼头、亭座、驾衣诸管理,派冠军使以次各官兼摄,则参用满员。

　　顺治元年,设锦衣卫,置指挥等官。明年,更名銮仪卫,定各官品秩。时共五所,所止存一司。四年,省指挥使,置銮仪使以次各官。明年,省副官及卫官百十有四人。六年,增摄政王下汉二品銮仪使,三品冠军使,四品云麾使,五品治仪正,各二人;整仪尉三人。后俱省。九年,始以内大臣掌卫事。乾隆九年,置兼理卫事一人。十四年省,二十六年,复置总理卫事内大臣一人,三十年又省。十一年,定銮仪使满、汉各二人。康熙三十一年，省汉一人。乾隆五十年，分满使为左、右。五十七年，复旧制。陪祀冠军使，汉二人。康熙二十三年，掌步辇事。三十七年，以一人掌库事。四十八年俱停。设左、右、中、前、后五所，銮舆、驯马、擎盖、弓矢、旌节、幡幢、扇手、斧钺、戈戟、班剑十司。设驯象一所，分东、西二司。设旗手一卫，分左、右二司。定冠军使十人，宗室一人，满洲七人，汉军二人。云麾使二十有二人，宗室二人，满洲十二人，汉军八人。闲散六人。满缺。治仪正二十有四人，宗室四人，汉军二十人。闲散十有八人。满缺。整仪尉二十有九人。宗室四人，满洲十有五人，汉军十人。十五年，省满洲经历一人。康熙十六年，改经历为汉缺，增置满洲主事一人。乾隆三十七年，增置鸣赞鞭官四人。嘉庆十三年，增学习二人。四十八，置总办、协办、堂务、冠军使各一。所、卫冠军使兼充。嘉庆六年更名综理七所事务冠军使，派云麾使二人协理。光绪三十三年，省冠军使二人，云麾使八人，治仪正十人，整仪尉四人。定宗室员限，如前所列。余并满、汉参用。宣统元年，避帝讳，改銮仪使为銮舆使，治仪正、整仪尉并易"仪"为"宜"。

骁骑营　八旗都统，初制正一品，后改从一品。满、蒙、汉军旗各一人。副都统，正二品。旗各二人。参领，正三品。副参领，正四品。俱九十有六人。满洲、汉军各四十人，蒙古十有六人。佐领，正四品。骁骑校，正六品。俱千一百五十有一人。满洲各六百八十有一人，蒙古各二百有四人，汉军各二百六十有六人。协理事务参领四十人。满洲、汉军各十有六人，蒙古八人。本旗参领内选充。章京，笔帖式，俱百四十有四人。满洲各六十有四人，蒙古各三十有二人，汉军各四十有八人。随印房行走散秩官无定员。

都统，副都统掌八旗政令，宣布教养，厘诘戎兵，以赞旗务。参领、副参领掌受事，付事以达佐领。佐领掌稽所治户口田宅兵籍，岁时颁其教戒。协理各官掌章奏文移，计会出纳。各营同。其特派者：直年旗大臣八人；其属有参领，章京，笔帖式。旗员内派委。管理旧营房大臣,满、蒙各一人;其属有营总章京,骁骑校。新营房大臣,官房大臣,满、蒙、汉军各八人;其属与旧营房同。左、右翼铁匠局副都统,其属有参领,散秩官,骁骑校。稽察宝坻等处驻防大臣,各二人;左、右翼世职官学总理大臣十人;其属有参领章京,清语、骑射教习。十五善射处管理大臣,翼各一人;汉军清文义学稽察学务参领八人。其分摄者:俸饷处、马册房、管理马圈、藤牌营参领各官,汉军鸟枪营领催各官,城门偏吉章京骁骑校,俱于旗员内选充。

初,太祖辛丑年,始编三百人为一牛录,置一额真。先是出兵校猎,人取一矢,一长领之,称牛录,至是遂以名官。天命元年,编制满洲牛录。八年,增编蒙古牛录。天聪四年,汉军牛录成。先分四旗,寻增为八旗。乙卯年,定五牛录置一扎兰额真,五扎兰置一固山额真,左、右梅勒额真佐之。太宗御极,置总管旗务八大臣,主政事;即固山额真兼议政大臣。佐管十六大臣,主理事听讼。即梅勒额真兼理事大臣。天聪八年,改额真为章京,固山额真如故。管梅勒曰梅勒章京,管扎兰曰扎兰章京,管牛录曰牛录章京。其随营马兵曰阿礼哈超哈。是为骁骑营之始,然犹统满、蒙、汉军为一也。九年,始分设蒙古八旗。崇德七年,复分设汉军八旗。先是二年设二旗,四年分为四。二十四旗之制始备。顺治八年,定扎兰章京汉字称参领。十七年,定固山额真汉字称都统,雍正元年,改满文固山额真为固山昂邦。梅勒章京称副都统,牛录章京称佐领,分得拨什库称骁骑校,并定都统、副都统员额。如前所列。参领,满洲、汉军旗各五人,蒙古各三人。寻各增一人。佐领,随事为员。分四等:部落长率属归诚,爰及苗裔,曰勋旧佐领;功在旗常,锡之户口,曰优异世管佐领;止偕兄弟族众来归,授职相承,曰世管佐领;户口寥落,合编数姓,迭为是官,曰互管佐领。康熙十三年,复以各佐领余夫增编公中佐领。骁骑校如参领数。康熙三十四年,增委署参领,视扎兰为员限。雍正元年,改副骁骑参领,定满洲、汉军旗各五人,蒙古各三人。雍正七年,增左、右司掌关防参领及司务等官。旗各二人。俱十三年省。明年,定汉军上三旗为四十佐领,乾隆三十九年,增镶黄旗一人。四十年又增一人。五十五年，又增一人。嘉庆九年，省一人。下五旗为三十佐领，乾隆二十一年，省正红、镶红旗各二人，镶蓝旗一人。三十九年，省正蓝旗一人。及满洲、镶黄、正白、镶红旗各八十六人，镶白旗、正蓝旗各八十四人，正黄旗九十三人，正红旗七十四人，镶红旗八十六人。蒙古正黄、镶白旗各二十四人，正红、镶红旗各二十二人，镶黄旗二十八人，正白旗二十九人，正蓝旗三十人，镶蓝旗二十五人。员数。乾隆元年，增置印务参领、章京。

前锋营　前锋统领，正二品。王、公、大臣兼领。左、右翼各一人。自统领以下，俱满、蒙人为之。护军、火器、健锐各营同。参领，正三品。侍卫，初制正五品。乾隆元年，升正四品。各八人。委署侍卫，给五品顶戴，仍食前锋校月饷。各四人。前锋校，正六品。各四十有四人。协理事务参领、侍卫，各一人。本翼参领、侍卫内充补。前锋校各二人。本翼前锋校内酌委。笔帖式四人。

统领掌前锋政令，遴满、蒙锐兵，以时训练其艺。参领、侍卫掌督率前锋，警跸宿卫。

天聪八年，定巴牙喇营前哨兵为噶布什贤超哈。顺治十七年，定噶布什贤噶喇衣昂邦汉字为前锋统领，其章京为参领；置前锋侍卫、前锋校各官，并定员数。如前所列。雍正三年，置随印协理事务参领、侍卫左、右翼各一人，前锋校各二人。乾隆十七年，增委署前锋侍卫，旗各一人。五十四年，置避暑山庄带翎前锋校十人。仍归入前锋校员数内。

护军营　护军统领，正二品。八人。参领，正三品。副参领，初制正五品。雍正十二年，升正四品。俱百十有二人。满洲各八十人，蒙古各三十有二人。委署参领，给五品顶戴，护军校内选委。五十有六人。护军校，正六品。八百八十有五人。满洲六百八十一人，蒙古二百有四人。委署护军校给金顶虚衔，食护军月饷。如署参领数。协理事务参领、副参领，各八人。各由本旗参领、副参领内选补。

护军校,本旗酌委。笔帖式,各十有六人。

统领掌护军政令,遴满、蒙精兵,以时训练其艺。大阅为首队,夹前锋列阵。凡遇朝会,得举非法。参领、副参领掌董率护军。出则骑从夹乘舆车,居则宿卫直守门户。

初,设巴牙喇营,统以巴牙喇纛章京,甲喇章京分领之。顺治十七年,定巴牙喇纛章京汉字为护军统领,旗各一人;甲喇章京为护军参领,旗各十有四人。护军校编制视佐领,乾隆三十三年增二百十四人。并置署护军参领员额。雍正元年,改署参领为副参领,旗各十有四人。乾隆三十三年增十六人。三年,置随印护军参领、副参领、护军校等官。乾隆十七年,增委署护军参领,旗各七人。三十三年,增三十有二人。四十一年,遴护军材力优者七十有七人,为委署护军校。

景运门直班大臣一人。前锋统领、护军统领番直。印务章京,前锋、护军印务参领十人番直。上三旗、下五旗各司钥章京,本旗护军参领番直奏充。俱一人。直班前锋参领、护军参领,二十有九人。前锋二人,护军二十七人。巴克什护军如参领数。前锋校,护军校,九十有三人。前锋二人,护军九十一人。主事一人。上三旗主事、署主事,各一人番直。门笔帖式五人。上三旗十人,以五人番直。

圆明园八旗、内务府三旗护军营掌印总统大臣一人。本营总统大臣内特简。各营同。总统大臣无员限。王、公、大臣兼任。八旗营总护军参领,各八人,俱正三品。副参领倍之,初制五品。雍正十年,升正四品。署参领又倍之。初制六品。雍正十年,升正五品。护军校,正六品。副护军校,从八品。各百二十有八人。协理事务营总护军参领,各二人,护军校四人。笔帖式三十有二人。三旗营总一人。初制四品。乾隆三十七年,定三品衔,食四品俸。护军参领,三品衔,食五品俸。副参领,四品衔,食五品俸。委署参领,五品衔食护军校俸。各三人。护军校九人,副护军校三人。笔帖式四人。

总统掌圆明园翊卫政令。驾出入则警跸。环园门汛,督摄守卫。

营总以下掌辖营众警夜巡昼。雍正二年,设圆明园护军营,置八旗营总八人,副护军参领十有六人,署副参领三十有二人,护军校八十人。十年增三十三人。乾隆十二年,增十六人。并设内务府三旗护军营,置参领、侍卫、委署参领、后改副参领。护军校、委署参领,旗各一人,护军校各三人,委署护军校各一人,后改副护军校。简总统大臣领之。七年,八旗置护军校七十有二人。十年增四十人。乾隆十二年,增十有六人。十年,三旗置营总一人,八旗护军参领各一人。乾隆十六年,置随印协理事务营总各官。

三旗包衣骁骑营参领,内务府郎中兼充。初制五品。乾隆三十六年,定三品衔,仍食五品俸。副参领,初制六品。乾隆三十六年,定四品衔,食俸如故。满洲佐领,从四品。各十有五人。旗鼓佐领,汉军十有八人,正黄旗世袭朝鲜佐领二人,正白旗回子佐领一人。三旗骁骑校三十有六人。正六品。内朝鲜二人,回子一人。校尉长骁骑校二人。内管领,初制正五品。道光二十五年改从。副内管领,正六品。旗各十人。

三旗包衣护军营统领三人。正三品。参领,初制五品。乾隆三十二年,改四品衔。三十六年,定三品衔,食俸如故。副参领,同骁骑校。委署参领,本旗护军校内委署。各十有五人。护军校,五品衔,雀翎。委署护军校,金顶蓝翎。各三十有三人。食护军饷。护军蓝翎长十有五人。正九品。

三旗包衣护军前锋营参领,护军校、委署参领内简选。雀翎。仍食护军校俸。委署参领,护军内简选。五品衔。雀翎。食俸如故。前锋校,副护军校内简选。蓝翎。仍食护军饷。委署前锋校,护军内选。蓝翎。各六人。蓝翎长十有二人。金顶蓝翎。

骁骑营参领、副参领掌备禁城宿卫,兼司袭职考射挑甲。佐领以下掌辖旗众,稽核户口俸饷,籍达参领。护军营掌守宫掖,典导引扈从。前锋营掌习解马、花马箭。

初设内务府,置内管领四人。顺治三年、六年俱增四人。十一年增八人。康熙二十四年,又增四人。三十年,增六人。顺治元年,置内府三旗满洲佐领九人,旗鼓佐领十有二人,康熙三十四年,旗各增二人。朝鲜佐领一人,康熙三十四年,增一人。雍正十年,改世管佐领。隶领侍卫内大臣。十八年,置满洲佐领下护军校各二人,旗鼓佐领内管领护军校各一人。康熙二十三年,省十二人。雍正九年,增十五人。康熙十三年,改隶内务府。十六年,定三旗各编五参领,置护军参领、骁骑参领,乾隆十六年,遴府属司官五人掌关防。旧置参领改为副参领。如其数。骁骑校编制视佐领。康熙三十四年,增佐领三十三人,骁骑校亦如之。二十年,置委署护军参领,雍正九年,旗各增五人,十二年,各省五人。委署护军校,雍正三年,改副护军校。九年,旗各增五人。十三年省,旗各五人。二十三年,增副内管领一人。二十四年,增四人。三十年、三十四年俱增三人。三十四年,护军仍隶侍卫处。三十六年,增侍卫,委署参领,旗各三人。雍正九年,各增二人。乾隆三十年,增一人,管前锋营。四十三年,增骁骑营副参领如参领数。雍正十三年省。雍正元年,增护军统领,旗各一人,复改隶内府。四年,置委署副骁骑校如佐领数。十三年省。乾隆十三年,始立前锋营,置参领、委署参领、前锋校各二人,以护军统领辖之。十五年,增委署前锋校二人。护军内选用。二十五年,置回子佐领、骁骑校各一人。三十二年,增护军蓝翎长五人。四十七年,增校尉长骁骑校二人。嘉庆七年,增前锋营蓝翎长四人。宣统三年,改隶前锋、护军等营事务处。

步军营　提督九门步军巡捕五营统领一人,亲信大臣兼任。初制正二品。嘉庆四年升从一品。左、右翼总兵各一人。正二品。其属:司务厅司务一人,笔帖式十有二人,左、右二司郎中各一人,员外郎、主事,各三人。司务以下俱满缺。所辖:翼尉、正三品。副翼尉、从三品。协尉、正四品。副尉,正五品。满、蒙、汉军俱各八人。捕盗步军校,正五品。满洲二十有四人,蒙古、汉军各八人。步军校,满洲百六十有八人,蒙古、汉军各六十有四人。内职捕盗者四十人。委署步军校,正六品。满洲四十人,蒙古、汉军各十有六人。城门领,初制正四品。乾隆十四年改从。城门吏,正七品。满洲各十有八人,汉军各七人。门千总,正六品。汉军三十有二人。巡捕五营副将一人,中营置。参将四人。南、北、左、右营各一人。游击、都司各五人,守备十有八人,千总四十有六人,把总九十有二人。副将之下,品级详见绿营。信炮总管,正四品。满洲一人;监守信炮官,正五品。满洲、汉军各四人。

统领掌九门管钥,统帅八旗步军五营将弁,以周卫徼循,肃靖京邑。总兵佐之。郎中各官掌勾检簿书,平决诤讼。司务掌典守档册,计会俸饷。翼尉各官掌分辖步军,守卫循警。城门领掌司门禁,稽查出入。巡捕营各官掌分汛防守,巡逻纠察,以执御非违。信炮总管掌有警奉金牌声众。

初置步军统领一人,左、右翼总尉各一人,乾隆十九年,改翼尉。步军校,八旗满、蒙参领下各四人,汉军各二人;乾隆十九年,改步军尉。三十六年复故。并定巡捕二营,置参将以次各官。以兵部职方司汉主事一人司政令。京城内九门、外七门,置指挥、千百户隶之。顺治四年,改门千总。顺治五年,置步军副尉,满、蒙、汉军,旗各一人。乾隆十九年改协尉。十年,允尚书噶洪达请,设白塔山及内九门信炮各五,置汉军信炮官左、右翼各二人。雍正二年更名,并定员限。乾隆八年,始来隶。员数如前所列。十四年,置巡捕中营官。康熙十三年,始命步军统领提督九门事务,并定城门尉、城门校,乾隆十九年,改城门领、城门吏。内九门俱各二人,外七门俱各一人,千总门各二人,以统辖十六门门军。二十四年,八旗满、蒙各参领下增委署步军校一人。三十四年,定八旗满洲各五人,蒙古、汉军各二人。三十年,复命步军统领兼管巡捕三营。三十四年,增捕盗步军校四十人。步军校内遴委。六十一年,置满洲员外郎一人。雍正四年,置步军参尉,乾隆十九年,改副尉。满、蒙、汉军,旗各一人。七年,简部臣一人协理刑名。乾隆四十三年,省步军统领,由都统、副都统授者仍置。明年,增满洲员外郎一人,置主事二人。十三年,置满洲司务一人。四十六年,以三营辖境辽廓,增设左、右二营,是为五营，并置副将各官。嘉庆四年，增左、右翼总兵各一人，郎中一人。九年，增副翼尉二人。

火器营　掌印总统大臣一人。总统大臣无员限。王、公、侍卫内大臣、都统、前锋护军统领、副都统内特简。内、外营翼长，正三品。署翼长营总，正三品。各一人；营总各三人。鸟枪护军参领各四人，正三品。副参领倍之，正四品。署参领又倍之。从五品。鸟枪护军校，正六品。蓝翎长，俱各百十有二人。协理事务翼长、署翼长、营总各一人，鸟枪护军参领四人，俱以内营人员兼充。委署参领上行走十人。以协理参领不敷督率，增内营三人、外营七人。笔帖式十有六人。

总统掌教演火器政令，遴满、蒙兵习其艺者别为营，分内、外，以时较试。其御河旁一营，兼督水军习楫棹，巡幸则备扈从。翼长各官掌分辖训练。

康熙二十七年，设汉军火器兼练大刀营，置总管、翼长各一人，副都统兼管。协领、参领，旗各一人，操练尉、骁骑校各五人。三十六年俱省。三十年，始设火器营，置鸟枪护军参领十有六人，以旗员兼任。雍正三年，省察哈尔八旗护军参领，改入本营为专缺。乾隆二十七年，省八人。鸟枪骁骑参领二十有四人，乾隆二十八年省，鸟枪骁骑校百十有二人，乾隆三十五年，省入护军校。简王、公、大臣领之。乾隆二十八年，改置营总、鸟枪护军参领，旗各一人，副护军参领各二人，委署护军参领各四人，护军校蓝翎长各二十有八人。三十五年，以副护军参领八人兼司炮位。先是置管炮散秩官五十六人。乾隆二十八年省，至是来隶。并增正、副翼长各一人。三十八年，遴护军校十人为委署参领上行走。

健锐营　掌印总统大臣一人。总统大臣无员限。王、大臣兼任。翼长、委署翼长、前锋参领各一人，前锋参领八人，正三品。副参领倍之，正四品。署参领又倍之。从五品。前锋校百人，正六品。副校四十人,前锋内选用。蓝翎长五十人。护军内选用。番子佐领、防御各一人,骁骑校二人,前锋军水师教习、委署千总、把总各四人。笔帖式八人。协理事务章京无恒额。本营参领内委派。

总统掌左、右翼健锐营政令,遴前锋、护军习云梯者别为营,以时训练其艺。大阅为翼队。会外火器营交冲,并督水军习战。翼长各官掌董率营卒。番子佐领掌督摄番兵。水师千、把掌教驾船驶风,演习水嬉。

乾隆十四年,设健锐营,驻香山,简王大臣领之。分两翼,置翼领各一人,八旗前锋参领、副参领各一人,二十八年,增前锋参领二人,副参领八人。三十五年,简前锋参领二人为委翼长。前锋校各五人。十五年,增十人,二十八年,增二十四人。三十三年,增二十六人。十五年,定昆明湖教水战,置教习把总八人。内四人为委署千总,向天津、福建水师营调取。十八年,置委前锋参领十有六人,二十八年、五十年,俱增八人。副前锋校四十人。三十九年,增蓝翎长五十人。四十一年,金川番子徙京,置佐领、骁骑校各一人。五十三年,增番子骁骑校、防御各一人。

总理行营大臣六人,宗室、蒙古王、大臣兼任。掌行营政令。巡幸前期,考其日月行程,以定翊卫扈从,并稽察各营翊卫官兵。所辖办事章京十有六人。护军参领兼充。

神机营 掌印管理大臣一人。亲王、郡王兼任。管理大臣无员限。王、公、领侍卫内大臣、都统、前锋护军各统领、副都统内特简。掌本营政令,遴前锋、护军、步军、火器、健锐诸营精捷者别为营,以时训练其艺。大阅各备练式,分官兵以守卫。总理全营事务翼长三人,掌董帅队伍。文案、营务、粮饷、核对、稿案五处总理翼长七人,文案、营务各二人,余一人。委翼长二人,文案、营务各一人。帮办翼长二人,隶文案处。学习翼长三人,隶营务处。承办章京一人,隶核对处。差委侍卫章京七十有四人,隶营务处。委员九十有四人。文案三十九人,营务四十五人,粮饷六人,核对七人,稿案五人。印务处委员二人。军火局制造军火器械。管带官、营总各一人,办事章京二人。军器库受付军火器械。管带官、委翼长、管库章京各二人，委员四人。枪炮厂司训练测量算学。总办二人，委员二十有七人。机器局制造枪支、铜盂、火箭、铅丸、火药。总办三人，提调二人，总监工一人，委员十人，办事官二人。马步队兵二十五营，专操管带二十有四人，帮操二十有五人，营总四十有一人，令官十有七人。

道光十九年，御前大臣奕纪请建神机营，铸印信，未成军。咸丰十一年，始练兵设营，置专操大臣十有六人，帮操侍卫章京二十有二人，带队章京百九十有六人。同治初，改订官制，如前所列。简亲王领之。

虎枪营　总统无员限。王、公、大臣兼任。总领六人。上三旗各二人，自一品至五品内特简。虎枪校、委虎枪校，各二十有一人。旗各七人，俱虎枪营内选用。笔帖式六人。总统、总领掌辖本营官兵以备扈从，车驾搜狩列前驱。

康熙二十三年，黑龙江将军送满兵善骑射者四十人，分隶上三旗，始设虎枪营，以总统一人领之，置总领虎枪校，旗各一人。雍正元年，增总领，旗各一人，虎枪校各六人，置委虎枪校各七人。乾隆三年，始铸关防。

向导处掌印总统大臣一人。总统大臣内特简。总统大臣无员限。前锋统领、护军统领、副都统兼任。章京三十有二人，旗各四人，护军参领内选补。蓝翎长四人，协理事务章京、章京内选充。笔帖式，各二人。本处掌度地建营。凡时巡省方，驾行佩橐鞬前导。

上虞备用处亦曰黏竿处。管理大臣无员限。王、公、额驸、满、蒙大臣内特简。黏竿长头等侍卫一人，二等内拣补。二等三人，三等内拣补。三等二十有一人，蓝翎内拣补。蓝翎十有五人。拜唐阿内拣补。协理事务头等侍卫一人，黏竿长头等侍卫兼充。笔帖式三人。库掌一人。库拜唐阿内拣补。本处掌协卫扈从。

善扑营总统大臣无员限。都统、前锋统领、护军统领、副都统内特简。左、右翼翼长各三人。本营侍卫教习、各营侍卫章京内拣补。协理事务翼长二人。翼长兼任。笔帖式六人。本营掌选八旗勇士习角抵技，扈从则备宿卫。

　　王公府属各官　长史，从三品。亲王、世子、郡王、长子府各一人，司礼长，从四品。贝勒府一人，掌董帅府寮，纪纲众务。散骑郎，世职领之。亲王府四人，世子、郡王府三人，长子府二人，掌佐长史理府事。护卫，亲王府二十人，一等六人，从三品；二等六人，从四品；三等八人，从五品。自三等以下并戴蓝翎。世子府十有七人，一等、三等各六人，二等五人。郡王府十有五人，一等六人，二等四人，三等五人。长子府十有二人，一等二人，二等四人，三等六人。贝勒府十人，二等六人，三等四人。贝子府六人，公府四人，俱三等。掌府卫陪从。典卫，亲王府六人，四、五、六品各二人。世子府五人，四品一人，五、六品各二人。郡王府四人，五、六品各二人。长子府三人，五品二人，六品一人。贝勒、五品一人，六品二人。贝子、六品一人，七品二人。公七品一人，八品二人。府各三人，掌礼节导引。五旗参领各五人，从三品。佐领各七人，从四品。骁骑校如佐领数，从六品。掌王府所属旗籍政令，稽田赋户口。管领，从六品。亲王府四人，郡王府三人，掌文移遣委事。典膳，从六品。亲王、郡王府各一人，掌供食荐羞。司库，从七品。亲王、郡王府各二人，掌监守库藏。司匠，从八品。亲王、郡王府各四人，掌营缮修葺。牧长，从八品。亲王府四人，郡王府三人，掌蕃育牛马。

　　顺治元年，定诸王、贝勒、贝子、公护卫员：摄政王三十人，一、二、三等各十人。辅政王二十有三人，一、二等各七人，三等九人。和硕亲王二十人，一、二等各六人，三等八人。多罗郡王十有五人，一等六人，二等四人，三等八人。多罗贝勒十人，二等六人，三等四人。固山贝子六人，公四人。俱三等。八年，定王府武职官制，置长史、司仪长、散骑郎、护卫、典仪各官，并佐领下各置骁骑校有差。雍正四年，定王府散骑郎员数，贝子以下并省之。乾隆十九年，定王、公护卫、典仪等官，俱为从品。宣统元年，避帝讳，改司仪长为司礼长，典仪为典卫。公主府同。

先是怡贤亲王赞襄世宗,庄恪亲王辅翊高宗,俱封双亲王,护卫倍之。嘉庆初,仪、成二王并增置一、二、三等护卫各二人;定亲王、庆郡王增置一等护卫一人,二、三等各二人。宣统嗣位,议定监国摄政王官员制度,较亲王倍之,俱旷典也。

固伦公主府:长史,一等护卫,各一人,二、三等各二人;典卫二人。和硕公主府:司礼长一人;二等护卫二人,三等一人;六、七品典卫各一人。乾隆五十一年,始定公主府属员数。

陵寝驻防各官　兴京副都统一人。辖永陵翼长各官及护守兵役。守陵总管各一人。正三品。翼长各二人。正三品。唯昭西陵、孝东陵、泰东陵、昌西陵、普祥峪定东陵、菩陀峪定东陵,专置防御、骁骑校,额如下。司工匠各一人。初制五品。康熙八年,升四品。永陵、福陵、昭陵置。防御各十有六人,正五品。骁骑校各二人。正六品。园寝守卫防御各八人,骁骑校各一人。

总管掌守卫陵寝,翼长以下悉隶之,受副都统节度。初,天聪八年,置永陵烧造砖瓦散秩五品官。顺治五年,增福陵、昭陵各一人。康熙八年,改司工匠。顺治二年,置福陵防御一人。明年增一人。十三年,福陵、昭陵置总管、翼领、乾隆五十九年改翼长。防御各官。乾隆二年,置各陵骁骑校二人,自是为定制。光绪元年,始置兴京副都统。

各省驻防将军等官　将军,初制正一品。乾隆三十三年改从。都统,从一品。专城副都统,正二品。同城者分守各地。掌镇守险要,绥和军民,均齐政刑,修举武备。参赞大臣,掌佐画机宜。领队大臣,掌分统游牧。品秩俱从原官。总管,正三品。副总管,正五品。掌分理营务。城守尉,正三品。防守尉,正四品。掌本城旗籍。参领、协领俱从三品。以次各官,分掌驻防户籍,以时颁其教戒,仍隶京旗。亦有佐领或防御分驻他所者,东三省、察哈尔所属是也。初铸大将军、将军诸印,库藏经略、大将军、将军印凡百余,乾隆十四年始毁。抚远、宁远、安东、征南、平西、平北大将军印七,镇海、扬威、靖逆、靖东、征南、定西、定北将军印七,收藏皇史宬,命将出师,奏请颁给。康、雍间,有靖寇、安远、奉命、平逆、平寇、建武、讨逆、宁远、靖边、定边、绥远、振武、靖逆、荡寇,乾隆间,宁远、靖边、奋威、靖逆,嘉庆间定西,道光间扬威诸目,并颁印信。品秩俱从原官。

先是经略大臣、大将军、将军、简王、贝勒、贝子、公或都统、亲信大臣为之,大征伐则置,毕乃省。逮建八旗,驻防简将军、都统领之。将军始专为满官,西北边陲大臣及城守尉各官,亦概定满缺。自畿辅达各省,东则奉、吉、黑,西回、藏,北包内外蒙古,分列将军、都统及大臣镇抚之。撷其梗概,志之左方。

盛京驻防将军一人。其属有主事、笔帖式各官。吉林、黑龙江同。初以内大臣一人为留守。顺治三年,改昂邦章京。康熙元年,徙辽东,号辽东将军。乾隆十二年,移驻盛京。光绪三十三年省,归东三省总督兼摄。副都统四人。旧置梅勒章京二人。康熙元年更名。雍正五年,徙一人驻锦州,复增置熊岳一人。道光二十三年,徙熊岳一人驻金州。光绪元年,增置兴京一人。宣统元年,省锦州一人。副都统衔总管一人。城守尉八人。盛京四人,兴京、凤凰、辽阳、开原城各一人。协领十有五人。内水师一人。防守尉二人。分驻牛庄、熊岳,佐领百三十有一人,内宗室二人,水师二人。防御百有二人。内水师四人。骁骑校二百有七人。内水师八人。

吉林驻防将军一人。顺治十年,置宁古塔昂邦章京二人。康熙元年更名,省一人。十五年,徙吉林。光绪三十三年省。副都统七人。顺治间置二人。康熙十年,徙一人来驻。十五年,还驻宁古塔。三十一年,置伯都讷一人。五十三年,置三姓一人。雍正三年,置吉林一人。乾隆元年,置阿勒楚喀一人。宣统元年俱省。协领二十有三人。参领一人。佐领百三十有七人。防御八十有一人。骁骑校百四十有一人。旧置四、五、六品管水手官。咸丰二年,置水师营总管一人。光绪十四年增置一人。宣统二年俱省。

黑龙江驻防将军一人。康熙二十二年,嘉宁古塔副都统萨布素

征俄有功,授将军,驻瑷珲。二十九年,徙墨尔根。三十八年,徙齐
齐哈尔。光绪三十三年省。副都统七人。初置二人。康熙四十九
年,增置墨尔根一人。光绪五年,改呼兰城守尉为副都统。七年,改
呼伦贝尔总管为副都统。二十一年,增置布特哈一人。二十五年,
增置通肯一人。三十一年,省齐齐哈尔、呼兰、布特哈、通肯副都统。
三十三年,省墨尔根、呼伦贝尔、黑龙江副都统。副都统衔总管一
人。总管九人。内水师一人。协领二十人。参领一人。打牲处副
总管二十有三人。佐领二百五十人。防御二十有八人。骁骑校二
百五十人。护军校二人。水师营管水手四品官四人、五品官三人、
六品官五人。

　　江南驻防将军一人。顺治二年,置昂邦章京。十七年,改总管。
康熙二年,更名将军,驻江宁。副都统二人。顺治二年置,驻江宁。
十六年,增置京口二人。乾隆二十八年,省京口一人。三十四年,省
江宁一人。协领十人。佐领四十有六人。防御、骁骑校各五十有六
人。旧置京口将军。乾隆二十二年省。

　　福建驻防将军一人。顺治十三年,置固山额真。十七年,改都
统。康熙二年省。十九年,置将军,驻福州。副都统一人。康熙十
九年置。雍正五年,增一人。乾隆四十四年省一人。协领九人。内
水师一人。佐领、防御各十人。内水师各二人。骁骑校二十有二人。
内水师二人。

　　浙江驻防将军一人。顺治四年,置固山额真。十五年,改昂邦
章京。十七年,改总管。康熙二年,更名将军,驻杭州。副都统二人。
顺治十年置,分左、右翼,驻杭州。康熙十三年,增汉军二人。雍正
七年,徙杭州右翼一人,驻乍浦。乾隆十六年,省汉军一人。二十八
年,汉军俱省。协领十有四人。内水师五人。佐领三十有四人。内
水师十一人。防御二十有八人。内水师八人。骁骑校四十有八人。
内水师十六人。

　　湖北驻防将军一人。康熙二十二年置,驻荆州。副都统二人。
同时置,分左、右翼。协领十人。佐领四十有六人。防御、骁骑校各

五十有六人。

四川驻防将军一人。乾隆四十一年置，驻成都。副都统一人。康熙六十年置。协领五人。佐领十有九人。防御、骁骑校各二十有四人。

广东驻防将军一人。顺治十八年置，康熙五年省，十九年复故，驻广州。副都统二人。康熙二十年，置汉军二人。乾隆二十一年，定满洲、汉军各一人。协领九人。佐领十人。防御三十有四人。骁骑校三十有八人。康熙五年，置广西将军、都统各一人。十三年省。

绥远城驻防将军一人。乾隆三年，置建威将军，二十六年更名。二十八年，兼司土默特蒙古事务。初置都统一人，管土默特二旗。至是省入。副都统一人。康熙三十三年，置归化二人。乾隆二年置绥远二人。十三年，省二人。二十八年，分驻二城。寻省绥远一人。协领五人。佐领六十有四人。防御二十人。骁骑校六十有九人。又归化城初置都统二人，分左、右翼。康熙三十三年，省右翼。四十四年，复故。乾隆二十六年省左翼。二十八年俱省。

陕西驻防将军一人。顺治二年，置昂邦章京。康熙元年，更名，驻西安。副都统二人。顺治十八年，置西安右翼二人。康熙二十八年，增汉军二人，徙一人驻江宁，以江宁左翼一人来驻。乾隆二十六年，省左翼满洲一人，右翼汉军一人。二十八年定左、右翼各一人。三十七年，徙一人驻凉州。四十九年，复增一人。协领八人。佐领二十有三人。防御、骁骑校各四十人。

甘肃驻防将军一人。雍正三年置，驻宁夏。乾隆二年，别置凉州一人。三十八年省。副都统二人。同时置，分左、右翼，驻宁夏。乾隆二年，增凉州、庄浪各一人。二十八年，省庄浪一人。三十四年省宁夏右翼一人。三十八年省凉州一人，徙西安一人驻凉州，曰凉庄副都统。城守尉一人。驻庄浪。协领七人。佐领三十有二人。防御四十有一人。骁骑校三十有九人。

新疆驻防伊犁将军一人。乾隆二十七年，置参赞大臣一人。副都统二人。光绪十年，省参赞大臣。明年，置副都统二人。十四年，

徙一人驻塔尔巴哈台。领队大臣四人。分驻索伦、额鲁特、察哈尔、
锡伯。总管六人。副总管七人。兼司驼场、马场。协领十有二人。
佐领、骁骑校各百有八人。防御五十六人。

热河驻防都统一人。雍正二年置总管,嘉庆十五年改置。道光
八年,命管承德刑名、度支。围场总管一人。翼长二人。协领五人。
佐领十有五人。防御三十人。围场八人。骁骑校二十有八人。围
场八人。前锋校十人。

游牧察哈尔驻防都统一人。康熙十四年,置八旗总管各一人。
乾隆二十六年,改置都统,驻张家口。副都统一人。初置二人。乾
隆三十一年,省一人。总管十人。副总管一人。参领、副参领各八
人。佐领、骁骑校各百二十人。护军校百十有五人。亲军、捕盗六
品官各四人。

直隶驻防副都统二人。康熙二十七年,置山海关总管。乾隆七
年,改置副都统。四十五年,增置密云一人。城守尉二人。分驻保
定、沧州,隶驻京稽察九处旗务大臣。协领四人。防守尉十有六人。
驻东安、固安、采育里、雄县、宝坻、霸州、良乡者,所隶与城守尉同。
驻古北、昌平州者,隶密云副都统。驻永平、三河、喜峰口、玉田、顺
义、冷口者,隶山海关副都统。驻独石口者,隶察哈尔都统。佐领二
十有五人。防御七十有三人。乾隆间,置天津水师营副都统、独石
口副都统各一人。后俱省。

山东驻防副都统一人。雍正十年置,驻青州。旧有将军。乾隆
二十六年省。城守尉一人。驻德州。协领四人。佐领、防御、骁骑
校各二十人。

山西驻防城守尉二人。顺治六年,置太原一人。康熙三十三年,
右卫置将军一人,护军统领二人,副都统四人。三十七年,省护军统
领、副都统各二人。乾隆二年,省将军、副都统。三十三年,置右卫
城守尉一人,隶巡抚。防御、骁骑校各八人。

河南驻防城守尉一人。康熙五十七年置,驻开封,隶巡抚。佐
领、防御、骁骑校各十人。

　　提督等官　提督军务总兵官，从一品。掌巩护疆陲，典领甲卒，节制镇、协、营、汛，课第殿最，以听于总督。镇守总兵官，正二品。掌一镇军政，统辖本标官兵，分防将弁，以听于提督。副将，从二品。为提、镇分守险汛曰提标，为总督综理军务曰督标中军，将军标、河标、漕标亦如之。参将，正三品。游击，初制正三品。顺治十年改从。掌防汛军政，充各镇中军官。都司，初制正三品。顺治十年改从。十八年，改正四品。康熙九年，复故。二十四年，定正四品。所掌视参、游，充副将中军官。守备，初制正四品。康熙三十四年，定正五品。掌营务粮饷，充参、游中军官。千总，初制正六品。康熙三十四年，营千总改从六品。五十八年，复故。把总，正七品。外委把总，正九品。额外外委，从九品。各掌营、哨汛地。

　　初制，提督、总兵无定品，系左右都督、都督、同知、佥事各衔。乾隆十八年停。始定品秩。提督典兵，自畿辅海甸迄雪山炎徼，星罗棋布。腹地兼以巡抚，承以总兵。副将以下，品目棼然，有事随提、镇为员，如随征、营援、剿营之类。事毕乃省。自三藩之乱，提、镇效用者众。咸、同间，戡定发、捻、湘、淮、楚营士卒，徒步起家，多擢提、镇，参、游以下官，益累累然，保举冗滥，往往记名提、镇，降充末弁，候补千、把，骤膺统将，官职悬殊，至斯已极。光绪间，创设海军，亦置提、镇，无绩罢之。厥后更定陆军官制，河、漕标营，以次并废。绿营岁有汰革，厉行者浙江，次广东、广西、湖南、湖北，谨就可考者著于篇。

　　直隶提督一人。顺治十八年置，驻大名。康熙二十七年省。三十年复故，徙古北口。总兵七人。天津、正定二镇俱顺治元年置。其正定，康熙二十七年省，雍正四年再置。宣化镇，康熙七年，改镇朔将军置。马兰镇，雍正二年，改副将置。泰宁镇，乾隆元年置，兼内务府大臣。大名镇，道光元年改副将置。通永镇，二十三年改陕西西安镇置。副将八人。山永协，顺治六年置。通州协，八年改镇置。河间协，康熙八年移真定协改置。开州协，雍正十年改参将置。督

标中军,十一年置。河屯协,乾隆元年改营置。大沽协,二十三年改
营置。多伦诺尔协,光绪七年改都司置。参将八人。提标、紫荆关、
务关路及保定城守、涿州、八沟、昌平、固关诸营。游击二十有七人。
都司五十有九人。河标一人。守备七十有二人。河营二人,河营协
办一人。千总百五十有七人。所千总二人。把总三百四十有六人。
奉天捕盗营把总十有四人。

四川提督一人。初置剿抚提督。顺治五年省。十七年复置,驻
省。总兵四人。建昌镇,顺治四年置。川北镇,十五年改保宁镇置。
重庆镇,康熙八年,移永宁镇改置。松潘镇,十年改副将置。副将八
人。藜州协,康熙十年,改镇置。督标中军,十九年置。维州协,乾
隆十八年改威茂协置。阜和协,四十三年,改都司金书置。将军标
中军,四十六年置。懋功协,四十七年改营置。绥宁协,嘉庆二年改
营置。马边协,九年改绥定协置。参将七人。提标及峨边、普安、永
宁、漳腊、越嶲、会川诸营。游击二十有三人。都司三十有二人。守
备五十有一人。千总百十有四人。把总二百有七人。

广东提督一人。顺治八年置。十八年,徙惠州。康熙三年,置
水师一人,驻顺德。七年省。嘉庆十四年,改陆路提督,复置水师一
人,驻虎门。光绪三十三年,并为一。寻以海盗警复故。宣统三年,
仍省水师提督。总兵七人。潮州镇、琼州水师镇,俱顺治八年置。高
州镇,十二年置。碣石水师镇,十一年置。康熙三年省,八年复故。
南澳水师镇,二十四年改海防参将置。南韶连镇,嘉庆十五年,改左
翼镇置。北海镇,光绪十二年,改平阳水师镇置。其琼州、南澳、碣
石俱宣统三年省。副将十有三人。南雄协,顺治八年置。龙门水师
协、督标中军,俱康熙四年置。中军初分左、右翼,后并为一。广州、
惠州、黄岗、肇庆诸协,俱八年置。罗定协,十二年置。三江口协,四
十一年置。顺德水师协,四十三年改虎门协置。大鹏水师协,道光
二十年改澄海协置。崖州水师协,二十二年改参将置。赤溪水师协,
同治七年改广海寨游击置。宣统三年止留中军及广州协,余俱省。
参将十有二人。督标中军左营、增城营。其督标右营、前营、提标中

军、肇庆海口水师、钦州、新会、平海、海门、澄海诸营,俱宣统三年省。游击二十有七人。内、外海水师八人。内河水师三人。宣统三年止留琼州镇中军、南韶连镇中军、靖远营,各一人。都司三十有四人。外海水师二十人。内河水师八人。宣统三年止留广州协左营兼中军右营、佛山、饶平营、黄冈各一人。守备八十有二人。外海水师二十人。内河水师八人。宣统三年止留增城营、从化、肇庆协、那扶,各一人。千总百六十有八人。宣统三年止留陆路提标中营北城一人。把总三百二十有七人。宣统三年止留广州协右营缆路尾一人。

　　广西提督一人。顺治八年置,十七年省,寻复故,驻柳州。光绪十一年,徙龙州。宣统三年,徙南宁。总兵三人。左江镇,康熙元年改右翼总兵置。右江镇,雍正二年改泗城副将置。柳庆镇,嘉庆十二年置。光绪三十年省,移右江镇驻柳州,左江镇驻百色。宣统三年,复移百色驻龙州。副将七人。乐平协,顺治十二年置。梧州协、浔州协,康熙二十一年,改梧浔协分置。庆远协,雍正七年置。新太协,八年置。镇安协,十三年置。义宁协,乾隆六年置。宣统三年俱省。参将四人。宣统三年,省融怀、全州二营,止留提标中军左、增城二营。游击十人。都司十有一人。守备二十有九人。千总六十有五人。把总百二十有一人。光绪二十九年后,止留抚标都、守各一人,提标守、千、把各一人,两镇游、千各一人。宣统三年,俱议省。

　　云南提督一人。顺治十八年置,驻永昌。康熙元年,徙大理。总兵六人。临元镇,顺治十年置。开化镇,康熙六年置。鹤丽镇,七年置。昭通镇,雍正九年改东蒙镇置。普洱镇,十年改元普镇置。腾越镇,乾隆四十一年改副将置。副将六人。督标中军,顺治十六年置。维西协,乾隆十二年置。曲寻协、楚雄协,俱三十五年改镇置。永昌协,四十年改永顺镇置。顺云协,道光二十九年改营置。参将十有一人。提标及寻沾、武定、元新、镇雄、东川、永北、威远、广南、龙陵、镇边诸营。游击二十有一人。都司十有六人。守备五十有一人。千总百有三人。把总二百十有四人。

　　贵州提督一人。顺治十六年置，驻省。康熙六年，徙安顺。总兵四人。镇远镇，康熙元年置，七年省。乾隆二年，改台拱镇置。咸宁镇，康熙三年置，六年省。乾隆元年复故。古州镇，雍正七年置。安义镇，嘉庆二年置。副将十人。铜仁协，顺治十六年置。乾隆三年省，五年复故。定广协，康熙三年置。平远协，八年改镇置。大定协，雍正三年改镇置。遵义、清江、都匀三协，俱七年置。上江协，十三年置。松桃协，乾隆三年置。永安协，六年置。其都匀、上江，宣统三年俱省。参将七人。抚标、提标及罗斛、丹江、台拱、黎平、朗洞诸营。游击二十有五人。都司二十有三人。守备五十有二人。千总百二十有二人。把总二百有五人。

　　江南提督兼水师一人。顺治二年，置江南提督，驻江宁。四年，置苏松提督，驻松江，专辖苏、松、常、镇四府。康熙元年，省江宁一人，以苏松一人辖全省。十四年，更名江宁提督，辖下江七府一州。增置安徽提督，分辖上江七府三州。十七年，省安徽一人，仍辖全省。总兵四人。苏松镇兼水师，顺治二年置。狼山镇，十八年改副将置。徐州镇，嘉庆十四年改河标左营协置。崇明镇兼水师，道光二十三年置。副将五人。督标中军，顺治五年置。江宁城守协，康熙七年改镇置。太湖水师协兼辖浙江太湖游击，乾隆十一年改参将置。里河淞北水师协、海门水师协，俱同治七年置。参将七人。抚标、提标、水师右营，又苏州城守、镇江、吴淞、川沙诸营。游击二十有五人。水师十人。都司三十有四人。水师九人。守备五十有五人。水师十有五人。千总百十有六人。把总百八十有九人。卫守备一人。

　　安徽巡抚兼提督一人。康熙十四年，置提督，十七年省。嘉庆八年，巡抚始兼衔。总兵二人。寿春镇，乾隆二年改副将置。皖南镇，咸丰五年置。副将一人。安庆协，顺治四年改镇置。参将五人。抚标及徽州、芜采、宁国、六安诸营。游击六人。都司八人。守备十有七人。千总二十有五人。把总五十有六人。卫守备九人。

　　江北提督一人。咸丰十年，置淮扬镇总兵。光绪三十一年改置。

副将一人。提标中军左营。参将三人。提标右营,淮安城守、海州诸营。游击五人。都司六人。守备十有二人。千总二十有八人。把总六十有一人。

长江水师提督一人。同治元年置。太平、岳州互驻,江南、湖广两总督辖之。总兵四人。江南瓜州镇,江西湖口镇,湖北汉阳镇,湖南岳州镇,俱同治五年置。副将五人。提标中军,安庆营,江阴营,田镇营,荆州营,俱同治五年置。参将六人、裕溪、金陵、吴城、饶州、箬州、沅州诸营。游击十人。都司四十有二人。守备四十有三人。千总百五十有八人。把总百九十有五人。

山东巡抚兼提督一人。康熙元年,置提督,驻青州。四年,徙济南。二十一年省。乾隆八年,巡抚始兼衔。总兵三人。登州镇,顺治十八年改临清镇置,辖陆路,康熙六年兼水师,道光三十年改辖水师兼陆路。兖州镇,雍正三年,改参将置。曹州镇,嘉庆二十二年,改参将置。副将三人。胶州协,顺治十年置。沂州协,康熙二十二年改镇置。临清协,道光三十三年,改文登协置。参将十人。抚标及莱州、即墨、青州、泰安、台庄、德州、东昌、单县、济南城守诸营。游击九人。水师二人。都司十有二人。守备二十有六人。水师三人。千总五十有六人。把总百十有二人。东河营副将、参将各一人。都司三人。守备十有一人。协办五人。千总十有三人。把总二十人。卫守备三人。领运千总二十有四人。

山西巡抚兼提督一人。顺治十八年,置提督。康熙元年,徙平阳。四年,改徙太原。七年省,十三年复故,二十年又省。雍正十二年,巡抚始兼衔。总兵二人。大同镇,顺治元年置,六年省,十一年复故。太原镇,康熙十一年改副将置。雍正六年升提督,九年复故。副将三人。杀虎口协,康熙三十年改宁武协置。蒲州协,雍正二年,改游击置。潞安协,咸丰十一年,改潞泽营参将置。参将九人。抚标及太原城守、平阳、汾州、泽州、新平路、助马路、东路诸营。游击八人。都司十有七人。守备二十有九人。千总五十有一人。把总百十有二人。

河南巡抚兼提督一人。顺治十八年,置提督,驻河南府。康熙三年徙开封,七年省。乾隆五年,巡抚始兼衔。总兵三人。南阳镇、河北镇,俱顺治元年置。归德镇,咸丰八年置,旧有参将隶之。副将二人。荆子关协,嘉庆六年置。信阳协,咸丰八年改营置。参将五人。抚标中军及河南城守、汝宁、永城、彭德诸营。游击七人。都司十人。守备二十有三人。千总四十有六人。把总八十有二人。领运千总四人。

陕西提督一人。顺治二年,置西安提督兼乌金超哈。康熙三年,改固原提督。乾隆二十九年复故。嘉庆六年,徙汉中。七年,还驻固原。总兵三人。延绥镇,顺治元年置。汉中镇,嘉庆三年改汉羌协置。陕安镇,五年改兴汉镇置。副将五人。西安城守协、洮岷协、靖远协,俱顺治二年置。其洮岷,六年改参将,十四年复故。西安协,康熙四十年改参将。道光二十三年,复移神木协改置。定边协,顺治六年移延绥镇西协改置。潼关协,咸丰十年移靖宁协改置。参将十人。抚标、提标及西凤、宜君、静宁、神木、延安、宁陕、循化、兰城城守诸营。游击二十有七人。都司三十有八人。守备四十有四人。千总七十有二人。把总百七十有四人。

甘肃提督一人,旧为总镇。康熙二年改置,二十二年省。三十年复故,驻甘州。二十四年,徙凉州。二十九年,徙张掖。总兵五人。宁夏镇,顺治元年置,康熙十五年升提督,二十年复故。西宁镇,顺治十五年置。凉州镇,康熙二年改副将置,二十六年省,三十年复置。乾隆二十四年又省,越五年又置。肃州镇,康熙三十年置。河州镇,乾隆四十七年置。参将九人。督标左、右营,提标中营,及静宁、甘州城守、灵州、花马池、平罗、灵武诸营。游击三十有六人。都司三十有七人。守备五十有六人。千总百有五人。把总二百四十有六人。

新疆提督一人。雍正十三年,置哈密提督。乾隆二十四年省,移安西提督驻巴里坤,更名巴里坤提督。二十三年,徙乌鲁木齐。光绪十一年,徙喀什噶尔,更名喀什噶尔提督。总兵三人。巴里坤镇,乾隆二十九年移乌鲁木齐镇改置。伊犁镇，四十四年置。阿克苏镇，光绪十年移喀什噶尔换防总兵置。副将七人。哈密协，乾隆二十四年置。玛纳斯协，四十二年置。乌什协，道光二十六年置。伊犁军标塔城协，光绪九年置。乌鲁木齐城守协，十三年置。回城协、莎车协，俱十四年置。参将八人。抚标、提标及济木萨、精河、英吉沙尔、和阗、喀喇沙尔、霍尔果斯诸营。游击二十人。都司十有七人。伊犁军标四人。守备六十有一人。伊犁军标六人。千总七十有五人。伊犁军标八人。把总二百二十有八人。伊犁军标二十人。

福建提督二人。辖陆路者，顺治四年置，驻泉州。辖水师者，康熙元年置，驻海澄，七年省。十六年，以海澄公领之。十七年复故，驻厦门。总兵四人。汀州镇，顺治六年改左路总兵置，七年省，康熙三十六年改兴化镇复置。福宁镇，顺治十四年改参将置。漳州镇，康熙二十七年，改漳浦镇置。建宁镇，雍正十一年改副将置。副将八人。福州、兴化、延平三城守协，俱顺治七年置。督标中军，十五年置。同安水师协，康熙二十七年改镇置。顺昌协，咸丰八年置。金门水师协，同治五年改镇置。海坛水师协，光绪十三年移澎湖协改置。参将九人。水师、陆路提标及督标左、右、泉州、邵武二城守、水师，同安烽火门水师诸营。游击三十人。都司二十有五人。内、外海水师八人。守备六十人。水师十有七人。千总八十有四人。把总百七十有九人。旧置台湾总兵一人，副将三人，参将、游击各四人，都司九人，守备十人，千总十有七人，把总十有一人。光绪二十一年弃省，革。

浙江提督兼水师一人。顺治三年置，驻宁波。康熙元年，置水师提督。七年省，十四年复故，十八年又省。总兵五人。衢州镇，顺治四年置。温州镇兼水师，十二年置。处州镇，康熙四十九年，改平阳镇置。定海镇兼水师，雍正八年，改左路总兵置。海门镇兼水师，同治十一年置。副将十有一人。杭州城守兼水师，嘉兴、湖州、绍兴、金华、严州六协，俱顺治五年置。乐清协，康熙元年置。象山协兼水师，八年改宁波协置。台州协，九年置。瑞安水师协，雍正二年置。

乍浦水师协,道光二十三年改参将置。参将六人。抚标、提标及镇
海水师、玉环兼水师,宁海、太平诸营。游击二十人。外海水师十人。
内河一人。都司二十有三人。外海水师三人。内河二人。守备五
十有二人。外海水师十有七人。内河一人。千总百有九人。把总
二百十有三人。自提督以次各官,俱宣统二年省。

　　江西巡抚兼提督一人。旧为总兵,驻南昌。顺治三年,改置提
督。十八年,徙赣州。康熙元年,徙建昌,五年,还驻南昌,七年省。
十三年复故,徙九江。二十一年复省。乾隆十八年,巡抚始兼衔。总
兵二人。九江镇,顺治二年置,康熙七年改南瑞镇,十三年省,二十
一年复置,嘉庆九年,还驻九江。南赣镇,顺治三年省。副将二人。
袁州协,顺治三年置,康熙十三年升总兵,二十一年复故。南昌城守
协,嘉庆五年改九江协置。参将、抚标及广信、饶州、宁都、南安、吉
安诸营。游击各六人。都司二十有三人。水师二人。守备十有五
人。水师一人。千总三十有一人。把总八十人。卫守备三人。领
运千总二十有五人。

　　湖北提督一人。嘉庆六年置,驻襄阳。总兵二人。宜昌镇,雍
正十三年改彝陵镇置。郧阳镇,嘉庆六年改襄阳镇置。副将五人。
黄州协,顺治三年置,宣统元年省。施南协,乾隆元年置。督标中军、
竹山协,俱嘉庆六年置。汉阳协,同治四年置,宣统三年省。参将七
人。提标,荆州、武昌二城守,均光、德安诸营。其兴国营、抚标中军,
俱宣统三年省。游击十有二人。都司八人。守备二十有九人。千
总七十有二人。把总百四十有三人。卫守备十人。

　　湖南提督一人。旧为湖广提督,驻辰州。嘉庆六年改置,徙常
德。道光十八年,还驻辰州。宣统三年省。总兵三人。永州镇,康
熙九年改副将置。镇筸镇,三十八年,移沅州镇改置。绥靖镇,嘉庆
二年置。副将九人。沅州协,顺治元年置,八年改镇,后复如故。宝
庆协,十一年改都司置。靖州协,十五年置。长沙协、衡州协,俱康
熙五年置。永顺协,雍正七年置。永绥协,八年置。乾州协、常德协,
俱嘉庆二年置。其宝庆、永顺、常德,宣统元年俱省。参将七人。抚

标及澧州、宜章、桂阳三营。其岳州城守、临武二营,俱宣统元年省。提标中军,三年省。游击十有五人。都司十有七人。守备三十有四人。千总七十有七人。把总百五十有四人。屯守备、千总各六人。把总十人。卫守备一人。水师二人。

各处驻扎大臣　乌里雅苏台定边左副将军一人。参赞大臣二人。雍正九年,设阿尔泰营置,辖唐弩乌梁海五旗三佐领,兼辖土谢图汗部汗阿林盟一部二十旗,赛音诺部齐齐尔里克盟一部二十四旗,并所附额鲁特旗乌梁海十二佐领,车臣汗部喀鲁伦巴尔和屯盟一部二十四旗,扎萨克图汗部毕都里淖尔盟一部十九旗,并所附辉特一旗,乌梁海五佐领。内参赞一人,以蒙古王、公、台吉兼任。科布多参赞大臣,办事大臣,各一人。乾隆二十六年置,辖札哈沁、明阿特、额鲁特各一旗,阿尔泰乌梁海七旗又二旗,兼辖布尔干河新扈尔特青色启勒盟一部二旗,哈弼察克新和硕特部一旗、杜尔伯特乌兰固木赛音济雅哈图盟左翼十一旗,右翼三旗,及所附辉特二旗。同治七年,增置布伦托海办事大臣、帮办大臣各一人,八年省,仍隶科布多。库伦办事大臣,帮办大臣,各一人。雍正九年,设互市处,驻司员经理。后改置办事大臣,监督恰克图俄罗斯通商事宜。乾隆四十九年,增一人。寻定为额缺。内一人以蒙古王、公、台吉兼任。所属有印房章京,理刑司员,管理商民事务司员,笔帖式等官。分驻恰克图办事司员一人。塔尔巴哈台副都统,乾隆二十九年置参赞大臣一人。光绪十四年省,移伊犁副都统来驻。领队大臣,乾隆四十一年置,辖额鲁特。所属有印房章京,管理粮饷司员,笔帖式等官。西宁办事大臣,乾隆元年置,辖青海三十六旗会盟。所属有司员,笔帖式。各一人。西藏办事大臣一人。雍正五年置。光绪三十四年增一人。宣统二年省一人。兼辖达木蒙古八旗。所属有办事司员,笔帖式。左、右参赞各一人。初置帮办大臣,宣统二年改置。左参赞驻前藏,右参赞监督三埠通商事宜。所属有翻译、书记等官。川滇边务大臣一人。光绪三十二年置,专司移殖。所属有书记等官。

总管十有六人,塔尔巴哈台属一人,科布多属十人,唐弩乌梁海五人,并归定边左副将军兼辖。副总管一人,塔尔巴哈台属。参领三人。科布多属。佐领、骁骑校各三十有三人。塔尔巴哈台属各三人,科布多属各十七人,唐弩乌梁海、蒙古达木俱各八人。守卡伦侍卫,自京调遣,三岁一更。边镇无额兵者,旗营、绿营官兵番戍,兼治屯焉。

乌鲁木齐都统、副都统,各一人。初设安西提标绿旗五营。乾隆三十六年改满兵驻防,置参赞大臣二人。三十八年复置领队大臣二人。四十八年改置。协领六人。佐领、防御、骁骑校各二十有四人。吐鲁番领队大臣一人。乾隆二十四年,建城辟展,置办事大臣一人,以广安城为回城。四十二年改置。协领二人。佐领、防御、骁骑校各四人。所辖:回子四牛录、佐领、骁骑校各四人。巴里坤、古城领队大臣各一人。乾隆三十七年,置参赞大臣、领队大臣各一人。后俱改领队大臣,徙一人驻古城。协领各二人。佐领、防御、骁骑校各八人。库尔喀喇乌苏领队大臣一人。初置侍卫,隶乌鲁木齐。乾隆三十七年改置。所属有管理粮饷官。又台站、屯政文武各员,由陕甘、伊犁、乌鲁木齐调充。哈密办事大臣,帮办大臣,各一人。乾隆二十九年置。所属有印房章京,笔帖式。同治初,遭回乱,各地相继沦陷,唯巴尔库勒旗营仅留孑遗。光绪八年,议改新疆行省,乌鲁木齐暨吐鲁番各官并奏裁之。十年,省库尔喀喇乌苏各官,改直隶厅、州。明年,复省巴尔库勒领队大臣各官,迁旗营入古城,改置城守尉。

喀什噶尔参赞大臣,综理八城事务。帮办大臣,各一人。协理喀什噶尔、英吉沙尔事务。俱乾隆二十四年置。三十年,徙参赞大臣驻乌什,改置办事大臣,其帮办大臣如故。五十三年复旧制。所属有印房、回务处、经牧处、粮饷局各司员,及笔帖式。英吉沙尔领队大臣一人。兼管卡伦。乾隆二十四年置总兵,三十一年改置。所属有笔帖式。叶尔羌办事大臣,帮办兼理粮饷事,各一人。乾隆二十四年置。二十六年置领队大臣二人,后省。所属有印房章京,回务章京,笔帖式。和阗办事大臣兼领队事一人。乾隆三十年,置副都统一人。四十二年改置。所属有章京,笔帖式。阿克苏办事大臣一人。乾隆二十四年置。三十二年并隶乌什。四十四年复移乌什领队大臣驻。嘉庆二年,分为专城改置。所属有章京,笔帖式。乌什办事大臣一人。初置副都统。乾隆二十四年改置,三十年省,移喀什噶尔参赞、帮办各大臣来驻,并置领队大臣一人。四十四年移领队大臣驻阿克苏。五十二年,参赞、帮办各大臣还驻喀什噶尔,复旧制。所属有印房章京,管理粮饷官,笔帖式。库车办事大臣一人。乾隆二十四年置。所属有印房章京,粮饷章京,笔帖式。喀喇沙尔办事大臣一人。乾隆二十四年置。所属有印房章京,粮饷章京,回务章京,笔帖式。高宗底定回疆,分建八城,置办事、领队各大臣。时英吉沙尔隶喀什噶尔,和阗隶叶尔羌,阿克苏隶乌什。嘉庆二年始分立,以喀什噶尔参赞大臣综之。光绪十年,新疆建行省,俱改直隶厅、州。

　　回部各官　总理回务扎萨克郡王一人。协理图撒拉克齐二人。驻哈密、辟展,归诚著绩,封爵世袭。阿奇木伯克。掌综回务。伊犁,喀什噶尔,叶尔羌,和阗,伊里齐城,库车及所属沙雅尔,喀喇沙尔,库尔勒及所属布古尔,阿克苏及所属赛里木,各一人,俱三品。喀什噶尔属牌素巴特,英吉沙尔,和阗属哈拉什城、玉陇哈什村、策勒村、克里雅城、塔克弩喇村,阿克苏属拜城,各一人,俱四品。喀什噶尔属阿斯图阿尔图什、伯什克勒木、塔什密里克,叶尔羌属英额齐盘、哈尔哈里克、和什喇普、托果斯铅、牌斯铅、桑珠、色勒库尔、乌什,各一人,俱五品。喀什噶尔属玉斯图阿尔图什三人,内兼管回兵蓝翎玉资巴什二人,阿尔瑚、乌帕尔、叶尔羌属巴尔楚克,阿克苏属柯尔坪,各一人,俱六品。伊什罕伯克。掌赞理回务。伊犁、喀什噶尔兼回兵总管,英吉沙尔,叶尔羌,和阗,伊里齐城,阿克苏及所属赛里木,库车及所属沙雅尔,喀喇沙尔,库尔勒,布古尔,各一人,俱四品。阿克苏属拜城一人,五品。叶尔羌属色勒库尔一人,六品。噶杂拉齐伯克。掌地亩粮赋。喀什噶尔兼回兵副总管,叶尔羌,各一人,俱四品。伊犁二人。和阗、阿克苏及所属赛里木,库车及所属沙雅尔,各一人,俱五品。阿克苏属拜城一人,七品。商伯克。掌徵输粮赋。喀什噶尔二人,内一人兼回兵副总管,叶尔羌一人,俱四品。和阗,伊里齐城二人。所属哈拉哈什,阿克苏及所属沙雅尔,喀喇沙尔,库尔勒,布古尔,各一人,俱五品。叶尔羌属色勒库尔一人,六品。哈资伯克。掌平决诤讼。喀什噶尔一人,五品。伊犁喀什噶尔一人,五品。伊犁喀什噶尔属阿斯图阿尔图什、伯什克勒木、玉斯图阿尔图什、察拉根、阿尔瑚、罕爱里克,叶尔羌属哈尔哈里克、托果斯铅、坡斯坎木,和阗,伊里齐城及所属哈拉哈什城、玉陇哈什村、策勒村、克里雅城、塔克弩喇村,阿克苏及所属赛里木,乌什,库车及所属沙雅尔,喀喇沙尔,木库尔勒,布古尔,各一人,俱六品。叶尔羌属色勒库尔一人,七品。斯帕哈资伯克。掌理头目诤讼。拉雅哈资伯克。掌理细民诤讼。以上二员俱五品,叶尔羌置。密喇布伯克。掌水利。喀什噶尔属塔斯浑,叶尔羌及所属牌斯铅,各一人,俱五品。伊犁喀什噶尔属伯什克勒木、罕爱里克、霍尔罕、和色尔布作、赛尔璘、扎古萨克、阿尔瓦特,英吉沙尔,叶尔羌属英额齐盘、哈尔哈里克、喇普齐、鄂通、楚鲁克,各一人,俱六品。喀什噶尔属木什素鲁克,英吉沙尔属赛里克,和阗,伊里齐城及所属图萨拉庄、伯尔臧庄、哈拉哈什城、巴拉木斯雅庄、玛库雅庄、杂瓦庄、玉陇哈什村、三普拉庄、洛普庄、策勒村、克里雅城、哈尔鲁克庄,各一人;阿克苏六人,所属赛里木、拜城各一人;乌什,库车各二人;库车属沙雅尔一人;喀喇沙尔,库尔勒,布古尔,各一人,俱七品。讷克布伯克。掌匠役营建。喀什噶尔,叶尔羌各一人,俱五品。和阗,伊里齐城,阿克苏,库车,喀喇沙尔及所属布古尔,各一人,俱七品。帕提沙布伯克。掌巡缉狱囚。叶尔羌一人,五品。又叶尔羌,喀什噶尔,各一人,六品。和阗,伊里齐城及所属哈拉哈什城,库车,各一人,俱七品。莫提色布依伯克。掌回族教法。喀什噶尔一人,五品。叶尔羌一人,六品。和阗,伊里齐城,阿克苏,库车,各一人,俱七品。密图瓦利伯克。掌田产税务。喀什噶尔,叶尔羌,各一人,俱五品。和阗,伊里齐城,阿克苏,各一人,俱七品。柯勒克牙拉克伯克。掌商贾贸易。叶尔羌一人,五品。巴济吉尔伯克。掌理税务。伊犁,喀什噶尔,阿克苏,各一人,俱六品。乌什一人,七品。色迪尔伯克。掌襄理税务。伊犁,喀什噶尔,叶尔羌,各一人,俱七品。阿尔巴布伯克。掌差役。喀什噶尔,叶尔羌,各一人,俱六品。叶尔羌属色勒库尔,阿克苏,乌什,库车,各一人,俱七品。巴克玛塔尔伯克。掌果园。喀什噶尔,叶尔羌,各一人,俱六品。都管伯克。掌兵马粮饷,官物文移。伊犁,喀什噶尔,叶尔羌,各一人,俱六品。和阗,伊里齐城,二人;所属哈拉哈什城一人,阿克苏,库车,各三人;俱七品。哈喇都管伯克。掌台站兵械。叶尔羌一人,五品。和阗,伊里齐城及所属哈拉哈什城,各一人,俱七品。明伯克。掌千户征输。喀什噶尔及所属伯什克勒木、阿尔瑚、霍尔罕,叶尔羌及所属英额齐盘、哈尔哈里克、鄂普尔,各一人,俱六品。又喀什噶尔三人,及所属牌素巴特一人,阿斯图阿尔图什三人,塔斯浑二人,塔什密里克、玉斯图阿尔图什、乌帕尔、罕爱里克、和色尔布作、赛尔璊、托古萨克、阿尔瓦特、木什素鲁克,英吉沙尔、叶尔羌属巴尔楚克、密特西林、和阗、伊里齐城、图萨拉庄、伯尔臧庄、素巴尔庄、哈拉哈什村、三普拉庄、济普庄、克里雅城、哈尔鲁克庄、策勒村,各一人,阿克苏十六人,所属赛里木、拜城,各一人,乌什一人,库车三人,所属沙雅尔二人,喀喇沙尔属布古尔一人,俱七品。玉资伯克。掌百户征输。伊犁七十人,喀喇沙尔,库尔勒四人,布古尔二人,俱七品。鄂尔沁伯克。掌数十人征输。叶尔羌属鄂普尔一人,六品。杂布提墨克塔布伯克。掌教习经馆。哲伯伯克。掌修造甲械。色依得尔伯克。掌巡察道路、园林果木。以上三员俱六品。叶尔羌置。什和勒伯克。掌驿馆米刍。喀什噶尔,叶尔羌,各一人,俱六品。乌什,和阗,叶尔羌属色勒库尔,各一人,俱七品。六品伯克。掌修坝管台。喀什噶尔二十一人,内兼管回兵蓝翎玉资巴什三人。阿克苏及所属木苏尔、达巴罕多兰,叶尔羌属喀尔楚、玉喇里克、塔尔塔克,各一人。七品伯克。掌司台站。

英吉沙尔,叶尔羌属色勒库尔、塔噶喇木,各一人。采铅伯克。和阗属克里雅城一人,五品。挖铜伯克。喀喇沙尔,库尔勒及所属布古尔,各一人。采铜伯克。阿克苏三人。管铜伯克。库车及所属沙雅尔,各一人。自挖铜以下,俱七品。并随事为员。由办事大臣疏请。乾隆十九年,封吐鲁番伯克莽里克扎萨克公,综理回务,后获罪,改封额敏和卓。置图撒拉克齐佐之。三十四年,抚定西陲,因其旧名,置伯克等官。时随征效力者,并封三品阿奇木,以叶尔羌授鄂对,喀什噶尔授色提巴尔第,库车授鄂斯满,和阗授汉咱尔巴,阿克苏授达墨特,乌什授阿布都拉,是为六大城伯克,自三品至七品,各以授地为差。三品给二百帕籽特玛帕地亩,种地人百名。四品百五十亩,人五十名。五品百亩,人三十名。六品五十亩,人十五名。七品三十亩,人八名。密喇布各员专司灌溉,例分地亩不再给,种地人各五名。徙阿克苏回族驻伊犁,授茂萨、额敏和卓次子。阿奇木。二十七年,伊犁建宁远城,复移乌什、叶尔羌、和阗、哈密、吐鲁番回族来驻,置大小各伯克。二十八年,定升补制。三十一年,移喀喇沙尔、库尔勒回族驻库辙玛,省六品哈资一人,增四品阿奇木一人,与五品噶杂拉齐、七品玉资各伯克,并驻其地。三十八年,还驻库尔勒,复旧制。嘉庆九年,依喀什噶尔、叶尔羌例,增伊犁六品巴济吉尔、七品色迪尔各一人。道光八年,定三品至五品伯克由本城大臣填注履行,咨送喀什噶尔参赞大臣覆核上闻,六、七品伯克咨送验放。故事,大伯克回避本城,小伯克回避本庄,至申严禁令,叶尔羌属色勒库尔距卡伦远,不在是例。并徙喀什噶尔五品讷克布、密图瓦利、莫提色布依各三人驻罕爱里克,给五品阿奇木职衔,以六品哈资驻察拉根,主治农田,省阿斯图阿尔图什七品明伯克二人,徙一人佐之,别移一人驻阿尔瑚、抵补哈资。是岁以英吉沙尔事剧,赏六品哈资伊什罕衔,佐阿奇木治事。光绪十年,改建郡县,俱省。以阿奇木、伊什罕职秩较峻,仍留原衔,俾别齐民。

　　藩属各官　外藩蒙古扎萨克,旗各一人,大漠内科尔沁等二十四部,旗四十有九。大漠外喀尔喀四部,旗八十有六。青海五部,旗二十有九。西套额鲁特、额济讷土尔扈特、杜尔伯特、土尔扈特、和硕特凡十部,旗三十有四。以王、贝勒、贝子、公、台吉、塔布囊为之。不置扎萨克者,隶将军、都统及大臣。掌一旗政令,协理台吉二人或四人,唯土默特左翼旗、喀喇沁三旗称塔布囊,与台吉同。赞襄旗务。管旗章京各一人,副章京各二人,十佐领以下置一人。参领、六佐领置一人。佐领、百五十丁一人,或二百丁、或二百五十丁置一人。骁骑校,如佐领数。并佐扎萨克董理民事。回部哈密一旗扎萨克、协理台吉、管旗章京、副章京各一人,参领二人,佐领十有三人。吐鲁番一旗扎萨克一人,协理台吉二人,管旗章京一人,副章京、参领各二人,佐领十有五人,伯克十人。所掌如蒙古制。

初定扎萨克综理旗务,依内八旗编制,置管旗章京以次各官。顺治十六年,置佐领、骁骑校百五十丁一人。嗣有所增益。十八年,定管旗章京、副章京员限。如前所列。雍正初,平青海,编旗置官如故事。

西藏达赖喇嘛一人,驻拉萨。掌全藏政令;班禅喇嘛一人,驻扎什伦布。掌后藏寺院与其教民,并受成于驻藏大臣。其属:辅国公,一等台吉,各一人。前藏唐古特三品噶布伦四人。掌综理藏务。内一人喇嘛充补,不给顶戴。四品仔琫三人。掌稽商上事务。凡喇嘛库藏出纳之所曰商上。四品商卓特巴三人。掌库务。五品叶尔仓巴、掌粮务。朗仔辖、掌治拉撒番民。协尔帮、掌刑名。硕第巴、掌治布达拉番民。六品达琫、掌马厂。大中译,各二人。六品卓尼尔、七品小中译,各三人。以上三员,并掌噶厦事务。凡噶布伦议事之所曰噶厦。四品戴琫六人。五品如琫十有二人。六品甲琫二十有四人。七品定琫百二十人。第巴十有三人。管草一人,糌粑、柴、帐房各二人,门、牛羊厂各三人。五品边营官二十有三人。江卡、喀喇乌苏、官觉、补人、工布硕卡、绒辖尔营各一人。惟噶尔本、错拉、拍克里、定结、聂拉木、济咙、博窝、达巴喀尔营各二人。喇嘛营一人,无顶戴。下同。大营官十有九人。桑昂曲宗、工布则岗、昔孜、协噶尔、纳仓营各一人。乃东、琼结、贡噶尔、仑孜、江孜营各二人。喇嘛营四人。六品中营官五十有九人。角木宗、打孜、作岗、江达、古浪、沃卡、曲水、突宗、僧宗、杂仁、锁庄子、夺营，直谷、朗营，墨竹宫、卡尔孜、文扎卡、达尔玛、聂母、拉噶孜、岭营，岭喀尔营各一人。洛隆宗、巴浪、仁本、仁孜、朗岭、宗喀、撒噶、达尔宗、硕般多营各二人。桑叶、冷竹宗、茹拖、结登、拉里、沃隆、辖鲁、策堆得、纳布、错朗、羊八井、麻尔江喇嘛营各一人，喇嘛营七人。七品小营官二十有五人。雅尔堆、拉岁、颇章、扎溪、色营、堆冲、汪垫、甲错、琼科尔结、蔡里、扎称、折布岭、扎什、洛美、嘉尔布营各一人。金东、撒拉、浪荡、拉康、曲隆、朗茹、里乌、隆、业党、工布塘喇嘛营各一人。后藏唐古特三品大营官四人。拉孜喇嘛营二人。练金龙喇嘛营各一人。六品中营官十有七人。昂忍喇嘛营二人。仁侵孜、结侵孜寺、帕克仲、翁贡寺、千殿热布结寺、托布甲、里卜、德庆热布结寺、绒错、央、葱堆喇嘛营各一人。胁、千坝营各一人。喇嘛营二人。七品小营官十有六人。彭错岭喇嘛营二人。伦珠子、拉耳塘寺、达尔结、甲冲、哲宗、擦耳、晤欲、碌洞、科朗、扎喜孜、波多、达木牛厂喇嘛营各一人。冻噶尔、扎苦营各一人。僧官有国师、禅师、扎萨克大喇嘛、扎萨克喇嘛、大喇嘛、副喇嘛，并堪布监督之。藏地分卫、藏、喀木、阿里四部，各置噶布伦治其地，职任綦重。仔琫以降，为佐理国事官。戴琫以降，为各城典兵官。边营官以降，为各城治民官。自国师至喇嘛，专司教事。置驻藏大臣辖之。昉自雍正三年，然犹未与达赖、班禅抗衡也。至乾隆五十七年，噶布伦以下始归约束，大臣职权乃与埒。并增戴琫一人，原置五人，至是始定。如琫十有二人，定奉百二十人，升补各按其等差。其噶厦、小中译、卓尼尔，择东科译言世家子弟。优秀者为之。

土司各官　明代土司，淫昏暴戾，播州、水西、蔺州、麓川，边患如枏。清鉴前辙，迭议归流。曩昔土司隶外藩二，隶行省七。康、雍之盛，湖北散毛，旧为宣抚司，辖大旺安抚司，东流，腊壁二长官司。

雍正十三年，改来凤县。施南、旧为施州卫，辖忠建、忠孝二宣抚司，忠路、忠峒、东乡五路、高罗、龙潭、金峒各安抚司，木册、上爱茶峒、下爱茶峒、镇南、摇把峒、镇远蛮彝、隆泰蛮彝、西萍蛮彝、剑南、思南、唐崖各长官司。雍正十三年，改置恩施、宣恩、咸丰、利川四县。容美，旧为宣慰司，辖盘顺水、尽源、通塔坪各安抚司，椒山、玛瑙、石梁、下峒、下冈、平茶、五峰、石宝各长官司。雍正十三年，改置鹤峰州长乐县。湖南永顺、旧为宣慰司，辖施容安抚司，下峒、田家峒、驴迟峒、腊惹峒、麦著黄峒、白崖峒各长官司，南渭、上溪二土官。雍正七年，改置永顺、龙山二县。保靖、旧为宣慰司，辖五砦、篁子坪二长官司。雍正七年改县。桑植旧为安抚司。辖美坪、朝南、那步、人士、黄河、鱼龙、夹石、苦南、杆坪、蚕寮、金藏、拓山、烂洞、黄家、板山、龙潭、书洛十七峒，安福所上、下二峒。雍正七年改县。及永绥、六里红苗地。雍正八年，改流官。乾州、凤凰营，篁边红苗地。康熙四十三年，改流官。并以生苗内附，列为郡县。四川建昌、旧为指挥司。顺治初改卫。雍正四年，置宁远府。松藩、旧为卫。雍正九年改流。天全、旧为六番招讨司。雍正七年改流。打箭炉，旧为长河西鱼通安远宣抚司。雍正七年改流。广西镇安、旧为土府。康熙二年改流。泗城，旧为州。顺治十五年升府。寻为土府。雍正五年改流。云南开化、旧为教化、王弄、安南三长官司。康熙六年改流。昭通、旧为蒙地。雍正五年，自四川来隶。明年改流。丽江、旧为土府。雍正初改流。镇沅、旧为土州。雍正三年改流。四年自四川来隶。蒙化、旧为土府。康熙四年改流。威远，旧为土州。雍正三年改流。明年自四川来隶。贵州威宁、旧为水西宣慰司。康熙元年，置黔西府，改比喇塔为平远府，大方城为大定府，四川马撒为威宁。来隶后，改黔西诸府为州，并隶威宁。郎岱、雍正九年改流。归化、康佐及冲苗地。雍正十二年改流。永丰，安笼长官司地。雍正五年改流。因时损益，遍置流官。乾隆以降，大小金川重烦兵力。酉阳、旧为宣慰司。乾隆元年改流。石砫，旧为宣抚司。二十七年改流。犰猱全革，猛缅炎荒，翕然内面。十三年，改置缅宁厅。滇南边徼，闻风震耆。三十一年，计平莽菲，诸部内附，分置整卖、线诸司。详后。嘉、道之世，贵州守备，嘉庆二十五年，省归化厅属一人。道光元年，省安顺府属一人。四年，省普安厅属一人。十二年，省普定县属一人。千总、道光元年，省安顺府属二人。四年，省归化厅属生苗枝、册亭州同属上分亭各一人。十年，省普安县属上五苑枝一人。把总、道光元年，省普定县属五人。郎岱厅属六枝一人。四年，省洛何枝、册亭州同属下分亭各一人。六年，省平远县属一人。八年，省贞丰州罗浪亭一人。二十年，省长寨厅一人。裁损尤多。光、宣之际，云南富州、镇康，四川巴塘、里塘、德尔格忒、高日、春科、瞻对、察木多，置吏一依古事。改巴塘曰巴安直隶厅经历，驻盐井。里塘曰顺化县巡检，驻中渡河。乡城曰定乡县县丞，驻稻坝。并隶边务大臣。兼辖明正、霍耳、五家、道坞、冷碛诸蛮部。广西忠州、南丹、万承、茗盈、全茗、结安、镇远、江州、下石西、上下冻、下雷、那地各州，罗白一县，古零、定罗、安定、下旺诸巡司，永定长官司，永顺副司，迁隆峒土官，停其袭职。向武、都康、安平、凭祥、思州诸州，上林、忻城、罗阳诸县，东兰、凤山州同，上龙、白山、兴隆诸巡司，代以汉官。核衡厥实，陇沿旧制，湘、楚廓清，滇、蜀改流，十之三四。黔、桂长官州、县，以今况往，弱半仅存，详稽志乘，尚百数十。叙其世系，与其土地，凡武职非世袭，及番部僧官，附辑于后，庶有所考焉。

甘肃指挥使司：指挥使八人。正三品。平番县属三人：连城，顺治元年鲁宏袭；大营湾，九年鲁之鼎袭；古城，十八年授鲁大诰指挥同知，岁余改袭。西宁府属三人：南川，顺治三年授纳元按指挥佥事，雍正八年改袭；寄彦才沟，顺治五年祁进速袭；北川，八年陈师文袭。河州属一人：韩家集，旧为外委，乾隆六年韩世改袭。狄道州属一人：临洮卫，顺治十六年赵枢勤袭。指挥同知七人。从三品。碾伯县属四人：赵家湾，顺治元年赵瑜袭；上川口，五年李天俞袭；老鸦堡，六年阿世慈袭；胜番沟，祁国屏袭。平番县属一人：西大通峡口，鲁培袭。俱九年授。西宁县属一人：起塔镇，十年李珍品袭。河州卫沙马族一人：顺治二年何永吉袭。指挥佥事八人。正四品。洮州府属一人：资卜，顺治元年昝承福袭。平番县属一人：红山堡，二年鲁典袭。西宁县属二人：虮迭沟，十五年吉天锡袭；西川旧为外委，康熙四十年汪升龙改袭。碾伯县属三人：米拉沟，康熙十四年冶鼎袭；美都沟，三十七年甘廷建袭；朱家堡旧为外委，四十一年朱廷珍改袭。又洮州卓泥堡一人：旧为外委，四十五年杨朝梁改袭。千户七人。正五品。河州保安撒喇四房、保安撒喇五族，平番，武威，永昌，古浪，碾伯各一人。副千户二人。从五品。平番、洮州各一人。百户九人。正六品。循化虮藏一人。平番、碾伯各二人。岷州四人。西宁千户一人。巴彦南称族。百户二十有三人。蒙果尔津族、邕希叶布族、苏鲁克族、尼牙木错族、库固察族、称多族、下扎武族、下阿拉克沙族、上隆坝族、下隆坝族、苏尔莽族、多伦尼托克安都族各一人。阿里克族、扎武族各二人。格尔吉族三人。玉树族四人。百长二十有六人。在黄河、大江、鸦砻江、澜沧江、怒江各地。西藏百户十有五人。纳克书贡巴族、纳克书色尔查族、纳克书毕鲁族、纳克书奔频族、纳克书拉克什族、纳克书达格鲁克族、邛布纳克鲁族、依式夥尔族、勒纳夥尔族、夥尔逊提麻尔族、上冈噶鲁族各一人。邛布噶鲁族、邛布色尔查族各二人。百长五十有二人。喀喇乌苏河南岸各地。

四川宣慰使司：宣慰使七人。从三品。天全州属一人：穆坪董卜韩胡，顺治元年，坚参喃哈袭。茂州厅属一人：瓦寺，九年授曲翊伸安抚司，康熙五十年，论随征西藏功，加桑朗温恺宣慰司衔，嘉庆元年即真。杂谷厅属一人：梭磨，雍正元年授长官司，乾隆十五年升安抚司，三十六年，论随征金川功，斯丹巴改袭。打箭炉厅属四人：明正，康熙五年蛇蜡喳吧袭；布拉克底，四十年授绰布木凌安抚司，乾隆三十九年，其孙阿多尔改袭。巴旺，乾隆二十九年绰布木凌长子囊索袭；德尔格忒，雍正六年，授丹巴七立安抚司，十一年改袭。宣抚使司宣抚使五人。从四品。越嶲厅属一人：邛部，康熙四十二年岭南柱袭。西昌县属一人：沙麻，四十九年安巩威袭。打箭炉厅属三人：绰斯甲布，康熙四十一年授资立安抚司，乾隆四十年，论随征金川功改袭;里塘,康熙五十七年江摆袭;巴塘,五十八年罗布阿旺袭。安抚使司安抚使十有六人。从五品。茂州厅属一人:长宁,顺治九年苏廷辅袭。懋功厅属一人:鄂克什,旧名沃日,十五年授巴碧太贯顶净慈妙智国师,乾隆二十年色达拉改袭。盐源县属二人:瓜别,康熙四十九年玉珠浪袭;木里,雍正八年六藏涂都袭。打箭炉厅属十二人:单东革什咱,康熙三十九年魏珠布策凌袭;喇嵌,四十九年阿倭塔尔袭;其雍正六年授者,霍尔竹绕,索诺木衮卜袭;霍耳章谷,罗卜策旺袭;瓦述余科,沙克嘉诺尔布袭;霍耳甘孜孔撒,麻苏尔特亲袭;霍耳甘孜麻书,那木卡索诺木袭;霍耳咱,阿克旺错尔耻木袭;春科,桑卜旺扎尔袭;林葱,衮卜林亲袭;上纳夺,索诺木旺扎尔袭;下瞻对,策凌卜袭。副使二人。从六品。喇嵌、春科各一人。长官司长官三十有七人。正六品。叙州府属蛮夷、泥溪、平夷、沐川。龙安府属阳地隘口。宁远府属威龙州、普济州、河东、阿都、昌州、马喇、邛部。雅州府属沈边、冷边。泸州厅属九姓。打箭炉厅属瓦述色地、上瞻对、茹,后隶西藏。瓦述毛丫、瓦述崇善、瓦述曲登、瓦述陇、纳林冲、瓦述更平、霍耳白利、霍尔东科、春科高日、蒙葛使结。理番厅属从噶克、卓ксай、丹坝各一人。副长官一人。正七品。阿部。千户四十有一人。咱理松坪、双则红凹寨、班俗寨、川柘寨、佘湾寨、祈命寨、寒盼寨、商巴寨、谷尔坝、那浪寨、竹当寨、包子寺寨、甲多寨、墨苍寨、阿强寨、呷竹寺、丢谷塞、云昌寺、沙坝、阿里洞寨、峨眉喜寨、七布寨、毛革阿按寨、麦杂蛇湾寨、酥州、黎溪州、迷易所、盐井卫中所、左所、右所、古柏树、瓦述写达、瞻对峪纳、上纳夺、中郭罗克、押落寨、中阿树、上瞻对、撒墩木期、古土拖车、阿朵阿与各一人。百户百五十有九人。打箭炉厅属八十有三人。松潘厅属四十有一人。冕宁县属十有三人。马边厅属六人。茂州属四人。盐源县属、会理州属各二人。清溪县属、峨边厅属各一人。

广西长官司:长官二人。庆远府属永定、永顺各一人。副长官司:二人。永顺。

云南指挥使司:指挥使二人,普洱府属孟昆,古孟揞,召丙袭;

整欠，叭光捧袭。俱乾隆三十一年授。指挥同知一人。广西州属猛龙，乾隆三十一年叭护猛袭。宣慰使司：宣慰使一人。普洱府属车里，古商产里，顺治十八年刀穆祷袭。乾隆三十八年省，四十二年复故。土地十三版纳：宁洱县五，思茅厅八。宣抚使司：宣抚使七人，直隶耿马一人：罕闷括袭。腾越厅属三人：南甸，古南宋，刁呈祥袭；陇川，古平缅，多安靖袭；干崖亦曰平赖睒、渠澜睒、刁建勋袭。俱平滇后授。永昌府属一人：孟连亦曰哈瓦，旧为长官司，康熙四十八年刀派鼎改袭。普洱府属二人：整卖，召纳提袭；景线，呐赛袭。俱乾隆三十一年授。古八百媳妇国地。副使三人。腾越厅属猛卯、盏达，龙陵应属遮放，各一人。安抚使司：安抚使二人。龙陵厅属潞江，古怒江，甸线有功袭。芇市，唐书，"芒施蛮"，放爱众袭。俱平滇后授。长官司：长官三人，腾越厅属户撒腊撒，临安府属纳楼、茶甸，各一人。副长官司二人。大理府属十二关，临安府属亏容甸，各一人。土千户一人。亏容甸。

　　贵州长官司：长官六十有五人。贵阳府属中曹、养龙、白纳、虎坠、定番州属程番、小程番、上马桥、卢番、方番、韦番、卧龙番、小龙番、金石番、大龙番、木瓜、麻向、开州属乖西，龙里县属大谷龙、小谷龙、羊肠，贵定县属平伐、大平伐、小平伐、新添，修文县属底寨，永宁州属项营、募役、沙营，平越府属杨义，黄平州属岩门，都匀府属都匀、邦水，麻哈州属乐平、平定，独山州属丰宁上、丰宁下、烂土，镇远府属偏桥，镇远县属邛水，思南府属随府办事、蛮夷、沿河、祐溪、朗溪，思州府属施溪，铜仁府属省溪、提溪、乌萝、平头，黎平府属潭溪、八舟、龙里、中林、古州、新化、欧阳、亮寨、湖耳、洪州，各一人。思州府属都平、都素、黄道，各二人。副长官司：十有九人。白纳、木瓜、乖西、底寨、都匀、蛮夷、都素、沿河、溪祐、朗溪、省溪、提溪、乌萝、平头、欧阳、湖耳、洪州、镇宁县属康佐，石阡府属石珩，各一人。偏桥左、偏桥右，各二人。邛水一人，后改七品土官。

　　四川土通判二人。石砫厅属一人：顺治元年授马祥麟宣慰司，乾隆间，孔昭缘事降。杂谷厅属一人：阳地隘口，顺治冰年王启睿袭。土知事一人。龙安府属龙溪堡,顺治六年薛兆选袭。土巡检二人。茂州属牟托水、草坪,各一人。副巡检一人。茂州竹木坎置。

　　广西土知州二十有五人。归顺直隶州属一人:上映,顺治元年许国泰袭。庆远府属二人:南丹,是岁莫自乾袭;那地,九年罗德寿袭。并古蛮地。南宁府属三人:归德,莫道袭;果化,赵国鼎袭;忠州,黄光圣袭。镇安府属三人:下雷,许文明袭;向武,黄嘉正袭。俱元年授。都康,冯太乙袭,九年授。太平府属十有六人:下石西,闭承恩袭;田州,岑廷铎袭。俱元年授。万承,许嘉镇袭;思陵,韦懋迁袭;凭祥,李维藩袭;太平,唐波州地,李开锦袭;茗盈,李应芳袭;全茗,许家麟袭;结安,张郭兴袭;佶伦,冯家猷袭;龙英,赵廷耀袭;都结,农廷封袭;江州,黄廷杰袭;上下冻,赵应锠袭;镇远,赵秉业袭。俱十六年授。其田州,光绪元年改流,置恩隆县。土州同一人。东兰州,顺治九年,韦光祚袭知州。雍正七年,朝辅缘事降普安州。康熙四十一年废。土知县四人。百色厅属一人:上林,顺治元年黄国安袭。庆远府属一人:忻城,九年莫猛袭。太平府属二人:罗阳,黄启祚袭;罗白,梁徵蒱袭。俱十六年授。土州判一人。旧土田州地。乾隆七年析置阳万,一人。光绪五年改流。置恩阳分州。土巡检九人。太平府属上龙司,思恩府属白山司、兴隆司、定罗司、旧城司、安定司、都阳司、古零司,百色厅属下旺司,各一人。从九品土官一人。思恩府辖。其不管理土岗者,正六品土官二人,从六品、正八品、正九品土官各一人,从九品土官一人,未入流土官二人。

　　云南土知府二人。永昌府属孟定,古景麻甸,罕宋袭;永宁,阿镇麟袭。俱顺治元年授。后永宁改隶永北。其景东、蒙化二人,俱康熙四年改流。土同知一人。隶广南府,顺治十六年侬鹏袭。土知州四人。永北厅属二人:蒗蕖,康熙间改土舍,道光十七年阿为柱改袭。永昌府属一人:湾甸,古细睒,景文智袭。明史误“刀”姓。镇康州一人:古石睒,刀阃达袭。明史误“刀孟”。俱顺治十六年授。土州同三人。永北厅属顺州,于禄祥袭。镇南州,段光赞袭。姚州,高显爵袭。俱顺治十六年授。州同职衔一人。隶武定州。顺治十六年,授那天宠暮连乡土目。雍正八年,升那德洪千户。同治元年,那康保改袭。土州判二人。镇南州,顺治十六年陈昌虞袭。新兴州,康熙二十二年王凤袭。土知事一人。景东厅,顺治十六年陶启滨袭。土县丞五人。楚雄、平彝、新平、蒙化厅、南涧各一人。土主簿二人。云南、孟远县各一人。土典史一人。浪穹县置。土巡检十有九人。罗次县练象关,禄丰县南平关、汤郎马,赵州定西岭,浪穹县蒲陀崌、凤羽乡、上江嘴、下江嘴,邓川州青索鼻,云龙州箭杆场,临安府纳更山,广通县回磴关、沙矣,旧景东厅保甸、三岔河,顺宁府猛猛、大猛麻,鹤庆州观音山,镇南州阿雄关、镇南关,各一人。土驿丞三人。鹤庆州在城驿、板桥驿、观音山,各一人。其不管理苗裔村寨者,土通判二人,丽江府、鹤庆州,各一人。正八品土官一人。嘉庆三年,省经历置。

贵州土同知二人。镇远府属一人:何大昆袭。独山州属一人:蒙一龙袭。俱顺治十五年授。土通判、镇远府,顺治十五年杨世基袭。土推官,镇远府,顺治十五年杨秀玮袭。各一人。土县丞五人。安化、印江、余庆县,各一人。瓮安县属瓮水司、草塘司,各一人。土主簿二人。安化、余庆县,各一人。土吏目一人。黄平州重安司。土巡检二人。永宁州盘江、安化,各一人。其不管理土峒者,正六品、正七品土官各一人,正八品土官三人,正九品、从九品土官各二人。右文秩凡七阶。承袭、革除、升迁、降调隶吏部。

四川土游击,驻越嶲厅暖带密。康熙四十九年授岭安泰千户。同治二年改袭。土都司,驻越嶲厅松林地。康熙四十九年授王德洽千户。同治二年改袭。各一人。屯守备十有二人。抚边屯属一人:攒拉别思满阿忠本袭。章谷屯属一人:赞拉宅龚阿安本袭。崇化屯属一人,促侵河西固拉约尔瓦袭。懋功屯属二人:攒拉八角碉木塔尔袭,攒拉汉牛工噶袭。松潘厅属四人,杂谷脑沙加豆日袭,上孟董美诺更噶豆日袭,下孟董沙马班马袭,九子寨杨阿太袭。乾保寨二人:阿忠暨阿忠保袭。俱乾隆间授。土千总七人。西昌县属河西,雷波厅属千万贯,峨边厅属瞻巴家、哈纳家、蛮瓜家、魁西家,各一人。屯千总十有九人。促浸河西三人。杂谷脑、乾保寨、上下孟董、九子寨、促浸河东，各二人。攒拉八角碉、攒拉汉牛、攒拉别思满、攒拉宅龚，各一人。土把总七人。河西、千万贯、瞻巴、纳哈、魁西，各一人。蛮瓜二人。屯把总三十有四人。促侵河西六人。杂谷脑、乾保寨、上下孟董、九子寨，各四人。攒拉汉牛、攒拉别思满、促浸河东，各二人。攒拉八角碉、攒拉宅龚，各一人。

云南土都司一人。驻镇边府大雅口。光绪十三年，录李芝龙随征猓黑功授职。土守备五人。思茅厅属二人：六本猛斋袭；景海猛彪袭。俱乾隆十三年授。腾越厅属一人：茨竹寨，是岁授左正邦把总。道光二十一年，录大雄随征云州乌土各寨功改袭，加明光宣慰司衔。镇边厅属二人：蛮海，咸丰十年授石朝龙把总光绪十三年，录大余随征猓黑功改袭；大山，咸丰九年授石麟千总，光绪十三年，录朝凤平东王猓菲功改袭。土千总十有八人。云龙州老窝六库，维西厅奔子栏、阿墩子，思茅厅猛戛遮，宁洱府普藤、猛勇，威远厅猛，腾越厅杉木笼隘，保山县登梗、鲁掌，永北厅羊坪，镇边厅猛角、猛董、圈糯、黄草岭，新平县斗门、磨沙补哈，顺宁府猛撒，各一人。土把总三十有六人、云龙州漕涧，临安府稿吾卡，维西厅奔子栏，临城澜沧江、其宗喇普，思茅厅倚邦、猛遮、易武、猛腊、六顺、猛阿、猛笼、橄榄坝，宁洱县猛旺、整董，他郎厅儒林等里、定南等里，威远厅猛戛、猛班，腾越厅大塘隘、明光隘、古勇隘，保山县卯照，镇边厅下猛、引贤官寨、兼募乃寨、东河，元江州永丰里、茄革里，新平县喇博、他旦、老是违岩、旺瓦遮宗、哈正掌寨，各一人。又宁洱县猛乌、乌得，各一人。光绪二十一年，割隶法兰西。

甘肃土守备一人。洮州厅资卜族，世系无考。土千总十有六人。寄彦才沟、西川、起塔镇、赵家湾、美都沟、为拉沟、西宁县陈家台、纳家庄，各一人。资卜、胜番沟，各二人。上川口四人。土把总二十人。寄彦才沟、陈家台、纳家庄、起塔镇、西川、赵家湾、美都沟、米拉沟，各一人，资卜二人，胜番沟四人，上川口六人。

贵州土千总十人。贵阳府属青岩、吉羊枝，龙里县属大谷龙、羊肠，麻哈州属养鹅，都江厅属顺德、归仁，丹江厅属鸡讲、黄茅、乌叠，各一人。土把总一人。小谷龙。其不管理村寨者，湖北世袭千总衔十人。江夏县属四人。汉阳县属、孝感县属各三人。把总衔五人。汉阳一人。孝感四人。湖南千总衔十有三人。石门县属、慈利县属各六人。永定县属一人。把总衔五十有二人。石门县属二十有二人。慈利县属二十有六人。桑植县属二人。龙山县属、永定县属各一人。贵州六品武土官二人。贵阳府属、思南府属各一人。七品武土官四人。镇远府属三人。石阡府属一人。右武秩凡五阶。承袭、革除、升迁、降调，隶兵部。

　　武职非世袭者，云南土守备三人。丽江府一人。中甸、迭巴二人。土千总七人。丽江府二人。大中甸神翁、小中甸神翁、中甸江边神翁、中甸格咱神翁、中甸泥西神翁，各一人。土把总十有五人、中甸迭宾五人。小中甸迭宾、中甸江边迭宾，各二人。中甸格咱迭宾、中甸泥西迭宾，各三人，土官二十有六人。中甸厅辖二十三人，丽江府木氏辖三人。初皆世袭。雍正二年改拔补。

　　番部僧官　甘肃珍珠族国师、禅师，化族国师，灵藏族禅师，各一人。初隶河州。后珍珠、灵藏属循化，余杂处二十四关。禅定寺禅师，嘉庆十九年无人袭。由土司兼辖，隶洮州。番寺禅师，同治间回变后，不修职贡。各一人。垂巴寺、辖番人十族。著洛寺、辖番人二十三族。麻你寺辖番人二十一族。僧纲，圆成寺、辖番人四族。阎家寺后无人袭。僧正，各一人。

清史稿卷一一八
志第九三

职官五　内务府

内务府　行宫园囿　御船处等　官学
武英殿修书处　上驷院　武备院
奉宸苑　盛京内务府　宦官

内务府　总管大臣，无员限。满洲大臣内特简。初制从二品。乾隆十四年，定正二品。其属：堂郎中，主事，各一人。笔帖式三十有六人。广储司总管六库郎中四人。内二人由各部员司兼摄。银、皮、磁、缎、衣、茶六库郎中四人。银库二人，兼司皮、磁二库。缎库二人，兼司衣、茶二库。员外郎十有八人。库各二人，兼摄各一人。六品司库六人，库各一人。八品司匠六人，银、磁、衣三库各二人。副司库十有二人，库使八十人。俱无品级。织造，苏州、杭州各一人，司员内奏简。六品司库各一人，库使、笔帖式各二人。会稽、掌礼、都虞、慎刑、营造、庆丰六司，郎中十有二人，司各二人。员外郎三十有二人。会稽、都虞、庆丰各五人，掌礼、营造各六人，慎刑四人。主事各一人。催长二十有三人，广储八人，会稽五人，都虞四人，掌礼、慎刑、营造各二人。自八品至无品级不等。副催长十有三人，广储、都虞各四人，会稽三人，掌礼、慎刑、营造各二人。自九品至无品级不等。委署催长一人，司匠二人。俱无品级。营造司置。钱粮衙门亦曰管理三旗银两处。郎中一人，员外郎四人，催长、副催长各三人。俱九品。司俎官四人，正六品。读祝官四人，学习三人。赞礼郎十有三人，学习四人。俱六品衔食七品俸。八品催长一人，果房掌果、副掌果各二人，果上人十有二人，催长一人。俱九品。自司俎以下隶掌礼司。木、铁、房、器、薪、炭六库库掌，副库掌，各三人。库守五十有五人。木、房二库各十有一人，炭库八人，铁库四人，器、薪二库、圆明园薪炭库各七人。无品级。铁作、漆作司匠，八品衔。委署司匠，俱各一人。爆作库掌、副库掌各一人。俱未入流。隶营造司。牛羊群牧值年委署主事一人。六品衔食笔帖式原俸。隶庆丰司。官房租库库掌一人，库守三人。内管领掌关防一人，郎中充。协理二人。员外郎充。内管领、初制正五品。道光二十五年改从五品。副内管领，正六品。各三十人。库掌十有五人，菜库六人，车库五人，酒、醋、房、器库各二人。仓长十有三人。官三仓六人，外饽饽房三人，内饽饽房、器仓、糖仓、米仓各一人。俱无品级。养心殿造办处郎中、员外郎各二人，主事一人，六品库掌六人，副库掌十人，八品催长十有四人。其兼辖者：圆明园活计处副库掌四人，副司匠九人。俱无品级。中正殿员外郎、副内管领，三十额内题补。各二人，无品级催长一人。宁寿宫郎中、员外郎各二人，主事、委署主事各一人。武英殿修书处正监造员外郎、副监造副内管领、六品库掌、委署主事各一人，七品衔库掌二人。御书处正监造司库六品衔食七品俸。一人，副监造库掌六品衔食八品俸。二人，七品衔副库掌六人。茶膳房一、二、三等侍卫，一等三品，二等四品，三等五品。尚膳正各三人，四品。尚茶正各二人，四品。尚膳副、尚茶副、俱五品。主事俱各一人。膳上侍卫十有三人，茶上侍卫八人，俱六品。主事、委署主事各一人，承应长十有三人，庖长八人，库掌五人，库守十有六人。承应长以下，给虚衔金顶。御药房初以总管首领太监管理。康熙三十年始来隶。主事一人，七品衔库掌二人，委署主事、催长各一人。火药库库掌二人。各处笔帖式二百有七人。自养心殿以下，并简大臣领之，与内府大臣同为内廷右职。其兼摄者，升平署、官房租库、牺牲所司员各二人。保和、太和、中和三殿司员、内管领各一人。寿康宫、慈宁宫花园司员各二人。御药房内管领一人，副内管领二人。总理工程处司员无恒额。查核房、督催房、汇稿处，并遴司员分莅其事。

总管大臣掌内府政令，供御诸职，靡所不综。堂郎中、主事掌文职铨选，章奏文移。广储掌六库出纳，织造、织染局隶之。会稽掌本府出纳，凡果园地亩、户口徭役，岁终会核以闻。掌礼掌本府祭祀与其礼仪乐舞，兼稽太监品级，果园赋税。都虞掌武职铨选，稽核俸饷恩恤，珠轩岁纳，佃渔岁输，并定其额以供。慎刑掌本府刑名，依律拟罪，重谳移三法司会讯题结，番役处隶之。营造掌本府缮修，庀材饬工，帅六库三作以供令。庆丰掌牛羊群牧，嘉荐牺牲。钱粮衙门掌三旗庄赋，治其赏罚与其优恤。内管领处掌承应中宫差务，并稽官三仓物用、恩丰仓饩米。官房租库掌收房税。养心殿造办处掌制造器用。中正殿各司员掌喇嘛唪经。武英殿修书处掌监刊书籍。雍和、宁寿两宫司员掌陈设泛埽，兼稽宫监勤惰。御书处掌镌摹御书。御茶膳房掌供饮食。御药房掌合丸散。牺牲所掌牧养黝牛。总理工程处掌行营工作。凡遇工程，简勘估大臣、承修大臣，事毕简查验大臣。

初制，设内务府，以旧属司其事。入关后，明三十二卫人附之，设内管领处，置内管领八人。顺治三年增四人，十一年增八人，分隶三旗。康熙二十四年增四人，三十年增三人，三十四年增三人。设茶饭处，置总领各三人，饭上人三十有五人，茶上人十有七人，康熙二十年，置饭上人委署总领一人。雍正元年，定总领授二等侍卫，饭上人授三等侍卫六人，蓝翎侍卫七人；茶上人三等侍卫三人，蓝翎侍卫四人；复置茶房侍卫内委署总领一人。乾隆八年，定三等侍卫内各授一等侍卫一人。十五年，改饭房为外膳房。二十四年，改总领为尚膳正、尚茶正，副总领为尚膳副、尚茶副。承应长十人，康熙六十一年增一人。雍正元年增一人。庖长三人，康熙五十六年增六人，六十一年增一人。雍正元年增二人。及苏州、江宁、杭州织造官。

光绪三十年省江宁一人。顺治十一年，命工部立十三衙门，设司礼、御用、御马、内官、尚衣、尚膳、尚宝、司设八监，尚方、惜薪、钟鼓三司，兵仗、织染二局；并三旗牛羊群牧处，置员外郎六人。管理牛只、羊只各三人。康熙二十三年各增二人。乾隆十四年，省入宁寿宫一人。咸丰三年，省入慎刑司二人。光绪三十年省一人。明年，改尚方司为院，置郎中三人，康熙三十一年省一人。员外郎六人，康熙三十八年省一人，六十一年省一人。光绪三十年省四人。催总一人。雍正二年增一人。乾隆二十四年更名催长。下同。十三年，改钟鼓司为礼仪监，尚宝监为司。时犹旧臣、寺臣兼用也。十七年，改礼仪监为院，置郎中三人，康熙三十八年省一人。员外郎八人，光绪三十年省一人。赞礼郎十有二人，雍正五年增五人。司胙官四人，康熙三十七年增一人。乾隆二十四年改"胙"为"俎"。光绪三十年省一人。喇嘛唪经处催总一人。乾隆三十三年省。改内官监为宣徽院，置郎中三人，康熙二十八年省一人。雍正元年增一人。乾隆四十年改隶宁寿宫一人。员外郎六人，光绪三十年省一人。催总八人。康熙间屡有增损。嘉庆十一年定留顶戴催长五人。十八年，御用监设银、皮、缎、衣四库，置郎中三人，员外郎八人，库使四十人。康熙九年增二十人，十四年增二十有四人，明年省四人，二十八年增十有二人。乾隆十二年，升十二人为副司库。

康熙元年，诛内监吴良辅辈，复以三旗包衣设内务府，改尚膳监为采捕衙门，置郎中三人，三十八年省一人。员外郎六人，六十一年省一人。催总四人。并改惜薪司为内工部，置郎中三人，三十八年省一人。员外郎六人，十六年增二人。光绪三十年省二人。无品级库掌十有二人，三十五年增二人。雍正三年增三人，明年增一人。复增置库守、内副库掌八人。寻又改为库掌、副库掌各十有二人，炮作库掌、副库掌各一人。八品催总一人，雍正四年增。无品级。催总一人，复于领催内增委署三人。乾隆二十四年，改委署催总为委署司匠。库守五十有九人。三十五年增八人。并置总管大臣，兼以公卿，无专员。三年，置钱粮衙门员外郎六人。咸丰二年，省入慎刑

司四人。九年,四库各置六品司库二人。十二年,置御药房库掌二
人。明年,总管大臣兼辖内三院。十六年,置堂主事一人。改御用
监为广储司,宣徽院为会稽司,礼仪院为掌仪司,省牛羊群牧处入
之。置掌果二人,果上人十有二人。尚方院为慎刑司,采捕衙门为
都虞司,内工部为营造司。二十三年,又分掌仪司立庆丰司,置郎中
二人。乾隆四十年,省入宁寿宫一人。五十七年,复增一人。是为
七司。至是奄宦之权悉归于府矣。是岁置内副管领二十人。二十
四年增四人,三十年增三人,三十四年增三人。二十五年,茶饭房设
乾肉库,置库掌一人。三十年增一人,五十八年增二人。雍正五年
增一人,十二年增一人。二十八年,广储司设瓷、茶二库,各置员外
郎二人,司库二人,六库通旧十有二人。光绪三十年省六人。匠役
催总六人,乾隆二年,增买办催总二人。二十四年,改买办催总为催
长,匠役催总为司匠。无品级催总四人,乾隆二十四年改副催长。是
为六库。明年,改文书馆为武英殿修书处,置监造官六人。雍正二
年省,四年复故。乾隆四十七年,定正监造为员外郎,副监造为副内
管领。御书处监造官四人。四十六年增二人。雍正二年省。八年
置一人。乾隆四十七年,定监造为司库。二十五年,畅春园设柴炭
库,置无品级库掌二人,库守八人。四十二年,置堂郎中一人。授永
定河分司齐苏勒,升后未补。四十五年,置掌仪司副掌果二人。六
十年,设官房租库,置库掌一人。

　　雍正元年,设钱粮衙门,置郎中一人,堂司委署主事十人。十二
年省。乾隆二十二年复故。嘉庆四年增堂上一人。光绪三十年省。
留庆丰司一人。明年,设养心殿造办处,置六品库掌四人。乾隆三
十年增二人。嘉庆四年增四人。光绪三十年省四人。御书处库掌
一人,乾隆四年增二人。四十七年,改一人为副监造。稽查御史一
人。十一年省。乾隆三年,改由都察院派员稽查。三年,置钱粮衙
门无品级催总一人。七年增一人。乾隆四年增一人。复于领催内
增副催总三人。二十四年,改副催长。嘉庆三年,留顶戴催长、副催
长各三人。四年,置茶饭房主事一人。改都虞司承办鲜鱼归掌仪司,

增催总一人。八年增一人。乾隆八年，增置承办姜蒜领催、内副催总二人。二十四年，更名副催长。十三年，复置坐办堂郎中，省督催所入之。乾隆元年，置钱粮衙门主事一人。四十年改隶宁寿宫。五年，置造办处专管库务官，造办事务官各一人，御药房主事一人。七年，置御书处库掌二人，八年增一人，十五年增一人，四十四年增二人。官房租库委署主事一人。寻省。十二年，六库置委署司库各二人，寻改为副司库。二十三年，改造办处库务事务官为郎中，各置一人，员外郎二人，主事、委署主事各一人，御药房委署主事一人。二十六年，置总理工程处委署主事一人。后改司员兼管。四十年，置宁寿宫郎中、员外郎各二人，主事一人。咸丰六年，增置读祝官四人。故事，内府读祝官咨取太常寺赞礼郎为之，至是始定员缺。宣统元年，避上讳改掌仪司曰掌礼。

初制，司吏、宣徽、礼仪、尚方诸院，置总理，左、右协理各一人。御用、御马、尚衣、尚膳诸监，置都管，左、右副管各一人。尚宝、惜薪二司，置都知，左、右参知各一人。司设、兵仗二局，置总辖，左、右佐辖各一人。文书馆，置承制，左、右金承各一人。后俱省。

东陵所属盘山总管一人。从五品。乾隆二十九年置。内围千总、六品。委署千总，七、八品兼用。各七人。外营千总一人，把总七人。分驻盘山、燕郊、白涧、桃花寺、隆福寺、大兴庄、髻髯山。

西陵所属黄新庄总管一人。乾隆二十九年置。内围千总、委署千总、外营把总，各四人。分驻黄新庄、半壁店、秋兰村、梁格庄。

汤泉所属总管一人。康熙五十四年，置八品总领。乾隆六年改置。苑丞、六品衔食八品俸。嘉庆十七年置。苑副，未入流。各一人。内围千总、委署千总各六人，外营把总九人。分驻石槽、三家店、密云县、要亭、罗家桥、怀柔县。自盘山以下各千总，俱乾隆间置。

热河所属总管、康熙四十二年置。乾隆十六年，定为本府额外郎中。二十一年改佐领职衔。三十五年，给四品职衔。光绪三十年省归都统管。副总管，乾隆二十一年置，定为郎中职衔。三十五年增三人，秩定五品，后改苑副。光绪三十年省。各一人。苑丞、乾隆

五十四年,改苑副置。苑副乾隆三十五年后置三人,四十五年增一
人。五十四年改苑丞。嘉庆十八年后,复以千总十人改置。二十年
增一人。二十四年定与千总互为转补。自是员额无恒制。道光十
八年省四人,二十八年又省四人。各四人。内围千总十有八人,乾
隆九年置。道光十二年省二人,十八年又省二人。委署千总二十有
八人。道光九年省七品一人。十八年省七品、八品各十有二人。千
总、委署千总分驻两间房、巴克什营、长山峪、王家营、喀喇河屯、钓
鱼台、黄土坎、中关、十八里台、汰波洛河屯、张三营、吉尔哈郎园。

　　总管以下掌翊卫行宫,稽察陈设。千总以下掌典守器物,稽察
内围,董帅泛堋。

　　圆明园总管事务大臣,无员限。特简。其属:郎中、主事各一人,
员外郎二人,苑丞六人,六、七品兼用。苑副十有六人,七、八品兼
用。委署苑副十有三人。九品衔。银库、器皿库委署库掌一人,库
守十有六人,笔帖式十有四人。雍正元年,置总管大臣。有协理事
务官,或奏派,或简授,无恒额。明年,置总领六人,乾隆十六年,长
春园建成,置六品一人。二十四年改苑丞。三十二年,增熙春园六
品一人。四十六年,增春熙院七品一人。嘉庆七年,省春熙院一人
入熙春园。十六年改畅春园七品一人为本园苑副。咸丰十年,省六
品二人。光绪三十年,省六品一人。副总领十有二人。乾隆八年,
增七品、八品各一人。十六年,增长春园七品、八品各一人。二十四
年,改苑副。三十九年,增绮春园七品一人。四十五年,增春熙院八
品一人。嘉庆七年,省春熙院一人,改为本园额缺。十六年,复省畅
春园八品一人,改为本园额缺。道光二年,省畅春园四人入绮春园。
咸丰十年省七品二人、八品三人。光绪三十年,省七品一人、八品二
人。七年,定总领为六品戴蓝翎,后六、七品兼用。副总领七、八品
半之。乾隆六年,置委署副总领二人。十六年增五人。三十二年,
改委署苑副,复增九人。嘉庆十六年增二人。咸丰十年省二人。光
绪三十年省三人。八年,置主事一人。十四年,置库掌一人,三十八
年,定为六品,增七品一人。光绪三十年俱省。委署库掌一人,三十

二年增一人,三十八年省一人。库守六人。四十六年增十有二人。咸丰十年省二人。二十二年,增置委署主事一人。光绪三十年省。明年,定协理事务郎中、员外郎各一人。道光二年,改畅春园郎中为绮春园郎中,咸丰十年省。并省其员外郎一人,令专司长春园事。

畅春园总管大臣,无员限。特简。其属:苑丞三人,六、七品兼用。苑副五人,八品。委署苑副六人,九品衔。笔帖式三人。康熙间,置郎中一人,道光二年省入绮春园。八品总领三人,四十三年,增西花园二人。乾隆五年,省一人入静明园。二十四年改苑丞。三十二年,改授六品一人,七品三人。嘉庆十六年省七品一人。无品级总领十人。四十三年增西花园一人。乾隆五年省一人入静明园。三十二年,改委署苑副,额定十有六人。嘉庆十二年,省二人入圆明园。道光二年,省四人入绮春园。二十九年,置总管大臣。乾隆三十二年,置八品苑副六人。嘉庆十六年,省一人入圆明园。

颐和园、静明园、静宜园总管大臣,无员限。特简。其属:郎中一人,员外郎三人,苑丞十有七人,颐和园十有一人,静明园、静宜园各三人,并六、七品兼用。苑副二十有三人,颐和园十有三人,静明园六人,静宜园四人,并六、七品兼用。委署苑副七人,静明园三人,静宜园四人,俱九品衔。笔帖式十有四人。乾隆十五年,瓮山命名万寿山,建行宫,改金海为昆明湖。明年,更名清漪园。光绪十四年更名颐和园。置八品衔委署总催一人。四十八年,升六品苑丞。十六年,置总理大臣兼领静明园、静宜园事,并六品总领一人,十九年增六品二人。二十四年改苑丞。嘉庆五年,省一人入静明园。十年增六品二人。光绪十四年后,移静明园六品四人、七品六人,赓续置为本园员额。三十年省六品、七品各二人。七品、八品副总领各二人,十八年增七品六人。二十四年改苑副。咸丰十年省八品一人。光绪十四年后,移静明园八品八人,赓续置为本园员额。三十年省八品四人。八品催总一人。二十四年改催长。四十六年升六品衔苑丞。四十八年定六品秩。十八年,置委署副总领十有二人。寻省六人。咸丰十年省二人。光绪三十年省四人。二十二年,置员外郎一人，兼司静明园事。二十六年增一人。嘉庆四年，置郎中一人，协理三园事务。明善堂、观妙堂、西爽村并隶之。其园外鉴远堂、藻鉴堂、畅观堂、景明楼、凤凰墩、治镜阁、耕织图，又功德寺，并由大臣遴本处官承其事。玉泉山静明园初为澄心园，康熙三十一年更名。置无品级总领一人，乾隆五年增一人，八年定秩七品。二十四年改苑丞。三十四年增六品一人。嘉庆四年增六品一人，明年又增六品一人。道光二十三年省七品一人。光绪十三年增六品四人、七品六人。后省入颐和园。副总领二人。康熙三十年增一人。乾隆五年增一人。九年省入静宜园一人。十八年定秩八品。二十四年增八品一人，改为苑副。三十四年增八品二人。嘉庆五年增置七品二人。道光二十三年省八品一人。咸丰十年省八品一人。光绪十三年增八品八人。后省入颐和园。乾隆二十四年，置委署副总领二人。三十四年增二人。嘉庆五年增一人。道光二十三年省二人。静宜园初为香山行宫。乾隆十二年更名。乾隆九年，置员外郎一人，道光二十三年省。副总领二人。二十四年改苑副。十年，置八品总领一人，十二年增一人。十六年定秩七品，复增一人。二十四年改苑丞。三十四年增七品一人。四十六年增宗镜大昭庙六品一人。嘉庆四年增七品二人；寻又增一人。道光二十三年省六品一人，七品二人。无品级副总领一人。十二年增一人。十六年定秩八品，复增一人。二十四年改苑副。三十四年增八品一人。四十六年增宗镜大昭庙七品一人。四十八年增普觉寺七品一人。道光二十三年省八品三人。咸丰十年省八品一人。二十六年，置委署苑副六人。三十四年增二人。四十年增二人。道光二十三年省四人。咸丰十年省二人。

御船处统领大臣，无员限。兼管司员一人，笔帖式二人，八品司匠一人，八品水手催长四人，八品网户催长二人。乾隆十六年，改圆明园清漪园御舟事务设御舟处，置统领大臣以次各官。明年，置八品水手催总三人，三十一年增一人。八品网户催总一人。嘉庆四年增一人。二十四年，改催总为催长。

管理养鹰狗处大臣，无员限。养鹰鹞处统领二人。侍卫内拣补。

蓝翎侍卫头领、副头领各五人。六品冠戴。养狗处统领二人。蓝翎侍卫头领五人，副头领十人，六品冠戴九人。七品一人。笔帖式六人。初设养狗处及鹰房、鸦鹘房。乾隆十一年改房为处。三十一年裁养鸦鹘处。其员额并入鹰上。

咸安宫官学管理事务大臣，本府大臣内特简。协理大臣，各部院满尚书内特简。各一人。总裁，满洲二人，汉四人。翰林院读讲学士、詹事府少詹以下兼充。翻译教习六人。八旗满、蒙、汉军举贡生监考充。清语教习，满洲三人。弓箭教习，满洲四人。本府内挑补。汉书教习，汉九人。进士、举人考补。笔帖式一人。雍正七年，置蒙古官学管理事务大臣一人。理藩院尚书简充。总裁三人。理藩院司员充。教习，蒙古二人，额外一人。乾隆十三年，置景山官学总管四人。本府司员兼充。翻译教习，满洲九人。本府内考补。汉书教习，汉十有二人。举贡内考补。康熙二十四年置以上三学，俱光绪三十年后省。又，初制有回、缅官学总管二人，本府司员兼充。教习回子、回子佐领下派充。缅子，缅甸人派充。各二人。长房官学教习，满洲二人，本府笔帖式内拣补。蒙古一人。理藩院笔帖式内咨补。先后俱省。

武英殿总裁，满、汉各一人。尚书、侍郎内简。提调二人，纂修内奏充。纂修十有二人，协修十人，翰林官充。笔帖式四人。

上驷院　兼管大臣，无员限。卿二人。正三品。其属：堂主事二人，委署主事一人，左、右二司郎中一人，掌左司印。右司，员外郎管。员外郎各二人。主事、委署主事各一人，内张家口直年一人。笔帖式十有一人。阿敦侍卫十有五人。司鞍长三人，正六品。副长二人。六品衔。蒙古医师长三人，正六品。副长二人。八品。牧长二人，初无品级。雍正元年定正七品。副长五人。八品。厩长、署主事各一人。雍正元年各增一人，十二年省，乾隆二十二年复故。光绪三十年省。雍正六年，卿秩定三品。乾隆十一年，置蒙古医生头目二人。四十三年额定三人。十四年，定卿额二人，一用侍卫，一用内府官。二十三年,置八品顶戴司鞍长二人。三十九年定拜唐阿补放者给六品衔,戴蓝翎。四十五年额定三人。嘉庆六年,依左、右司例,堂上令侍卫兼司。

武备院　兼管大臣,无员限。卿二人。正三品。郎中一人,主事二人。南鞍、北鞍、甲、毡四库员外郎,六品库掌,各二人;委署六品库掌各一人。伞房掌盖、正六品。乾隆四十四年赏戴蓝翎。副掌盖,八品。帐房处司幄、三等侍卫衔食六品俸。副司幄,六品职衔食七品俸。各三人。备弓处司弓、六品职衔食七品俸。乾隆四十四年赏戴蓝翎。副司弓,八品职衔。备箭处司矢、副司矢,各二人。职衔同备弓处。箭匠、鲍头、靴皮、熟皮、鞍板、染毡、沙头毡作诸司匠,及穿甲官头目,各一人。镟作司匠二人。俱八品。无品级库掌六人,库守三十有二人。笔帖式二十有四人。

卿掌四库工作,修造器械,陈设兵仗。凡车驾出入,官属服橐鞬以从。郎中、主事掌库帑出纳,章奏文移。北鞍库掌御用鞍辔、伞盖、幄幕,伞房、帐房、鞍板作隶之。南鞍库掌官用鞍辔、皮张、雨缨、绦带,熟皮作隶之。甲库掌盔甲、刀仗、旗纛、器械,镟作隶之。毡库掌弓箭、靴鞋、毡片,鲍头作、靴皮作,毡作、沙河毡作、帽作、杂活作帽作以下置领催各一人。隶之。

初名鞍楼,置三旗侍卫三人综其事。所属:员外郎四人,康熙十五年、四十五年俱增三人。库掌三人,顺治十一年,定六品。康熙十五年增三人,四十五年增二人。库守二十有四人。康熙十五年增十有八人。三十六年增四人。四十五年增十人。毡库、弓匠固山达,委署固山达,各三人。亦曰弓箭协领。康熙十一年增置备箭固山达一人,亦曰备箭协领。二十一年,定弓匠固山达七品,三十八年,定备箭固山达八品。乾隆二十九年,更名司弓、司矢,委署者曰副司弓、副司矢。四十四年定司弓、司矢六品职衔,副司弓、司矢八品职衔。光绪三十年各省一人。掌伞总领二人。康熙三十三年增一人。乾隆二十四年,更名掌盖。帐房头目,委署帐房头目,各三人。康熙二十七年,定头目为七品。乾隆三年定委署头目八品职衔。二十四年,改头目为司鄠,委署者为副司鄠。三十六年,定司鄠六品职衔,副司鄠七品职衔。顺治十一年,更名兵仗局。十八年,更名武备院。康熙九年,沙河毡作置催总一人。乾隆二十四年改司匠。下同。十五年,分设鞍、甲、毡三库,置无品级库掌三人。四十三年增二人,四十五年增四人。明年,以职掌事务侍卫一人掌印。二十一年,置郎中一人,并定镀作、亮铁作、原置镀作、亮铁作催总六人。二十七年,省镀作三人。光绪三十年,省亮铁作一人。毡作催总秩八品。三十七年,分鞍库为南、北,增置鞄头作催总一人。亦曰鸣镝长。三十九年,置靴皮作催总。明年,置熟皮作催总,并定其品秩。复置穿甲官头目一人。由拜唐阿内委放。乾隆八年,定八品职衔。六十一年,置委署主事一人。雍正十二年省。乾隆二十二年复故。雍正六年,以职掌事务侍卫为三品卿。乾隆十四年,定卿额二人,仍管以大臣。

奉宸苑　兼管大臣,无员限。卿二人。正三品。郎中一人,员外郎四人,主事一人,苑丞十人,六品。苑副十有九人,九品。委署苑副十人,笔帖式十有五人。天坛斋宫苑丞、六品一人。六品衔一人。苑副各二人。稻田厂库掌,六品。无品级催长,委署催长,各一人。笔帖式三人。南苑郎中一人,员外郎二人,主事一人,苑丞七人,六品衔。苑副十有三人,八品衔。委署苑副六人,九品衔。委署催长三人,笔帖式五人。

卿掌苑囿禁令,以时修葺备临幸。郎中以下各官掌分理苑囿河道。斋宫掌陈设泛扫。稻田厂掌供内庭米粟,兼征田地赋税。南苑各官掌征南苑地赋,并治园庭事务。其兼摄者:斋宫兼理郎中,值年员外郎,稻田厂值年员外郎,各一人。

初紫禁城后山、西华门外台,隶尚膳监管理,置八品催总二人。雍正二年增二人。顺治十二年,更名景山、瀛台。明年,改令内监管理,玉泉山、南苑并隶之。十八年,改南苑隶采捕衙门,置员外郎二人。雍正元年增一人。康熙八年,省南苑员外郎一人,改授郎中。十

年,命内务府总管海喇孙、侍卫布喇兼司景山、瀛台事。十六年,改
归都虞司管理。二十三年,始设奉宸苑,置郎中一人,乾隆十六年增
一人,轮管长河行宫事。员外郎四人,主事一人。三十年,置南苑八
品催总二人,乾隆四年增一人,十八年复增一人,分隶三旗。无品级
总领一人,三十六年增南红门行宫一人。副总领二人。三十六年增
南红门行宫二人。五十二年增南红门新行宫一人。雍正元年,置奉
宸苑、南苑委署主事各一人。十二年省。乾隆二十二年复故。光绪
三十年又省。别命大臣领稻田厂,旧派司官二人兼理。三年始来隶。
乾隆二十年,命会同清漪园大臣管理。置玉泉山六品库掌一人兼司
之。三年,增置稻田厂无品级催总一人。明年,兼辖下清河以上闸
口。置闸官司之。六年,定卿秩三品。乾隆元年,置南苑主事一人。
十一年,增置闸福寺八品催总一人。十四年,依上驷院例,定卿额二
人,仍简大臣领苑事。十六年,增置乐善园、永安寺八品催总各一
人,十七年增乐善园一人。乐善园无品级副总领二人,明年增一人。
南苑委署催总一人。原置一人。明年复增一人。分隶三旗。是岁
依各行宫园囿例,改瀛台、永安寺等处催总为总领,副催总为副总
领。二十四年,复改总领曰苑丞,副总领曰苑副,催总曰催长。二十
六年,兼辖正觉寺,置苑副一人,令万寿寺、倚虹堂苑丞分司之。并
令闸福寺苑丞兼管宏仁、仁寿二寺,置委署苑副二人,积水潭置苑
副、委署苑副各二人。是岁省各处委署苑副,酌留南苑三处行宫二
人。析置瀛台、永安寺、乐善园及河道四人,并给八品职衔。三十五
年,极乐世界、万佛楼建成,置委署苑副一人。明年,定奉宸苑苑丞
品秩。先是苑丞秩八品,与各园庭体制不一,至是俱给六品虚衔。仍
食八品原俸。三十八年,复定南苑苑丞品秩,食俸同上。改三旗八
品催长三人为苑丞,副催长为苑副。四十一年,置钓鱼台苑丞、苑副
各一人,新挖旱河、闸座、莲花池、河泡、岔河并隶之。四十二年,南
苑、团河新行宫告成,省新旧各行宫苑丞一人、苑副二人、委署苑副
一人,置为本园额缺。新旧各行宫原置苑丞二人,苑副、委署苑副各
四人,南苑行宫苑副三人。四十六年,省乐善园苑丞一人入团河行

宫。嘉庆六年,定奉宸苑苑丞食六品俸、苑副食九品俸,各二人,余悉如故。九年,复省乐善园苑丞、苑副额缺,析置中海苑丞、苑副,倚虹堂苑丞,钓鱼台苑副,北海及长河委署苑副各一人。十二年,复析三海等处苑丞、苑副各二人,令司天坛斋宫。故事,斋宫隶太常寺,归奉祀坛户典守。雍正间,置八品催总治其事。至是,额置苑丞各官,定苑丞食六品俸一人。以郎中、员外郎兼领之。

盛京内务府　总管大臣一人。盛京将军兼。后改东三省总督。佐领,骁骑校,各三人。堂主事,委署主事,各一人。广储司司库三人,库使十有六人。会稽、掌礼、都虞、营造四司,及文溯阁九品催长,无品级催长,各一人。织造库催长,内管领处内管领,六品虚衔。仓领长,无品级。各一人。牧掌,隶都虞司。仓长,隶内管领处。各三人。俱无品级。笔帖式十有五人。顺治元年,盛京包衣三旗置佐领三人,简一人掌关防,并置司库三人,乾隆十九年省一人。四十二年增一人。及催总、笔帖式各官。寻置库使十人。乾隆九年增一人。康熙十七年,置领催下骁骑校一人。乾隆十七年,置总管。明年,置堂主事一人。司库内改置。二十四年,改催总为催长。二十九年,定各催长员数。如前所列。增置内管领、委署主事,笔帖式内改置。各一人。四十八年,文溯阁建成,置九品催长,无品级催长,各一人。光绪三十年,省主事各官。

宦官　四品总管太监衔曰宫殿监督领侍。五品总管衔曰宫殿监正侍。亦有以七品执守侍充者。六品副总管衔曰宫殿监副侍。亦有系执守侍衔者。首领太监衔二:七品曰执守侍,八品曰侍监。又有副首领,八品侍监充。亦有无品级者。笔帖式。八品侍监充。敬事房置。自四品至八品凡五等。升迁降调,由内府移咨吏部。

敬事房。兼读清字书房,汉字、蒙字书房,总管三人。宫殿监督领侍一人。宫殿监正侍二人。宫殿监副侍总管六人。委署总管无定额,执守侍充。专司遵奉谕旨,承应宫内事务与其礼节,收核外库钱粮,甄别调补内监,并巡察各门启闭、火烛关防。执守侍、首领、侍监、笔帖式各二人,专司掌案办事,承行内府文移,并司巡防坐更。乾清宫。首领四人,执守侍、侍监各二人。专司供奉实录、圣训,江山社稷殿香烛,收贮赏用器物,并司陈设泛扫,御前坐更。后省二人。正首领,执守侍充。副首领,侍监充。乾清门。侍监首领二人。专司御门听政,宝座黼扆,晨昏启闭,稽察臣工出入,登载南书房翰林入直、侍卫番宿。昭仁殿,兼龙光门。弘德殿。兼凤彩门。侍监首领各二人。专司陈设泛埽,御前坐更。故事,内廷重坐更,御前更尤重。更头、更二惟首领及执事内监方充是差。以下同。端凝殿。兼自鸣钟执守侍首领一人。专司近御随侍赏用银两,并验钟鸣时刻。懋勤殿。兼本房首领二人,执守侍、侍监各一人。专司承直御笔,收掌文房书籍,并登载内起居注。四执事。执守侍首领一人。专司上用冠袍带履,随侍执伞执炉,承应上用武备,收贮备赏衣服。后增置首领一人,以侍监充之。四执事库。侍监首领一人。专司上用冠袍带履,铺设寝宫帏幔。奏事处。初制隶四执事。后置侍监首领一人,专司传宣纶绰,引带召对人员,承接题奏事件。乾隆三十九年,太监高云从泄漏朱批记载,自后惟军机奏事由此进呈。各部院奏折及内府奏家事,并由奏事处官转上。日精门。兼上书房侍监首领一人。专司启闭关防,及至圣先师位前香烛。月华门。兼南书房侍监首领一人。专司启闭关防,承应内廷翰林出入。尚乘轿。侍监首领二人。专司承应请轿随侍。御药房。兼太妃、太嫔以次各位下药房,侍监首领二人。专司带领御医各宫请脉,及煎制药饵。交泰殿。侍监首领二人。专司尊藏御宝,收贮勋臣黄册,并验钟鸣时刻。坤宁宫。兼坤宁门侍监首领二人。专司祭神香烛,启闭关防,后改置执守侍首领、侍监副首领各一人。东暖殿。兼永祥门。西暖殿。兼增瑞门。执守侍首领、侍监副省领俱各一人。专司陈设泛扫,关防坐更。后省副首领各一人,首领改侍监为之。景和门,隆福门,基化门,端则门。侍监首领各二人。后基化、端则二门各省一人。内左门,内右门。侍监首领俱各二人。内右门兼稽膳房众太监出入,每晚具单报无事送敬事房。景仁,兼近光左门及御书房收贮书画。御书房初置侍监首领一人,后始改隶。永寿,兼近光右门。承乾,翊坤,钟粹,储秀,延禧,启祥,永和,长春,景阳,兼大宝殿。景阳初置侍监首领一人。后省,始来隶。咸福十二宫。侍监首领俱各二人。专司承应传取,余同各处。养心殿,重华宫,建福宫。首领四人。执守侍、侍监各二人。专司收贮赏用物品。后省执守侍首领一人。养心殿内,兼吉祥门宫殿监副侍副总管一人。执守侍首领、侍监副首领各二人。专司近御随侍,收掌内库钱粮及古玩书画。古董房,侍监首领一人。专司收贮古玩器皿。御茶房,执守侍首领三人。侍监副首领四人。专司上用茗饮果品,及各处供献,节令宴席。后省总管一人。御膳房,执守侍总管三人。侍监首领十人。专司上用膳羞,各宫馔品,及各处供献,节令宴席。后省总管一人、首领二人。鸟枪处,执守侍首领一人。专司随侍上用鸟枪。弓箭处、按摩处隶之。后改为侍监。南果房。侍监首领一人。专司收贮乾鲜果品。毓庆宫,侍监首领二人。嘉庆元年,青宫临御始置。苍震门,遵义门。侍监首领、副首领各二人。专司启闭关防。苍震门首领兼稽祭神房众人出入。后省首领,增副首领一人。斋宫。侍监首领一人。御花园。侍监首领、副首领各二人。专司园内斗坛四神祠香烛,培灌花木,饲养仙鹤池鱼。后改置执守侍首领、侍监副首领各一人。祭神房。侍监首领二人。无品级副首领一人。专司祭神省牲。后省首领一人。中正殿,英华殿。无品级首领各一人。专司香烛。钦安殿。兼城隍庙侍监首领三人。专司噀诵经忏,焚修香火。后省二人。寿皇殿。兼永思殿侍监首领一人。专司御容前香烛。后增置无品级副首领一人。雍和宫。执守侍首领、侍监副首领各一人。后俱省,改置无品级首领一人。兆祥所。兼遇喜处无品级首领一人。打扫处。侍监首领一人。专司运水添缸,并承应杂务。后省柴炭、烧炕二处侍监各二人隶之。熟火处。侍监首领三人。专司各处安设热火,抬运柴炭,并承应杂务。造办处。侍监首领一人。专司带领处匠制造物件。做钟处。侍监首领一人。所司同造办处。北小花园。无品级首领一人。专司培灌花木。皇太后宫。执守侍副总管二人。侍监首领五人。茶房、膳房、药房首领各一人。后省宫首领一人,增置茶、膳、药三房首领一人。太妃,太嫔,侍监首领各一人。膳房执守侍首领一人。侍监首领二人。太妃以次位下膳房。统设执守侍首领一人,侍监首领二人。慈宁宫佛堂。无品级首领十人,内充喇嘛者二人。后改为首领五人,充喇嘛者三人。副首领二人。寿康宫。无品级首领四人。后改置执守侍首领、侍监副首领各二人。皇子,侍监首领一人。公主,皇孙,皇曾孙。无品级首领各一人。瀛台。兼武成殿侍监首领、无品级副首领各一人。后增副首领一人。画舫斋。兼蚕坛侍监首领一人,无品级副首领二人。初未置,后增。永安寺。兼承先殿侍监首领、无品级副首领各一人。后增置副首领一人。景山。执守侍总管一人,侍监首领二人。委署首领无品级,无恒额。南府。执守侍总管一人,侍监首领四人。委署首领与景山同。圆明园。兼长春园静寄山庄宫殿监副侍总管一人,执守侍总管二人,执守侍首领十人,无品级首领四十有二人。后增置执守侍总管一人,首领四人,无品级首领九人,内恩赏侍监首领二人。颐和园,静明园,静宜园,盘山,畅春园,泉宗庙,圣化寺。俱圆明园总管首领等承应差务。内务府所属掌礼司,侍监首领五人,无品级副首领八人。后省首领二人、副首领四人。司乐,无品级副首领二人。初未置,后增。营造司。侍监首领二人,无品级副首领四人。后省首领一人,副首领三人。陵寝及妃园寝。无品级首领二人。后省一人。南花园。无品级首领一人。永安寺、大西天。无品级首领各一人。兼充喇嘛。帘子库。兼门神库无品级首领一人。后增一人。太庙。无品级首领一人。后改置执守侍首领一人,侍监副首领二人。銮舆卫。无品级首领四人。后省二人。又传心殿、万善殿、番经厂、汉经厂、奉宸院、武备院、尚衣监、酒醋局各首领太监,后俱省。亲王、郡王、固伦公主、和硕公主并有定制。首领俱各一人。亲王七品,郡王、公主俱八品。

顺治元年,按十三衙门给太监品级。十八年省,以内务府大臣总管。康熙十六年，设敬事房，置总管、副总管。定太和、中和、保和、文华四殿三作首领太监员数，给八品职衔。乾隆二十六年，省文华殿员额。四十七年，三大殿直殿太监俱省。六十一年，定五品总管一人，五品太监三人，六品太监二人。太监授职官自此始。雍正元年，定总管秩四品，副总管六品，随侍首领七品，宫殿首领八品。四年，定敬事房正四品总管为宫殿监督领侍衔，从四品副总管为宫殿监正侍衔，寻改五品。六品副总管为宫殿监副侍衔，七品首领为执守侍衔，八品首领为侍监衔。八年，复定四品至八品，不分正、从。乾隆七年，定内监受爵制不使逾越。故事，寺人不过四品，至是纂为令甲。五十一年，定亲王、郡王、公主太监首领员数，并给八品衔。嘉庆间，增亲王首领秩七品。嘉庆六年，赏庆郡王七品太监三人，仪亲王、成亲王、定亲王增置八品太监一人，不为恒制。

太祖、太宗鉴往易轨，不置宦官。世祖入关，依明宫寝旧制，裁定员额，数止千余。谕曰："朕稽考官制，唐、虞、夏、商未用寺人。周始具其职。秦、汉以后，典兵干政，流祸无穷。"敕官员毋与内官交结。复于交泰殿铸铁碑，文曰："以后有犯法干政，窃权纳贿，属托内外衙门，交结满、汉官员，越分擅奏外事，上言官吏贤否者，凌迟处死。"未几，吴良辅辈煽立十三衙门，擅窃威福，世祖遗诏发奸。圣祖嗣统，歼厥大憝。时明季内监犹有在宫服役者，纲纪肃然。雍正间，防范内监家属，敕内官约束，直督其题。高宗立法峻厉，太监高云从稍豫外事，张凤盗毁金册，并正刑书。车驾幸滦阳时，巡检张若瀛杖责不法内监，特擢七阶，并颁则例，俾永遵守。又谕："明代内监多至数万人，蟒玉滥加。今制宫中苑囿，综计不越三千。"尔时并隶内府，盖犹有冢宰统摄奄人之义。然其员数视世祖时已倍之。至教字停派汉员，报充弗由礼部，奏事改易王姓，屡加裁抑，以清风轨。故终高宗六十余年，宦官不敢为恶。嘉庆初年，以内外交结，降吴天成七品总管；复以常永贵骄纵无法，革去六品总管；萧得禄坐滥保罪，并革去督领侍。洎刘得财、刘金辈崇信邪教，谋纳叛人，酿成林清巨变，凶悖滋甚。其后曹进喜向吏兵曹长索道府职名册，马长喜冒滥

名器，曹得英私放鸟枪，张府且私藏军械。同治元年，御史贾铎疏闻
内监演剧，裁贡缎为戏衣，乃未闻纠厥罚。八年，遂有安得海冒名钦
差，织办龙衣，船飏旗帜，居民惶骇。他如蓄养优伶，驰马冲仗，累蠹
法度，不可殚纪。光绪十二年，御史朱一新疏陈李莲英随醇亲王巡
阅海口，易蹈唐代覆辙，诏降主事。二十七年，总督陶模疏陈近日宦
官事微患烈，弊政宜除，书上不报。宦官遂与国相终云。

清史稿卷一一九
志第九四

职官六 　新官制

内阁　外务部　出使大臣　税务处
民政部　内外巡警总厅　度支部
清理财政处　大清银行　造币总厂　学部
国子监　大学堂　陆军部　海军部
法部　修订法律馆　大理院　京师各级审检厅
农工商部　邮传部　军谘府
弼德院　资政院　盐政院　典礼院
提学使　提法使　外省各级审检厅
东三省各司　禁卫军　督练公所
军制　镇制　陆军镇监　巡防队
海军舰制

　　清初厘定官制,职仪粗具。中更六七作,存改洄沿,世不同矣。延及德宗,外患蹴迹,译署始立。继改专部,商、警、学部接踵而设,并省府、寺,乃分十部。嗣议立宪,理藩改部,军谘设处,复更巡警为民政,户为度支,商为农工商,兵为陆军,附立海军处,刑为法,别立大理院,又取工部所司轮路邮电专设邮传部。以今况往,洵称多制。宣统绍述,合枢于阁,增海军部,省吏部,改礼部为典礼院,盐政处为盐政院。犹虑阁权过重,设弼德院以相维系,资政院以为监督。增埤前事,取臬殊方,因事创名,官冗职杂,阶资官品,肇域未区。简奏咨补,故实斯在,辑而存之,具载后简,亦得失之林也。

内阁 总理大臣,协理大臣,各一人。特简。国务大臣十人。各部大臣兼充。丞一人。承宣厅厅长,副厅长,各一人。制诰、叙官、统计、印铸四局,局长各一人。丞以下俱请简。其属有:佥事,印铸艺师,俱奏补。艺士,录事俱咨补。各员。所辖法制院,院长,副院长,各一人。参议四人。俱请简。参事,奏补。佥事,录事,视事繁简酌置。

总理掌参画机要,缔纶时务。法律诏令,会国务大臣尾署名衔。事涉一部或数部,会所司大臣署之。会议时充议长,协理佐之。丞掌主阁务,综领众局,方轨诸长。承宣掌布丝纶,守法典,司文书图籍。制诰掌诏旨制敕,玺书册命,起草进画,稽颁宝星勋章,典领藩封勋级。叙官掌考功定课,汇核履行。统计掌统一计表,刊行年鉴。印铸掌编辑官报。余依往制。详礼部。法制院掌编纂法规,修明法令,拟上候裁。

光绪三十二年,改组内阁,设会议政务处,以各部尚书为内阁政务大臣。宣统三年,改责任内阁,以军机大臣为总、协理大臣,并定内阁属官制。如前所列。

外务部 外务大臣,副大臣,各一人。特简。承政厅左、右丞,参议厅左、右参议,各一人。俱请简。参事四人。奏补。其属:司务厅司务二人。咨补。和会、考工、榷算、庶务四司,郎中、员外郎、主事各二人。俱奏补。以上各部同。

大臣掌主交涉,昭布德信,保护侨人佣客,以慎邦交。副大臣贰之。丞掌机密文移,综领众务。参议掌审议法令,参事佐之。各部同。和会掌使臣觐见，盟约赏赉，兼司领事更替，司员叙迁。考工掌司铁轨、矿产、电线、船政，凡制造军火，聘用客卿，招工、游学诸事，各擅其职。榷算掌蕃货海舶征榷贸易，综典国债、邮政，勾检本部暨出使度支。庶务掌江海防务，疆域界址，凡传教、游历、赏恤、禁令，裁判狱讼，并按约以待。有丞、参上行走，额外司员，七品小京官。民政、邮传、法部小京官定额缺。所辖：储材馆，提调、帮提调各一人。本部司员内遴派。文案、支应、庶务，俱派员分治其事。

雍正五年，定《恰克图市约》，置办理俄事大臣，见第五款。不为恒职。咸丰元年，改归理藩院。十年，文宗北狩，特置专官办理抚局。其冬，设总理各国事务衙门，命恭亲王奕𬣞领之。司员统称章京，置满、汉各八人。时行分署治事制。户部司员核关税，理藩部司员典文移，兵部司员治台站驿递，内阁人员主机密，俱隶总办、帮办。三年，改为英、法、俄、美四股。九年，增设海防股。后改俄、德、英、法、日本五股。宣统元年，合俄、德为一，增股秘书、机要二股。明年，置总办四人，曰总办章京。同治元年，增置额外章京，满、汉各二人。二年各增六人。光绪九年各增四人。十年各减四人。二十三年各增二人。三年，设司务厅，置司务二人。光绪二十七年，辛丑和约成，更名外务部，班列各部上。置总理亲王，会办尚书，兼会办左、右侍郎，各一人；改总办为左、右丞，左、右参议各一人。并置郎中以次各官，不分满、汉。三十二年改订官制，意合满、汉，而翰林、都察两院仍依往制。是岁增置翻译官十有五人。七、八、九品各五人，分股治事。宣统三年，新内阁成，省总理、会办兼职，改尚书为大臣，侍郎为副大臣。省侍郎一缺，各部同。管部之制，至是遂废。

头等出使大臣，正一品。特简。参赞，正三品。通译官，正五品。俱奏补。无定员。有事权置，毕乃省。

二等出使大臣，正二品。特简。参赞官，初制四品，后改从四品。奏补。各一人。英、俄、德、日本、奥、义、和、比各一人。法、日、葡各一人。美、墨、秘、古各一人。分馆代使二等参赞官二人。日斯巴尼亚一人。葡萄牙一人。二等参赞兼总领事三人。墨西哥一人。秘鲁一人。古巴一人。三等参赞八人。初制五品，后改正五品。奏补。英、法、德、俄各一人。美、日本各二人。二、三等通译官。二等从五品。三等从六品。奏补。一、二等书记官。一等从五品。二等从六品。奏补。商务委员，正五品。奏补。武随员，各使馆俱一人。唯奥、义、和、比不置三等通译官、武随员。分馆二等通译官、书记官俱一人。总领事从四品。奏补。十有三人。新嘉坡、澳洲、南斐洲、坎拿大各一人，隶英使。海参崴一人，隶俄使。墨西哥、古巴、金山、小吕宋、美利滨、巴拿马各一人，隶美使。横滨、朝鲜各一人，隶日本使。爪哇一人，隶和使。领事正五品。奏补。十有四人。槟榔屿、纽丝纶、仰光、温哥埠各一人，隶英使。檀香山、嘉里约各一人，隶美使。萨摩岛一人，隶德使。神户、长崎、仁川、釜山、新义州各一人，隶日本使。泗水、巴东各一人，隶和使。副领事从五品。奏补。二人。元山、甑南浦各一人，隶日本使。又有外国人兼代领事者。法、马赛；义、米朗、纳婆尔士；美、波士顿、费城诸处。

使臣掌国际交涉。参赞佐之。领事掌保护华侨。

康熙初，俄国通使，未垂为制。同治六年，始遣使办理交涉，以道员志刚等及美使蒲安臣膺其选。光绪元年，定出使制，命侍郎郭嵩焘使英，翰林院侍讲何如璋使日本，京卿陈兰彬使美、日、秘国，俱置副使。别设秘、日分馆，置金山、嘉里约、古巴各总领事。后为自主国，改遣公使。二年，定使馆参赞二人，翻译四人。十四年，复定翻译、随员二人或三人。分馆参赞兼领事一人，翻译、随员各一人，参赞如故。三十二年，定参赞以次各员额，如前所列。厥后联翩四出，英使兼领义、比，俄使兼驻德，以奥、和隶之。四年，置新嘉坡领事，后改总领事。日本各口岸理事官。后改领事。明年，省副使，置檀香山领事。八年，置纽约领事。十三年，置小吕宋总领事，仰光领事，槟榔屿副领事。后改领事。十七年，置南洋各岛领事。二十一年，简法国专使。二十三年，简德国专使，和改隶之，并增置韩使。三十三年撤回，改总领事。二十六年，置韩国各口岸领事，及海参崴商务委员。后改总领事。二十八年，改驻法使臣兼使日国，驻美使臣兼使古巴，别设分馆，并简奥、义、比三国专使。明年，设墨分馆。三十年，置南斐洲总领事。三十一年，简和国专使兼理保和会事，并以法日使臣兼领葡使，寻设葡分馆。三十四年，定使臣为二品专官，并参赞等官品秩。宣统元年，置美利滨、坎拿大、巴拿马总领事。嗣是澳洲、温哥埠、萨摩岛、纽丝纶诸领事踵相蹑。三年，置爪哇总领事，泗水、巴东领事。其秋置朝鲜新义州领事。

三等出使大臣，正三品。特简。参赞官，通译官，无定员，不恒置。

保和会专使大臣一人。正二品。特简。陆军议员一人。武官谙西文者充之。光绪三十三年，罢和使兼职改置。

督办税务大臣，帮办大臣，各一人。以大学士、尚书、侍郎充。后改大臣、副大臣充。掌主关税，督率关吏。提调，帮提调，分股总办，帮办，俱各一人。外务部、度支部丞、参兼充。所辖：总税务司，副总税务司，各一人。税务司四人，副税务司六人，各关税务司五十有九人，潮海五人。粤海、岳州、北海各三人。胶海、镇江、东海、闽海、津海、金陵、苏州、吉林各二人。江海、梧州、拱北、哈尔滨、山海、浙海、厦门、九龙、芜湖、九江、亚东、长沙、大连、瓯海、福海、三水、龙州、杭州、安东、沙市、重庆、江门、南宁、琼海、宜昌、奉天、腾越、思茅、蒙自各一人。副税务司三十有七人。江汉、粤海、江海、三水、津海、珲春各三人。大连、潮海、琼海、九龙各二人。苏州、南宁、龙州、重庆、奉天、杭州、厦门、闽海、哈尔滨、芜湖、大通、厘局各一人。以上俱外国人为之。初，海关置监督。各部俸深司员充之。旋改归督、抚监督，名焉耳。自道光以来，海疆日辟，于是始置北洋、南洋通商大臣，关道及监督隶之。亦有将军兼理者。津海归直隶津海道管理，山海归奉天奉锦山海道管理，东海归山东登莱青道管理，俱隶北洋。镇江归江苏常镇通海道管理，江海归江苏苏松太道管理，芜湖归安徽皖南道管理，浙海归浙江宁绍台道管理，瓯海归浙江温处道管理，江汉归湖北汉黄德道管理，宜昌归湖北荆宜施道管理，重庆归四川川东道管理，俱隶南洋。闽海归福州将军管理。粤海、潮海、北海、琼海、九龙、拱北，监督各一人。嘉峪归甘肃安肃道管理，龙州归广西太平思顺道管理，蒙自归云南临安开广道管理，隶本省督、抚。咸丰以后，聘用英人威妥玛、美人斯密斯氏襄办税务，李泰国继之，派为总税务司；凡海关俱置税务司、副税务司，后沿江各埠，及内地陆路增开口岸，并属海关。是为海关募用客卿之始。时管辖之权属总理衙门。光绪二十三年，始设税务处，总税务司以次各官并受其节度。先是户关、工关分隶户、工两部，至是始以常关标名。嗣外部与本处定常关分设税局，五十里外者归监督，五十里内者归税务司，此内、外常关名称所由昉也。

民政部 民政大臣，副大臣，左、右丞，左、右参议，各一人。承政厅员外郎，主事，小京官，各四人。参议厅参事二人。民治、警政、疆里、营缮、卫生五司，郎中八人，民治、警政、疆里各二人，余各一人。员外郎十有六人，民治、警政、营缮各四人，余各二人。主事十有八人，民治、警政各五人，营缮四人，余各二人。小京官各一人。习艺所员外郎一人，兼充消防队总理。主事二人，五品警官五人，消防队三人。习艺所二人。六、七品警官各九人，消防队各六人。习艺所各三人。八、九品警官各十有二人。消防队各八人。习艺所各四人。以上俱隶警政司。六、七品艺师各一人。隶营缮司。六、七品医官各一人。隶卫生司。自警官以下俱奏补。八品录事二十人，九品录事三十有二人。俱咨补。

大臣掌主版籍，整饬风教，绥靖黎物，以奠邦治。副大臣贰之。民治掌编审户口，兼司保息乡政。警政掌巡察禁令，分稽行政司法。疆里掌经界图志，审验官民土地。营缮掌陵寝工程，修治道路，并保守古迹祠庙。卫生掌检医防疫，建置病院。所辖：预审所，后隶大理院。路工局，教养局，俱遴员分治之。

光绪三十年，设巡警部，置尚书，左、右侍郎，左、右丞，参议，各一人。警政、警法、警保、警学、警务五司，郎中五人，三十二年增二人。员外郎、主事各十有六人，三十二年增员外郎二人，主事四人。

三十四年增营缮司一人。小京官四人,三十二年增五人。一、二、三等书记官各十人。仿七、八、九品笔帖式旧制。三十二年改为八、九品录事。习艺所员外郎一人,主事二人。三十二年,更名民政部。设承政、参议两厅,置参事二人。改设民治、疆里、营缮、卫生诸司,警政如故。宣统元年,定习艺所及消防队员额。如前所列。三年,改尚书为大臣,侍郎为副大臣。

内、外城巡警总厅,厅丞各一人。初制正四品。光绪三十三年升从三品。请简。掌徼循坊境,并典跸路警卫。总务处总佥事各一人。从四品。奏补。行政、司法、卫生三处各佥事三人。正五品。俱奏补。五品警官各四人。六品警官十有九人。内城十人。外城九人。七品警官二十人。内城十有一人。外城九人。八品警官二十有七人。内城十有四人。外城十有三人。九品警官二十有八人。内城十有五人。外城十有三人。七品以上奏补。八品以下咨补。八、九品录事各四人。委用。

光绪三十年,设京师内、外城巡警总厅,置厅丞各一人。设总务、警务、卫生三处,置参事各一人。正五品。三十二年改佥事。内城五分厅,外城四分厅,知事九人。正五品。三十二年,增司法处。改警务曰行政。升总务处佥事品秩为属官首领。置五品以下各警官,无定员。八、九品录事各四人。并内五分厅为中、左、右三厅,外四分厅为左、右二厅,省知事四人。设内城二十六区,外城二十区,置区官、六、七品警官充。寻改区长。区副,八、九品警官充。寻改区员。各一人。三十四年,省内、外城区半之。宣统元年,裁分厅,省知事。

度支部　度支大臣,副大臣,各一人。左、右丞,左、右参议,各一人。承政、参议两厅,俱郎中三人,员外郎四人,主事三人。田赋、漕仓、税课、管榷、通阜、库藏、廉俸、军饷、制用、会计十司,郎中三十有一人,制用四人。余各三人。员外郎四十有四人,制用六人。田赋、库藏各五人。余各四人。主事三十有五人。田赋、管榷、通阜、廉俸、会计各四人,余各三人。金银库,郎中一人,员外郎四人,主事二人。收发稽察处,督催所改。员外郎一人,主事二人。

大臣掌主计算,勾会银行币厂,土药统税,以经国用。副大臣贰之。田赋掌土田财赋,稽核八旗内府庄田地亩。漕仓掌漕运核销,仓谷委积,各省兵米谷数,合其籍帐以闻。税课掌商货统税,校比海关、常关赢绌。管榷掌盐法杂课,凡盘查道运,各库振敛,土药统税,并校其实。通阜掌矿政币制,稽检银行币厂文移。库藏掌国库储藏,典守颜料、缎匹两库。廉俸掌核给官禄,审计百司职钱餐钱。军饷掌核给军糈,勾稽各省报解协饷。制用掌核工银,经画京协各饷,兼司杂支例支。会计掌国用出纳,审计公债外款,编列出入表式。金银库掌金帛期会。收发稽察处掌各司受事付事。所辖:币制局,提调一人,帮提调二人。本部丞、参兼充。庶务处,调查、筹办、稽核、编译各股,俱派员分治其事。

光绪三十三年,改户部设,省财政处入之,置尚书,左、右侍郎,左、右丞,参议,各一人。并十四司为十司,改置郎中以次各官。如前所列。宣统三年,改尚书为大臣,侍郎为副大臣。

清理财政处,提调,帮提调,各二人。本部丞、参兼充。总办,帮总办,各一人。总核坐办科员无恒额。各省清理财政正监理官二十人,给三、四品卿衔、奉天、直隶、江苏、安徽、山东、山西、河南、陕西、甘肃、新疆、福建、浙江、江西、湖北、湖南、四川、广东、广西、云南、贵州各一人。副监理官二十有四人。奏派吉林、黑龙江、江宁、两淮各一人,余同正监理官。宣统元年置。

大清银行,正监督,正三品。请简。副监督,各一人。储蓄银行总办一人。分行总办二十人。津、沪、汉、济、奉、营、库、重、广、赣、晋、汴、浙、闽、吉、秦、皖、湘、滇、宁各一人。以上由大臣奏派。光绪三十三年,设户部银行,置总监督,秩视左、右丞。寻更名正监督。明年改为大清银行。

造币总厂,正监督一人,正三品。请简。副监督二人。分厂总办、奉天、江宁、广州、四川、云南,由清理财政正监理官兼充。帮办江宁、武昌、广州、四川、云南，由副监理官兼充。各五人。光绪三十三年置。

学部　学务大臣，副大臣，各一人。左、右丞，左、右参议，各一人。参事厅参事四人。司务厅司务二人。总务、专门、普通、实业、会计五司，郎中各二人，员外郎十有五人。总务五人，普通四人，余各二人。主事十有八人。总务、普通各六人，余各二人。一等书记官正七品。奏补。十有一人，二等正八品。十有七人，三等正九品。十有五人。二、三等俱咨补。

大臣掌劝学育材，稽颁各学校政令，以迪民智。副大臣贰之。总务掌机要文移，审核图书典籍。专门掌大学及高等学校，政艺专业，咸综领之。普通掌师范、中、小学校，各以其法定规程稽督课业。实业掌农工商学校，并审核各省实业，为民兴利。会计掌支计出入，典领器物，及教育恩给。其兼辖者：八旗学务处总理，协理，督学，调查图书各局长，局员，编订名词馆总纂，图书馆正副监督以次各员，俱择人任使，不设专官。

光绪二十二年，置管理官书局大臣。先是京师设强学书局，详练时务。至是改归官办。二十七年，更命尚书张百熙充管学大臣，管理大学堂事。二十九年，改学务大臣。三十二年，始设学部，置尚书，侍郎，左、右丞，参议，各一人；五司郎中各一人，员外郎十有二人，主事十有五人，视学官无恒额。定正五品。派司员暂充。明年，命大学士张之洞领部事，非永制。宣统元年，改视学官为差，增郎中五人、员外郎四人、主事三人。三年，改尚书为大臣，侍郎为副大臣。

国子监，丞一人。正四品。请简。掌文庙辟雍典礼。典簿正七品。奏补。四人，掌祀典庙户。典籍正八品。咨补。四人，掌祭器、乐器。文庙七、八、九品奉祀官各二人。咨补。正通赞官、从六品。奏补。副通赞官、从八品。咨补。各二人。二、三等书记官各三人。光绪三十二年置。

大学堂，总监督一人。正三品。请简。经、法、文、工、商五科监督各一人。奏派。教务、庶务、斋务各提调,俱延聘通晓学务者为之。光绪二十五年,创设京师大学堂,命大学士孙家鼐领之。三十二年,定总监督为专官。

陆军部　陆军大臣,正都统。特简。副大臣,副都统。特简。各一人。参事四人。检察官八人。部副官四人。各省调查员无恒额。俱正参领以次军官充之。副参领以上请简,协参领以下奏补,额外军官、军佐咨补。录事二人。额外军官及中、下士充之。下同。承政、军制、军衡、军需、军医、军法六司,各司长一人,副协都统、正参领充。处长同。副官一人。正、副军校及相当文官充。科长十有六人,承政科四:曰秘书,曰典章,曰庶务,曰收支。军制科七:曰搜简,曰步兵,曰马兵,曰炮兵,曰工兵,曰辎重,曰台垒。军衡科四:曰考绩,曰任官,曰赏赉,曰旗务。军需科三:曰统计,曰粮服,曰建筑。军医科二:曰卫生,曰医务。军实科二:曰制造,曰保储。科各一人。正、副参领充。一、二、三等科员百六十有二人。承政二十八人。军制四十有一人。军衡四十有七人。军需三十人。军医十有四人。一等副协参领充。二等协参领,正军校充。三等正、副军校充。译员四人,司电员三人,递事官十有七人。隶承政司。绘图员、艺师、艺士各一人。隶军制司。以上陆军官佐或学生充之。法规总编纂员二人,编纂员三人。隶军需司。以文武相当人员充之。监长、协参领、正军校充。监副,正、副军校充。各一人。司法官十有四人,看守官三人。隶军法司。以学律军官充之。审计处处长,副官,各一人。科长二人,综察、核销科各一人。科员二十有八人。各十四人。各司处录事百三十有六人。其暂设者:军实司司长,副官,各一人。科长二人,制造、保储科各一人。科员十人。制造四人。保储六人。军牧司司长,副官,各一人。科长二人,均调、蕃殖科各一人。科员十有二人。科各六人。军学处处长,副官,各一人。科长六人,教育,步、马、炮,工程,辎重队,科各一人。科员三十有四人。教育十二人,步队八人,马队、炮兵、工程队各四人。辎重队二人。普通编辑员三人。兵事编辑员六人。绘图员一人。属辎重队。

大臣掌主陆军，稽颁营制饷章，以巩陆防。副大臣贰之。参事掌法律章制。检察官掌察军队、学校、局厂。部副官掌传宣命令。承政掌出纳文移，旌别员司功过。军制掌编制征调，凡军械制造，交通建筑，并审验法式。军衡掌班秩、阶品、大将军、将军正一品，以正都统有积劳者充之。正都统从一品，副都统正二品，协都统从二品，正参领正三品，副参领从三品，协参领正四品，正军校正五品，副军校正六品，协军校正七品，司务长、技士长正八品，上士从八品，中士正九品，下士从九品。阶十有四。等级、共三等九级：上等一级正都统职，任总统官，秩视提督。二级副都统职，任统制官，秩视总兵。三级协都统职，任统领官，秩视副将。中等一级正参领职，任统制官，正参谋官，工队参领官，总军械官，护军官；同正参领职，任总军需官，总理医官，总执法官，秩视参将。二级副参领职，任教练官，一等参谋官，正军械官，中军官；同副参领职，任正军需官，正军医官，正执法官，总马医官，一等书记官，秩视游击。三级协参领职，任管带官，二等参谋官，副军械官，参军官；同协参领职，任副军需官，副军医官，正马医官，二等书记官，秩视都司。次等一级正军校职，任督队官，队官，三等参谋官，查马长，军械长，执事官；同正军校职，任军需长，军医长，稽查官，军乐队官，副马医官，三等书记官，秩视守备。二级副军校职，任排长，掌旗官；同副军校职，任司事生，医生，司号官，军乐排长，马医长，书记长，秩视千总；同协军校职，任司号长，医生，司书生，秩视把总。封赠、袭荫，凡军官、军佐并领其籍。军需掌粮饷廪饩，兼司军需人员教育。军医掌防疫、治疗，兼司军医升迁教育。军法掌审判、监狱，勾检军事约令。军实所掌，视旧武库司。军牧所掌，视旧太仆寺。军学掌学校教育，队伍操演。审计掌预算、决算，审核支销。所辖：宪政筹备处，银库，捷报处，马馆，俱派员分治其事。

光绪三十三年，改兵部设，省并练兵处入之。旧置总理亲王一人，会办、襄办、提调各一人。军政、军令、军学三司正、副使各一人。

自亲王以下俱请简。考功搜讨粮饷，医务、法律、器械隶军政，运筹、向导、测绘、储材隶军令，翻译、训练、教育、水师隶军学。十四科监督各一人，俱由总理遴委。置尚书，左、右侍郎，各一人。设承政、参议两厅，置左、右丞，参议，各一人。一、二、三等咨议官、检察官，简文武官贤能者充之。正、副从事官，副协参领充。无定员。设军衡、军乘、军计、军实、军制、军需、军学、军医、军法、军牧十司，职置司长各一人，科长三十有三人，一、二、三等科员二百有五人，承发官十有二人。承政二人。余各一人。军法未置。译员五人，绘图员、艺师、艺士各二人，录事百十有六人。官置郎中十有六人，员外郎十有八人，主事二十有二人，笔帖式百有十人。以上统为部额，不系以司。正参领八人，同正参领四人。副参领十有二人，同副参领六人。协参领十有八人，同协参领八人。额视郎中、员外郎、主事。正军校十有八人，同正军校八人。副军校二十有四人，同副军校十有二人。协军校三十有二人，同协军校十有六人。额视七、八、九品笔帖式。以官分任各职。三十三年，命庆亲王奕劻领部事，非恒制。宣统元年，修正陆军官制，军官自正参领以下，军佐自副都统以下，并就所习科目，冠以各队如马、步、炮、工、辎、警察各队，正、副协参领，正、副协军校，司务长，及上士、中士、下士之类。专门如军需、军医、制械副协都统，正、副协参领，正、副协军校，马医、测绘正、副协参领，正、副协军校，军乐协军校，测绘、军乐司务长，上、中、下各士，会计、调护上、中、下各士。名称削同字。二年，改尚书为大臣，侍郎为副大臣。省左、右丞，参议，谘议，承发各官。并两厅十司为八司。增承政一司，省军乘、军计、军学三司。设军学、审计二处。明年，定陆军官佐补充制，置部副官调查员，以军实司省入军制，改军牧司、军学处为暂设，冀树军马总监、军学院基础也。三年，复定陆军官佐充任制，如前所列。仍与旧司员参错互用。

海军部　海军大臣，正都统。副大臣，副都统。各一人。一等参谋官二人，二等四人。海军学生充。参事官二人。秘书官六人。

资格相当军官,文官充。司电员,艺师,艺士,酌用海军官佐或文官学生。录事,酌用文官学生及额外军官、军佐。无恒额。军制、军政、军学、军枢、军储、军法、军医七司,各司长一人。协都统、正参领充。科长二十有一人。军制科五:曰制度,曰考核,曰铨衡,曰驾驶,曰轮机。军政科三:曰制造,曰建筑,曰器械。军学科五:曰教育,曰训练,曰谋略,曰侦测,曰编译。军枢科三:曰奏咨,曰典章,曰承发。军储科三:曰收支,曰储备,曰庶务。军医科二:曰医务,曰卫生。科各一人。正、副参领充。下同。一、二、三等科员六十人。军制、军学各十有四人。军枢、军储各十人。军政八人。军医四人。充任视陆军部。一等司法官二人,二、三等司法官,学习司法官八人。学律军官充。主计处计长一人。正参领充。科长二人。会计、统计科各一人。各司处录事四十有八人。

　　大臣掌主海军,稽核水师及司令部,以固海疆。副大臣贰之。参谋掌参订改革。参事掌法律章制。秘书掌机密文移。军制掌规制铨法,旌别水师人员,功过、封荫、恤赏并典领之。军政掌营造船舰,检校器械,兼司军港工程。军学掌学校教育,舰队训练。军枢掌文牍典章,汇纪员司集课文簿。军储掌经营费用,稽核粮廪服装与其物用。军法、军医、主计职掌视陆军部。

　　光绪十一年,诏设海军衙门,依军机总署例,命醇亲王奕𫍯综之,大学士李鸿章专司筹办。十三年,北洋海军成,置提督、总兵等官。甲午师熸。至三十三年,始议恢复,设海军处,暂隶陆军部。置正使,视协都统。副使,视正参领。各一人。承发官二人,录事四人。设机要、船政、运筹三司,置司长、副官各一人。科长七人,机要科四:曰制度,曰筹械,曰驾驶,曰轮机。运筹科三:曰谋略,曰教务,曰测海。科各一人。船政不分科。承发官三人,司各一人。一、二、三等科员十有八人。机要十二人,运筹六人。考工官五人,船政司置。艺师三人,船政一人,运筹二人。艺士四人。船政运筹各二人。股长、股员,视事闲剧酌置。录事十有八人。明年,改设海政、船政、筹备、储蓄、医务、法务六司。寻设主计处,置计长、副长各一人。宣统元年，命肃亲王善耆等筹备海军，设参赞厅，分秘书、庶务两司，置一、二、三等参谋官，并设第一、第二、第三、第四四司，置司长以下各职。其夏，更命贝勒载涛等充筹办海军大臣，增设医务司。二年，订海军暂行官制，改第一司曰军制，第二司曰军政，第三司曰军学，第四司曰军防，医务司曰军医，秘书司曰军枢，庶务司曰军储，别设军法一司，是为八司。省参赞厅各职。寻改处为部，省军防司，置大臣、副大臣各一人。

法部　司法大臣，副大臣，各一人。左、右丞，参议，各一人。参事四人。审录、制勘、编置、宥恤、举叙、典狱、会计、都事八司，郎中二十有五人，审录四人，内宗室一缺。余各三人。员外郎三十有四人，制勘、编置各五人，内宗室各一缺。余俱四人。主事三十有三人。宥恤五人，内宗室一缺。余俱四人。收发所员外郎、主事各二人。七品小京官二十有六人。内宗室二缺。八品录事五十有三人，九品三十人。内宗室各二缺。

大臣掌主法职，监督大理院及京、外审判、检察，以维法治。副大臣贰之。审录掌朝审录囚，复核大理院、审判厅刑名。兼稽云南、贵州、广东、广西、察哈尔左翼案状。制勘掌秋录实缓，定科刑禁。兼稽四川、河南、陕西、甘肃、新疆、乌里雅苏台、科布多案状。编置掌盗犯减等，定地编发。兼稽奉天、吉林、黑龙江、山东、山西、察哈尔右翼、绥远城、归化城案状。宥恤掌恩诏赦典，清理庶狱。兼稽江苏、安徽、江西、福建、浙江、湖北、湖南案状。举叙掌升迁调补。籍纪功罪，征考法官、律师、书记。典狱掌修葺图圄，严固扃钥，习艺所俘隶簿录并典司之。会计掌财用出入，勾稽罚镪钧金。都事掌翻译章奏，收发罪囚文移。所辖：司狱总管守长、正管守长各二人，副管守长六人，监医正、正八品。监医副，正九品。各一人。

光绪三十二年，改刑部设，置尚书，侍郎，左、右丞，参以次各官。并十七司为八司。设收发所。置员外郎、主事各官。明年，增置宗室郎中、主事各一人；员外郎，小京官，八、九品录事，各二人。

裁司务入都事司,司库入会计司。司狱一职,改令典狱司小京官兼充,曰正管守长;八、九品录事兼充,曰副管守长。旧设提牢厅,以典狱司员外郎、主事兼充,曰总管守长。三十四年,依提牢厅司狱往制,仍定为兼职。寻置监医正、医副各一人。宣统三年,改尚书为大臣,侍郎为副大臣。

修订法律馆大臣,无定员。特简兼任。提调二人。总纂四人,纂修、协修各六人。庶务处总办一人。译员、委员无恒额。并以谙法律人员充之。光绪三十三年设。

大理院,正卿,正二品。少卿,正三品。俱特简。各一人。刑科、民科推丞各一人。正四品。请简。推事二十有八人。正五品。刑科、民科第一庭俱各四人,第二、三庭俱各五人。典簿厅都典簿一人,从五品。典簿四人。从六品。主簿六人,正七品。以上俱奏补。八、九品录事三十人。咨补。

正卿掌申枉理谳,解释法律,监督各级审判,以一法权。少卿佐之。推丞分掌民、刑案款,参议疑狱。刑科掌被旨推鞫宗室官犯,披详刑事京控上诉法状。民科掌宗室诤讼,披详民事京控上诉法状。都典簿掌簿籍罪囚。典簿掌出纳文移。大理于重罪为终审。凡法庭审判,推事五人会鞫之,是为合议制。附设总检察厅,掌综司大理民、刑案内检察事务,监督各级检察厅,调度司法警察官吏。厅丞一人,从三品。请简。检察官六人,正五品。奏补。主簿二人,八、九品录事四人。看守所所长一人,从五品。奏补。所官四人,正八品。奏补。九品录事二人。

光绪三十三年,改大理寺设,置正卿、少卿各一人,推丞二人。刑事四庭,推事十有九人。民事二庭,推事九人。并置典簿厅以次各官。又总检察厅厅丞一人,检察官六人,主簿一人,录事四人。设看守所,置所长各官。宣统元年,改刑科四庭为民科三庭,置推事各十有四人。三年,增置总检察厅典簿一人,改录事为八、九品各二人。

京师高等审判厅,厅丞一人,正四品。请简。掌治厅务,监督下级审判厅。下同。刑科、民科推事十有二人。从五品。刑科、民科一二庭俱各三人。典簿厅典簿二人,正七品。主簿四人,从七品。以上俱奏补。九品录事六人。于重罪为二审,轻罪为终审。审判会鞫视大理。检察厅检察长一人,正四品。请简。掌纠正同级审判,监督下给检察厅。下同。检察官四人,从五品。奏补。典簿、主簿各一人,九品录事二人。看守所所长,正六品。奏补。所官从八品。咨补。各一人,录事六人。

光绪三十三年设。宣统三年,增置检察厅典簿、主簿各一人,并置所长各官。

京师地方审判厅,厅丞一人。从四品。请简。刑科、民科推事三十人。从五品。民、刑一二庭俱各六人,三庭俱各三人。典簿二人,正七品。主簿二人,正八品。以上俱奏补。录事十有四人。于重罪为初审,轻罪为二审。推事三人会鞫之,亦合议制。检察厅检察长一人,正五品。奏补。检察官五人,正六品。奏补。典簿、从七品。主簿、从八品。录事各二人。看守所所长一人,从六品。奏补。所官二人。

光绪三十三年设。先是京城内外设预审厅,掌主净讼,隶民政部。至是省入,置厅丞一人。设民、刑各二庭,置推事二十有四人。典簿、主簿各二人,录事十人。检察厅检察长一人,检察官四人,典簿、主簿各一人。宣统元年,以狱讼烦兴,增设民、刑各一庭,置推事各三人,录事四人。检察厅检察官一人。三年,增检察厅典簿、主簿各一人。

京师初级审判厅,区为五处。刑科、民科推事各一人。从六品。奏补。录事二人。于轻罪为初审,推事一人讯断之,是为单独制。检察厅检察官二人,从六品。奏补。录事一人。初级俱不置长官,由部拣资深者一人为监督。

农工商部　农工商大臣,副大臣,各一人。左、右丞,左、右参议,各一人。农务、工务、商务、庶务四司,郎中十有二人,司各三人。

员外郎十有六人，司各四人。主事十有八人。庶务六人，余各四人。一、二等艺师，一等正六品，二等正七品。奏补。艺士，一等正八品，二等正九品。咨补。各二人。

大臣掌主农工商政令，专司推演实业，以厚民生。副大臣贰之。农务掌农桑、屯垦、树艺、畜牧并隶，通各省水利，汇核支销。工务掌综事训工，制器尚象，并物占各省矿产，设法利导。商务掌埠市治教，励民同货，修订专利保险约章，稽颁保护诉讼禁令。庶务掌章奏文移，计会本部收支，籍纪员司迁补。艺师、艺士掌治专门职业。所辖：农事试验场，工艺局，劝工陈列所，化分矿质所，度量权衡局，商标局，商律馆，俱遴颛业者分治其事。

光绪二十四年，设矿务铁路总局，寻复设农工商总局，令大臣综之。寻省。二十九年，设商部，省铁路矿务总局入之。置尚书，左、右侍郎，左、右丞，参议，各一人。司务所司务二人。设保惠、平均、通艺、会计四司，置郎中、员外郎、主事各二人。其冬，复省工部入之。三十二年，更名农工商部，改平均司为农务，以户部农桑等事隶之。通艺司为工务，以铁道等事划归邮传部。保惠司为商务。增置郎中各一人，员外郎、主事各二人。并司务厅会计司为庶务，省司务二人，增郎中一人，员外郎二人，主事四人。宣统三年，改尚书为大臣，侍郎为副大臣。

邮传部　邮传大臣，副大臣，各一人。左、右丞，左、右参议，各一人。承政、参议两厅佥事，正五品。奏补。员外郎，主事，小京官，各二人。船政、路政、电政、邮政四司，郎中各二人，员外郎十人，船政、邮政各二人。路政、电政各三人。主事二十人，船政、邮政各四人。路政、电政各六人。小京官各二人。八、九品录事无定员。

大臣掌主交通政令，汽行舟车，电达文语，靡所不综，以利民用。副大臣贰之。船政掌议船律，兼司营辟厂坞，测量沙线。路政掌议路律，兼司厘定轨制，规画路线。电政掌议电律，兼司官商局则例，海陆线规程。邮政掌议邮律，兼司邮局汇兑，邮盟条约。所辖：

邮政总局局长,副大臣兼充。总办,法国人充。各一人。铁路总局
提调二人。京汉路局总办、提调各一人,南局、京局会办各一人。京
奉路局总办二人,提调一人。京张铁路总办、会办,各一人。沪宁路
局总办一人。吉长路局、广九路局,总办、提调各一人。张绥铁路总
办、会办各一人。萍株铁路、正太路局、汴洛路局、道清路局,总办各
一人。电政总局局长一人,提调二人。分局总办、帮办、提调各一人。
各省分局总办各一人。电话局总办、会办各一人。天津、广州、太原、
烟台总办各一人。交通银行总理、帮理各一人。北京总银行,上海、
汉口、广州分银行,总办各一人。天津、营口管理各一人。差官三十
有四人。提塘官十有三人。旧隶兵部。俱遴员分治其事。

　　光绪三十三年设。先是船政招商局隶北洋大臣,内地商船隶工
部,邮政隶总税务司,路政、电政别简大臣领其事,至是俱并入。置
尚书,左、右侍郎,左、右丞,参议,各一人,及承政、参议两厅佥事各
官。设船政、路政、电政、邮政、庶务五司,置郎中十人,员外郎十有
二人,主事二十有四人,小京官十有四人。宣统元年,省庶务司郎
中、员外郎、小京官各二人,主事四人。增承政、参议两厅员外郎、主
事各二人。三年,改尚书为大臣,侍郎为副大臣。

　　军谘府　军谘大臣二人,特简。掌秉承诏命,翼赞军谟。总务
厅军咨使二人,副协都统、正参领充。掌综领众务。副官二人。协
参领,正、副军校充。下同。递事长一人,递事员五人。陆军官佐充。
第一、第二、第三、第四各厅长,协都统、正参领充。副官,俱一人。条
为四科,科长各一人。正、副参领充。一等科员,副协参领、同副协
参领充。二、三等科员,协参领,正、副军校及同协参领、同正、副军
校充。视事闲剧酌置。所辖:测地局,局长一人,第四厅长兼充。司
务三人。三角、地形、制图三股,各股长一人。第四厅各科长兼充。
班长,班员,印刷所科员,艺士,司务,无恒额。军事官报局,正、副局
长各一人。庶务,文牍,收支,编纂,译述,校对,无恒额。俱隶第四
厅。唯第五厅别置编纂官三人,译述一人。录事六十有三人。额外

军官及中士、下士充。军事参议官十有五人。直隶、江宁、江苏、江北、安徽、江西、河南、湖北、湖南、山东、山西、福建、广东、浙江、陕西各一人。协都统、正、副协参领充。

光绪三十三年，设军咨处，置协都统一人充正使，正参领一人充副使，副参领六人，同副参领一人，协参领十人，同协参领二人，正军校十人，同正军校二人，副军校十有二人，同副军校三人，协军校十有六人，同协军校五人，分充各司长、科长、一、二、三等科员。第一、第二两司，协、副参领充。测地司，同正、副参领充。十八科科长各一人，一、二司副参领充。测地司，同副、协参领充。第一司科员十有六人，第二司四人，正、副协军校充。测地司六人，同正、副协军校充。其承发官司各一人，译员五人，属第一司。艺师四人，艺士六人，属测地司。并以陆军官佐或学生充之。隶陆军部。宣统元年，以立宪大纲皇帝统率海陆军，别建军咨处，命贝勒载涛等领之。设总务厅，置军咨使二人。分设四厅，各置厅长一人，科长十有六人，科员无恒额。并定文官补充制。如前所列，寻削同字。详上陆军部。明年，设军事会议处。三年，改称府，令陆军大臣领其事。

弼德院　院长，副院长，各一人。特简兼任。顾问大臣三十有二人。特简兼任。掌参预密勿，朝夕论思，并审议洪疑大政，参议十人，请简。掌纂拟章制。秘书厅秘书长一人，请简。秘书官一、二等各三人，三等六人，俱奏补。分掌庶务。宣统三年设。

资政院　总裁，王、公、大臣内特简。副总裁，三品以上大臣内简充。各一人。掌取决公论。凡岁入岁出，法典朝章，公债税率，及被旨咨议者，经议员议决，会国务大臣上奏取裁。秘书厅秘书长一人，请简。一、二、三等秘书官各四人，奏补。掌计会文牍。议员，宗室王、公世爵十有六人，满、汉世爵十有二人，外藩王、公世爵十有四人，宗室、觉罗六人，各部院官三十有二人，硕学通儒纳税多额者各十人，俱钦选。各省咨议局六人。民选。

光绪三十三年设，置总裁二人。寻增协理四人。明年，复置帮办、参议各三人。宣统元年，定秘书厅官制。二年，定总裁、副总裁各一人。

盐政院　盐政大臣国务大臣内特简兼任。一人。丞一人。总务厅厅长，参议，南盐厅厅长，北盐厅厅长，各一人。以上俱请简。参事二人，一、二、三、四等佥事，俱奏补。一、二、三等录事，咨补。视事闲剧酌置。

大臣掌主盐政。丞掌佐理醝纲。总务掌综理庶务，典守机密。参议掌拟法制，佥事佐之。南盐厅掌淮、浙、闽、粤盐务，北盐厅掌奉、直、潞、东盐务。初沿明制，差御史巡视盐课。后改盐政。特旨兼充。都察院奏差者，亦以盐政名之。由内务司官充者，仍带御史衔。各省以督、抚综理者，并因地制宜，定为永式。宣统元年，设督办盐政处，命镇国公载泽充督办大臣，产盐行盐各省督、抚具充会办。三年，以整理国税，改处为院，特置盐政专官。

典礼院　掌院学士，副掌院学士，各一人。特简。学士，直学士，各八人。请简。总务厅厅长一人。簿正、典簿、司库，俱奏补。无定员。礼制、祠祭、奉常、精膳四署署长各一人。一、二、三等佥事，鸣赞，俱奏补。序班，录事，咨补。视事闲剧酌置。读祝官、赞礼郎、陵寝各官如故。

掌院学士掌修明礼乐，典领朝会，虔肃明禋。副掌院学士佐之。学士、直学士掌讨论参订。总务掌综理众务。簿正掌库储收发，与其陈设，并司监牢事。典簿掌典守库储册籍，兼稽核出入。司库掌典守各库，并督率库使，点验库兵。礼制掌朝会庆典。祠祭掌坛庙陵寝。奉常掌赞引傧导。精膳掌筵燕祭品。宣统三年，改礼部设。凡涉行政，俱划归各部。

外省官制，变更略少，唯省会、司道别易新名，巡警、劝业两道

详前。员额愈益。改学政为提学使。按察使为提法使,各级审检厅
隶之。故事,凡遇地方要政,藩、臬两司得与督若抚议,议定禀仰施
行,遇吏员升迁调补,亦会详焉。至是,改称为三司云。

提学使司　提学使一人,正三品。掌教育行政,稽核学校规程,
征考艺文师范。署设六科:曰总务,曰专门,曰普通,曰实业,曰图
书,曰会计。科长、科员分治之。遴谙学务者充之。别设学务公所,
有议长、议绅以讨论其事。奏充。光绪三十一年改置。增吉林、黑
龙江、江宁、江苏、旧置江南学政。新疆各一人,余仍学政额。

提法使司　提法使一人,正三品。掌司法行政,督监各级审判
厅,调度检察事务。署设三科:曰总务,曰民刑,曰典狱。科长各一
人,正五品。一等科员各一人,正六品。二等科员正七品。无恒额。
惟奉天置佥事科员。别有正司书,正八品;副司书,正九品。光绪三
十三年,东三省各置提法使一人。宣统二年,改各省按察使为提法
使,停辖驿传。

高等审判厅,厅丞一人。从四品。商埠分厅,推事长代之。刑
科、民科推事六人。正六品。典簿一人。正七品。主簿二人,正八
品。录事无定员。从九品。检察厅检察长一人,从四品。检察官一
人,正六品。录事二人。

地方审判厅,推事长一人。从五品。刑科、民科推事六人。从
六品。典簿、从七品。主簿从八品。事繁或二人,事简不置。各一
人,录事无定员。检察厅检察长一人,从五品。检察官一人,从六品。
录事二人。年守所所官一人,正九品。录事无定员。

初级审判厅,推事二人。正七品。事繁或三、四人。录事无定
员。检察厅检察官一人,正七品。录事二人。看守所所官一人。

管狱官一人,从五品。副管狱官一人。从六品。课长三人。正
八品。文牍、守卫、庶务各一人。所长二人。正九品。教诲、医务各
一人。府管狱官一人。从七品。州、县副管狱官一人。从八品。光

绪三十四年,奉天设模范监狱,置正管狱官,省府司狱、县典史。宣统二年,增置副管狱官。厥后各府、厅、州、县有仿而行之者。时天津、保定、湖北监狱成,未置专官。

　　东三省地处边要,自改建行省,变通例章,增置司道。提学、提法,各省通置,无庸赘述。今综新设诸司详左。初建行省,督署设承宣、咨议二厅,置左、右参赞各一人,从二品。佥事一人,一、二、三等科员佐之。旋省。

　　民政使司　民政使一人,从二品。掌主民籍。佥事,从四品。科员,一等从五品,二等正六品,三等正七品。各司同。各有恒任。一、二等医官无定员。一等正六品,二等正七品。光绪三十三年置,秩正三品。宣统元年,依布政使例,升从二品,主属吏升迁调补。

　　交涉使司　交涉使一人,正三品。掌主邦交。有佥事,科员,一、二等译官佐之。一等正六品,二等正七品。光绪三十三年,奉天、吉林各置一人。宣统二年,直隶、江苏、浙江、福建、湖北、广东、云南,并援奉天例续置。

　　度支使司　度支使一人,正三品。掌主财赋。有佥事,科员,一、二等库官佐之。一等正六品。二等正七品。光绪三十三年,三省各置一人。宣统元年,省黑龙江一人,隶民政司兼理。又光绪三十三年,奉天置旗务使司一人,佥事、科员如各司。宣统元年省。

　　甲午不竞,当事者鉴于军政未善,取则强邦,内自禁卫军,外自督练公所,并遵新定章制,以渐从事。乃三军、两协方告成,而巨变作焉。爰就可考者著于篇。

　　禁卫军训练大臣三人,王、大臣兼充。掌全军政令。军咨官六人,执事员十人,掌章奏文移,兼稽四科。协、标、营、队执事佐之。书记员五人,一等一人,二、三等各二人。绘图员二人,印刷、收支、庶务、递事各一人。军械、军法、军需、军医四科监督各一人,科员十有

五人，军械四人。军需五人。余各二人。俱遴员分治其事。协司令
处统领官一人，协都统充。掌统帅全协。参军官协参领充。掌赞画
机宜，副官正军校充。掌综理众务，各一人。司号长一人。协军校
充。司书生二人。同上。标本署统带官一人，正参领充。掌统辖全
标。教练官，副参领充。副官，掌旗官，俱副军校充。副军械官，副
军需官，副军医官，俱协参领充。副马医官，正军校充。司号长，各
一人。司书生二人。步、马、工程、辎重、交通、陆路炮、机关炮、警察
各队管带官，协参领充。副官，军需长，军医长，俱正军校充。俱各
一人。队官正军校充。俱各四人。排长俱各三人。副军校一人，协
军校二人。原置步队、机关炮队各十有二人，马队八人，陆路炮队九
人，工程、辎重、交通、警察队各六人。宣统三年，改定如今制。司务
长七十有九人。马、步、机关炮队各四人，陆路炮队三人，工程、辎
重、交通队各二人。初以协军校充。宣统元年，改札补。军械长四
人。正军校充。工程、交通、陆路炮、机关炮队各一人。查马长，正
军校充。马医长，副军校充。各三人。司书生三十有五人。马、步、
机关炮队各六人，陆路炮队五人，工程、辎重、交通队各四人。艺师
三人。隶交通队。军乐队官，排长，各一人。

　　光绪三十四年，设禁卫军，监国摄政王自领之，以贝勒载涛等
司训练。宣统元年，定训练大臣三人，及军咨官以次员额。先是各
协、标、营置执事督队诸官，至是俱改为副官，省协、标二等书记官
及全协书记长。

　　督练公所　督办一人，督、抚、将军、都统领之。掌整饬全省新
旧营伍。军事参议官一人，协都统、正参领充。掌综领科、局。一等
副官一人，协参领充。二等副官二人，正军校充。分掌文移众务。一、
二、三等书记官五人，五、六、七品文官充。司书生十有六人。八、九
品文官充。筹备、粮饷二科，科长各一人，分掌编练新军，裁汰旧营，
会计出纳，服装物品。军械局局长一人，掌新旧军枪炮弹药。以上

俱副军校充。一等科员五人,筹备、粮饷科各二人。军械一人。协参领充。二等十有一人,筹备四人。粮饷五人。军械二人。正军校充。三等十有二人。筹备五人。粮饷四人。军械三人。协军校充。测地分局,员阙。

光绪三十年,各省设督练公所,分兵备、参谋、教练三处,置总办、帮办、提调诸目。宣统三年,改设科、局,仿陆军新制,任官授职。如前所列。

军制　总统一人,正都统充。掌全军政令。总参谋官,协都统充。一等参谋官,正参领充。二等参谋官,协参领充。掌协赞号令,参画机宜。一、二等各员佐之。工程队参领官,掌佐本队事务。护军官掌理庶务,辖弁兵。炮队协领官职掌如工程队。总军械官,总执法官,总军需官,总军医官,详禁卫军。自工程队以下,俱正参领充。总马医官,副参领充。俱各一人。司书生十有五人。副协军校充。初,军、镇、协、标并置司事,后省。

镇制　统制官一人,副都统充。掌统帅全镇。正参谋官,正参领充。二、三等参谋官,所司同军制。执事官,俱正军校充。中军官,副协参领充。掌理庶务。正军械官,正执法官,正军需官,正军医官,俱副协参领充。正马医官,协参领充。司号长,副军校充。俱各一人。司书生十有五人。其协、标、营制如禁卫军。

光绪三十年,改练新军,区为三十六镇,定镇、协、标、营官制。宣统元年,各省先后编混成等协,暂置执法官、司事生各一人,寻省。三年,报成镇者二十有六,置总统一人。总参谋以下员阙。余或成二协,或一协一标,镇数未全。

陆军镇监,监长,协参领、正军校充。监副,正、副军校充。各一人。司书生二人。光绪三十四年,定监狱人员编制。

巡防队　分路统领官,事简缓置。帮统官,书记官,会计官,执事官,各一人。马、步队管带官一人。哨官、哨长各三人。书记长一人。以上各员,俱绿营将弁兼充。光绪三十三年,以防练旧营杂项队伍章制不一,仿新军成法,置统领以次各职。

　　海军舰制　巡洋长江舰队统制一人。副都统加正都统衔。统领二人。协都统。海圻巡洋舰管带,总管轮,正参领。一等参谋官,海筹、海琛、海容巡洋舰,南琛、镜清、通济练船,江元、江利、楚同、楚泰、楚有、江员炮船,保民运船诸管带,副参领。飞鹰鱼雷猎船,建威、建安鱼雷炮船,江亨、楚谦、楚豫、联鲸、楚观、舞凤炮船诸管带,协参领。驻英威克斯阿摩士庄各船厂监造员,正参领。俱各一人。余皆未补官。

　　同治十三年,朝议防海,购置兵轮都二十艘。光绪十年,法兵构衅,尽歼焉。越三年,编海军经制,分为四军,置提督一人为左翼,总兵二人为右翼,并置副将五人,参将四人,游击九人,都司二十有七人,守备六十人,千总六十有五人,把总九十有九人,至是又复成军。甲午一役又歼焉。宣统元年,设筹备处,复置海军提督,仿陆军等级,订海军官制。三年部成,先后除授如上制。

清史稿卷一二〇
志第九五

食货一

户口　田制

明末，苛政纷起，筹捐增饷，民穷财困。有清入主中国，概予蠲除，与民更始。逮康、乾之世，国富民殷。凡滋生人丁，永不加赋，又普免天下租税，至再至三。呜呼，古未有也。道、咸以降，海禁大开，国家多故。耗财之途广，而生财之道滞。中外大势，召祸兴戎，天府太仓之蓄，一旦荡然，赔偿兵费至四百余兆。以中国所有财产抵借外债，积数十年不能清偿。摊派加捐，上下交困。乃改海运以节漕费，变圜法以行国币，讲盐政以增岁入，开矿产以扩财源。以及创铁路，改邮传，设电局，通海舶。新政繁兴，孳孳谋利，而于古先圣王生众食寡、为疾用舒之道，昧焉不讲。夫以唐、虞治平之世，而其告舜、禹也，谆谆以"四海困穷，天禄永终"为戒。有国者其可忽哉！兹取清代理财始末，条著于篇。

户口　清之民数，惟外藩扎萨克所属编审丁档掌于理藩院。其各省诸色人户，由其地长官以十月造册，限次年八月咨送户部浙江清吏司司之。而满洲、蒙古、汉军丁档则司于户部八旗俸饷处。年终，将民数汇缮黄册以闻。

其户之别，曰军，曰民，曰匠，曰灶。此外若回、番、羌、苗、瑶、黎、夷等户，皆隶于所在府、厅、州、县。凡民，男曰丁，女曰口。男年十六为成丁，未成丁亦曰口。丁口系于户。凡腹民计以丁口，边民计以户。盖番、回、黎、苗、瑶、夷人等，久经向化，皆按丁口编入民数。其以户计者，如三姓所属赫哲、费雅喀、奇勒尔、库叶、鄂伦春、哈克拉五十六姓，甘肃各土司，及庄浪厅所属番子，西藏各土司所属三十九族，乌里雅苏台所属唐努乌梁海贡貂户，科布多所属阿尔泰乌梁海贡貂户、贡狐皮户，阿尔泰诺尔乌梁海贡貂户、贡灰鼠皮户，皆是。至土司所属番、夷人等，但报明寨数、族数，不计户者不与其数。

凡民之著籍，其别有四：曰民籍；曰军籍，亦称卫籍；曰商籍；曰灶籍。其经理之也，必察其祖籍。如人户于寄居之地置有坟庐逾二十年者，准入籍出仕，令声明祖籍回避。倘本身已故，子孙于他省有田土丁粮，愿附入籍者，听。军流人等子孙随配入籍者，准其考试之类是也。又必辨其宗系。如民人无子，许立同宗昭穆相当者为后。其有女婿、义男及收养三岁以下小儿，酌给财产，不得遂以为嗣之类是也。且必区其良贱。如四民为良，奴仆及倡优为贱。凡衙署应役之皂隶、马快、步快、小马、禁卒、门子、弓兵、仵作、粮差及巡捕营番役，皆为贱役，长随与奴仆等。其有冒籍、跨籍、跨边、侨籍皆禁之。

世祖入关，有编置户口牌甲之令。其法，州县城乡十户立一牌长，十牌立一甲长，十甲立一保长。户给印牌，书其姓名丁口。出则注所往，入则稽所来。其寺观亦一律颁给，以稽僧道之出入。其客店令各立一簿，书寓客姓名行李，以便稽察。及乾隆二十二年，更定十五条：一，直省所属每户岁给门牌，牌长、甲长三年更代，保长一年更代。凡甲内有盗窃、邪教、赌博、赌具、窝逃、奸拐、私铸、私销、私盐、踩曲、贩卖硝磺，并私立名色敛财聚会等事，及面生可疑之徒，责令专司查报。户口迁移登耗，随时报明，门牌内改换填给。一，绅衿之家，与齐民一体编列。一，旗民杂处村庄，一体编列。旗人、民人有犯，地方官会同理事同知办理，至各省驻防营内商民贸易居住,及官兵雇用人役,均另编牌册,报明理事厅查核。一,边外蒙古地方种地民人,设立牌头总甲及十家长等。如有偷窃为匪,及隐匿逃人者,责令查报。一,凡客民在内地贸易,或置有产业者,与土著一律顺编。一,盐场井灶,另编排甲,所雇工人,随灶户填注。一,矿厂丁户,厂员督率厂商、课长及峒长、炉头等编查。各处煤窑雇主,将佣工人等册报地方查核。一,各省山居棚民,按户编册,地主并保甲结报。广东寮民,每寮给牌,互相保结。一,沿海等省商渔船只,取具澳甲族邻保结,报官给照。商船将船主、舵工、水手年貌籍贯并填照内,出洋时,取具各船互结,至汛口照验放行。渔船只填船主年貌籍贯。其内洋采捕小艇,责令澳甲稽查。至内河船只,于船尾设立粉牌,责令埠头查察。其渔船网户、水次搭棚趁食之民,均归就近保甲管束。一,苗人寄籍内地,久经编入民甲者,照民人一例编查。其余各处苗、瑶、千百户及头人、峒长等稽查约束。一,云南有夷、民错处者,一体编入保甲。其依山傍水自成村落者,令管事头目造册稽查。一,川省客民,同土著一例编查。一,甘肃番子土民,责成土司查察。系地方官管辖者,令所管头目编查,地方官给牌册报。其四川改土归流各番寨,令乡约甲长等稽查,均听抚夷掌堡管束。一,寺观僧道,令僧纲、道纪按季册报。其各省回民,令礼拜寺掌教稽查。一,外来流丐,保正督率丐头稽查,少壮者递回原籍安插,其余归入栖流等所管束。自是立法益密。

时各省番、苗与内地民人言语不通,常有肇衅之事。二十四年,定番界、苗疆禁例。凡台湾民、番不许结亲,违者离异。各省民人无故擅入苗地,及苗人无故擅入民地,均照例治罪。若往来贸易,必取具行户邻右保结,报官给照,令塘汛验放始往。

棚民之称,起于江西、浙江、福建三省。各山县内,向有民人搭棚居住,艺麻种箐,开炉煽铁,造纸制菇为业。而广东穷民入山搭寮,取香木舂粉、析薪烧炭为业者,谓之寮民。雍正四年,定例照保甲法一体编查。乾隆二十八年,定各省棚民单身赁垦者,令于原籍州县领给印票并有亲族保领,方准租种安插。倘有来历不明,责重保人纠察报究。五十五年，谕："广东总督奏称，撤毁雷、廉交界海面之涠洲及迤东之斜阳地方寮房，递回原籍，免与洋盗串通滋事，并毁校椅湾等三十二处寮房共百六十二户，另行抚恤安插。沿海各省所属岛屿，多有内地民人安居乐业。若遽饬令迁移，使数十万生民流离失所，于心何忍。且恐办理不善，转使良民变而为匪。所有各省海岛，除例应封禁者外，余均仍旧居住。至零星散处，皆系贫民，尤不可独令向隅。而渔户出洋探捕，暂在海岛搭寮栖止，亦不可概行禁绝。且人民既少，稽察无难，惟在各督抚严饬文武员弁编立保甲。如有盗匪混入，及窝藏为匪者，一经查出，将所居寮房概行烧毁，俾知儆惧。其渔船出入口岸，务期取结给照，登记姓名。倘进口时藏有货物，形迹可疑，严行盘诘，自不难立时拿获也。"五十七年，谕："据福宁所奏，山东一省海岛居民二万余名口，各省海岛想亦不少。当遵照前言，不准添建房屋，以至日聚日众。仍应留心访察，勿任勾结匪徒，滋生事端。"咸丰元年，浙江巡抚常大淳奏言："浙江棚民开山过多，以致沙淤土壅，有碍水道田庐。请设法编查安插，分别去留。"如所议行。

　　四川经张献忠之乱，孑遗者百无一二，耕种皆三江、湖广流寓之人。雍正五年，因逃荒而至者益众。谕令四川州县将人户逐一稽查姓名籍贯，果系无力穷民，即量人力多寡，给荒地五六十亩或三四十亩，令其开垦。

　　其吉林宁古塔、伯都讷、阿勒楚喀、拉林等地方，乾隆二十七年定例不准无籍流民居住。及三十四年，吉林将军傅良奏："阿勒楚喀、拉林地方流民二百四十二户，请限一年尽行驱逐。"上曰："流寓既在定例之前，应准入籍垦种，一例安插，俾无失所。"嘉庆中，郭尔罗斯复有内地新来流民二千三百三十户，吉林厅有千四百五十九户，长春厅有六千九百五十三户，均经将军奏令入册安置。其山东民人徙居口外者，在康熙五十一年已有十万余人。圣祖谕："嗣后山东民人有到口外及由口外回山东者，应查明年貌籍贯，造册稽查，互相对核。"其后直隶、山西民人亦多有出口者。

雍正初，因陆续设古北口、张家口、归化城三同知管理，旋移万全县丞于张家口，其古北口增设巡检一，归化城增设通判四、巡检一，各按所属民人，照保甲法，将姓名籍贯注册，逐年咨部查核。凡民人出入关口，由原籍州县给印票验明放行。所有放过票张，造册报部。

其福建、广东民人徙居台湾者尤众。嘉庆十五年，浙闽总督方维甸奏："噶玛兰田土膏腴，内地民人流寓者多。现检查户口，漳州人四万二千五百余丁，泉州人二百五十余丁，粤东人百四十余丁，与生熟各番杂处，必须有所钤制。"于是议增噶玛兰通判一。此外如江苏铜、沛两县，自黄河退涸，变为荒田，山东曹、济等属民人陆续前往，创立湖团，相率垦种。铜、沛土民因客民占垦，日相控斗。同治五年，户部奏："查明容留捻匪之刁、王两团，驱回原籍。安分良团，即令各安生业。"凡此夷、汉之杂处，土、客之相猜，虑其滋事，则严为之防，悯其无归，则宽为之所，要皆以保甲为要图。

顾保甲行于平时，而编审则丁赋之所由出也。编审之制，州县官造册上之府，府别造一总册上之布政司。凡军、民、匠、灶四籍，各分上中下三等。丁有民丁、站丁、土军丁、卫丁、屯丁。总其丁之数而登黄册。督抚据布政司册报达之户部，汇疏以闻。顺治十四年，命州县官编审户口，增丁至二千名以上，各予纪录。康熙五十一年，有"新增人丁永不加赋"之谕，自是圣祖仁政，遂与一代相终始。顾丁有开除，即不能不有抵补。故康熙五十五年，户部请以编审新增人丁补足旧缺额数，如有余丁，归入滋生册内造报，从之。高宗谕内阁曰："朕查上年各省奏报民数，较之康熙年间，计增十余倍。承平日久，生齿日繁，盖藏自不能如前充裕。且庐舍所占田土，亦不啻倍蓰。生之者寡，食之者众，朕甚忧之。犹幸朕临御以来，辟土开疆，幅员日廓，小民皆得开垦边外地土，藉以暂谋衣食。然为之计及久远，非野无旷土，家有赢粮，未易享升平之福。各省督抚及有牧民之责者，务当随时劝谕，俾皆俭朴成风，惜物力而尽地利，慎勿以奢靡相竞，习于怠惰也。"是时编审之制已停，直省所报民数，大率以岁造之烟户册为据。行之日久，有司视为具文，所报多不详核，其何以体朕欲周知天下民数之心乎?"又谕："据郑辉祖称，从前所办民数册，岁岁滋生之数，一律雷同。似此简率相沿，成何事体! 所有各省本年应进民册，均展至明年年底。倘再疏舛，定当予以处分。"当时民册恐不免任意填造之弊，然自圣祖以来，休养生息百有余年，民生其间，自少至老，不知有兵革之患，而又年丰人乐，无有夭札疵疬，转徙颠踬以至于凋耗者，其户口繁庶，究不可谓尽出子虚也。

至编审之停，始于雍正四年。直隶总督李绂改编审行保甲一疏略云："编审五年一举，虽意在清户口，不如保甲更为详密，既可稽察游民，且不必另查户口。请自后严饬编排人丁，自十六岁以上，无许一名遗漏。岁底造册，布政司汇齐，另造总册进呈。册内止开里户人丁实数，免列花户，则簿籍不烦而丁数大备矣。"乾隆五年，户部又请令各督抚于每年十一月，将户口数与谷数一并造报；番疆、苗界不入编审者，不在此例。从之。三十七年，从李瀚请，永停编审。自是惟有运漕军丁四年一编审而已。

盖清承明季丧乱，户口凋残。经累朝休养生息，故户口之数，岁有加增。约而举之：顺治十八年，会计天下民数，千有九百二十万三千二百三十三口。康熙五十年，二千四百六十二万一千三百一十四口。六十年，二千九百一十四万八千三百五十九口，又滋生丁四十六万七千八百五十口。雍正十二年，二千六百四十一万七千九百三十二口，又滋生丁九十三万七千五百三十口。乾隆二十九年，二万五百五十九万一千一十七口。六十年，二万九千六百九十六万五百四十五口。嘉庆二十四年，三万一百二十六万五百四十五口。道光二十九年，四万一千二百九十八万六千六百四十九口。咸、同之际，兵革四起，册报每缺数省，其可稽者，只二万数千万口不等。光绪元年，三万二千二百六十五万五千七百八十一口。

三十三年，厘定官制，以户部为度支部，而改前所设之巡警部为民政部，调查户口，归其职掌，各省则以巡警道专司其事。明年，谕直省造报民数，务须确查实数，以为庶政根本。民政部奏称："伏查三十二年黑龙江、安微、江苏、福建、甘肃、广西、云南丁册,并三十一年丁册,均未补造。在各督抚明知逾限,例当查参,而积习挽回不易。臣部于接收伊始,筹一切实办法,拟请敕下各督抚,责成府、厅、州、县,分乡分区,自行调查丁口确数,统以每年十二月底截算,以清界限。仍限次年十月送部汇奏。”制可。

宣统元年,复颁行填造户口格式,令先查户口数,限明年十月报齐,续查口数,限宣统四年十月报齐。至三年十月,据京师内外城、顺天府、各直省、各旗营、各驻防、各蒙旗所报,除新疆、湖北、广东、广西各省,江宁、青州、西安、凉州、伊犁、贵州、西宁各驻防,泰宁镇、热河各蒙旗,川、滇边务,均未册报到部外,凡正户五千四百六十六万八千有四,附户千四百五十七万八千三百七十,共六千九百二十四万六千三百七十四户;凡口数男一万三千九百六十六万二千四百一十,女九千九百九十三万二千二百有八,共二万三千九百五十九万四千六百六十八口。

自雍正十三年户部题准,准福建台湾府生番百九十九名,汇入彰化籍,广西庆远府归流土民百七十九名,汇入宜山籍,嗣后台湾生番、四川生番、岭夷归化者甚众,定例令专管官编造保甲,查缉匪类,逢望日宣讲上谕,以兴教化,自是番民衣冠言语愁与其地民人无异,亦有读书应考者。

及同治、光绪间,交通日广,我国之民耕种贸迁,遍于重瀛,亦有改入他国版籍之事。宣统元年,外务部会同修订法律大臣拟定《国籍条例》。因各国国籍法有地脉系、血脉系,即属地、属人两义,两义相持,必生抵触,于是采折衷制,分为《固有籍》、《入籍》、《出籍》、《复籍》四章,注重血脉系办法。宪政编查馆就所定四章厘为二十四条。

其《固有籍章》,第一,凡不论是否生于中国,均属中国国籍者,其疑有三:一,生而父为中国人者;二,生于父死以后而父死时为中国人者;三,母为中国人而父无可考,或无国籍者。第二,若父母均无所考,或均无国籍,而生于中国地方者,亦属中国国籍。其生地并无可考而在中国地方发见之弃儿，同。

其《入籍章》，第三，凡外国人愿入中国国籍者，准其呈请入籍。其必具备之款五：一，寄居中国接续至十年以上者；二，年满二十岁以上，照其国法律为有能力者；三，品行端正者；四，有相当之资财或艺能，足以自立者；五，照其国法律，于入籍后即应消除本国国籍者。其本无国籍人愿入中国国籍者，以年满二十岁以上，并具备前项第一、第三、第四款者为合格。第四，凡外国人或无国籍人有殊勋于中国者，虽不备一至四各款，得由外务部、民政部会奏请旨，特准入籍。第五，凡外国人或无国籍人妇人嫁与中国人者；以中国人为继父而同居者；私生子，父为中国人，经其父认领者；私生子，母为中国人，父不愿认领，经其母认领者。如有此等情事之一，均作为入籍。惟妇女嫁与中国人，须以正式结婚呈报有案者为限。余款以照其国法律尚未成年及未为人妻者为限。第六，凡男子入籍者，其妻及未成年之子应随同入籍。其照其国法律并不随同销除本国国籍者，不在此限。若其妻自愿入籍，或入籍人自愿使未成年之子入籍者，虽不备第三条一至四各款，准其呈请入籍。第七，入籍人成年之子现住中国者，虽不备第三条一至四各款，亦准呈请入籍。第八，凡入籍人不得就之官职：一，军机处、内务府各官及京、外四品以上文官；二，各项武官及军人；三，上下议院及各省谘议局议员。此等限制，特准入籍人十年以后、余入籍人二十年以后，得由民政部请旨豁免。第九，凡呈请入籍者，应声明入籍后遵守中国法律，及弃其本国权利，出具甘结，并由寄居地方公正绅士二人各出具保结。第十，凡呈请入籍者，应具呈所在地方官，详请所管长官咨请民政部批准牌示，给予执照为凭。其在外国者，应具呈领事，申由出使大臣或径呈出使大臣咨部存案。

其《出籍章》，第十一，凡中国人愿入外国国籍者，应先呈请出籍。第十二，凡中国人准出籍，其款有四：一，无未结之刑、民诉讼案件；二，无兵役之义务；三，无应纳未缴之租税；四，无官阶及出身。第十三，凡中国人妇女嫁与外国人者；以外国人为继父而同居者；

私生子，父为外国人，其父认领者；私生子，母为外国人，其父不愿认领，经其母认领者。如有此等事情之一，均作为出籍。惟妇女嫁与外国人，以正式结婚呈报有案者为限。余款以照中国法律尚未成年及未为人妻者为限。第十四，凡男子出籍者，其妻及未成年之子一并作为出籍。若妻自愿留籍，或出籍人愿使其未成年之子留籍，准其呈明，仍属中国国籍。第十五，凡妇女有夫者，不得独自呈请出籍。其照中国法律尚未成年及无能力者，亦不准自行呈请出籍。第十六，凡中国人出籍者，所有在内地特有之利益，一律不得享受。第十七，凡呈请出籍者，应自行出具甘结，声明并无第十二条所列各款及犯罪未经发觉情事。第十八，凡呈请出籍者，应具呈本籍地方官，详请该管长官咨请民政部批准牌示。其在外国者，应具呈领事，申由出使大臣或径呈出使大臣咨部。其未经呈请批准，不问情形如何，仍属中国国籍。

其《复籍章》，第十九，凡因嫁外国人而出籍者，若离婚或夫死后，准其呈请复籍。第二十，凡出籍人之妻，于离婚或夫死后，及未成丁之子已达成年后，均准呈请复籍。第二十一，凡呈准出籍后，如仍寄居中国接续至三年以上，合第三条三、四款者，准其呈请复籍。其外国人入籍后又出籍者，不在此限。第二十二，凡呈请复籍，应由原籍同省公正绅商二人出具何结，并具呈所在地方官，详请所管长官咨请民政部批准牌示。第二十三，凡复籍者，非经过五年后，不得就第八条所列各款之官职。第二十四，本条例自奏准奉旨后，即时施行。

此外改籍为良，亦有清善政。山西等省有乐户，先世因明建文末不附燕兵，编为乐籍。雍正元年，令各属禁革，改业为良。并谕浙江之惰民，苏州之丐户，操业与乐籍无异，亦削除其籍。五年，以江南徽州有伴当，宁国有世仆，本地呼为"细民"；甚有两姓丁口村庄相等，而此姓为彼姓执役，有如奴隶，亦谕开除。七年，以广东疍户以船捕鱼，粤民不容登岸，特谕禁止。准于近水村庄居住，与齐民一体编入保甲。乾隆三十六年，陕西学政刘酉奏请山、陕乐户、丐户应定禁例。部议凡报官改业后，必及四世，本族亲友皆清白自守，方准报捐应试。广东之蛋户，浙江之九姓渔船，诸似此者，均照此办理。嘉庆十四年，又以徽州、宁国、池州三府世仆捐监应考，常为地方所讦控，上谕："此等名分，总以现在是否服役为断。如年远文契无考，著即开豁。"

八旗人丁，定例三年编审一次，令各佐领稽查已成丁者，增入丁册。有隐匿壮丁入官，伊主及佐领、领催各罚责有差。凡壮丁三百名为一佐领，后改定为二百名。康熙四年，令满洲、蒙古佐领内余丁多至百名以上，愿分两佐领者，听。雍正四年，谕八旗都统及直省驻防都统、将军等，交与佐领、骁骑校、领催，将新旧壮丁逐户开明，并编审各官姓名，保结送部。其未成丁，成非正身良家子弟，并应除人丁，验实开除。五年，令凡编审丁册，每户书另户某人某官，无官则曰闲散某，上书父兄官职名氏，傍书子弟及兄弟之子，及户下若干人。或在籍，或他往，皆备书之。其各省驻防旗员兵丁，及外任文武各官子弟家属，令各将军、督抚造册咨送该旗。乾隆六年，令八旗编审各佐领下已成丁及未成丁已食饷之人，皆造入丁册，分别正身开户，户下于各名下开写三代履历。其户下人祖父或系契买，或系盛京带来，或系带地投充，分别注明。正户之子弟，均作正身分造。

七年，谕："八旗汉军，其初本系汉人。有从龙入关者，有定鼎后投诚者，有缘罪入旗与夫三藩户下归入者，有内务府、王公包衣拨出者，以及招募之炮手，过继之异姓，并随母因亲等类，先后归旗，情节不一。中惟从龙人员子孙，皆系旧有功勋，无庸另议更张。其余名项人民等，朕欲广其谋生之路。倘愿改归原籍，准其一例编入保甲。有愿外省居住者，亦准前往。此内如有世职，仍许承袭。不愿出旗者，听。"八年，又谕："前降谕旨，原指未经出仕及微末之员而言。至于服官既久，世受国恩之人，其本身及子弟，均不得呈请出旗。"十二年，又谕："八旗别载册籍之人，原系开户家奴冒入正户，后经自行首明，及旗人抱养民人为子，有愿出旗为民者，其入籍何处，均听其便。本身田产，并许带往。"二十六年，定汉军凡现任外省自同知、守备以上，京员自主事以上，旗员自五品以上，俱不许改归民籍。其余在京报明该旗咨部转行各省，在外呈明督抚咨报部旗，编入民籍，并准一体考试。

大抵清于八旗皆以国力挛养之。及后孳生藩衍，虽岁縻数百万金，犹苦不给，而逃人之禁复严，旗民坐是日形困敝。及乾隆初，御史舒赫德、范咸、赫泰，户部侍郎梁诗正等，先后奏请清查东三省旷地，俾移住开垦，以图自养。虽叠奉谕旨议行，然终未能切实举办。至八旗户下人开户，必有军功劳绩，或艺能出众，亦有本主念其服勤数世，准其另户，或放出为民者，亦有不准放出为民，但准开户者，其例又各不同云。

田制　曰官田。初设官庄，以近畿民来归者为庄头，给绳地，一绳四十二亩。其后编各庄头田土分四等，十年一编定。设粮庄，庄给地三百坰，坰约地六亩。庄地坐落顺、保、永、宣各属，奉天、山海关、古北口、喜峰口亦立之，皆领于内务府。此外有部、寺官庄，分隶礼部、光禄寺。又设园地，植瓜果蔬菜，选壮丁为园头。世宗初，设总理专官，司口外报粮编审。南苑本肄武地，例禁开田。宣宗尝谕前已开者并须荒弃。而咸、同间，嵩龄、德奎、刘有铭、铁祺先后疏陈开放，均严旨诘斥。然至光绪季年，仍赋予民。自后承地者乃接踵矣。

考各旗王、公、宗室庄田，都万三千一百余顷。分拨各旗官兵，都十四万九百余顷。凡王公近属，分别畀地，大庄给地亩四百二十至七百二十，半庄二百四十至三百六十，园给地亩六十至百二十或百八十，王府管领及官属壮丁人三十六亩，不支粮。凡拨地以现在为程，嗣虽丁增不加，丁减不退。

顺治元年，定近京荒地及前明庄田无主者，拨给东来官兵。圈地议自此始。于是巡按御史柳寅东上满、汉分居五便。部议施行。二年，令民地被指圈者，速筹补给，美恶维均。四年，圈顺直各州县地百万九千余坰，给满洲为庄屯。八年，帝以圈地妨民，谕令前圈占者悉数退还。十年，又令停圈拨。然旗退荒地，与游牧投来人丁，仍复圈补。又有因圈补而并圈接壤民地者。康熙初，鳌拜专柄，欲以正白旗屯庄予镶黄旗，而别圈民地圈补。户部尚书苏纳海、总督朱昌祚、巡抚王登联咸以不如指，罪至死。圣祖亲政，谕停止圈地。本年所圈房地俱退还。又以张家口、山海关等处旷土换拨各地，并令新满洲以官庄余地拨给，其指圈之地归民。是为旗退地亩。

凡官地，例禁与民交易。然旗人不习耕种，生齿日繁，不免私有质鬻。雍正初，清理旗地，令颁帑赎回。凡不自首与私授受者，胥入官为公产。旗地，令宗人府、内务府八旗具各种地亩坐落四至，编制清册，是为红册，以备审勘旗民田土之争。乾隆初，定回赎旗地仍归原佃承种，庄头势豪争夺者罪之。凡赎入官地并抵帑、籍没等田，皆征租曰旗租。旧查交入官地定租，由旗员主之。三十四年，以直督杨廷璋言，停其例。民租旗地，本限三年。或私行长租，业户、租户科以违禁律。八旗地主，久禁夺佃增租。自和珅管大农，奏改前章，于是旗人及府庄头率多撤地别佃，贫民始多失业。嘉庆五年，部臣请复申前禁。诏纂入定例通行。咸丰初元，又申令如额征租，主佃皆不得以意赢缩。若典鬻旗地，从盗卖官地律，授受同惩。顾日久法疏，或指地称贷，或支用长租，阳奉阴违，胥役讹索句结，弊遂丛生。虽屡申明诫，往往因他故，禁弛靡常。洎光绪中，乃定此业无论旧圈自置，概不准售与民人。惟从前民购升科者，仍予执业。

盛京官庄，于顺治初即定八旗屯界。旋令沙河以外、锦州以内，旗员家丁给地，人三十六亩。康熙中，定以奉天所属地界新满洲迁来者，凡丈出地为顷三十二万九千余，以二十七万六千三百余顷为旗地，按旗分界。又设各旗官员庄屯，各城兵丁，均酌给随缺地亩。旋令索伦、达呼尔官兵耕种墨尔根地，奉天官兵耕种黑龙江地。乾隆初，设黑龙江屯庄，呼兰立庄四十所，选盛京旗丁携家往，官为资装筑屋庀具，丁给地亩六十，十丁一庄，每六亩给籽种二斗，庄给牛六头，口粮并给。温德亨、都尔图亦如之。凡随缺官地归旗入册，禁职官侵占。嘉庆间，令盛京入官地亩，应招无地贫民领租，职官子弟不得承种。管界各官,并不得于所管区以子弟之名置房地。道光中,宁古塔、伯都讷、三姓、阿勒楚喀、拉林各官庄,共原额地万二百垧,吉林八旗与各处旗地暨乌拉旗地,共三十六万五千九十二垧。而光绪初,拨三姓荒为官兵随缺地,计垧二万九千余。宣统时,以奉省各旗地多盗典隐占之弊,令通稽确核,毋与清赋涠淆,先城旗,后外城,依次厘定。此官庄之属东三省者。

直省各置驻防旗兵,立庄田于所驻地,给田人各三亩。其全眷挈赴者,前在京所得圈地撤还。旗员分界园地,多则二百四十亩,少则六十亩,各省不尽同。惟浙江驻防无田,仍支俸饷。乾隆时,弛防兵置产之禁,惟八旗官仍禁如故。光绪之季,谕:"所在检旗丁名数,尽旧有马厂庄田,画地口分,责以农作。其本无厂田,或有而弗备者,所司于邻近分购民地配发,以为世业。由渐推广,俾旗丁归农,受治州县,与齐民不异。"未及实施。蒙古初分五等。一、二等备与庄屯,园地。三等以下,只与庄屯。各守土疆,毋得越境。后渐有民人贱收蒙地者。乾隆中定"有质鬻者峻罚之,著为永令"。分拨外藩官地,其略如此。故明内监庄田,总领于户部。其宗室禄田散在各省者,胥视民田起科。先是以新城、固安官地二百四十顷制井田,选旗民百户,户授百亩,公百亩,共力养公田。嗣更于霸州、永清仿行,然成效卒鲜。乾隆初,改屯庄。择勤敏者充屯户,按亩科粮。是为井田改屯地。

凡京师坛壝官地,暨天下社稷、山川、厉坛、文庙、祠墓、寺观、祭田公地,一切免征。建国初,赐圣贤裔祭田。其孔林地、四氏学学田、墓田地、坟地,咸除租赋。学田,专资建学及赡恤贫士,佃耕租而租率不齐,旧无常额。乾隆中,都天下学田万一千五百八十余顷。光绪变法,直省遍兴学堂,需费无艺,则又拨所在荒地,划留学田以补剂之。耕田行于首都先农坛。坛地凡千七百亩。雍正间,令疆吏饬所属置藉田。东西陵地,红桩以内例绝耕樵。东陵白桩界外初听民耕。道光朝乃严其禁,青桩以外,遵、蓟、密、承诸界内兵民私垦,至地万余区,久益增廓。光绪末,定为计区勘丈,将熟地分则升科,储学堂之用焉。牧马草场在畿辅者,顺治二年,以近畿垦荒余地斥为牧场,于顺天、津、保各属分旗置之。自御马厂以下,各按其旗地牧养。亲王方二里,郡王一里,亦圈地也。

曰屯垦。康熙中,招垦天津两翼牧地,计亩二万一千五百余。乾隆时,丈直隶马厂地振业贫民,命曰恩赏官地。在盛京者,奉天屯卫各地,八旗分作牧厂,自东迤西,本禁民垦,于定界所筑封堆制限之。然大凌河东厂、西厂荒地三十一万八百余亩,养息牧余地万四千六百垧,乾、嘉中陆续放垦。后又综各城旗马厂可垦地三十八万九千余亩,悉归城旗承种,并令八旗王公及闲散宗室,于所分牧地愿垦者,得自呈报。惟松筠请于养息闲壤移驻旗人,以费绌而罢。咸丰中,以大凌西岸垦妨马政,申禁如前。而同治二年,变通锦州、广宁、义州厂荒,西厂留牧,东厂招佃;其东北隅之高山子地数万亩,义州教场闲地万余亩,并行租佃,以为城兵伍田。然是时西厂有旗领旧地,久而越垦妨牧。八年,命划弃之。于是大凌河垦议遂沮。而吉、黑山荒多牧猎场,益严杜奸民揽售矣。养息牧地,初放时判东西界,置专官掌其租入。彰武本官牧,旋亦劝垦议科。于是养息牧生熟地共放六十一万八千八百余亩,其余荒八万九千六百余亩,余地三万五千三百余亩,即以为蒙、汉杂居牧佃,兼拊畜穷黎。吉林之乌拉,康熙时,于五屯分庄丁地,遂为五官牧场,颇富零荒。宣统时,拨充学田,放垦实地二千三百余垧。

凡驻防营皆置马厂,其牧庄旁余,靡不放垦。至荆防马厂垦熟之地,久畀诸民,而石首、监利,光绪末厘出厂地二万余亩,俱令招垦,以租息济警政小学。宣统初,宁夏满营牧地余畀,开渠垦地,亩可二十一万,旗、民各半之。民领则纳价为旗兵垦本。三年,安徽万顷湖牧场,改垦放田八万二千七百余亩,其流民占耕及民间认荒者,皆名曰佃民,其留旗丁田二万亩,亦招民佃,岁输谷麦,是为官佃。至是以抗租胶葛,定议民租田,令公司补价承业,资八旗生计焉。

口外牧场,隶独石者为御马厂。此外礼部、大仆寺、左右翼及八旗，均有牧场在张家口外。而杀虎口之议亩租，察哈尔属之戡私垦，大青山之宽免民占，奕兴地之招商领耕，列朝因时制宜，不拘成例。其后密云、热河同时放荒。热河宽旷，于留牧外得地千四五百顷，更以三一留牧，余咸招垦。地利辟而耕牧不相妨，甚善政也。

明之设卫也，以屯养军，以军隶卫。洎军政废而募民兵，屯军始专职漕运，无漕者受役不息，屯户大困。清因明之旧，卫屯给军分佃，罢其杂徭。顺治元年，遣御史巡视屯田。三年，定屯田官制。卫设守备一，兼管屯田。又千总、百总，分理卫事。改卫军为屯丁。六年，定直隶屯地输租例。其时裁屯田御史，继裁巡按，由巡抚主之。十三年，定屯军贴运例。浙江各卫有屯无运与无屯有运者，均征拨帖，屯户困始少苏。康熙十五年，以各卫荒田在州县辖境，军地民田多影射，令檄所司清厘。雍正二年，从廷臣请，并内地屯卫于州县，裁都司以下官。惟带运之屯，与边卫无州县可归者，如故。九年，令屯卫田亩可典与军户，不得私典与民。

乾隆元年，豁免广东屯田羡余，因除各省军田额外加征例。先是屯丁鬻产，官利其税入，给契允行。至此又令运田归船者，并禁军民复典。实则各省典屯于民，所在而有。六年，定屯田限一年。无论在军在民，并清出归丁赡运。十二年，漕督顾琮请田已典与民者，令旗丁购赎。然民执业久，丁贫无以赎，从阿思哈言，厘江西丁田，在军归军，在民增租给丁，永为定制。三十七年，又以漕督嘉谟奏，命清理湖广、江、浙、山东等省屯田。明年，裴宗锡因陈两江向不归运之裁卫屯田，加征津费。帝以累民，不允。四十年，鄂抚陈辉祖奏："武昌诸卫清出典鬻屯田，请加津赡运。"部议："如此则私相授受者知诫，而仍不病失业，庶典鬻之弊渐除。"五十年，以长沙、澧州原有弁田，转售纷纭，令除弁田名，准民产授受。五十四年，毕沅等奏，各省屯丁四年一编审，止稽户口之数，其田产或有漏匿，以时核之。百余年来，屯田利病与漕运终始。及南漕改海运，屯卫隐蔽难稽，至是而一大变。

光绪二十四年，太常卿袁昶奏理屯田，因有改卫为屯之谕，令天下核卫田亩数,详定租章。而江西以租悉充饷,与他省赡运者不同,吁仍旧贯。二十七年,刘坤一、张之洞条议屯卫宜裁。略称:"运军久虚,卫官复无事,一卫所属屯田,或隔府,或跨省,一切操诸胥吏之手,田饷弊窦,不可胜穷。"明年,谕各省勘实屯地,檄屯户税契执业,改屯饷为丁粮,归州县征解。除屯丁、运军名目,裁卫官。是时综计各省屯田约二十五万余顷,顾多与民田淆杂。又各丁私相质售,久失其旧。重以兵后册籍荡然,粮产无从钩铢。漕督陈夔龙陈大要三端:一,分丁业民业;一,现征毋追原额;一,补缴田价宜轻。而江、皖、两浙俱折衷定规,分别交价输税。如淮、扬、徐四卫,定有上则三两、中二两、下一两,屯税每两纳三分,余互有同异。惟山东以艰歉请免征纳。鄂督张之洞则谓湖北卫田,军户仰赡,即民人冒替,率非素封,均难责其呈价,仅有征契税而已。其税价视民田率。洎三十一年,宜城屯田构衅,以卫田例不便也。之洞更筹简易八法,大旨删除原则,分年减税豁派,累免杂课。但学堂捐与民田同,以备改屯为民。如式者官予文证。嗣湘省亦仿此行焉。宣统元年,浙抚增韫更请令承田者但刻期报明,统不纳价。部议即允占业,屯价不妨量收。盖屯卫嬗变,时势然也。

　　清自开创初,拨壮丁于旷土屯田。又近边屯处,筑城设兵以卫农人。世祖始入关,定垦荒兴屯之令。凡州、县、卫无主荒地,分给流民及官兵屯种。如力不能垦,官给牛具、籽种,或量假屯资。次年纳半,三年全纳。大学士范文程上屯田四事:一,选举得人;一,收获适宜;一,转运有方;一,赏罚必信。上是之。令凡自首投诚者,授荒田为永业。魏裔介亦请饥民转徙,得入籍占田。罪徒当遣者,限年屯垦,已事释还。其愿留占业者,听。定直省屯田,官助牛种者,所收籽粒三分取一;民自备者,当年十分取一,二年、三年三分取一。初定劝惩例,限年之法甚严。康熙初,虑官吏虚报摊派,停限年令。寻御史徐旭林论垦荒三弊,言甚切至,然限年卒不可行。旋令士民垦地二十顷,试其文理优者,以县丞用;百顷以知县用。凡新垦地,初定三年起科。又文宽至六年后。寻令通计十年。既仍用六年例,亦有循三年旧制者。

雍正初元,谕升科之限。水田六年,旱田十年,著为例。当顺、康间,直省大吏以开拓为功,其报垦田总额,多者如河南,至万九千三百六十一顷,少者如山东,百二十顷有奇。世宗末年,以数多不实,严诚审核。其有浮饰,论如律。定议叙法。凡官吏召佃资垦者,按户数多寡,军民自措工本者,按亩数多寡行之。乾隆时,令官山、官地,无论土著、流人,以呈报之先后予垦。民地由业主先报。或实力绌,他人始得承之。凡屯户加垦者,俱令改屯升科。又令已垦之地,宜慎防护。凡官民地,于水道蓄泄相关,毋擅行垦。倘帖己业,私垦塘堰陂泽为田,立予惩艾。

今考历朝屯垦之政,首直省屯田,次新疆屯田,次东三省开垦,次蒙古开垦,及青海、热河等处垦务,悉具于篇。

当顺治初元,令山西新垦田免租税一岁;而河南北荒地九万四千五百余顷,允巡抚罗绣锦言,俾兵课垦。二年,顺天行计兵授田法,每守兵予可耕田十亩,牛具、籽种官资之。又直隶、山东、江北、山西,凡驻满兵,给无主地令种。四年,给事中梁维本请开秦、豫及庐、凤荒田。六年,令各省兼募流民,编甲给照,垦荒为业,毋豫征私派,六年后按熟地征粮。十年,定四川荒地听民开垦。陕荒则酌调步兵,官给牛、粮。

康熙六年,定江、浙等省分驻投诚官兵屯田,人给荒田五十亩,得支饷本。其眷属众者,亩数量口递加。福建无荒,则分驻有屯诸省。七年,御史萧震疏言:"国家岁费,兵饷居其八,而绿旗兵饷又居其八。诚屯田黔、蜀,以驻郡县之兵,耕郡县之地,则费省而荒渐辟。"下部议行。时直隶、陕西、粤、闽先后定垦荒例,而四川更立特例,官吏准立功论。于是湘、鄂、闽、鲁、晋、豫等省空荒任民播种,限年垦齐。

雍正四年,甘肃、宁夏之插汉、托辉地平衍,可垦田六十万余亩,招户认领,户授百亩。五年,粤督阿克敦陈近年粤东垦弊四:一,豪强占夺;一,胥吏婪索;一,资本不充;一,土瘠惧为课累。劝导法五：定疆界，杜苟取，贷籽种，轻科额，广招徕。其后惠、潮贫民垦肇庆属地，高、廉、雷属山荒墝埆，皆给资招垦，并免升科。嗣琼州亦如之。又扩滇、黔垦计，乌蒙兵民并承，户勿逾二顷。其各省入，蜀民人户给水田亩三十，旱田亩五十。甘肃安西久行兵垦，移眷驻防，以与凉、肃二镇。屯兵多贫，垦赀悉出官贷，并令边省、内地零星可垦者，听民、夷垦种；及山西新垦瘠地，自十亩以下，陕西畸零在五亩以下，俱免升科。凡隙地及水冲沙杂，与田不及亩者，及史省山麓河墥旷土，均永远免科。浙江新涨沙涂，民、灶皆承领，百亩为号，十号为甲，十甲老农导耕。后值涨地，人咸利之。嗣有侵垦西湖之禁。乾隆五十九年，巡抚吉庆言，沿海沙地滩涨靡常，约十三万三千余亩，悉令入官，交原佃耕作纳租，永著为例。凡各省州县每岁新垦荒田荒地，以及荡地湖淤，督抚随时疏报升科。盖雍、乾以来，各省军屯民垦，称极盛焉。

福建各番鹿场旷土，例许租与民耕。然台湾自历任镇臣创庄招佃，往往侵据民、番地。乾隆时，谕禁武弁垦荒。旋禁土民私购番田。五十三年，福康安请拨余地界番、民自种，遴壮健作屯丁。内山未垦及入官荒废埔地八千八百余甲，每甲准民田十一亩零，共屯丁四千，分地任耕，免赋而不给饷，从之。嘉庆中，噶玛兰开辟田园七千五十甲有奇。道光初，定番社未垦荒埔分给民人征租。粤西设土兵、狼兵，均给军田。粤东有狼田、瑶田，仍按田充兵，其田均禁民典。台湾番地亦然。顾云南永北、大姚等处，汉典夷地，积隙数十年。道光建元，措理稍定。十三年，四川复有汉耕夷地之衅，乃析界址，令汉、夷不得互占。又用滇督阮元议，禁流民私佃苗田，并近苗客户典售苗产。十六年，以开化、广南、普洱地多旷闲，流民覆棚启种，因议论入户甲。御史陶士霖论其病农藏奸，禁之。

先是江苏涨滩，冒垦日甚，迨道光八年，始定归公。而官产民业，纠互缴绕。于是江督陶澍建言听民承售。部议江河不以垦殖为利，则沙洲不得以占鬻徇民。仍一律入官处置。寻耆英谓"民间价购兴筑，一旦夺还，迹类争利。请宽其既往而阔其将来"。从之。二十三年，祁埙言修复虎门等炮台，须屯田防护。明年，程矞采募丁二千试行。上曰："以本地之民种本地之田，守要隘即捍身家，允为长算。"

同治初元，以军储亟，檄凤、颍等属戍兵垦邻近废田，以渐推行诸郡。山东遭教匪之乱，邹、滕诸县田里为墟。三年，决用移民策，而东昌、临清、兖、曹各属逆产及绝户地，尽没入官。五年，乃有办理湖团之谕。湖兖者，曹、济客民种苏、齐界铜、沛湖地，聚族立团。既而土著归乡，控阋无已。然客垦由官招集，不乏官荒，所占土田不甚广，且讼者非实田户也。于是曾国藩研烛其情，为之驱逐莠户，留其良团，各安所业。陕西叛绝荒产，前一岁谕令筹设屯田。巡抚刘蓉言军事方殷，不如招垦便。部从其议。乃定募垦新章四：曰正经界，立制限，缓钱粮，定租谷。广东沿海沙地，定例水涸报勘，承垦者人勿过一顷，三年成熟，照水田起科。至后搢绅垄断侵渔，因命查文禁止。

当是时，值东南兵火之余，农久失业。光禄少卿郑锡瀛言国家岁入金约四千数百万，饷糈支耗半之，宜广屯田养兵以节费。寻御史汪朝荣称各省新复土疆，宜急垦辟。徐景轼亦以修农利、安流徙为言。由是曾国藩于皖、杨昌浚于浙，皆分别土、客，部署开荒。而马新贻于苏，刘典于陕，亦汲汲督劝。曾璧光、黎培敬前后于黔兴屯田之政。八月，用苏廷魁言，筹垦兰仪以下乾河滩地。十一年，谕陕西延、榆各属，地瘠民贫，宜亟垦辟，严州县考成。时回众初就抚也。

先是御史黄锡彤请设苏、皖屯营，选湘、淮散勇垦沿江地。光绪二年，朱以增亦言："或谓屯政宜边陲不宜腹地，不知有荒可垦，何兵不可农，何地不可屯？但抽调数营，陆续兴举，将来化兵为农，裨国非细。"时津海防兵营垦有效，故云然。曾国藩尝言："必得千亩无主之田，不与民田杂，方可资兵立屯。"李鸿章亦谓兵民杂处，不宜于内地。议遂寝。

初贵州屯军于古州、八寨、台控、丹江、清江五厅，分设百二十堡，为屯八千九百三十九户。户给上田六亩，中八亩，下十亩，附近山地不限。逮乾隆中，禁止承佃屯军私鬻。嘉庆初，铜仁、石岗苗地建碉卡，置屯军，每军百名，设百户一，总旗二。每军一名予水田四亩，百户六亩，总旗五亩，皆免租。洎同治初，更定黎平屯章。及是，罗应旒言："黔苗建屯已久，虚名鲜实，不如去兵之名，收农之实。"时屯军凡十卫，寻奏定分为两番，与守兵同，操防征调各额，屯设之百户、总旗等。有不力者，立时革替。先是沈桂芬有疏陈安置旗人听往各省之议。御史黄元善亦称山西暨江苏等省开荒，当仿双城堡旧章，令旗民移垦。顾以事体艰钜，未尽举也。十二年，台湾巡抚刘铭传筹垦内山番荒，伐木变价，以资抚恤。十六年，湖南洞庭新涨淤洲，建南洲厅治，入官佃租，共勘实民田十三万余亩，官田八万九千二百余亩。二十二年，桂抚史念祖言，粤西各属官民荒田可垦，令官力为倡，酌简屯兵，督令开熟，会民领耕，量地厚薄定科，计各属总垦荒田万四千三百余亩。

时陕西清荒甚力，巡抚张汝梅言："陕地兵祲交乘，百姓流散，北山气候，夏寒霜早，稭事无凭，又人工少而谷价廉，得不偿失。匪惟客民go留无定，即土民亦作辍靡常。欲求地不复荒，惟纾首垦期限，宽牧令责成，则民少逃亡，官不顾虑，而公私两益矣。"二十五年，定新阳荒芜额田约十万亩，无主者作官田招领，分田、地、场三等缴价，名曰系脚钱，有主限期报垦，逾限入官。从江督刘坤一请也。二十八年，陕抚升允言："西安马厂各荒地，试开水旱田，行屯垦。营哨官赋地亩自六十以下，屯勇人十亩。每百亩贷官牛两头，籽种三石，官备农器，一年还牛，二年全交。并拟令分年节饷。开屯之初，岁发全饷，二岁裁半，三岁尽裁。"嗣后地为水冲雹坏，稭入弗丰，因复上言："驱无饷之兵，使自食其力，势且壮志销于畎亩，精锐蚀于农作，有屯而实无兵，有兵而实无用，转非创屯本意，不如不裁其饷，而悉以屯利归公，再颁岁获之二三行赏，此所谓两利者也。"

江西义宁、新昌之交，有黄冈山，自明以还，恒为盗薮。二十九年，从巡抚柯逢时请，开地以益民。直隶安州白洋淀淤地肥沃，是岁弛禁，招民佃作，分四等收预租。三十一年，海洲、赣榆间有鸡心、燕尾二滩,利垦牧。又徐州微山湖淤滩地,均召民垦升科。三十二年,议定广西垦,荒丁壮既稀,资本又绌,乃仿外洋法,招商领垦。南宁则招商本立公司,募裁兵充垦丁。至宣统初,共放山荒十六万六千五百余亩。三十三年,江督端方上言苏属兵后荒田不下二百余万亩,请令历年报荒者定为板荒,余新荒,许各户指报豁粮,俱由局招垦则虚荒易查。又定垦章,区别官荒民荒,分三等输价,受荒无问土客,皆得领种。三十四年,清丈安徽沿江洲地,计怀宁等州县官荒应缴价者共三十万余亩。广东琼崖从未开殖,至是集商本创公司,官行清丈,分官荒民荒,先正其经界。宣统三年,云南清出荒地五十六万亩,安徽官民荒地四万一千余顷,河南沙荒地三万三千余顷。可垦者分三等,曰轻沙,曰平沙,曰重沙,各州县试行招垦,多则四百数十顷,少亦二三十顷。浙江仁和等属,垦熟甲地山陇百八十余顷,各府绅商领垦荒地万五千余亩。甘肃自光绪季年设局垦荒。达二十余万亩。

新疆屯田,始康熙之季,察罕诺尔地驻兵,因于苏勒万图、喀喇乌苏诸处创屯种,令土默特兵千,每旗一台吉遣监视大臣一人。而哈密、巴里坤、都尔博勒及西吉木、布隆吉尔等,咸议立屯。命傅尔丹、苏尔德、梁世勋分职其事。吐鲁番亦驻屯兵。雍正三年,命喀尔喀驻兵垦鄂尔昆田。

乾隆初,定一兵垦二十五亩,凡兵二千五百,种地三之,驻守二之。时回部如辟展各要冲,多设屯,厚兵力。逮准噶尔平,版图益廓,边防与屯政相维。七年,川陕总督尹继善请以蔡把什湖地租与回民,假赀耕种,事得允行。二十年,以伊犁西境喀尔喀东陲多闲壤,悉遣满、汉、蒙兵数千开屯,视蒙古授田例。又设额尔齐斯屯田,巴里坤亦置屯,遣甘、凉、肃屯地兵五百往种,秋收后入城,三年更迭,塔勒纳沁开田三千余亩。

二十三年,用雅尔哈善、永贵等言,于辟展、鲁克察克、吐鲁番、乌鲁木齐,托克逊、哈喇沙尔规度官垦。是时馈饷犹亟,诚巴里坤至伊犁循序增屯,其愿挟家者,俾安业如内地村庄。初人种十五亩,令益五亩。置新旧屯兵万七千,出帑三百万备籽种诸用。而特纳格、昌吉、罗克伦均益兵广屯。大率乌鲁木齐增垦以来,岁获悉供伊犁饷需。伊犁垦成,又资接续,更移喀什噶尔等回众二千五百户屯阿克苏。其事则黄廷桂、杨应琚、兆惠等主之。定章百兵一屯,地亩人二十,分小麦十一、谷七、青稞豌豆各一。然吐鲁番、辟展、鲁克察克兵屯外皆兼回屯,而库车东、哈喇沙尔西,或分布多伦回人溉种。

二十五年,伊犁屯议起,于河南之海努克立回屯,察罕乌苏立兵屯。翌年,又于叶尔羌、喀什噶尔、阿克苏、乌什等城增回屯,减兵额。时戎事方息,惟厄塞留兵,余齐赴伊犁屯殖,获粟赢裕,即益屯兵。兵不供屯,则招集流人,分土任业。巴里坤饶剩壤,穆垒土沃泉滋,俱募人大开阡陌。盖舒赫德、阿桂、明瑞等所建为多。三十七年,陕督文绶以新疆余地宜推广募垦,条列五事以闻。

四十一年,令叶尔羌成丁余回,特畀耕地编户,凡千五百户为一所,三千户为一卫。初,乌鲁木齐屯地,共绿旗兵三千,二千操练,一千屯耕,番休,三岁后令移眷,官予资装。及地日廓而兵不赡,率迁甘肃贫民,不靳烦费,赤贫全给,小康半之,岁穰自愿挈家则不给。四十五年,定眷兵分编户籍,其牛籽、农具、屋价、口粮,皆官措贷,约升科时,分三年缴纳。凡承种新疆熟地,本年升科,新垦三年后升科,而商民承垦新地,户三十亩,六年升科。盖自此楚呼楚、穆垒、玛纳斯、库尔哈喇乌苏,屯务駸駸日近矣。

新疆军屯分数,人获细粮十五石至十八石,官议叙,兵丁赏一月盐菜银,二十五石倍之,十二石以上,功过半,不及,官议处。兵重责留屯,次年收足予复。乌鲁木齐但获粮十一石以上即叙赏。塔勒纳沁尤硗瘠,赏罚递降杀之。无盐菜则给口粮,其阿奇木伯克等则赏缎匹。顾伊犁额多苦累,福康安尝以为言。最后将军长庚请仿乌鲁木齐例行,然部议仍未及减也。向例遣犯得留种新地,哈密各属截留伊、乌遣犯垦耕,年满乃各致其所,罪重勿留。又以不敷农作,仅限断洋盗而已。后令情轻者改防为眷,用羁縻之。遣犯获额兵丁,其叙赏诸事从原例。

嘉庆十三年，拨塔尔巴哈台兵赴伊犁殖田，以农隙简练，置武员领之，三年一更迭。而伊犁原定屯兵三千，每岁耕种，于中抽调如干，藉习戎备，其数岁有增减，各视其时，已耕之十八屯，番休轮种，以息地力。寻定自二十年始，每年加种两屯云。初，伊犁多可耕田，令惠远、惠宁两满城派闲散旗人分地试种，借给牛具，成效昭然。九年，松筠因言照锡伯营屯种例，分界旗兵地亩，各使自耕，永为世产。以有妨操务，只令转交闲散代耕。二十五年，令满营兼种杂粮，先后分田四万四千余亩，授八旗闲散自耕，但不得违禁佃租，私相典卖。

道光初，既勘定张格尔，令回兵试垦大河拐，增额则募贫回。于是乌什、阿克苏、和阗每散布回户行垦，乌鲁木齐属阜康、奇台暨吐鲁番，均募民户，伊犁惠远城迤东，亦选土著，阿卜勒斯荒俱拨回户，设五庄，庄百户，户得地亩二百，喀喇沙尔则裁屯安户，库车荒地，亦予无业回人，叶尔羌属巴尔楚喀多旷土，则广招眷民。其霍尔罕新田，散与回户，喀什噶尔初开地，分处河东西，东界回人，西招民户，或专属，或兼募，冀相安而已。凡民人赴回疆领地，皆官给印券，自赍以行，其征粮多至亩二斗四升，次小麦八升，次六升五合，最少三升，大率视壤肥瘠为断。阿卜勒斯入三色粮十六石，满营马兵练饷于兹取赡。自嘉、道以来，数十年中，伊犁屯垦，后先其事者，将军松筠、那彦成、布彦泰等，而林则徐遣戍日，履勘诸地，又兴水利于伊拉里克，厥绩尤伟焉。

同治二年，都统平瑞上言，乌鲁木齐闲旷孳生马厂，招商户移垦，并请于伊犁各城，一律经画分屯地界屯兵。命次第兴举。三年，饬哈密推广原屯。

光绪三年，侍读张佩纶请抽旗丁屯新疆。陕甘总督左宗棠谓有所窒碍疑阻凡六事，议遂寝。是时南路缠、民富庶，荒旷尚稀，北路镇、迪各属，垦熟地不过十二三，赋纳既亏，闾里窳敝。已而建置新疆省治。十三年，巡抚刘锦棠更酌定新章，户给地六十亩，官借籽粮二石，农具银六两，葺屋银八两，牛两头，二人即当一户，月给盐菜口粮,立限初年还半,次年全缴,缴讫,按亩起征,第三年半征,次年足全额。仍仿营田制,十户一屯长,五十户一屯正,每屯正五,设一管领专员,正、长领地贷本,悉如户民,总计安纳土、客千九十户,以次推行。而南路各属新垦地万九千余亩,分年起徵,均不领垦费。丈清南北两路各则荒熟地千一百四十八万亩有奇。各城伯克向有养廉地,自改郡县,裁伯克廉地一律入官佃租。十七年,魏光焘分划伊犁各地归旗屯、民屯各六万余亩,使各自力耕。其后土、客生息蕃庶,岁屡有秋,关内汉回挟眷承垦,络绎相属。

宣统三年,巡抚袁大化言:“新疆夙号农牧国,今日贫瘠,由地旷人疏。自迪化以西,精河以东,遍地官荒,草湖苇滩,无虑千万顷,而南疆东路萧旷亦同。拟集华侨立公司,速效非易。今令在新各员,有独力或合资开荒灼著明效者,分别奏奖,以示鼓励。”事得允行。

金川在乾隆四十年以武功底定,初从定西将军阿桂言,于西川之攒拉就近屯田,其美诺、底木达等处,令驻兵受地习耕,别斯满以次改土为屯,各置屯弁处理。又帛噶尔、角尧诸降番,悉视屯兵例,概畀以牛具籽粮。其番户多者三四十,少者一二十,初垦免赋,三年后输粮,旋令驻兵挈眷前赴,而丁口日增,又拨地户三十亩,俾加垦自给,地利浸辟矣。于是四川之懋功五屯,安置降番,亦户给地亩三十,选精壮千人,半为屯练给饷,半为余丁无饷。厥后厘出荒壤,亦分等加赍,巴塘、里塘沃区亦不乏。至光绪三十三年,川督赵尔丰疏筹垦计,招内地农户,而官资遣之焉。

关外土旷人稀,蒙古地尤广袤,利于屯垦。清初分旗有定界,继因边内壤瘠粮亏,拓边移垦。天聪中,令各牛录就各屯近地,择种所宜。以沈佩瑞言,于广宁东西、闾阳驿,选壮农充步卒屯田,分八固山,厘牛录为二等。备牛种农具,令材敏者率屯兵往耕。崇德五年,官兵于义州筑城开屯。康熙二十五年,以锦州、凤凰城等八处荒地分给旗民营垦,又遣徒人屯种盛京床壤。二十八年,定奉天等处旗、民各守田界,不得互相侵越。乾隆五年,侍郎梁诗正请置八旗闲散屯边,以广生计,命阿里衮往奉天相度地宜。于时吉林宁古塔、伯都讷、阿勒楚喀、三姓、珲春及长春，俱事垦殖，贫无力者，发官帑相贷。四十年，流人偷垦岫岩牧场地亩，遂定例使入官纳租。四十二年，以大凌河西北杏山、松山地丰美，徙闲散宗室，资地三顷，半官垦，半自垦，筑屋编屯，助其籽具。五十五年，令奉天自英额至暧阳边止，丈荒分界城旗之无田者，除留围场参山，余均量肥瘠配给，禁流民出口私垦，而积久仍予编户。嘉庆十六年，令各关隘诘禁之。

初以八旗口众，拨拉林地俾开田垦种。十七年，赛冲阿言"拉林近地间荒可垦者二万五千余垧，而三道卡、萨里诸处地多未垦，请移驻旗人"。寻富俊请拣屯丁千人，拨荒三十垧，给银二十五两，籽粮二石，垦二十垧，留十垧，试种三年后，第四年起交粮。俟移驻京旗分给以熟十五垧、荒五垧，余荒熟各五垧，即与原种屯丁为业而免兵粮。已，富俊建议更于拉林之西北双城堡开屯，移驻京旗闲散，为地九万数千垧，移户三千，年移二百户，依户划地，一切费悉领于官，区中、左、右三屯，屯鉴井二，选丁给地，例同拉林，京旗领地五年后，征粮二十石，每大屯容四十垧，每旗五屯，置总、副屯达各八人，每屯屯丁京旗各三十户，二三人以上即准户论，三屯各建义塾课幼丁。

道光五年，移驻户七十七，垦熟地三万三千一百余垧，盖富俊、松筠始终其事，故其效甚著。自后当事浸懈，又其地早霜气寒，愿徙者少，于是博启图改移驻户为千，因以所余地，户益十五垧，闲散不任耕，得买仆或赁佣以助。英和尝上言宜推广成功，而绪卒弗竟。伯都讷空旷围场二十余万垧，荒久壤腴，视双城堡事半功倍。富俊请令分屯画界，略仿前规，命其地曰新成，缀列户号，前后凡百二十屯。章凡六七上，廷议旋以双城堡事未遑他及，且用弗充，事竟已。二十八年，令凤凰城边私垦地，已熟及中垦者，招佃征租。无几，旗、民报垦至二十四万亩。

咸丰四年，开吉林五常堡荒田。先是齐齐哈尔设官屯，令罪徒及旗奴承种。寻以游惰遣退，选壮丁补之。嗣御史吴焯谓呼兰蒙古尔山荒宜垦，寻以参珠禁域，兼妨边务，竟不行。

　　同治时，广宁南之盘蛇驿，拟放地百万亩，民领及半。厥后水患频仍，迄光绪末，开放始竣。是时金场流民失业。用富明阿言，以藏沙诸河暨桦皮甸子诸处官荒界垦，免交押价，而法库门、叆江往往有游民偷垦。迨都兴阿履查，叆江西岸密迩朝鲜，安置匪易，惟严禁越渡，以谨其防。有沿江阴垦骚扰沿边者，立予拘罚。九年，乃就叆阳门至凤凰门边荒九十一所，分勘展界，绥奠穷黎，而私垦充塞边境如故。

　　光绪七年，吴大澄上言："宁古塔之三岔口壤沃宜耕，可募齐、鲁愿农，编屯一营，以实边塞。"十四年，将军希元始设局立制，以边瘠收薄，限十年后升科。寻设五社，垦地万三千四百垧有奇。二十二年，延茂覆陈吉林开垦，始误于旗、民之不和，继误于委员之自利，开局十六年，得不偿失。部议因定分别裁留。于是方正泡、菻梨场、二道漂河、头二道江、蚂蜒河、大沙吉洞等河，亟亟以拓地殖民为务。初，吉林放有揽头包领，虽荒疃绵亘，辄刻期集事，而弊溢于利，至是始惩革焉。又腹地加荒附著各屯，多寡不等，皆甚饶沃，领者麇至，则探筹决之。先是十二年，黑龙江将军恭镗请开呼兰属通肯荒地，疏陈十利。已而决议实行。至二十四年，营通肯克音荒务，画屯安井，招民代佃，民纳课粮，旗供正赋，官为之契，不夺佃益租。二十五年，垦布特哈之纳谟尔河间荒约四十万垧，旗民领佃，入费免租，从恩泽请也。越八年，讷河以南放垦三十七万五千一百余垧。

　　二十八年，吉林设局清赋，兼放零荒，各属旗户原无粮额，各地查报科徵。顾其时经界既淆，包套诡寄，棼如乱丝。旋日、俄变生，事益棘手。将军达桂、巡抚陈昭常先后清核，至宣统初元，都吉林大租原地为垧百一十八万三千一百有奇，浮多二十八万四千八百余垧。其明年，通吉省民田、旗地及夹段零荒勘放讫事，又清出七十九万三千三百余垧。浮多地者，如地形方及东西长，均以西为浮多，南北长则以北，西北有庐墓则以东南。或一地兼二则，次则即浮多也。

　　奉天大围场分东西流二围，自国初拨留是荒，有鲜围十五以捕鲜，大围九十以讲武。日久防弛，流人私垦历年。光绪初，将军岐元奏以二十围增海龙治,就地升科。至三十年,海龙两翼升科者,已达百二十九万八百余亩。余八十五围。西四十五围,于二十二年议垦,至三十年放讫,共正零山荒树川草甸三百二万二千余亩。其荒价亩纳银一两二钱,山场熟地六钱,生三钱,城镇基地亩二十两。其久年私垦土地则倍纳二钱四钱,中下差减,原户领回,不愿则撤放。东四十围,以安置金州迁户,开禁拨荒,迄三十一年,共放百十二万七千二百余亩。城地上者亩二十五两,中二十两,下十五两。荒地亩收正课二分,耗十分。其始两流围荒地听民择,所余夹荒,往往侵垦,吏缘为奸。自廷杰重勘,一清积弊。东流围即东平全境,隐并殆过西流,讼阅滋繁。三十二年,复丈两流山荒,俱十亩作七亩。至浮多地已先纳价,未及折合,则限八年升科,以平剂之。大率熟地当年起科,荒地四年为限。时日、俄构兵,奉省税滞帑虚,复查东边海龙各属私垦余荒,收价集资,藉维新政。又丈放锦州属海退河淤及各滋生地亩共三十二处云。

黑龙江地,当光绪十八年,于绥化之北团林子设屯田旗户千二百,巴兰苏苏之山林设户六百有余,计户授田,户四十五垧中以十五垧归屯丁永业,三十垧起科。拳匪乱作,流徙频年,续于铁山包招户,又招抚瑷珲各屯,久乃稍还其旧。然是时江省以东,民户日蕃,污莱攘剔,十才二三,富豪包揽居奇,零户无力分领,放荒速而收价迟,领地多而开地少。三十三年,乃议变通,令闲退兵愿农者,分年给垦,寓殖于屯。宣统元年,又令广招徕,定奖章,杜包承,赏经费。户仍领地十五垧,垧收公费四钱,大都荒价量地为等差。木兰、绥化垧收银七钱,通肯二两一钱,呼兰、墨尔根押租则一两四钱,赢朒不齐,均加征一五经费,其大较也。时又酌留嫩江迤西未放各荒为无地官兵生业。拨兵助屯之策,始自哈拉火烧试行,而地鲜上腴,兵惰不耐耕,亩仅获斗粮,甚且无颗粒收入,口食仍仰给于官,因复议缓。二年,仍改招民佃。

初,奉省厉行清赋,凡浮多地限令民户首实,纳价起科,历三岁余,仅得荒熟地八十余万亩。已而议局建,用分年免价法。东督锡良上言："清赋重升科不重收价，其利久暂悬殊。又东省为八旗根本，旗、民杂居皆土著，异于各省驻防，内外城旗随缺伍田，向有定额，即计口授田遗意。数百年来，户口增而地不给，口分体大难举，垦种事便易行。今长白新设治，移殖最宜，如以实边之策，资厚生之利，所谓两益者也。夫必先去其待食于人之习，然后渐为人自为养之谋，给田则奋于力农，徙地则除其依赖，为八旗计，无要于此。"三年，奉天各属大放民荒，共得十二万亩。

自顺治时，令各边口内旷地听兵治田，不得往垦口外牧地。顾其地丰博宜农，雍正初，遣京兵八百赴热河之哈喇河屯三处创垦，设总管各官。旋置张家口同知，十分其地，岁人耕逾分予叙，不及五分处罚。洎乾隆初，热河东西共画旗地约二万顷。古北口至围场旧无民地，历年民垦滋纷，乃令分拨旗户。未几，高斌请还其旧，从之。热河自改州县后，山场平原，讲求开殖，悉向蒙古输租，沿袭已久。其围场周千余里，为围七十二，置总管一，驻防旗兵千。

同治中，用都统瑞麟言，展垦闲荒，以济兵食，令招富户承领，禁占毗连民地，于红桩外定界立卡伦。寻翼长贵山等以阻挠得罪。时全围已放其半，领荒者渐侵正围，于是谕河东西佃垦及偷垦地一律封禁，斥遣私垦诸户。其侵入山坡沟岔，及报领匿多为少者，重按之。其后库克吉泰部署兹事，将旗佃围外隐地，拨补围内民佃，俾得移徙安业，以清围界。然委员措置失宜，奸佃抗聚生衅，经崇实再举勘量，更定照册永禁已腾之正围，瑞麟继之，仍无要领。

光绪初，御史邓庆麟胪列积弊，已而定议举办京旗徙户开屯，其后确勘热河五川荒地顷数，都二千三百有奇，平川地仅及其半，旋即招垦，以押荒抵饷。季年，都统锡良论开放围荒十事，大要留围座，编号目，增荒价，杜揽售，事皆允行。

蒙古当康熙时，喀喇沁等旗地，以民种而利其息入，辄廉募之，致妨游牧。乾隆初，亦令察哈尔蒙、民易居，但杂处积年，户众垦蕃，难归徙而轻生衅，议者数称驱斥之便。至嘉庆初，土谢图汗各旗地，常有游民栖息。蒙人负民债不能偿，而贫民复苦无归，则为之明界设限，不咎前失，倘将来私开一垄，增迁一人，坐所管盟长等罪，其租课官不之问，各扎萨克自徵之。时郭尔罗斯熟地亩二十六万五千余，粮亩四升为定率。至十一年，垦者踵相属，因伸关禁，并谕禁私与民授受，违者台吉连坐之。然流人私种成习，莫能格也。初令归化种地人按编甲例，岁上其籍，而口外绥远等地，仅容孑身商贩往来，挈室者有禁。其后科尔沁属达尔汗、宾图二王旗，卓哩克图、冰图二旗所招垦户，亦均编甲社，置乡长焉。

道光十二年，盛京将军裕泰上科尔沁垦章八事：凡写地必以自名，毋过五顷；一地复写者，后户与前户相均；村屯或典于民，追契折偿；地主无力回赎，任民再种，限年抵还；年满第允自种，或租与原佃，不得复典及招人；民户交地后，得自踏闲荒，自局承种；其蒙种熟地，毋许租人；界外民开者亦毋许影射。咸如拟行。土默特牧场，旧惟任意垦治，嗣分余地界蒙人，口率一顷，而佃与民种者多。至十七年，令入蒙押租，以其四佐官用，其租息无业蒙人四之，公家及本旗贝勒各三之。同治七年，徙喀喇沁越垦诸户分归各旗。

光绪七年，创乌里雅苏台垦田十顷六十亩为一屯，凡为屯七，浚渠、建居、牛、籽诸费，亦官为补助。八年，选库伦土著于图什、车臣西部落学试屯垦，从喜昌请也。当蒙古生息浸盛时，于地之不妨牧者垦之，曰牧地，又有租地、养赡地、香火地，皆自种自租。九年，山西巡抚张之洞言："丰、宁二厅、归绥五厅，自招垦蒙荒而户日蕃，所在余荒，时亦界无业佃民租种，其租所入，除例与蒙旗外，凡开地基本薪公岁耗弥补一切，皆取给其间，为益匪细。"

二十一年，奉天将军增祺请丈放各蒙荒，副都统寿山亦以为言，而国子司业黄思永请垦内蒙伊克昭、乌兰察布二盟牧地，盟长有谓妨其生业者，未克实施。是时晋边之丰镇、宁远垦民积数万户，而扎赉特、杜尔伯特、郭尔罗斯陆续报垦，人争趣之。察哈尔旗牧及草地虽禁私开，然自咸丰中马厂弛禁，至近岁越占纷纭，客户旗丁，讼不胜诘。二十四年，都统祥麟因言"欲蒙地无私垦，必严科罪，欲蒙员无私放，必惩奸商。"

　　二十八年，命侍郎贻谷督垦务，筹察哈尔事，陈扩充变通数端，大旨"主清旧垦，招新垦。蒙旗生计在耕不在牧。蒙古于地租，或抵偿，或私肥，或一地数主，抑且数租，黠商乘间包揽。宜由各旗总管详晰呈明，交地开放，悉汰从前地户商总等名，设垦务公司于两翼，各旗先后试办，各盟旗顺令即奖，抗延即罚。"于是伊克昭盟郡王等旗，及准噶尔，以次报地。杭锦、乌审颇反复，乌兰察布亦怀疑，已皆赴议。绥远已垦未垦地亩，在乾隆初即无确数，迄今八旗牧厂，地杂沙石，中垦者希，民情观望。乃建议自将军以下俱指认地亩，为商民导。旋以财用不足，创牛捐，并推广屯捐继之。凡丈蒙地，五尺为弓，二百四十弓为亩，百亩为顷，顷编为号。察哈尔两翼，则亩以三百六十弓，编号以五顷。札萨克图巴则二百八十八弓，十亩为垧，四十五垧为方。凡蒙旗荒价，半归国家，半归蒙旗。其归蒙者，自王、公、台吉至于壮丁、喇嘛，厘其等差，各有当得之数。凡地额设者为排地，向免押租。生地亩收押租三钱三分，滋生地倍之。贻谷以恤蒙艰，故亩收押荒二钱外，仅加一钱，局用取其六，本旗取其四。杭锦在后套近渠水地，押荒上地亩八钱，中七钱，下六钱。又言租数多则累民，少则累蒙，此旗与彼旗难强同，外蒙与内蒙不一例，因定乌审、札萨克、郡王三旗荒价，上则三钱，中二钱，下一钱。鄂托克、准噶尔两旗地区四等，别立中下一则，鄂旗上则四钱，准旗上则六钱，中四钱，以下均差减。乌兰盟四子王、达尔罕、茂明安及乌拉特后旗皆旱地，悉如向章。

　　三十四年，文哲珲讦贻谷败坏边局，查办大臣鹿传霖论其办垦有二误四罪，因策善后四事，谓"荒价及绳丈从宽，则丈放易，欲多收地价，则应先尽原佃承耕，减岁租而加渠租，以其租充渠费，渠增即地增，地增即租增，久之斥卤皆腴壤矣。"贻谷既逮系，信勤继之。减杭锦荒价，上地顷九十两，其次递减以五，最下七十两。分乌拉特地为东、西、中三公。旱地押荒分六等，上地顷百四十两，次百，中七十，中次四十，下二十，下下十两。先提公费三成，其余半蒙半公，胥如例。其归蒙地租亦四等，渠地亩岁征渠租四分五厘。

科布多及乌兰古木试行屯垦，肇自康熙末年。时参赞连魁陈办科属新政，谓"乌兰古木、巴雅特均科属杜尔伯特牧地，宜广营垦。科布多属虽积沙漠，而札哈沁旗、明阿特左右翼各旗及厄鲁特旗，各临其所属河泊，沿河田陌可耕者，多兴垦实边，于是乎在。"廷议允行。若乌梁海属布伦托海蒙地，自同治时开屯，颁帑金十万。嗣李云霖以操切激兵变，垦事中停。至是修渠，告成，以上渠屯兵并合下渠从其便也。阿尔泰旗高寒稀雨泽，仅成官屯四、民屯一云。托萨克图王公旗荒，每垧上等四两四钱，中二两四，下一两四，均收一五经费。凡依次领地，熟地百垧，须兼生荒二百垧。王旗至十一年放竣，都六十二万五千余垧。其明年，续放旗界山余各荒，设洮南属县二。公旗自招之户曰红户，台吉壮丁等私招者曰黑户。洮南沿荒段放齐后，河北荒段，至宣统元年，共丈十九万四千余垧。图什业图蒙荒，亦仿札萨克成案。

热河蒙荒，喀喇沁东旗已成良沃，敖汉半硗确，巴林较富。都统廷杰建言八事，以渐兴举。其蒙旗荒之隶奉属者，约放八万九千余垧，而昭乌达盟阿鲁科尔沁、东西扎鲁特三旗可耕地，共八千顷，上则顷收价七十两，中五十，下三十。扎赉特蒙旗新旧放荒综六七万垧，置大赉厅，捆出本旗蒙屯四十七所，外旗五十九所，近地余荒，垧收押租一两四钱。时复丈科尔沁公旗地二十四万一千四百余垧，郭尔罗斯后旗沿江地荒而实腴，垧加收公费三十两，蒙地及学务各半之。及是开放无余。翌年，城甸余荒亦毕放。长春本前旗蒙地，凡四十一万九千余垧。宣统二年，复放新荒，以公费资办府属审判，拓荒务以裨新政。更定巴林荒价，上则顷七十两，中五十，下三十。达尔汗王旗采哈新甸荒地分三则，上则垧六两，中四两，下二两。二共放实荒六万二百余垧。三年，复放达尔罕洮、辽站荒，备置驿通道焉。

青海向为蒙、番牧薮，久禁汉、回垦田，而壤沃宜耕者不少。曩年羹尧定议开屯，发北五省徒人能种地往布隆吉尔兴垦。最后庆恕主其事，以番族杂居，与纯全蒙地殊异，极陈可虑者五端。嗣又劝导蒙、番各族交地,以资拓殖,无论远近汉民皆得领,惟杜绝回族,以遏乱萌。于是开局放荒,黄河以南出荒万余亩,迤北至五万余亩。又虑其反复也,募实兵额,分留以镇詟之。番地僻,山峻且寒,仅燕麦菜籽,虽岁穰,亩收不过升四五,课务取轻,以次推行。近地始自光、宣之际,议垦荒尤亟,以物力之不易,而大举之无时,冀其地无弃利,人靡余力,盖犹有待焉。

清丈芦洲田亩,前允行之九江滨江芦地,原定下则起科,是后芦洲征粮,普令以一分以下为率。奉天广宁一带荡田垦殖旧矣,嗣以将军弘晌言,开鸥、鹰二河荡田三十八万二千余顷,令三年后升科,五年后丈量。而牛庄等处苇塘,近年河徙荒出,苇商大半匿垦,往往召争,先后订变通章程,迥别于故荒旧例。寻又丈放凤凰、岫岩、安东苇塘约十余万亩,按地编号,具鱼鳞图册,事在光绪末年。江南苇营草地,向由大河卫子领垦纳租,而江北则置樵兵备河务,左右两营,当海州、阜宁间,共地八千五百余顷,而续涸新涨不与焉。自河道改而樵兵虚设。宣统时部议裁汰,改为放荒,任人入赀承业云。

自光绪中叶,御史曾忠彦疏请振兴农学,特立农工商部,专其职司。数诏天下长史,讲求厘剔荒产,以为振兴之资。宣统初,□□农林推广二十二事,始于筹款办荒,而坦区宜辟田,山陇崎□□宜林木,责所司各于其境测验气候土性,表之图之,荒价□□科之缓急,争等厘别,而以考核官吏编报成绩,以行其□□树行水奖拔专例。洎乎革命势成,事之未毕举者,□□□。

曰营田水利。圣祖时,垦天津荒地万亩为水□□□创营田,设营田水利府,命怡亲王董其事。王□□□例四端。寻于天津等属分立营田四局,领□□□建闸开渠,民人愿耕者,官给工本,募江□□□翌年,得熟田百五十余顷。至雍正七年□□□不赀,而行之有验,惜功未竟,后渐□□□稔。

　　高宗饬直督李卫修治水田，复遣大理卿汪漋总江南水利工务，南北并营。已而高斌言桑乾河两岸可开大渠，引水治稻田，从之。嘉庆之季，命方受畴经画直省水利，兼戒鲁、晋、豫亦于其境各筹所施。顾犹有言直隶难举水田者。百年以来，李光地、陆陇其、朱轼等皆详言直隶水田利益，林则徐拟开近畿水田疏尤切至。财绌议沮，迄未畅行。自后僧格林沁在大沽口属捐兴水利，得稻田四千二百余亩，崇厚继之，频年劝垦盐水沽亦颇效。其后周盛传镇天津，修水利，成稻田六万余顷，土润获饶，至今利之。

　　同治时，陕西西安、同州等属设局厘荒产，兴营田。自光绪中，次第招垦至三万四千余亩，改局为所，州县领理之。时直属营田半荒弃，三晋骈灾，台臣夏献馨、唐树楠、彭世昌、刘瑞祺等先后疏言水利，华亦陈八事。直督王文韶谓“轻租价以恤民艰，疏沟渠以利水道，则乐垦者多”，因是天津营田征租至四万九百余亩。山东巡抚张汝梅亦请疏河道，浚沟渠以兴水利为农政本源；陕甘总督升允则请于陕西募水利新军左右两旗，将来拨归屯所，授地使耕，藉广屯政。其后奉天以东西辽河'大凌河诸川无涓滴水利，亦奏定采内地引渠灌地诸法，先就小河枝水鉴渠试办焉。

清史稿卷一二一

志第九六

食货二

赋役　仓库

　　赋役一曰赋则。清初入关，首除明季加派三饷。时赋税图籍多为流寇所毁。顺治三年，谕户部稽核钱粮原额，汇为《赋役全书》，悉复明万历间之旧。计天下财赋，惟江南、浙江、江西为重，三省中犹以苏、松、嘉、湖诸府为最。六年，户科右给事中董笃行请颁行易知由单。八年，世祖亲政，分命御史巡行各省，察民间利病。苏松巡按秦世桢条奏八事：曰，田地令业主自丈，明注印册；曰，额定钱粮，俱填易知由单，设有增减，另给小单，以免奸胥藉口；曰，由单详开总散数目，花户姓名，以便磨对；曰，设立滚单，以次追比；曰，收粮听里户自纳簿柜，加钤司府印信；曰，解放先急后缓，勒限掣销；曰，民差查田均派，与排门册对验；曰，备用银两，不得额外透支，征解银册，布政司按季提取，年终报部。自后钱粮积弊，厘剔渐清。

　　十一年，命右侍郎王宏祚订正赋役全书，先列地丁原额，次荒亡，次实征，次起运存留。起运分别部寺仓口，存留详列款项细数。其新垦地亩，招徕人丁，续入册尾。每州县发二本，一存有司，一存学宫。赋税册籍，有丈量册，又称鱼鳞册，详载上中下田则。有黄册，岁记户口登耗，与《赋役全书》相表里。有赤历，令百姓自登纳数，上之布政司，岁终磨对。有会计册，备载州县正项本折钱粮，注明解部年月。复采用明万历一条鞭法。一条鞭者,以府、州、县一岁中夏税秋粮存留起运之额,均徭里甲土贡雇募加银之额,通为一条,总征而均支之。至运输给募,皆官为支拨,而民不与焉。颁易知由单于各花户。由单之式,每州县开列上中下则,正杂本折钱粮,末缀总数,于开征一月前颁之。又佐以截票、印簿、循环簿及粮册、奏销册。截票者,列地丁钱粮实数,分为十限,月完一分,完则截之,钤印于票面,就印字中分,官民各执其半,即所谓串票也。印簿者,由布政司颁发,令州县纳户亲填入簿,季冬缴司报部。循环簿者,照《赋役全书》款项,以缓急判其先后,按月循环征收。粮册者,造各区纳户花名细数,与一甲总额相符。奏销册者,合通省钱粮完欠支解存留之款,汇造清册,岁终报部核销。定制可谓周且悉矣。

十五年,江西御史许之渐言:"财赋大害,莫如蠹役,官以参罚去,而此蠹役盘踞如故。请饬抚按清查,甚者处以极刑,庶积弊可冀廓清。"工科给事中史彪古请严禁正供外加派,并将申饬私派之旨刊入易知由单,俾民共晓。帝以所奏皆切中时弊,下所司详议以闻。

圣祖即位,严申州县官隐匿地亩、不纳钱粮、捏报新垦之禁,更定州县催征议叙经徵督催各官处分。其州县挪用正款、捏称民欠,及加派私征者,罪之。帝以由单款项繁多,民不易晓,命将上中下等则地每亩应征银米实数列单内;由单报部,违限八月者,罪州县卫所及转报官。给事中姚文然上言:"灾荒蠲免,有收完在前奉令在后者,以本年应蠲钱粮抵次年应纳正赋,名曰流抵,自应载入由单,俾人沾实惠。但部题定额由单,于上年十一月颁发州县,磨算编造,必在九十月间,而各省题报灾伤,夏灾以六月,秋灾以九月,部中行查复奏,咨行抚臣,饬知地方官吏,辗转需时,计已在颁发由单之后,其势无由填入。应请于流抵之下年填入由单,以杜其弊。"下部议行。

直省征收钱粮,夏税于五六月,秋粮于九十月,其报部之数,责成各司于奏销时详加磨勘,按年送京畿道刷卷。自世祖定赋税之制,正杂款繁多,咨题违错,驳令查复,印官即借部驳之名,擅行私派;其正赋钱粮本有定额,地方官吏遇有别项需用,辄令设法,实与加派无二。至是下令严禁,罢州县欠粮、留任候代、完全开复之制。七年,以夏税秋粮定限稍迟,恐误协饷,仍复旧制,州县开征后,随收随解。凡各省地丁钱粮,巡抚于岁终奏销,详列通省钱粮起运存留、拨充兵饷、办买颜料及余剩之数,造册具报。其黄册、会计册繁费无益,悉罢之。十五年,严定官民隐田罪例。官吏查出隐田,分别议叙。人民举首隐地逾十顷者,即以其地与之。

十八年,令州县每岁将日收钱粮流水簿解司磨对,罢赤历。自顺治间订正赋设全书,至是二十余年,户口土田,视昔有加,按户增徭,因地加赋,条目纷繁,易于淆混。二十四年,下令重修,止载起运存留漕项河工等切要款目,删去丝秒以下尾数,名曰简明赋役全书。二十六年书成。廷议以旧书遵行已久,历年增减地丁银米,俱有奏销册籍可稽,新书遂罢颁行。是岁谕各省悉免刊刻由单,以杜派费扰民之弊。

二十八年,令各省巡抚于每年奏销时,盘查司库钱粮。先是各州县催征用二联串票,官民分执,不肖有司句结奸胥,以已完作未完,多征作少征,弊窦日滋。至是议行三联串票,一存有司,一付役应比,一付民执照。其后更刊四联串票,一送府,一存根,一给花户,一于完粮时令花户别投一柜以销欠。未几,仍复三联串票之制。各省绅衿本有优免丁银之例,而豪强土著,往往诡寄滥免,更有绅衿包揽钱粮耗羡,尽入私橐,官民交累。有诏,诡寄地亩,愬退还业户。三十年,以由单既停,令直省州县卫所照赋役全书科则输纳数目,勒石署门外。复谕民间隐匿地亩,限两年内自首,寻又展限两年,谕福建清丈沿海地亩,厘定疆界,湖南幅员辽阔,先饬民人自行丈量,官府再事抽丈,隐漏者罪之。

时征收钱粮,民吏往往私行科派,其名不一。阖邑通里共摊同出者,名曰软抬,各里各甲轮流独当者,名曰硬驼,于是设滚单以杜其弊。其法于每里之中,或五户或十户一单,于某名下注明田地若干、银米若干,春秋应各完若干,分为十限,发与甲首,依次滚催,自封投匮。一限既定，二限又依次滚催，其有停搁不完不缴者岩惩，民以为便。浙江、湖北、山东诸省匠班银，元旦归入地丁征收。四十五年，九江府丈出滨江芦州地亩三千余顷，均按下则起科。

五十一年，四川抚年羹尧上言："四川钱粮原额百六十一万雨有奇，现仅征及十分之一，宜立劝惩法，五年内增及原额之四五者准升，不及二分停升，不及一分降调，无增者褫其职。"御史段曦上疏驳之，略言："川海里自经明季兵燹，地广人稀。我朝勘定之后，虽叠次清查，增报仅及原额十分之一。近日抚臣加意催查，增至二万六千余两。今欲五年内增及原额十之二或十之四五，是增现粮三四倍也。贤能之吏，必罹不及他数之参处，不肖者抑勒首报，滋扰无穷。请川省隐漏钱粮，彻底清查，不必另立劝惩之法。"从之。五十九年，谕："嗣后各州县钱粮，随征随解。若州县批解后，而布政司抵充杂派，扣批不发，许州县迳申督抚将仓粮亏空，限三年补完。

圣祖在位六十年，政事务为宽大。不肖官吏，恒恃包荒，任意亏欠，上官亦曲相容隐，勒限追补，视为故事。世宗在储宫时，即位后，谕户部、工部、嗣后奏销钱粮米石物价工料，必详查核实，造册具奏。以少作多、以贱作贵、数目不将、核仁不实者，治罪。并令各督抚严行稽查所属亏空钱粮，限三年补足，毋得藉端掩饰，苛派民间。限满不完，从重治罪。濒江沿海地，定例十年一清丈，雍正元，谕令随时清查，坍者豁免，涨者升科。

二年，以山西巡抚诺敏、布政使高成龄请提解火耗归公，分给官吏养廉及其他公用。火耗者，加于钱粮正额之外。盖因本色折银，熔销不无折耗，而解送往返，在在需费，州县征收，不得不稍取盈以补折耗之数，重者烤钱，轻者钱余。行之既久，州县重敛于民，上司苛索州县，一遇公事，加派私征，名色繁多，又不止于竿耗而已。康熙委年，陕甘总督年羹尧请酌留秦省火耗充各官用度，余者捐出弥祉亏空，圣祖不许。至是诺敏等复以为言。诏从其请。诺敏又请限定分数。帝以"酌定分数，则将来竟成定例，必致有增无减。今耗羡与正项同解，州县旨知重耗无利于已，孰肯加征？若将应得之数扣存,势必额外取盈,浮于应得之数",于是定为官给养廉之制。河南巡抚石文焯请将捐台耗羡充公,帝曰:"耗羡存库,所以备地方公用也。国家经费,自有常额,岂可以耗羡入正项,致滋另取挪移诸弊乎!"又谕户部曰:"州县亏空钱粮,有阖属百姓代赏者,名曰乐捐,实无异强派,应饬禁止。"

苏、松浮粮多于他少,诏蠲免苏州额征银三十万,松江十五万,永著为例。江苏巡抚张楷疏言:"江苏每年额赋,降低蠲免浮粮外,应实征银三百五十万有奇。计已达千二百余万。竭小民一岁所获,势难全完,现筹征收之法,本年新粮,责令全完,旧欠匀作十分,自明年始,年征其一,十年而毕,每岁奏销时,另册造报,嘉定一县积欠至百四十余万,请匀作十五分分征,上海、昆山、常熟、华亭、宜兴、吴江、武进、娄、长洲九县皆积至四十万,应匀作十二分分征,以纾民力。"帝深纳之。

各省中赋税繁重,苏、松而外,以浙江嘉、湖二府为最。五年,诏减十之一,共银八万余两。又命浙省南、秋等米,每年额征作十分核算,别为一本题销,如完解不全,罪承督各官。各省钱粮完欠细数,官吏多不宣示,胥吏因缘为奸,亏空拖欠,视为故常。诏各督、抚、布政饬州县官每年将各乡里完欠之数,呈送覆核,张贴本里,俾民周知。如有中饱,许人民执串票具控。其分年带征之项,亦应将花户每年应完之数,详列榜示,俾不得额外溢征。七年,蠲浙江额赋十之三,共十万两。其江苏逋赋,自壬子年始,侵蚀包揽之项,分十年带征。实在民欠之项,分二十年带征。本年完纳之项若干,次年即依其数蠲免额征之粮,如额外多完,次年亦按多完之数蠲免。

十一年,安徽巡抚徐本条陈征粮事宜:一,州县征收粮匮,请迳用州县封条;二,花户完粮,宜仍用三联串票;三,小民零星钱粮,一钱以下者,许其变通完纳制钱。许之,十二年,修赋役全书。凡额征地丁钱粮商牙课税内,应支官役俸工驿站料价,以及应解本折绢布颜米银硃铜锡茶猎等项,分晰原额新征总散之数,务为精核。自后十年修辑一次。

　　江南、湖广等省,芦洲坍涨靡定,定制五年一清丈,不肖官吏,恒藉以纳贿舞弊。乾隆元年,下诏清查。又禁各生活上虚报开垦。大学干朱轼请禁民间田地丈量首报。御史蒋炳奏州县征粮三弊:一,田亩科则不同,请每年照部颁定额,核明刊示;一州县拆封如有短平,即于袋面注明数目,令花户自行补交;一,州县设立官匠,倾销银两,勒索包完,侵渔重利,嗣后准花户随处倾销,官匠永行禁革。皆从之。谕改减江南、浙江白粮十二万石,免苏、松浮粮额银二十万石。

　　自山西提解火耗后,各直省次第举行,其后又酌定分数,各省文职养廉二百八十余万两,及各项公费,悉取诸此。及帝即位,廷臣多言其不便。帝亦虑多取累民,临轩试士,即以此发问,复令廷臣及督抚各抒所见。大学士鄂尔泰、刑部侍郎钱陈郡、湖广总督孙家淦皆言:“耗羡之制,行之已久,征收有定,官吏不敢多取,计已定之数,与未定以前相较,尚不寻常其半,是迹近加赋而实减也。且火耗归公,一切陋习悉皆革除,上官无勒索之弊,州县无科派之端,小民无重耗之累,法良意美,可以筭诸久远。”御史赵青藜亦言:“耗羡归公,裒多益寡,宽一分则受一分之赐。且既存耗羡之名,自不得求多于正额之外,请无庸轻议变更。”惟御史柴潮生以为耗羡乃今日大弊。诏从鄂尔泰诸臣议。先是各省解京饷银,有随平陋规。雍正初,曾有诏禁止。嗣因清查部库亏空二百五十余万,怡亲王议以京饷平余弥补,每饷银千两,收平余二十五两,俱于耗羡内动支起解,较从前陋规减省已多。寻以弥补足额,减收其半。至是停止解部,存储司库,以充本省赈济荒灾及裨益民生之举。自明以来,江南岁额钱粮地丁糟项芦课杂税之外,复有所谓杂办者,款目甚多,汇入地丁分数奏销。逮编赋役全书,止载应解之拟,未列杂办原委。至是乃妥定章程,以杜浮收,其实在缺额有累官民者豁免之,禁州县征粮浮收零尾。

　　十二年,大学士讷亲等议江苏钱粮拖欠至二百余万,不免吏役侵蚀,酌定自首减免之条。复谕黄廷桂等厘剔江苏催诸弊。各省积父钱粮,岁终奏报,然必待次岁五月奏销,方能定完欠实数。谕:"嗣后各省每年完欠钱粮,随奏销时核实具奏,毋庸循岁终奏闻之例。"二十二年,免江南乾隆十年以前积欠漕项银米地价耗羡。江苏巡抚陈宏谋奏:"江苏钱粮积年未能归款,由于州县案卷,任书承携赃私室,以致残缺无由查考,应岩饬各州县将卷宗黏连盖印,妥存署中。至江省用款繁多,州县不免借垫,嗣后仍令随时详请抵况。逾四月不详报,数达五百两以上者,参处;迟至一年,并府州题参。"均如所议行。

三十年,谕:"奏销册前列山地田荡版荒新垦,次列三门九则额徵本折地丁起解存留,至为明晰。令嗣后刊《赋役全书》,以奏销条拟为式,止将十年内新坍新垦者添注,其琐碎不经名目,概删除之。"户部议定各省征收钱粮,及一切奏销支放等,凡银悉以厘为断,不及厘者,折衷归减。米粮以勺为断,奇零在五秒以上者作为一勺,不及五秒者删除。搭放俸饷制钱以一文为止,而册内有丝毫忽微虚数,一并删降低。至各州县卫所应征银两,统令于由总单数下将奇零归减,其单仙前列细数,仍存其旧,期与赋役全书、鱼鳞册数相符。三十三年,谕直省勋田,令民户首报,一体输纳。

三十六年,以比岁蠲免天下钱粮,民力饶裕,令各督抚值轮免之年,将缓带拟项,务催徵完纳,毋致次年有新旧同征之累。四十七年,御史郑澄请令督抚清查仓库,如有亏缺,本员治罪赏补,督抚从重议处,并加倍分赔。仍令各州县将仓库实贮之数,三月汇报,督抚随时督核。山东州县恒多亏挪仓库之弊,并有本无亏短,于离任时假捏亏数,私立欠约,移交后任,以为肥橐之计者。请饬下各督抚,查有前任亏缺、后任有欠约可凭者,除丽成后任弥补外,仍令前任照数追缴入民,以杜短交滥接之弊。帝嘉纳之。嘉庆初,复令各督抚于地方官交代,如限内未能交清,应将该员截留,俟款项交清,方准赴任回籍,并禁止私立议单。自是以后,禁纲益密矣。御史彭希洛奏各省钱粮多有浮收之弊。谕嗣后各督抚务于开征前,按时价核实换银上库之数,榜示通衢,纳银折钱,听民自便。时各省地方官吏,于应征钱粮,往往挪移新旧,以征作欠,自三四年以来,积欠至两千余万。有诏将各省历年积欠,在民在官,一体清查,或留贮,或拨解,违者罪之。户部奏:"近五年各省耗羡盈余内借拟,请责成督抚查明补归原拟,并将动支耗羡之拟酌量删减,其各项存贮间拟,并详列以闻。"直隶清查各属历年亏短数达巨万。安徽仓库亏缺各项银百八十余万。帝谕新亏各员,自本年始,限四年完缴旧亏。未完者,每年酌扣司道府州县养九五成存库归款。部奏直隶等十五省,除缓征带征,其未完地丁余尚有八百七十余万,而十二年分又续增未完地丁银二百九十余万。帝以上官于经徵之员,参限将满,即设法调署,俾接署者另行起限,州县藉是规避。令嗣后州县调署,须先查任内果无应征未完钱粮,咨部核明,毋得于参限届满时,违例调署。给事中赵佩湘奏:"各省亏空,辗转清查,多致悬宕,请岩行饬禁。"先是直隶因州县亏欠仓库,密令大吏清查,分别追赔。其后各省援例,请立局清查,挪新掩旧,弊窦潜滋,其有借名弥补,暗肆朘削者,故佩湘以为言。帝谕直隶三次清查案内未完各拟,分期勒令归补,逾限不完者,即责成所管上司摊赔,自后永罢清查,有渎请者罪之。

十七年,户部综计各省积欠钱粮及耗羡杂税之数,安徽、山东各四百余万,江宁、江苏各二百余万,福建、直隶、广东、浙江、江西、甘肃、河南、陕西、湖南、湖北积欠百余万、数十万、数万不等。帝以大吏督征不力,切责之,并令户部于岁终将各省原欠已完未完各数,详列以闻。各省逋赋以江苏为最多。巡抚朱理奏酌定追补之制,分年补完,杜绝新亏。然属员掩视拖延如故。直隶自二年至十八年,积欠银三百四十余万,米粮等项十四万余石。总督那彦成疏请酌予蠲免,诏严行申饬。山东州县亏欠新旧六百余万两,一县有亏至六万余两。乃严定科条,亏缺万两者斩监候,二万以上者斩决。所亏之数,勒限监追,限内全完贷死,仍永不叙用,逾限不完斩无赦。

御史叶中万请清厘藩库借款,胡承珙请整顿直隶亏空诸弊。时各省藩库,因州县有急需,往往滥行借款,日久未归,展转挪抵,弊混丛生。而摊捐津贴,名目日增,州县派累繁多,办事竭蹶,亏欠正项势所必然,虽严刑峻法不能禁也。当乾隆之季,天下承平,庶务充阜,部库帑项,积至七千余万。嘉庆中,川楚用兵,黄河泛滥,大役频兴,费用不赀,而逋赋日增月积,仓库所储亦,渐耗矣。

道光二年,御史罗宸条陈直省解征钱粮,请仿盐引茶引法,防官吏蚀吏。帝以纷扰,不许。革州县粮总、库总,从御史余文铨请也。乾隆初,州县征收钱粮,尚少浮收之弊。其后诸弊丛生,初犹不过就斛面浮收,未几,遂有折扣之法,每石折耗数升,渐增至五折六折,余米竟收至二斗五升,小民病之。廷议八折征收,以为限制浮收之计。大学士汤金钊疏驳之。御史王家相亦言"八折之议,行之常、镇、江、淮、扬、徐等府,或可尝试,苏、松粮重之地,窒碍孔多。"议遂寝。时东南财赋之区,半遭蹂躏。未被兵州县,又苦贪吏浮收勒折,民怨沸腾,聚众戕官之事屡起。州县率以抗粮为词,藉掩其浮勒之咎。江苏苏、松等属,每遇蠲缓,书吏等辄向业户索钱,名曰卖荒。纳钱者,虽丰收仍得缓征;不纳者,纵荒歉不获查办。诏并禁之。湖北漕务积弊已久,巡抚胡林翼疏请折漕革除规费,民间减钱百四十余万千文,国帑增银四十余万两,节省提存银三十余万两。诏褒美之。

军兴以后,四川等省,办理借征,以充兵饷。裕瑞奏请劝谕绅民,按粮津贴,罢借徵。英桂奏:"交纳钱粮半银半钱之制,而官取民仍以银,每钱二千作银一两,耗银无出。请于应入拨之地丁,准搭官票,不入拨之耗羡,仍征实银。"部臣以办法两歧,请依原章,正杂钱粮,一体搭交官票。然地方官吏仍收实银,而以贱值之票交纳藩库,帝令严禁。

同治元年,清查直省钱粮。二年,两江总督曾国藩、江苏巡抚李鸿章疏言:"苏、松、太浮赋,上溯之,则比元多三倍,比宋多七倍;旁证之,则比毗连之常州多三倍,比同省之镇江等府多四五倍,比他省多一二十倍不等。其弊由于沿袭前代官田租额,而赋额遂不平也。国初以来,承平日久,海内殷富,为旷古所罕有,故乾隆中年以后,办全漕者数十年,无他,民富故也。至道光癸巳大水,元气顿耗,然犹勉强枝梧者十年。逮癸巳大水而后，无岁不荒，无县不缓，以国家蠲减旷典，遂为年例。部臣职在守法，自宜坚持不减之名，疆臣职在安民，不得不为暗减之术。始行之者，前督臣陶澍、前抚臣林则徐也。又官垫民欠一款，不过移杂垫正，移缓垫急，移新垫旧，移银垫米，以官中之钱完官中之粮，将来或蠲免，或摊赔，同归无着。故历年粮册，必除去垫欠虚数，方得征收实数。苏属全漕百六十万，厥后遂积渐减损。道光辛卯以后十年，连除官垫民欠，得正额之七八；辛丑以后十年，除垫欠，得正额之五六；咸丰辛亥十年，除垫欠，仅得正额之四成而已。自粤逆窜陷苏、常，焚烧杀掠，惨不可言。臣亲历新复州县，市镇丘墟，人烟寥落。已复如此，未复可知。而欲责以数倍他处之重赋，向来暴征之吏，亦无骨可敲、无髓可吸矣。细核历年粮数，咸丰十年中，百万以上者仅一年，八十万以上者六年，皆以官垫民欠十余万在其中，是最多之年，民完实数不过九十万也。成案如是，民力如是。惟吁请准减苏、松、太三属粮额，以咸丰中较多之七年为准，折衷定数，总期与旧额本经之常、镇二属通融核计，著为定额。即以此后开征之年为始，永远遵行，不准再有垫完民欠名目。嗣后非水旱亦不准捏灾，俾去无益之空藉，求有着之实征。至苏、松漕粮核减后，必以革除大小户名为清厘浮收之原，以裁减陋规为禁止浮收之委。"制可。先是太常卿潘祖荫、御史丁寿昌交章言减赋事，皆下部议。覆奏准苏、松减三之一，常、镇减十之一。大抵苏、松、太一亩之税，最重者几至二斗，轻者犹及一斗。列朝屡议核减，率为部议所格。雍正间，从怡亲王请，免苏、松两府额征银。乾隆间，又减江苏省浮粮，皆减银而不及米。至是诏下，百姓莫不称庆。

三年，从闽浙总督左宗棠请，谕绍兴属八县六场，正杂钱粮，统照银数征解，革除一切摊捐及陋规，计减浮收钱二十二万有奇，米三百六十余石。宁波属一厅五县六场，减浮收钱十万四有奇，米八百余石。四年，浙江巡抚马新贻请蠲减金华浮收钱十五万余串，米五百余石，衢州钱十万余串，米六十余石，严州钱六万余串，米六千余石，洋银八十余元，米百余石，从之。是年宗棠克湖州，疏言南漕浮收过多，请痛加裁汰。事下部议。覆奏杭、嘉、湖漕粮，请仿江苏例，减原额三十分之八，并确查赋则，按轻重量为核减，所有浮收陋规，悉予裁汰。其南匠米石，无庸议减。计三府原额漕白、行月等米百万余石，按三十分之八，共减米二十六万六余石。国藩请将苏、松等属地丁漕项一体酌减，不许。

自乾、嘉以来，州县征收钱粮，多私行折价，一石有折钱至二十千者。咸丰中，胡林翼始定核收漕粮，每石不得过六千钱。其后山东亦定每石收钱六千。江苏定每石年内完者收四千五百，年外收五千。江西收钱三千四百。河南敏石折银三两。安徽二两二钱。漕粮浮收，其来已久。河运、海运，皆有津贴。嘉兴一郡，征漕一石，有津贴至七钱以上者。又征收漕粮，例有漕余，其数多寡不一，大抵视缺分肥瘠为准。历来本折并收，而折色浮收，较本色更重。自正额减折价定，遂渐少浮收之弊。

直隶、奉天多无粮之地，名曰黑地，或旗产日久迷失，或山隅海澨垦之田。咸丰季年，宝鋆等查出昌平黑地四百四十余顷，试办升科。诏直隶总督、盛京将军、顺天、奉天各府尹一体办理。同治初，令黑地业户各赴所管官署呈报升科，许永远为业。御史陈嶲奏："直隶、奉天除昌平外，呈报升科者寥寥，盖由地方官吏征收入己，延不具报，甚有将报地人抑勒刑逼诸弊。"帝遣大臣分查。大学士倭仁疏陈黑地升科，州县畏难苟安，请申明赏罚。寻定州县查出隐地逾二十顷优叙，升科地多者奖之；有徇隐匿垦、吏胥诈赇，以溺职论；其无赖假称委员，恐吓得赃，照例严惩。

德宗即位之初，复新疆，筹海防，国用日增。户部条陈整顿钱粮之策，略云："溯自发逆之平，垂二十年，正杂钱粮，期可渐复原额。乃考核正杂赋税额征总数，岁计三千四百余万两，实征仅百四十五万两，赋税亏额如此。财既不在国，又不在民，大率为贪官墨吏所侵蚀。约而言之，其弊有五：一曰报荒不实，二曰报灾不确，三曰捏作完欠，四曰征存不解，五曰交代宕延。核计近年赋税短征，以安徽及江苏之江宁为最，苏州、江西次之，河南又次之。多者所收不及五分,少者亦亏一二分不等。请饬各督抚藩司认真厘剔,以裕度支。"诏从其请。然终清之世,诸弊卒未能尽革也。

二十年,中、日之战,赔兵费二万万。二十六年,拳匪肇祸,复赔各国兵费四万五千万。其后练新军,兴教育,创巡警,需款尤多,大都就地自筹。四川因解赔款,而按粮津贴捐输之外,又有赔款新捐。两江、闽、浙、湖北、河南、陕西、新疆于丁漕例征外,曰赔款捐,曰规复钱价,曰规复差徭,曰加收耗羡,名称虽殊,实与加赋无大异也。

总计全国赋额,其可稽者:顺治季年,岁征银二千一百五十余万两,粮六百四十余万石;康熙中,岁征银二千四百四十余万两,粮四百三十余万石;雍正初,岁征银二千六百三十余万两,粮四百七十余万石;高宗末年,岁征银二千九百九十余万两,粮八百三十余万石,为极盛云。

一曰役法。初沿明旧制,计丁授役,三年一编审,嗣改为五年。凡里百有十户,推丁多者十人为长,余百户为十甲,甲十人。岁除里长一,管摄一里事。城中曰坊,近城曰厢,乡里曰里。里长十人,轮流应征,催办钱粮,句摄公事,十年一周,以丁数多寡为次,令催纳各户钱粮,不以差徭累之。编审之法,核实天下丁口,具载版籍。年六十以上开除,十六以上添注,丁增而赋随之。有市民、乡民、富民、佃民、客民之分。民丁外复有军、匠、灶、屯、站、土丁名。

直省丁徭,有分三等九则者,有一条鞭征者,有丁随地派者,有丁随丁派者。其后改随地派,十居其七。都直省徭里银三百余万两,间征米豆。其科则最轻者每丁科一分五厘,重至一两有余。山西有至四两余,巩昌有至八九两者。因地制宜,不必尽同也。三等九则之法,沿自前明,一条鞭亦同。其法将均徭均费等银,不分银力二差,俱以一条鞭从事。凡十甲丁粮,总于一里,各里丁粮,总于一州县,而府,而布政司。通计一省丁粮,均派一省徭役,里甲与两税为一。凡一州县丁银悉输于官,官为金募,以充一岁之役,民不扰而事易集。定内外各衙署额设吏役,以良民充之。吏典由各处金拨,后改为考取,或由召募投充。役以五年为满,不退者斥革。其府州县额设祗候、禁子、弓兵，免杂派差役。又有快手、皂隶、门卒、库子诸役，皆按额召募。额外滥充者谓之白役，白役有禁。然州县事剧役繁，必藉其力，不能尽革也。又定州县铺司及弓兵之制，禁止私役。禁人民私充牙行、埠头。

濒河之地，例有夫役守护。顺治四年，以御史佟凤彩言，设直隶沿河堤夫。九年，河决封丘，起大名、东昌、兖州及河南丁夫数万塞之。十二年，增给河夫工食。河工用民之例有二：曰金派，曰召募。金派皆按田起夫，召募则量给雇值。其后额设之夫，悉给工食，由金派而召募，役民给值，较古制为善矣。十七年，禁州县私派里甲之弊。

康熙元年，令江南苏、松两府行均田均役法。户科给事中柯耸言："任土作赋，因田起差，此古今不易常法。但人户消长不同，田亩盈缩亦异，所以定十年编审之法，役随田转，册因时更，富者无免脱之弊，贫者无虚负之累。臣每见官役之侵渔，差徭之繁重，其源皆由于金点不公，积弊未剔。查一县田额若干，应审里长若干，每里十甲，每甲田若干，田多者独充一名，田少者串充一名，其最零星者附于甲尾，名曰花户，此定例也。各项差役，俱由里长挨甲充当，故力不劳而事易集。独苏、松两府，名为金报殷实，竟不稽查田亩，有田已卖尽而报里役者，有田连阡陌全不应差者。年年小审，挪移脱换，丛弊多端。田归不役之家，役累无田之户，以致贫民竭骨难支，逃徙隔属。今当大造之年，请饬抚臣通行两府，按田起役，毋得凭空金报，以滋卖富差贫之弊。其了花分子户、诡寄优免、隔属立户、买充册书诸弊，宜严加禁革。"下部议行。六年，严禁江西提甲累民。提甲之说，在明曰提编，现年追比已完，复提次甲，责成备办。广信诸府，有连提数甲者，实与加派无二。以御史戈英言，罢之。

七年，定驿递给夫例。凡有驿处，设夫役以供奔走，其额视路之冲僻为衡，日给工食，皆入正赋编征。此项人夫，大率募民充之，差役稍繁，莫不临时添雇。水驿亦然。十二年，停河南金派河夫，按亩征银，以抵雇值。十六年，河道总督靳辅上言："河工兴举，向俱勒州县派雇里民,用一费十。今两河并举,日需夫十余万,乃改金派为雇募,多方鼓舞,数月而工成。"大工用雇募自辅始。是年禁有司派罚百姓修筑城垛。二十九年,以山东巡抚佛伦言,令直省绅衿田地与人民一律差徭。

五十一年,谕曰:"海宇承平日久,户口日增,地未加广,应以现在丁册定为常额,自后所生人丁,不征收钱粮,编审时,只将实数查明造报。"廷议:"五十年以后,谓之盛世滋生人丁,永不加赋。仍五岁一编审。"户部议:"缺额人丁,以本户新添者抵补;不足,以亲戚丁多者补之;又不足,以同甲粮多之丁补之。"

雍正初,令各省前进丁口之赋摊入地亩输纳征解,统谓之"地丁"。先是康熙季年,四川、广东诸省已有行之者。至是准直隶巡抚李维钧请,将丁银随地起征,每地赋一两,摊入丁银二钱二厘,嗣后直省一体仿行。于是地赋一两,福建摊丁银五分二厘七毫至三钱一分二厘不等;山东摊一钱一分五厘;河南摊一分一厘七毫至二钱七厘不等;甘肃,河东摊一钱五分九厘三毫,河西摊一分六毫;江西摊一钱五厘六毫;广西摊一钱三分六厘;湖北摊一钱二分九厘六毫;江苏、安徽亩摊一厘一毫至二分二厘九毫不等;湖南地粮一石,征一毫至八钱六分一厘不等。自后丁徭与地赋合而为一,民纳地丁之外,别无徭役矣。惟奉天、贵州以户籍未定,仍丁地分征。又山西阳曲等四十二州县,亦另编丁银。

二年,江西巡抚裴𬴊度奏裁里长。时廷臣有言大小衙署,遇有公事需用物件,恣行科派,总甲串通奸胥,从中渔利;凡工作匠役,皆设立总甲,派定当官,以次轮转;又设贴差名目,不愿赴官者,勒令出银,大为民害。诏并禁止。然日久玩生,滋扰益甚。乾隆元年,复有诏申禁。又谕各处岁修工程,如直隶、山东运河,江南海塘,四川堤堰,河南沁河、孟县小金堤等工,向皆于民田按亩派捐,经管里甲,不无苛索,嗣后永行停止。凡有工作,悉动用帑金。十年,川陕总督庆复奏兴修各属城垣,请令州县捐廉,共襄其事。帝曰:"各官养廉,未必有余,名为帮修,实派之百姓,其弊更大。"不许。乃定各省城工千两以下者，分年修补，土方小工，酌用民力，余于公项下支修。二十二年，更定江西修堤力役之法。凡修筑土堤，阖邑共摊，夫从粮征，听官按堤摊分，募夫修筑。从巡抚胡宝璩请也。二十五年，御史丁田树言："自丁粮归于地亩，凡有差徭及军需，必按程给价，无所谓力役之征。近者州县于上官迎送，同僚往来，辄封拿车船，奸役藉票勒派，所发官价，不及时价之半，而守候回空，概置不问，以致商旅裹足，物价腾踊。嗣后非承办大差，及委运官物，毋得减发官价，出票封拿，违者从重参处。"得旨允行。三十二年，以用兵缅甸，经过各地，夫马运送，颇次民力，特颁帑银，每省十万，分给人民。

田赋职役，本有经制，大率东南诸省，赋重而役轻，西北赋轻而役重。直隶力役之征，有按牛驴派者，有按村庄派者，有按牌甲户口科者，间亦有按地亩者。然富者地多可以隐匿，贫者分厘必科，杂乱无章，偏枯不公。其尤甚者，莫如绅民两歧。有绅办三而民办七者，有绅不办而民独办者，小民困苦流离，无可告诉。时有议仿摊丁于地之例，减差均徭，每亩一分，无论绅民，按地均摊。直隶总督颜检力言其不可，并谓："如议者所言，每地一亩，摊征差银一分，其意在藉赋以收减差之实效，不知适藉差而添加赋之虚名，累官病民，弊仍不免。"疏入，议遂寝。

咸丰时，粤西役起，征调不时，不得不藉民力。粮银一两，派差银数倍不等。事定，差徭繁重如故，且钱粮或有蠲缓，差银则歉岁仍征。

光绪四年，山西巡抚曾国荃疏陈晋省疮痍难复，请均减差徭以舒民困，其略曰："晋省右辅畿疆，西通秦、蜀，军差、饷差、藏差，络绎于道，州县供亿之烦，几于日不暇给。车马既资之民间，役夫亦责之里甲。而各属办理不同。有阖邑里甲通年摊认者，资众力以应役，法尚公允。有分里分甲限年轮认者，初年摊之一甲一里，次年摊之二甲二里，各年差徭多寡不等，即里甲认派苦乐不均。豪猾者恃有甲倒累甲、户倒累户之弊，将其地重价出售，而以空言自认其粮。三五年后，乘间潜逃，于是本甲既代赔无主之粮，又代认无主之差，贴害无穷。计惟减差均徭，尚堪略为补救。除大差持伟单勘合，循例支应，其他概不得藉端苛派。如有擅索车马者，治以应得之罪。”从之。五年，阎敬铭复条陈八事：一，裁减例差借差；二，由臬司发给车马印票；三，喇嘛来往，须有定班；四，奉使办事大臣，宜禁滥索；五，严除衙蠹地痞；六，令民间折交流差钱，由衙门自办；七，严查驿马足额备用；八，本省征防各兵，给予长车，由营自办。下所司议行。八年，张之洞任山西巡抚，复言：“晋省虐民之政，不在赋敛而在差徭。向例每县所派差钱，大县制钱五六万缗，小县亦万缗不等，按粮摊派，官吏朋分，冲途州县，设立车柜，追集四乡牲畜，拘留过客车马，或长年抽收，或临时勒价，居者行者均受其患。现拟筹款生息，官设差局，严定应差章程，禁止差员滥支。”车柜陋习遂革。

先是先代陵墓，皆设陵户司巡查洒扫，例免差徭。又各先贤祠宇，凡有祭田，皆免其丁粮。军民年七十以上者，许一子侍养，免其杂泛差役。

顺治二年，免直省京班匠价，并除其匠籍。定绅衿优免例，内官一品免粮三十石、丁三十，二品免粮二十四石、丁二十四，其下以次递减，外任官减其半。十四年，部议优免丁徭，本身为止。雍正四年，四川巡抚罗殿泰言，川省各属，以粮载丁，请将绅衿贡监优免之例禁革。部议驳之。复下九卿议，定绅衿止免本身；其子孙族户冒滥，及私立儒户官户者，罪之。乾隆元年，申举贡生监免派杂差之令。三十七年，停编审造册。时丁银既摊入地粮，而续生人丁又不加赋，五年编审，不过沿袭虚文，无裨实政，至是因李瀚言，遂罢之。翌年，陈辉祖请将民屯新垦丁银随年摊征。帝以所奏与小民较及锱铢，非惠下恤民之道，谕嗣后，各省办理丁粮，悉仍旧制，毋得轻议更张。一曰蠲免赋税。蠲免之制有二：曰恩蠲，曰灾蠲。恩蠲者，遇国家庆典，或巡幸，或用兵，辄蠲其田赋。

世祖入关，首免都城居民被兵者赋役三年。顺治二年，以山西初复，免本年田租之半。三年，收江南，免漕粮三之一。八年，世祖亲政，给还九省加派额外钱粮，免山西荒地额粮一万五千顷，及直隶、山东、河南、陕西荒残额赋。恩蠲灾蠲之诏,岁数四下。康熙十年东巡,免跸路所经今年租。十三年,蠲免各省八九两年本折钱粮积欠在民者。时海内大定,诏用兵以来积欠钱粮悉免之。二十七年南巡,免江南积欠地丁钱粮,及屯粮芦课米麦豆杂税。三十三年,蠲免广西、四川、贵州、云南四省应征地丁银米。四十五年,免直隶、山东本年积欠钱粮,其山西、陕西、甘肃、江苏、浙江、安徽、江西、湖北、湖南、福建、广东、广西各省,自康熙四十三年以前,未完地丁银二百十二万有奇,粮十万五千石有奇,悉行蠲免。

承平日久,户口渐繁,地不加增,民生有不给之虞,诏直省自五十年始,分三年轮免钱粮一周。三年中计免天下地丁粮赋三千八百余万。五十六年,免直隶、安徽、江苏、浙江、江西、湖广、西安、甘肃带征地丁屯卫银二百三十九万余两,其安徽、江苏所属带征漕项银四十九万余两,米麦豆十四万余石,免征各半。五十七年,以征策妄阿拉布坦,免陕、甘明年地丁百八十余万。圣祖尝读汉文帝蠲民田租诏,叹曰:“蠲租乃古今第一仁政,穷谷荒陬,皆沾实惠。然非宫廷力崇节俭,不能行此。”故在位六十年中,屡颁恩诏,有一年蠲及数省者,一省连蠲数年者,前后蠲除之数,殆逾万万。

世宗即位,蠲免江苏各属历年未完民屯地丁芦课等银千二百十余万。西藏、苗疆平,免甘肃、四川、广西、云、贵五省田租。又谕国家经费已敷,宜散富于民,乃次第免直省额赋各四十万。乾隆元年,诏免天下田租,先后免雍正十三年以前,各省逋赋及江南钱粮之官侵吏蚀者。四年,免直隶本年钱粮九十万,江苏百万,安徽六十万,正耗一体蠲除。十年,普免天下钱粮二千八百二十四万有奇,援康熙五十一年之例,将各省分为三年,以次豁免。三十一年,诏次第蠲各省漕米,五年而遍,其例征折色者亦免之。三十五年,值帝六旬,明岁又际太后八旬,照十年之例,按各省额赋分三年轮免一周。

四十二年,普免天下钱粮,自明年始,分三年轮免,计二千七百五十九万有奇。各省漕粮,自四十五年普免一次。四十九年,豁免甘肃压欠起运粮银百六十余万,其存留项下民欠银粮,起运项下民欠草束,悉免之。五十五年,高宗八旬,诏按各省额征银数,将所属各府州县次第搭配三次,按年轮免,三年而竣,一省之中,仍先尽上年灾缓之区,首先蠲免。五十九年,普免各省应征漕粮。六十年,普免各省积欠,及因灾缓带银千五百五十余万两、粮三百八十余万石,其奉天、山西、四川、湖南、广西、贵州六省向无积欠,免下年正赋十之二。又以明年将归政,免嘉庆元年各省应征地丁钱粮,其省方时巡跸路所经,辄减额赋十之三。

仁宗即位,以湖北、湖南教匪苗民蠢动,免次年两省钱粮,并及川、陕被兵之区。四年,以郊祀升配礼成,普免各省积欠缓征地丁耗羡,及民欠籽种口粮漕粮银,并积欠缓征民借米谷草束。十年,谒祖陵,免跸路所经州县钱粮之半。二十四年,以六旬万寿,免天下正耗民欠,及缓带银谷,计银二千一百二十九万两有奇、米谷四百余万石。四川、贵州两省无民欠,免明年正赋十之二。

灾蠲有免赋,有缓征,有赈,有贷,有免一切逋欠。清初定制,凡遇灾蠲,起运存留均减。存留不足,即减起运。顺治初,定被灾八分至十分,免十之三;五分至七分,免二;四分免一。康熙十七年,改为六分免十之一,七分以上免二,九分以上免三。雍正六年,又改十分者免其七,九分免六,八分免四,七分免二,六分免一。然灾情重者,率全行蠲免。凡报灾,夏灾以六月,秋灾以七月。既报,督抚亲莅灾所,率属发仓先赈,然后闻。康熙三年,户部奏遇灾之地,先将额赋停征十之三,以待题免。四年,御史郝维讷请凡灾地田赋免若干,丁亦如之。其后丁随地起,凡有灾荒,皆丁地并蠲。旨下之日,州县不即出示,或蠲不及数、纳不留抵者,科以侵欺之罪。乾隆元年,安徽布政使晏斯盛请“嗣后各省水旱应免钱粮之数,于具题请赈日始,限两月造报,并请将丁银统入地粮银内核算蠲免。”从之。圣祖、高宗两朝,叠次普免天下钱粮,其因偏灾而颁蠲免之诏,不能悉举。仁宗之世,无普免而多灾蠲,有一灾而免数省者,有一灾而免数年者。文宗以后,国用浩繁,度支不给,然遇疆臣奏报灾荒,莫不立与蠲免。若灾出非常,或连年饥馑,辄蠲赈兼施云。

仓库　京师及各直省皆有仓库。仓,京师十有五。在户部及内务府者,曰内仓,曰恩丰;此外曰禄米,曰南新,曰旧太,曰富新,曰兴平,曰海运,曰北新,曰太平,曰本裕,曰万安,曰储积,曰裕丰,曰丰益。在通州者,曰西仓,曰中仓。各省漕运,分贮于此。直省则有水次仓七:曰德州,曰临清,曰淮安,曰徐州,曰江宁,各一;惟凤阳设二。为给发运军月粮并驻防过往官兵饷之需。其由省会至府。州、县俱建常平仓,或兼设裕备仓。乡村设社仓,市镇设义仓,东三省设旗仓,近边设营仓,濒海设盐义仓,或以便民,或以给军。大抵京、通两仓所放米,曰官俸,曰官粮,亦名甲米,二者去全漕十之六。其一,养工匠,名匠米。其一,定鼎时,宗臣封亲王者六,封郡王者二,世宗之弟封亲王者一,此九王子孙,自适裔外,并有封爵,以世降而随之,统名恩米,二者去京仓百之一。是以雍正以前,太仓之粟常有余。

乾隆二十八年,户部侍郎英廉疏言:"迩年因赈恤屡截留漕运,间遇京师粮贵,复发内仓米石平粜,储积渐减。请于湖广、江西、江南、浙江产米之区,开捐贡监,均收本色,收足别贮。遇截漕之年,即于次年照数补运京仓。"下九卿议准,旋复停止。及嘉庆中,楚川盗起,水旱间作,工匠既倍于昔,而九王之后亦愈衍愈众。咸丰后,复有粤寇之乱,运道不通,仓储益匮,乱平复旧例。

向京师平粜,有五城米局、八旗米局。五城米局始于康熙。雍正四年,于内城添厂,并添五城、通州厂各一。乾隆二年,增五城为十厂,寻又添设八厂于四乡。九年,于四路同知设四厂。八旗米局凡二十四,又通州左右翼两局,皆设于雍正六年。乾隆元年,并为八局,旋仍旧。十五年,命二十四局分左右翼办理,不拘旗分。十七年,以米价未平,且有勒买之弊,谕并通州两局停止。

其直省常平、裕备等仓,顺治十一年,命各道员专管,每年造册报部。十七年,户部议定常平仓谷,春夏出粜,秋冬籴还,平价生息,凶岁则按数给散贫户。康熙六年,甘肃巡抚刘斗疏言:"积米年久恐烂,请变价籴新谷。"从之。七年,陕西巡抚贾汉复请将积谷变价生息。帝谕出陈入新,原以为民,若将利息报部,反为民累,著停止生息。十九年,谕常平仓留本州县备赈,义仓、社仓留本村镇备赈。三十年,户部议令直隶所捐米石,大县存五千石,中县四千,小县三千,嗣又令再加贮一倍。三十一年,议定州县积谷,照正项钱粮交代,短少以亏空论。三十四年,议定江南积谷,每年以七分存仓,三分发粜,并著为通例。四十三年,议定州县仓谷霉烂者,革职留任,限一年赔完复职;逾年不完,解任;三年外不完,定罪,著落家产追赔。

　　时各省州县贮谷之数,山东、山西大州县二万石,中州县万六千石,小州县万二千石;江西大州县一万二千石;江苏、四川率不过五六千石;而福建现在捐谷二十七万石,常平又存五十六万石;台湾捐谷及常平为最多,共八十余万石。令酌留三年兵需,余变价充饷。四十七年,议定州县官于额贮外加买贮仓,准其议叙,若捐谷以少报多,或将现贮米捏作捐输,后遇事发,除本管知府分赔外,原报督抚一并议处。至官将仓谷私借与民,计赃以监守自盗论,谷石照数追赔。五十四年,议定绅民捐谷,按数之多寡,由督抚道府州县分别给扁,永免差役。

　　雍正三年,以南方潮湿,令改贮一米易二谷。四年,浙闽总督高其倬疏言:"闽省平粜有二大病:一,交盘之弊不清,各官授受,皆有价无谷,而价又不敷买补;一,平粜之价太贱,每石减价至一两,且有不及一两者,各属虽欲买补,缘价短束手,而奸民乘此谋利,往往借价贵,煽惑穷民,竟欲平粜之期,一岁早于一岁,平粜之价,一年贱于一年。请嗣后视米之程高下,每石以一两二钱或一两三钱,谷则定以六钱五分或六钱,总以秋成后既平之价为准。"帝韪其言。寻定州县仓廒不修,致米谷霉烂者,照侵蚀科断,并将亏空各州县解任。其谷令自行催还,限以一年,逾限者治罪。五年,定各省常平仓,每年底令本府州盘查。如春借逾十月不完,或捏造,俱行参处,照数追赔。又因福建常平仓各属有银谷两空者,有无谷而仅存价者,查实,将亏空之州县官更换。

十三年,内阁学士方苞上平粜仓谷三事:"一,仓谷每年存七粜三,设遇价昂,必待申详定价,穷民一时不得邀惠。请令各州县酌定官价,一面开粜,一面详报。一,江淮以南地气卑湿,若通行存七粜三,恐积至数年,必有数百万霉烂之谷,有司惧罪,往往以既坏之谷抑派乡户。请饬南省各督抚,验察存仓各谷色,因地分年,酌定存粜分数;河北五省倘遇岁歉,亦不拘三七之例。一,谷之存仓有鼠耗,盘粮有折减,移动有脚价,粜籴守局有人工食用,春粜之价即稍有赢余,亦仅足充诸费。请饬监司郡守岁终稽查,但数不亏,不得借端要挟,倘逢秋籴价贱,除诸费外,果有赢余,详明上司别贮,以备歉岁之用。"下部议行。

乾隆三年,两江总督那苏图疏言平粜之事,止须比市价酌减一二分。两广总督鄂弥达亦言:"平粜之价,不宜顿减。盖小民较量锱铢,若平粜时官价与市价悬殊,则市侩必有藏以待价,而小民藉以举火者,必皆仰资官谷。仓储有限,商贩反得居奇,是欲平粜而粜仍未平也。从来货积价落,民间既有官谷可籴,不全赖铺户之米,铺户见官谷所减有限,亦必稍抵其价以冀流通。请照市价止减十一,以次递减,期年而止,则铺户无所操其权,而官谷不至虞其匮。"均报可。七年,谕:"从前张渠奏请减价粜谷,成熟之年,每石照市价减五分,米贵之年减一钱。但思歉岁只减一钱,穷民得米仍艰。嗣后著督抚临时酌量应减若干,奏明请旨。如有奸民贱籴贵粜,严拿究治。"

十三年,高宗谕大学士、户部曰:"迩来常平仓额日增,有碍民食,嗣后应以雍正年间旧额为准。"寻议云南不近水次,陕、甘兼备军务,向无定额,请以现额为准。云南七十万石,西安二百七十万石,甘肃三百七十万石,各有奇。又福建环山带海,商运不通,广东岭海交错,产谷无几,贵州不通舟楫,积贮均宜充裕,以现额为准,福建二百五十余万石,广东二百九十余万石,贵州五十万石。其余照雍正年间旧额:直隶二百一十万石,奉天百二十万石,山东二百九十万石，山西百三十万石，河南二百三十万石，江苏百五十万石，安徽百八十万石，江西百三十万石，浙江二百八十万石，湖北五十万石，湖南七十万石，四川百万石，广西二十万石，各有奇，通计十九省贮谷三千三百七十余万石，较旧额四千四百余万石，应减贮千四百余万石。自是各省或额缺不补。二十三年，特谕采买还仓。三十一年，各省奏销，报实存谷数，惟江西、河南、广东与十三年定额相同。其视旧额增多者：湖南四十三万石，山西二百三十万石，四川百八十五万石，广西百八十三万石，云南、贵州皆八十余万石。而浙江视旧额减少二百二十万石，奉天减少百万，甘肃减少百四十万；其直隶、江苏、安徽、福建、湖北、山东、陕西或减二十万、或减五六十万。盖聚之难而耗之易如此。

嘉庆初，仁宗屡下买补之令。四年谕："国家设立常平仓，若不照额存储，仅将谷价贮库，猝遇需米之时，岂银所能济用？"命各省采买还仓。十七年，户部浙江司所存常平仓谷数凡三千三百五十万八千五百七十五石有奇，去乾隆中定额犹不远。至道光十一年，副都御史刘重麟、御史卞士云先后疏言，各直省州县于常平仓大率有价无谷，其价又不免侵用。帝命各督抚严核究治。然据十五年户部奏，查各省常平仓谷实数，仍止二千四百余万石，又非嘉庆时可比，况咸丰间天下崩乱之日乎。同治三年谕："近来军务繁兴，寇盗蜂起，所至地方辄以粮尽被陷，其故由各州县恣意侵挪，遇变无所依赖。嗣后各省常平仓，责成督抚认真整顿。"迨光绪初，直隶、河南、陕西、山西迭遭旱灾，饥民死者日近万人。四年，给事中崔穆之，八年，御史邹纯嘏，复先后请筹办仓谷，于是各督抚始稍加意焉。

其社义各仓，起于康熙十八年。户部题准乡村立社仓，市镇立义仓，公举本乡之人，出陈易新。春日借贷，秋收偿还，每石取息一斗，岁底州县将数目呈详上司报部。六十年，奉差山西左都御史朱轼奏请山西建立社仓，谕曰："从前李光地以社仓具奏，朕谕言易行难。行之数年，果无成效。张伯行亦奏称社仓之益，朕令伊暂行永平地方，其有效与否，至今未奏。凡建设社仓，务须选择地方敦实之人董率其事。此人并非官吏，借出之米，还补时遣何人催纳？即丰收之年，尚难还补，何况歉岁？其初将众人米谷扣出收贮，无人看守，及米石缺空，势必令司其事者赔偿，是空将众人之米弃于无用，而司事者无故为人破产赔偿也。社仓之法，仅可小邑乡村，若由官吏施行，于民无益。今朱轼复以此为请，即令伊久住山西，鼓励试行。”雍正二年，谕湖广总督杨宗仁、湖北巡抚纳齐喀、湖南巡抚魏廷珍等：“前命建社仓，本为民计。劝捐须俟年丰，如值歉岁，即予展限。一切条约，有司勿预，庶不使社仓顿成官仓。今乃令各州县应输正赋一两者，加纳社仓谷一石。闻楚省谷石现价四五钱不等，是何异于一两正赋外加收四五钱火耗耶？”寻议定：凡州县官止任稽查，其劝奖捐输之法，自花红递加匾额以至八品冠带。如正副社长管理十年无过，亦以八品冠带给之。其收息之法，凡借本谷一石，冬间收息二斗。小歉减半，大歉全免，只收本谷。至十年后，息倍于本，只以加一行息。

三年，从江苏巡抚何天培请，止颁行社仓五事：一，赈贷均预造排门册存案；一，正副社长外，再举一殷实者总司其事；一，州县官不许干预出纳；一，所需纸笔，必劝募乐输，或官拨罚项充用；一，积谷既多，应于夏秋之交，减价平粜，秋收后照时价买补。

五年，因湖广社仓亏空，谕：“迩年督抚办社仓最力者，惟湖广总督杨宗仁。今据福敏盘查，始知原报甚多，而现贮无几。朕思举行此法实难。我圣祖仁皇帝深知之，是以李光地奏请而未允，张伯行暂行而即罢。盖在富民无藉乎仓，则输纳不前，而贫者又无余粟可纳。至于州县官，实心者岂可多得？湖广亏缺之数，倘系州县私用，必严追赔补，或民间原未交仓，或交仓之数与原报多寡不符，若令照数完纳，恐力未敷，须斟酌办理。”六年，世宗谕曰：“前岳钟琪请于通省加二火耗内应行裁减每两五分之数，且暂征收，发民买谷，分贮社仓，俟数足即行裁减，是以暂收耗羡之中，隐寓劝输之法，实则应行斟酌之耗羡，即小民切己之赀财，而代民买贮之仓储，即小民自捐之积贮。乃陕省官员以为收贮在官，即是官物，而胥吏司其出纳者,遂有勒买勒借之弊。今特晓示,镌石颁布,倘地方官有如前者,以挠扰国政、贻误民生治罪。"

乾隆四年,户部议准陕西巡抚张楷奏定社仓事例:一,社长三年更换;一,春借时酌留一半,以防秋歉;一,限每年清还;一,将借户谷数姓名晓示;一,令地方官稽查交代分赔。五年,议定陕、甘社谷凡系民间者,听自择仓正、副管理。其系加二耗粮内留五分为社粮者,责成地方官经理,入于交代。自是之后,州县官视同官物,凡遇出借,层递具详,虽属青黄不接,而上司批行未到,小民无由借领。此后应请令州县于每年封印后,酌定借期,一面通详,一面出借,其期按耕种迟早以为先后。得旨允行。

十八年,直隶总督方观承疏言:"义仓始于隋长孙平,至宋朱子而规画详备。虽以社为名,实与义同例。其要在地近其人,人习其事,官之为民计,不若民之自为计,故守以民而不守以官,城之专为备,不若乡之多为备,故贮于乡而不贮于城。今使诸有司于四乡酌设,粟黍从便,并选择仓正、副长管理,不使胥吏干预。现据报捐谷数共二十八万五千三百余石,合百四十四州县卫所,共村庄三万五千二百一十,为仓千有五。"帝嘉之。三十七年,户部议准,社仓仍令官经理出纳。

嘉庆四年,又议准社义各仓出纳,由正、副经理,止呈官立案。道光五年,安徽巡抚陶澍疏言:"义仓苟欲鲜弊,惟有秋收后听民间量力输捐,自择老成者管理,不减粜,不出易,不借贷,专意存贮,以待放赈。"如所议行。其后军兴,各省皆废。同治六年,特谕兴复。光绪中,惟陕西巡抚冯誉骥所筹建者千六百余所为最多云。

其旗仓在东三省者,初皆贮米二千万石。营仓自康熙二十二年始。时山海关各口建仓,达于黑龙江墨尔根。三十年,令江宁、京口等处各截留漕米十万石存贮。三十六年,谕沿边卫堡如榆林等处均贮谷。四十九年,以湖南镇筸改协为镇,拨借帑银三千两,买谷贮仓。五十四年,命贮米密云、古北口。雍正三年,贮谷归化城土拉库。四十七年,先后命广东提标各营暨诸镇协均贮谷,其后复推行贵州、四川、浙江、福建、河南。十一年，命喜峰口贮谷。

乾隆元年，设河标营仓。十一年，又命山东河标设立。盐义仓，自雍正四年始。时两淮众商捐银二十四万，为江南买谷建仓之用，巡监御史噶尔泰以闻，并缴公务银八万，共三十二万。谕以三万赏给噶尔泰，余照所请，赐名“盐义”。既而浙江众商亦捐银十万，谕巡抚李卫于杭州建仓。乾隆九年，又准山东票商仿行。

库之在京师属内务府者，设御用监掌之。顺治十六年改为广储司。十八年，分设缎库、银库、皮库、衣库。康熙十八年，增设茶库、磁库，合之为六。其属于户部者，曰银库、曰缎库、曰颜料库，合之为三。此外盛京户部银库，贮金银、币帛、颜料等物，以供二陵祭祀，及东三省官兵俸饷赏赉之用。各省将军、副都统、城守尉库，各贮官兵俸饷，及杂税官庄籴买粮价。布政使司库，贮各州县岁银田赋、杂赋银。按察司库，贮赃罚银钱。粮道库，贮漕赋银、驿站马夫工料。河道库，贮河饷。兵备道库，贮兵饷。盐运使司盐课各税务由部差者，有监督库。如道、府、厅、州、县官兼理者，有兼理官库，均贮关钞。地居冲要之分巡道库、府库、直隶州库及分驻苗疆之同知、通判库，均量地方大小，距省远近，酌量拨司库银分贮。州、县、卫、所库，贮本色正杂赋银，存留者照数坐支，输运者输布政使司库。

凡诸库每岁出纳之数，皆造册送户部察核，惟赃罚例输之刑部。河工兵饷又兼达兵、工两部。户部于直省库储，其别有五。曰封储。如酌留各布政司银两，督抚公同封储，有急需，题奏动支，擅用论斩是也。此制定于雍正五年。以直隶近京，独无留贮。各省自三十万至十万析为三等。其后直隶亦有之。惟盛京户部银库，自乾隆四十二年由京拨给一千万永远存贮。四十三年，复命将军兼管。曰分储。如各省道库、府库，封贮银两，遇州县急需，请领即行发给，一面详报藩司督抚，仍令各州县将支销银两，随案具详听核是也。其后各繁剧州县，亦照京县例拨贮，而未有定额。及雍正八年，乃定各省道、府、州、县分贮之额，自三十万至十万析为四等。曰留储。如存留属库坐支银两，拨款给发，例免解司是也。曰解储。如布政使司库,储府、州、县、卫解送正杂赋银;按察司库,收赃罚银;及将军、副都统、城守尉库,粮道库,收各处移解官兵俸饷漕项等银是也。曰拨储。如各省兵备道库,岁储由政政司或邻省拨解官兵银,河道库,岁储本省及邻省拨解官兵俸饷,并岁修抢修银,及伊犁岁需俸饷银,塔尔巴哈台岁需新饷银,西藏岁需台费银,云南岁需铜本银,贵州岁需铅本银,皆由各省拨解是也。户部总稽之,俾慎其收发,令各省解部地丁,将足色纹银倾熔元宝,合部颁法马,每枚五十两,勿加滴珠。

凡起解饷银,布政使亲同解官兑封押字,令库官钤印,当堂装鞘,给发兵牌。又州县官钱粮交代,由接任官造具接收册结,同监盘官印结,上司加结送司,详请咨部,不得逾限。布政使升转离任,将库储钱粮并无亏挪之处附奏,其新任接收,亦具摺奏闻,仍照例限详题。按察使交代,由巡抚会同藩司查核详题,且时其盘查,令各督抚于布政使司库钱粮奏销交代时,亲赴盘查,具结报题。督抚新任亦然。府、州、县库储钱粮奏销时,所管道、府亲赴盘查结报,不得委查取结,及预示日期,纵令掩饰。

至户部银库,康熙四十五年,以贮银多,谕将每年新收银别行收贮,至用银时,将旧银依次取用。乾隆四十一年,户部奏准各直省解京银两,无论元宝、小锭,必錾凿州县年月及银匠姓名。嘉庆十九年,命各省银解部,随到随交。道光十二年,又命官解官交。盖向来京饷及捐项,皆由银号交库也,然其弊不易革。同治三年,户部奏准凡由银号交库者,均收足色银两,锭面錾明某号字样,倘有弊端,即照原数加十倍罚赔。光绪四年,又奏准嗣后各省督抚并各路统兵大臣赴部领饷,须遵章递印领,盖所以重库储而杜流弊也。

清史稿卷一二二
志第九七

食货三

漕　运

清初,漕政仍明制,用屯丁长运。长运者,令瓜、淮兑运军船往各州县水次领兑民,加过江脚耗,视远近为差;而淮、徐、临、德四仓仍系民运交仓者,并兑运军船,所谓改兑者也。逮至中叶,会通河塞,而胶莱故道又难猝复,借黄转般诸法行之又不能无弊,于是宣宗采英和、陶澍、贺长龄诸臣议复海运,遴员集粟,由上海雇商转船漕京师,民咸称便。河运自此遂废。夫河运剥浅有费,过闸过淮有费,催趱通仓又有费。上既出百余万漕项,下复出百余万帮费,民生日蹙,国计益贫。海运则不由内地,不归众饱,无造船之烦,无募丁之扰,利国便民,计无逾此。洎乎海禁大开,轮舶通行,东南之粟源源而至,不待官运,于是漕运悉废,而改征折漕,遂为不易之经。今叙次漕运,首漕粮,次白粮,次督运,次漕船,次钱粮,次考成,次赏恤,而以海运终焉。

漕运初悉仍明旧,有正兑、改兑、改征、折征。此四者,漕运本折之大纲也。顺治二年,户部奏定每岁额征漕粮四百万石。其运京仓者为正兑米,原额三百三十万石:江南百五十万,浙江六十万,江西四十万,湖广二十五万,山东二十万,河南二十七万。其运通漕者为改兑米,原额七十万石:江南二十九万四千四百,浙江三万,江西十七万,山东九万五千六百,河南十一万。其后颇有折改。至乾隆十八年,实征正兑米二百七十五万余石,改兑米五十万石有奇,其随时截留蠲缓者不在其例。山东、河南漕粮外有小麦、黑豆,两省通征正兑。改耗麦六万九千五百六十一石八斗四升有奇,豆二十万八千一百九十九石三斗一升有奇,皆运京仓。黑豆系粟米改征,无定额。凡改征出特旨,无常例。

折征之目有四:曰永折,曰灰石米折,曰减征,曰民折官办。永折漕粮,山东、河南各七万石,石折银六钱、八钱不等;江苏十万六千四百九十二石有奇,石折银六钱不等;安徽七万五千九百六十一石有奇,石折银五钱至七钱不等;湖北三万二千五百二十石,湖南五千二百十有二石各有奇,石均折银七钱。其价银统归地丁报部。灰石改折,江苏二万九千四百二十四石,浙江万八千六百五十三石,遇闰加折四千十有五石,石折银一两六钱,以供工部备置灰石之用,自顺治十七年始也。

次年,饬江南、浙江、江西三省大吏,凡改折止许照价征收,如藉兑漕为名,滥行科索者,即行参勘。又以苏、松、常、镇四府差繁赋重,漕米每石折银一两,其随漕轻赍席木赠截等银,仍征之耗米,及给军行月赠耗等米,亦按时价折征。康熙八年,定河南漕粮石折银八钱。九年,浙江嘉、湖二府被灾,每石折征一两。五十八年,覆准河南附近水次之州县,额征漕粮每石八钱内,节省银一钱五分,仍令民间上纳,余六钱五分,令征本色起运。至距水次较远及不近水次之州县,额征米石,仍依旧例征银八钱,以一钱五分解部,余交粮道采办米石。雍正元年,以嘉、湖二属州县灾,谕令收征漕米本折各半,其折价依康熙九年例。六年,议定河南去水次稍远州县,均征本色,惟南阳、汝宁二府属,河南府之卢氏、嵩、永宁三县及光、汝二州并属县,又离水次最远之灵宝、阌乡,路远运艰,共酌减米万五千六十二石有奇,免其办解,分拨内黄、浚、滑、仪封、考城等五县协办,于五县地丁银内扣除完漕,照部价每石八钱,以六钱五分办运,节省之一钱五分,征解粮道补项。其南、汝等府属,每石折银八钱解司,以抵浚、滑等五县地丁银数,所谓减征是也。

乾隆二年,以大浚运河,江苏淮安之山阳、盐城、阜宁、扬州之江都、甘泉、高邮、宝应各县漕粮,每石征折银一两。其后海州、赣榆两邑亦然。山东、河南向所改征黑豆,不敷支给,河南再改征二万石,山东四万石。三年,湖广总督德沛言湖南平江距水次五百余里,请改折色,分拨衡阳、湘潭代买兑运,从之。七年,江西泸溪以折价八钱不敷采买,定嗣后每年八月借司库银拨县采买,照买价征银归还。其后江苏之嘉定、宝山、海州、赣榆,安徽之宁国、旌德、太平、英山,湖北之通山、当阳诸州县,悉遵此例。十一年,定河南祥符等四十州县额征粟米内,每年改小麦万石,与漕米黑豆并征运通。

十六年,以京师官兵向养马驼,需用黑豆,豫、东二省自雍正十年以来,于漕粮粟米内节次改征,每年额解黑豆二十万九千余石,每省酌量再改征黑豆一二万石。寻定山东三万石,河南二万石,额征粟米,照数除抵,其节省银一钱五分为运脚之用者并征之。十八年,仓场侍郎鹤年言:“现在京仓黑豆六十万余石,足供三年支放,请自明年始,豫、东二省应运黑豆,酌半改征粟米,分贮京、通各仓,则豆无潮黦之虞,粟价亦平。”从之。

二十六年,以江苏之清河、桃源、宿迁、沭阳不产米粟,命嗣后先动司库银两,按照时价采办,令民输银还款,是谓民折官办。其后阜宁、旌德、泰兴、宁国、太平、英山诸县皆仿行之。

二十一年谕曰:“漕粮岁输天庾,例征本色。勒收折色,向干严禁。现值年丰谷贱,若令小民以贱价粜谷,交纳折色,是闾阎终岁勤劬,所得升斗,大半粜以输官,以有限之盖藏,供无穷之朘削,病民实甚。著通谕有漕省分大吏,饬所属征收粮米,概以本色交纳,无许勒折滋弊。如有专利虐民者,据实严参。”然州县往往仍藉改折浮收,虽有明令,莫能禁也。

正兑、改兑、改折之外,复有截漕及拨运。各省截留漕船,介于起运停运之间,行月二粮,应给应追,向无定例。自乾隆元年,议定江苏、安徽、浙江截留漕船应支本折月粮三修银,照数全给。至行粮盘耗赠银负重等项，按站发给。若帮船截留本次，或旋兑旋卸，或数月后清，赠米亦按月计算。江西船大载重，每年三修银不敷，则取办于行月二粮。遇有截留，将原领折耗行月赠银赠米斛面米均免扣追。嗣以运军挂欠之项，谕将雍正十二年以前各省截留漕船应追等项悉免之。七年，以各省截留漕船已兑开行，例须扣追，酌定加给，视程途远近、船粮多寡为衡。山东、河南每船给银五十两。江南、浙江六十两，湖广七十两，江西九十两，以充各军在次修船置备器具，及雇募舵工水手安家养赡之用。其应给之银，即于行月折色银内扣给。十八年，谕曰："前命截留南漕二十万分贮天津水次各仓备用，但恐旗丁等于米色斛面任意搀和短少，而州县胥役又往往藉端勒索，令方观承饬天津道亲往监看。嗣后截漕之省，俱派就近道员稽查，不得委州县。著为令。"

拨运者，截留山东、河南所运蓟州粮，拨充陵粮及驻防兵米者也。康熙三十四年，议定年需粟米三万六百余石，将山东漕粮杰米照数截留，以原船自天津运至新河口，拨天津红剥船百五十艘，运至蓟州五里桥，船载百石，每百里给脚价一两三钱二分，所需之银，于过闸入仓脚价内拨给。四十五年，定密云驻防兵米，在豫、东二省每年征存蓟粮项下拨运，令该县于春夏之交，赴通领运收仓。平时由水运，有故则陆运。脚价由地粮银内给发。次年，令豫、东各添拨米百石，备支销折耗。又拨运保定、雄县两处驻防兵米，截至西沽就船受兑，以节耗费。嘉庆初，因东省轮免漕粮，先令豫省兑运，不敷之数，许动支节年仓存蓟米，并动碾公谷。其后河南被灾，亦准在蓟仓存米存谷内碾动。其各州县派拨之数，蓟州五万八千六百石、易州三万八千六百石各有奇，密云一万一千五百余石，保定、雄县共三千一百余石，良乡暨大兴之采育三百余石，顺义、昌平二百余石，霸州、东安、固安、宝坻三百余石，玉田及迁安之冷口各五百余石，沧州二千七百余石。又青州驻防兵米二千一百余石，亦于蓟粮内截留运供，德州驻防兵米不敷，亦得动支。此拨运之大略也。

各省之征收漕粮也，向系军民交兑，运军往往勒索扰民。顺治

九年,始改为官收官兑,酌定赠帖银米,随漕征收,官为支给。雍正
六年,以江、浙应纳漕粮为额甚巨,若必拘定粳米,恐价昂难于输
将,以后但择乾圆洁净,准红白兼收,微籼粳并纳,著为令。乾隆初,
奏定民纳漕米,随到随收,严禁蠹书留难。四年,谕曰:"朕闻湖北粮
米,以十五万一千余石运赴通仓,名曰北漕,十二万六千余石为荆
州官米,名曰南漕,二项原可合收分解。乃有不肖州县,分设仓口,
令粮户依两处完纳,以图多得赢余,重累吾民。著行文该省,将二项
漕粮合收,永远遵行。"七年,定直省有漕各属,于隔岁年终,刊易知
由单,条悉开载,按户分给,以杜滥科。十年,工部侍郎范灿奏:"江
南下江征收漕米,向借漕费之名,或九折,或八折,自巡抚尹继善定
每石收费六分,诸弊尽革。久之,吏胥复乘紧兑之际,多方刁难,小
民势难久待,不得不议扣折。"谕饬有漕省分大小官吏,严行厘剔积
弊。嘉庆八年,禁止各州县漕粮私收折色,及刁生劣监收揽包交。

　　凡漕粮皆随以耗费,耗皆以米,正兑一石耗二斗五升至四斗,
改兑一石耗一斗七升至四斗,皆随正入仓,以供京、通各仓并漕运
折耗之用。其南粮又有随船作耗米,自五升至二升三升不等,以途
之远近为差。嘉庆间,定江苏漕粮耗米原备筛扬,耗米四升有奇。嗣
后以二升余划付旗丁,二升随粮交仓。浙江、江西、两湖悉依此例。
逮漕务改章,凡改征折色各省,耗米亦折价与正米并征,自是漕耗
之名遂废。

　　初,各省漕粮改为官收官兑,赠贴名称,山东、河南谓之润耗,
江苏、安徽谓之漕贴,浙江谓之漕截,江西、两湖谓之贴运,其数多
寡不一,随粮征给,均刊列易知由单,私派挪移者罪之。其后江南每
粮百石,竟私截至百余两,浙江至三十余两。粮道刘朝俊以贪婪漕
贴万二千余两被劾,给事中徐旭龄亦疏陈赠耗之弊。然贪官污吏,
积习相沿,莫能禁也。康熙十年,议定江宁等府起运耗米及正粮一
体贴赠,苏、松、常三府改折灰石,帮贴漕折等银悉免之。二十四年,
令各省随漕截银免解道库,径令州县给发。乾隆七年,定江南漕米
赠耗永免停支例。各省收漕州县,除随正耗米及运军行月粮本折漕

赠等项外,别收漕耗银米,其数亦多寡不一,此项耗外之米,皆供官军兑漕杂费及州县办公之用者也。

轻赍银者,始于有明中叶。以诸仓兑运,须给路费,征耗米,兑运米一平一锐,其锐米量取随船作耗,余皆折银,名曰轻赍。清因之。每年正兑米一石,江西、两湖诸省加耗四斗六升或六斗六升,锐米皆一斗。加耗四斗六升者,则以三斗随船作耗,而以连锐二斗六升折银一钱三分;加耗六斗六升者,则以四斗随船作耗,而以连锐三斗六升折银一钱八分,谓之三六轻赍。江苏、安徽每石加耗五斗六升,锐米一斗,除四半随船作耗,而以余米二斗六升折银一钱三分,谓这二六轻赍。山东、河南每石加耗三升,锐米一斗,除二斗五升随船作耗,余米一斗六升折银八分,谓之一六轻赍。其改兑只有耗米,或三斗二升至一斗七升不等,止给本色随船作耗,而以存米二升易银一分,谓之折易轻赍。均每升折征银五厘,解仓场通济库。康熙四十七年,令每年江南等省额解轻赍银三十八万四千两,内除山东、河南、湖广、江西、浙江、江南等省额解银二十四万六千九百余两,仍留通济库应用,其苏松粮道所属额解银十三万七千余两,径解户部。如仓场不敷,得咨行户部支发。寻分拨苏松粮道所属额解轻赍银五万分解通济库备用。用此项轻赍银,例应兑漕通以济运务,外此有席木竹板等存,皆随漕交纳,其尺寸长短广狭,均有定制。

道光二十九年,两江总督李星沅奏南漕改折,户部定价太轻,开不肖州县浮勒之端。江苏巡抚陆建瀛亦言其不便。遂罢改征折色。同治四年,曾国藩、李鸿章请将江苏镇洋、太仓二州县漕粮改征折色,不许。光绪十年,翰林院侍读王帮玺疏陈丁漕有五弊、三难、五宜、三不可。是时直省丁漕积欠频仍,故邦玺以为言。二十三年,侍讲学士瑞洵言南漕改折,有益无损。先是江、浙漕米,除河运十二三万石外,岁约海运百二十余万。二十年,办理海防,江、浙各省各折十之五六。翌年,两江总督张之洞拟令苏省州县收折收本仍其旧,而由官全行折解。部令仍运本色。张之洞复奏,苏漕全折,岁可省运费八十万，浙江全折，两湖采买全停，剥船挑河各费、漕职卫官各项，均可酌减，负可省百五十万。嗣户部以库储支绌，请将江苏海运漕粮暂减运三十万石，得银九十八万余两。奕劻等奏言："南漕岁有定额，兵民生计攸关，京师根本重地，尤须宽为储备。言者动称折漕岁五六百万，实则不过百余万有奇，似不宜轻议更张。"从之。

漕粮之外，江苏苏、松、常三府，太仓一州，浙江嘉、湖两府，岁输糯米于内务府，以供上用及百官廪禄之需，谓之白粮。原额正米二十一万七千四百七十二石有奇。耗米，苏、松、常三府，太仓一州每石加耗三斗，以五升或三升随正米起交，余随船作耗，共二万七百七石有奇；嘉、湖二府每石加耗四斗，以五升或三升随正米起交，余随船作耗，共万三千四百八十八石有奇。康熙初，定白粮概征本色，惟光禄寺改折三万石，石征银一两五钱。十四年，议定江南白粮仿浙省例，抽选漕船装运，每船给行月粮米六十九石三斗，银五十六两七钱六分。经费银，浙江旧例四百五十七两一钱一厘，议减去银百二十六两二钱四分、米二十八石。嗣以运漕、运白事同一体，裁江、浙白粮经费，仿漕粮之例，支给行赠银两。至白粮悉系包米运送，并无折耗，俟抵通照例交收。

先是江、浙输将白粮二十二万余石，太常寺、光禄寺各宾馆需用二千余石，王公官员俸约需十五六万石，内务府、紫禁城兵卒及内监食用需一万石，尚余五万石。乾隆二年，高宗谓："光禄寺等处收支，原以供祭祀及宾馆之用，在所必需。其王公百官俸米，应用白粮酌减其半，以粳米抵充。至赉赏禁城兵卒及内监米石，应将白粮易以粳米，以纾民力。"自是实征白糯不过十万石有奇矣。又准松江、太仓额征白糯，改征漕粮，即在派运白米十万石内通融盈缩，以均应减应运之数。浙江向不产糯，白粮中糯米一项，随漕统征糙粳，官为易糯兑运。两省白粮经费前已议裁，至是复照旧例征收。江苏征银十八万六千九百作十五两有奇，米万八千八百八十九石有奇，春办米二万一千三百九十九石有奇，浙江征银四万五千七十五两有奇，米三千九百六十九石，春办米万三千二百九十石有奇，共实征银二十三万二千六十一两,米五万五千七百四十八石有奇。除给运弁运军,并解通济库为运送京、通各仓脚价之用,余银及米折,均造册送部酌拨。逮嘉庆中,白粮经费,江苏征银六万余两,米及春办米各万余石,浙江征银五万余两,米三千余石,春办米万余石,共实征银十一万四千五百十八两有奇,米五万三千七百二十九石有奇,较之乾隆时经费银所减又逾半矣。

江、浙之运白粮也,初沿明代民运之制。嗣以临期雇募民船,时日稽迟,改行官运;仍不便民,乃令漕船分带,以省官民之累。康熙三年,定浙江行漕带法,需船百二十六艘,于漕帮内抽出六十二艘装运,增造六十四艘并入兑运,后江苏亦踵行之。每船装运五百石,择军船殷实坚固者装运,五年一易。制定每年未兑之前,责令粮道赴次查验,如运军力疲、船不坚固者,别选殷军补运。十六年,漕运总督瑚宝奏:“江苏运白粮船向例五年更调,但为时过久,请依漕船三年抽调例,定运白三年即行另选。”从之。江、浙两省运白粮船,原定苏州、太仓为一帮,松江、常州各为一帮,嘉兴、湖州各一帮,领运千总每帮二,随帮武举一。改行官运后,以府通判为总部,县丞、典史为协部,吏典为押运。旋裁押运。后白粮改令漕船带运,复裁总、协二部。苏、松、常每府增设千总二,更番领运,每帮设随帮百总一,押趱回空。浙江增设千总四、随帮二,苏州、太仓仓运白粮船,原定百十八艘,船多军众,分为前后两帮,增设千总二、随帮一。白粮减征后,并两帮为一,其千总随帮悉予裁减。

清初,都运漕粮官吏,参酌明制。总理漕事者为漕运总督。分辖则有粮储道。监兑押运则有同知、通判。趱运则有沿河镇道将领等官。漕运总督驻淮南,掌金选运弁、修造漕船、派拨全单、兑运开帮、过淮盘掣、催趱重运、查验回空、核勘漂流、督催漕欠诸务,其直隶、山东、河南、江西、江南、浙江、湖广七省文武官吏经理漕务者皆属焉。粮道,山东、江安、苏松、江西、浙江、湖北、湖南各一。河南以开归盐驿道兼理。粮道掌通省粮储,统辖有司军卫,遴委领运随帮各官,责令各府清军官会同运弁、金选运军。兑竣,亲督到淮,不得委丞倅代押。如有军需紧要事件,须详明督抚、漕臣方许委员代行其职务。

监兑,旧以推官任之。推官裁,改委同知、通判。山东以武定同知,东昌清军同知,济南、兖州、泰安、曹州四通判,济宁、临清两直隶州同;河南以归德、卫辉、怀庆三通判;江南以江宁、苏州督粮同知,松江董漕同知,凤阳同知,苏州、扬州、庐州、太平、池州、宁国、安庆、常州八管粮通判,太仓州临时添委丞倅一;浙江以湖州同知,杭州局粮通判,嘉兴通判;江西以南昌、吉安、临江三通判;淮北、湘南每年于通省同知、通判内详委三员,监兑。江西、湖广、安徽监兑押淮之员寻裁。

凡开兑,监兑官须坐守水次,将正耗行月搭运等米,逐船兑足,验明米色纯洁,面交押运官。粮船开行,仍亲督到淮,听总漕盘验。粮数不足、米色不纯者,罪之。道、府、厅不揭报,照失察例议处。意存袒护,照徇庇例议处。

押运本粮道之职,但粮道在南董理运务,无暇兼顾。江、浙各粮道,止令督押到淮盘验,即回任所。总漕会同巡抚遴委管粮通判一,专司督押,约束运军,防范侵盗挽和等弊。山东、河南通判各一,江南七,浙江三,江西二,湖北、湖南各一。后因通判官卑职微,复令粮道押运。其漕船回空,仍令通判管押。过淮必依定限,如有迟误,照重运违限例议处。江南、浙江、江西寻复通判押运之制。

押运同知、通判抵通后,出具粮米无亏印结,由仓场侍郎送部引见。粮道押运三次,亦准督抚咨仓场侍郎送部引见。其员弁绅董随同押运到通,并准择尤保奖,以昭激劝。其后各省大吏往往藉漕运保举私人,朝廷亦无由究诘也。

淮北、淮南沿河镇道将领,遇漕船入境,各按汛地驱行,如催趱不力,听所在督抚纠弹。江南京口、瓜洲渡江相对处,令镇江道督率文武官吏催促,并令总兵官巡视河干,协催过江。总兵裁,改由副将管理。雍正三年,巡漕御史张坦麟条上北漕事宜:一,自通抵津,沿河旧汛窎远,请照旱汛五里之例,漕船到汛,催漕官弁坐视阻抵不行申报者，依催趱不力例参处；一，沿途疏浅约十三四处，坐粮厅难以兼顾，请交各汛弁率役疏通，应销钱粮，仍令坐粮厅管理。从之。巡漕御史伊喇齐疏劾河南粮道提催之弊，巡抚尹继善亦疏请革除各州县呈送监兑押运官役陋规。凡漕船回空到省，未开兑之前，责成本省巡抚及粮道，既开兑出境，则责成漕督及沿途文武官吏，抵津后，责成仓场侍郎、坐粮厅及天津总兵、通州副将，严行稽查。有违犯者，捕获惩治。

四十八年，漕督毓奇言："各省督押，惟山东粮道抵通，余只押抵淮安。嗣后各省重运，俱令粮道督押本帮至临清，出具粮米无亏印结，即行回任。其自临清抵通，概令山东粮道往来催趱。山东运河，每年十一月朔煞坝挑浅。开坝之日，以南省漕船行抵台庄为准。微山等湖收蓄众泉，为东省济运水柜，不许民间私截水源。闸河遇春夏水微，务遵漕规启闭。漕船到闸，须上下会牌俱到，始行启板。如河水充足，相机启闭，以速漕运，不得两闸齐启，过泄水势。其在江中偶遇大风，原可停泊守候，而催漕官吏惟知促迫，军船冒险进行，恒有漂没之虞。回空之船，管运员及运丁等恒意存怠玩，或吝惜雇价，将熟习舟子遣散，留不谙驾驭之人，而押运员弁每先行回署，并不在船督率，往往有运船失风之事。"上谕饬"沿途各员催趱，应察风色水势，毋得过于急迫，至涉险失事，亦不得因此旨遂任意逗留，致逾定限。"初，运河中铜铅船及木排，往往肆意横行，民船多畏而让之。粮船北上，亦为所阻。至是令巡漕御史转饬沿途文武员弁，将运漕船催趱先行，余船尾随，循次前进，恃强争先、不遵约束者，罪之。

领运员弁，各省粮船分帮，每帮以卫所千总一人或二人领运，或举一人随帮效力。顺治六年，奏定就漕运各卫中择其才干优长者授职千总，责其押运，量功升转，挂欠者治罪追偿。其后裁卫所外委百总，改为随帮官。康熙五十一年，拣候选千总三十员，发南漕标效力，如有领运千总员缺，听总漕委署押运，果能抵通全完，仓场总督咨送兵部，准其即用。拣选武举，候推守卫所千总有愿补随帮者，可在总署处呈明,遇缺准其顶补,三年无误,以卫千总推用。雍正二年,漕运总督张大有奏称山东、河南轮运蓟州、遵化、丰润官兵米石,沿途管押及回空催趱,例责成押运通判,请添设蓟粮千总二,更番领运,从之。各卫既有千总领运,而漕臣每岁另委押运帮官,分为押重押空,一重运费二三千金,一空运费浮于千金,帮丁之脂膏竭,而浮收之弊日滋矣。嘉庆十二年,谕漕督不得多派委员,并禁止运弁等收受馈赠。十四年,巡漕御史又请大加减省。自咸丰三年河运停歇,船只无存,领运之名亦废。

巡漕御史本明官,顺治初省。雍正七年,以粮船过淮陋规甚多,并夹带禁物,遣御史二,赴淮安专司稽察。粮船抵通,亦御史二稽察之。乾隆二年,设巡漕御史四:一驻淮安,巡察江南江口至山东交境;一驻济宁,巡察山东台庄至北直交境;一驻天津,巡察至山东交境;一驻通州,巡察至天津。凡征收漕粮,定限十月开仓,十二月兑毕。惟山东临清闸内之船,改于次年二月兑开,依限抵通,闸外之船,仍冬兑冬开。乾隆间,令闸内闸外一律春兑春开,从漕督杨锡绂请也。嘉庆四年,谕曰:“冬兑冬开,时期促迫。嗣后东省漕粮,仍照旧例起征,运赴水次,立春后兑竣开帮,翌年改为冬兑春开。”十五年,令闸河内外帮船,照春兑春开例办理。江北冬漕,定于十二月朔开兑,限次年二月兑竣开行。

凡漕兑,首重米色。如有仓蠹作奸,搀和滋弊,及潮湿霉变,未受兑前,责成州县,既受兑后,责在弁军,核验之责,监兑官任之。如县卫因米色争持,即将现兑米面同封固,送总漕巡抚查验,果系潮湿搀杂,都令赔换筛扬,乃将米样封送总漕,俟过淮后,盘查比较,分别纠劾。然运军勒索州县,即借米色为由。州县开仓旬日,米多廒少,势须先兑。运军逐船挑剔,不肯受兑,致粮户无廒输纳,因之滋事。运军乘机恣索,或所索未遂,船竟开行,累州县以随帮交兑之苦。及漕米兑竣,运弁应给通关。通关出自尖丁。尖丁者,积年办事运丁也,他运丁及运弁皆听其指挥。尖丁索费州县,不遂其欲,则靳通关不与,使州县枉罹迟延处分。运军运弁沆瀣一气,州县惟恐误兑,势不得不浮收勒折以供其求。上官虽明知其弊,而惮于改作。且虑运军裁革,遗误漕运,于是含容隐忍,莫之禁诘。州县既多浮收,则米色难于精择。运军既有贴费,受兑亦不复深求。及至通州,贿卖仓书经纪,通挪交卸,米色潮湿不纯之弊,率由于此。积重难返,而漕政日坏矣。乾隆间,漕运总督顾琮条上筹办漕运七事:一,州县亲收漕粮,以免役胥藉端累民;一,杜匿富佥贫包丁代运之弊;一,受未开之帮船催令速行;一,粮船过淮后,分员催趱,以速运漕;一,河道旧有横浅,豫为疏浚,以免阻滞;一,各闸俱照漕规,随时启闭,江、广漕船携带竹木,限地解卸;一,回空三升五合余米,速给副丁,以济回时食用。诏从其议。

　　各省漕粮过淮,顺治初,定限江北各府州县十二月以内,江南江宁、苏、松等处限正月以内,江西、浙江限二月以内,山东、河南限正月尽数开行。如过淮违误,以违限时日之多寡,定督抚粮道监兑推官降罚处分。领运等官,捆打革职,带罪督押。其到通例限,山东、河南限三月朔,江北四月朔,江南五月朔,江西、浙江、湖广六月朔。各省粮船抵通,均限三月内完粮,十日内回空。仓场定立限单,责成押帮官依限到淮,逾限不能到次,照章纠劾。

　　承平日久,漕弊日滋。东南办漕之民,苦于运弁旗丁,肌髓已尽,控告无门,而运弁旗丁亦有所迫而然。如漕船到通,仓院、粮厅、户部云南司等处投文,每船需费十金,由保家包送,保家另索三金。又有走部,代之聚敛。至于过坝,则有委员旧规,伍长常例,上斛下荡等费,每船又须十余金。交仓,则有仓官常例,并收粮衙署官办书吏种种需索,又费数十金。此抵通之苦也。逮漕船过淮,又有积歇摊派吏书陋规,投文过堂种种费用。总计每帮漕须费五六百金或千金不等。此过淮之苦也。从前运道深通,督漕诸臣只求重运如期抵通,一切不加苛察。各丁于开运时多带南物,至通售卖,藉博微利。乾隆五十年后,黄河屡经开灌,运道日淤,漕臣虑船重难行,严禁运丁多带货物,于是各丁谋生之计绌矣。运道既浅,反增添夫拨浅之费,每过紧要闸坝,牵挽动须数百人,道路既长,限期复迫,丁力之敝,实由于此。虽经督抚大吏悉心调剂,无如积弊已深,迄未能收实效也。

各省漕船,原数万四百五十五号。嘉庆十四年,除改折分带、坍荒裁减,实存六千二百四十二艘。每届修造十一,谓之岁造,其升科积缺漂没者,谓之补修改造,限以十年。至给价之多寡,视时之久暂、地之远近为等差。造船之费,初于民地征十之七,军地征十之三,备给料价。不足,则征军卫丁田以贴造漕船。十年限满,由总漕亲验,实系不堪出运,方得改造,有可加修再运者,量给加修银,仍令再运。按年计算,旧船可用,不验明驾运,督抚查实纠劾。司修造漕船各官,或诈朽坏,或修造未竣诈称已完,或将朽坏船册报掩饰,或承造推诿不依限竣工,或该管官督催不力,及朽坏船不估价申报,均降罚有差。

直隶、山东、凤阳地不产木,于清江关设厂,由船政同知督造。江宁各帮共船千二百余,亦于清江成造。自仪征逆流抵淮,四百余里,沿途需用人夫挽曳,船成后复渡大江,道经千里,到次迟延,县民急于考成,旗丁利于诈索,船未到即行交兑,名曰转廒,于是赠耗、使费、赔补、苛索诸弊日滋,运军苦之。嗣裁船政同知,统归粮道管理,令运军支领料价赴厂成造,不敷,即于道库减存漕项银内动支。徐州卫、河南后帮漕船,向亦在清江船厂成造,驾赴河南水次兑粮,程途辽远,易误兑限。寻改在山东临清设厂成造。遇满号之年,令各军于江、安道库银内领价成造。其济南前帮,则在江南夏成镇成造,嗣又改于临清胡家湾设厂。

船成查验之法九:一、验木,二验板,三验底,四验梁,五验栈,六验钉,七验缝,八验舱,九舱头梢。山东各帮于额运漕船外,向设量存船三十。江苏扬州亦有量存船二十四。先后议裁,并将扬州卫应裁之船,抵补江、兴二卫贫疲军船。乾隆八年,漕运总督顾琮上漕船变通事宜:一、漕船当大造之年,遇有减歇,即停造一年,与先运之船年限参差,将来无须同时配造;一、赔造之船已出运多次,恒欠坚固,嗣后将赔造接算原船,已满十年尚能出运者,准其将船在通售卖;一,满号之船,向俱分年抽造,其中坚固者,交总漕择令加修,出运一次,许其流通变卖。从之。二十九年,漕督杨锡绂言:“各省漕船当十运届满应行成造之年,如运粮抵通,准在通变价。再买补之船未经满运,或中途猝遇风火,请准就地折变。”诏从其议。大河、淮安等帮漕船,恒有遭风沈溺之事。阿桂奏称,因船过高大,掉挽维艰所致,请较原定尺寸酌量减小。嘉庆十五年,复酌减江、广两省漕船尺寸。运丁利于揽载客货,船身务为广大,不知载重则行迟,行迟则壅塞,民船被阻,甚有相去数丈守候经旬者,兼之强拿剥运,捶挞交加,怨声载道,不仅失风之虞也。十七年,以浙省成造漕船赔累日甚,每船除例给二百八两外,复给银五百九十余两,以纾丁力。漕船建造修葺,其费有经常,有额外,年糜国帑数十百万。及其出运,勒索于州县者又数十百万。催趱迎提,终岁劳攘,夹带愈多,虽苏、松内河,亦无岁不剥运。剥运仍责舟于沿途,甚至拦江索费,夺船毁器,患苦商民,抗违官长,以天庚为口实,援漕督为护符,文武吏士,畏其势焰,莫或究诘。

凡漕船载米,毋得过五百石。正耗米外,例带土宜六十石,雍正七年,加增四十,共为百石,永著为例。旋准各船头工舵工人带土宜三石,水手每船带土宜二十石。嘉庆四年,定每船多带土宜二十四石。屯军领运漕粮,冬出冬归,备极劳苦,日用亦倍蓰家居,于是有夹带私货之弊。漕船到水次,即有牙侩关说,引载客货,又于城市货物辐辏之处,逗留迟延,冀多揽载,以博微利。运官利其馈献,奸商窜入粮船,藉免国课。其始运道通顺,督漕诸臣不事苛察。逮黄屡倒灌,运道淤浅,漕臣严申夹带之禁,丁力益困。

当商力充裕时,军船回空过淮,往往私带盐斤。漕运总督张大有条上六事:一,长芦、两淮产盐之处,奸民勾串灶丁,私卖私贩,伺回空粮船经过,即运载船中,请严行禁止,违者俱依私盐例治罪;一,粮船回空时,请于瓜洲江口,派瓜洲营协同厅员搜查;一,运司等官拿获私盐,请依专管兼辖官例议叙;一,随帮官专司回空,有能拿获私盐三次及帮船三次回空无私盐事者,以千总推用;一,每船量带食盐四十斤,多带者以私盐例治罪;一,例带土宜之外,包揽商船木筏者,照漏税例治罪,货物入官。自是禁网益密矣。帮丁困苦,爰有津贴之议。江苏漕船,以松江帮丁力为最疲。定例松、太等属每船津贴银三百两,旋加为五百两。帮丁视为额给之项,仍欲另议津贴,开船迟延,州县恐贻误获谴,恒私馈之,以致津贴日增,流弊无已。

漕运抵通及遇浅,皆须用剥船。清初设红剥船六百艘,每船给田四十顷,收租赡船,免其征科。近畿州县距河甚远,恒雇觅民船,河干游民藉之邀利,及接运漕粮,往往有盗卖挽和之弊,甚有盗卖将尽,故倾覆其船,逮运官查明,仍责地户赔偿,倾家荡业。又领船船户例受天津钞关部差管辖,每岁河冰未泮之日,部差催促过堂守候,莫不有费,苦累实甚。三十九年,裁红剥船,依原收租数分派各省,于漕粮项下征解,解粮道库支发。乾隆二年,定每船给红剥银二两,由随帮千总领发,漕船遇浅,由运军自雇民船,坐粮厅酌定雇价。十三年,增设堡船六十艘,造船及用具夫役工食,均于红剥银内支用,余仍分给运军。南粮入北河后,官为雇船剥运,粮艘未到,剥船先期预备,守候累日,且有妨商盐挽运。五十年,谕令另造剥船,南粮抵北河,即剥运赴通,嗣后毋得封固民船,致滋扰累,违者罪之。寻议定官备剥船千二百艘,发交附近沿河天津等十八州县收管,如有商货盐斤,许其揽载,四月以后,调赴水次,毋得远离。翌年复添造三百只,交江西、湖广成造,运送天津,与原设剥船在杨村更番备剥。豫、东二省,因水浅阻滞,定造剥船三百艘,交德州、恩、武城、夏津、临清五州县分管。

清初沿明卫所之制,以屯田给军分佃,罢其杂徭。寻改卫军为屯丁,毋得窜入民籍,五年一编审,粮道掌之。康熙初,定各省卫所额设运丁十名。三十五年,定漕船出运,每船佥丁一名,余九名以谙练驾驭之水手充之。凡佥选运丁,佥责在粮道,举报责卫守备,用舍责运弁,保结责通帮各丁。寻佥本军子弟一人为副军。雍正初,免文学生员佥运。先是江苏按察使胡文伯以江、安十卫去苏、松水次遥远,遇有应更换之丁,运官赴卫查佥,往返须时,请预佥备丁,造册送粮道,转送总漕备案。经户部议准。漕督杨锡绂上疏争之,略言:"预佥闲丁,其不必者有二,不便者有二。各省卫帮,贫富不等。殷富之帮,本无俟闲丁预备;贫乏之帮,遇有应换之丁,百计搜查,求一二殷丁且不可得,安有数十闲丁可以预备?其不必一也。又殷实军丁,生计粗裕,猝遇收成歉薄,一二年或即转为贫乏,今既佥选注册矣,设需用之时,已经贫乏,是仍以疲丁应选,其不必二也。至送粮道点验,仆仆道途,废时失业,不便一也。卫所州县书吏,喜于赇脱,贫者受佥,不便二也。请停止预选闲丁注册。"从之。

　　旧制漕船旗丁十名,丁地五顷。其后丁地半归民户,运丁生计贫乏,经户部行文清查,不许民间侵占。乾隆初,巡漕御史王兴吾奏:"屯田籍册年久散失,无可稽考。亦有册籍仅存而界址难于徵实,或军丁典佃于民,而展转相售、屡易其主者。清田归运,徒滋扰累。盖津贴之举已成通例,民出费以赡丁,丁得项以承运,相沿既久,无碍于漕。况丁得田不能自耕,势必召佃收租,是与未赎时之津贴同一得项承运,未见有益也。"二十五年,锡绂奏:"漕运之有疲帮,实缘运丁债负为累。浙江之金、衢、严、温、处、绍、台、嘉等帮,江南之江、淮、兴、武、凤阳、大河等帮,债欠尤多,帮疲益甚。欲除私负之累,莫若出借官帑。请于浙江江、安道库各提银六万两,专备疲帮领借。每岁督运道员,查按沿途及抵通需用银数,提交押运,至期散给,于次年新运应领项下扣还,俟疲帮渐起,奏明停止。

　　各省州县卫帮承佥运丁,均以奉文派佥日起,限两月佥解,并查明田地房产,造册送总漕存案。设有亏短挂欠,令其赔补。若佥派后实系卖富差贫,或弃船脱逃,或重佥已革之丁,以及徇情出结、将军丁改入民籍者,承佥之员降二级调用,不准抵销。其上司照失察例议处。从漕督毓奇请也。道光十三年,给事中金应麟奏:"江、浙内河一带漕船,讹诈商民,有买渡、排帮等名目。州县以兑米畏其挑剔,置若罔闻,滞运扰民,为害甚大。"诏林则徐、富呢扬阿严行查禁。

运军往来淮、通，终岁勤苦，屯田所入有限，于是别给行月钱粮资用，其数各省不一。江南运军每名支行粮二石四斗至二石八斗，月粮八石至十二石。浙江、江西、湖广行粮三石，月粮九石六斗。山东行粮二石四斗，月粮九石六斗。其通、津等卫协运河南漕船运丁行月之数，与山东同。各省领运千总等官，于廪俸外多有兼支行粮者。行月二粮，旧时本少折多，且折价每石不过三四五钱，各处官丁常有偏枯之控。诏令漕督议定查照岁支行月旧额本折各半，折色照漕欠每石银一两四钱，永著为令。康熙二十九年，行月钱粮设立易知由单，列明应给各项钱粮，丁各一纸，照款支给。如官役克扣婪索，许本丁将事由载单内，于过淮时陈控。

雍正元年，覆准运船到次，先将本色行月钱粮于三日内给发折色银，由卫守备出具印领受，领运千总钤章，解道验明，以半给军，半封固，粮道赍淮，由总漕监发，愆期迟延者罪之。乾隆五年，议定运丁于解淮验给一半钱粮内，酌留回空费用，数多者扣留三之一，少者酌扣八两，令粮道另行封兑，于过淮时交随运官弁收领，俟抵通交粮后，给发各丁。缘各省漕船回空，每因资斧缺乏，不能及时抵次也。十年，漕督顾琮上言：“粮道所押帮船，多少不同，兑开复有迟早，必俟最后之帮开竣，方得赴帮督察，而首进之帮，又不免守候领银之累。请仍令粮道兑准封给领运千总，解淮呈验散给。”从之。

凡漕船停歇，月粮减半给发，民船停运，给月粮原额四之一。三十年，车驾南巡，截留江、浙二省冬兑漕粮各十万石，减歇之船，于应给月粮外，加恩再给十之二，以示体恤。运军月粮，遇闰按月本折均平支给，寻罢。嗣以闰月钱粮乃计日授食，各军春出冬归，停支一月，不免枵腹。山东、河南、浙江、江宁、凤阳等卫闰月有粮，仍照原额支给。山东、浙江及苏、太等卫，遇闰各有额编加征银，江、兴等卫无之，遇闰于道库减存银内支用。江西、湖北、湖南系按出运船米之数支给。河南遇闰亦无加征银，向准山东等省一例支给，经部驳追，寻准其照支。

各省运军名数参差不齐。江、浙每船十一二名不等。嗣议定每船概以十军配运,按名支给行月。安庆卫旧系按漕用军按名派行月二粮。自画一裁减后,每船只用十军,而所载漕粮则倍于他船,应仍按粮支给行月。山东德州等卫有自雇民船装运漕粮者,一体支给行月钱粮。江宁省卫无赡运屯田,遇有减存,同出运之船支给安家月粮。江淮、兴武二卫,原减驾军二名,准其复设,派给行月二粮,例由布政司行文各府州县支领,每船馈遗书吏六七金不等,否则派拨远年难支钱粮及极远州县,而州县粮书又有需索,每船约二三金不等。十金之粮,运丁所得实不及半也。

漕粮为天庾正供,司运官吏考成綦严。顺治十二年,定漕、粮二道考成则例。经征州县卫所各官,漕粮逾期未完,分别罚俸、住俸、降级、革职,责令戴罪督催,完日开复。康熙二年,议定随漕行月、轻赍各项钱粮,总作十分计算,原参各官限一年接征,而接征之员止限半年,殊未平允。嗣后接征官限一年,粮道、知府、直隶州一年半,巡抚二年。如仍不完,照原参分数议处。其经征督催白粮各官考成条例,悉与漕粮同。白粮项下减存经费银不得擅用,违者题参,并勒令赔缴。粮道完储钱粮,春秋造册达部,候拨解京饷。年终及离任日,藩司盘查出如有侵亏,揭报巡抚题参。

凡漕欠,无论多寡,均发各粮道严追,承追官吏严查本弁本军产业,估计变售偿补。如运军侵粮逃逸,报明户部,行文总督提究。挂欠米石,追完补运,与本帮原欠米不符者,将过淮不驳换之总漕及督漕、承运各官并采买搭运之员,一并纠劾。其运到之米,按数收用,以免累及运军。承平日久,法令日弛,粮道及监兑、押运官既不亲临水次,粮船抵淮,漕总复不严行稽查,于是弁军任意折银,沿途盗卖,抵关时遂多挂欠矣。

四十五年,令嗣后耗赠漕截等银米,暂存粮道仓库,俟回空时,仓场查明,按其挂欠数扣抵。不足,以行粮抵补。旋议定挂欠漕粮不及一分至六分之弁军治罪,总漕、粮道按所欠分数议处,并将所欠漕粮,由总漕、粮道及监兑、押运、佥丁、卫所各官至运丁,分别担任,均限定期内偿还。不完,总漕、粮道交部议,运官、运军分别治罪,仍责成总漕、粮道赔偿。全完者,优叙。

粮船抵通起卸漕米,例买别帮余米抵补。雍正三年,奏准嗣后漕米如有不足,即分别参处偿还,不得以别帮余米买补。其运军日用余米,许其售卖,余并禁阻。

漕船经涉江湖,偶遇风涛漂没,沿途催趱各官,及汛地文武官,亲临勘验出结,总漕及巡抚覆勘奏免。若军弁诈报漂没,及漂没而损失不多,乘机侵盗至六百石者,拟斩;不及六百石,充发极边,漕米按数赔缴。文武官遇漕船沉溺,不将情由申报,押运官弁巡查不谨,致失火焚毁者,俱降一级调用。地方官不协救,延烧他船者,罚俸一年。雍正初,奏准漕船在内河失风漂沉者,不许豁免,押运官弁照失于防范例,罚俸一年。如有假捏,严加治罪,出结官弁,从重议处。凡海洋江河遭风漂没,领运弁运幸获生全者,照军功保守在事有功例,晋级赐金。其漂没身故者,官弁照军功阵亡例,分别准荫加赠,运军给予祭葬银。

乾隆七年,议定漕船失风火灾,船未沉没,无论已未过淮,即令修固复载抵通。如已被沈难圮者,雇民船载运,随帮过淮盘验抵通。如失事在过淮以后,黄河中流,民船难募,令先分通帮带运开行,沿途仍雇觅民船装载。通帮各丁,出具互结,稍有亏欠,责令偿补。江、广漕船失风沈溺,如果不堪圮修,无论已未满号,地方官验明,申报总漕,就近变价,令运弁赍交粮道发给。回空漕船失事亦如之。嗣议准江苏、浙江、山东、河南等省买补船艘,如已满号,遇失风事故,就近折变,价银封交员弁携回,由粮道验给各军,以补新漕。漕船遇冰凌迅下,致被损坏,及雷火焚毁,沈失米粮,免其偿补。

各省漕粮,岁有定额,凡荒地无征者,督抚勘实报免,随漕银米,一例蠲免。灾伤之区,应征漕粮,及折改漕价,酌量各被灾轻重,分别缓征、带征。遇带征之年,复又被灾伤,分年压征带补。沿江沿海田地坍没水中者,保题豁免。水旱偏灾民地,例得蠲免,惟应船役,即被灾甚重,仍须供修船雇募等事,不得同邀宽典。康熙三十七年,议定京畿通州、武清、宝坻、香河、东安、永清六州县红剥船户所领地,水旱一体蠲免。水淹田亩,例于岁终确勘,涸前起征,淹则停免。雍正十年,定淹田漕米照压征例,俟冬勘后,涸则带征,淹则豁免。

苏、松、太三属为东南财赋之区,赋额最重。世宗以来,屡议蠲缓,然较之同省诸府县,尚多四五倍或十数倍。道光时,两遭大水,各州县每岁歉蠲减,遂成年例。嗣是征收之数,除官垫民欠,每年仅得正额之七八或五六而已。军兴以后,两府一州,受害尤酷。同治二年,谕江督、苏抚查明,折衷议减,期与旧额本轻之常、镇二府,通融核计,著为定额。其绅户把持、州县浮收诸弊,永远禁革。四年,户部遵议:“江苏常、镇、太五属编征米,系会同漕赠行月南恤局粮等款征收。应如李鸿章等所奏,无分起运留支,一体并减,酌科则之重轻,视减成之多寡,计原额编征米豆二百二万余石,减五十四万余石。”民困稍舒。曾国藩又请将苏、松地漕钱粮一体酌减。部覆漕项为办运要需,若议核减,费必不敷,势须另加津贴,于民生仍无裨益。诏令国藩、鸿章仿浙省成例,核实删减浮收,并严禁大户包揽短交等弊。是年减浙江杭、嘉、湖三属米二十六万余石。

海运始于元代,至明永乐间,会通河成,乃罢之。清沿明代长运之制。嘉庆中,洪泽湖泄水过多,运河浅涸,令江、浙大吏兼筹海运。两江总督勒保等会奏不可行者十二事,略谓,“海运既兴,河运仍不能废,徒增海运之费。且大洋中沙礁丛杂,险阻难行,天庾正供,非可尝试于不测之地。旗丁不谙海道,船户又皆散漫无稽,设有延误,关系匪细。”上谓“海运既多窒碍,惟有谨守前人成法,将河道尽心修治,万一赢绌不齐,惟有起剥盘坝,或酌量截留,为暂时权宜之计,断不可轻议更张,所谓利不百不变法也。”自是终仁宗之世,无敢言海运者。

道光四年,南河黄水骤涨,高堰漫口,自高邮、宝应至清江浦,河道浅阻,输挽维艰。吏部尚书文孚等请引黄河入运,添筑闸坝,钳束盛涨,可无泛溢。然黄水挟沙,日久淤垫,为患滋深。上亦知借黄济运非计,于是海运之议复兴。诏魏元煜、颜检、张师诚、黄鸿杰各就辖境情形筹议。诸臣惮于更张,以窒碍难行入奏。会孙玉庭因渡黄艰滞,军船四十帮,须盘坝接运,请帑至百二十万金。未几,因水势短绌,难于挽运,复请截留米一百万石。上令琦善往查,覆称玉庭所奏渡黄之船,有一月后尚未开行者,有淤阻御黄各坝之间者,其应行剥运军船,皆胶柱不能移动。上震怒,元煜、玉庭、检均得罪。

协办大学士、户部尚书英和建言:"治道久则穷,穷则必变。河道既阻,重运中停,河漕不能兼顾,惟有暂停河运以治河,雇募海船以利运,虽一时之权宜,实目前之急务。盖滞漕全行盘坝剥运,则民力劳而帑费不省,暂雇海船分运,则民力逸而生气益舒。国家承平日久,航东吴至辽海者,往来无异内地。今以商运决海运,则风飓不足疑,盗贼不足虑,微湿侵耗不足患。以商运代官运,则舟不待造,丁不待募,价不待筹。至于屯军之安置,仓胥之稽察,河务之张弛,胥存乎人。矧借黄既病,盘坝亦病,不变通将何策之从?臣以为无如海运便。"诏仍下有漕各省大吏议。时琦善督两江,陶澍抚安徽,咸请以苏、松、常、镇、太仓四府一州之粟全由海运。乃使布政使贺长龄亲赴海口,督同地方官吏,招徕商船,并筹议剥运兑装等事。嗣澍言:"现雇沙船千艘,三不像船数十,分两次装载,计可运米百五六十万石。其安徽、江西、湖广离海口较远,浙江乍浦、宁波海口或不能停泊,或盘剥费巨,仍由河运。"上乃命设海运总局于上海,并设局天津。复命理藩院尚书穆彰阿,会同仓场侍郎,驻津验收监兑,以杜经纪人需索留难诸弊。

六年正月,各州县剥运之米,以次抵上海受兑,分批开行。计海运水程四千余里,逾旬而至。米石抵通后,转运京仓,派步军统领衙门文武员弁沿途稽查。沙船耗米,于例给旗丁十八万余石内动放,所节省耗米六万石,仍随同起运。承运漕粮每石给耗米八升,白粮耗米一斗,以补正米之不足。仍将漕运商耗核出二成,白粮核出三成,由津局给价收买,随正交运。漕粮无故短少微变,于备带耗米内补足;不敷,勒令买补。如有斫桅松舱伤人等事则免之。船户脚价饭米折色并津贴等银,先于受兑后发七成,余三成交押运员弁,到坝后查无弊端,始行全发。沙船余米不下十万石,初照南粮例,听天津人照市价收买。嗣以商人希图贱价售卖,改由官为收买,其价银由江南委员转发船户,后仍令商船自行售卖。

每届海运期,沿海水师提镇,各按汛地,派哨涓船兵丁,巡防护送,并派武职大员二,随船赴津。上海交兑时,先期咨照浙江提镇水师营出哨招宝、陈钱一带地方,江南提镇水师营出哨大小洋山,会于马迹山,山东总镇出哨成山、石岛,会于鹰游门,以资弹压。山东洋面,责成游击、守备,搜查岛屿,防护迎送。后以邵灿言,停派护送武职大员,责成沿海水师逐程递护。嗣宁、沪商人各置火轮船一,遇新漕兑开行时,分别扼要巡防。

剥船,直隶旧设二千五百艘,二百艘分拨故城等处,八百艘留杨村,余千五百艘集天津备用。后雇觅堪装漕粮二百五十石民船五百艘,以备装载。商船首次抵津,先仅府县仓廒庙宇拨卸三十万石,余令剥船径运通仓。随将天津仓廒庙宇所储漕米运通,无庸转卸北仓,致多周折。至商船二次抵津,如剥船不敷装载,即将米先储府县仓庙宇;不敷,再剥储北仓。随令原剥将所储米石尽数运通。剥船足敷装载,即按首次商船办法,不必分储北仓,以归简便。剥船百六十只为一起,由经纪自派人分起押运交仓,押运员役禀报仓场,复驰回续押后起米船。经纪等止须带领斛手到船起卸,如有藉端刁难需索,交地方官从严治罪。

各州县经管剥船,每年例给修舱银五两,三年小修一次,给费二十两,岁终漕竣,逐一挑验,船身坚固者,酌量修舱,如损坏较甚,即核赏估价,所需经费,于道库油舱银项下动拨。封河守冻期内,每船工食银十五两,运米百石,给脚价八两四钱,食米一石一斗五升。嗣每百石加脚费五两。李鸿章因官剥船户贫困滋弊,例定工食银十五两,仅领一半,不敷赡家,请每船由苏、浙漕项内酌贴五两,部格不行。鸿章上疏争之,诏从其议。商船领运漕粮,迅速无误,万石以下给匾额,五万石奖职衔,每次奏保以百二三十人为限。

七年,蒋攸铦请新漕仍行海运。上以近年河湖渐臻顺轨,军船可以畅行,不许。其后各省岁运额漕,逐渐短少,太仓积粟,动放无存。二十六年,诏复行海运。二十七年,议准苏、松、太二府一州漕白粮米,自明岁始,改由海运。三十年,复令苏、松太二府一州白粮正耗米,援照成案,由海运津。咸丰元年,户部尚书孙瑞珍请河海并运。御史张祥晋请将江苏新漕,援案推广常、镇各属及浙江,一体海运。下江督陆建瀛、苏抚杨文定、浙抚常大淳妥议。覆称明年苏、松、常、镇太四府一州漕白粮米,请一律改由海运。浙漕碍难海运,请仍循旧章,从之。二年,建瀛上筹办海运十事,下部议行。是年以浙江漕船开兑过迟,回空不能依期归次,诏来岁新漕改为海运,从巡抚黄宗汉请也。五年,河决铜瓦厢,由张秋入大清河,挟汶东趋,运道益梗。六年,截留江苏应运漕粮二十万石供支兵饷,实运漕白正耗及支剩给丁余耗米七十五万五千余石,其歉缓南漕,令各州县依限催征运通。

同治七年,议试用夹板船装运采买米石,水脚银数悉仍沙船例,给银五钱五分,挽至天津紫竹林,由商董就近寄栈,听验米大臣会同通商大臣验收过剥,所需小船剥价、栈租、挑力,每石给银七分,由商董承领经理。又每石给保险银三分,设有遭风抛失,责令贴补。至每米千石,随耗八十石,备带余米二十石,剥船食米米十一石五斗。又每百石给津、通剥价银八两一钱四厘,通仓个儿钱折银二两,均照海运正漕采买各案办理。是年以津沽河面狭隘,常有沉船失米之虞,于大沽增设海运外局。

九年,浙江巡抚杨昌浚奏:"浙省来岁新漕,酌拟海运章程十四条:一,委员分办,以专责成;一,新漕仍由上海受兑放洋,白粮仍循案装盛麻袋,首先运沪;一,宽备海运商船,并由苏省多拨沙船,移浙济用;一,经耗等米,仍照支给,商耗饬带本色并余耗申糙等米搭交仓;一,增给天津剥船耗米,以弥亏欠;一,津、通经费,照案备带,簀羡等款,仍按数抵解;一,商船准带炮械,并由商捐轮船护送,仍责成沿海水师实力巡防;一,天津交米后,循旧责成经纪,续到之船,仍由天津道验收;一,循案加增海运经费;一,米船到津,应多添排数,宽备剥船;一,商船水脚等项,照案核给,并二成免税,酌定赏罚;一,商船二成免私之货,仍以米石计斤,所带竹木,照案免税;一,商船回空载货,照向章免税;一,米船抵津交卸,严禁经纪斗斛剥船需索浮费。"十部议行。十年,鸿章言:"剥船守候苦累,每载米百石,请加给脚价银五两,并另筹运白粮民船守候口粮银万二千两,由苏、浙粮道库漕项内拨解;不敷,则由司库通融借拨。"

十一年,昌浚请以轮船运漕,从之。轮船招商,由商人借领二十万串为设局资本,盈亏悉由商任之。购坚捷轮船三艘,每年拨海运糟米二十万石,由招商轮船运津,其水脚耗米等项,仍照向章办理。轮船到津,命直督筹备剥船转运,并会同仓场侍郎监栈查验,仍仿照白粮例,由江、浙抚道运通交纳,以杜折耗偷漏。轮船协运江、浙漕粮,签明某省漕白粮米字样于米袋之上。粮米上栈时,由沪局派员临兑;兑竣,即由轮船商局给收米回文,以后装船起运,俱由商局核办,沪局不再与闻。其栈费夫力,亦由商局任之。凡漕粮派装轮船,轮船商局酌委执事,会同沪局详验,米色干洁,方行收兑,文轮局押赴浦江东栈斛收。抵津,饬津局各员董提前验收,以免壅滞。轮船每艘载米三千石,填发连单,由津局稽核,一切领银领米等结悉罢之。轮船运米,由上海道填给免税执照,并援例得酌带二成货物。其洋药及二成之外另带货物,仍须纳税。

乔松年奏山东境内黄水日益泛滥,运河淤塞,拟因势利导,俾黄水先驱张秋。其张秋南北,普行挑浚,修建曾坝以利漕。丁宝桢、文彬奏请挽复淮、徐故道。事下廷臣会议。复称铜瓦厢决后,旧河身淤垫过高,势不能挽复淮、徐故道。至借黄济运,筑堤束水,与导卫济运之法同一难行。鸿章奏请仍由海道转运,令各省酌提本色若干运沪,由海船解津,余照章折解,以节运费。并随时指拨漕折银两采买接济,并请停止河运采买粮石,推广海运。仍下部议。行是江北漕粮,由河运通,至是亦试办海运。十三年,奏准江西在沪采买漕粮八万石,交招商局由海运津,每石脚价银二两七钱。光绪元年,湖南漕粮采办正耗米二万三百四十五石,湖北采办三万石,均交招商局由海运津。江西、湖南寻停。

宝桢奏运河废坏,莫非黄水之害,治运必先治黄。应先将微山湖之湖口双闸及各减闸,迅速修砌,及时收蓄,以保湖潴;运河正身亦须量为疏浚。嗣桂清、毕道远、广寿、贺寿慈等亦以筹款修复运河为请。黄元善复称:"自黄河北徙,运河阻滞,改由海运,原属权宜之计。当时奏定江苏漕额,以河运经费作为海运支销,每石不得过七钱。嗣以经费不敷,递次请增。江苏所加,距一两不远,浙江已加至一两,较道光二十八年、咸丰二年海运经费尚有节省归公者,大相径庭。且海运历涉重洋,风波靡定,万有不测,所关匪细。河运虽迁滞,而沿途安定,经费维均。自各省以达京仓,民之食其力者,不可数计。裕国利民,计无善于此者。现停运未久,及时修复,尚属未晚。再迟数年,河道日淤,需费更巨。臣以为河运迂而安,海运便而险,计出万全,非复河运不可。"上命河督、漕督及沿河各督抚筹画具奏。沈葆桢疏驳桂清、毕道远等请将有漕省分酌提漕项及将海运粮石分出十数万石改办河运之议,并力言:"河运决不能复。运河旋浚旋淤,运方定章,河忽改道,河流不时迁徙,漕路亦随为转移。而借黄济运,为害尤烈。前淤未尽,下届之运已连樯接尾而至,高下悬殊,势难飞渡。于是百计逆水之性,强令就我范围,致前修之款皆空,本届之淤复积。设令因济运而夺溜,北趋则畿辅受其害,南趋则淮、徐受其害,亿万生灵,将有其鱼之叹,又不仅徒糜巨帑无裨漕运已也"。七年,令直督饬招商局有协运漕粮时,酌分道员驻津验兑,并责成粮道严督治漕事人员,兑米时加意查察。因招商局协运江、浙漕粮,有搀杂破碎诸弊故也。

十年,法人构衅,海运梗阻。太常卿徐树铭言:"漕粮宜全归河运,请于运道经行处疏浚河流,修治闸坝,并选雇民船以济运。"明年,曾国荃言:"来年河运酌添江苏漕粮五万石,并将邳、宿河道淤浅处,酌估挑浚。"从之。卢士杰言:"郑州黄河漫口夺溜,山东运河十里堡门外积淤日宽,回空漕船,不能挽抵口门。现宁、苏新漕待船装载,邳、宿挑淤筑坝,必待空船过竣,方可兴工。"上命迅饬疏浚积淤,俾漕船早日南下。十五年,从山东巡抚张曜请,改拨海运漕米二十万石,仍归河运。曾国荃、黄彭年奏:“江、安河运米石业经截留充赈。苏属河运漕米十万,前已改归海运,各州县起运,均已抵沪,骤改河运,窒碍难行。且雇船将近千艘,亦非旦夕可致。请俟本年冬漕,再行遵旨提前河运,以期规复旧章。”制可。

十九年,北运河上游潮、白等河狂涨,水势高于堤颠数尺,原筑上堰,俱没水中,运河水旱大小决口七十余处,由津运京米麦杂粮千数百艘,在杨村阻浅,命鸿章将各口门堵合,并疏浚河身,停蓄水势,以利舟行。二十二年,王文韶奏:“南漕改行海运,惟江北漕粮仍由河运,复于苏、松项下提拨米十万石并入河运。船多道远,自黄入运,自运入卫,节节阻滞,船户穷无复之,窃米挽水,诸弊丛生。本年漕船到津,较昔已迟二三月,诚恐有误回空。已饬并程催趱,克日兑收。但此次截留江北漕米五万石,米色尚佳。江苏五万石,米色参差,甚或蒸变,剔除晾晒,几费周章,盖运受黄病,已非人力所能挽救。拟请自本年始,改拨苏漕之十万石统归海运。其江苏冬漕仍办河运,以保运道。”下部议行。御史秦夑扬以江北河运劳费太甚,疏请停办,改折解部。部议漕粮关系京仓储积,未便遽更旧制。

二十六年,以战端既开,从陈璧请,于清江浦设漕运总局。车驾西幸,转运局移汉口,清江改设分局。是年南漕改用火车由津运京。二十七年,以财用匮乏,谕:“自本年始,直省河运海运,一律改征折色,责成各省大吏清厘整顿,节省局费运费,并查明各州县征收浮费,勒令缴出归公,以期汇成巨款。”奕劻请于应办白粮外,每年采办漕粮百万石,纯用粳米,并不得率请截留,从之。二十八年,部议本年江、浙漕粮,纯归招商局轮船承运,费应力从减省。盛宣怀奏:“近年沪局轮船,因事起运太迟,栈耗既巨,及运至塘沽,又值联军未退,费用倍于常时。二十六、二十七年两年,招商局所领水脚,实不敷所出。本年太古洋行愿减价揽载,英、日议定商约,均欲漕运列入约章,臣等力拒之。盖招商局为中国公司,前李鸿章奏准漕米、军米悉归招商局承运,实寓有深意也。此次详察中外情形,拟请自二十八年冬漕始,于向章每石轮船水脚保险等项漕米银三钱八分八厘一毫内减去五分,永为定制。"从之。

　　江、浙漕粮由海运津,向用剥船运至通仓,每石支耗米一升一合五勺,名曰"津剥食耗"。自南漕必用火车运京,此项耗米,必令随正交仓。嗣因运米事竣,每有亏耗,许仍旧支给,以抵车运亏耗云。

清史稿卷一二三

志第九八

食货四

盐　法

　　清之盐法,大率因明制而损益之。蒙古、新疆多产盐地,而内地十一区,尤有裨国计。十一区者:曰长芦,曰奉天,曰山东,曰两淮,曰浙江,曰福建,曰广东,曰四川,曰云南,曰河东,曰陕甘。

　　长芦旧有二十场,后裁为八,行销直隶、河南两省。奉天旧有二十场,后分为九,及日本据金川滩地,乃存八场,行销奉天、吉林、黑龙江三省。山东旧有十九场,后裁为八,行销山东、河南、江苏、安徽四省。两淮旧有三十场,后裁为二十三,行销江苏、安徽、江西、湖北、湖南、河南六省。浙江三十二场,其地分隶浙江、江苏,行销浙江、江苏、安徽、江西四省。福建十六场,行销福建、浙江两省。其在台湾者,尚有五场,行销本府,后入于日本。广东二十七场,行销广东、广西、福建、江西、湖南、云南、贵州七省。四川盐井产旺者,凡州县二十四,行销西藏及四川、湖南、湖北、贵州、云南、甘肃六省。云南盐井最著者二十六,行销本省。河东盐池分东、中、西三场,行销山西、河南、陕西三省。陕甘盐池最著者,曰花马大池,在甘肃灵州,行销陕西、甘肃两省。

　　长芦、奉天、山东、两淮、浙江、福建、广东之盐出于海,四川、云南出于井,河东、陕甘出于池。其制法,海盐有煎、有晒,池盐皆晒,井盐皆煎。论质味，则海盐为佳，池盐、井盐次之。海盐之中，滩晒为佳，板晒次之，煎又次之。论成本，则晒为轻，煎之用荡草者次之，煤火又次之，木则工本愈重。此其大较也。

初，盐政属户部山东司。宣统二年，乃命户部尚书兼任督办盐政大臣，外遣御史巡视。后裁归总督、巡抚管理。其专司曰都转运使司。无运司各省，或以盐法道、盐粮道、驿盐道、茶盐道兼理。

其行盐法有七：曰官督商销，曰官运商销，曰商运商销，曰商运民销，曰民运民销，曰官督民销，惟官督商销行之为广且久。凡商有二：曰场商，主收盐；曰运商，主行盐。其总揽之者曰总商，主散商纳课。后多剥削侵蚀之弊，康熙、乾隆间，革之而未能去。惟两淮以道光时陶澍变法，奏除引目，由户部宝泉局铸铜板印刷。顺治三年，以淮、浙领引距京远，设都理引务官驻扬州，至七年裁。十五年，发引于运司，寻命运司仍委员赴部关领，票亦领于部。

商人之购盐也，必请运事支单，亦曰照单，曰限单，曰皮票，持此购于场。得盐则贮之官地，奉天谓之仓，长芦谓之坨。未检查者曰生盐，已检查者为熟盐，熟盐乃可发售。两淮总栈始由商主，后改官栈。四川以行销黔、滇者为边岸，本省及湖北为计岸，潼川州为潼岸。河东总岸立于咸丰初。其行陕西者，以三河口为之汇。行河南者，以会兴镇为之汇。山西则蒲、解，于安邑运城立岸，而泽、潞等处亦分立焉。

大抵畅岸外有滞地，或展限，或减引，或停运，或用并引附销、统销、融销诸法。并引附销者，将积盐附入，三引销一引。又纳引半之课行一引之盐，纳三引之课行二引之盐是也。统销者，将积引统毁，其正杂钱粮令商人分年完缴。融销者，以畅岸济滞地是也。

凡引有大引，沿于明，多者二千数百斤。小引者，就明所行引剖一为二，或至十。有正引、改引、余引、纲引、食引、陆引、水引。浙江于纲引外，又有肩引、住引。其引与票之分，引商有专卖域，谓之引地。当始认时费不赀，故承为世业，谓之引窝。后或售与承运者，买单谓之窝单，价谓之窝价。道光十年，陶澍在两淮，以其抬价，奏请每引限给一钱二分,旋禁止。票无定域而亦有价。当道光、咸丰间,两淮每张仅银五百两。后官商竞买,逮光绪间,至万金以上。又引因引地广狭大小而定售额,票则同一行盐地,售额亦同。嘉庆以前,引多票少,后乃引少票多,盖法以时变如此。

若夫岁入,道光以前,惟有盐课。及咸丰军兴,复创盐厘。盐课分二类:曰场课,曰引课。场课有滩课、灶课、锅课、井课之分。长芦有边布,福建有丘折。边布者,明时灶户按丁征盐,商人纳粟于边,给银报支,是谓边盐。其有场远盐无商支,令八百斤折交布三丈二尺。后改征银三钱,是谓布盐。灶课向分地、丁为二。但丁不尽有地。雍正间,用长芦巡盐御史郑禅宝言,将丁银摊入于地征收,由是各省如所奏行,然长芦边布之名犹仍旧。丘折者,盐田所纳钱粮,谓之折价。程墒所纳钱粮,谓之盐丘。其供应内府及京师、盛京各衙门之盐,康熙中悉裁,只供内府、光禄寺二十万斤,折银解部充纳。引课有正课、包课、杂课。盐厘分出境税、入境税、落地税。逮乎末造,加价之法兴,于是盐税所入与田赋国税相埒。是以顺治初行盐百七十万引,征课银五十六万两有奇。其后统一区夏,引日加而课亦日盛。乾隆十八年,计七百一万四千九百四十一两有奇。嘉庆五年,六百八万一千五百一十七两有奇。道光二十七年,七百五十万二千五百七十九两有奇。光绪末,合课厘计共二千四百万有奇。宣统三年,度支部豫算,盐课岁入约四千五百万有奇。盖税以时增又如此。

顺治二年,谕各运司,盐自六月一日起,俱照前朝会计录原额徵收。旋蠲免明末新饷、练饷及杂项加派等银。十六年,户部议准各商盐船用火烙记船头,不许滥行封捉,其过关只纳船料,如借端苛求,以枉法论。十七年,用两淮巡盐御史李赞元言,回空粮艘禁缉夹带私盐。康熙九年,两淮巡盐御史席特纳、徐旭龄言:"两淮积弊六大苦:一,输纳之苦;一,过桥之苦;一,过所之苦;一,开江之苦;一,关津之苦;一,口岸之苦。总计六者,岁费各数万斤,应请革除。又掣挚三大弊:一,加铊之弊;一,坐斤之弊;一,做斤改斤之弊。此三弊者,惟有严禁斤重一法,乞交部酌议。"定例,凡桥所掣挚,溢斤割没,少者三四斤,多者七八斤,不得逾额。如夹带过多,掣官虚填太重者,商则计引科罪,官则计斤坐赃,庶掣挚公而国法信。上命勒石严禁,立于桥所及经过关津口岸。席特纳又陈:"自康熙七年,盐臣差遣稍迟,前任盐差于征完本年课银外,又重征新盐。盐尚未卖一引,而课已征至二十余万。此种金钱,追呼无措,非重利借债,即黄鼍赴比,应请停止。"如所请行。十六年,用户科给事中余国柱言,命将商盐掣验每引加二十五斤,加课二钱五分,永远革除,著为例。二十年,命革除三藩横征盐课。

自滇、黔告变,所在揭蜂起,盐无行销地,商皆裹足不前,至亦榛墟弥望,地所得售。计臣以军需所恃,督饷之檄,急如星火,商于是大困。时天下盐课两淮最多,困亦最甚,赖巡盐御史刘锡、魏双凤多方抚恤,输纳忘疲。至是海内殷富,淮南宁国、太平、池州等府,及两浙、山东、广东、福建,先后增引,利获三倍。不特额外照旧行销,且愿先呈课银,请将以前停引补还。四川经明季之乱,江、楚人民迁移其地,食盐日多,请引数倍于昔;所开之井,为滇、黔资,水陆无滞。而福建、广东、两浙招徕灶丁,垦复盐地、盐丘,报部升课者不绝。又两浙各场涨垦荡地二万二千七百余亩,广东各埠每斤加七十斤,江西南、赣二府盐引,至三十六年,加斤配课亦如之。上以寰宇升平,免浙江加斤银之半,共三万一千三百八十余万。三十八年南巡,复谕各盐差:"向因军需,于正额外更纳所私得赢余,著将此项停罢。其两淮盐课,前曾加四十万,著减其半。"四十三年,用江南总督阿山言,革除两淮浮费数十万,勒石永禁。五十六年,长庐巡盐御史田文镜请将山东所裁盐引补足办课,经部议准。上以加引增课无益,不许。

先是顺治二年,世祖定巡视长芦、两淮、两浙、河东盐政,差监察御史各一,岁一更代。其山东盐务归长芦兼管,陕西归河东兼管。十年停,盐务专责成运司。寻因运司权轻,仍命御史巡察。康熙十一年,复停巡盐。明年,巡抚金世德以直隶事繁,请仍差御史。于是两淮、两浙、河东皆复旧制。既而两广、福建并设巡盐御史。五十九年，仍交督抚管理。

时盐课惟广东、云南常缺额，因康熙初粤商由里下报充，三年一换，名为排商，故弊端百出。嗣将排商费万余两入正课，举报殷户以充场埠各长商，而场商赀薄，不能尽数收买，致场多卖私。五十七年裁场商，由运库筹帑本三十六万，分交场员收买。且置艚船给水脚，运向东关潮桥，存仓候配。埠商配盐，按包纳价，获有盈余，名为场羡。其卤耗余剩盐斤，及配引外多收余盐，发商行运。又有子盐京羡、余盐、羡银等名。后余盐改引，将余羡归入正额，而粤盐遂有办羡之事。后粤商倒歇至五十余埠，滇盐由商认票办运，而地无舟车，全恃人力，煎无煤草，全恃木柴，故运费工本皆重，而盐课率以一分，又重于他省。富商弃之弗顾，强签乡人承充。及倒罢末由追缴，乃责里中按户摊纳。追乾隆时，一蹶不振，遂令历年督抚分偿。

世宗初年，裁福建、浙江巡盐御史。时上于盐政颇加意。河东盐池形低，屡为山水灌入，向例修墙筑堰，皆派蒲、解十三州县之民应役。从巡盐御史硕色言，岁拨银六千两，以三千作岁修，三千贮运库备大修，民累始纾。又以盐法莫急于缉私，但有场私、有商私、有枭私，而邻私、官私为害尤钜。欲缉场私，必恤灶而严其禁。故于雍正二年两淮范堤决，沿海二十九场为潮淹，特发帑金以赈。五年，以淮商捐银建盐义仓积谷，谕更立数仓于近灶地，以备灶户缓急之需。此政之在于恤灶者。

六年，江南总督范时绎言："两淮灶户烧盐，应令商人举干练者数人，并设灶长巡役，查核盐数，输入商垣，以杜私卖。"两淮巡盐御史戴音保言："场灶烧盐之具，深者盘，浅者镢，设有定数，而煎盐以昼夜为火伏，并巡查息火后私烧。近有灶户私置盐敝，火伏又不稽查，故多溢出之数。请饬盐官申严旧法。至淮南晒扫，惟有商人收买配运，酌加引课。"均命著为例。此所以严其禁也。

欲缉商私，必恤商而严其禁。故二年两淮各场，因灾灶盐不继，商本倍增，从巡盐御史噶尔泰言，令将本年成本之轻重，合远近脚价,酌量时值买卖。至食盐难销处,值有纲地行销不敷,亦准改拨。兵部尚书卢询请加引免课,以期减价敌私,命长芦、两淮每引加五十斤,免纳课银。此政之在于恤商者。十一年,从江南总督尹继善言,改设淮南巡道,督理扬州、通州等处盐务,并于仪征之青山头立专营缉私。

其稽官私也,自明以来,膺盐差者,回京例有呈献,及上严禁,始各将所得报缴。独福建八万余两为总督满保查出,于是裁撤盐官,盐商命各场由州县监管。嗣广东总督杨琳言:“地方官办课,必委之家丁衙役,非设铺分卖中饱,即发地里勒派。且恐赀本不足,挪动地丁钱粮。应将场商停设,发帑委官监收,埠商仍留运销纳课。”从之。

是时上于盐官最重李卫。卫在浙江可称者,莫如办帑盐。帑盐者,由松江、台州、温州三府场盐产旺,灶多漏私,卫请发帑银八万,交场员收买。复奏设玉环同知,使经理收盐事,而舟山内港内洋、岱山附近之秀山长涂、平阳县界之肥䑱,均委官管理收发。崇明场盐,令知县主之。所收帑盐,尽销本处鱼户、蜑户,渔盐亦准引商、帑商运往他处销售,各照科则纳课外,输经费银一二三钱不等,除归帑本经费,余银作为盈余。由是私净官畅,每年引不敷运,加领余引十五万。凡商运余引,引输租银四分,所完课银,与帑盐盈余,并案题报,年约银十万余。

自上清厘盐政,积弊如洗。然自裁革陋规,归入正项,上又有“耗羡入正额,恐正额外复有耗羡,商何以堪”之谕,盖已知其弊矣。十三年,署副都御史陈世倌言:“盐课引有定额,斤有定数。按引办课,未必果有奇赢,即获微利,何妨留与商人,裕其资本。乃近年多有以随利归公者,考其实乃阴勒商重出。故在官多一分之归公,在商添一分之诛求,此商受其弊者也。又有以捐助题请者为急公,亦阴勒商总公派。及项无所出,非拖欠引纲,即暗增引斤,或高抬盐价,此国与民并受其弊者也。请嗣后办按引办课,一切归公捐助等名,应永远停止。”上命庄亲王议。寻覆如所请行。

时江西驿盐道沈起元与江南总督赵宏恩书,亦言:"昔年陋规,非皆收纳,今以墨吏私赃作报部正款,在大员自无再收之理,而僚佐岂能别无交际?其为商累实甚。"后有闻于高宗者,乃将两淮盐政公费、运使薪水,及云南黑、白、琅井规体银蠲除。

初,世宗从宏恩言,命给贫民循环号筹,听于四十斤内负贩度日。至乾隆初元,户部题准六十岁以上、十五岁以下及少壮有残疾、妇女老而无依者,许于本县报明,给印烙腰牌木筹,日赴场买盐一次。既两淮巡盐御史尹会一、两广总督鄂弥远先后奏言:"奸民藉口贫苦,结党贩私,两查兵役,未便概撤。"后以贫民过多,停牌盐,每名日给钱十文至二十四文。

寻改浙江巡抚为总督,兼管盐政,谕酌定增斤改引法,将杭、嘉、绍三所引盐,照两淮旧额,每引加五十斤,松所照温、台例,改票引九万余道,引给四百斤,均不加课,以期复旧。又谕裁云南赢余,其价减至三两以下,广西仍减二厘,免征两广盐课每千斤余平银二十五两。三年,改浙督仍为巡抚,兼管盐政。六年,以淮南灶盐署月多耗,命五六月每引加耗十五斤,七八月递减五斤。至十三年,淮北亦仿行。又命两淮于定额外,每引加给十斤。

十六年,以省方所至,谕两淮纲盐食盐于定额外每引加十斤。先是雍正初,因长芦积欠甚多,每引加五十斤。嗣经部覆按所加斤折中核算,年应增课银八万六千余两。高宗念商力艰难,命减半纳课。二十八年,裁运商支应。以云南巡抚刘藻言,加给黑、白两井薪本银。四十二年,以河东监斤陆运亏折,命每斤加耗五斤。时价平销速,两淮请豫提下纲之引,岁入至五六百万。惟乘舆屡次游巡,天津为首驻跸地,芦商供亿浩繁,两淮无论矣。

或遇军需,各商报效之例,肇于雍正年,芦商捐银十万两。嗣乾隆中金川两次用兵,西域荡平,伊犁屯田,平定台匪,后藏用兵,及嘉庆初川、楚之乱,淮、浙、芦、东各商所捐,自数十万、百万以至八百万,通计不下三千万。其因他事捐输,迄于光绪、宣统间,不可胜举。盐商时邀眷顾,或召对,或赐宴,赏赉渥厚,拟于大僚;而奢侈之习,亦由此而深。或有缓急,内府亦尝贷出数百万以资周转。帑本外更取息银,谓之帑利,年或百数十万、数十万、十数万不等。商力因之疲乏,两淮、河东尤甚。

五十一年,以两淮历四年未豫提,命江督查奏。寻请嗣后每间一纲豫提一次。上谕以正引畅销为主,无庸拘定年限。厥后惟五十七年及嘉庆五年各行一次。且自三十三年因商人未缴提引余息银数逾十万,命江苏巡抚彰宝查办,盐政高恒、普福,运使卢见曾皆置重典,其款勒商追赔。至四十七、四十九两年,乃先后豁免三百六十三万二千七百两有奇。后遇大经费,商人但藉输将之数,分限完纳,一二限后,率皆拖欠。

五十六年,江西巡抚姚棻奏:“建昌府界连闽省,路径较多,必添设缉私卡巡,始收实效。”上曰:“行盐分界,必使民食不至舍近求远、去贱就贵乃善。建昌既距福建为近,其价必轻,何以不就近行销?若酌改盐征、盐课移彼地输纳,非惟便民,即私贩亦将不禁自止。”旋两江总督觉罗长麟、湖广总督毕沅等奏称:“小民惟利是图,往往得寸思尺。如建昌划归闽省,则私贩即可越至抚州,于全局所关不细。”乃命仍旧。既长麟奏请建昌设总店,属县设子店,分销课引,依闽省时价斤减二文以敌私,更于各要隘分巡严缉。得旨速行。

河东自十年众神保就见行贱价,定为长额,而商始困。后池盐收歉,借配芦、蒙、花马池各盐,又开运城西六十里之小池。时民食缺少,商倒无人承充,乃令退商举报短商,五年更换,富户因受累多规避。四十七年,巡抚农起奏准,仍定为长商,引地分三等配匀,复请加价二厘,试行三年再核定。嗣经部议驳,得旨允行。久之,力仍竭蹶。五十六年,命冯光熊巡抚山西,调甘肃布政使蒋兆奎为山西布政使。初,兆奎以河东运使入觐,帝问办潞盐之策,以课归地丁对。及光熊入京,命与军机大臣议之。未定,而山西署巡抚布政使郑源璹至,力言不便。上曰:“课归地丁,朕早虑及地方官曾受盐规,必持异议。今郑源璹果然。伊调任河南,河南亦有行销河东引地。倘从中阻挠,从重治罪。”八月,光熊言:“河东盐务积疲,惟有课归地丁,听民自运。既无官课杂费,又无兵役盘诘及关津阻留,未有不前者。请自乾隆五十七年始,凡山西、陕西、河南课额,在于三省引地百七十二属地丁项下摊征。"于是山西摊二十八万一千一百二两、陕西摊十四万六千三十七两、河南摊八万六千六百三十三两各有奇,并议章程十:一,课银各解本省藩库,虽遇蠲免地丁之年,不得蠲免;一,部引停领,免纳纸朱银;一,无许地方官私收税钱;一,盐政运使以下各官俱裁汰;一,移河东道驻运城,总管三场;一,盐池照旧岁修;一,三场仍立官秤牙行;一,课项内有并余积余等银,应分别摊免;一,运阜运储二仓谷石,应分别归并存借;一,盐政应支各款,各就近省藩库动支。从之。五十七年,上幸五台,光熊、兆奎奏言,自弛盐禁,民无摊课之苦,有食贱之利。而陕西巡抚秦宗恩、河南巡抚穆和蔺亦以盐充价减闻。上甚悦。甘肃盐课,雍正元年尝摊入地丁,九年复招商,至是仍行前法。而陕西汉中、延安二府及鄜州各属之食花马池盐者,亦一并摊入地丁焉。

嘉庆四年,命停各省盐政中秋节贡物。五年,以云南课额常亏,从巡抚初彭龄言,改为灶煎灶卖,民运民销。其法无论商民,皆许领票。运盐不拘何井,销盐不拘何地,完课后听其所之。就诸井见煎实数,将定额匀算摊征,有余作为溢课,尽征尽解。所有放票收课事宜,即归井员经理。至八年,著为定章。十年,谕两淮每引加十斤,不入成本,以补亏折。先是蒙古阿拉善王有吉兰泰盐池,向听民贩于托克托城办盐,分销山西食土盐各地,不准运赴下游。其后稽察渐懈,竟顺流而下,不独池盐为所占,且侵及长芦、两淮。十年,陕甘总督那彦成奏办奸民出贩,请饬阿拉善王将所留汉、回奸民献出。王惧,献盐池,命将其岁入银八千两如数赏给。寻户部侍郎英和同山西、陕甘督抚会奏:"潞商赔累,缘以贱价定为常额。请照乾隆十年以前例,按本科价。其吉兰泰池,潞商力难兼顾,请另招他商。"十五年,以新商亏课,改官运。工部侍郎阮元言:"官运不难,难于官销。若亏课额,势必委之州县,非亏挪仓库,即勒派闾阎,是能销之弊更甚于不销。"于是部议吉兰泰引,请饬还阿拉善王,赏项停给。

原定额引,改为潞盐,余引名吉兰泰活引。

两广自康熙时发帑收盐,运销后乃收课。乾隆五十三年,总督孙士毅以商欠积至六十九万八千余两,请停发帑本,令各出己资,在省河设局经理。五十四年,新任总督福康安会同士毅筹定章程,并两粤百五十埠为一局,举十人为局商,外分子柜六,责成局商按定额参以销地难易,运配各柜,所有原设埠地,悉募运商,听各就近赴局及各柜领销,交课后发盐二十九埠如旧。所谓改埠归纲也。行之二十余年,局商以无应销之埠,歧视埠商。其始准局商捆运余盐,弥补帑息。嗣乃不问正引完否,贪销余盐,反碍正引。疲埠欠饷,辄用盐本垫解,久之亏益钜,虽局商认完后,埠商仍按引捐输,而此十人者已物故,家产荡然矣。嘉庆十一年,总督蒋攸铦以闻,乃裁局商,改公局为公所。择埠商六人经理六柜事,各有埠地,自顾己资,不至滥用。且定三年更换,以免把持,谓之改纲归所。二十五年,命停两淮玉贡折价银。

道光元年,两江总督孙玉庭言,淮盐至楚,岸本无封轮之例,盐政全德始行之,请散卖为便。湖广总督陈若霖奏称积盐尚多,若全开售,恐疏销不及,盐行水贩压价赊欠。谕俟积盐售毕,再随到随卖。二年,两淮巡盐御史曾燠奏称轮规散后,争先跌价抢售,有亏商本。玉庭奏无其事。若霖言本年较前实谥销二十六万余引。于是定议开轮。既,湖广总督李鸿宝又言抢售难免,八年复封轮。

时两淮私枭日众,盐务亦日坏。其在两淮,岁应行纲盐百六十余万引。及十年,淮南仅销五十万引,亏历年课银五千七百万。淮北销二万引,亏银六百万。上召攸铦还京,以江苏巡抚陶澍代之。寻遣户部尚书王鼎、侍郎宝兴往查。澍奏言:“其弊一由成本积渐成多,一由藉官行私过甚。惟有大减浮费,节止流摊,听商散售,庶销畅价平,私盐自靖。”命裁巡盐御史,归总督管理。自九年后,御史王赠芳、侍讲学士顾莼、光禄卿梁中靖皆请就场定税,太仆少卿卓秉恬又请仿王守仁赣关立厂抽税法。下澍议。澍商于运使俞德渊,以为难行。遂覆称:“课归场灶有三难。一由灶丁起课。淮南煎盐以

镢,淮北晒盐以池,约征银百余两。灶皆贫民,若先课后盐,则力未
逮;先盐后课,设遇产歉,必课宕丁逃。此灶丁起课之难行也。一由
垣商纳课。寓散于整,较为扼要。惟灶以己业而听命商人,情必不
愿。况商惟利是视,秤收则勒以重斤,借贷则要以重息。灶不乐以
盐归垣,商亦必无资完课。此垣商纳课之亦难行也。一由场官收买。
就各场产盐引额摊定课额照纳,似亦核实。无如淮课为数甚巨,岂
微员所能任?若听其尽收尽解,难保不匿报侵欺。此场官收税之亦
难行也。又言:"盐在场灶,每斤仅值钱一二文,若就而收税,则价随
课长,争其利者必多。海滨民灶杂处,扫煎至易,将比户皆私,课且
更绌。至设场抽税,哐可试行一隅。若各省岂皆有臁可守?漏私必
比场灶为甚。总之无官无私,必须无课无税。业经有课有税,即属
有官有私。如谓归场灶或设盐厂,即可化枭为良,恐未能也。"上韪
之。

　　明年,澍周历各场,拟行票盐法于淮北,奏定章程十一条。一,
由运司刷印三联票,一留为票根,一存分司,一给民贩行运。立限到
岸,不准票盐相离及侵越到岸。二,每盐四百斤为一引,合银六钱四
分,加以诸杂费,为一两八钱八分。三,各州县民贩由州县给照赴场
买盐。其附近海州者,即在海州请领。四,于各场适中地立局厂,以
便灶户交盐,民贩纳税。五,民贩买盐出场,由卡员查验,然后分赴
指销口岸。六,委员驻扎青口。七,严饬文武查拿匪棍。八,防河。
九,定运商认销法,以保畅岸。十,裁陋规。时窟穴盐利之官胥吏举
嚣然议其不便,澍不为动,委员领运倡导。既而人知其利,远近辐
辏,盐船衔尾抵岸,为数十年中所未有。未及四月,请运之盐,已逾
三十万引。是岁海州大灾,饥民赖此辅移备值,全活无算。是法成
本既轻,盐质纯净,而售价又贱,私贩无利,皆改领票盐。但所试行
者,仅在湖运滞岸,皖之凤阳、怀远、凤台、灵璧、阜阳、颍上、亳州、
太和、蒙城、英山、泗洲、盱贻、五河,豫之汝阳、正阳、上蔡、新蔡、西
平、遂平、息县、确山,与食岸在江苏境之山阳、清河、桃源、邳州、睢
宁、宿迁、赣榆、沭阳、安东、海州三十一州县,而皖之寿州、定远、霍

山、霍邱、六安,豫之信阳、罗山、光州、光山、固始、商城十一州县,皆昔所定为畅岸,尚仍旧法也。十三年,乃一律改票,惟前议科则较原额为减,复依原额引征一两五分一厘,益以各费,定银二两五分一厘,永不议加。于是所未改者,惟例由江运之桐城、舒城、无为、合肥、庐江、巢县、滁州、来安,及由高邮湖运之天长九州县,以地与淮南相错,未宜招贩,启浸灌之端故也。

其立法在改道不改捆。盖淮北旧额未尝不轻,而由畅运至口岸,每引成本已达十余两,价不偿本,故官不敌私。今票盐不由七坝淮所旧道,而改从王营减坝渡河入湖,且每包百斤,出场更不改捆,直抵口岸,除盐价钱粮外,只加运费一两,河湖船价一两,每引五两有奇,减于纲盐大半。其江运数万引亦仿此。自改章后,非特完课有赢无绌,兼疏场河、捐义厂、修考院,百废俱兴,盖惟以轻课敌私,以畅销溢额,故以一纲行两纲之盐,即以一纲收两纲之课。时颇欲推行于淮南,不果。

及二十九年,湖北武昌塘角大火,烧盐船四百余号,损钱粮银本五百余万,群商请退。于是总督陆建瀛从护理运使童濂言,请淮南改票法,较淮北为详。如运司书吏积弊,则改为领引纳课。设扬州总局办理。汉口匣费虽裁,而应酬仍多,则改为票盐运至九江,验票发贩,盐船经过桥关,有掣验规费,则改为坝掣后不过所掣,在龙江一关验票截角,余皆停免。盐包出场至江口,其驳运船价及杠盐各人工勒索,则改为商自雇觅。凡省陋规岁数百万,又减去滞引三十万,年只行百零九万引,每引正课一两七钱五分,杂课一两九钱二分,经费六钱五分八厘,食岸正课同,杂费减半。其要尤在以带连之乙盐为新引之加斤。乙盐者,乙巳纲盐船遭火,而商已纳课,例得补运,故定为每运新盐一引,带乙盐二百斤,每引六百斤,出场至仪徵,改为六十斤子包,一引十我。既裁浮费,又多运盐二百斤,成本轻减过半。故开办数月,即全运一纲之引,楚西各岸盐价骤贱,农民欢声雷动。是年两淮实收银五百万两,虽两纲后复引滞课亏,则以起票自十引至千引不等,大贩为小贩跌价抢运所误。始澍行于淮

北,亦自十引起。然淮北地隘,淮南则广,故利弊殊。又值粤乱起,
醝务全废,非无补救之方也。

其在长芦,乾隆以来,正杂课共征七十余万。自嘉庆十四年南
河大工,每斤加价二文,谓之河工加价。五年,又因高堰大工加价,
三年后,半归商,半归公。八年,复将充公一文归商,然历年欠项已
积至千数百万矣。时银价翔贵,商亏弥巨,于是又加价以调剂之,或
一文或二文。旋议行减引并包法,盖芦盐三百斤成引,连加耗包索
重三百四十斤,搬运筑包等费,历年加增,亦足病商。今以十引改筑
九包,减引一成。二十一年,再减引二成,照前改筑。二十四年,又
奏停额引十五万,减去课银六万余两,而困仍莫苏。盖本因浮费重
而欠课,因欠课多而增价,官盐价贵,私盐乘之,蓟、遵六属,枭贩与
官为敌,而永平七属尤甚,不得已改为官办。二十八年,商倒引悬,
河南二十州悬、直隶二十四州县,未运积引至百万,未完欠至二
千余万。命定郡王载铨、仓场总督季芝昌,会同直隶总督讷尔经额
查究。每引因费重需成本五两有奇,乃就正课、帑利、杂款、积欠,厘
为四类,其盐价每斤减制钱二文以敌私,斤重则每引加百五十斤以
恤商,州县陋规则严行裁汰。引地县岸,则直隶招商,河南改票,皆
先课后盐。至停引原限五年再酌展,约每引摊算仅二两有奇。

其在山东,乾隆以来,引票正课征银十八万九千八百八十余
两,杂款共十万一千八百余两。自嘉庆初帑息递增至二十一万余
两,较正课增倍。十四年,南河大工加价二文,每年应欠二十九万
两,较正杂课又增一倍。十七年,复议加价一文,以半归商,半弥补
商欠。而当年课项不能完,乃归次年带征。带征又未完,乃按年分
限,或十二限,或二十限,递年推展。至道光元年,将河工加价停征,
而积欠已五百三十余万,然尚完课额。五年,因高堰大工,又议加价
二文,奏明三年后半归商、半归公,然所完仅及半,正课反因之拖
欠。至七年,全纲倾败。于是设法调剂,以积欠并为一案,俟堰工加
价归商后,弥补帑本,酌留百二十九万生息,余银二十七万。至十二
年起限,分二十限拔缴,现运每引加二十五斤,北运加二十斤,其归

补旧欠之半文加价,并归商以轻成本,免征南运十三州县与票地临朐等六县堰工加价以敌私。而旧欠暨见年应交帑息犹不能完,于是将报拨之一文堰工加价悉数归商,并将一分帑息减三厘,此道光十五年也。

时银价日昂,亏折弥甚,迨临朐等九州县票商倒乏,因改官运。十七年,命盐务归巡抚管理,寻又议加二文。二十三年,停引票二成,以八成作总额,并停余引。二十七年,又议引地加价二文,票地加一文。逾年,各岸竟倒悬二十余处。时新旧积欠计八百余万,而十五年后所欠正杂课又九十余万,十九年后积欠八十余万,二十七八年皆未奏销。于是定郡王等会同山东巡抚徐泽醇奏准将两年奏销免其造报,积引停运,积欠停征。自二十九年始,改为先课后盐,除有商运州县外,皆改官运,无论官商,每引加七十斤,帑息每引减一钱,十八年二文加价亦减一文,以便民食。

其在浙江,自道光元年裁巡盐御史,以巡抚帅承瀛兼管盐政。承瀛疏言:"嘉庆十五年前,抚臣蒋攸铦清查浙江运库垫缺银数仅五十五万余两,甫十载乃至百七十三万三百两。两缘迩来引壅,旧纲未毕,新纲即开,套搭行销,不能以一纲之课归一纲之用。而每年奏销有定限,但完正课,即报全完,其带输之款及外用银,并未征足,历次河饷又须拨解,是以不得不于征存银内挪垫。而商捐用款,每遇交办公事,奸商复借名浮支。臣今饬运司遇支解银两,如本款无银即停给。或不得已,亦止以外款垫发内款,不准以内款垫给外款。"嗣后至六年,销数皆及额运,库存银百二十八万。自七年至十年复短销,仅存十一万。盖因巡抚程含章请加余价,盐贵引壅所致。迨十一年停止,销数遂至九成。二十九年,命芝昌往查,时又短销,仅至五六成。乃请将停歇各地招商承办,并酌加盐斤。

其在广东,所办羡银颇多。盖粤盐至西省,每包申出盐十余斤,嗣又添买余盐万包,发埠运销,按九折较羡,是为秤头盐羡,约二万七千余两。庆远等五府苗疆食盐无引额,皆捆运余盐,交近埠带销,为土司盐羡,约五千余两额。海船运盐,灶户补船户耗,官为收买,发商运销,是为花红盐羡,约四千余两。粤省鼓铸,岁资滇铜十余万斤,滇省广南府属岁资粤盐九万余包,每年两省委员办运,至百色交换,谓之铜盐互易。又广州驻防食盐、育英堂盐,各数十包,皆取之余盐,按包计羡,藉此充外支经费,故无杂课。正饷有部饭、平头、纸朱等银,又东省盐船所过抽税约四千余,西省约四万余,其帑息则八万余。各项历年拖欠,初省河因损款多,致奏销迟缓。道光二十四年后,潮桥疲滞,甚于省河。然军兴糜烂,广西淮盐全弃于地,而粤课犹十得八九焉。

其在四川,始以潼川府之射洪、蓬溪产盐为旺,嘉定府之犍为、乐山、荣县,叙川府富顺次之。不数年,射洪、蓬溪厂反不如犍、乐、富、荣。方乾隆四十九年,各处盐井衰歇。有林俊者,官盐茶道,听民穿井不加课,蜀盐始盛。惟潼川难如初。且产盐花多巴少,又煎盐用草工费,致欠课七万,始议与犍商合行,以十二年为限,期满归清积欠,因请续合十二年,及期满自办。甫一载即欠二万余,于是复请续合。至道光八年,三次期满,而其厂产盐愈少,每年仅完正课,不完羡截。羡即羡余。截者,于缴课截角时交纳也。时汉州、茂州、巴州、剑州、蓬州、什邡、射洪、盐亭、平武、江油、彰明、石泉、营山、仪陇、新宁、阆中、通江、安岳、罗江、安县、绵竹、德阳、梓潼、南江、西充、井研、铜梁、大足、定远、荣昌、隆昌三十一州县,因卤衰销滞,商倒岸悬,民在近厂买盐以食,正杂课银归入地丁摊征。盖盐商奢侈,家产日衰,乃觅殷户出租于引商,名曰“号商”。所完课羡,须交引商封纳,引商往往挪用,且官复有与为弊者。至三十年,全纲颓废。会徐泽醇为总督,查积欠羡截银共二十三万七千余两,未缴残引二十二万八千五百八十一张。于是酌拨代销,将号商姓名入册,责其自行封匦。时惟犍、富边商及成都、华阳计商稍殷实,销岸亦畅,余皆疲滞,而潼商尤甚。乃撤出黔边所行水引,交犍、富两商承办。

其地云南,自改章后,私盐尤多,而诸井或常缺额,又在迤西、迤南。其东北隅食川盐,东南隅食粤盐,至难如期。道光六年,总督赵慎畛疏请就井稽盐多寡,定地行销。御史廖敦行又言分地行盐,不若广觅子井。上命新任总督阮元试行。嗣后诸大井淹废,犹赖子井挹注,乃复振云。

长芦于咸丰八年,经蒙古亲王僧格林沁防津,奏准将道光二十八年减价二文起征,名盐斤复价,得银十八万余。时粤匪北犯,运道多阻,盐集浚县之道口镇,自道口南皆以贩运。运商省岸费,有余利,而坐地引商,借官行私,所获尤厚。故同治五年,河南巡抚因河防,又议行销河南引盐,每斤再加二文,得八万两撤防。以七年荥阳大工耗帑百数十万,改为荥工加价。于是较道光末增款二十六万。山东因捻匪,不能南运。同治三年,积引百三十余万,分八年带销,虽部议提拨道光十八年一文加价解充京饷,每年约加银七万,而正课未能全完。

河东自嘉庆十四年南河大工,每斤加价一文,较乾隆课额已增至十六万余。十七年加入吉兰泰活引,又六万余两。河东盐向侵淮岸,至道光十一年,淮北改票,反灌河东,而商力益困。乃将活引减半,河工加价减二成,既由招商变为举报,又变为签商,破产者众。咸丰二年,命户部侍郎王庆云往查。寻奏定留商行票,分立总岸,商运盐至,发贩行销,裁革州县陋规银二十七万余两,运城商厅所摊公费七万余两,并知池价踊贵,由坐商销乏,将畦地出租,坐食销价,伙租者按年轮,先晒者盗挖盐根,囤私肥己,故每名价至百二三十两。于是严禁,定白盐不得过六十两,青盐不得过四十两,泽、潞节省等银摊入通省引内,每引九分,另筹经费办公,每引七分,并酌加盐斤,计成本引仅一两六钱,商情悦服,愿将活引之半及加价二成完纳。未几,殷商九十余家,以急军需,共捐银三百万,给永免充商执照,改为民运民销。山西、陕西、河南为官运官销,删除河工活引节费名目,定每斤征银三厘五毫,每名合银百五两,较前增七万余,此咸丰四年也。时长江梗阻,河东以侵淮纲大畅,先后加河南灵宝口岸引三百名。

山西岢岚等食土盐十三州县,引二千四百九十四道,惟陕甘盐池旧辖于河东。康熙二十八年，改令花马小池归甘肃疆臣管理，而大池如故。自咸丰五年，陕西巡抚王庆云议改课归地丁。庆云旋调山西。吴振棫之奏言："陕民贫乏，若征盐课，力实不遑，小民纳无盐之课，驱侩卖无课之盐，事殊欠允。请饬豫省改招为便。"谕与庆云会商。寻改为官民并运。时库款支绌，部议令河东抽厘济饷。巡抚以难行，每第额引加引，每名各取羡余，约加银五万。直隶总督因海防亦请加斤加价，庚申纲遂加引六百名，辛酉纲加五百名，共加银四十八万，然惟辛酉纲全完。旋值陕回乱，捻匪窜河南、陕西，销路骤塞，乃酌停加引。

两淮于咸丰三年，以江路不通，南盐无商收卖，私贩肆行，部议令就场征税。四年，复令拨盐引运赴琦善、向荣大营抵饷。怡良旋奏易引为斤，每百斤抽税钱三百，以二百四十文报拨，以六十文作外销经费。时湖广总督、江西巡抚皆以淮引不至，请借运川、粤盐分售于太湖南北，江西则食闽、浙、粤之盐。部议由官借运，不若化私为官，奏准川、粤盐入楚，商民均许贩鬻，惟择堵私隘口抽税，一税后给照放行。

北盐自军营提盐抵饷，遂为武人垄断。提督李世忠部下赴坝领盐，栈盐不足，辄下场自捆，夹私之弊，不可究诘。同治三年，御史刘毓槐疏请整顿。事下江督曾国藩。国藩疏论："淮南盐务，运道难通，筹办有二难。一在邻盐侵灌太久。西岸食浙私、粤私而兼闽私，楚岸食川私而兼潞私，引地被占十年，民藉以济食，官亦藉以抽厘，势不能骤绝。一在厘卡设立太多。淮盐出江，自仪征以达楚西，层层设卡报税，诸军仰食，性命相依，不能概撤。臣思办法不外疏销、经本、保价、杜私四者。自邻盐侵占淮界，本轻利厚，淮盐难与之敌。查之既烦，堵且生变。计惟重税邻私，俾邻本重而淮本轻，庶邻盐化私为官，淮盐亦得进步。现已咨湖广、江西各督抚，将邻私厘金加抽，待至淮运日多，销路日畅，然后逐之而申其禁，此疏销之略也。近年楚西之盐，每引完厘在十五两以上。今改逢卡抽收为到岸销售后汇总完厘。前收十五两有奇，今楚岸只十一两九钱八分，西岸九两四钱四分,皖省四两四钱。既减厘以便商,人先售而后纳,此轻本之略也。商贩求利,皆愿价昂,然往往跌价抢售。其始一二奸商零贩,但求卸物先销,不肯守日赔利。其后彼此争先,愈跌愈贱,虽欲挽回以保成本,不可得也。见于楚西各岸设督销局,盐运到岸,令商贩投局挂号,悬牌定价,挨次轮销,时而盐少,民无食贵之虞,时而销滞,商无亏本之虑,此保价之略也。盐法首重缉私。大伙私枭,不难捕拿,最易偷漏者,包内之重斤,船户之夹带。见改复道光三十年旧章,每引六百斤分八包,每包给耗卤七斤半,包索二斤半,共重八十六斤,刊发大票,随时添给,并于大盛关、大通、安庆等处验票截角,如有重斤夹带,即提盐充公。其各岸之兼行邻盐者,亦另给税单,苟无单贩私,即按律治罪,此杜私之略也。"

又论:"淮北盐务,有必须停止者三,急宜整理者四。漕臣以清淮设防,令场商每包捐盐五斤,每引共二十斤,旋因逐包捐缴不便,改每运盐百包,带缴五包,其应完盐课及售出盐价,虽经吴棠奏明作为清淮军需,但锱铢而取之,琐屑而派之,殊非政体所宜。此须停止者一也。徐州本山东引地,前因捻氛,引未到岸,经督办徐宿军务田在田奏准散运北盐,画收东课,日久弊多,采买则私自赴场,售销则旁侵皖界。今东引业已通行,不能再托借运虚名,贻侵销实患。此须停止者二也。北盐已改捆为净盐,未改为毛盐,皆须纳课方准出湖。近来私枭句串营弁,朋贩毛盐,堵之严,则营员出而包庇,缉之疏,则官引尽被占销。此须停止者三也。夫榷盐之法,革其弊而利自兴。臣所谓整理之方,盖亦就诸弊既去,因势利寻耳。淮北纲引,前奏至戊午为止。今于五月接开己未新纲,惟兵燹后户口大减,断不能销四十六万引。请先办正额二十九万六千九百八十二引,引收正课一两五分一厘,杂课二钱,又外办经费四钱,仓谷河费盐捕营各一人,他款一概删除。此现筹整理一也。近来军饷赖盐厘接济,而处处设卡,商贩视为畏途。从前每包约完厘钱二千余。今拟自西坝出湖,先在五河设卡,每包收五百文,运赴上海,再关正阳尖收五百文。他卡只准验票,不准重收。盖非减厘不足以轻本,非裁卡不足以恤商。此现筹整理者二也。淮北解饷，向以十成分摊。临淮军营四成，滁州四成，安徽抚营二成。今临、滁两营已裁，而漕臣应量予拨济，嗣后仍应以十成分派，臣营五成，抚营四成，漕营一成。论兵数则小有衰益，论旧制则无甚更张。此现筹整理者三也。北盐每引例定四百斤，捆四包，每包连卤耗重百十斤。近来栈盐出湖，皆在西坝改捆，大包重百三十斤，盐票不符。臣已严禁，并于例给大票外，将每船装盐包数亦填明舱口清单，庶可杜避重就轻，不致以多报少。此现筹整理者四也。"均如所请行。

国藩更张盐法，与陶澍不同者，澍意在散轮，与玉庭、若霖同。国藩意在整轮，与全德、曾燠同。然玉庭、若霖筹办散轮，必前两月之轮卖毕，再开后两月续到之轮，未尝不以散寓整，澍实师其意。故国藩鉴于抢售之弊而主整轮，爰有总栈督销之设，一以保场价，一以保岸价。总栈初以仪征未易修复，设于瓜洲，后岸为水啮而圮，复移仪征。督销局鄂岸于汉口，湖岸于长沙，西岸于南昌，皖岸于大通。未几，国藩移督直隶，李鸿章继之。其所增捐，莫要于循环给运。其法以认引之事并归督销，俾商贩售出前档之盐，即接请后档之引。初行之淮南，后及于淮北。盖参纲法于票法之中，以旧商为主而不易新商。商有世业，则官有责成，视以前验赏掣签流弊为少，自是历任循之。

至光绪五年而增引之说起。增引者，部咨淮北增额八万。时总督沈葆桢疏言："近年盐商以票价昂，觊觎增引。历任盐臣精盐政者无过曾国藩，每审定一法，必举数十年之利病，如身入其中，而通盘计之。然淮北引额，仅定为二十九万有奇，岂置国计商情于不顾哉？盐政之坏，首由额浮于销，其始尚勉符奏销之限，久乃不可收拾。于是新陈套搭，未几而统销融销矣，又未几而带征停运矣。惟额少则商少，商少则剔弊易，疏销亦易也。"八年，左宗棠督两江，乃请增引，淮北十六万，淮南鄂岸十一万、湘岸四万、皖岸四万二千余。部议淮北照行，其鄂岸仅增三万、湘岸一万、皖岸一万七千余。

及曾国荃莅任，复将淮北加引奏免。盖两淮正课，初合织造、河工、铜斤等款，只百八十余万，每引征银一两余。织造、河工、铜斤者，因盐政运司养廉厚，陋规亦多，每年解送织造银二十二万，捐助河工五万。三藩之变，滇铜阻隔，派各盐差采买捐办，水脚又五万。及雍正中，裁减养廉规费以为正款，嗣复及他项。于是正杂内外支款遂巨，每引增至六七两，自改票后始轻。同治中，引地未复，而以厘补课实过之，正无庸增引也。

　　至南盐销数，向以鄂岸为多。及为川盐所据，同治七年，国藩请规复引地，部议令川盐停止行楚。湖广总督李瀚章疏言未可停，惟于沙市设局，以川八成、淮二成配销。后以包计，淮盐较川盐每包斤少，名二成实不及一成。十年，国藩复言："川侵淮地，当使淮八成而川二成，或淮七、川三。今楚督以鄂饷数巨，恐川盐不畅，入款骤减。臣所求者，淮盐得销行楚岸，则商气苏，愿将应得厘银，多拨数成或全数归鄂。"命川、楚督抚会议。国藩等疏言以"武昌、汉阳、黄州、德安四府还淮南，安陆、襄阳、郧阳、荆州、宜昌五府，荆门州仍准川盐借销，湖南祗岳、常、澧三属行销川盐，岳州、常德亦应归淮，澧州暂销川盐。"经部议准。光绪二年，贵州肃清，御史周声澍疏陈川盐引地已复，请将湖南北各府州全归淮南。部议如所请。于是葆桢奏称湖北川厘，每年报部百五十余万串，计合银不足九十万，请令淮商包完。然湖广督抚以川厘有定，虑包饷难凭，合辞袒川拒淮。至八年，宗棠复移文商榷，讫不果行。

　　长芦自顺治初只征课二十万二千有奇。十二年，按明制查出宁饷酬商滴珠缺额等款，照旧征解。康熙中，复增课增引，遂至四十二万六千有奇。乾隆季年，以逐年误课，参革者众，于是众商公议，完课外每引捐银二钱，以备弥补，名为参课。追道光末，课额愈重，岸悬愈多，于是又添悬岸课，每引交银四分，而仍不足。至是国藩督直，疏言："认商既交寄库银千余两，宜与保商以三年定限，凡欠在限内，于本商追缴二成，其一成纲总与出结之散商分赔，过限即无涉，以免畏避。"从之。

　　是时盐臣自国藩、鸿章、葆桢外，惟宗棠及丁宝桢以能名。同治初，宗棠抚浙，疏言："自金陵陷，淮盐侵灌杭、嘉、松三所，惟绍所勉力撑柱。后行盐地多不守，浙省亦陷。及浙东克复，始饬绍兴暂办票盐，省城及嘉、湖继定，而旧商力难运销，请将四所通改票盐，并设局稽销数。"经部议准。十年，御史奇臣奏言：浙东本局，于商贩盐至，辄低其价，以便盐行收买，旋复商其价，以便转售，利归中饱。应请裁撤。"部议敕下巡抚杨昌濬查覆。寻覆称："两浙本先课后盐。自改票运，因商力薄，仅完半课，其半课俟销后补完。拟撤盐行，仍留府局，督催后半课银。"报可。

福建当乾隆时，西路延平、建宁、邵武三府属十五州县，东路福宁府属五州县，南路闽侯二县，归商办，号"商帮"。南路福州、兴化、漳州、泉州四府属二十一厅州县，由官办，号"官帮"，亦谓之"县澳官帮"，包与商办，名"朴户"，嗣后匀配西路各商代销，于是有"代额"之名。商帮以课轻，乐于承运，而本课转拖欠。嘉庆初，乃行带征与减引法。旋革除代额，久之倒罢相继。道光元年，乃改签商。时旧欠皆价新商，加以场务废弛，官居省城，听海船装盐，私相买卖，谓之"便海"，流弊滋多。至二十九年复倒罢，乃改官运，而承办者以运本半入囊橐。盖闽省行盐，乾隆时用团秤，每百斤折申砝秤百六十斤，以三十斤抵偿折耗。嘉庆中，改用部砝秤，又不给耗盐，其担引折篷引每百斤仅给四十二斤，令作百斤售卖，而完代额百斤之课，是以亏折日甚，其后法逾变愈坏。同治四年，宗棠为闽督，乃请改票运，饬各场官住场。西路以引商为票商，县澳以朴户为贩户，用盐道票代引，名曰"贩单"。西路以三十引起票，东南两路及县澳以百引起票，盖西路每引六百七十五斤，东南路并县澳每百斤故也。裁杂课，令正课一两加耗一钱，于领票时交纳。外抽厘五钱，于行盐各地设局抽收。计西路每引征银四两五钱零，东南路及县澳四钱四分零。后以西路课重，奏减每课一两随征厘四钱。凡旧欠各款豁免。帑息既免帑本则责令陆续归还。是年征课耗厘银四十万余，带收旧欠课十九万余，即以四十万定为正额。行之数年，商情大欢，私贩敛迹。

陕西花马池盐课，向由布政使收纳。及同治十二年，宗棠为陕甘总督，因西陲用兵，改课为厘，在定边设局抽收，名曰花定盐厘。于是陕西盐利归于甘省。

初川盐以滇、黔为边岸。而黔岸又分四路，由永宁往曰永岸，由合江往抵黔之仁怀曰仁岸，由涪州往曰涪岸，由綦江往曰綦岸。至是运商困敝，所恃以畅销者，惟济楚一策。及淮南规复引地，滞引积至八万有奇，积欠羡截百数十万金。光绪初，宝桢督川，定官运商销，先从事黔岸，筹章程十五条：曰裁减浮费，曰清厘积引，曰酌核代销，曰局运商销，曰兼办计岸，曰引归局配，曰展限奏销，曰严定交盘，曰慎重出纳，曰认真黔厘，曰实给船价，曰删减引底引底者，运商向于坐商租引配盐，引给银二十余两，由商总租收，作为课税羡截，领缴引费，及官吏委员提课规费，商局公费，余数二两，分交各坐商。至是历年羡截，运商已缴，本应全革。惟因年久，姑准存一两)，曰添置办票，曰酌留津贴，曰酌给奖叙。设总局于泸州，四岸各设分局，檄道员唐炯为督办。其后接办滇岸，川盐行滇，只昭通、东川两府有张窝、南广两局，谓之大滇边、小滇边。其办理较黔岸为难者，滇自有盐，侵越最易。宝桢筹堵遏法，至五年乃开运。

自官运商销，计本年边计各额引全数销清外，复带销积引万余，所收税羡截厘及各杂款又百余万，而奸民不便。会上遣恩承、童华查办他岸，至川，富顺富绅王余照假灶户具词呈控，请改官督商销。有旨垂询。宝桢奏言：“官督商销，利归官与商，官运官销，权全归官，流弊皆大。惟官运商销，官商可相箝制。”既而控案讯明，奏请拿办。迨光绪末，各计岸亦多改官运焉。

此外如奉天由纳税改行引，自康熙中停止，无课者百七十余年。同治六年，将军都兴阿奏准行榷厘法，每盐一榷东钱千，为本地军需。光绪三年，将军崇厚请加作二千四百文。八年，将军崇绮再请加二千四百文，名四八盐厘，是为练兵之款。十七年，户部筹饷加二千四百文，名二四盐厘，是为解部之款。二十四年，将军依克唐阿加千二百文，名一二盐厘，是为兴学之款。此三项总称八四盐厘。二十八年,将军增祺又奏设督销局,每斤加榷制钱四,谓之加价,以为官本。然原议由官设局收买,置仓运售,名为督销,实则官运也。值日、俄战起,亦未实行。三十二年,将军赵尔巽请裁督销之名,在奉天立官盐总局,吉林、黑龙江立分局,听商就滩纳税运销。三十三年,东三省设行省,总督徐世昌又改官盐总局为东三省盐务总局,于是吉林、黑龙江始实行官运。初岁征课银二十四万或四十万,及尔巽至,满百万,其后至百四十万。

蒙古盐向归藩部经理。其行销陕、甘者,以阿拉善旗吉兰泰池盐为大宗,俗谓之红盐。道光以前,听民运销。咸丰八年,始招商承运,每百斤收银八两。同治间,遭回乱,商困课逋,经宗棠改课为厘,斤加制钱五。其在山西者,亦红盐最多。嘉庆初,阿拉善王献吉兰泰池,由官招商办运,将口外各厅,大同、朔平二府,及太原、汾州等属,向食土盐州县,划为吉岸引地。至十七年废除。凡入口者,由杀虎口征税,每斤一分五厘。其外尚有三种:曰鄂尔多斯旗盐,曰苏尼特旗盐,俗谓之白盐,曰乌珠穆沁旗盐,谓之青盐。初照老少盐例,于口内行销。嘉庆末纳税。至光绪时,皆改用抽厘法。

其在直隶者,则青盐、白盐,光绪二十八年察哈尔都统奏请抽厘,每斤制钱四,约年得银十二万有奇。明年,热河都统亦照抽,每斤五文。是年直督又请在张家口设督销局,在口外设厂收盐,招商承办,每千斤包纳课银二两,约年得三万有奇。三十三年,热河亦设局,每百斤征银四钱。宣统元年,减为二钱五分,约年得六万有奇。

新疆向听民擎销。光绪三十四年后,始于精河盐池征税万四千四百两,迪化征五千一百两,鄯善征二千四百两,余仍无税。

初,盐厘创于两淮南北,数皆重。自国藩整顿,乃稍减。继以规复淮纲,又议重抽川厘。咸丰五年,定花盐每引万斤抽厘八两,嗣因商贩私加至万七千斤,川督骆秉章请就所加斤按引加抽十七两,共正厘二十五两。后各省皆加。及光绪时行铜圆,盐价已暗增,而厘金外更议加价。

其事起雍正时。盖长芦盐价,自康熙二十七年定每斤银一分四毫至一分二厘六毫不等。雍正六年,巡盐御史郑禅宝疏称"商课用银,民间买盐用钱。康熙时,银一两换制钱千四五百,每盐一斤,钱十六文。今每两合钱二千,而盐价如故,亦有减至十三四文者,以钱易银,不敷原数。应请部臣会同督臣详议"。至十年,题准每斤加银一厘。乾隆后推行他省,然其意在恤商而已。嘉庆五年,长芦巡盐御史观豫因川、楚未靖,奏请加价济用。仁宗谕曰:"以饷需扰及闾阎,朕不为也。今计食盐者每日只一二文,若增价则人人受累。且私贩必因盐价过昂而起。"已而以河工需费,道光后犹多。至光绪二年,办西征粮台,户部侍郎袁保恒奏请各省一体加二文,以两江总督沈葆桢力争乃寝。

嗣是新政举行,罔不取诸盐利。如二十年因日本构衅设防,部咨各省每斤加收二文。二十七年因筹还赔款,加四文。三十四年,因抵补药税,又加四文,半抵补练兵经费,半归产盐省分拨用,其最著者也。时疆吏集商会议,金以滞销为忧,而势不能已,自是所入较道光前又增数倍。然长芦经拳匪之扰,商本损失,至借洋款。山东引票各地,自同治六年酌归官办,弊窦殊多。河东仍归官民并运,而不能畅销。福建之票运、四川之官运皆然。广东潮桥,旧由官运,至时与六柜统归商办,成效亦寡。云南子井,存者寥寥。而淮、浙衰敝尤甚。

宣统元年,度支部尚书载泽疏言:"淮南因海势东迁,卤气渐淡,石港、刘庄等场产盐既少,金沙场且不出盐。若淮北三场,离海近,卤气尚厚,惟盐出于砖池,例须按池定引。近则砖池以外,广开池基,甚至新基已增,旧滩未铲,致产额益无限制。而南商同德昌在淮北铺池,北商尤以为不便。两浙产盐之旺,首推余姚、岱山,次则松江之袁浦、青村、横浦等场,皆板晒之盐也。而杭、嘉、宁、绍所属煎盐各场,卤料亦购自余姚。近年卤贵薪昂。成本加重,商家既舍煎而取晒,灶户亦废灶而停煎。煎数日微,故龙头、长亭、长林等场久缺,而注重转在余、岱。余姚海滩距场远,岱山孤悬海外,向不设场,虽经立局建厂,而官收有限,私晒无穷。此产盐各处之情形也。

淮、浙行盐,各有引地,而豫之西平、遂平,久成废岸,湘之衡、永、宝三府及靖州,本淮界而销粤盐,鄂之安、襄、郧、荆、宜五府及荆门州,本淮界而销川盐,浙之温、台、宁、处等处,只抽厘尚未行引。就目前情形论之,淮北以三贩转运,于岸情每多隔膜,故票贩不问关销,豫贩又多归怨湖贩,此其病在商情之不相联,而各省抽税,势亦足以病商。淮南有四岸督销,权等运司,故运司不能制督销,分销亦不尽受辖于督销,此其病在官权之不相统,而商情涣散,势亦足以自病。浙场距场近者,不肩引、住引之分。距场远者,有纲地、引地之别。加以官办商包,其法不一,纷纭破碎,节节补苴。至捆盐出场,沿途局卡之留难,船户之夹带,则皆不免。此销盐各处之情形也。淮盐行于苏、皖,与浙盐、东盐引界邻;行于豫岸,与东盐、芦盐引界邻;行于西岸,与浙、闽、粤盐经界邻;行于湘、鄂两岸,与川盐、鄂盐引界邻。而鄂之襄、樊,又为芦私、潞私所灌,湘之衡、永、宝,又为粤私所占,两浙引地,苏、皖、西三岸皆与淮邻,即本省之温、台等处,亦为闽私所侵,此皆犬牙相错,理起争端。近年京汉铁路通车,贯豫省而下,淮、芦之争更烈。将来津浦、粤汉等路告成,淮界且四而皆敌,然此犹言邻私也。尤甚者,皖、豫同为淮界,而皖之颍州与汝、光界壤,则以加价轻而及豫岸,台、处同为浙境,而处之缙云为台商承办,则又以包厘微而侵及处郡。江西建昌久为废岸,近设官运局以图规复,而贬价敌私。抚州已虞倒,上海租界向为私薮,近设事务所以筹官销,而越界行运,苏属时有责言,是以淮侵淮、以浙侵浙也。大抵利之所在,人争趋之,固未易遏,所恃惟缉私严耳。然弁勇窳败,不能制枭贩,而转扰平民。地方官亦以纲法久废,不负责成,意存膜视。此又引界毗连各处之情形也。近来筹款,以盐为大宗,而淮、浙居天下中心,关于全局尤重。为整顿计,非事权统一不可。拟请将盐务归臣部总理,其产盐省分,督抚作为会办盐政大臣,行盐省分,均兼会办盐政大臣衔。”制曰可。其言南商铺池者,盖光绪三十三年,淮南因盐不敷销,于淮北坍子口苇荡左营增铺新池,谓之济南盐池。三十四年,北商称有碍旧池销路,经江督张人骏令按淮南缺额，以十万引为率。三贩转运者，淮北票盐旧由票贩自垣运至西坝，售于湖贩，再由湖贩运至正阳关，按轮售于岸贩也。

载泽既受督办盐政大臣之命，乃设盐政处，按各区分为八厅，先筹淮北。章程四：曰规复西遂废岸，曰撤退淮边芦店，曰体恤路捐商累，曰包缴豫省厘价。咨商河南巡抚吴重熹，惟末条坚持仍旧。载泽又奏定于西坝设盐厘总局，临淮关设掣验局，余局卡悉裁，三贩统改岸贩，准自赴总局完纳厘金加价，定每引为银币二元二角，折收库平银一两六钱零，均一次收清。至土销引地，酌减银币四角，折收一两二钱，较原额少三成。此二年七月事也。

直隶张家口外收蒙盐各场，向由商包办，宣统元年，改为公司。至是复改设官栈，以各厅州县为引岸，由商包引，每年二万，征银十五万七千。四种归丁各地票运，咸丰后增至六十八厅州县，官运常为所碍。至是奏查井灶就见有者为额，严禁偷卖，以杜票私。三年，以大清银行款七百万，直隶银行款六十万为芦商偿外债，收引地三十六归官办，设局天津。其永平七属，道光间由州县办课。光绪二十九年，改设官运局。至是与新河、平乡二县无商认办者，统归津局经理。

初与各国通商，违禁货物，不许出入口，盐其一也。乃奉天之大连、旅顺，吉林之长春，有日本盐；吉林之珲春、延吉有朝鲜盐；黑龙江之满洲里、黑河，吉林之东宁，有俄罗斯盐；广西之镇南关，云南之蒙自，有法兰西盐；香港、澳门所在浸灌。至山东胶州湾租借于德，而侵即墨盐场；奉天辽东半岛租借于俄，又转于日，而占金州盐滩；与复州之交流、凤鸣两岛，有包购余盐、派员缉私两议。后缉私策行，购盐不果。广东广州湾租借于法，吴川之茂晖场为所占，每运盐至香港及越南销售，以入内地，实皆败乱盐法。治醹政者当有以善其后云。

清史稿卷一二四
志第九九

食货五

钱法　茶法　矿政

钱法　太祖初铸"天命通宝"钱，别以满、汉文为二品，满文一品钱质较汉文一品为大。天聪因之。世祖定鼎燕京，大开铸局，始定一品。于户部置宝泉局，工部置宝源局。"顺治通宝"钱，定制以红铜七成、白铜三成搭配鼓铸。钱千为万、二千串为一卯，年铸三十卯。每钱重一钱。二年，增重二分，定钱七枚准银一分，旧钱倍之。民间颇病钱贵，已更定十枚准一分。各省、镇遵式开铸，先后开山西、陕西、密云、蓟、宣、大同、延绥、临清、盛京、江西、河南、浙江、福建、山东、湖广及荆州、常德、江宁三府铸局。五年，停盛京、延绥二局。六年，移大同局于阳和。七年，开襄阳、郧阳二府铸局。八年，停各府、镇铸。十年，复开密云、蓟、宣、阳和、临清铸局。初户部以新铸钱足用，前代惟崇祯钱仍暂行，余准废铜输官，偿以直，并禁私铸及小钱、伪钱，更申旧钱禁。嗣以输官久不尽，通令天下，限三月期毕输，逾限行使，罪之。

是年廷议疏通钱法，以八年增重一钱二分五厘为定式，幕左汉文"一厘"二字，右宝泉铸一字曰"户"，宝源曰"工"，各省、镇并铸开局地名一字，如太原增原"字、宣府增"宣"字之类，钱千准银一两，定为书一通行之制。禁私局，犯者以枉法赃论。时官钱壅滞，通以敛散法,酌定京、外局钱,配搭俸饷。钱粮旧制征银七钱三,皆著为令。而直省局钱不精,私铸乘之,卒壅不行,悉罢铸,专任宝泉、宝源,精造一钱四分重钱,幕用满文,俾私铸艰于作伪。现行钱限三月销毁。更定私铸律,为首及匠人罪斩决,财产没官,为从及知情买使,总甲十家长知情不首,地方官知情,分别坐斩绞,告奸赏银五十两。

十七年,复直省铸,令准重钱式,幕兼用满、汉文。康熙元年,铸纪元钱,后凡嗣位改元,皆铸如例。高宗内禅,铸乾隆银十二,嘉庆钱十八,非常例也。自改铸一钱四分钱,奸民辄私销,乃定律罪之比私铸。遂禁造铜器,为私销也。十八年,申严其禁,军器、乐器之属,许造用五斤以下者。时重钱销益少,直苦昂。二十三年,允钱法侍郎陈廷敬纠复一钱旧制。久之,钱贵如故,乃申定钱直禁,银一两易钱毋得不足一千,然钱直终不能平。季年银一两易钱八百八十至七百七十。乃发五城平粜银易钱以平其价。

自旧钱申禁,而闽地僻远,犹杂制钱行之。二十四年,巡抚金鋐以为言,学士徐乾学疏称:"自古皆古今钱相兼行使,听从民便。"因历数历代旧事,谓"自汉五铢以来,未尝废古而专用今。隋销古钱,明天启后尽括古钱充铸,钱之变也。且钱法敝,可资古钱以澄汰,故易代仍听流通。矧闽处岭外,宜听民行使。"上韪其言,尽宽旧钱废钱之禁。是年定旗籍私铸私销罪如律。四十一年,以循旧制改轻钱,私铸复起,廷臣请罢小制钱,仍铸一钱四分重钱,新旧钱暂兼行,新钱千准银一两,旧钱准七钱。诏从之。然私铸竟不能止。

四十五年,山东请铸大钱。会获得常山私铸,上以私铸不尽大钱,必多私销,宜先收后禁,乃令钱粮银一两折收二千文,钱尽,折收铜器。户部以新钱不敷,请展至五年后毁旧铸。越二年,襄阳私铸钱潜贮漕艘入京,大理卿塔进泰奉命会查,疏请严禁收毁,再犯私铸私贩罪如律,船户运弁罪同私铸,地方官知情,斩决,没其家;失察,夺职。法益加严。

官局用铜,自四十四年兼采滇产。雍正元年,巡抚杨名时请岁运滇铜入京。廷议即山铸钱为便,因开云南大理、沾益四局,铸运京钱,幕文曰:"云泉"。上以钱为国宝,更名"宝云",并令直省局钱,幕首"宝"字,次省名,纯满文。其后运京钱时铸时罢。

乾隆二年,以钱价久不平,饬大兴、宛平置钱行官牙以平钱价。上念私销害尤甚,益厉行铜器禁。官非三品以上不听用,旧有铜器限三年内输官,逾限以私藏禁物论,已禁仍造,罪比盗铸为从。遂通令禁造铜器。寻益严限制,惟一品始听用,余悉禁之,藏匿私用,皆以违禁论。十二年,上以钱重则私销,轻驻私铸,令复一钱二分旧制。十三年,定剪钱边律罪为绞监候。先是尚书海望以铜禁病民,疏陈四弊,高宗然之,遂罢禁铜收铜令。

复以京师钱价昂,银一两仅易八百文,诏发工部节慎库钱平价。御史陶正靖疏陈钱价不平,弊由经纪蠹害钱法,遂命革除之。浙江布政使张若震言钱贵弊在私毁。如使配合铜铅,参入点锡,铸成青钱,则销者无利。试之验,因采其议,铸与黄钱兼行。定私铸铜钱禁,为首及匠人绞监候,为从及知情买使,减一等。申严贩运及囤积制钱之禁,凡积钱至百千以上,以违例论上谕廷臣曰:"今之言禁者,亦第补偏救弊,非能正本清源也。物之定直以银不以钱,而官民乃皆便钱不便银,趋利之徒,以使低昂为得计,何轻重之倒置也?嗣是宜重用银,凡直省官修工程,民间总置货物,皆以银。"

二十二年,两广总督李侍尧请禁旧钱、伪钱。上以民间杂用吴三桂"利用"、"洪化"、"昭武"诸伪钱,第听自检出,官为易之以充铸,旧钱仍听行使。二十四年,回部平,颁式于叶尔羌,铸"乾隆通宝",枚重二钱,幕铸叶尔羌名,左满文,右回文,用红铜,并毁旧普尔钱充铸。越二年,阿克苏请铸,如叶尔羌例。复允西藏开铸银钱,重一钱与五分二种,文曰"乾隆宝藏",幕用唐古忒字,边郭识年分。以上二类钱,第行之回、藏,内地不用。二十九年,令回部铸钱,永用乾隆年号。

时至中叶,钱直昂,直省皆增炉广铸,价暂趋于平。会铜运迟滞,市侩居奇增直,害钱法,通饬督抚毋得轻请停炉减卯。季年私铸益多，四川、云、贵为渊薮，流布及江、浙。云、贵官钱亦以不善罢铸。又自律严私铸，常宽之以收毁，莠民恃以行诈，私钱日出不穷。五十七年，湖广总督毕沅请收买毋立限。上谓湖北乃私铸总汇，不图禁绝而预思所以卸过，会严稽私贩，仍予宽限二年。五十九年，以官私钱错出，钱贱，乃暂罢直省铸，私钱通限一年收缴，而吏胥缘为奸。嘉庆元年，复直省铸。至十年，直省未尽复卯，钱复贵，通饬各督抚按卯鼓铸。然嗣是局私私铸相踵起，京局钱至轮郭肉好模糊脆薄，"宝苏"铸中杂沙子，掷地即碎，而贵州、湖广私铸盛行，江苏官局私局秘匿。至道光间，闽、广杂行"光中"、"景中"、"景兴"、"嘉隆"诸夷钱，奸民利之，辄从仿造。贵阳大定官局亦别铸底大钱，钱法自是益坏。

时华洋互市，以货易银，番船冒禁，岁漏出以千万计，御史黄中模、章沅咸以为言。而大髻、小髻、蓬头、蝙蝠、双柱、马剑各种番银，亦潜输内地以规利，自闽、广通行至黄河以南。而洋商复挟至各省海口，阳置货而阴市银，至洋银日多，纹银日少而贵。上患之，命粤督申严禁约，然所禁不及洋银，仿铸之广板、福板、杭板、吴庄、行庄，耗华银如故。御史黄爵滋请并禁使出洋，更立专条，议从重科。十七年，诏沿江沿海督抚、海关监督，饬属严稽偷漏，定功过，行赏罚，而海内银卒耗竭，每两易钱常至二千。廷臣谋所以重钱以杀银之势，而议格不行。

先是道光中叶，银外泄而贵，朝野皆欲行大钱以救之。广西巡抚梁章钜疏言其利。文宗即位，四川学政何绍基力请行大钱以复古救时。上意初不谓然，卒与官票、宝钞行焉。钞尝行于顺治八年，岁造十二万八千有奇。十年而罢。嘉庆间，侍讲学士蔡之定请行钞。咸丰二年，福建巡抚王懿德亦以为请。廷议以窒碍难行，却之。是时银亏钱匮重，而军需河饷縻帑二千数百万，筹国计者，率以行官票请。次年，命户部脱集议。惠亲等请饬部制造钱钞与银票相辅并行。票钞制以皮纸，额题"户部官票"，左满、右汉，皆双行，中标二两平足色银若干两，下曰"户部奏行官票"。凡愿将官票兑换银钱者，与银一律,并准按部定章程,搭交官项。伪造者依律治罪。边文龙。钞额题"大清宝钞",汉字平列,中标准足制钱若干文,旁八字为"天下通宝,平准出入",下曰"此钞即代制钱行用,并准按成交纳地丁钱粮一切税课捐项,京、外各库一概收解"。边文如票。大钱当千至当十,凡五等,重自二两递减至四钱四分。当千、当五百,净铜铸造,色紫;当百、当五十、当十,铜铅配铸,色黄。百以上文曰"咸丰元宝",以下曰"重宝",幕满文局名。四年,以乏铜,兼铸当五钱及制钱。已而更铸铅制钱。乾隆间,京局用铜,滇、洋兼资,后专行滇运。时以道梗铜滞,故权宜出此。定议票银一两抵制钱二千,钞二千抵银一两,票钞亦准是互相抵,民间完纳丁粮税课及一切官款,亦准五成,京、外应放库款如之。大钱上下通行如票钞,抵银如制钱之数,输官以三成,铁钱通用如大钱。阻挠罪以违制,伪造钞票斩监候,私铸加严。通饬京、外设置官钱局。寻以直省延不奉行,嗣后议于各府置钞局,发大钱于行店,俾钱钞通融互易以便民,丁粮搭收票钞,零星小户银钞尾零,搭交铜铁大钱,皆先从直隶、山东实行。官吏折勒绒法,商民交易不平价,从严处治。七年,令顺天直隶各属钱粮,自本年上忙始,以实银四成、宝钞三成、当十铜铁大钱三成搭交,一切用项,亦按成搭放。寻从户部议,自本年下忙始,直隶照银七票三征收,大钱三成即纳在钞票三成内,交票交钱听便。

　　然钞法初行,始而军饷,继而河工,搭放皆称不便,民情疑阻。直省搭收五成,以款多抵拨既艰,搭放遂不复肯搭收。民间得钞,积为无用,亦师持钞入市,非故增直,即匿货,持向官号商铺,所得皆四项大钱,不便用,故钞行而中外兵民病之。其后京师以官号七折钱发钞,直益低落,至减发亦穷应付,钞遂不能行矣。大钱当千、当五百,以折当过重最先废,当百、当五十继废,铁钱以私票梗之而亦废,乃专行当十钱。盗铸丛起,死罪日报而不为止。局钱亦渐恶,杂私铸中不复辨,奸商因之折减挑剔,任意低昂。商贩患得大钱,皆裹足,三成搭收,徒张文告,屡禁罔效。法弊而挠法者多,固未有济也。当十钱行独久,然一钱当制钱二,出国门即不通行。咸丰之季,铜苦乏,申禁铜、收铜令。同治初,铸钱所资,惟商铜、废铜,当十钱减从三钱二分。光绪九年,复减为二钱六分。

时孝钦显皇后锐意欲复制,下廷臣议,以滇铜运不如额,姑市洋铜,交机器局试铸。户部奏称机器局铸钱并京局开炉之不便,懿旨罪其委卸,卒命直隶总督李鸿章于天津行之,重准一钱,遂赏唐炯巡抚衔,专督云南铜政。十四年,广东试铸机器钱,以重库平七分识于幕。二十四年,命直省铸八分钱。而京师以制钱少,行当十钱如故。三十二年,铸铜币当十钱,民不乐用,于是创铸银、铜圆,设置银行,思划一币制,与东西洋各国相抗衡。

初,洋商麇集粤东,西班牙、英吉利银钱大输入,总督林则徐谋自铸图抵制,以不适用而罢。嗣是墨西哥、日本以国币相灌输。光绪十四年,张之洞督粤,始用机器如式试铸,李鸿章继任续成之,文曰"光绪元宝,库平七钱二分,广东省造",幕绞龙。并铸三钱六分、一钱四分四厘、七分二厘、三分六厘四种小银圆。中国自行银钱自此始。湖北、江西、直隶、浙江、安徽、奉天、吉林以次开铸。寻以广东、湖北、江西所铸最称便用,许以应解京饷拨充铸本。直省未开铸者,饬从附铸。京、外收放库款,准搭三成。因命刘坤一、张之洞、陶模筹议三局造铸事宜。已复由户部核定,七省所铸规模成色苦参差,不利通行。会造币总厂成,拟撤其三,而留江南、直隶、广东为分厂。初铸准重墨圆,议者颇非之。之洞始于湖北试行一两银币。户部亦以中国立算,夙准两钱分厘,固定主币为库平一两,而以五钱、一钱小银币暨铜圆、制钱辅助之,令总分厂如式造行。

铜元铸始闽、广,江苏继之。时京局停铸,命各运数十万入京,由户部发行备用。沿江、沿海省分,并饬筹款附铸。而直省陆续开铸,造币总厂反从成。总厂拟铸之币凡三品:曰金,曰银,曰铜。最先铸铜币。自当制钱二十降至当二,自重四钱降而四分,凡四种,文视直省小异大同。直省曰"光绪元宝",总厂初同直省,嗣定曰"大清铜币",皆识某所造,幕皆龙文,紫铜铸,直省间亦用黄铜。凡私造铜币、伪造纸币,罪视制钱加等。初铸铜元,为补制钱之不足,旋艳其余利,新政饷需皆取给焉,竞铸争售,乃至不能敷铸本。两江总督周馥首疏其弊,户部为立法限制之。继与政务处上补救八事。旋以开铸者多至十七省,省至二三局,恐终难言画一,乃令山东归并直隶,湖北归并湖南,江南、安徽归并江宁,浙江归并福建,广西归并广东,合奉天、河南、四川、云贵为九厂,由部派员会办,遣大臣周历察核,与户部筹定会办事宜。顾铜元以积贱,当十钱仅能及半数,民私局私颇丛奸弊。应准银者,铜元折合,类致亏损,物价翔贵,民生日益凋敝。省与省复相轧,至不相流通。山东巡抚袁树勋继陈十害。时总厂初铸铜币,尚留宝泉铸六分制钱。广东请改铸一文钱,由总厂颁式通行。三十四年,命各铜元厂加铸一文新钱,如铜圆式,盖存一文旧制,藉为铜圆补救也。

自大理少卿盛宣怀奏设通商银行,议者以东西洋各国皆有国立银行,能持国内外财政,二十九年,允户部请,设置官银行,以部专其名,纠合官商资本四百万,通用国币、发行纸币、官款公债皆主之。寻为发行纸币,并开纸、印刷二厂。会户部改度支,更银行名曰"大清",设正副监督各一,造币总厂亦如之。银行内并附设储蓄银行。画一币制,载入各国新定商约。部议宜先审定银币,试行效,则积金铸币三品之制,可使同条共贯。第计元计两,尚持两端。德宗下其事于督抚。适有以实行商约速定币制请者,下政务处核议,各督抚亦先后议上。主两者至十一省,主圆者仅八省。度支部前亦颁布用两,遂定一两为主币。复由部设币制调查局,而审慎于铸造推行、画一成色分量之间。至宣统二年,仍前定名曰"圆",银币一圆为主币,五角、二角五、一角三种,镍币五分一种,铜币二分、一分、五厘、一厘四种,为辅币。银币重七钱二分,余递降。并撤直隶银铜造币厂,而留汉口、广东、成都、云南四厂。前所铸大小银元,暂照市价行使,将来由总厂银行收换改铸。

三品之制,首金,次银。光绪中叶,英金磅岁腾长,每磅自华银四两一钱六分五厘增至八两有奇。御史王鹏运、通政司参议杨宜治尝建议积金仿铸。三十年,户部疏请备造币之用,纳官者皆准金。出使大臣汪大燮极言用金之利。孙宝琦则请对内用银,对外必预计用金。廷臣之论国币者,亦以不臻至用金,币制不为完善,皆请速定用本位金,卒未能实行云。

茶法　我国产茶之地,惟江苏、安徽、江西、浙江、福建、四川、两湖、云、贵为最。明时茶法有三:曰官茶,储边易马;曰商茶,给引征课;曰贡茶,则上用也。清因之。于陕、甘易番马。他省则召商发引纳课,间有商人赴部领销者,亦有小贩领于本籍州县者。又有州县承引,无商可给,发种茶园户经纪者。户部宝泉局铸刷引由,备书例款,直省预期请领,年办年销。茶百斤为一引,不及百斤谓之畸零,另给护帖。行过残引皆缴部。凡伪造茶引,或作假茶与贩,及私与外国人买卖者,皆按律科罪。

司茶之官,初沿明制。陕西设巡视茶马御史五:西宁司驻西宁,洮州司驻岷州,河州司驻河州,庄浪司驻平番,甘州司驻兰州。寻改差部员,又令甘肃巡抚兼辖,后归陕甘总督管理。四川设盐茶道。江西设茶引批验大使,隶江宁府。

岁征之课,江苏发引江宁批发所及荆溪县属张渚、湖汊两巡检司。安徽发引潜山、太湖、歙、休宁、黟、宣城、宁国、太平、贵池、青阳、铜陵、建德、芜湖、六安、霍山、广德、建平十七州县。江西发引徽商及各州县小贩。此三省税课,均于经过各关按则征收。浙江由布政使委员给商,每引征银一钱,北新关征税银二分九厘二毫八丝,汇入关税报解。又每岁办上用及陵寝内廷黄茶共百一十余篓,由办引委员于所收茶引买价内办解。湖北由咸宁、嘉鱼、蒲圻、崇阳、通城、兴国、通山七州县领引,发种茶园户经纪坐销。建始县给商行销。坐销者每引征银一两,行销者征税二钱五分,课一钱二分五厘,共额征税课银二百三十两有奇。行茶到关,仍行报税。湖南发善化、湘阴、浏阳、湘潭、益阳、攸、安化、邵阳、新化、武冈、巴陵、平江、临湘、武陵、桃源、龙阳、沅江十七州县行户,共征税银二百四十两。陕、甘发西宁、甘州、庄浪三茶司,而西安、凤翔、汉中、同州、榆林、延安、宁夏七府及神木厅亦分销焉。每引纳官茶五十斤,余五十斤由商运售作本。每百斤为十篦,每篦二封,共征本色茶十三万六千四百八十篦。改折之年,每封征折银三钱。其原不交茶者,则征价银共五千七百三十两有奇。亦有不设引;止于本地行销者,由各园户纳课,共征银五百三十两有奇。四川有腹引、边引、土引之分。腹引行内地,边引行边地,土引行土司。而边引又分三道,其行销打箭炉者,曰南路边引,行销松潘厅者,曰西路边引;行销邛州者,曰邛州边引。皆纳课税,共课银万四千三百四十两,税银四万九千一百七十两,各有奇。云南征税银九百六十两。贵州课税银六十余两。凡请引于部,例收纸价,每道以三厘三毫为率。盛京、直隶、河南、山东、山西、福建、广东、广西均不颁引,故无课。惟茶商到境,由经过关口输税,或略收落地税,附关税造销,或汇入杂税报部。此嘉庆前行茶事例也。

　　厥后泰西诸国通商,茶务因之一变。其市场大者有三:曰汉口,曰上海,曰福州。汉口之茶,来自湖南、江西、安徽,合本省所产,溯汉水以运于河南、陕西、青海、新疆。其输至俄罗斯者,皆砖茶也。上海之茶尤盛,自本省所产外,多有湖广、江西、安徽、浙江、福建诸茶。江西、安徽红绿茶多售于欧、美各国。浙江绍兴茶输至美利坚,宁波茶输至日本。福州红茶多输至美洲及南洋群岛。此三市场外,又有广州、天津、芝罘三所,洋商亦麇集焉。盖茶之性喜燠恶寒,喜湿恶燥,又必避懔烈之风,最适于中国。泰西商务虽盛,然非其土所宜,不能不仰给于我国,用此骎骎遍及全球矣。

　　其业此者,有总商,有散商。领引后,行销各有定域。亦有兼行票法者,如四川自乾隆五十二年开办堰工茶票后,各目甚繁,然第行于产多或销畅之区,非遍及各州县也。惟甘商旧分东、西二柜,东柜多籍隶山西、陕西,西柜则回民充之。自咸丰中回匪滋事,继以盗贼充斥,两柜均无人承课。总督左宗棠勘定全省,乃奏定章程,以票代引。遴选新商采运湖茶,是曰南柜。时领票止八百余张。嗣定为三年一案,领票准加不准减。计自光绪十三年至二十七年,逐案加增。三十年，又于湖票外更行销伊、塔之晋票。迄于宣统二年，茶务日盛。

茶之与盐，办法略相似。惟盐为岁入大宗，故掌国计者第附于盐而总核之。其始但有课税，除江、浙额引由各关征收无定额外，他省每岁多者千余两，少只数百两或数十两。即陕、甘、四川号为边引，亦不满十万金。咸丰以来，各省次第行厘，光绪十二年，福建册报至十九万余两，他省款亦渐多，未几收数复绌。宣统三年预算表所载，茶税特百三十余万而已。

顺治初元，定茶马事例。上马给茶篦十二，中马给九，下马给七。二年，差御史辖五茶马司。时商人多越境私贩，番族利其值贱，趋之若鹜。兼番僧驰驿往来，夹带私茶出关，吏不能诘。户部奏言："陕西以茶易马，明有照给金牌勘合之例。今可勿用，但定价值。至番僧所至，如官吏纵容收买私茶，听巡按御史参究。"茶马御史廖攀龙又言："茶马旧额万一千八十八匹，崇祯三年增解二千匹，请永行蠲免。"并从之。四年，命巡视茶马满、汉御史各一，直隶河宝营地当张家口之西，明时鄂尔多斯部落曾于此交易茶马，旋封闭。至是，户部差理事官履勘，以状闻。谕仍准互市。七年，以甘肃旧例，大引篦茶，官商均分，小引纳税三分入官，七分给商。谕嗣后各引均由部发，照大引例，以为中马之用。又旧例大引附六十篦，小引附六十七斤。定为每茶千斤，概准附百四十斤，听商自卖。

十三年，以甘肃所中之马既足，命陈茶变价充饷。十四年，复以广宁、开成、黑水、安定、清安、万安、武安七监马蕃，命私马私茶没入变价。原留中马支用者，悉改折充饷。十八年，从达赖喇嘛及根都台吉请，于云南北胜州以马易茶。康熙四年，遂裁陕西苑马各监，开茶马市于北胜州。七年，裁茶马御史，归甘肃巡抚管理。十九年，以军需急，加福建茶课银三百五十九两，至二十六年豁免，并除湖广新增茶税银。时四川产茶多，其用渐广，户部议增引，迄康熙末，天全土司、雅州、邛、荣经、名山、新繁、大邑、灌县并有所增。

二十四年，刑科给事中裴元佩言洮、岷诸处额茶三十余万篦，可中马万匹。陈茶每年带销，又可中数万匹。请遣员专管。三十六年，遂差部员督理茶马事务。四十年，以陕西私茶充斥，令严查往来民人，凡携带私茶十斤以下勿问，其驮载十斤以上无官引者论罪。四十四年，以奸商恃有前例，皆分带零运，私贩转多，饬照旧缉捕，停差部员，仍归甘肃巡抚兼理。自康熙三十二年，因西宁五司所存茶篦年久浥烂，经部议准变卖。后又以兰州无马可中，将甘州旧积之茶，在五镇俸饷内，银七茶三，按成搭放。寻又定西宁等处停止易马，每新茶一篦折银四钱，陈茶折六钱，充饷。至六十一年，复增西宁、庄浪、岷州、河州茶引，各处所存旧茶，悉令变卖。

雍正三年，遂议自康熙六十一年始，五年内全征本色，五年后即将旧茶变卖。嗣是出陈易新，总以五年为率。四年，定陕西行茶，改令产茶地方官给发船票，照商人引目茶数开明，如于部引外搭行印票，及附茶不遵定额者，照私盐律论，查验失察故纵，均加处分。八年，命陕西商运官茶，于旧例每百斤准附带十四斤外，再加耗茶十四斤。又谕："四川茶税皆论园论树，夫树有大小，园有宽狭，岂能一致？若据以为额，未得其平。应照斤两收纳，著该抚详议。"寻议："旧例每斤征课二厘五毫，今但征四丝九忽有奇，前后悬绝，应酌减其半，无论边、土、腹引，俱纳银一厘二毫五丝。"时川茶行销，引尚不敷，于是复增，各府、州、县再行给发。九年，命西宁五司复行中马法。十年，又命中马应见发茶。时安徽亦增引，照四川例，以余引暂存司库，遇不敷时，配给行运。十三年，复停甘肃中马。始定云南茶法，以七元为一筒，三十二筒为一引，照例收税。

乾隆元年，令甘肃官茶改征折色，每篦输银五钱。时西宁五司陈茶充牣，令每封减价二钱，刻期变卖。二年，以江西南昌等三十二州县地不产茶，四川成都、彭、灌等县滞销，其引或停或减，并豁除课银。七年，免甘肃地震处之课，乃命西宁五司征本色。八年，免四川天全所欠乾隆七年前之羡余截角，成都、彭、灌等县之未完银两。十一年，甘肃巡抚黄廷桂奏言："西宁、河州、庄浪三司番、民错处，惟茶是赖。迩年以粮易茶，计用茶六万五千五百余封，易杂粮三万八千一百余石，请著为例。"报可。十三年，定甘肃应征茶封，每年收二成本色、八成折色，并申明水陆各路运商引截角法，推行安徽、浙江、四川、云南、贵州。二十四年，从甘肃巡抚吴达善言，命西宁五司茶封，照康熙三十七年例，搭放各营俸饷。二十五年，吴达善又言："甘省茶课向为中马设。今其制已停，在甘、庄二司地处冲衢，西河二司附近青海，犹有销路，惟洮司偏僻，商销茶斤，历年俱改别司售卖，而交官茶封，仍归洮库，往往积至数十万封，给请疏销。应将洮司额颁茶引，改归甘、庄二司给商征课，俟洮司库贮搭饷完日，即行裁汰。"

二十七年，陕甘总督杨应琚复条上疏销事宜四："一，官茶应改征折价也。查甘肃库贮官茶，向例如存积过多，改征折色。今五司库内，自乾隆七年至二十四年，已存百五十余万封。经前抚臣吴达善奏准每封作价三钱，搭放兵饷，已搭放四十余万封。在市肆官茶日多，非十年之久，不能全数疏销。且每年商人又增配二十四万封，商茶既多，官茶益滞。莫若将商交二成官茶五万四千余封，照例每封征折价三钱，俟陈茶销售将完，再征本色。一，商茶应准减配也。查甘肃茶法，商人每引交茶五十斤，无论本折，即系额课。外有充公银三万九千余两，亦系按年交纳，无殊正供。至商人自卖茶封，每引止应配正茶五十斤，连附茶共配售三十余万封，商人即以配售之茶纳课。经吴达善奏准增配以纾商力，并无课项。第茶封既增，又有搭放兵饷之官茶，势致愈积愈多，难免停本亏折。今商人愿每引止五封，内应减无课茶十五万八千三百十六封，共止配茶四十万九千四百四十封，二成本色茶封既议改征折价，无庸配运。一，陈积茶封应召商减售也。查各司俱有陈茶，而洮司为多。见每封四钱发售，商民裹足。请仍照原议，每封定价三钱，召商变卖。一，内地、新疆应一体搭放也。查乾隆二十四年吴达善奏准满、汉各营以茶封搭饷。至新疆茶斤，向资内地。今官茶以沿途站车挽运，无庸脚费，其自肃州运至各处，将脚价摊入茶本之内，较之买自商贾，尚多减省。"疏入，议行。

二十九年，裁甘肃巡抚，茶务归陕甘总督兼理。三十四年，以甘省库贮官茶渐少，复征本色一成。三十六年，又以伊犁等处安插投诚土尔扈特等众，赏给茶封，仍议照旧征收二成。三十八年，四川总督刘秉恬奏准三杂谷等处土司买茶，以千斤为率，使仅敷自食，不能私行转售。四川设边引，商人纳税领运于松潘等处销售，无论土司蛮商，俱准赴边起票贩运。嘉庆七年，以陕西神木官销茶引久经拨归甘省商销，令豁除旧存羡余名目。四川教匪滋扰，蠲除大宁、广元、太平、通江、南江五州县茶税。十年，复免大宁、太平、通江、巫山四县厅税课。十七年，以甘肃库茶充羡，定商纳官茶，全征折色。二十二年，谕：“闽、皖、浙商人贩运武夷、松罗茶赴粤销售，向由内河行走，近多由海道贩运，夹带违禁货物私卖。饬令茶商仍由内河行走，永禁出洋贩运，违者治罪、茶入官。”

道光三年，谕：“那彦成奏定新疆行茶章程，经户部议覆，乌里雅苏台、科布多砖茶不得侵越新疆各城售卖。兹将军果勒丰阿等奏，此项砖茶，由归化城、张家口请领部票纳税而来，已六十余年，未便遽行禁止。惟新疆既为官茶引地，商茶究有碍官引，令嗣后商民每年驮载砖茶一千余箱，前赴古城，仍照例给票，无许往他处售卖。”六年，谕：“前因新疆各城运茶，前将军等请给引招商纳课。兹据庆祥等奏称，各城无殷实之户，若遽令承充官商，必致运课两误。著北路商民专运售杂茶，并在古城设局抽税，即以所收银抵兰州茶商课。俟试行三年，再行定额。至附茶仍由甘商运销。”八年，钦差大臣那彦成言：“甘肃官茶，年例应出关二十余万封。近来行销至四五十万封，皆以无引私茶影射，价复递加，每附茶一封，售银七八两至十余两不等。请嗣后每封定价，阿克苏不得过四两，喀什噶尔不得过五两，并于嘉峪关外及阿克苏等处设局稽查。”诏如所请。九年，命甘肃茶务责成镇迪道总司稽查，奇台县就近经管。

咸丰三年，闽浙总督王懿德奏请闽省商茶设关征税。五年，福建巡抚吕佺孙复言：“闽茶向不颁给执照，征收课税。自道光二十九年，直隶督臣讷尔经额以闽商贩运，官私莫辨，议由产茶之崇安县给照,经过关隘,验税放行。嗣因产茶不止一处,商人散赴各县购买,绕道出贩,复经抚臣王懿德奏请,自咸丰三年为始,凡出茶之沙、邵武、建安、瓯宁、建阳、浦城、崇安等县,一概就地征收茶税,由各县给照贩运,先后下部议准。前岁因粤匪窜扰,江楚茶贩不前,暂弛海禁,各路茶贩,遂运茶至省,不从各关经过,不特本省减税,即浙、粤、江西亦形短绌。臣履任后,遍询茶商获利,较前不啻倍蓰。商利益厚,正赋转亏。见粤匪未平,军需孔急,众商身拥厚赀,什一取盈,初无所损。且征诸贩客,不致扰累贫民,完自华商,无虑纠缠洋税,以天地自然之利,为国家维正之供,迥非加增田赋者比。但闽茶不止数县,必在附省扼要处所设关增卡,给印照以凭查核。连界各省,亦应一体设立,俾免趋避。请自咸丰五年始,凡贩运茶斤,概行征税,所收专款,留支本省兵饷。惟创行伊始,多寡未能预定,俟行一二年后,再行比较定额。”自此闽税始密。然至十年,犹未报部,经部饬催,乃按期奏报。六年,允伊犁将军扎拉芬泰请,伊犁产茶,设局征税,充伊犁兵饷之用。十一年,广东巡抚觉罗耆龄奏请抽收落地茶税。

同治元年,饬下湖南、湖北、江苏、安徽、江西、浙江、福建各督抚,详查本省产茶及设茶庄处所,妥议章程具奏。二年,两江总督曾国藩疏,略言:“江西自咸丰九年,定章分别茶厘、茶捐。每百斤除境内抽厘银二钱,出境又抽一钱五分有零外,向于产茶及设立茶庄处所劝办茶捐,每百斤捐银一两四钱或一两二钱不等,填给收单,准照筹饷事例汇齐请奖。臣仍照旧章办理。本年据九江关署监督蔡锦青详,请遵照户部奏准,饬将盐、茶、竹、木四项统征关税,已于三月起征。江西茶叶运至九江,有华商、洋商之分。洋商既完子口半税,固不抽厘,华商既纳浔关正税,亦未便再令完厘。臣即照部章,于义宁州开办落地税。惟原奏内大箱净茶科则稍重,分别核减。参酌茶捐向章,每百斤,义宁州等处征一两四钱,河口镇征一两二钱五分,概充臣营军饷,由臣刊发税单护票,委员经收。或业户自行完纳,或茶庄代为完税领单,至发贩时,统由共庄缴销税单。华商换给护票，洋商即凭运照，贩至各处销售。除华商完纳九江关税、洋商完纳子口半税外，经过江西、安徽各厘卡，验明放行。如此办理，与户部原奏、总理衙门条约，一一符合。税单虽系茶庄经手，税银实为业户所出。洋商不得藉口于子口半税，而禁中国之业户不完中国之地税。华商既免逢卡抽厘，亦不至纷纷私买运照，冒充洋商。"得旨允行。

五年，户部奏准甘省引滞课悬，暂于陕西省城设官茶总店，潼关、商州、汉中设分店。商贩无引之茶，到陕呈报。上色茶百斤收课银一，中色六钱，下色四钱。所收解甘弥补欠课。七年，议准归化城商人贩茶至恰克图，假道俄边，前赴西洋各国通商，请领部照，比照张家口减半，令交银二十五两，每票不得过万二千斤。十一年，议准甘省积欠旧课，仍追旧商。召募之新商试新课。其杂课、养廉、充公、官礼四项缓征。十三年，议准甘省仿淮盐之例，以票代引，不分各省商贩，均令先纳正课，始准给票。其杂课归并厘税项下征收。各项名色概予删除。行销内地者，照纳正课三两外，于行销地各完厘税，每引以一两数钱为度，多不过二两。出口之茶，则另于边境局卡加完厘一次，以示区别。

光绪十年，户部统筹财政，于茶法略言："据总理衙门单开，光绪八、九等年出口茶数多至万九千余万斤。查道光年间英国所收茶税，约每百斤收银五十两，而我之出口税仅纳二两五钱，不及十一。拟照甘肃茶封之例，每五十斤就园户征银三钱。增课既多，洋人无所藉口。或照宁夏、延、榆、绥等处茶引每道征银三两九钱之例，于产茶处所设局验茶，发给部颁茶照，每照百斤，征银三两九钱，经过内地关卡，另纳厘税，验照盖戳放行，不准重复影射。所有茶照，按年豫行赴督请领，原照一年后作废。或于产茶处所验茶发给部照，既完课三两，再倍收银三两九钱，前后共征七两八钱，一切杂费均予豁除。惟于各海关及边卡，凡应纳洋税，仍照向章完纳。若在内地行销贩运，无论经过何省何处厘卡关榷，均免再征。则改厘为课，改散为总，既便稽查，复免侵渔。惟园户及贩商若何防其走漏，应令各省参酌定章,覆奏办理。"

十二年,以山西商人在理藩院领票,诡称运销蒙古地方,实私贩湖茶,侵销新疆南北两路。一票数年,循环转运,往往逃厘漏税。经部奏准,嗣后领票,注明"不准贩运私茶"字样。如欲办官茶,即赴甘肃领票缴课完厘。倘复运销私茶,查出没官。

是时泰西诸国嗜茶者众,日本、印度、意大利艳其利厚,虽天时地质逊于我国,然精心讲求种植之法,所产遂多。盖印度种茶,在道光十四年,至光绪三年乃大盛。锡兰、意大利其继起者也。法兰西既得越南,亦令种茶,有东山、建吉、富华诸园。美利坚于咸丰八年购吾国茶秧万株,发给农民,其后愈购愈多,岁发茶秧至十二万株,足供其国之用。故我国光绪十年以前输出之数甚巨,未几渐为所夺。印度茶往英国者,岁约七十三万二千石,价约二千四万两。吾国茶往者八十九万八千石,价约千八百六十八万两。印度茶少于华,而价反多。迨二十二年我国运往,乃止二十一万九千四百余石而已。日本之茶,多售于美国,亦有运至我国者。光绪十三年,我茶往日本者万二千余石,而彼茶进口万六千余石。其专尚华茶取用宏多者惟俄。盖自哈萨克、浩罕诸部新属于彼,地加广,人加众,需物加多,而茶尤为所赖。光绪七年定约,允以嘉峪关为通商口岸,而往来益盛。十年后我国运往之茶,居全数三之一。十三年,并杂货计,出口价九百二万两有奇,而进口价仅十一万八千余两,凡输自我者八百九十万两。然十二年茶少价多,十三年茶多价少,华商已有受困之势,厥后亦兼购于他国,用此华茶之利骤减。盖我国自昔视茶为农家余事,惟以隙地营之,又采摘不时,焙制无术,其为他人所倾,势所必至。三十三年,茶叶公会以状陈于度支部,税务司亦以茶税减少为言,于是命筹整理之策。宣统初,农工商部遂有酌免税厘之议。汉口、福州皆自外国购入制茶机器,且由印度聘熟练教师。江西巡抚又筹款贷与茶户。自是销入欧洲及北阿非利加洲者乃稍畅旺。

夫吾国茶质本胜诸国,往往涩味中含有香气,能使舌本回甘,泰西人名曰"胆念"，他国所产鲜能及此。故日本虽有茶，必购于我，荷兰使臣克罗伯亦言爪哇、印度、锡兰茶皆不如华茶远甚。然则奖励保护，无使天然物产为彼族人力所夺，是不能不有望于今之言商务者。

　　矿政　清初鉴于明代竞言矿利，中使四出，暴敛病民，于是听民采取，输税于官，皆有常率。若有碍禁山风水，民田庐墓，及聚众扰民，或岁歉谷踊，辄用封禁。

　　世祖初开山东临朐、招远银矿，顺治八年罢之。十四年，开古北、喜峰等口铁矿。康熙间，遣官监采山西应州、陕西临潼、山东莱阳银矿。二十二年，悉行停止。并谕开矿无益地方，嗣后有请开采者，均不准行。世宗即位，群臣多言矿利。粤督孔毓珣、粤抚杨文乾、湘抚布兰泰、广西提督田畯、广东布政使王士俊、四川提督黄廷桂相继疏请开矿，均不准行，或严旨切责。十三年，粤督鄂弥尔达请开惠、潮、韶、肇等府矿，下九卿议行。上以妨本务停止。盖粤东山多田少，而矿产最繁，土民习于攻采。矿硐所在，千百为群，往往聚众私掘，啸聚剽掠。故其时粤东开矿，较他省尤为厉禁。

　　乾隆二年，谕凡产铜山场，实有裨鼓铸，准报开采。其金银矿悉行封闭。先是，五年允鲁抚朱定元请，开章邱、淄川、泰安、新泰、莱芜、肥城、宁阳、滕、峄、泗水、兰山、剡城、费、莒、蒙阴、益都、临朐、博山、莱阳、海阳各州县煤矿，而藁城知县高崶请自备赀开峄、滕、费、淄、沂、平阴、泰安银铜铅矿则禁之。然贵州思安之天庆寺、镇远之中峰岭，陕西之哈布塔海哈拉山，甘肃之扎马图、敦煌、沙洲南北山、伊犁之皮里沁山、古内、双树子，乌鲁木齐之迪化、硅腾河、呼图壁、玛纳斯、库尔喀喇乌苏、条金沟各金矿，贵州法都、平远、达摩山，云南三嘉、丽江之回龙、昭通之乐马各银矿，相继开采。嘉庆四年，给事中明绳奏言民人潘世恩、苏廷禄请开直隶邢台银矿。上谓："国家经费自有正供，潘世恩、苏廷禄觊觎矿利，敢藉纳课为词，实属不安本分。"命押递回籍，明绳下部议。六年，保宁以请开塔尔巴哈台金矿,明安以开平泉州铜矿,均奉旨申饬。

道光初年,封禁甘肃金厂、直隶银厂。盖其时岁入有常,不轻言利。惟云南之南安、石羊、临安、个旧银厂,岁课银五万八千余两,其余金矿岁至数十两,银矿岁至数千两而止。又旋开旋停,兴废不常,赋入亦鲜。铜铅利关鼓铸,开采者多邀允准,间有蠲除课税者。广东自康熙五十四年封禁矿山,至乾隆初年,英德、阳春、归善、永安、曲江、大埔、博罗等县,广州、肇庆两府,铜铅矿均行开采。百余年来,云、贵、两湖、两粤、四川、陕西、江西、直隶报开铜铅矿以百数十计,而云南铜矿尤甲各行省。盖鼓铸铅铜并重,而铜尤重。秦、鄂、蜀、桂、黔、赣皆产铜,而滇最饶。

滇铜自康熙四十四年官为经理,嗣由官给工本。雍正初,岁出铜八九十万,不数年,且二三百万,岁供本路鼓铸。及运湖广、江西,仅百万有奇。乾隆初,岁发铜本银百万两,四五年间,岁出六七百万或八九百万,最多乃至千二三百万。户、工两局,暨江南、江西、浙江、福建、陕西、湖北、广东、广西、贵州九路,岁需九百余万,悉取给焉。矿厂以汤丹、碌碌、大水、茂麓、狮子山、大功为最,宁台、金钗、义都、发古山、九度、万象次之。大厂矿丁六七万,次亦万余。近则土民,远及黔、粤,仰食矿利者,奔走相属。正厂峒老砂竭,辄开子厂以补其额。故滇省铜政,累叶程功,非他项矿产可比。

道光二十四年,诏云南、贵州、四川、广东等省,除现在开采外,如尚有他矿愿开采者,准照现开各厂一律办理。二十八年,复诏“四川、云、贵、两广、江西各督抚,于所属境内确切查勘,广为晓谕。其余各省督抚,亦著留心访查,酌量开采,不准托词观望。至官办、民办、商办,应如何统辖弹压稽查之处,朝庭不为遥制。”一时矿禁大弛。咸丰二年,以宽筹军饷,招商开采热河、新疆及各省金银诸矿。三年,诏曰:“开采矿产,以天地自然之利还之天地,较之一切权宜弊政,无伤体制,有裨民生。当此军饷浩繁,左藏支绌,各督抚务当权衡缓急,于矿苗丰旺之区,奏明试办。”时军兴饷乏,当时开采者,仅新疆噶尔,蒙古达拉图、噶顺、红花沟之金矿,直隶珠窝山、遍山线、室沟、土槽子、锡蜡片、牛圈子沟，蒙古哈勒津、罗圈沟、库察山、长杭沟之银矿，新疆迪化、罗布淖尔、三个山之铜锡矿数处。同治七年，吉林请开火石岭子等处煤矿，以伏莽未靖，格部议不果行。十三年，以滇矿经兵燹久废，谕饬开办，从滇督岑毓英请也。

是年海防议起，直隶总督李鸿章、船政大臣沈葆桢请开采煤铁以济军需，上允其请，命于直隶磁州、福建台湾试办。光绪八年，两江总督左宗棠亦言北洋筹办防务，制造船炮，及各省机器轮船所需煤铁，最为大宗，请开办江苏利国驿煤铁。报闻。嗣是以次修筑铁路，煤铁益为当务之急。于是煤矿则吉林大石头顶子、乱泥沟、半拉窝鸡沟、二道河、陶家屯、石牌岭，黑龙江太平山、察汉敖拉卡伦，直隶开平、唐山，内邱县之上坪、永固、磁窑沟、南阳寨，临城县之冈头、石固、胶泥沟、杨家沟、新庄、竹壁、牟村、焦村，宣化府之鸡鸣、玉带、八宝寺山，阜平县炭灰铺村，曲阳县白石沟、野北村，张家口厅海拉坎山、马连圪达，宛平县青龙涧、碑碣子，承德府榆树沟，奉天海龙府远来、义和、进宝、玉盛、永顺、永益、万利、人和、同德、顺发，锦州府大窑沟，锦西厅石沟，本溪县王干沟，兴京厅蜜蜂沟，辽阳州窑子峪，江西萍乡、永新、余干，山东峄县，安徽贵池、广德、繁昌、东流、泾县，湖北荆门，河南禹州，山西平定、凤台，浙江桐庐、余杭，江苏上元、句容，湖南湘乡、祁阳，广西富川、贺县、奉议、恩阳、南宁、那坡，陕西白水、澄城、同官、宜君、邠州、陇州、淳化。铁矿则直隶迁安县、滦州，湖北大冶，广西永宁州，江西永新县，云南开、广两府，贵州青溪，皆先后开采，而秦、晋商民零星开采，尤难悉数。

二十二年，诏开办各省金银矿厂。自光绪初年，开直隶窑沟银矿，甘肃西宁、甘、凉，黑龙江漠河观音山、奇乾河各金矿，外无闻焉。自明令颁行而后，金矿则直隶之平泉州属转山子，建昌县属金厂沟，抚宁县属双山子，滦平县属宽沟，丰宁县大营子、西碾子沟，翁牛特旗之红花沟、水泉沟、拐棒沟，而迁安县所产尤旺。奉天之凤凰、安东、辽阳、宽甸、怀仁、铁岭、开原、通化、海城、锦县，蒙古之贺连沟、大小槽、碾沟、除虎沟、朱家沟、板桥子、珠尔琥珠、克勒司、布恭、特勒基、哈拉格囊图、硅腾河、图什业图汗,四川之冕沟,湖南之平江、浙江之诸暨,黑龙江之黑河,新疆之和阗、焉耆。银矿则四川之天全、卢山、大穴山头,皆报明开采。

而铜、锡、铅、锑、石油、硫磺、雄黄等矿,亦接踵而起。铜则云南迤东汤丹、茂麓正厂六,子厂十一。迤西回龙、得宝正厂八,子厂九。楚雄永北及云武所属万宝、双龙,又永字顺宁、临安、开化、曲靖各厂,均招商承采。而江西赣州,陕西镇安,湖南绥宁,新疆拜城、库车亦有铜厂。锡则广东儋州,广西南丹土州、富川、贺县。铅则湖南常宁、湘乡、临武,四川会理,浙江镇海、奉化、象山、宁海、太平。锑则湖南益阳、邵阳、新淮、沅陵、慈利、湘乡、祁阳、新安、溆浦,贵州铜仁,四川秀山,广东曲江、防城、乳源,广西南太、泗镇、陵阳都。石油则陕西延长,甘肃玉门,新疆库尔喀喇乌苏。硫磺则山西阳曲,奉天辽阳、锦州。雄黄则湖南慈利。或官办,或商办,或官商合办。或用土法,或用西法。

九年,诏各省煤矿招商集股举办。自是云南、四川均设招商及矿务局,贵州设矿务公商局,山西设矿务公司。粤东琼州之铜矿,浙江宁波之铅矿,皆率招商集股开办。开办历数十年,惟开平、萍乡之煤,大冶之铁,规模宏远。次则平江之金,益阳之锑,常宁之铅,犹为民利。漠河金矿所产虽富,岁解部银仅二十万两。滇铜自十三年命唐炯督办,岁运京铜不过百余万,各省鼓铸,犹以重值购洋铜。铁产为汉阳厂炼钢造轨,略供轮路之需。粤、桂、晋出铁虽饶,以提炼不精,国内制造,仍多购自英厂。

二十四年,诏设矿务铁路总局于京师,以王文韶、张荫桓主之。奏定章程二十二,准华商办矿,假贷洋款,及华洋合股,设立公司。自是江西萍乡煤矿则借德款,湖北大冶铁矿则借日本款,浙江宝昌公司则借义款,直隶临城煤矿则借比款。当其议定合同,于抵押息金外,辄须涵延聘矿师,甚者涉及用人管理。至直隶井陉,安徽宣城煤矿,山西盂平、泽、潞、平阳,四川江北煤铁矿,新疆塔城,直隶霍家地、厂子沟金矿,广西上思,贵州正安铅铁,福建邵武、建宁、汀州，直隶八道河，奉天尾明山，及吉林新旧矿，均华洋合办，一经订约，时生缪辖。若福公司之于晋矿，其尤甚者也。二十四年，河南豫丰公司以其专办怀庆左右黄河以北各矿之权，山西商务局以其专办盂平、泽、潞、平阳煤铁各矿之权，同时让与办理。一公司垄断两省矿务，更议修铁道自晋讫汴，因矿及路，利权损失，争持三年，始允合办。汴既侵攘华官主权，晋复干涉人民开采。全晋绅民，坚持废约。迟之又久，始以银二百七十余万赎回。他如陕西延长，四川富顺、巴、万石油矿，湖南常宁龙王山，湖北兴国龙角山矿，均因商民私相授受，酿成交涉。

自议订胶济、东清路约，附路十三里内华人无开矿权。而开平煤矿，漠河观音山金矿，复因内乱为外人所侵占。开平煤矿，自光绪元年直隶总督李鸿章集官商之力，经营二十年，效力大著。二十六年，拳匪乱后，洋员德璀琳因督办张翼委其保护，与矿师胡华私立卖约，而张翼亦即签押移交，转以加招洋股中外合办奏闻。由是而唐山西山、半壁店、马家沟、无水庄、赵各庄、林西各矿，秦皇岛口岸地亩附属之承平、建平、永平金银矿，悉操于英公司。严诏责令收回，赴英控诉，卒未就绪。三十四年，筹办滦州煤矿，英公司阻挠之。乃劫为营业联合之法，合设开滦总局。观音山金矿，亦因拳乱为俄人占据。三十二年，始以俄银万二千卢布赎回。

二十八年，外务部改定矿章，凡华洋商人得一体承办矿务，惟必禀部批准，乃为允行之据。是年皖抚聂缉规许英人凯约翰承办歙、铜陵、大通、宁国、广德、潜山矿产，嗣以专办铜陵之铜官山，订约定期百年，占地三十八万四千余亩。皖中绅民合力争之，始以银四十万两赎回自办。法人弥乐石亦于是年以勘办全滇矿务请于滇督及外务部，皆拒之，仍获澄江、临安、开化、云南、楚雄、元江、永北等府、厅、州矿权以去。继是英商立乐德以合办东、昭两府金银矿不获，遂援弥乐石例，索广南、曲靖、丽江、大理、顺宁、普洱、永昌七府矿，亦坚拒未允。一时举国上下，咸以保全矿产为言。由是蜀设保富公司，华洋承办川省矿务，购地转租事宜属之。闽设商政局，旋奏设矿务总公司，凡请办各矿场，查核准驳之。权属之山西保晋公司，安徽矿务总局，类能集合殷富，鸠赀开办。湘、鄂则于所属矿地勘明圈购，以杜私售。

二十五年，江南筹办农工矿路各学堂，两湖复筹设高等矿业学堂。三十一年，商部以洋商私占矿地矿山，疏请申明约章，以维权限。寻奏设各省矿政调查局，以勘明全国矿产，严禁私卖为先务。鄂督张之洞条上矿务正章七十四，附章七十三。盖自二十四年以来，矿章屡易，每因矿务龃龉，洋商辄引为口实。二十九年，商约大臣吕海寰与各国议订商约，许以开采矿产之利，但必须遵守中国矿章。而中国矿章，则比较各国通行者为之准则，特诏张之洞拟定。乃取英、美、德、法、比利时、西班牙矿章参互考证，区别地面地腹，厘定矿界矿税，分晰地股银股，暨华洋商，限制至周；尤注重于中国主权，华民生计，地方治理。阅数年乃成，下部议行，中国矿章始具云。

清史稿卷一二五
志第一〇〇

食货六

征榷　会计

征榷　清兴，首除烦苛，设关处所，多仍明制。自海禁开，常关外始建洋关，而厘局之设，洋药之征，亦相继而起。三者皆前代所无，兹列著于篇。至印花税、烟酒加征，均试行旋罢，不具载。

常关。顺治初，定各省关税，专差户部司员督征。左、右两翼，张家口税，差满官督征。时京师初定，免各关征税一年，并豁免明季税课亏欠。嗣浙、闽以次荡平，复禁革明末加增税额，及各州县零星落地税。三年，革明末加增太平府姑溪桥米税、金柱山商税。四年，定户、工各关，兼差满洲、汉军、汉官。八年，减定关差员数，并停止关差议叙。九年，并西新关、江宁仓为一差，停独石口差。严关差留用、保家委官之禁。凡额设巡拦，各制号衣、腰牌。

十年，令各关刊示定则，设柜收税，不得勒扣火耗、需索陋规，并禁关役包揽报单。十一年，用给事中杜笃祐言，清厘关弊四事：一，裁吏役；一，查税累；一，关差回避本籍；一，批文核对限期。十六年，移潘桃口于永平，移古北口于密云，并设关征木植税，十分取二。十七年，裁永平、密云新关，归并古北口兼督管理。二十八年，定各口木植什一而税。停临清砖差。其板闸税交北河分司征收。

康熙元年，移设河西务于天津，更名天津关。更定各关兼差满、汉官笔帖式各一,由六部咨送轮掣,停蒙古、汉军差。其张家、杀虎二口,专差满、蒙官。二年,定盘诘漕船,止于仪真、瓜州、淮安、济宁、天津五关。免外国货物入崇文门税。四年,严禁各关违例征收,永免溢额议叙之例。五年,命各关税均交地方官管理。于是崇文门归治中,天津归天津道,龙泉等归井陉道,紫荆归直隶守道,临清归东昌道,挖运厅归通蓟道,居庸归昌密道,西新归镇江道,芜湖归池太道,扬州归驿传道,浒墅归荆苏昌道,淮安归淮海道,北新归浙江布政使,荆归州同知,九江归九江道,赣归吉安赣道,太平桥归南雄知府,遇仙桥、洛光厂归韶州知府,各稽征税课。又裁古北口差归密云县管理,惟两翼、张家口、杀虎口如故。只差户部司员,申令直省关刊示税则。罢崇文门出京货物税。

八年,临清仓归并临清关。以给事中苏拜言“地方官兼关税,事务繁多,且恐畏惧上司,希图足额,派累商民”,复定税额较多之浒墅、芜湖、北新、九江、淮安、太平桥、扬州、赣、西新、临清、天津、凤阳仓,仍差部员督征,余如故。是年定关差缺出,以六部俸深司员轮掣,其差过之员,不准重差。又定关差考核法:欠税不足半分者罚俸;半分至四分,分别降调;五分以上革职。旋又定不及半分者降留,全完者纪录。凡部差官员,不令督抚管辖。

九年,定淮安关兼辖淮安仓及工部清江厂,两翼专差满官笔帖式。十年,裁西新户关归并龙江工关,裁芜湖工关归并芜湖户关,各兼理。既而改凤阳仓归凤阳知府,正阳归通判,临淮交大使征收,停差部员。十七年,裁北河分司,临清闸税归济宁道兼管。十九年,开山东海禁,令查船户匿税。差满部员督收潼关、山海关税课,潼关兼辖大庆关、龙驹寨税务。二十一年,移九江关驻湖口,停潼关、山海关部员差,仍归地方官管理。凤阳仍差六部满员。二十三年,更定各关轮差各部院司员例。

是时始开江、浙、闽、广海禁,于云山、宁波、漳州、澳门设四海关,关设监督,满、汉各一笔帖式,期年而代。定海税则例,免海口内桥津地方抽税,分设西新、龙江二关课税专官。二十四年,西新仍归户部。免外国贡船税,减洋船丈抽例十之三三。十五年,定州县海船隐匿处分。时海禁初开,沿海渔船,州县既征渔课,海关复税梁头,民甚苦之。上用福建巡抚张仲举言,定渔船五尺以上,梁头税统归地方官征收。先是康熙四年罢抽税溢额议叙例。至十四年,又定溢额多寡,分别加级升用。及是,上以苛取累商,复停止溢额议叙。二十六年,浒墅监督桑额征收溢额二万一千有奇,上以扰累闾阎,罪之。永减闽海税额六千四百两有奇。二十八年,蠲沿海鱼虾船及民间日用物糊口贸易之税,著为令。先是沙沟于二十六年归并淮关,其朦胧、轧东、岔河等处悉免稽查。至是以沙沟系朦胧、轧东总汇,不宜再增一税,将朦胧归海关,轧东归淮关,沙沟免税。复归并西新户关于龙江工关。

三十三年,仍差部员督收山海关税,张家口税归宣化府兼收。三十四年,分设浙海关署于宁波、定海,令监督往来巡视。三十五年,定洋海商船往天津运米至奉天者,但收货物正税。三十六年,严关差官自京私带年满旧役谋占总科库头之禁。三十七年,永减粤海关额税三万二百两有奇。三十八年,上恐各关差苛取瘠商,停罢额外盈余银。设河宝营,差满官督收大青山木税。四十年,裁陕西三原县商税,归潼关、龙驹寨、大庆关兼收。裁通会河分司,通州木厂归通永道管理。四十一年,大青木税归并杀虎口兼辖。

四十六年,以金州、牛庄交山海关监督巡察越关漏税。设渝关于重庆,归川东道征收木税。四十七年,仍差工部司员督收荆关税。五十三年,以临清关税阙额,改归巡抚监收。未几,凤阳、天津、杭州、荆州、江海、浙海、淮安、板闸及淮关,先后改交各巡抚监收。停瓜州税,裁税课大使。定台湾收泊江、浙等省商船,经过厦门就验者不重征。福建糖船至厦门者,赴关纳税,其往江、浙贸易者免征。设横城税口,归山海关监督监收,增税千两,作为定额。六十一年,禁各番部落夹带硝磺军器出边,其进口税许从轻减。

雍正元年,移湖口关于九江,并设大孤塘分口。裁淮安、北新、凤阳、天津、临清、江海、浙海、荆州各关加增赢余银。严禁各省关及崇文门胥役分外苛求。是年定各关税务俱交地方官管理,惟崇文门仍差内务府官,山海关、两翼,古北、潘桃、杀虎三口,暨打箭炉,仍差部员。盛京呼纳呼河木税,亦交将军、府尹委沿河官征收。明年,淮安仍差部员,浒墅改归苏州织造,凤凰城中江税,派盛京部员各督收。河西务运粮船料,改于通州征收。三年,以暹罗进献稻种果树等物,免回空压载货物税。禁边关城门索取蒙古贡物税,其假名匿税者罪之。五年,宿迁关归并淮关征收,由闸税交地方官管理。河宝营木税,由杀虎口监督征收。奉天牛马税,改差部院司员。

六年,更定临清关米麦杂粮船税。定各关税则。龙江、西新二关,交江宁织造兼管。永免暹罗米税。七年,夔州关改委专员督收。南北二新关交杭州织造兼收。移荆州之徐关于田家洲,更名田关。江苏庙湾税归淮关兼管。定闽海关减折船税丈尺例。裁古北口监督,交密云县征收。以潼关商税浮于部例,相安已久,照现征之数,著为令。移潘桃口正关于潘家、桃林二分口征收。八年,减各关余平银之半,革除天津戥耗例外征收。定落地税搜求溢额议处例。严黄金出洋之禁。十年,设交城县水泉滩木厂,武元城设立税口征收。十一年,改天津关归长芦盐政管理。十三年,设居庸关税课大使,定潘桃、古北、杀虎三口给商屯票,兼满、汉、蒙三体文字。山东海口各州、县、卫设两联印票,填注客商年貌籍贯、船只字号、梁头丈尺、豆石数目、出口年月,分给商船,回日查销。

乾隆元年,革除龙江、西新二关衙规票银。初,外洋夹板船到粤,起其炮位,候交易事毕给还。其税法每船按梁头征银二千两左右,货税照则征收。革除额税外另征置货银加一缴送税。定闽省渔船税,分上、中、下三则起科,除额外重征。定各省税课则例颁行。定九江、赣州二关三联税单例,一给商人,一交抚署,一存税署。准张家口、居庸关收取车驮货物过税饭钱,以资养赡。禁偷运米谷接济外洋,分别拟罪有差。免沿海采捕鱼虾单桅船税。二年,定米谷税,凡遇地方旱涝,米谷船到即放行,俟成熟后照旧征收。永停征广东开建、恩平二县米船税。三年,裁浒墅关之转水、柏淓二口,改瓜洲由闸税归两淮盐政。九江差内务府司员，芜湖、凤阳派部员，各管理监督。四年，定归化城木税额，归杀虎口征收。五年，复差部员监督荆关。用御史陆尹耀言，严捏名讨关之禁。

六年，复定考核关税赢余例，清查外省私增口岸。免领帑采铜锡铅及米谷税，仍征船料，惟黄豆非麦秋比，虽歉岁照常征收。改宿迁之丰、沛、萧、砀四县陆税，仍交各县分征。永禁龙江关木税飞量法。定各关赢余，比较上年数目考核，著为令。七年，永免直省关豆米额税。复设通州分司之黄村，临清关之德州、魏家湾、尖冢、樊口等口岸。免征临清关船料。以扬州关归两江总督遴员征收。停止闽海关之南山边口征税，专司稽查。八年，定官运米谷免征船料。九年，严蒙古来京漏税，及为奸商私运货物之禁。

十年，交阯乱平，复开征云南马白税。禁止宿迁关通船一载收税例，改按担数征收。定一官兼管两关，其征额有此赢彼绌者，准其抵补；再有短歉，仍著追赔。移福建诏安之雅溪税馆于悬钟，以闽省旧有舡子头船包揽走私，永禁制造。十三年，复征米豆税。十四年，定各关赢余，以雍正十三年为准，短少者按分数分别议处，罚俸降调有差。十五年，移福建宁德县税口于酒屿。十七年，改渝关木税归并夔关征收。十八年，移厦门查税之玉洲馆驻石美，凤阳关查税之濉阳口驻虹县，改虹县征税之青阳滇驻濉河口。二十年，移淮南关之流均口驻泾河。

二十二年，增定浙、闽二海关税则，照粤海关例。寻又申禁洋船不准收泊浙海，有驶至者，仍令回粤贸易纳税。二十四年，定叶尔羌、喀什噶尔牲率税二十取一，缎布皮张税十之一，自外番贩入者倍徵，严丝斤出洋之禁。二十五年，始派员征收多伦诺尔皮张等税，并设盛京拉林、阿勒楚喀税局，派员征收，如宁古塔、伯都讷例。革除粤海关陋规银，归公造报。二十六年，设淮安关石税口，又设归化城总税局，并绥远、归化、和林格尔、托克托、萨拉齐、西包头、昆都仑、八十家子等口，差蒙古笔帖式二员，分督征收牲畜税。

二十七年，以龙江、淮安二关归两江总督，浒墅归江苏巡抚，各稽查严禁榷关漏税积弊,并定漏税罚数。江苏巡抚陈宏谋条上浒墅关四弊:一,铺户代客完税,包揽居奇,仍令商人自行完纳,按簿亲填;一,货船抵关,签验纳税,给票后始准过关,以杜偷越;一,官员遴委佐杂官,半年而代;一,督抚与监督原相助为理,所征数目,应令监督按月知会督抚,再于年满奏报时统咨知会。从之。是年弛丝斤出洋之禁,仍示限制。定崇文门、两翼税差期满,由部开列满、蒙大学士、尚书、都统、侍郎、副都统等职名,请简更代,遂为永制。二十八年,画一天津各口税则。定商贩山东豆石由海运浙,照运赴江南例输税。张家口出口铁器,照杀虎口例纳税。革除芜湖关之户、工帮贴饭费,江海关之驳票给单持号、油烛饭费、看验舱钱文、扬关由闸之给串钱。

二十九年,更定临清关船只补税例。定外番商货至回部贸易者,三十抽一,皮货二十抽一;回商往外番贸易,二十抽一,皮货十之一;其牲畜货物不及抽分之数,视所值折算。三十年,更定吉林等处税额,裁潘桃口监督税归张家口征收,所属六小口,改归通永道管理。明年,复改潘桃口税归多伦诺尔同知征收。设局大河口,差理藩院司员督收归化城税。既而改归山西巡抚遴员征收。岫岩城属之鲍家码头等七口岸海船商税,归山海关监督设局征收。三十三年,定山海关、张家口、八沟、塔子沟、三座塔、乌兰哈达、多伦诺尔交直隶总督,杀虎口、归化城交山西巡抚,盛京牛马税、中江税交盛京户部侍郎,坐粮厅交仓场侍郎,打箭炉交四川总督,荆关交湖广总督,均兼管稽差。各监督有侵蚀、情弊、参处后不能完项者,即令兼管之员代赔。三十四年,准九江关正税一两加平余一分,以供饭食费需之用。停洋船入口夹带硫磺之禁,著为令。三十五年,裁浔、梧二厂公费归入正税。

三十八年,裁多伦诺尔监督,归多伦诺尔同知管理。移由闸、南坝税口于中闸。四十年,封闭广西由村溢口,禁内地商民越关交易。四十一年,改通州分司及河西务计价科税为计数科税,并革除张家湾油面等出店进店税。改定打箭炉商货按数征税例。明年,定打箭炉税差，照山海关例，于宗人府及部院司员内选派。四十五年，停荆关、打箭炉司员差，交各督抚遴员管理。四十六年，裁荆关监督养廉银，于荆宜施道、荆州知府遴派一员监收。四十九年，定粤海关珍珠宝石概不征税，著为令。五十一年，裁荆州之郝关及郝支关，另设口于越市，更名越关。移杨关于调贤口，更名调关。定除暹罗贡使船外，其带货私船，照例征收。

　　五十二年，定各关预期请领收税册档，及请领迟延，擅用本关簿册参处例。以安南奉贡请封，弛水口等关之禁。越四年，缅甸效顺，亦准开关通市，于永昌、腾越、顺宁收征出口税，杉木笼、暮福、南河口征收入口税。以福建五虎门与台湾淡水八里岔设口开渡，由闽安镇征收进口税，南台口征收出口税。货物进口，复运往他处，限一月内免重征；若逾限出口，或限内移货别船，均征出口税。

　　五十七年，定粤海关到关船货，责成督抚查明，按月册咨。一年期满，与监督清册核对不符，参办。五十八年，定西洋除贡船外，别项商船不得免征。以杭州织造改归盐政，南北二新关交巡抚管理。开山西得胜口归杀虎口监督稽征。时英吉利货船求往江、浙宁波、珠山及天津、广东等处收泊交易，上不许，仍令照例于澳门互市，向粤海关纳税，并征船料。

　　嘉庆二年，并左、右翼为一差。越二年，复简派二员。定辰关、渝关、潘家口、通永道、古北口五处各关例。是年命核减各关赢余额数，于是定户关之坐粮厅六千两，天津二万，临清一万一千，江海四万二千，浒墅二十三万五千，淮安十一万一千，海关庙湾口二千二百，扬州六万八千，西新二万九千，九江三十四万七千八百，赣关三万八千，闽海十一万三千，浙海三万九千，北新六万五千，武昌一万二千，夔关十一万，粤海八十五万五千五百，太平七万五千五百，梧州七千五百，浔州五千二百，归化城一千六百，山海关四万九千四百八十七，杀虎口一万五千四百十四，张家口四万五百六十一，打箭炉尽收尽解；工关之辰关三千八百两，宿迁七千八百，芜湖四万七千，龙江五万五千，荆关一万三千，通永道三千九百；闸、南新、渝三关,潘桃、古北、杀虎三口,竹木税向无赢余,无庸更议。

五年,议准回空漕船于六十石例额外夹带二十石,均免输税。严禁崇文门、芦沟桥及各省关役讹索行旅。以辰州知府李大隆接管税额外赢余万两有奇,下部议叙。六年,定盛京牛马税差,于盛京五部侍郎内简派。定打箭炉正税额二万两。革除闽海征收二八添平银。七年,改密云县征收古北口木税为尽收尽解,并缴销原额监督关防。九年,复增定各关赢余额数,浙海四万四千,西新三万三千,九江三十六万七千,浒墅二十五万,淮安十三万一千。十一年,定辰关岁征加一耗银二千七百七十余两。十五年,定崇文门参税则例。令营汛官分查崇文门私放私收冒充白役之弊。二十二年,饬各海关查禁例不出洋之货。

道光元年,裁浙江盐政,改设杭州织造,兼管南北新关税务。三年,饬各省关整顿奸蠹包揽、书吏徇纵等积弊,严各关员例外横征及粮船夹带偷漏之禁。定多伦诺尔木税。更定浙海关税则。九年,申定回疆税课三十抽一。时英吉利大班等以洋行闭歇,拖欠货银,商船停泊外洋,延不进口。每言在粤海关年纳税银六七十万,以为居奇。上曰:“洋商私带鸦片入口,偷买纹银出洋,得不偿失。倘故刁难,即不准开舱。少此一国货税,所损几何!至请分别商船大小纳饷,尚可变通。”

十年,定各关盈余银以六成为额内,四成为额外,核其溢额绌额分别功过例。先是御史许乃济言崇文门税局需索,曾令巡视五城御史随时稽查。至是,御史晋昌复言巡役勒索,胥吏卖放,特派满、汉御史各一,专司稽查,一年而代。十一年,减浒墅盈余二万两,淮安二万一千两。定赔缴短征关税,按数多寡分别限期久暂例。命广东严缉快蟹船为洋商运私偷税。十二年,停止白铅出洋。十三年,革除各关标礼并查船谢仪,及地棍报单等名目。以霍罕悔罪输诚,复准入卡贸易,并免税课。十四年,严禁各关家丁需索卖放,及书役盘踞、地棍包揽之弊。又查禁粤商增收洋商私税。定贡物到京,崇文门免税验放。

十七年，严禁纹银出洋。查办粤省匪艇及窑口走私漏税。十九年，设韶州、东江二关，归南韶连道管理。二十一年，移设荆州正关于柳家集，更名柳关，并改支关为柳支关。二十四年，免暹罗接正贡使船货税。二十五年，裁龙江关查验木植税局。

咸丰二年，查禁沿海各关走私积弊。三年，以捻匪扰江南、浒墅、淮安、芜湖、凤阳等关，纷请尽征尽收，漫无限制，令仍遵定额照常征收。六年，定打箭炉税额二万两。八年，定盛京盈余税以钱抵银，及渔船、大小牛船交纳船规例。九年，设山东烟台税局。十年，以士子会试入京，照例验放，严禁崇文门巡役讹诈。更定奉天海口税则，增收黄豆、豆饼、包头、油篓四税，加赢余八万两。又定各关监督未及一年离任者，交后任接征，扣足一年分晰汇报例。革除北新关南北二口货税过关五日十日之限。是年，俄罗斯于黑龙江互市免税课。

同治二年，免巴尔楚克过税，加征叶尔羌正税。三年，设福建台南之打狗口海关，归巡抚管理。暂停北新关征税。四年暂停龙江、西新关、浒墅三关征税。湖北新关竹木税，遴木省道府一员督征。先是粤海关额征，常洋不分。至是，定货由华船装运者为常税，额征五万六千五百余两，赢余十万，再有赢余，尽征尽解。是年裁革太平关文武各署规费，并饬粤海关严查各口偷漏隐匿。裁山海关监督，改设奉锦山海关道稽征。七年，定太平关归南韶连道专管，其四分厂委员，仍由巡抚遴派。八年，申定贡物解京，崇文门放行，毋许留难勒索。十一年，停江苏淮关传办活计。

光绪二年，复开芜湖、凤阳两关。三年，严定考核各关章程。四年，定辉发、穆钦等处及宁古塔、三姓税务，均由吉林将军委员征收。山西交城县木税，由知县设口于武元城故交村征收。八年，定芜湖关税额十三万六千余两。九年，中江税务改归东边道征收。十三年，改广东黄江厂税委员专管，裁厂书、签子、官房、总散房名目，并革除额外加平、办用官钱、厘头、船钱、墟艇钱、黑钱、包揽钱七项陋规，榜示通衢。定梧、浔二厂赢余六万两。改沪尾、打狗两关归台湾巡抚监督。二十五年，敕各将军、督抚综核各关卡陋规中饱之数，酌量归公，勒限禀报。三十四年，减崇文门华商税为值百抽三，如洋商税例；免日食蔬菜等物税。宣统元年，设立吉林省税务处，分设稽征、庶务、支应、核销四所，所有捐税各局、所、公司概行裁撤归并。更定《四川常关征收章程及办事规则》。

洋关之设，自五口通商始。前此虽有洋商来粤贸易，惟遵章向常关纳税而已。道光十九年，有趸船缴烟之役。是秋各商船来粤者，皆为英兵船所阻，不得入口。粤海税课，以洋货为大宗，至是征收短绌。二十二年秋，英人要求通商口岸，允于沿海广州、福州、厦门、宁波、上海五口开埠通商。明年，定《洋货税则》值百征五，先于广州、上海开市。洋货进口，按则输纳。后由华商运入内地，所过税关，只照估价若干，每两加税不过某分。

二十四年，定《法商条约》：一，允法人赴五口通商船只，不得进别口及沿海岸私行交易，违者货没官；一，法商出入五口，照则输华税船钞外，不再收别项规费；一，商船进口，二日不缴船牌货单，由领事照会海关者，每逾一日罚洋五十元，但不得过二百元，倘未领海关牌照，擅自开舱卸货，罚银五百元，货并没官；一，船进口未卸货，在二日内可往别口，即在彼口纳税；一，船进口二日外全完船钞，百五十吨以上吨纳银五钱，以下吨纳一钱；一，估价之货有损坏者，得核减税银；一，船进口按卸货之多寡输纳，余货如带往别口卸卖，即在彼口输税。二十五年，定《比利时商约》，照《章纳税输钞》。二十七年，定《瑞典挪威商约》，税钞亦如之。

咸丰四年，设江海关于上海。八年，复定《英约》：一，牛庄、台湾、登州、潮州、琼州等口，均准开埠通商；一，值百抽五之货，多有价值渐减者，应将旧则重修，此次新定税则，如欲重修，以十年为限，须先六月知照，否则照前章完纳，复俟十年；一，子口税按值百抽二五，如愿一次输纳，洋货在进口、土货在经过第一关纳税给票后，他口不再征；一，英船纳钞给照后，四月内不重征；一，货船进口二日，即全纳钞；一，英商自用艇，如带例应纳税之货，每四月纳钞一次；一，商货纳税后，改运他口，系原包，免重征。是年，允法商于潮州、琼州、台湾之淡水、登州、江宁通市，纳税输钞均同有约国。

九年，设粤海关于广州。允俄人于上海、宁波、福州、厦门、广州、台湾、琼州七口通商，税则视各国例。定美约亦如之，并允于潮州、台湾两口开市，照新章完纳税钞。十年，设潮海关于油头。允英人于汉口、九江通商。以英人李泰国为总税务司，帮司各口税务。设天津、牛庄、登州三口通商大臣。十一年，设浙海关，归宁绍台道监督，津海关归通商大臣统辖。并设闽海、镇江、九江三关。定各国洋税自上年八月始，每三月结报一次，四结奏销一次。英、美二国于九江、汉口开埠，俄亦于汉口通商，于是定《长江及各口通商章程》。洋货入江，于上海纳正税及子口税；土货出口，纳出口税；复进口时，完一正税，准扣二成；若完半税，不扣二成，再入内地，仍照纳税厘。又定《德商约》，其税约与英同。

同治元年，设厦门关。以五口商务归通商大臣兼理。二年，设东海、台南、淡水三关。免英租界洋货厘金，并准添开宜昌、芜湖、温州、北海四口岸，其沿江之大通、安庆、湖口、武穴、陆溪口、沙市，均准英轮船暂时停泊，用民船上下货物。除洋货半税单照章查验外，土货只准上船，不准卸卖。又英商自置土货，非运出海口，不得援子口半税例。是年定《丹麦及荷兰商约》，输纳税钞如英例。三年，设山海关于牛庄。定《日斯巴尼亚税则》，视咸丰八年各国例。明年，定比约，税钞亦如之。又改定《法船钞章程》；凡商船进口已纳税，往他口，并往来安南之法国各埠，与附近之日本码头，由海关给照，逾四月再纳钞。初粤海关税常、洋不分，至是始定由洋船装运者为洋税。五年，定《义商约税钞》，商船入口漏捏者，罚船主五百两，余如《法约》。

八年，定《奥商税钞》，均视《义约》。又定《俄商约》；一，边界百里内及往蒙古各盟贸易者，不纳税；一，俄商运货至天津，纳进口税减三之一，其酌留张家口之货纳正税，如再运赴通州、天津，不再征，并将张家口多纳之一分补还；一，由天津运俄货至各口，须补足减一之税，他口不再征，如由他口复入内地，另纳子口半税；一，运土货及洋货由水路进口，纳税视各国例；一，在天津、通州运干货由陆路返国，照便纳正税，不再征，沿途不得销块；一，在津运复进口土货由陆返国，纳税后限，一年起运，不再征，并给还复进口税，沿途不得销块；一，在津或他口运别国货由陆返国，已交正税子税，不再征，如只交正税，应补交子税；一，议定税章，试行五年，限满欲修改，先六月照曾，九年，设江汉关。裁三口通商大臣，东海、山海二关均归直隶总督统辖，另设津海道，监督新、钞两关。

光绪三年，设芜湖、宜昌二关，归徽宁池太广道、荆宜施道各监督，琼海、北海二关，归粤海关兼理。又设瓯海关于温州。六年，续定德商约；一，中国允除宜昌、芜湖、温州、北海前已添开岸并沿江之大通、安庆、湖口、武穴陆溪口，沙市前已作为上下客货之处外，又允德船于吴淞口停泊，上下货物；一，夹板进口，停泊十四日，应纳减半之钞；一，船货报关有漏捏，应罚船主不得过五百两；一德商运土煤出口，吨纳正税三钱；一，无照冒充引水才，罚银不得过百两；一，船只损坏，准在各口修理，饰词偷漏，罚倍图免吨钞之数；一，中船挂德旗而德人知情，与德船挂中旗而贷主知情，货均没官。是年定《美商约》，税钞视各国例。

七年，设嘉峪关，归安肃道监督。改定《俄陆路商约》；一，俄货至嘉峪关，照天津关例，纳三分减一之税，再运内地，纳税亦视天津例；一货至天津与原照不符者，没官，查仅绕越避查验者，罚令完一正税；一，在通州运土货回国，完出口正税，在张家口运回，暨在内地运土货至通州、张家口回国者，均纳子口税，疝途不得售买。余同前约。

十二年，复定《法商约》"一，中国准于北圻界择开两处通商，设关征税；一，洋货入云南、广西两边关，纳减半正税三之一；一，洋货入此关纳税，转往彼关者，三十六月内不再征，如转入各口，另纳正税，土货在此关，纳税复转彼关，只征复进口税，如转入各口，另征正税，入内地仍纳子口税；一，进出口货到关逾十八时不报验，日罚五十两,惟不得过二百两,报有漏捏,货并没官。余同前约。十三年,允法人于广西之龙州、云南之蒙自及蛮耗,开埠通商,并减洋货进口税十之三,出口税十之四。寻改蛮耗为河内,并添云南之思茅口岸。由通商各口运土货前往四口时,征出口十成正税,到四口照十分减四征复进口半税。又定葡约,其税钞及罚例均视上年法约,是年设拱北关于澳门,九龙关于香港,由粤海关监督。改台南、淡水两税归台湾巡抚监督。十五年,设镇南、蒙自二关。十六年,设重庆关。

二十年,开西藏之亚东关,允英通商。除禁运货物外,自开关日始,免进口税五年。限满再定税章照纳。又允由蛮允、盏西两路贩运各货,限六年内减进口税十之四。二十一年,设思茅关及猛烈、易武二分关,归思茅同知兼理。

二十二年,定《日本商约》:一,进出口货视各国例,只输进口或出口税;一,已进口货再运各口,不论货主及运货系何国人及何国船,所有钞税厘金派各项一概豁免;一,运货入内地,再纳子口税,系免税者,按值百抽二五;一,出口土货,完正税子税后,限十二月运往外国,如系禁运出外洋之物,出口时只完正税;一,洋货已完进口税,三年内复运出口,不再征;一,船钞视各国例。是年设杭州、苏州及沙市三关。明年,设梧州、三水二关,并甘竹、江门二分关。改定英人长江通商章程:一,在长江贸易輪船,由上海税务司给专照,年换一次,或在汉口及宜昌换领亦可,船钞在给照之关交纳,远者照罚,再犯缴销专照;一撤销出口正税复进口半税同时完纳之便,有专照江輪,出口及复进口税照各口例,在装货起货之口分次完纳,至装货拨货卸货,亦如各口例。

十四年,设岳州关及江海之吴淞分关。明年,设胶州关。与德会定征税办法:一,青海设关,应拣派德人充税务司;一,海运进口之货不征税,若胶州界口运赴内地,征进口税,惟无海关准单不准出胶州界;一,土货陆运入租界,再水运他口征出口税,惟租界内产土货并土产,及海运入口之物料制成各货,出口时不征;一,土货进口复运内地,照约纳税;一,土货纳出口税,复运他口纳半税。又定韩暨墨国税钞及各费,悉视海关例。是年设金陵关。又设福海关于三澳。二十六年,设腾越关及蛮允、弄璋二分关。二十七年,定常关距口岸在五十里内,税由洋关兼征。二十八年,设秦王岛分关。

先是商约大臣盛宣怀、聂缉椝等言,税务司赫德筹拟洋货进口税,援照洋药税厘并征之法,核估时值,按正税子口税七二五,统加厘金一倍为值百抽十五,由海关并征以免各处厘局留难纷杂,货可畅销,洋商或可允从。并抉出口土货向完半税者,改完厘金,以抵洋货厘捐改归海关并征之数,于各省厘金亦无所损。上以此事利害出入关系甚大。下南北洋大臣、各督抚参酌各省情形,妥议具陈。至是,始与英定裁厘加税之约:一,约款照行时,中国允除现有各常关外,向设各厘卡及抽类似厘捐之关概行裁撤;一,英国允于进口洋货增至切实值百抽五加一额外倍半之税,以抵撤厘金子口税及各项税捐,至土货出口税总数,不得逾值百抽七五之数;一,现有常关仍旧存留,其有海关而无常关,及沿海边非通商口岸处,均可添设常关,如新开口岸应设海关者,可并设常关;一,民帆各船运货所纳出入口税,不得少余输船进口正税及添加税之总数,土货运出至第一常关,照海闽例征出口加税,给照单,限一年内无逾经何关出口,不再征,如运出各租界外销售,应纳销场税;一,土货运出,除正税外,加征半税,以为裁撤厘捐之抵补,至丝斤出口正、税,不得逾值百抽五之数;一,向不出洋之货,于销售处征销场税,凡民船运至口岸之土货将销售本地者,无逾货主何国,均征销场税惟不在租界内征收;一,华洋各商在内地用机器纺织之纱布,只纳出场税,余概豁免,凡机器织成类似之洋货视此,以便汉阳大冶铁厂,及国有免税各厂,与后设之制造局、船澳等厂所出物件,不在此例,寻与美、日、大西洋各国均定此约,卒以事费调查,迄未能实行也。

二十九年,与俄协定《北满税关试办章程》:一,铁路运货减三之一纳税,指定界限,按车站大小,四面各距十里或五里三里不等,如运出指定界限外,应补足正税,并照运货入内地章程办理;一,铁路运货减价,此中俄特约,除俄货外,各国货经东省铁路运入者准此；一，章程税项有应更改者，俟一年再商定。又定通商进口善后章程；一，进口洋货税则不载者，照值百抽五例，按市价估货，以市平合足关平，并扣除使费，方为货物实价，一，货未报关已售于华商，即视合同价值之总数为市价；一，由海关估定之价与该商不合，即由海关与该商本国领事，并领袖领事，各派一人公同断定，若查出该商所报每百少至二十四两，按估定价值征正税，并按所报应完之正税罚缴四倍；一，洋船专载免税之来粮等仍税钞。是年设澳门分关。

三十年，与德会定《青岛设关征税办法》，附件一。无论华洋输船，行驶内港，应领关牌。一年而易。初次纳牌费十两，换领只纳二两，每四年纳钞一次。明年，与德修改《青岛征税办法》；一，改青岛口岸，概行免税，惟择定税界内一区为无税地，余均起征，一，无税区外制成各货，出口纳税，不得逾运原料应完之税数。改三水之江门为正关。三十三年，设南宁、大运二关，又设安东关及大东沟分关。三十四年，设滨江关及满洲里、绥芬河二分关，宣统元年，设爱珲、三姓二分关。二年，设珲春关及延吉分关。三年，更定东海关各口税则为值百抽二五，再收一二五内地捐，所有规费概行裁免。

自光绪二十二年，裁撤台南、淡水、汉城各关外，为关二十七。宣统三年，续增南宁、梧州、三水、岳州、福海、吴淞、金陵、胶海、腾越、江门、安东、大东沟、大连、滨江、满洲里、绥芬河、爱芬、三姓、珲春、延吉等，为关四十七。

先是土药各税列入进口。同治十二年始列专款，合计洋并岁征各税。咸丰未年，只四百九十余万。同治未年，增至千二百四十余万。光绪十三年，兼征洋药厘金，增为二千五十余万。三十四年，增至三千二百九十余万。宣统未年，都三千六百十七万有奇，为岁入大宗云。

厘金抽捐，创始扬州一隅，后遂推行全国，咸丰三年，刑部右侍郎雷以诚治军扬州，始于仙女庙等镇创办厘捐。是年，苏、常叠陷，丁、漕无收，乃设厘局于上海，藉资接济；又设江北厘捐，归大营粮台经理。五年，江西设六十五局卡，湖北设四百八十余局卡，湖南亦设城内外总分各书，江苏扬、常、镇各府属添设小河口、普安、新港、三江营、荷花池五局。御史宗稷辰言："大江南北设卡过多，收捐太杂。"刑部左侍郎罗惇衍亦言："泰州仙女庙厘局官绅弁兵，刁难勒索。"上令酌量裁并，严禁查办。

六年，盛京抽收商货及粮石捐，值百取一，吉林亦如之。乌鲁木齐之吐鲁悉亦抽收棉花厘金。七年，设湖北厘金总局。八年，定豫省厘捐除水烟、药材、茶叶外，余概不抽收，并裁撤陕州、荆子关及沿河各局卡。是年福建、广西均设局卡，抽收货厘。九年，登、莱、青三府属海口设局抽厘。山西设筹饷局，收行商药税及百货厘捐，于各隘口设七总卡及各分卡。十年，以张家口办理厘金不善，激成事变，文武各员俱获严谴。两江总督曾国藩以湘军援鄂，请于长沙设东征局克复一处，即酌添局卡以济军储。凡货物皆于本省厘金外加抽半厘。允这，是时江北八里铺及广东韶关、肇庆府俱设局卡抽厘。十五年，改山西行商药厘为税。安徽抽收厘金，设立正卡，省局所属四，皖南及淮北局属各三，并设分瞳分巡五十九。贵州亦设货厘局于川、楚邻近之区。时吃亏省厘局过多，上恐有累商民，命除各省通衢要口外，其余局卡概行裁撤。

同治元年，以广东官绅办理厘捐，营私病民，特命三品京堂晏端书驻幻韶关，督办广东厘金。四川总督骆秉章亦以粤生活上厘捐积弊为言。上诚端书以"厘捐原出于不得已，总期有益军饷，无戾民情。"御史丁绍周言："厘捐各委员徒事中饱，民怨沸腾。"命裁革各委员，统归地方官管理。其通都大邑捐厘事繁，著派道府等官办理，并照章程分晰开载，榜示通衢。是年设江宁大胜关厘卡。河南禹州、陕州暨河蛤县、清化镇均设药材厘金分局，禹州并抽收百货。移设衢州府牙厘总局于浙江省城。除杭州、金华、严州三府外，余八府均设分局分卡。设周口、三河尖两厘税局。

三年，帮办扬州军务汉军统领富明阿言："襄下河一带，南北粮台设立捐卡百余处。有一处而设数卡，一卡而分数局。每月局用少者二百金，多者至千余。金委员既繁，局费尤滥。"上以江北如此，他省可知，严饬各督抚归并裁革，遴委贤能地方官经理。寻湖北巡抚岩树森言："胡林翼创办湖北厘金，仿刘晏用士类不用吏胥之法，历久卓有成效。若改归地方官，诸多窒碍。"并胪陈入弊，请仍旧章。又言："湖北厘金年收百三十四万，赖分设小局，稽查偷漏，大局之征收始旺，零卡势难议裁。且以一省之财力，协济数省军饷，多藉资厘金，轻议更张，恐入款顿减。"均允之。是年江北设厘捐总局，裁并各卡，留存大胜关等二十六卡。江苏亦设牙厘捐总局，裁并各卡，留存苏城等十四卡。浙江定百货厘捐值百抽九，浙东两起两验，间卡抽收，货值千文，起卡抽三十，验卡减半，捐足两起两验不重征。浙西则一起一验，由第一卡并征，余皆验放。

三年，直隶设天津双庙卡。淮南亦设卡抽收邻私厘金。浙江定丝斤捐。河南以捻匪肆扰，停止禹州厘捐，寻复之。时湖广部督官文言："直隶、山东、山西、河南、陕、甘、云、贵、广西等省厘金不多，军务告峻，即可议撤。其余东南各省厘金，不可骤裁，留作善后之费。"曾国藩则以江宁克复，请停广东厘金。上恐饷项不继，未之许也。四年，撤湖南东征局，改江北总局。为金陵厘捐总局，福建设税厘总局，征收百货及茶厘。六年，湖北裁存厘局分卡八十六。湖南合并分局，统名厘金盐茶总局。七年，定厘金服部，照两淮盐厘排式，年分两次。时军务渐平，督抚、台谏屡以裁撤厘金为言。上饬各省酌留大宗，裁去零星分局。于是湖北又裁去五十四局卡，浙江裁并十六卡。

八年，甘肃开百货及盐茶捐。定广东省城及佛山、江门、陈村各繁盛处所，补抽百货坐厘，由商承办。九年，广西减厘，改征西税。十年，用御史黄槐森言"禁革广东厘局帛费名目，并裁汰吏胥。直隶改天津府捐输义馆为百货厘捐局，设东河、西河、南河、海河四分卡，并于东关设洋药厘捐局。十三年，停止山海关之临榆县厘。云南省城设牙厘总局，各府属设分局二十三，及各井盐厘局。

光绪元年，浙江复裁并十四卡，存留六十五卡。免湖北米谷厘金。二年,安微规复,芜湖、凤阳两关分别裁撤厘卡,永免湖南境内运售米谷厘金,贩运出境者,仍于首卡完厘一次。三年,山西大祲,商货滞销,裁并各路添设之分卡。吉林于双城堡、农安城抽收七厘货捐。四年,贵州货厘减收二成五。七年,给事中刘瑞祺言厘捐无裨国计,饬各督抚酌量截留。山西以厘金减收,复设各分卡。八年,江、杨裁撤分卡一、巡卡二,沪厘局裁亲布货捐局,闽、广三帛杂货捐局暨东沟四厘卡,并撤古山、水桥巡卡。明年,沪局又裁东沟、大泾两巡卡。十年,陕西裁留二十八卡。十三年,贵州增设二十五分局。先是各省局卡林立。扰民病商,屡经奉饬裁并,而江西一省尚金至七十余局。御史郑思贺又以为言,核实删减。

二十三年,户部疏言:"各省厘局中饱,弊在承办之员不肯和盘托出。各省例不应支而非得已者,辄于厘税收款提留济用,所谓外销者也。院司类有存案,原非自谋肥已。然既有外销之事,即有匿报之款,否则从何罗掘?无惑乎人言藉藉,金谓各省实收之数,竟数倍报部之数。现在中饱之弊,已谕饬各将,军督抚认真整顿,自不至仍前泄沓。惟外销之数若不和盘托出,臣部总握度,支岁入岁出,终于无可句稽。即外销款目不能预骤议全裁,亦宜咨报臣部,权衡缓急,内外一气。共济时艰。拟准将外销最要之款,切实明,量予留支,使无窘公用。此后再有隐匿,甚或巧立名目,谬称入不敷出,则典守之官,不能辞咎。"上下大学士及廷臣议。越二年,上从诸臣议,饬各将军、督无详细稽核,究竟裁去陋规中饱之数若干,酌量提归公用之数若干,勒限奏明,其外销款项,应准胪列报部,以昭核实,所有水陆总分各局卡,应如何因地制宜,官绅并委,著体察情形办理。

二十九年,江西巡抚柯逢时言:"江西厘局积弊过深,改办统捐,凡纳捐货物,粘贴印花,概不重征。"报闻。宣统元年,四川以实行禁烟,筹抵土药各税厘,加倍征收肉厘,允之。二年,贵州三江厘局改办木植统捐。陕西百货厘捐亦改照统税办法,减为二十七局。

洋药道光初,英吉利大舶终岁停泊零丁洋、大屿山等处,名曰趸船,凡贩鸦片烟至粤者,先剥赴趸船,然后入口。省城包买户谓之窑口。议定价值,同至夷船兑价给单,即雇快艇至趸船,凭单取土。其快艇名快蟹,械炮毕具,行驶如飞,兵船追捕不及,灌输内地,愈禁愈多。各项货物,亦多从趸船私售。纹银之出洋,关税之偷漏,率由于此。叠经谕饬驱逐严拿,而趸船停泊、快蟹递私如故。

十八年,鸿胪卿黄爵滋言:"自烟土入中国。粤奸商句通巡海弁兵,运银出洋,运土入口。查道光初年,岁漏银数百万;十四年以前,岁漏二千余;近年岁漏三千余万。此外各海口合之亦数千万。年复一年,伊于胡底。耗银之多,由于贩烟之盛,贩烟之盛,由于食烟之众。实力查禁,宜加重罪名。"上韪其言,特命林则徐为钦差大臣,赴粤查办。明年,截获趸船烟土二万八百八十余箱,焚之。时定禁烟章程,凡开设窑口及烟馆,与兴贩吸食,无论华洋,均拟极刑。

咸丰七年,闽浙总督王懿德等,始有军需紧要,暂时从权,量予抽捐之请。朝旨允行。八年,与法定约。向来洋药不准通商,现稍宽其禁,听商贸易。每百斤纳税银三十两,只在口销售,离口即属中国货物,准华商运往内地,法商不得护送。嗣与各国定约皆如之。九年,上以洋药未定税前,地方官多有私收情弊,现既议定税章,自应一律遵办。上海为各商荟萃之区,尤宜及早奉行,不得以多报少,藉肥私囊。两江总督何桂清请减轻洋药税,下廷议。寻议"洋药税则,各省关均照办,江苏何得独异? 所征税银,每三月报解,不准留支。至洋药厘捐,与关税有别,原定银二十两,毋庸再加十两,惟不得以洋税抵作厘捐。"允之。云贵总督张亮基言滇省向无洋药,上命先将所产土药分别征收税厘,不得以洋药混土药。

十一年,上海新行洋药税章程,而普鲁斯领事密迪乐以洋商既定进口税,重征华商,有碍洋商贸易。上曰:"洋商进口,华商出口两税各不相碍。"不允其请。时税务司赫德言:"洋药抽税,今昔情形不同,收税愈重,则走漏愈甚。"上以其言可采,下所司酌议施行。

光绪初元,广东招商包收洋药捐,年认交四十二万元,五年限满,每年递增二万元。二年,与英定约,洋药入口,由官稽查,封存栈房或趸船，俟集团卖时，照则纳税；并令购者输纳例税，以防偷漏。其数由各省酌定。六年，广东新商接办洋药捐，年认交九十万元，仍五年为限。

七年，大学士左宗棠言：“禁食鸦片，宜先增税。洋药百觔，拟征税厘百五十两。土药价低，准依洋药推算。”上命将军、督抚及海关监督各就情形妥议以闻。寻直隶总督李鸿章言：“洋药既难骤禁，只可先加税厘。烟价增，则吸者渐减，未始非徐禁示罚之意。惟厘税太重，恐偷漏愈多，亦须通盘筹计，查洋药由印度先到香港，然后分运各口，奸商即于该港私相授受。检阅贸易总册，同治十三年至光绪四年，到港洋药，每年八万四千至九万六千余箱，运销各口有税者，只六万五千至七万一千余箱。五年到港十万七千余箱，运销各口有税者，只八万六千余箱，年计私销二万数千箱。加捐易办，偷漏难防。拟于洋药每百觔正税三十两外，加征八十两，统计厘税百一十两。土药不论价之高下，每百觔征四十两。”帝用其议。又以洋药来自英商，命出使大臣曾纪泽与英确商。至九年，始如前议定约，并在进口时输纳。十年，定不分洋土药，给华商行坐部票例。其行票每限十斤，斤捐银二钱，经过关卡，另纳税厘。无票，货没官。其行店坐票，无论资本大小，年捐二十两，换票一次。无票不得售卖。十一年，定洋药入口，由官验明封存，俟每箱百斤，完纳正税三十两、厘金八十两，方允出运。十三年，与萄定议，在澳门协助中国征收运往各口之洋药税厘，一如英香港办法。

二十八年，定洋药税厘并征，仍照现行约章，嗣后应以厘金作为加税。又定英商莫啡鸦之禁。其为医药用者，进口仍照则纳税，俟领海在专单，方准起岸，违者没官。是年裁浙江洋药厘金局，归海关厘税并征。三十二年，德宗锐意图强，命限十年将洋药一律革除净尽。又以鸦片为生民之害，禁吸尤必禁种，为清源办法，力令递年减种，统限十年将洋土药尽绝根株。是年开广西巡抚柯逢时缺，赏侍郎衔，督办各省土药统税，设总局于湖北，各省并设分局。逾年，以洋土两药税厘为岁入巨款，既严行禁断，应预筹的疑以资抵补，初定莫啡鸦进口每两征税三两,至是以既准医药需用,减轻照百货例,值百征五。

宣统二年,度支部奏言:"各省土药减收,业将浙江、福建、江苏、安徽、山东、山西工药统税分局先后裁撤。其两湖、陕、陕、甘、两粤、略有收数,自应及时收束。惟税局之应否裁撤,以有无税项为断,而统税之应否停征,以有无产土为衡。"于是分遣司员,派赴各省调查。明年,又奏言:"现在拟裁土药统税分局尚未据各省议定办法,派员接收。而洋药进口,已与英定约,税厘并征,每百两增收二百五十两,土药亦须同时比例加税。查土药价值不及洋药三分之二。以征为禁,税则无妨略重,即照洋药税推算,定土药百勷加征二百三十两。凡未禁运及本产本销地方,即按新章征收。"从之。时与英议定,禁烟递减,已满三年,如于末满之七年期内,土药禁绝,则洋药亦禁进口。以洋药加税实行,停止各项捐收。

会计　顺治初,既除明季三饷,南服诸省尚未底定,岁入本少,而频年用兵,经营四方,供亿不赀,岁出尤巨。至九年,海宇粗定。岁入则地丁等款征银二千一百二十六万两有奇,盐课征银二百一十二万两有奇,关税等银一百余万两、米、麦、豆之征本色者五百六十二万石有奇。岁出则诸路兵饷需千三百余万两,王公官俸各费需二百余万两。各省留支驿站等款三百余万两。其后兵饷增至二千四百万两,地丁亦至二知五百余万两。

康熙之初,三藩叛逆,岁入地丁等款,自二千六百余万减至二千一百余万。二十一年,三藩削平,岁入地丁等银复至二千六百三十四万两有奇,盐课银亦至二百七十六万两有奇,关税等银二百余万两、米、麦、豆之征本色者为六百三十四万石有奇,雍正初年,整理度支,收入颇增。

至乾隆三十一年,岁入地丁为二千九百九十一万两有奇,耗羡为三百万两有奇盐课为五百七十四万两仍奇,关税为五百四十余万两有奇,芦课、鱼课为十四万两有奇,茶课为七万两有奇,落地、杂税为八十五万两有奇，契税为十九万两有奇，牙、当等税为十六万有奇，矿课有定额者八万两有奇，常例捐输三百余万，是为岁入四千数百余万之大数，而外销之生息、摊捐诸款不与焉。

岁出为满、汉兵饷一千七百余万两，王公百官俸九十余万两，外藩王公俸十二万两有奇，文职养廉三百四十七万两有奇，武职养廉八十万两有奇，京官各卫门公费饭食十四万两有奇，内务府、工部、太常寺、光禄寺、理藩院祭祀、宾客备用银五十六万两，采办颜料、木、铜、布银十二万两有奇，织造银十四万两有奇，宝泉、宝源局工料银十万两有奇，京帅各卫门胥役工食银八万两有奇，京帅官牧马牛羊象刍秣银八万两有奇，东河、南河岁修银三百八十余万两，各省留支驿站、祭祀、仪宪、官俸役食、科场廪膳等银六百余万两，岁不全支，现走漕船岁约需银一百二十万两，是为岁出三千数百万之大数，而宗室年俸津贴、漕运旗丁诸费之无定额者，各省之外销者不与焉。

自是至道光之季，军需、河工、赈务、赔款之用，及历次事例之开，盐商等报效修河工料之摊征，凡为不时之入与供不时之出者，为数均巨。然例定之岁入岁出，仍守乾隆之旧。是以乾隆五十六年，岁入银四千三百五十九万两，岁出银三千一百七十七万两。嘉庆十七年，岁入银四千十三万两，岁出银三千五百十万两。道光二十二年，岁入银三千七百十四万两，岁出银三千一百五十万两，均有奇。咸丰初年，粤匪骤起，捻、回继之。国用大绌。迄于同治，岁入之项，转以厘金洋税为大宗，岁出之项，又以善后筹防为巨款。

光绪五年八月，翰林院侍读王先谦奏："旧入之款，如地丁杂税、盐务杂款等，共四千万，今止入二千七八百万。新入之款，如洋税一千二百万，盐厘三百万。旧出款，如兵饷、河工、京饷、各少留支四千万，今止支二千四五百万。新有出款，如西征、津防两军约一千万，各省防军约一千万。"

十年，户部奏更定岁出岁入，以光绪七年一年岁出入详细册底为据。言："臣部为钱粮总汇之区，从前出入均有定额。入款不过地

丁、关税、盐课、耗羡数端,出款不过京饷、兵饷、存留、协拨数事,最
为简括。乃自军兴以来,出入难依定制。入款如扣成、减平、提解、
退回等项,皆系入自出款之中。出款如拨补、筹还、移解、留备等项,
又皆出归入款之内。汇核良非易易。此次所办册籍,以地丁、杂赋、
地租、粮折、漕折、漕项、耗羡、盐课、常税、生息等十项为常例征收,
以厘金、洋税、新关税、按粮津贴等四项为新增征收,以续完、捐输、
完缴、节扣等四项为本年收款。除去蠲缓未完各数,通计实入共收
银八千二百三十四万九千一百九十八两,是为银收,以陵寝供应、
交进银、祭祀、仪宪、俸食、科场、饷乾、驿站、廪膳、赏恤、修缮、河
工、采办、办漕、织造、公廉、杂支等十七项为常例开支,以营勇饷
需、关局、洋款、还借息款等四项为新增开支,以补发旧欠、豫行支
给两项为补支豫支,以批解在京各衙门银两一项为批解支款。除去
欠发未报各数,通计实出共支银七千八百一十七万一千四百五十一
两是为银支。原奏并及钱民、粮收、钱支、粮支,实为明核。今按十
七年岁入岁出之籍,入项为地丁二千三百六十六万六千九百一十
一两,杂赋二百八十一万有一百四十四两,租息十四万一千六百七
十二两,粮折四百二十六万二千九百二十八两。耗羡三百万四千八
百八十七两,盐课七百四十二万七千六百有五两,常税二百五十五
万八千四百一十两,厘金一千六百三十一万六千八百二十一两,洋
税一千八百二十万六千七百七十七两,节扣二百九十六万四千九百
四十四两,续完七百十二万八千七百国十四两,捐缴一百八十七万
五千五百七十六两,均有奇。统为岁入八千九百六十八万四千八百
两有奇。出项为陵寝供应等款十三万五百五十九两,交进十八万
两,祭祀三十三万六千七百三十三两,仪完七万四千八百七十九
两,俸食三百八十四万一各四百二十四两,科场十万五千二百七十
两,饷乾二千三十五万六千一百五十九两,交进十八万两,祭祀三
十三万立千七百三十三两,仪宪七万四千八百七十九两,俸食三百
八十四万一千四百二十四两,科场十万五千二百七十两,饷乾二千
三十五万六千一百五十九两,驿站一百七十三万四千七百有九两,

廪膳十一万二千有二十九两,赏恤五十二万五千二百十六两,修缮
二百二十万九千七百四十八两,采办四百有三万三千九百有三两,
织造一百有三万四千九百十五两,公廉四百五十七万五千七百八
十三两,杂支三十万三千二百七十八两,勇饷一千八百二十六万八
千三百十三两,关局经费三百一十四万四千六百十六两,洋款三百八
古六万一千五十一两,补支一千二百七十七万五千五百二十五两,
豫支一百七十四万二千七十三两,解京各衙门饭银经费各项支款
三百四十七万二千五百三十三两。统为岁出七千九百三十五万五
千二百四十一两。"

再三年为甲午,朝鲜役起,军用浩繁,息借洋款、商款。及和议
既定,又借俄、法、英、德之款付日本赔钦,增摊各省关银一千二百
万两,益以汇丰、克萨、华商各款本息,及新增宋庆等军饷,共八百
万。盖岁出之增于前者二千万。迨于庚子、复酿兵祸,辛丑约成,遂
有四万五千万之巨,派之各省者一千八百万两有奇。二十九年,以
练新军,复摊各省练兵经费,而各省以创练新军,办巡警教育,又有
就地自筹之款。奉天一省警费至三百余万两,湖北一省拨提地丁钱
价充学费者六十万两。捐例停于二十七年,以练兵复开,至三十二
年复停。

庚子以后新增之征收者,大端为粮捐,如按粮加捐、规复征收
丁漕钱价、规复差摇、加收耗羡之类;盐捐如盐斤加价、盐引加课、
土盐加税、行盐口捐之类;官捐如官员报效、酌提丁漕盈余、酌提优
缺盈余之类;国厘加税如芋酒土药之加厘税、百货税之改统捐、税
契加征之类;杂捐如彩票捐、房铺捐、渔户捐、乐户捐之类;节省如
裁节绿营俸饷、节省河工经费、核扣驿站经费、节省各署局经费之
类;实业如铁路、电局、邮政收入,及银行、银铜元局、官办工厂商局
余利之类。出款自赔款、练兵费、学警、司法诸费外,各官署新增费
亦为大端。

宣统二年,度支部奏试办宣统三年预算,岁入为类八:曰田赋,
经常四千六百十六万四千七百有九两,临时一百九十三万六千六

百三十六两，皆有奇。曰盐茶课税，经常四千六百三十一万二各三百五十五两。曰洋关税，经常三千五百十三万九千九百十七两。曰常关税，经常六百九十九万两一千一百四十五两，临时八千五百二十四两。曰正杂各税，经常二千六百十六万三千八百四十二两。曰厘捐，经常四千三百十八万七千九百七两。曰官业收入，经常四千六百六万三千八百四十二两。曰厘捐，经常四千三百十八万七千九百七两。曰官业收入，经常四千六百六十万三千八百四十二两。曰厘捐，经常四千三百十八万七千九百七两。曰官业收入，经常四千六百六十万八百九十九两。曰杂收入，经常一千九百二九万四千一百有一两，临时一千六百有五万六百四十八两。附列者为类二：曰捐输，五百六十五万二千三百三二三两。曰公债，三百五二六万两。皆临时岁入。岁出为类二八：曰行政，经常二千六百六万九千六百六十六两，临时一百二十五万八千一百八十四两。曰交涉，经常三常三十七万五千一百有三十两，临时六古二万六千一百七十七两。曰民政，经常四百四十一万六千三百三十八两，临时一百三十二万四千五百三十一两。曰财政，经常一千七百九十万三千五百四十五两，临时二百八十七万七千九百有四两。曰洋关经费，经常五百七十四万八千二百三十七两，临时九千一百六十三两。曰常关经费，经常一百四十六万三各三百三十二两。曰典礼，经常七十四万五千七百五十九两，临时五万四千有三十七两。曰教育，经常二百五十五万三千四百十六两，临时一百四万一千八百九十二两。曰司法，经常六百六十一万六千五百七十九两，临时二十一万八千七百四十辨认两。曰军政，经常八千三百四十九万八千一百十一两，临时一千四百万有五百四十六两。曰实业，经常一百六十万三千八百三十五两。曰交通，经常四千七百二十二万一千八百四十一两，临时七百有八十万四千九百有八两。曰工程，经常二百四二九万三千二百四两，临时二百有二万二千有六二四两。曰官业支出，经常五百六十万四百三十五两。曰各省应解赔款、洋款，三千九百有十二万九百二十二两。曰洋关应解赔款、洋款，一千一百二十六万三千五百四十七两。曰常关应解赔款、洋款,一百二十五万六千四百九十两。曰边防经费,一百二十三万九千九百有八两。附列者为类一:曰归还公债,四百七十七万二千六百十三两。统为岁入二万九千六百九十六万二千七百两有奇。岁出三万三千八百六十五万两有奇。十二月,资政院核覆,于岁入有增加,于岁出有减削。次年即值变更国体,故有预算而无决算。盖自光绪三十三年,度支部即奏准令京帅各衙署及各省实报岁入岁出,又于各省设财政监理官以督之。凡昔日外销之款项,与夫杂捐陋规之类,及新定之教育、民事法、实业、军政、外债诸费,皆列于簿书斯曾,故较顺治、康熙之出入多至十倍。兹录之以见一代财政之盈亏焉。

其军需、河工、赈务、赔款之巨者,乾隆初次金川之役,二千余万两。准回之役,三千三百余万两。缅甸之役,九百余万两。二次金川之役,七千余万两。廓尔喀之役,一知有五十二万两。台湾之役,八百余万两。嘉庆川、湖、陕、教匪之役,二万万两。红苗之役,湖南一省请销一千有九十万。洋匪之役,广东一省请销三百万两。道光初次回疆之役,一千一百余万两。二次回疆之役,七百三十万两。英人之役,一千数百万两。咸丰初年粤匪之役,二千七百万。其后江南大营月需五十万两,徽宁防营月需三十万两,则一年亦千万。湖北供东征之需者,岁四百余万,湖南亦不赀。而北路及西南各省用兵之费不与焉。同治中,曾国藩奏湘军四案、五案,合之剿捻军需,共请销三千余万两。李鸿章奏苏沪一案、二案,合之淮军西征两案,共请销一千七百余万两。左宗棠奏西征两案,共请销四千八百二十余万两。此外若福建援浙军需,合之本省及台湾军需,截至三年六月,已逾六百万两。四川、湖南援黔军需,岁约四百万两,积五年二千万两。云南自同治二年至同治十二年,请销军需一吉四百六十余万两。而甘肃官绅商民集捐银粮供军需者,五千余万两,再加各省广中额学额计之,当不下数万万。光绪中,惟中法之役用三千余万两。若西征之饷,海防之饷,则已入年例岁出,不复列。

河工,自康熙中即趋重南河。十六年大修之工,用银二百五十万两。原估六百万两,迨萧家渡之工,用银一百二十万两。自乾隆十八年,以南河疵邮、邵伯、车逻坝之决,拨银二百万两。四十四年,仪封决河之塞,拨银五百六十万两。四十七年,兰阳决河之塞,自例需工料外,加价至九百四十五万三千两。浙江海塘之修,则拨银六百余万两。荆州江堤之修,则拨银二百万两。大率兴一次大工,多者千余万,少亦数百万。嘉庆中,如衡工加价至七百三十万两。十年至十五年,南河年例岁修抢修及另案专案各工,共用银四千有九十九万两。逾十年则四千余万。六年,拨南河王营开坝及堰、盱大堤银,合为五百一十七万两。二十一年,东河祥工拨银五百五十万两。二十二年,河扬工拨六百万两。二十三年,东河牟工拨五百十八万两后又有加。咸丰初,丰工亦拨四百万两以上。同治,山东有侯工、贾庄各工,用款二百余万两。光绪十三年,河南郑州大工,请拨一千二百万两。其后山东时有河溢,然用款不及道光之什一。

赈务康熙中赈陕西之灾,用银至五百余万两。乾隆七年,江苏、安、安徽夏秋大水,抚恤、正赈、加赈,江苏给被灾军民等米共一百五十六万石有奇,银五百五万两有奇。安徽给被灾军民等米八十三万石有奇银二百三十三万两有奇。十八年,以高邮运河之决,拨米古一百十万石,银四百万两,赈江苏灾,此其最巨者。其后直隶、山东、江苏、河南、湖北、甘肃诸省之灾,发帑截漕及资于捐输者,不可胜举。嘉庆初,山东遭遇、单等县灾,赈银米合计三四百万两。六年,以直隶水灾,拨赈银一百万两,截漕米六十万石。江苏、安徽、山东、河南诸省之因灾赈恤者,节次糜帑,均不下数十百万。资于捐输者,如十九年江苏、安徽之灾,至二三百万两。道光十一年,拨江苏赈需银一百余万两。二十七年,赈河南灾银一百余万两。二十八年,赈河北灾银一百三十八万两。二十九年,拨江苏等四省赈灾银一百万两。而安徽、浙江之截留办赈者,皆近百万,江苏一省则一百四十余万,此外尚多,而官绅商民捐输者尚不与。光绪初,山西、河南、陕西之灾,拨帑截漕为数均巨。合官赈、义赈及捐输等银,不下千数百万两。郑州河决,赈需河南用银二百五十余万两。时各省有水旱之灾,吼请开赈捐。直隶自十六年之水至二十一年海啸之灾,用银七百余万两。山东自十一年后,频年河溢至二十五年,用银七百余万两。江苏自十五年之水至二十四年淮、徐、海之灾,用银五百余万两。二十五年,用银七百余万两。二十七年秦、晋之灾,则开实官捐以济之,为数至七百六十万两有奇。赔款,始于道光壬寅江宁之约,二千一百万两咸丰庚中之约一千六百万两光绪辛巳伊犁之约六百作万两乙未中日之约,并辽南归地二万三千万两。至辛丑公约,赔款四万五千两而极。以息金计之,实九万万余两。

清代田赋征粮之数,乾隆三十一年,为八百三十一万七千七百石有奇,江苏、安徽、山东、河南、浙江、江西、湖北、湖南入省,自岁漕京帅外,留充本省经费。直隶、奉天、山西、陕西、甘肃、福建、四川、广东、广西、云南、贵州则全充本省经费。光绪十年,新疆改行省,岁征粮二十七一千石有奇,亦全充本省经费。吉林、黑龙江之征米者亦如之。各省驻防旗营官兵、绿营兵丁皆支月米。凡留充本省经费者,大率供旗绿营月支米豆之需,有余则报粜易银候拨云。

清史稿卷一二六
志第一〇一

河渠一

黄　河

中国河患,历代详矣。有清首重治河,探河源以穷水患。圣祖初,命侍卫拉锡往穷河源,至鄂敦塔拉,即星宿海。高宗复遣侍卫阿弥达往,西逾星宿更三百里,乃得之阿勒坦噶达苏老山。自古穷河源,无如是之详且确者。然此犹重源也。若其初源,则出葱岭,与《汉书》合。东行为喀什噶尔河,又东会叶尔羌、和阗诸水,为塔里木河,而汇于罗布淖尔。东南潜行沙碛千五百里,再出为阿勒坦河。伏流初见,辄作黄金色,蒙人谓金“阿勒坦”,因以名之。是为河之重源。东北会星宿海水,行二千七百里,至河洲积石关入中国。经行山间,不能为大患。一出龙门,至荥阳以东,地皆平衍,惟赖堤防为之限。而治之者往往违水之性,逆水之势,以与水争地,甚且因缘为利,致溃决时闻,劳费无等,患有不可胜言者。

自明崇祯末李自成决河灌汴梁,其后屡塞屡决。顺治元年夏,黄河自复故道,由开封经兰、仪、商、虞,迄曹、单、砀山、丰、沛、萧、徐州、灵璧、睢宁、邳、宿迁、桃源,东径清河与淮合,历云梯关入海。秋,决温县,命内秘书院学士杨方兴总督河道,驻济宁。二年夏,决考城,又决王家园。方兴言:“自遭闯乱,官窜夫逃,无人防守。伏秋汛涨,北岸小宋、曹家口悉冲决,济宁以南田庐多淹没。宜乘水势稍涸,鸠工急筑。"上命工部遴员勘议协修。七月,决流通集,一趋曹、单及南阳入运,一趋塔儿湾、魏家湾,侵淤运道,下流徐、邳、淮阳亦多冲决。是年孟县海子村至渡口村河清二日,诏封河神为显佑通济金龙四大王,命河臣致祭。明年,流通集塞,全河下注,势湍激,由汶上决入蜀山湖。五年,决兰阳。

七年八月,决荆隆朱源寨,直往沙湾,溃运堤,挟汶由大清河入海。方兴用河道方大猷言,先筑上游长缕堤,遏其来势,再筑小长堤,八年,塞之。九年,决封丘大王庙,冲圯县城,水由长垣趋东昌,坏平安堤,北入海,大为漕渠梗。发丁夫数万治之,旋筑旋决。给事中许作梅,御史杨世学、陈斐交章请勘九河故道,使河北流入海。方兴言:"黄河古今同患,而治河古今异宜。宋以前治河,但令入海有路,可南亦可北。元、明以迄我朝,东南漕运,由清口至董口二百余里,必藉黄为转输,是治河即所以治漕,可以南不可以北。若顺水北行,无论漕运不通,转恐决出之水东西奔荡,不可收拾。今乃欲寻禹旧迹,重加疏导,势必别筑长堤,较之增卑培薄,难易晓然。且河流挟沙,束之一,则水急沙流,播之九,则水缓沙积,数年之后,河仍他徙,何以济运?"上然其言,乃于丁家寨凿渠引流,以杀水势。

是年,复决邳州,又决祥符朱源寨。户部左侍郎王永吉、御史杨世学均言:"治河必先治淮,导淮必先导海口,盖淮为河之下流,而滨海诸州县又为淮之下流。乞下河、漕重臣,凡海口有为奸民堵塞者,尽行疏浚。其漕堤闸口,因时启闭,然后循流而上。至于河身,剔浅去淤,使河身愈深,足以容水。"皆议不果行。十一年,复决大王庙。给事中林起龙劾方兴侵冒,上解方兴任,遣大理卿吴库礼、工科左给事中许作梅往按。起龙坐诬,复方兴任。

十三年,塞大王庙,费银八十万。十四年,方兴乞休,以吏部左侍郎朱之锡代之。是年决祥符槐疙疸,随塞。十五年,决山阳柴沟姚家湾,旋塞。复决阳武慕家楼。十六年,决归仁堤。先是御史孙可化疏陈淮、黄堤工,事下总河。之锡言:"桃源费家嘴及安东五口淤淀久,工繁费巨。且黄河谚称"神河",难保不旋浚旋淤,惟有加意修防,补偏救弊而已。"之锡陈两河利害,条上工程、器具、夫役、物料八弊。又言:"因材器使,用人所亟。独治河之事,非澹泊无以耐风雨之劳,非精细无以察防护之理,非慈断兼行无以尽群夫之力,非勇往直前无以应仓猝之机,故非预选河员不可。"因陈预选之法二:曰荐用,曰储才;谙习之法二:曰久任,曰交代。又条上河政十事:曰议增河南夫役,曰均派淮工夫役,曰察议通惠河工,曰建设柳园,曰类剔弊端,曰厘核旷尽银两,曰慎重职守,曰明定河工专职,曰申明激劝大典,曰酌议拨补夫役。均允行。十七年,决陈州郭家埠、虞城罗家口,随塞。

康熙元年五月,决曹县石香炉、武陟大村、睢宁孟家湾。六月,决开封黄练集,灌祥符、中牟、阳武、杞、通许、尉氏、扶沟七县。七月,再决归仁堤。河势既逆入清口,又挟睢、湖诸水自决口入,与洪泽湖连,直趋高堰,冲决翟家坝,流成大涧九,淮阳自是岁以灾告。二年,决睢宁武官营及朱家营。三年,决杞县及祥符阎家寨,再决朱家营,旋塞。四年四月,河决上游,灌虞城、永城、夏邑,又决安东茆良口。

五年,之锡卒,以贵州总督杨茂勋为河道总督。六年,决桃源烟墩、萧县石将军庙,逾年塞之。又决桃源黄家嘴,已塞复决。沿河州县悉受水患,清河冲没尤甚,三汊河以下水不没骭。黄河下流既阻,水势尽注洪泽湖,高邮水高几二丈,城门堵塞,乡民溺毙数万,遣官蠲赈。冬,命明珠等相视海口,开天妃、石闼、白驹等闸,毁白驹奸民闭闸碑。八年,决清河三汊口,又决清水潭。副都御史马绍曾、巡盐御史李棠交章劾茂勋不职,罢之,以罗多为河道总督。九年,决曹县牛市屯,又决单县谯楼寺,灌清河县治。是岁五月暴风雨,淮、黄并溢,撞卸高堰石工六十余段,冲决五丈余,高、宝等湖受淮、黄合力之涨,高堰几塌,淮阳岌岌可虞。工科给事中李宗孔疏言:"水之合从诸决口以注于湖也,江都、高、宝无岁不防堤堤增,与水俱高。以数千里奔悍之水,攻一线孤高之堤,值西风鼓浪,一泻万顷,而江、高、宝、泰以东无田地,兴化以北无城郭室庐。他如渌阳、平望诸湖,浅狭不能受水。各河港疏浚不时，范公堤下诸闸久废，入海港口尽塞。虽经大臣会阅，严饬开闸出水，而年深工大，所费不赀，兼为傍海奸灶所格，竟不果行。水迂回至东北庙湾口入海，七邑田舍沈没，动经岁时。比宿水方消，而新岁横流又已踵至矣。"御史徐越亦言高堰宜乘冬水落时大加修筑。于是起桃源东至龙王庙，因旧址加筑大堤三千三百三十丈有奇。腊后冰解水溢，尚河村舍林木铲刷殆尽。

十年春，河溢萧县。六月，决清河五堡、桃源陈家楼。八月，又决七里沟。以王光裕总督河道。光裕请复明潘季驯所建崔坝镇等三坝，而移季太坝于黄家嘴旧河地，以分杀水势。是岁，茆良口塞。十一年秋，决萧县两河口、邳州塘池旧城，又溢虞城，遣学士郭廷祚等履勘。十二年，桃源七里沟塞。十三年，决桃源新庄口及王家营，又自新河郑家口北决。十四年，决徐州潘家塘、宿迁蔡家楼，又决睢宁花山坝，复灌清河治，民多流亡。十五年夏，久雨，河倒灌洪泽湖，高堰不能支，决口三十四。漕堤崩溃，高邮之清水潭，陆漫沟之大泽湾，共决三百余丈，扬属皆被水，漂溺无算。上遣工部尚书冀如锡、户部侍郎伊桑阿访究利病。是岁又决宿迁白洋河、于家冈，清河张家庄、王家营，安东邢家口、二铺口，山阳罗家口。塞桃源新庄。

十六年，如锡等复陈河工坏溃情形，光裕解任勘问。以安徽巡抚靳辅为河督。辅言："治河当审全局，必合河道、运道为一体，而后治可无弊。河道之变迁，总由议治河者多尽力于漕艘经行之处，其他决口，则以为无关运道而缓视之，以致河道日坏，运道因之日梗。河水裹沙而行，全赖各处清水并力助刷，始能奔趋归海。今河身所以日浅，皆由从前归仁堤等决口不即堵塞之所致。查自清江浦至海口，约长三百里，向日河面在清江浦石工之下，今则石工与地平矣。向日河身深二三四丈不等，今则深者不过八九尺，浅者仅二三尺矣。河淤运亦淤，今淮安城堞卑于河底矣。运淤，清江与烂泥浅尽淤，今洪泽湖底渐成平陆矣。河身既垫高若此，而黄流裹沙之水自西北来，昼夜不息，一至徐、邳、宿、桃，即缓弱散漫。臣目见河沙无日不积，河身无日不加高，若不大修治，不特洪泽湖渐成陆地，将南而运河,东而清江浦以下,淤沙日甚,行见三面壅遏,而河无去路,势必冲突内溃,河南、山东俱有沦胥沈溺之忧,彼时虽费千万金钱,亦难克期补救。"因分列大修事宜八:曰取土筑堤,使河宽深;曰开清口及烂泥浅引河,使得引淮刷黄;曰加筑高家堰堤岸;曰周桥闸至翟家坝决口三十四,须次第堵塞;曰深挑清口至清水潭运道,增培东西两堤;曰淮扬田及商船货物,酌纳修河银;曰裁并河员以专责成;曰按里设兵,画堤分守。廷议以军务未竣,大修募夫多,宜暂停。疏再上,惟改运土用夫为车运,余悉如所请。于是各工并举。大挑清口、烂泥浅引河四,及清口至云梯关河道,创筑关外束水堤万八千余丈,塞于家冈、武家墩大决口十六,又筑兰阳、中牟、仪封、商丘月堤及虞城周家堤。明年,创建王家营、张家庄减水坝二,筑周桥翟坝堤二十五里,加培高家堰长堤,山、清、安三县黄河两岸及湖堰,大小决口尽塞。优诏褒美。

十八年,建南岸山毛城铺、北岸大谷山减水石坝各一,以杀上流水势。二十年,塞杨家庄,盖决五年矣。是岁增建高邮南北滚水坝八,徐州长樊大坝外月堤千六百八十九丈。大修至是已三年,河未尽复故道,辅自劾。部议褫职,上命留任。二十一年,决宿迁徐家湾,随塞。又决萧家渡。先是河身仅一线,辅尽堵杨家庄,欲束水刷之,而引河浅窄,淤刷鼎沸,遇徐家湾堤卑则决,萧家渡土松则又决。会候补布政使崔维雅上河防刍议,条列二十四事,请尽变辅前法。上遣尚书伊桑阿、侍郎宋文运履勘,命维雅随往。维雅欲尽毁减水坝,别图挑筑。伊桑阿等言辅所建工程固多不坚,改筑亦未必成功。辅亦申辩"工将次第告竣,不宜有所更张。"并下廷议。因召辅至京,辅言"萧家口明正可塞,维雅议不可行。"上是之,命还工。二十二年春,萧家渡塞,河归故道。明年,上南巡阅河,赐诗褒美。

二十四年秋,辅以河南地在上游,河南有失,则江南河道淤淀不旋踵。乃筑考城、仪封堤七千九百八十九丈,封丘荆隆口大月堤三百三十丈,荥阳埽工三百十丈,又凿睢宁南岸龙虎山减水闸四。上念高邮诸州湖溢淹民田,命安徽按察使于成龙修治海口及下河,听辅节制。旋召辅、成龙至京集议。成龙力主开浚海口；辅言下河海口高内地五尺，应筑长堤高丈六尺，束水趋海。所见不合，下廷臣议，亦各持一说。上以讲官乔莱江北人，召问，莱言辅议非是。因遣尚书萨穆哈等勘议，还言开海口无益。会江宁巡抚汤斌入为尚书，询之，斌言海口开则积水可泄，惟高邮、兴化民虑毁庐墓为不便耳。乃黜萨穆哈，颁内帑二十万，命侍郎孙在丰董其役。时又有督修下河宜先塞减水坝之议，上不许。召辅入对，辅言南坝永塞，恐淮弱不敌黄强，宜于高家堰外增筑重堤，截水出清口不入下河，停丁溪等处工程。成龙时任直抚，示以辅疏，仍言下河宜浚，修重堤劳费无益。议不决。复遣尚书佛伦等勘议，佛伦主辅议。

二十七年，御史郭琇劾辅治河无绩，内外臣工亦交章论之，乃停筑重堤，免辅官，以闽浙总督王新命代之，仍督修下河，镌在丰级，以学士凯音布代。明年，上南巡，阅高家堰，谓诸臣曰："此堤颇坚固，然亦不可无减水坝以防水大冲决。但靳辅欲于旧堤外更筑重堤，实属无益。"并以辅于险工修挑水坝，令水势回缓，甚善。车驾还京，复其官。三十一年，新命罢，仍令辅为河督。辅以衰疾辞，命顺天府丞徐廷玺副之。辅请于黄河两岸值柳种草，多设涵洞，俱报可。是冬，辅卒，上闻，叹悼，予骑都尉世职。以于成龙为河督。

越二年，召询成龙曰："减水坝果可塞否？"对曰："不宜塞，仍照辅所修而行。"上曰："如此，何不早陈？尔排陷他人则易，身任总河则难，非明验耶？"三十四年，成龙遭父忧，以漕督董安国代之。明年，大水，决张家庄，河会丹、沁逼荥泽，徙治高埠。又决安东童家营，水入射阳湖。是岁筑拦黄大坝，于云梯关挑引河千二百余丈，于关外马家港导黄由南潮河东注入海。去路不畅，上游惕溃，而河患日亟。三十六年，决时家码头。明年，仍以成龙为河督。三十八年春，上南巡，临视高家堰等堤，谓诸臣曰："治河上策，惟以深浚河身为要。河底浚深，则洪泽湖水直达黄河，兴化、盐城等七州县无泛滥之患，田产自然涸出。若不治源，治流终无裨益。今黄、淮交会之口过于径直，应将河、淮之堤各迤东湾曲拓筑，使之斜行会流，则黄不致倒灌矣。"

　　明年，成龙卒，以两江总督张鹏翮为河督。是岁塞时家码头，从鹏翮先疏海口之请，尽拆云梯关外拦黄坝，赐名大清口；建宿迁北岸临黄外口石闸，徐州南岸杨家楼至段家庄月堤。四十一年，上谓永定河石堤甚有益，欲推行黄河两岸，自徐州至清口皆修石堤。鹏翮言："建筑石工，必地基坚实。惟河性靡常，沙土松浮，石堤工繁费钜，告成难以预料。"遂作罢。四十二年，上南巡，阅视河工，制河臣箴以赐鹏翮。秋，移建中河出水口于杨家楼，逼溜南趋，清水畅流敌黄，海口大通，河底日深，黄水不虞倒灌。上嘉鹏翮绩，加太子太保。四十六年八月，决丰县吴家庄，随塞。明年，鹏翮入为刑部尚书，以赵世显代之。

　　四十八年六月，决兰阳雷家集、仪封洪邵湾及水驿张家庄各堤。六十年八月，决武陟詹家店、马营口、魏家口，大溜北趋，注滑县、长垣、东明，夺运河，至张秋，由五空桥入盐河归海。自河工告成，黄流顺轨，安澜十余年矣，至是遣鹏翮等往勘。九月，塞詹家店、魏家口；十一月，塞马营口。世显罢，以陈鹏年署河道总督。六十一年正月，马营口复决，灌张秋，奔注大清河。六月，沁水暴涨，冲塌秦家厂南北坝台及钉船帮大坝。时王家沟引河成，引溜由东南会荥泽入正河，马营堤因无恙。鹏年复于广武山官庄峪挑引河百四十余丈以分水势。九月，秦家厂南坝甫塞，北坝又决，马营亦漫开；十二月，塞之。

　　雍正元年六月，决中牟十里店、娄家庄，由刘家寨南入贾鲁河。会鹏年卒，齐苏勒为总河，虑贾鲁河下注之水，山盱、高堰临湖堤工不能容纳，亟宜相机堵闭，上命兵部侍郎嵇曾筠驰往协议。七月，决梁家营、詹家店，复遣大学士张鹏翮往协修，是月塞。九月，决郑州来童寨民堤，郑民挖阳武故堤泄水，并冲决中牟杨桥官堤，寻塞。是岁建清口东西束水坝以御黄蓄清。

　　二年，以嵇曾筠为副总河，驻武陟，辖河南河务，东河分治自此始。六月，决仪封大寨、兰阳板桥，逾月塞之。三年六月，决睢宁朱家海,东注洪泽湖。明年四月,塞未竣,河水陡涨,冲塌东岸坝台,睢宁、虹、泗、桃源、宿迁悉被淹,命两广总督孔毓驰也勘协防,十二月塞。是月河清,起陕西府谷讫江南桃源。五年,齐苏勒以朱家海素称险要,增筑夹坝月堤、防风埽,并于大溜预冲处削陡岸为斜坡,悬密叶大柳于坡上,以抵溜之汕刷。久之,大溜归中泓,柳枝沾持泥滓,悉成沙滩,易险为平,工不劳而费甚省。因请凡河崖陡峻处,俱仿此行。六年,曾筠内迁礼部尚书,副总河如故,命署广东按察使尹继善协理江南河务。

七年,改河道总督为江南河道总督,驻清江,以孔毓珣任,省副总河。以曾筠为山东河道总督,驻济宁。上以明臣潘季驯有每岁派夫加高堤身五寸之议,前靳辅亦以为言,计岁费不过三四万,下两河总督议。毓珣等请酌缓急,分年轮流加倍,约岁需二万余金,下部议行。八年,毓珣卒,曾筠调督南河,田文镜兼署东河总督。五月,敕建河州口外河源神庙成,加封号。是月,河清,起积石关讫撒喇城查汉斯。是岁决宿迁及桃源沈家庄,旋塞。以封丘荆隆口大溜顶冲开黑坝口至柳园口引河三千一百五十丈。十年,增修高堰石堤成。十一年,拣派部院司员赴南河学习,期以三年。授曾筠文华殿大学士兼吏部尚书,督南河如故,命两淮盐政高斌就习河务。曾筠旋遭母忧,斌署南河总督。

乾隆元年四月,河水大涨,由砀山毛城铺闸口汹涌南下,堤多冲塌,潘家道口平地水深三五尺。上以下流多在萧、宿、灵、虹、睢宁、五河等州县,今止议浚上源而无疏通下游之策,则水无归宿,下江南、河南各督抚暨两总河委勘会议,并移南副总河驻徐州以专督率。旋高斌请浚毛城铺迤下河道,经徐、萧、睢、宿、灵、虹至泗州安河陡门,纡直六百余里,以达洪泽,出清口会黄,而淮扬京员夏之芳等言其不便。明年,召斌询问,斌绘图呈览,乃知之芳等所言失实,令同总督庆复确估定议,并将开浚有利无害,晓喻淮扬士民。初,斌疏浚毛城铺水道,别开新口塞旧口,以免黄河倒灌。至三年秋,河涨灌运,论者多归咎新开运口。斌言:"十月后黄水平退,湖水畅流,新淤随溜刷去,可无虞浅涩。"四年,斌又言:"上年清水微弱,时值黄水异涨,并非开新口所致",而南人言者不已。上遣大学士鄂尔泰驰勘,亦言新口宜开。明年,黄溜仍南逼清口,仿宋陈尧佐法,制设木龙二,挑溜北行。

六年,斌以宿迁至桃源、清河二百余里,河流湍激,北岸只缕堤六,并无遥堤,又内逼运河,将运河南岸缕堤通筑高厚,作黄河北岸遥堤,更于缕堤内择要增筑格堤九。未成,斌调督直隶,完颜伟继之。先是上以河溜逼清口,倒漾为患,诏循康熙间验迹,开陶庄引河,导黄使北,遣鄂尔泰会勘。议甫定,以汛水骤涨停工,斌亦去任。至是,完颜伟虑引河不就,于清以西、黄河南岸设木龙挑溜北走,引河之议寝。厥后四十一年,上决意开之,逾年工竣,新河直抵周家庄,会清东下,倒漾之患永绝。

七年,决丰县石林、黄村,夺溜东趋,又决沛县缕堤,旋塞。完颜伟调督东河,改白钟山南河总督。初丰、沛决时,大学士陈世倌往勘,添建滚水石坝二于天然南北二坝处,以分泄水势。十年,决阜宁陈家浦。时淮、黄交涨,沿河州县被淹。漕督顾琮言:"陈家浦逼近海口,以下十余里向无堤工,每遇水涨,任其散溢。若仍于此堵塞,是与水争地,费多益少,应于上流筑遥堤以束水势。"事下讷亲、高斌,仍议塞旧决口。十一年,钟山罢,顾琮署南总河,建木龙三于安东西门,逼溜南趋,自木龙以上皆淤滩,化险为平。

十三年,琮调督东河,诏大学士高斌管南河事。斌以云梯关下二套涨出沙滩,大溜南趋,直逼天妃宫辛家荡堤工,开分水引河,并修补徐州东门外蛰裂石堤。琮亦以祥符十九堡南岸日淤,大溜北趋逼堤根,建南北坝台,并于坝外掷埽签桩。十六年六月,决阳武,命斌赴工,会琮堵筑,十一月塞。十七年,上以豫省河岸大堤外有大行堤一,连接直、东,年久残缺,在直隶者,令方观承勘修,其山东界内,有无汕刷残缺,令鄂容安查修。鄂容安言曹、单二县大行堤大小残缺三千四百三十丈,并加帮卑薄,补筑缺口三百三十余丈,疏浚堤南泄水河以宣坡水。

十八年秋，决阳武十三堡。九月，决铜山张家马路，冲塌内堤、缕越堤二百余丈，南注灵、虹诸邑，入洪泽湖，夺淮而下。以尹继善督南河，遣尚书舒赫德偕白钟山驰赴协理。同知李焞、守备张宾侵帑误工，为学习河务布政使富勒赫所劾，勘实，置之法。高斌及协理张师载坐失察，缚视行刑。是冬，河塞。

方铜山之始决也，下廷议，吏部尚书孙嘉淦独主开减河引水入大清河，略言：“自顺、康以来，河决北岸十之九。北岸决，溃运者半，不溃者半。凡其溃道，皆由大清河入海者也。盖大清河东南皆泰山基脚，其道亘古不环，亦不迁移。前南北分流时，已受河之半。及张秋溃决，且受河之全，未闻有冲城郭淹人民之事，则此河之有利无害，已足徵矣。今铜山决口不能收功，上下两江二三十州县之积水不能消涸，故臣言开减河也。上游减则下游微，决口易塞，积水早消。但河流湍急，设开减河而夺溜以出，不可不防，故臣言减入大清河也。现开减河数处，皆距大清河不远。计大清河所经，只东阿、济阳、滨州、利津四五州县，即有漫溢，不过偏灾，忍四五州县之偏灾，可减两江二三十州县之积水，并解淮、扬两府之急难，此其利害轻重，不待智者而后知也。减河开后，经两三州县境，或有漫溢，筑土埝以御之，一入大清河，则河身深广，两岸堵筑处甚少，计费不过一二十万，而所省下游决口之工费，赈济之钱米，至少一二百万，此其得失多寡，亦不待智者而后知也。计无便于此者。”上虑形势隔碍，不能用。自铜山塞后，月堤内积水尚深七八尺至丈八九尺。上命于引河兜水坝南再开引河分溜，使新工不受冲激。二十一年，决孙家集，随塞。明年二月，上南巡至天妃闸阅木龙。时钟山调总南河，偕东河总督张师载言：“徐州南北岸相距甚迫，一遇盛涨，时有溃决。请挑浚淤浅，增筑堤工，并堵筑北岸支河，为南北分筹之计。”制可。二十三年，命安徽巡抚高晋协理南河。秋七月，决窦家寨新筑土坝，直注毛城铺，漫开金门土坝。晋言：“土坝过高，阻遏水势，以致壅决，不须再筑。”上不许，并令开蒋家营、傅家洼引河仍导入黄。

二十六年七月，沁、黄并涨，武陟、荥泽、阳武、祥符、兰阳同时决十五口,中牟之杨桥决数百丈,大溜直趋贾鲁河。遣大学士刘统勋、公兆惠驰勘,巡抚常钧请先筑南岸。上谓河流夺溜,宜亟堵杨桥,钧言大谬,调抚江西,以胡宝瑔为河南巡抚,并令高晋赴豫协理。十一月塞,上闻大喜,命于工所立河神庙。三十年,上南巡,祭河神,阅清口东坝木龙惠济闸。三十一年,决铜沛厅之韩家堂,旋塞。

三十三年,豫抚阿思哈请以豫工节省银加筑堤岸,总河吴嗣爵言:“豫省河面宽,溜势去来无定,旋险旋平,若将土埽划为成数,恐各工员视为年例额支,转启兴工冒销之弊。”议遂寝。明年,嗣爵言:“铜瓦厢溜势上提,杨桥大工自四五埽至二十一埽俱顶冲迎溜。请于桃汛未届拆修,加镶层土层柴,镶压坚实。两岸大堤外多支河积水,汛发时,引溜注堤,宜多筑土坝拦截。”上俱可其奏。三十七年,东河总督姚立德言:“前筑土坝,保固堤根,频岁安澜,已著成效。请俟冬春间旷,培筑土坝,密栽柳株,俾数年后沟槽淤平,可永固堤根。”上嘉奖之。

三十八年五月,河溢朝邑,涨至二丈五尺,民居多漂没。三十九年八月,决南河老坝口,水溜由山子湖下注马家荡、射阳湖入海,板闸、淮安俱被淹没,寻塞。四十一年,嗣爵言黄水倒灌洪湖、运河,清口挑挖引河恐于事无济。会内迁,萨载署南总河,上命偕江南总督高晋勘议。晋等言:“臣晋在工二十余年,历经倒灌。惟有将清口通湖引河挑挖,使得畅流汇黄东注,并力刷沙,则黄河不浚自深,海口不疏自治,补偏救弊,惟此一法。”又言:“清口西所建木龙,原冀排溜北趋,刷陶庄积土,使黄不逼清。但骤难尽刷,宜于陶庄积土之北开一引河,使黄离清口较远,至周家庄会清东注,不惟可免倒灌,淤沙渐可攻刷,即圩堰亦资稳固,所谓治淮即以治黄也。”明年二月,引河成。上喜成此钜工,一劳永逸,可废数百年藉清敌黄之说,伤建河神庙于新口石坝,自制文记之。

四十三年,决祥符,旬日塞之。闰六月,决仪封十六堡,宽七十余丈,地在诸口上,掣溜湍急,由睢州、宁陵、永城直达亳州之涡河入淮。命高晋率熟谙河务员弁赴豫协堵，拨两淮盐课银五十万、江西漕粮三十万赈恤灾民，并遣尚书袁守侗勘办。八月，上游迭涨，续塌二百二十余丈，十六堡已塞复决。十二月再塞之。越日，时和驿东西坝相继蛰陷。遣大学士公阿桂驰勘。明年四月，北坝复陷二十余丈。上念仪工綦切，以古有沈璧礼河事，特颁白璧祭文，命阿桂等诣工所致祭。四十五年二月塞。是役也，历时二载，费帑五百余万，堵筑五次始合，命于陶庄河神庙建碑记之。六月，决睢宁郭家渡，又决考城、曹县，未几俱塞。十一月，张家油房塞而复开。

四十六年五月，决睢宁魏家庄，大溜注洪泽湖。七月，决仪封，漫口二十余，北岸水势全注青龙冈。十二月，将塞复蛰塌，大溜全掣由漫口下注。四十七年，两次堵塞，皆复蛰塌。阿桂等请自兰阳三堡大坝外增筑南堤，开引河百七十余里，导水下注，由商丘七堡出堤归入正河，掣溜使全归故道，曲家楼漫口自可堵闭。上从其言。明年二月，引河成，三月塞。四十九年八月，决睢州二堡，仍遣阿桂赴工督率，十一月塞。

先是上念豫工连岁漫溢，堤防外无宣泄之路，欲就势建减水坝，俾大汛时有所分泄，下阿桂及河、抚诸臣勘议。至是，阿桂等言："豫省堤工，荥泽、郑州土性高坚，距广武山近，毋庸设减坝。中牟以下，沙土夹杂，或系纯沙，建坝不能保固。至堤南泄水各河，惟贾鲁河系泄水要路，经郑州、中牟、祥符、尉氏、扶沟、西华至周家口入沙河。又惠济系贾鲁支河，二河窄狭淤垫，如须减黄，应大加挑浚，需费浩繁，非一时所能集事。惟兰、仪、高家寨河势坐湾，若挑浚取直，引溜北注，河道可以畅行。"上然之。五十一年秋，决桃源司家庄、烟墩，十月塞。明年夏，复决睢州，十月塞。十二月，山西河清二旬，自永宁以下长千三百里。五十四年夏，决睢宁周家楼，十月塞。五十九年，决丰北曲家庄，寻塞。

嘉庆元年六月，决丰汛六堡，刷开运河余家庄堤，水由丰、沛北注山东金乡、鱼台，漾入昭阳、微山各湖，穿入运河，漫溢两岸，江苏山阳、清河多被淹。南河总督兰锡第导水入蔺家山坝，引河由荆山桥分达宿迁诸湖，又启放宿迁十家河竹络坝、桃源顾家庄堤，泄水仍入河下注，并于漫口西南挑挖旧河，引溜东趋入正河，绘图以闻。上令取直向南而东，展宽开挖，俾溜势直注正河，较为得力。命两江总督苏凌阿、山东布政使康基田会勘筹办。十一月，复因凌汛蛰塌坝身二十余丈，时苏凌阿按事江西，改命东河总督李奉翰赴工会办。明年二月塞，加奉翰太子太保，调督两江，兼管南河事。是年七月，河溢曹汛二十五堡。

三年春，坝工再蛰，奉翰自劾，遣大学士刘墉、尚书庆桂履勘，并责问奉翰等因循。墉等言漫口已跌成塘，珣届凌汛，请展至秋后兴工。八月，溢睢州，水入洪泽湖。上游水势既分，曹工遂以十月塞。明年正月，睢工亦塞。三月，以河南布政使吴璥署东河总督。璥言："豫东两岸堤工丈尺加增，而淤垫如故，病在丰、曹、睢叠经漫溢，虽塞后顺轨安澜，然引河不能宽畅，且徐城河狭，旁泄过多，遂成中梗。去淤之法，惟在束水攻沙，以堤束水。闻江南河臣康基田培筑堤工，极为认真，应令酌看堤埽情形，守护闸坝，宣泄有度，自可日见深通。"上命与基田商办。八月，决砀汛邵家坝。十二月，已塞复渗漏，又料船不戒，延烧殆尽，基田夺职留工，调璥督南河，以河南布政使王秉韬为东河总督，移东河料物迅济南河。

五年冬，邵家坝塞。六年九月，溢萧南唐家湾，十一月塞。八年九月，决封丘衡家楼，大溜奔注，东北由范县达张秋，穿运河东趋盐河，经利津入海。直隶长垣、东平、开州均被水成灾。上饬布政使瞻住抚恤，复遣鸿胪卿通恩等治赈，兵部侍郎那彦宝赴工，会同东河总督嵇承志堵筑。明年二月塞。

十年闰六月，两江总督铁保言："河防之病，有谓海口不利者，有谓洪湖淤垫者，有谓河身高仰者。此三说皆可勿论。惟宜专力于清口，大修各闸坝，借湖水刷沙而河治。湖水有路入黄，不虞壅滞，而湖亦治。"上嘉其言明晰扼要。"至谓清水敌黄，所争在高下不在深浅，所论固是，但湖不深，焉能多蓄？是必蓄深然后力能敌黄。俟大汛后，会商南河总督徐端，迅将商堰五坝，及各闸坝支河，酌量施工。"时有议由王营减坝改河经六塘河入海者,铁保偕南河总督戴均元上言:"新河堤长四百里,中段漫水甚广,急难施工,必须二三年之久,约费三四百万。堵筑减坝,不过二三月,费只二百余万。且旧河有故道可寻,施工较易。"上从之。

十一年四月,兵部侍郎吴璥再督东河。六月,复置南副总河,降徐端为之。七月,决宿迁周家楼。八月,决郭家房。先后塞之。十二年六月,漫山、安马港口、张家庄,分流由灌口入海,旋塞。七月,决云梯关外陈家浦,分流强半由五辛港入射阳湖注海。十三年二月,陈家浦塞。铁保等请复毛城铺石坝、王营减坝,培两岸大堤,接筑云梯关外长堤,及培高堰、山盱堤后土坡。遣大学士长麟等驰勘。太仆寺卿莫瞻菉言:"河入江南,惟资淮以为抵御。淮萃七十二河之水汇于洪泽,以堰、盱石堤五坝束之,令出清口汇黄入海,此即束水攻沙之道。今治南河,宜先治清口,保守五坝。五坝不轻启泄,则湖水可并力刷黄。黄不倒灌,运河自可疏通。今河臣请接筑云梯关外长堤二百余里,则于坐湾取直处,必须添筑埽段以为防护。既设修防,必添建厅营,多设官兵。是徒多糜费之烦,示必收束刷之效。至谓修复毛城滚坝,挑挖洪、滩,为减黄流异涨,以保徐城则可,若恃此助清济运则不可。自黄水入湖淤停,水势奔注,堰、盱五坝且难防守,又何能使之畅出清口? 故加培五坝,使湖水畅出,悉力敌黄,顺流直下,即可淘刷河身以入海。"御史徐亮言:"铁保等条陈修防各事,惟于原议高堰石坦坡,未曾筹及蓄清刷黄,专在固守高堰,实得全河关键,以柔制刚,其法最善。风浪冲击,至坡则平。然全堰俱得坦坡外护,则五坝可永闭不开,清水可全力刷黄,淮阳可长登衽席,此万世永图而目前急务也。海口,尾闾也。清口,咽喉也。高堰则心腹也。要害之地,宜先著力。"璥亦以为言。长麟等覆称:"毛城坝易致冲决,应无庸议。王营减坝积水太深,难以施工。请改建滚坝于其西,并添筑石坝。至碎石坦坡,工段绵长,时难猝办,先筑土坡。"余如铁保言。均元病免,端复督南河。初,陈家浦漫溢,由射阳湖旁趋入海。铁保等以挑河费钜,径由射阳湖入海,较正河为近,因有改河道之议。至是，命敳等履勘。敳等言："前明及康熙间所有灌河入海之路，覆辙俱在。现北潮河汇流马港口、张家庄漫水尚在，壅积可见。去路不畅，又不能刷出河槽，此外更无可另辟海口之路。仍请修复故道，接筑云梯关外大堤，东水东注。"上如其言。是年六月，决堂子对岸千根棋杆及荷花塘，掣通临湖砖百余丈，堂子对岸及千根棋杆随塞，荷花塘既堵复蛰。端再降副总河，以敳总南河。明年正月塞。是年冬，筑高堰碎石坦坡。

十五年八月，端复督南河，省副总河。十一月，大风激浪，决出盱属仁、义、智三坝砖石堤三千余丈，及高堰属砖石堤千七百余丈。端启高邮车逻大坝及下游归江各闸坝，并先堵仁、智坝以泄水势。时敬养病家居，上垂询办法。敳言义坝应一律堵筑，高堰石工尤须于明年大汛前修竣。上嘉所论切要。未几，仁、义、智三坝及马港俱塞，河归正道入海。明年四月，马港复决。五月，王营减坝蛰陷。七月，决邳北绵拐山及萧南李家楼。十二月，王营减坝塞。十七年二月，李家楼亦塞。十八年九月，决睢州及睢南薛家楼、桃北丁家庄，褫东河总督李亨特职，以均元代之。明年正月，均元内召，起敳再督东河，董理睢工。二十年二月塞。二十三年六月，溢虞城。二十四年七月，溢仪封及兰阳，再溢祥符、陈留、中牟，夺叶观潮职，以李鸿宾督东河。敳时为刑部尚书，偕往会筹。未几，陈留、祥符、中牟俱塞，而武陟缕堤决，观潮连堵沟槽五。又决马营坝，夺溜东趋，穿运注大清河，分二道入海。仪封缺口寻洇。上命枷示观潮河干。均元以大学士偕侍郎那彦宝履勘。那彦宝留督马营坝工。久之，坝基不定，鸿宾被斥责，遂以不谙河务辞。上怒，夺其职，观潮复督东河。二十五年三月，马营口塞，加河神金龙四大王、黄大王、朱大王封号。是月仪封又漫塌，削观潮及豫抚琦善职。宣宗立，仍命敳及那彦宝赴工会办，十二月塞。

道光元年，礼部右侍郎吴烜言："据御史王云锦函称，去冬回籍过河，审视原武、阳武一带，堤高如岭，堤内甚卑。向来堤高于滩丈八尺，自马营坝漫决，滩淤，堤高于滩不过八九尺。若不急于增堤，恐至夏盛涨,不免有出堤之患。"上命河督张文浩偕豫抚姚祖同履勘。三年,江督孙玉庭、河督黎世序加培南河两岸大堤,令高出盛涨水痕四五尺,除有工及险要处堤顶另估加宽,余悉以丈五尺及二丈为度。五月工竣。四年十一月,大风,决高堰十三堡,山盱周桥之息浪庵坏石堤万一千余丈,夺文浩职,以严烺督南河,遣尚书文孚、汪庭珍驰勘。侍讲学士潘锡恩言:"蓄清敌黄,相传成法。大汛将至,则急堵御黄坝,使黄水全力东趋。今文浩迟堵此坝,致黄河倒灌,酿成如此巨患。且欲筹减泄,当在下游。乃辄开祥符闸,减黄入湖。坝口既灌于下,闸口复灌于上,黄无出路,湖垫极高,为患不可胜言。"寻文孚等亦以为言。文浩遣戍,玉庭褫职留任。十二月,十三堡、息浪庵均塞。

五年十月,东河总督张井言:"自来当伏秋大汛,河员皆仓皇奔走,救护不遑。及至水落,则以见在可保无虞,不复求疏刷河身之策,渐至清水不能畅出,河底日高,堤身递增,城郭居民,尽在水底之下,惟仗岁积金钱,抬河于最高之处。"上嘉所言切中时弊。初,琦善等有改移海口以减黄,抛护石坡以蓄清之议。至是,井言灌河海口屡改屡决,自不可轻易更张,即碎石坦坡,亦有议及流弊者,尤不可不从长计议。是月增培河南十三厅、山东漕河、粮河二厅堤堰坝埽各工,皆从井请也。

六年春,河复涨,命井偕琦善、烺会勘海口。琦善、烺知海口不能改,乃条上五事,皆一时补苴之计。井言:"履勘下游,河病中满,淤滩梗塞难疏,海口无可移改,请由安东东门工下北岸别筑新堤,改北堤为南堤,相距八里十里,中挑引河,导河由北傍旧河行至丝网滨入海。河水高堤内滩丈五六尺,引河挑深一丈,则水势高下几三丈,形势顺利。自东门工至御黄坝六十里,去路既畅,上游可落水四五尺。黄落则御坝可启,束清坝,挑清水,外出刷黄,底淤攻尽,黄可落至丈余。湖水蓄七八尺,已为建瓴,石工易保。"上善其策。于是烺坐堰、盱新工卸,降三品调署东河,而以井督南河,淮扬道潘锡恩副之,使经画其事。而琦善以改河非策,请启王家营减坝,将正河挑挖深通,放清水刷涤,再堵坝挽黄归正河。已允行矣,给事中杨煊言:"嘉庆中王家营减坝开,上下游州县俱灾。如此减黄不夺溜,何必奏筹抚恤?今奏启减坝,至预及抚恤堵口事宜,即与从前情形无异。下壅上溃,不可不防。"事下江督、河督会议。井初议安东改河,时挠之者谓东门工埽外有旧抛碎石,正当咽喉,恐有阻遏。井谓有石处可启除其吴工碎石千余方,但上下挈通,亦断不致碍全河。然议者终以为疑。及井见煊奏,复言:"嘉庆间减坝遇水后,次年黄仍倒灌,今河底淤高丈四五尺,岂如当时深通。兼以洪湖石工隐患甚多,本年二月,存水丈二尺八寸,遇风已多挈卸。秋后湖水止能蓄至三丈,冬令有耗无增,来年重运经行,必黄水止存二丈八九尺,清方高于黄一尺。若黄加高,即成倒灌。御黄坝外河底垫高,淤运淤湖,为害不小。且海州积水未消,盐河遥堤地高,去路不畅,启坝后河必抬高,徒深四邑之灾,无补全河之病。请于减坝迤下安东门工上山安厅李工遥堤外筑北堤,斜向趋东,仍与前议改河堤工相连,增长七千余丈,挑河至八套即入正河。李工至八套旧堤长四万一千丈,取直筑堤,仅长三万二千余丈,可避东门碎石之阻。河减清高,漕行自利。督臣意以开放减坝已经奏定,不得以旁观一言辄思变计,并胪列七难驳臣所议。臣已逐条致覆。"疏入,上终以改河为创举,从琦善议。

十一年七月,决杨河厅十四堡及马棚湾,十二月塞。十二年八月,决祥符。九月,桃源奸民陈瑞因河水盛涨,纠众盗挖于家湾大堤,放淤肥田,致决口宽大,挈全溜入湖。桃南通判田锐等褫职遣戍。是月祥符塞。明年正月,于家湾塞。十五年,以栗毓美为东河总督。时原武汛串沟受水宽三百余丈,行四十余里,至阳武汛沟尾复入大河,又合沁河及武陟、荥泽诸滩水毕注堤下。两汛素无工,故无稭料,堤南北皆水,不能取土筑堤。毓美试用抛砖法,于受冲处抛砖成坝。六十余坝甫成,风雨大至,支河首尾决,而坝如故。屡试皆效。遂请减稭石银兼备砖价,令沿河民设窑烧砖,每方石可购二方砖。行之数年,省帑百三十余万,而工益坚。会有不便其事者,持异议。于是御史李莼请停烧砖。上遣莼随尚书敬征履勘,卒以溜深急则砖不可恃,停之。

十九年,毓美复以砖工得力省费为言,乃允于北岸之马营、荥原两堤,南岸之祥符下汛、陈留汛,各购砖五千方备用。二十一年六月,决祥符,大溜全掣,水围省城。河督文冲请照睢工漫口,暂缓堵筑。遣大学士王鼎、通政使慧成勘议。文冲又请迁省治,上命同豫抚牛鉴勘议。时河溜由归德、陈州折入涡会淮注洪泽,湖,折展御黄、束清各坝,尚不足资宣泄,并展放礼、智、仁坝,义河亦启放。八月,鉴言节逾白露,水势渐落,城垣可无虞,自未便轻议迁移。鼎等言:"河流随时变迁,自古迄无上策,然断无决而不塞、塞而不速之理。如文冲言,俟一二年再塞,且引睢工为证。查黄水经安徽汇洪泽,宣泄不及,则高堰危,淮扬尽成巨浸。况新河所经,须更筑新堤,工费均难数计。即幸而集事,而此一二年之久,数十州县亿万生灵流离,岂堪设想。且睢工漫口与此不同。河臣所奏,断不可行。"疏入,解文冲任,枷示河干,以朱襄继之。

二十二年,祥符塞,用帑六百余万,加鼎太子太师。七月,决桃源十五堡、萧家庄,溜穿运由六塘河下注。未几,十五堡挂淤,萧家庄口刷宽百九十余丈,掣动大溜,正河断流。河督麟庆意欲改道,遣尚书敬征、廖鸿荃履勘。敬征等言,改河有碍运道,惟有迅堵漫口,挽归故道,俟明年军船回空后,筑坝合龙,从之。十一月,以吏部侍郎潘锡恩总督南河。二十三年,御史雷以諴言,决口无庸堵塞,请改旧为支,以通运道。下锡恩勘议。锡恩言灌口非可行河之地,北岸无可改河之理,不敢轻议更张,漕船仍由中河灌塘。上然之,更命侍郎成刚、顺天府尹李德会勘。六月,决中牟,水趋朱仙镇,历通许、扶沟、太康入涡会淮。复遣敬征等赴勘,以钟祥为东河总督,鸿荃督工。旋以尚书麟魁代敬征。二十四年正月,大风,坝工蛰动,旋东坝连失五占,麟魁等降黜有差,仍留工督办。七月,上以频年军饷河工一时并集,经费支绌,意欲缓至明秋兴筑。钟祥等力陈不可。十二月塞,用帑千一百九十余万。二十九年六月,决吴城。十月,命侍郎福济履勘,会同堵合。

咸丰元年闰八月,决丰北下汛三堡,大溜全掣,正河断流。时侍郎瑞常典试江南,命试竣便道往勘,又命福建按察使查文经驰赴会办。三年正月,丰北三堡塞,敕建河神庙,从河督杨以增请也。五月大雨,水长溜急,丰北大坝复蛰塌三十余丈。上责以增及承修各员加倍罚赔。五年六月,决兰阳铜瓦厢,夺溜由长垣、东明至张秋,穿运注大清河入海,正河断流。上念军务未平,饷糈不继,若能因势利导,使黄流通畅入海,则兰阳决口即可暂缓堵筑。事下河督李钧察奏。钧旋陈三事:"曰顺河筑埝。东西千余里筑堤,所费不赀,何敢轻议。除河近城垣不能不筑提坝以资抵御,余拟就漫水所及,酌定埝基,劝民接筑,高不过三尺,水小藉以拦阻,水大听其漫过。散水无力,随漫随淤,地面渐高,且变沙碛为沃壤矣。曰遇湾切滩。河性喜坐湾,每至涨水,遇湾则怒而横决。惟于坐湾之对面,劝令切除滩嘴,以宽河势,水涨即可刷直,就下愈畅,并可免兜滩冲决之虞。曰堵截支流。见在黄流漫溢,既不能筑坚堤以束其流,又不能挑引河以杀其势,宜乘冬令水弱溜平,劝民筑坝断流,再于以下沟槽跨筑土格,高出数尺。漫水再入,上无来源,下无去路,冀渐淤成平陆。"东抚崇恩亦以为言。上令直隶、山东、河南各督抚妥为劝办。

十一年,御史薛书堂言:"南河自黄水改道,下游已无工可修,请省南河总督及厅员。"下廷臣议。侍郎沈兆霖言:"导河始自神禹,九河故道皆在山东,入海处在今沧州,是禹贡之河,固由东北入海。自汉王莽时河徙千乘入海,而禹之故道失。历东汉迄隋、唐,从无变异。宋神宗时,河分南北两派并行,北派由北清河入海,即今大清河。至元至元间,会通河成,惧河北行碍运,而北流塞。历今五六百年,河屡北决,无不挽之使南。说者谓河一入运,必挟泥沙以入海,而运道亦淤,故顺河之性,北行为宜。乾隆朝,孙嘉淦请开减河入大清河一疏,言之甚详,足破北行碍运之疑。夫河入大清,由利津入海,正今黄河所改之道。见在张秋以东,自鱼山至利津海口,皆筑民□,□兰仪之北、张秋之南,河自决口而出,夺赵王河及旧引河,滥平原，田庐久被淹浸。张秋高家林旧堰残缺过多，工程最钜。如东明、长垣、菏泽、郓城，其培筑较张秋为易。宜乘此时顺水之性，听其由大清河入海，谕令绅民力筹措办，或应开减河，或应筑堤堰，统于水落兴工。河庆顺轨，民乐力田，缺额之地丁可复，历年之赈济可停，就此裁去南河总督及厅员，可省岁帑数十万，而归德、徐、淮一带地几千里，均可变为沃壤，逐渐播种升科，似亦一举而兼数善者矣。"下直督恒福、东抚文煜、豫抚庆廉、东河总督黄赞汤勘议。六月，省南河总督，及淮扬、淮海、丰北、萧南、宿南、宿北、桃南、桃北各道厅，改置淮扬徐海兵备道，兼辖河务。

同治二年，复省兰仪、仪睢、睢宁、商虞、曹考五厅。六月，漫上南各厅属，水由兰阳下注，直、东境内涸出村庄，复被淹没。菏泽、东明、濮、范、齐河、利津等州县，水皆逼城下。署河督谭廷襄上言："河已北行，拦水惟恃民埝，从未议疏导，恐渐次淤垫，海口稍有捍格阻滞，事更为难。查濮、范一带旧有金堤，前臣任东抚时，设法修筑，未久复被冲缺，上游毗连直隶开州处亦有冲缺。开州不修，濮、范筑亦无益。东、长之埝，开、濮之堤，须设法集赀督民修筑，庶可以卫城池而保庐墓。此外既未专设河员，要在沿河地方官督率修理，并劝助裒集，以助民力之不逮。请饬下直督、东抚迅将兰阳下游漫溢地方，拣员会同该州县妥办。"从之。十二月又言："今年夏秋阴雨，来源之盛，迥异寻常。一股直下开州，一股旁趋定陶、曹、单。豫省以有堤坝，幸获保全。直、东则无不能不听其汛滥。迄今半载，直隶未闻如何经画。开州缺口，亦未兴工。至山东被害尤深。或欲培筑堤埝，或欲疏浚支河，议无一定。濮州金堤，亦因开未动工，不能兴办。瞬届春汛，何以御之？臣遣运河道宗稷辰履勘，直至利津之铁门关，测量水势，深至六七丈，去路不为不畅，而上游仍到处旁溢，则大清河身太狭不能容纳之故。如蒲台、齐东、济阳、长清、平阴、肥城民埝缺口，宽数丈或数十丈，不下三四十处，不加修筑，则来岁依然漫淹。是欲求下游永奠，必先开支渠以减涨水，而后功有可施。必将附近徒骇、马颊二河设法疏浚，庶水有分泄，再堵各缺口，并筑坝以护近水各城垣,此大清河下游之当先料理者也。至开、濮金堤及毗连菏泽之史家堤,当先堵筑,并加培旧堰,择要接修,此大清河上游之当先经画者也。"复下直督刘长佑、东抚阎敬铭会筹。明年三月,以濮州当河冲,允敬铭请,移治旧城,并筑堤捍御。

五年七月,决上南厅胡家屯。长佑言:"溜势趋重西北,新修金堤,概被冲刷。开州冲开支河数道,自开、滑之杜家寨至开、濮界之陈家庄,险工五段,长九千六百余丈,均须加厚培高,方资捍御。惟上游在豫,下游在东,非直隶一省所能办理,应会同三省统筹全修,再行设汛,拨款备料,庶可一劳永逸。自河流改道,直隶堤工应并归河督管辖,作为豫、直、东三省河督,以专责成。"疏入,命河督苏廷魁履勘,会同三省督抚筹议。

七年六月,决荥泽十堡,又漫武陟赵樊村,水势下注颍、寿入洪泽湖。侍郎胡家玉言:"不宜专塞荥泽新口、疏兰阳旧口,宜仿古人发卒治河成法,饬各将领督率分段挑浚旧河,一律深通,然后决上游之水,掣溜东行,庶河南之患不移于河北,治河即所以治漕。"下直督曾国藩、鄂督李瀚章、江督马新贻、漕督张之万,及河督,江苏、河南、山东、安徽各巡抚妥议。国藩等言:"以今日时势计之,河有不能骤行规复者三。兰阳漫决已十四年,自铜瓦厢至云梯关以下,两岸堤长千余里,岁久停修,堤塌河淤,今欲照旧时挑深培高,恐非数千万金不能蒇事。且厅营久裁,兵夫星散,一一复设,仍应分储料物,厢办埽坝,并预筹防险之费,又岁须数百万金。当此军务初平,库藏空虚,安从筹此钜款?一也。荥泽地处上游,论形势自应先堵荥泽,兰工势难并举。使荥口掣动全黄,则兰工可以乾涸。今荥口分溜无多,大溜仍由兰口直注利津入海,其水面之宽,跌塘之深,施工之难,较之荥工自增数倍。荥工堵合无期,兰工更无把握。原奏决放旧河,掣溜东行,似言之太易。且瞬产春令,兴工已难。二也。汉决酸枣,再决瓠子,为发卒治河之始。元、明发丁夫供役,亦以十数万计。见在直、东、江、豫捻氛甫靖,而土匪游勇在在须防。所留勇营,断难尽赴河干,亦断不敷分挑之用。若再添募数十万丁夫,聚集沿黄数千里间,驾驭失宜,滋生事端,尤为可虑。三也。应俟国库充盈,再议大举。因时制宜,惟有赶堵荥工,为保全豫、皖、淮扬下游之计。"上然之。八年正月,荥泽塞。

十年八月,决郓城侯家林,东注南旺湖,又由汶上、嘉祥、济宁之赵王、牛朗等河,直趋东南,入阳阳湖。时廷魁内召,命新河督乔松年会同东抚丁宝桢勘办。宝桢方以病在告,乃偕护抚文彬至工相度。文彬言:"河臣远在豫省,若往返咨商,恐误要工。一面飞咨河臣遴派掌坝,并管理正杂料厂员弁,及谙习工程之弁兵工匠,带同器具,于年内来东,一面由臣筹购应需料物,以期应手。"上责松年克期兴工,松年言已饬原估委员并熟习工程人员赴东听遣,并饬购备竹缆,及觅雇捆镶船只备提用。惟已交立春,春水瞬生,办工殊无把握。并移书文彬主持其事。文彬不能决。宝桢力疾视事,上言:"河臣职司河道,疆臣身任地方,均责无旁贷。乃松年一概诿之地方,不知用意所在。现在已过立春,若再候其的信以定行止,恐误要工。且此口不堵,必漫淹曹、兖、济十馀州县。若再向南奔注,则清、淮、里下河更形吃重。松年既立意诿卸,臣若避越俎之嫌,展转迁延,实有万赶不及之势。惟有力疾销假,亲赴工次,择日开工,俟松年所遣员弁到工,即责成该工员等一手经理,克期完工,保全大局。应请破格保奖,以昭激劝。倘敢阳奉阴违,有心贻误,一经验实,应请便宜行事,即将该员弁正法工次,以为罔上殃民者戒。"上嘉其勇于任事,并谕松年当和衷共济,不遽加责也。

十一年二月,侯家林塞,予宝桢优叙。先是同知蒋作锦条上河、运事宜,朝廷颇韪其议,下河、漕、抚臣议奏。未几,侯家林决,松年、宝桢意见龃龉。及宝桢塞侯家林,松年上言:"作锦所陈,卓然有见,可以采取。并称东境黄水日愈泛滥,运道日愈淤塞,宜筑堤束黄,先堵霍家桥诸口,并修南北岸长堤,俾黄趋张秋以济运。挑浚张秋迤南北淤塞,修建闸坝,以利漕行。"上以松年意在因势利导,不为无见,令宝桢、文彬详议,毋固执己见。旋覆称:"目前治黄之法,不外堵铜瓦厢以复淮、徐故道,与东省筑堤即由利津入海两策。顾谓二者之中，以筑堤束黄为优，而上下游均归缓办，臣实未见其可。自铜瓦厢至牡蛎嘴，计千三百余里，创建南北两堤，相距牵计，约须十里。除现在淹没不计外，尚须弃地数千万顷，其中居民不知几亿万，作何安插？是有损于财赋者一也。东省沿河州县，自二三里至七八里者不下十余。若齐河、齐东、蒲台、利津，皆近在临水，筑堤必须迁避，是有难于建置者二也。大清河近接泰山麓，山阴水悉北注，除小清、溜淄诸河均可自行入海，余悉以大清河为尾闾。置堤束黄以后，水势抬高，向所泄水之处，留闸则虞倒灌，堵遏则水无所归，是有妨于水利者三也。东纲盐场，坐落利津、沾化、寿光、乐安等县，滨临大清河两岸。自黄由大清入海，盐船重载，溯行于湍流，甚形阻滞，而滩地间被漫溢，产盐日绌，海滩被黄淤远，纳潮甚难，东纲必至堕废，私枭亦因而蜂起。是有碍于鹾纲者四也。臣宝桢身任地方，于通省大局所关，固宜直陈无隐。然使于治运漕果有把握，则京仓为根本至计，犹当权利害之轻重，而量为变通。臣等熟思审计，实未见其可恃，而深觉其可虑。似仍以堵合铜瓦厢使复淮、徐故道为正办。”并陈四便。御史游百川亦言河、运并治，宜详筹妥办。疏入，廷议不能决。

下直督李鸿章。鸿章因遣员周历齐、豫、徐、海，访察测量，期得要领。十二年六月，上言：“治河之策，原不外恭亲王等‘审地势，识水性，酌工程，权利害’四语，而尤以水势顺逆为要。现在铜瓦厢决口宽约十里，跌塘过深，水涸时犹逾一二丈。旧河身高，决口以下，水面二三丈不等。如欲挽河复故，必挑深引河三丈余，方能吸溜东趋。查乾隆间兰阳青龙冈之役，费帑至二千余万。阿桂言引河深至丈六尺，人力无可再施，今岂能挑深至三丈余乎？十里口门进占合龙，亦属创见。国初以来，黄河决口宽不过三四百丈，且屡堵屡溃，常阅数年而不成。今岂能合龙而保固乎？且由兰阳下抵淮、徐之旧河，身高于平地三四丈。年来避水之民，移住其中，村落渐多，禾苗无际。若挽地中三丈之水，跨行于地上三丈之河，其停淤待溃、危险莫保情形，有目者无不知也。岁久堤乾，即加修治，必有受病不易见之处。万一上游放溜，下游旋决，收拾更难。议者或以河北行则穿运，为运道计，终不能不强之使南以会清口。臣查嘉庆以后清口淤垫，夏令黄高于清，已不能启坝送运。道光以后，御黄坝竟至终岁不启，遂改用灌塘之法，自黄浦泄黄入湖。湖身顿高，运河水少，灌塘又不便，遂改行海运。今即能复故道，亦不能骤复河运，非河一南行，即可侥幸无事。此淮、徐故道势难挽复，且于漕运无益之实在情形也。至河臣所请就东境束黄济运一节，查清口淤垫，即借黄济运之病。今张秋运河宽仅数丈，两岸废土如山，若引重浊之黄，以闸坝节宣用之，水势抬高，其淤倍速。人力几何，安能挑此日进之沙？且所挑之沙，仍堆积于积年废土之上，雨淋风荡，河底日高，闸亦壅塞，久之黄必难引。明弘治中，荆龙口，铜瓦厢屡次大决，皆因引黄济张秋之运，遂致导隙滥觞。临清地势低于张秋数丈，而必以后无掣溜夺河之害，臣亦不敢信也。至霍家桥堵口筑堤，工尤不易。该处本非决口，乃大溜经行之地，两头无岸，一望浮沙，并无真土可取。勉强堆筑，节节逼溜下注，恐浮沙易塌，实足撄河之怒，而所耗实多。一遭溃决，水仍别穿运道，而不专会张秋，岂非全功尽弃？至作锦拟导卫济运，原因张秋以北无清水灌运，故为此议。查元村集迤南有黄河故道，地多积沙，施工不易。且以全淮之水不能敌黄，尚致倒灌停淤，岂一清浅之卫，遂能御黄济运耶？其意盖袭取山东诸水济运之法。不知泰山之阳，水皆西流，因势利导，十六州县百八十泉之水，源旺派多，自足济运。卫水来源，甚弱最顺，今必屈曲使之南行，势多不便。此借黄济运及筑堤束水均无把握，与导卫济运之实在情形也。惟河既不能挽复故道，则东境财赋有伤，水利有碍，城池难以移置，盐场间被漫淹，如宝桢所陈，诚属可虑。臣查大清河原宽不过十余丈，今已刷宽半里余，冬春水涸，尚深二三丈，岸高水面又二三丈，是不汛时河槽能容五六丈，奔腾迅疾，水行地中，此人力莫可挽回之事，亦祀祷以求而不可得之事。目下北岸自齐河至利津，南岸齐东、蒲台，皆接筑民埝，虽高仅丈许，询之土人，遇盛涨出槽不过数尺，尚可抵御。岱阴、绣江诸河，亦经择要筑堤，汛至则涨，汛过则消,受灾不重。至齐河、济阳、齐东、蒲台、利津各城,近临河岸十九,年来幸防守无患,以后相势设施。若骤议迁徙,经费无筹,民情难喻,无此办法。东省盐场在海口者,虽受黄淤产盐不旺,经抚臣南运胶济之盐时为接济,引地无虞淡食,惟价值稍昂耳。河在东省固不能无害,但得设法维持,尚不至为大患。昔乾隆中,铜山决口不能成功,孙嘉淦曾有分河入大清之疏。其后兰阳大工屡败垂成,嵇璜又有改河大清之请。此外裘曰修、钱大昕、胡宗绪、孙星衍、魏源诸臣议者更多。其时河未北流,尚欲挽之使北。今河自北流,乃欲挽使南流,岂非拂逆水性?大抵南河堵筑一次,通牵约七八百万,岁修约七百余万,实为无底之壑。今河北徙,近二十年未有大变,亦未多费巨款,比之往代,已属幸事。且环拱神京,尤得形胜。自铜瓦厢东决,粤、捻诸逆窜扰曹、济,几无虚日,未能过河一步,而北岸防守有所凭依,更为畿辅百世之利。此两相比较,河在东虽不亟治而后患稍轻,河回南即能大治,而后患甚重之,实在情形也。近世治河兼言治运,遂致两难,卒无长策。臣愚以为天庾正赋,以苏、浙为大宗,国家治安之道,尤以海防为重。今沿海洋舶骈集,为千古创局,已不能闭关自治。正不妨借海运转输之便,逐渐推广,以扩商路而实军储。苏、浙漕粮,现既统由海运,臣前招致华商购造轮船搭运,渐有成效,由海船解津,较为便速。至海道虽不畅通,河务未可全废,此时治河之法,不外古人'因水所在,增立堤防'一语。查北岸张秋以上,有古大金堤可恃以为固,张秋以下,岸高水深,应由东抚随时饬将民埝保扩加培。至侯家林上下民埝应仿照官堤办法,一律加高培厚,更为久远之计。又铜瓦厢决口,水势日向东坍刷,久必泛滥南趋。请饬松年察看形势,量筑堤埝,与曹州之堤相接,俾资周防而期顺轨。至南河故道千余里,居民占种丰收,并请查明升科,以免私垦争夺之患。"疏入,议乃定。是年夏秋,决开州焦邱、濮州兰庄,又决东明之岳新庄、石庄户民埝,分溜趋金乡、嘉祥、宿迁、沭阳入六塘河。宝桢勘由郓城张家支门筑堤堵塞。旋乞假展墓。十三年春,溜益南趋,溃漫不可收拾,江督累章告灾。九月,宝桢回任,改由菏泽贾庄建坝。十二月兴工。

光绪元年三月，东明决塞，并筑李连庄以下南堤二百五十里。时河督曾国荃请设南岸七厅。部议俟直、东、豫筹有防汛的款再定。二年春，署东抚李元华言：“黄河南堤，自贾庄至东平二百余里均完固，惟上游毗连直、豫，自东明谢寨至考城七十余里，并无堤岸，此工刻不可缓。昔年侯家林塞，后怵于费多，未暇顾问，遂至贾庄决口。此次贾庄以下堤虽完固，上游若不修筑，设有漫决，岂惟前功尽弃，河南、安徽、江苏仍然受害，山东首当其冲无论已。臣拟调营勇，兼雇民夫，筑此七十余里长堤。深恐呼应不灵，已商直督、豫抚协力襄办。至濮、范之民，自黄河改道，昏垫十有余年。贾庄决后，稍有生机，及贾庄塞，受灾如故。查南堤距北面金堤六七十里，以屏蔽京师则可，于濮、范村庄田亩则不能保卫。该处绅民愿修北堤，惟力有未支，请酌加津贴，既成以后，派弁勇一律修防，濮、范、阳谷、寿张、东阿五县地亩可涸出千余顷。又查濮、范以上，有黄水二道。拟于寿张、东阿境内新河尾闾，抽挑引河二，冀归并一渠。于南堤之北、黄河之南，再立小堤以束水，又可涸出地亩千余顷。至北堤上游内有八里系开州辖，若不一律修筑，不惟北堤徒劳无功，即畿辅亦难保不受其患。已商直督遣员协助，妥速蒇功。惟所压直、豫地亩，该处居民无甚大益，而山东百姓受益无穷，自应由山东折偿地价。上游收束既窄，下游水溜势急，不可不防。自东平至利津海口九百余里，已饬沿河州县就民堤加培，酌给津贴，以工代赈。各项通计需费二千余万。此黄河大段拟办情形也。”事下所司。

五年，决历城溢沟。明年，复决。八年，决历城桃园，十一月塞。九年，东抚陈士杰创建张秋以下两岸大堤。时山东数遭河患，朝士屡以为言。上遣侍郎游百川驰往会勘。百川言：“自来论河者，分持南行北行二说。臣详察形势，将来遇伏秋盛涨，复折而东，自寻故道，亦未可知。若挽以人力，则势有万难。一则北堤决后，已冲刷净尽，筑堤进占，工已甚钜。且全河正流北行，中流堵御以图合龙，必震骇非常，办理殊无把握。一则故道旁沙岭势难挑动，且徐、海一带

河身涸出淤地千余里,民尽垦种,一旦驱而之他,民岂甘心失业?此
南行之说应无庸议也。至大清河本汶、济交会,自黄流灌入,初犹水
行地中,今则河身淤垫,既患水不能泄,自济河上下,北则济阳、惠
民、滨州、利津,南则青城、章丘、历城至邹、长、高、博,漫决十一处。
窃惟河入济渎已二十八年,其始误于山东无办河成案,诱民自为堤
埝,纵屡开决,未肯形诸奏牍,贻患至斯。今则泛滥数百里,漂没数
百村,遍历灾区,伤心惨目。谨拟办法三。一,疏通河道。黄初入济,
尚能容纳,淤垫日高,至海口尤日形淤塞。沙淤水底,人力难施,计
惟多用船只,各带铁篦混江龙,上下拖刷,使不能停蓄,日渐刮深。
疏导之方,似无逾此。一,分减黄流。济一受黄,其势岌岌不可终目。
查大清河北,徒骇最近,马颊较远,鬲津尤在其北。大清河与徒骇最
近处在惠民白龙湾,相距十许里。若由此开筑减坝,分入徒骇河,其
势较便。再设法疏通其间之沙河、宽河、屯民等河,引入马颊、鬲津,
分疏入海,当不复虞其满溢。一,亟筑缕堤。民间自筑缕堤,近盐河
干,多不合法,且大率单薄,又断续相间,屡经塌陷,一筑再筑,民力
困竭。今拟自长清抵利津,南北岸先筑缕堤,其顶冲处再筑重堤,约
长六百余里,仍借民力,加以津贴,可计日成功,为民捍患,民自乐
从。至谓治水不与水争地,其法无过普筑遥堤。然济、武两郡,地狭
民稠,多占田亩,小民失业,正非所愿。且其间村镇庐墓不可数计,
兼之齐河、济阳、齐东、蒲台、利津皆城临河干,使之实逼处此,民情
未免震骇。价买民田,需款不下四五百万,工艰费钜,可作缓图。臣
所以请筑缕堤以济急,而不敢轻持遥堤之议者此也。”士杰持异议。
会海丰人御史吴峋言徒骇、马颊二引河不可轻开,命直督李鸿章偕
士杰会勘,亦如峋言。乃定议筑两岸长堤。

　　是年决利津十四户,十年三月塞。闰五月,决历城河套圈、霍家
溜,齐河李家岸、陈家林、萧家庄,利津张家庄、十四户,先后塞之。
是年两岸大堤成,各距河流数百丈,即缕堤也,而东民仍守临河埝,
有司亦谕令先守民埝,如埝决再守大堤,而堤内村庐未议迁徙,大
涨出槽,田庐悉淹,居民遂决堤泄水,官亦不能禁,嗣是只守埝不守

大堤矣。

十一年，萧家庄、溜沟再决，又决齐河赵庄。十二月，溜沟、赵庄塞。明年二月，萧家庄塞。六月，再决河套圈，又决济阳王家圈、惠民姚家口、章丘河王庄、寿张徐家沙窝，惟王家圈工缓办，余皆年内塞。东境河虽屡决，然皆分溜少夺溜，每堵筑一次，费数万或数十万，多亦不过一二百万，较南河时所省正多，被淹地亩亦较少，地平水缓故也。

十三年六月，决开州大辛庄，水灌东境，濮、范、寿张、阳谷、东阿、平阴、禹城均以灾告。八月，决郑州，夺溜由贾鲁河入淮，直注洪泽湖。正河断流，王家圈旱口乃塞。郑州既决，议者多言不必塞，宜乘此复故道。户部尚书翁同龢、工部尚书潘祖荫同上言：“河自大禹以后，行北地者三千六百余年，南行不过五百余年，是河由云梯关入海，本不得谓故道。即指为故道，而现在溜注洪泽湖，形北金南下，不能导之使出清口，去故道尚百余里，其势断不能复。或谓山东数被水害，遂以河南行为幸。不知河性利北行。自金章宗后，河虽分流。有明一代，北决者十四，南决者五；我朝顺、康以来，北决者十九，南决者十一。况淮无经行之渠，黄入淮安有归宿之地？下流不得宣泄，上游必将复决，决则仍入东境，山东之患未能弭。至黄水南注，有二大患、五可虑。黄注洪泽，而淮口淤垫，久不通水，仅张福口引河，阔不过数丈，大溜东注，以运河为尾闾，仅恃东堤为护，已岌岌可危。今忽加一黄河，必不能保。大患一。洪泽淤垫，高家堰久不可恃，黄河势悍，入湖后难保不立时塌卸。不东冲里下河，即南灌扬州，江、淮、河、汉并而为一，东南大局，何堪设想！大患二。里下河为产米之区，万一被淹，漕米何从措办？可虑一。即令漕米如故，或因黄挟沙垫运，不能浮送。或因积水漫溢，纤道无存，漕艘停滞。且山东本借黄济运，黄既远去，沂、汶微弱，水从何出？河运必废。可虑二。两淮盐场，胥在范公堤东。范堤不保，盐场淹没，国课何从徵纳？可虑三。颍、寿、徐、海，好勇斗狠，小民荡析，难保不生事端。可虑四。黄汛合淮，势不能局于湖潴，必别寻入海之道，横流猝至，江乡居民莫保旦夕。可虑五。至入湖之水，亦须早筹宣泄。里下河地势，西北俯、东南仰，宜顺其就下之势，由兴化以北，历朦胧、傅家坞入旧河，避云梯关淤沙，北浚大通口，入潮河以达淮河，海口则取径直，形势便，经费亦不过巨。”

上命江督曾国荃、漕督卢士杰筹议。适国荃、士杰亦言：“悍河汇淮东下，其危险百倍寻常。查治水不外宣防二策，而宣之用尤多。洪湖出路二，皆由运入江。今大患特至，不能不于湖之上游多筹出路，分支宣泄，博采群议。桃源有成子河，南接洪湖，北至旧河，又北为中运河。若加挑成子河，使通旧河，直达中运河，两岸筑堤，即可引漫水由杨庄旧河至云梯关入海，此洪湖上面新辟一去路也。清河有碎石河，西接张福口，引河东达旧河，大加挑挖，亦可引漫水由杨庄旧河至云梯关入海，此洪湖下面新辟一去路也。询之耆旧，佥谓舍此别无良法。是以臣等议定即勘估兴工，不敢拘泥成规，往返迁延，致误事机。”上韪之，并遣前山西布政使绍诚降调浙江按察使陈宝箴、前山东按察使潘骏文迅赴郑工，随同河督成孚、豫抚作文蔚襄理河务。时工赈需款钜且急，户部条上筹款六事：一，裁防营长夫；一，停购军械船只械器；一，停止京员兵丁米折银；一，酌调附近防军协同工作；一，令盐商捐输给奖；一，预征当商汇号税银。议上，诏裁长夫、捐盐商及预征税银，余不允。

九月，命礼部尚书李鸿藻偕刑部侍郎薛允升驰勘，鸿藻留督工。时黄流漫溢，河南州县如中牟、尉氏、扶沟、鄢陵、通许、太康、西华、淮宁、祥符、沈丘、鹿邑多被淹浸，水深四五尺至一二丈，特颁内帑十万，并截留京饷三十万赈抚。而河工需款急，允御史周天霖、李世琨请，特开郑工新捐例，夺成孚职，以李鹤年署河督。

十月，东抚张曜言：山东河淤潮高，黄流实难容纳，请乘势规复南河故道。下鸿藻、鹤年议。鸿藻等遂请饬迅筹合办。上以“黄河筹复故道，迭经臣工条奏，但费钜工繁，断难于决口未堵之先，同时并举。此奏于故道宜复，只空论其理，语简意疏。一切利害之轻重，地势之高下，工用之浩大，时日之迫促，并未全局通筹，缕晰奏覆。

如此大事，朝廷安能据此寥寥数语，定计决疑？故道一议，可暂从缓。至所称一切工作，先自下游开办，南河旧道现在情形如何，工程能否速办，经费能否立筹，有无滞碍，著国荃、士杰、崧骏迅速估奏。"国荃言："黄流东注，淮南北地处下游，宜筹分泄之策。请就杨庄以下旧河二百余里挑浚，以分沂、泗之水，腾出中运河，预备洪河盛涨，挟黄北行，堪以容纳，是上游筹有去路。而淮由三河坝直趋而东，则运堤极为汔重，势不能不开坝宣泄，里下河如临釜底，而枝河颇多，若预先疏导，使水能顺轨，则田庐民命亦可保全。同龢、祖荫所言，洵得水性就下之势，业经遣员履勘，并请调熟悉河工之江苏枭司张富年督理。"制可。先是侍郎徐郙有通筹黄河全局之疏。文蔚言："郙所陈口门北岸上游酌开引河，上南厅以下河内挑川字河，及筑排水坝，三者皆河南必办之事，即前人著效之法。臣前请于河身阔处切滩疏淤，即郙酌开引河及川字河之意。河员以近日河势略变，须更筹办法，且有引河不可挑之说。而此项土夫，皆系应赈之人，无论何工，皆系应办之事。将来或帮挑运河，七帮筑河身，应就商河臣随时调度。"报闻。

十二月，国荃、士杰言："同龢等所陈二患五虑，不啻身历其境，将臣等所欲言者，代达宸聪。当经派员分投履勘。自傅家坞入旧黄河，过云梯关至大通口，测量地势，北高丈五七尺，揆诸就下之性，殊未相宜。不敢不恪遵圣训，于兴化境内别筹疏淤。查下河入海河道，以新阳、射阳两河为最，斗龙港次之，只以支河阻塞，未能通畅。查兴化属之大围闸、丁溪场属之古河口小海，均极淤浅。疏浚以后，如果高邮开坝，可冀水皆顺轨，由新阳等河宣畅归海。其闸门窄狭过水不畅者，另于左右开挖越河，俾得滔滔直注。此外干支各河，再接续择要兴挑，以期逐节通畅，核与同和、祖荫之奏事异功同。"

十四年正月，国荃等又言："徐郙通筹河局疏，称淮扬实无处位置黄河，宜先筹宣泄之方，再求堵合之法，洵属确中肯綮。至请挑天然及张福口引河，本系由淮入黄咽喉，昔人建导淮之议，皆从引河入手。只以张福淤垫太高，挑不得法，且恐沂、泗倒灌。又顺清河为清江三闸来源，曩时堵筑以资自卫。自河北徙，此坝久废。今既引淮入黄，仍须堵筑顺清坝，庶三闸可保无虞。经臣等派员审度河底，虽北高南低，加工挑深，尚可配平。顺清河虽水深溜急，多备料土，亦可设法堵筑。又经臣士杰履勘，陈家窑可开引河，上接张福口，下达吴城七堡，与碎石河功用相同。已于十月分段兴挑，自张福口、内窑河起，至顺清河止，开深丈四尺至二丈，冀上游多泄一分之水，下河即少受一分之灾。其工段亦间调哨勇帮同挑浚，以补民夫之不足。以上办法，与该侍郎所陈江南数条，不谋而合。”先是上以将来河仍北趋，有“趁湍流骤减，挑浚东明长堤，开州河身，加培堤埝”之谕。至是，鸿章言：“直境黄河长八九十里，一律挑浚，工钜费烦。即酌挑北面数处，亦需二三十万。两岸河滩高于中洪一二丈，河身尚可容水。惟东明南堤历年冲刷，亟应择要修筑，已调派大名练军春融赴工，并募民夫同时力作。开州全堤残缺已甚，亦经派员估修。至长垣南岸小堤，离河较远，尚可缓办。北岸民埝，饬劝民间修培，不得逼束河流，致碍大局。”

六月，小杨庄塞。是月，鸿藻言郑工两坝，共进占六百一十四丈，尚余口门三十余丈，因伏秋暴涨，人力难施，请缓俟秋汛稍平，接续举办。上严旨切责，褫鹤年职，与成孚并戍军台。鸿藻、文蔚均降三级留任。以广东巡抚吴大澂署河道总督。大澂言：“医者治病，必考其致病之由，病者服药，必求其对症之方。臣日在河干，与乡村父老谘询旧事，证以前人纪载，知豫省河患非不能治，病在不治。筑堤无善策，镶埽非久计，要在建坝以挑溜，逼溜以攻沙。溜入中洪，河不著堤，则堤身自固，河患自轻。厅员中年久者，佥言咸丰初荥泽尚有砖石坝二十余道，堤外皆滩，河溜离堤甚远，就坝筑埽以防险，而堤根之埽工甚少。自旧坝失修，不数年废弃殆尽，河势愈逼愈近，埽数愈添愈多，厅员救过不遑，顾此失彼，每遇险工，辄成大患。河员以镶埽为能事，至大溜圈注不移，旋镶旋蛰，几至束手。臣亲督道厅赶抛石垛，三四丈深之大溜，投石不过一二尺，溜即外移，始知水深溜激，惟抛石足以救急，其效十倍埽工，以石护溜，溜缓而埽稳。

历朝河臣如潘季驯、靳辅、栗毓美，皆主建坝朱溜，良不诬也。现以数十年久废之要工，数十道应修之大坝，非一旦所能补筑竣工。惟有于郑工款内核实撙节，省得一万，即多购一万之石垛，省得十万，即多做十万之坝工，虽系善后事宜，趁此乾河修筑，人力易施，否则郑工合龙后，明年春夏出险，必至措手不及。虽不敢谓一治而病即愈，特愈于不治而病日增。果能对症发药，一年而小效，三五年后必有大效。"上嘉勉之。大澂又言："向来修筑坝垛，皆用条砖碎石，每遇大汛急溜，坝根淘刷日深，不但砖易冲散，重大石块亦即随流坍塌。闻西洋有塞门德土，拌沙黏合，不患水侵。趁此引河未放，各处须筑挑坝，正在河身乾涸之时，拟于砖面石缝，试用塞门德土涂灌，敛散为整，可使坝基做成一片，足以抵当河溜，用石少而工必坚，似亦一劳永逸之法。"报闻。十二月，郑工塞，用帑千二百万，实授大澂河督，诏于工次立河神庙，并建黄大王祠，赐匾额，与党将军俱加封号。是年七月，决长垣范庄。未几塞。十五年六月，决章邱大寨庄、金王庄，分溜由小清河入海。又决长清张村、齐河西纸坊，山东滨河州县多被淹浸。是冬塞。

十六年二月，东抚张曜言："前南总河辖河工九百余里，东总河辖五百余里。自决铜瓦厢，河入山东，遂裁南总河，而东河所辖河工仅二百余里。今东河县长九百里，日淤日高，全恃堤防为保卫。本年臣驻工二百余日，督率修防，日不暇给。请将自菏泽至运河口河道二百余里，归河督辖，与原辖之河道里数相等。"部议以此段工程，向由巡抚督率地方官兼管，河督恐呼应不灵。曜又言："向来沿河州县，本归河臣兼辖，员缺仍会河臣题补，遇有功过，河臣亦应举劾，尚无呼应不灵之患。请并下河督筹议。"先是大澂遣员测绘直、东、豫全河，至是图成上之。五月，决齐河高家套，旋塞。

十八年六月，决惠民白茅坟，夺溜北行，直趋徒骇入海。又决利津张家屋、济阳桑家渡及南关、灰坝，俱汇白茅坟漫水归徒骇河。七月，决章丘胡家岸，夹河以内，一片汪洋，迁出历城、章丘、济阳、齐东、青城、滨州、蒲台、利津八县灾民三万三千二百余户。初，河督许振祎请于岁额六十万内,提十二万归河防局,筹添料石,先事预防,由河督主之,至是部令分案题销。振祎言:"河工大险,恃法不如用人。如以恃法论,则从来报销例案,工部知之,河工亦知之,故自每年添款及郑工报销之千数百万,未闻其不合例也。如以用人论,则臣近此改章从事,比年大险横生,亦增次第枪补,幸奏安澜,至添料添石,固有不尽合例者矣。原臣立河防局,意有二端。一则恐应员遇险推诿,藉口无钱无料,故提此钜款先事预防之资。一则恐厅员不实不尽,故添委官绅临时匡救之用,而限十二万纤悉到工,不准丝毫入局,并不准开支薪水。河南官绅吏民罔不知之。即如今岁之得保钜险,就买石一款,已用过十一万数千两,余则补郑工金门沈裂之堤,此不能分案题销者也。又多方买石,随处抢堵,险未平必加抛,险已过即停止,此不能绘图贴说者也。"上如所请行。是年白茅坟各口塞。

二十一年六月,决寿张高家大庙、齐东赵家大堤。未几,决济阳高家纸坊、利津吕家注、赵家园、十六户。是冬次第塞。明年六月,决利津西韩家、陈家。御史宋伯鲁条上东河积弊:一,冒领朦消,宜严定处分;一,收发各料,宜设法稽查;一,申明赔修旧例,以防随意改名;一,武弁宜认真巡察。诏东抚严除积弊,并令有河务各督抚查察,遇有劣员,严参惩办。二十三年正月,决历城小沙滩、章丘胡家岸,随塞。十一月凌汛,决利津姜家庄、扈家滩,水由沾化降河入海。二十四年六月,决山东黑虎庙,穿运东泄,仍入正河。又决历城杨史道口、寿张杨家井、济阳桑家渡、东阿王家庙,分注徒骇、小清二河入海。遣鸿章偕河督任道熔、东抚张汝梅会勘。未几,省东河总督,寻复置。二十五年二月,鸿章等言"山东黄河自铜瓦厢改道大清河以来,时当军兴,未遑修治。

同治季年,渐有溃溢,始筑上游南堤。光绪八年后溃溢屡见,遂普筑两岸大堤。乃民间先就河涯筑有小埝,紧逼黄流。大堤成后,复劝民守埝,且有改为官守者。于是堤久失修,每遇泛涨埝决,水遂建瓴而下,堤亦随决,此历来失事病根也。上游曹、兖属南北堤凑长四百余里,两堤相距二十里至四十里,民埝偶决,水由堤内归入正河,大决则堤亦不保。计南北埝工二十四,同治以来,决仅四五见,此上游情形也。中游济、泰属两岸堤埝各半,凑长五百里,南岸上段傍山无堤,下段守埝,北岸上守堤,下守埝,参差不一,无非为堤内村庄难迁,权为保守计。下游武、定属南岸全守堤,北岸全守埝,凑长五百余里,地势愈平,水势愈大,险工七十余处,二十五年来,已决二十三次,此中下游情形也。东省修防事本草创,间有兴作,皆因费绌,未按治河成法。前抚臣李秉衡历陈山东受河之害;治河之难,谓近几无岁不决,无岁不数决。朝廷屡糜巨金,闾阎终无安岁。若不按成规大加修治,何以仰答养养元元之意?臣等详考古来治河之法,惟汉贾让徙当水冲之民,让地于水,实为上策。前抚臣陈士杰建筑中下游两岸大堤,凑长千里,两堤相距五六里至八九里,就此加培修守,似不失为中策。惟先有弃堤守埝处,如南岸泺口上下,守埝者百一十里,上段近省六十里,商贾辐辏,近险工稍平,暂缓推展;下段要险极多,十余年来,已决九次,拟迁出埝外二十余村,弃埝守堤,离水稍远,防守易固。此南岸酌拟迁民废埝办法也。至北岸堤工,自长清至利津四百六十里,埝外堤内数百村庄。长埝逼近溜流,河面太狭,无处不湾,无湾不险。河唇淤高,埝外地如釜底,各村断不能久安室家。且埝破堤必破,欲保埝外数百村,并堤外数千村同一被灾,尤觉非计。但小民安土重迁,屡被沈灾,不肯远去,非可旦夕议定。今拟北岸自长清官庄至齐河六十余里,河面尚宽,利津至盐窝七十余里,地皆斥卤,不便徙民,均以埝作堤,埝外之民,无庸迁徙。其齐河至利津尚有三百二十里,民埝紧逼河干,竟有不及一里者,势不得不废埝守堤。但北堤残缺多半,无可退守,且需款过钜,迁民更难,应暂守旧埝,此北岸分别守埝作堤,及将来再议废埝守堤办法也。至南北大堤,为河工第一重大关系。既处处卑薄,拟并改埝之堤,及暂定之民埝,照河工旧式,一律修培,总期足御汛涨。至下口入海尾闾,尤关全河大局。查铁门关故道尚有有八十余里,愈下愈宽深,直通海口,形势较丝网口、韩家垣为顺,工费亦较省。然建拦河大坝、挑引河、筑两岸大堤，需费颇钜，下口不治，全河皆病，不得不核实勘估，此又加培两岸堤工、改正下口办法也。约估工费需九百三十万有奇，分五六年可告竣。"朝议如所请，先发帑百万，交东抚毓贤督修。毓贤言："黄河治法，诚如部臣所云，展宽河面、盘筑堤身、疏通尾闾三事为扼要。查尾闾之害，以铁板河为最。全河挟沙带泥，到此无所归束，散漫无力，经以风潮，胶结如铁，流不畅则出路塞而横流多，故无十年不病之河。拟建长堤直至淤滩，防护风潮，纵不能径达入海，而多进一步即多一步之益。至堤埝卑薄，拟修培时，土方必足，夯硪必坚，尤加意保守。其坐湾处，一湾一险，如上游贾庄、孙家楼，中流垌家岸、霍家溜、桑家渡，下游白龙潭、北镇家集盐窝，均著名巨险，余险尤多，固非裁湾取直不可，然亦须相度形势，必引河上口能迎溜势、下口直入河心方得。蒲台迤西魏家口至迤东宋庄，约长四十里河水分流，纳正河之溜三分之一。若就势修堤建坝挑溜，使归北河，正河如淤，蒲台城垣永免水患。此裁湾取直之最有益者，拟即勘估兴办。"报闻。

二十六年，拳匪乱作，未续请款。嗣时局日艰，无暇议及河防矣。是年凌汛，决滨州张肖堂家。明年三月塞。六月，决章丘陈家窑、惠民杨家大堤，随塞。黄河之初北徙也，忠亲王僧格林沁有裁总河之请。嗣东河改归巡抚兼辖，河督乔松年复以为请。至是，河督锡良言："直、东河工久归督抚管辖，豫抚本有兼理河道之责。请仿山东成案，改归兼理，而省东河总督。"制可。

二十八年夏，决利津冯家庄。秋，决惠民刘旺庄。逾年二月，刘旺庄塞。六月，决利津宁海庄，十二月塞。三十年正月，凌汛，决利津王庄、扈家滩、姜庄、马庄，随塞。六月，河溢甘肃皋兰，淹没沿滩村庄二十余。又决山东利津薄庄，淹村庄、盐窝各二十余。先是山东屡遭河患，当事者皆就水立堤，随湾就曲，水不畅行。张秋以下，堤卑河窄，又无石工帮护。利津以下，尾闾改向南，形势益不顺。巡抚周馥请帑三百万，略事修培，部臣靳不予。不得已，自筹二十万添购石料，又给赀迁利津下民之当水冲者，而民徙未尽。又于堤南增建大堤，以备旧堤坏，民有新居可归。至薄庄决，水东北由徒骇河入海。馥言：“旧河淤成平陆，若依旧堵合，估须九十万有奇，巨款难筹。且堵合之后，防守毫无把握，漫口以下，水深丈余至二三丈，奔腾浩瀚，就下行疾，入徒骇后，势益宽深，较铁门关、韩家垣、丝网口尤畅达。与其逆水之性，耗无益之财，救民而终莫能救，不如迁民避水，不与水争地，而使水与民各得其所。依此而行，其益有三：尾闾通顺，流畅消速，益一；舟楫便利，商货流通，益二；河流顺直，险轻费省，益三。所省堵筑费犹不计也。然补救之策，费财亦有三：一，迁民之费；二，筑埝之费；三，移设盐垣之费。约需五十万金，较堵筑费省四之三，而受益过之。”制可，遂不堵。嗣是东河安澜，数年未尝一决。

宣统元年，决开州孟民庄。明年塞。三年，东抚孙宝琦言：“自黄入东省，河道深通，初无修防。积久淤溢，始筑民埝，紧逼黄流。嗣经普筑大堤，而复令民守埝。埝有漫决，官无处分，直、东两省，定例皆然。元年开州决，水循东省上游埝外堤内下注，至中游始归正河，濮、范、寿张受灾甚重。臣会商直督，遣员协款堵筑，上年始告成功。如能通筹，分别勘治，改归官守，明定责成，自无推诿。河工向以秸料为大宗，不如砖石经久，砖又不如石质坚重。东省南岸临河多山，前周馥请拨款购石，改修石坝，颇著成效。现轮轨交通，如直、豫设法运石，渐逐改作，则一劳永逸。治河良法，无逾于此。下游至海口，尚有数十里无堤，南高则北徙，北淤则南迁，数十年来，入海之区，已经数易。长此不治，尾闾淤垫日高，必致上游横决，为患何堪设想！臣昔随李鸿章来东勘河，时比工程司建议筑堤伸入海深处为最要办法，卒以费钜不果。如由主治者统筹经费，分年筑堤，藉束水为攻沙之计，再酌购外洋挖泥轮机，往来疏浚，尾闾可望深通，全局皆受其益。河工为专门之学，非久于阅历，不能得其奥窍。亟宜仿照豫省定章，改定文武额缺为终身官，三省互相迁调。臣上年设立河工研究所，招集学员讲求河务，原为养成治河人材，如设厅汛，此项人员毕业，即可分别试用，于工程大有裨益。以上四端，必应兴办。

臣愚以为宜设总河大员,历勘会商,将三省常年经费百数十万,统归应用,俟议定大治办法,随时请拨,俾免掣肘而竟事功。"疏入,诏会商直督、豫抚通筹。未及议覆,而武昌变作,遂置不行。

清史稿卷一二七
志第一〇二

河渠二

运　河

　　运河自京师历直沽、山东,下达扬子江口,南北二千余里,又自京口抵杭州,首尾八百余里,通谓之运河。

　　明代有白漕、卫漕、闸漕、河漕、湖漕、江漕、浙漕之别。清自康熙中靳辅开中河,避黄流之险,粮艘经行黄河不过数里,即入中河,于是百八十里之河漕遂废。若白漕之藉资白阿,卫漕之导引卫水,闸漕、湖漕之分受山东、江南诸湖水,与明代无异。嘉庆之季,河流屡决,运道被淤,因而借黄济运。道光初,试行海运。二十八年,复因节省帮费,续运一次。迨咸丰朝,黄河北徙,中原多故,运道中梗。终清之世,海运遂以为常。

　　夫黄河南行,淮先受病,淮病而运亦病。由是治河、导淮、济运三策,群萃于淮安、清口一隅,施工之勤,糜帑之巨,人民田庐之频岁受灾,未有甚于此者,盖清口一隅,意在蓄清敌黄。然淮强固可刷黄,而过盛则运堤莫保,淮弱末由济运,黄流又有倒灌之虞,非若白漕、卫漕仅从事疏淤塞决,闸漕、湖漕但期蓄泄得宜而已。至江漕、浙漕,号称易治。江漕自湖广、江西沿汉、沔、鄱阳而下,同入仪河,溯流上驶。京口以南,运河惟徒阳、阳武等邑时劳疏浚,无锡而下,直抵苏州,与嘉、杭之运河,固皆清流顺轨,不烦人力。今撮其受患最甚、工程最巨者著于篇。

顺治四年夏久雨,决江都运堤,随塞。六年夏,高邮运堤决数百丈。七年,运堤溃,挟汶水由盐河入海。八年,募民夫大挑运河。十四年,河督朱之锡言:“南旺南距台庄高百二十尺,北距临清高九十尺,应遵定例,非积六七尺不准启闸,以免泻涸。闭下闸,启上闸,水凝亦深;闭上闸,启下闸,水旺亦浅。重运板不轻启,回空板不轻闭。”从之。十五年,董口淤。之锡于石牌口移南开新河二百五十丈,接连大河,以通飞挽。先是漳水于九年从丘县北流,迁青县入海。至十七年春夏之交,卫水微弱,粮运涩滞,乃堰漳河分溉民田之水,入卫济运。时河北累的亢旱,部司姜天枢言:“昔金事江良材欲导河注卫,增一运道,今独不可借其议而反用之导卫以注河乎?”之锡从其言,并置卫河主簿,著为令。

康熙元年,定运河修筑工限:三年内冲决,参处修筑官;过三年,参处防守官;不行防护,致有冲决,一并参处。四年秋,高邮大水,决运堤。五年,运河自仪征至淮淤浅,知县何崇伦募民夫浚之。漕督林起龙言:“粮艘北行,处处阻闸阻浅,请饬河臣履勘安山、马踏诸湖,暨各柜闸子堤斗门堤岸,及东平、汶上诸泉,有无堵塞,务期浚泉清湖,以通运道。”六年,决江都露筋庙。明年,塞之。十年,决高邮清水潭。明年,再决,十三年始塞。十四年,决江都邵伯镇。十五年夏,久雨,漕堤崩溃,高邮清水潭、陆漫沟,江都大潭湾,共决三百余丈。

十六年,以靳辅为河督。时东南水患益深,漕道益浅。辅言:“河、运宜为一体。运道之阻塞,率由河道之变迁。向来议治河者,多尽力于漕艘经行之地,其他决口,以为无关运道而缓视之,以致河道日坏,运道因之日梗。是以原委相关之处,断不容歧视也。又运河自清口至清水潭,长约二百三十里,因黄内灌,河底淤高,居民日患沈溺,运艘每苦阻梗。请敕下各抚臣,将本年应运漕粮,务于明年三月内尽数过淮。俟粮艘过完,即封闭通济闸坝,督集人夫,将运河大为挑浚,面宽十一丈,底宽三丈,深丈二尺,日役夫三万四千七百有奇,三百日竣工。并堵塞清水潭、大潭湾决口六,及翟家坝至武家墩一带决口,需帑九十八万有奇。"又言:"向因河身淤垫,阻滞盘剥,艰苦万端。若清口一律浚深,则船可畅行,省费甚多。因令量输所省之费,作治河之用,请俟运河浚深,船艘通行,凡过往货物船,分别微纳剥浅银数分,一年停止。"均允行。

十七年,筑江都漕堤,塞清水潭决口。清水潭逼近高邮湖,频年溃决,随筑随圮,决口宽至三百余丈,大为漕艘患。前年尚书冀如锡勘估工费五十七万,夫柳仍派及民间,犹虑功不成。辅周视决口,就湖中离决口五六十丈为偃月形,抱两端筑之,成西堤一,长六百五丈,更挑绕西越河一,长八百四十丈,仅费帑九万。至次年工竣。上嘉之,名河曰永安,新河堤曰永安堤。是岁挑山、清、高、宝、江五州县运河,塞决口三十二。辅又请按里设兵,分驻运堤,自清口至邵伯镇南,每兵管两岸各九十丈,责以栽柳蓄草,密种菱荷蒲苇,为永远护岸之策。又言:"运河既议挑深,若不束淮入河济运,仍容黄流内灌,不久复淤。请于高堰堤工单薄处,帮修坦坡,为久远卫堤计。"均如所议行。

十八年,决山阳戚家桥,随塞。明初江南各漕,自瓜、仪至清江浦,由天妃闸入黄。后黄水内灌,潘季驯始移运口于新庄闸,纳清避黄,仍以天妃名。然口距黄、淮交会处仅二百丈,黄仍内灌,运河垫高,年年挑浚无已。兼以黄、淮会合,潆洄激荡,重运出口,危险殊甚。至是,辅议移南运口于烂泥浅之上,自新庄闸西南挑河一,至太平坝,又自文华寺永济河头起挑河一,南经七里闸,转而西南,亦接太平坝,俱达烂泥浅。引河内两渠并行,互为月河,以舒急溜,而烂泥浅一河,分十之二佐运,仍挟十之八射黄,黄不内灌,并难抵运口。由是重运过淮,扬帆直上,如履坦途。是岁开滚水坝于江都鳅鱼骨,创建宿迁、桃源、清河、安东减坝六。

十九年,创建凤阳厂减坝一,砀山毛城铺、大谷山、宿迁拦马河、归仁堤、邳州东岸马家集减坝十一。康熙初,粮艘抵宿迁,由董口北达。后董口淤塞,遂取道骆马湖。湖浅水面阔,纤缆无所施,舟泥泞不得前,挑掘异送,宿邑骚然。辅因创开皂河四十里,上接泇河,下达黄河,漕运便之。是岁淫雨,淮、黄并涨,决兴化漕堤,水入高邮治,坏泗州城郭,特筑滚坝于高邮南八里,及宝应之子婴沟。

二十年七月,黄水大涨,皂河淤淀,不能通舟。众议欲仍由骆马湖,辅力持不可,亲督挑掘丈余,黄落清出,仍刷成河。随闭皂河口拦黄坝,于迤东龙冈岔路口至张家庄挑新河三千余丈,使出皂河,石礧之清水尽由新河行,至张家庄入黄河,是为张庄运口。是岁增筑高邮南北滚水坝八,对坝均开越河,以防舟行之险,凡旧堤险处,皆更以石。二十二年九月,黄河由龙冈漫入,新河又淤。随于石勘筑拦黄坝,复设法疏导,旬余,新河仍畅行。二十三年,上南巡阅河,至清口,以运口水紧,令添建石闸于清河运口。二十五年,辅以运道经黄河,风涛险恶,自骆马湖凿渠,历宿迁、桃源至清河仲家庄出口,名曰中河。粮船北上,出清口后,行黄河数里,即入中河,直达张庄运口,以避黄河百八十里之险。议者多谓辅此功不在明陈瑄凿清口下。而按察使于成龙、漕督慕天颜先后劾辅开中河累民,上斥其阻挠。

二十七年,复遣尚书张玉书、图纳,左都御史马齐等往视,亦称中河安流,舟楫甚便。但逼近黄流,不便展宽,而里运河及骆马湖之水俱入此河,窄恐难容,应于萧家渡、杨家庄、新庄各建减坝,俾水大可宣泄;仲家闸口大直恐倒灌,应向东南斜挑以避黄流。诏俟临阅时定夺。是岁大雨,中河决,淹清河民田数千顷。明年春,上南巡,阅视河工,至宿迁支河口,谓诸臣曰:“河道关系漕运民生,地形水势,随时权变。今观此河狭隘,逼近黄岸,万一黄堤溃决,失于防御,中河、黄河将溷为一。此河开后,商民无不称便,安识日后若何?”图纳、马齐言:“臣等勘河时,正值大水,惧河隘不能容诸水,故议于迤北遥堤修减坝三,令由旧河形入海。”辅言:“臣意开此河,可束水入海,及浚毕观之,漕艘亦可行。今若加增遥堤,以保固黄河堤岸,当可无虑。”河督王新命言:“支河口止一镇口闸,微山湖诸水甚大,遇淫潦不能支,必致溃决。若于骆马湖作减坝,令涨水入黄,再修筑郯城禹王台,以御流入骆马湖之水,令注沭河,则中河无虑。"上谓可仍开支河,其黄河运道,并存不废。先是玉书等请闭拦马河,事下总河,至是新命言:"拦马河原以宣黄水异涨,似应仍留,水涨则开放,水平则闭,以免中河淤垫。至骆马湖三减坝,玉书等议留二座于堤内,减水入中河,又恐中河不能容,拟于迤东萧家渡、杨家庄、新河口量建减坝宣泄。臣谓既以中河不能容,何必留此二坝之水减入中河,复从萧家渡等处建坝,多此曲折?不若将三坝俱留遥堤外,令由旧河形入海,于萧家渡三处量留缺口二,酌水势以宣塞之为愈。郯城沭水口旧有禹王台,障遏水势,会白马河、沂河之水入骆马湖,愈觉泛溢不可遏,应于台旧基迎水处堵塞断流,令仍由故道入海。"下扈从诸臣确议。惟骆马湖减坝用玉书等原议,余如新命言。三十二年,直隶运河决通州李家口等五口,天津耍儿渡等八口。卫河微弱,惟恃漳为灌输,由馆陶分流济运。明隆、万间,漳北徙入滏阳河,馆陶之流遂绝。至是三十六年,忽分流,仍由馆陶入卫济运。三十八年,廷议改高邮减坝及茆家园等六坝均为滚水坝,增加高堰石工五尺。

三十九年,上以清口日淤,恐误粮艘,海道运津又极艰险,拟以沙船载粮,自江下海,至黄河入海之口,运入中河,则海运不远。下河督张鹏翮筹议。鹏翮言运河决口已塞,清水又已引出,粮船当可畅达。若改载沙船,雇募水手,徒滋糜费。且由江入海,从黄河海口入中河,风涛不测,实属难行。从之。初,河督于成龙以中河南逼黄河,难以筑堤,乃自桃源盛家道口至清河,弃中河下段,改凿六十里,名曰新中河。至是,鹏翮见新中河浅狭,且盛家道口河头湾曲,挽运不顺,因于三义坝筑拦河堤,截用旧中河上段、新中河下段合为一河,重加修浚,运道称便。

四十年,以湖口清水已出,宜筹节宣之法,允鹏翮请,于张福口、裴家场二引河间,再开引河一,合力敌黄。若黄涨在粮艘已过,堵拦黄坝,使不得倒灌,涨在行船时,闭裴家场引河口,引清水入三汊河至文华寺济运。是岁建中河口南岸石闸。四十二年,以仲庄闸清水出口,逼溜南趋,致碍运道,诏移中河运口于杨家庄,即大清水故道,由是漕盐两利。逾年,又命建直隶运河杨村减坝以分水势。四十四年,上言高堰及运河减坝不开放,则危及堤堰,开泄又潦伤陇亩,宜于高堰三滚坝下挑河筑堤,束水入高邮、邵伯诸湖,其减坝下亦挑河筑堤,束水由串场溪注白驹、丁溪、草堰诸河入海。令江、漕、河各督勘估,遣官督修。自是淮、扬各郡悉免漫溢之患。四十五年,鹏翮于中河横堤建草坝二,鲍家营引河处建草坝一,相机启闭,免中河淤垫。又以运河水涨,堤岸难容,于文华寺建石闸,闸下开引河,自杨家庙、单杨口迄白马湖,长万四千八百丈有奇,水涨开放入湖,水涸堵闭。是年,济宁道张伯行请引漳自成安柏寺营通漳之新河,接馆陶之沙河,古所谓马颊河者,疏其淤塞,使畅流入卫。议未及行。越二年,全漳入馆陶,漳、卫合而势悍急,恩、德当冲受害,乃于德州哨马营、恩县四女寺建坝,开支河以杀其势。

六十年,东抚李树德请开彭口新河。先是济宁道某言,彭口一带有昭阳、微山、西湖,喷沙积于三洞桥内,屡开屡塞,阻滞粮艘,应挑新河,避喷沙,以疏运道。至是,树德以为言。上曰:"山东运河,自西湖之水流入。前此百姓以为宜开即开,以为宜闭亦闭。开者何意?堵者何意?务悉其故,方可定其开否。不然,虚耗矣。"又曰:"山东运河,全赖湖、泉济运。今多开稻田,截上流以资灌溉,湖水自然无所蓄潴,安能济运?往年东民欲开新河,朕恐下流泛滥,禁而弗许。今又请开新河。此地一面为峄微山湖,一面为峄县诸山,更从何处开凿耶?张鹏翮到东,将此旨详谕巡抚,申饬地方,相度泉源,蓄积湖水,俾漕运无误,自易易耳。"

雍正元年,河督齐苏勒偕漕督张大有言:"山东蓄水济运,有南旺、马踏、蜀山、安山、马场、昭阳、独山、微山、郗山等湖,水涨则引河水入湖,涸则引湖水入槽,随时收蓄,按应运河,古人名曰"水柜"。历年既久,昭阳、安山、南旺多为居民占种私垦。现除已成田不追外,余俟水落丈量,树立封界,永禁侵占,设法收蓄。至马踏、蜀山、马场、南阳诸湖,原有斗门闸座,加以土坝,可收蓄深广,备来年济运之资。惟独山一湖,滨临运河,一线小堰,且多缺口。相度水势,河水盛涨,听其灌入湖中;湖、河平,即筑堰堵截;河水稍落,不使湖水走泄涓滴。或遇运河浅塞,则引湖水下注,庶几接济便捷。至诸湖闸座,仍照旧例,灌塘积水,启闭以时,则湖水深广,运道疏通矣。"下所司议行。

二年,齐苏勒以骆马湖东岸低洼易泄,旧坝不足抵御,于湖东陆塘河通宁桥西高地筑拦河滚坝,再筑拦水堤六百丈,口门宽三十丈,以便宣泄。又帮筑运河西岸地洞口堤身五百十丈,高、宝、江东西岸堤工五千二十四丈,宝应西堤七里闸迤南至柳园头埽工五百七十丈。四年,齐苏勒改种家渡南之旧彭口于十字河,而彭口沙壅积如故。先是侍郎蒋陈锡疏陈漕运事宜,上命内阁学士何国宗等勘视豫东运道,至是覆称:"山东运河必赖湖水接济,请将安山湖开浚筑堤;南旺、马踏诸堤及关家坝俱加高培厚,建石闸以时启闭;其分水口两岸沙山下,各筑束水坝一;汶水南戴村坝应加修筑;建坎河石坝于汶水北;恩县四女寺应建挑坝一;砖平运河西岸修复进水关二,东岸建滚坝一濮州沙河会赵王河处,旧有土坝引河,应修筑开浚,其河西州县,听民开通水道,汇入沙河,于运道民生,均有裨益;武城及恩县北岸,各挑引河一。河南运河自北泉而下,历仁、义、礼、智、信五闸,遏水旁注,愚民不无截流盗水之弊。请拆去五闸,于泉池南口建石堰一,开口门三,分为三渠,筑小堤使无旁泄;东西各开一渠,渠各建五闸,分溉民田。小丹河自清化镇下应开浚筑小堤,河东一里开水塘一,石闸三,分为三渠,以小丹河为官渠,东西各一为民渠。其洹河石坝皆已湮废,宜增修为挑坝。诸泉源应各开深广,入卫济运。"下所司议行。

五年,东抚塞楞额以柳长河日见淤浅,虽一带相连,而中有金钱岭分隔,特开引河二,一从岭北注安山入湖,一从岭南出闸口济运。八年,河督稽曾筦言:"宿迁骆马湖旧有十字河口门,引湖济运,兼以刷黄。嗣湖水微弱,恐黄倒灌,堵闭河口,又于西宁桥迤西建拦湖坝,因是湖水不通,专资黄济运,致中河之水挟沙淤垫。今秋山水暴涨,去路遏塞,漫溢横出。请复十字河旧口门,俾湖水入中河,刷深运道,拦湖坝酌量开宽,俾上游之水,由六塘河入海。"从之。是年始设黄、运两岸守堤堡夫,二里一堡,堡设夫二,住堤巡守,远近互为声援。九年,兼总河田文镜言:"汶南流济运,向有玲珑及乱石、滚水三坝。伏秋盛涨,水由滚坝入盐河,沙由玲珑、乱石洞隙随水滚泻。自何国宗于三坝内增建石坝,涓滴不通,既无尾闾泄水,又无罅隙通淤,致汶挟沙入运,淤积日高。请改坝为闸,建矶心五十六,中留水门五十五,安闸板以资宣泄。又以不能启闭,别筑土堤,名春秋坝。"如所请行。十一年,东抚岳浚言:"东省水柜,旧有东平之安山湖废闸四。自国宗议复安山湖水柜,重筑临河及圈湖堤,修通湖、蛇沟二闸,并于八里湾、十里铺两废闸间建石闸一,曰安济闸,俱经修竣,仍不能蓄水济运。绿湖底土疏,非圈堤所能收蓄,均宜修。防其圈湖堤缺,概停补筑,以免糜费。"从之。十二年,直督李卫以故城与山东德州、武城毗连,系河流东注转湾处,向无堤埝,水涨漫溢,劝谕民间偿修土埝,量给食米,以工代赈。东抚岳浚以德州河溜顶冲,于东岸挑新河、建滚坝,两岸各筑遥堤,酌开涵洞,以资宣泄。

乾隆二年,御史马起元言:"直、东运河,近多淤塞。"尚书来保言:"卫水济运灌田,请饬详查地势,使漕运不阻,民田亦资灌溉。"上命侍郎赵殿最、侍卫安宁,会同直、漕、河三督,豫、东两抚勘奏。经部议:"东省泉源四百三十九,无不疏通,闸坝亦完固,惟戴庙、七级、柳林、新店、师庄、枣林、万年、顿庄各闸,或雁翅潮蛰,或面石裂缝,两岸斗门涵洞,有满家三空桥雁翅低陷,石闸面太低,应交河督兴修。又马踏、蜀山、马场、独山、微山诸湖,严禁占种芦苇,南旺、南阳、昭阳诸湖水柜,仅堪泄水,小清河久淤塞,均宜次第修治。至卫水济运灌田,宜于馆陶、临清各立水则一,测验浅深,以时启闭。"起元又言,通州至天津河路多淤浅,粮艘不便。命殿最偕顾琮勘议。寻议天津溯流而上,设有兵弁,无官管辖。应增置漕运通判一,驻张家湾,专司疏浚;把总二,外委四,听通判调遣。又普济寺等四闸属通州,增置吏目一,庆丰等七闸属大兴,增置主簿一,遇应开挑处,报坐粮厅核实修浚。用鄂尔泰言，建独流东岸滚坝，并开引河，注之中塘洼，以免静海有羡溢之虞，并减天津三汊口争流之势。是岁，大挑淮、扬运河，自运口至瓜洲三百余里。

三年，河督白钟山言：“卫河水势，惟在相机启闭。殿最前奏设馆陶、临清二水闸，可不必立。嗣雨水调匀，百泉各渠闸照旧官民分用。倘值水浅涩，即暂闭民渠民闸以利漕运。或河水充畅，漕艘早过，官渠官闸亦酌量下板以灌民田。”是年，修复三教堂减坝，挑浚淤填支河，使泄水入马颊河。又于三空桥旧址修减坝，仍挑通支河，使泄水入徒骇河。增建裴家口东南涵洞二，修筑房家口上下堤岸、马家闸土堤，及自峄县台庄迄临清板闸运堤八百里纤道，亦资障护濒河田庐。

先是疏浚毛城铺河道时，高斌以黄流倒灌，移运口于上游七十余丈，与三汊河接。次年，黄仍灌运，论者多谓新开运口所致，特命大学士鄂尔泰相度。旋言：“运口直对清口，湖水由裴家场引河东北直趋清口，入运之水仍系回流平缓；惟新口外挑水坝稍短，清水盛旺，或恐溜宽，宜再筑长坝，不必仍旧开口。惟旧河直捷，新河纡曲，今新建闸坝未开，漕船应行旧河，以利挽运。新河于天妃闸下重建通济、福兴二闸，随时启闭。每岁漕船过后，河水充溢，则开放新河以分水势，湖水涨溢，则闭旧河及新河闸以待水消，庶新旧两河可以交用。”鄂尔泰又言：“详勘漳河故道，一自直录魏县北，经山东丘县城西，至效口村会滏阳河，入大陆泽，下会子牙河，由天津入海。一由魏县北老沙河，自潘尔庄经丘县城东，历清和、武城、景州、阜城各地，过千顷洼，入运归海。丘县城西故道去卫河较远，旧迹既淹，开通匪易。且滏阳河下会子牙河，全漳之水亦难容纳。惟老沙河即古马颊河，河形宽阔，于此挑复故道，自和尔寨村东承漳河北折之势，开至漳洞村，归入旧河，势顺工省。即于新挑河头下东流入卫处建闸，如卫水微弱，则启以济运，卫水足用，则闭闸使归故道；再于青县下酌建闸坝，临清以北运道可免淤垫，青县以下田庐永无浸淹。应饬直、东两省会勘估修。”五年，改山东管河道为运河道，专司蓄泄疏浚闸坝事，仍管河库，从白钟山请也。

二十二年，添建高邮东堤石坝，酌定水则，视水势大小以为启闭。巡漕给事中海明言："江南运河，惟桃源之古城砂礓，溜滩湾沙积，黄河以南，惟扬州之湾头闸至范公祠三千三百余丈间段阻浅，均应挑浚。镇江至丹徒、常州，水本地源，恃江潮灌注，冬春潮小则浅。加以每日潮沙易淤，两岸土松易卸，应六年大挑一次，否则三年亦须择段捞浅。丹徒两闸以下，常州之武进等县，亦间段浅滞，均应一律挑浚。"诏："挑河易滋浮冒，宜往来查察，毋得属之委员。"

二十四年，会海明及河督张师载、东抚阿尔泰会勘直、东运河。初，运河水涨，漫溢德州等处，景州一带道路淤阻。至是，海明等言："漳、卫二河，伏秋盛涨，宜旁加疏泄。自临清至恩县四女寺二百五十余里，河身盘曲，临清塔湾东岸原有沙河一，即黄河遗迹，由清平、德州、高唐入马颊河归海。请开挑作滚水石坝，使汶、卫合流，分泄水势。四女寺、哨马营两支河，原系旁泄汶、卫归海之路，请将狭处展宽，以免下游德州等处冲溢。"二十五年，巡漕给事中耀海偕师载言："南旺以北仅马踏一湖，水患不足。独山湖有金钱闸，水办南流，利济闸水可北注。请移金线闸于柳林闸北，使独山诸湖全注北运河。"制可。二十七年，以鱼台辛庄桥北旧有泄水口二，口门刷深，难以节制，允师载等请改建滚坝一。是岁，挑德州西方庵对岸引河，自魏家庄至新河头，长四十丈，建筑齐家庄挑溜埽坝，接筑清口东西坝，修李家务石闸。二十八年，用阿尔泰言，于临清运河逼近村庄处开引河五，以分水势。

三十三年，黄水入运，命大学士刘统勋等往开临黄坝，以泄盛涨，并疏浚运河淤浅。三十七年，河督姚立德言："泗河下流董家口向建石坝分泄，今泗水南趋，转为石坝所累。请拆去，并展宽孟家桥旧石桥。"如所请行。五十年，命大学士阿桂履勘河工。阿桂言："臣初到此间，询商萨载、李奉翰及河上员弁，多主引黄灌湖之说。本年湖水极小，不但黄绝清弱，至六月以后，竟至清水涓滴无出，又值黄水盛涨，倒灌入运，直达淮、扬。计惟有借已灌之黄水以送回空，蓄积弱之清水以济重运。查本年二进粮艘行入淮河,全藉黄水浮送,方能过淮渡黄,则回空时虽值黄水消落,而空船吃水无多,设法调剂,似可衔尾遄行。"借黄济运,自此始也。五十一年,运河盛涨,致淮安迤下东岸泾河泄水石闸墙蛰底翻,难资启闭。越五年,山阳、宝应士民修复之。

嘉庆元年,河决丰汛,刷开南运河佘家庄堤,由丰、沛北注金乡、鱼台,漾入微山、昭阳各湖,穿入运河,漫溢两岸。是冬,漫口塞,凌汛复蛰陷。次年,东西两坝并蛰,二月工始竣。自丰工决后,若曹工、睢工、衡工,几于无岁不决。九年,因山东运河浅塞,大加浚治;又预蓄微山诸湖水为利运资。然自是以后,黄高于清,漕艘转资黄水浮送,淤沙日积,利一而害百矣。十二年,仓场侍郎德文等请挑修张家湾正河,堵筑康家沟以复运道,御史贾允升请挑浚减河,均下直督温承惠勘办。承惠请浚温榆河上游。上命侍郎托津、英和偕德文等覆勘。寻奏言:"频年漕运皆藉温榆下游倒漾之水,以致泥沙淤积。若从上游深挑,直抵石坝,实为因势利导。惟地势高下,须逐细测量,俾全河毫无滞碍方善。"制可。

十三年,通州大水,康家沟坝冲决成河,张家湾河道遂淤。仓场侍郎达庆请来年粮艘由康家沟试行一年,暂缓挑复张家湾河身。上命尚书吴璥往勘,与达庆议合,遂允之。明年,御史祜言,康家沟河道难行,请复张家湾正河。下直督温承惠。承惠言:"康家沟溜势奔腾,漕船逆流而上,大费纤挽。该处地势正高,恐旱乾之岁,河水一泻无余,漕行更为束手。惟张家湾两岸沙滩,坝基难立,而正河积淤日久,挑浚亦甚不易。"上复遣工部尚书戴均元往勘,亦言坝基难立,且时日已迫,恐河道未复,漕运已来,请仍由康家沟行,再察看一年酌定。如所请行。时淮、扬运河三百余里浅阻,两淮盐政阿克当阿请俟九月内漕船过竣,堵闭清江三坝,筑坝断流,自清江至瓜洲分段挑浚。下部议。覆称:"近年运河浅阻,固由叠次漫口,而漫口之故,则由黄水倒灌,倒灌之故,则由河底垫高,清水顶阻,不能不借黄济运,以致积淤溃决,百病丛生。是运河为受病之地,而非致病之原。果使清得畅出敌黄，并分流济运，则运口内新淤不得停留，旧淤并可刷涤。若不除倒灌之根，而哑哑以挑浚运河为事，恐旋挑旋淤，运河之挑浚愈深，倒灌之势愈猛，决堤吸溜，为患滋多。"命尚书托津等偕河督勘办。十八年，漕督阮元以邳、宿运河闸少，水浅沙停，请于汇泽闸上下添建二闸。下江督百龄核奏。

道光元年，山东河湖山水并发，戴村坝迤北堤埝漫决六十余丈，草工刷三十余丈，四女寺支河南岸汶水旁泄处三。用巡抚姚祖同言，于正河旁旧河形内抽沟导水济运，兼顾湖潴。三年，漫直隶王家庄，由各厅汛赔修。是岁添筑戴村坝北官堤碎石坝四。四年，侍讲学士潘锡恩陈借黄济运之弊，略言："蓄清敌黄，为相传成法。今年张文浩迟堵御黄坝，致倒灌停淤，酿成巨患。若更引黄入运，河道淤满，处处壅溢，恐有决口之患。"下尚书文孚等妥议。

自嘉庆之季，黄河屡决，致运河淤垫日甚，而历年借黄济运，议者亦知非计，于是有筹及海运者。五年，上因漕督魏元煜等筹议海运，群以窒碍难行，独大学士英和有通筹漕、河全局，暂雇海船以分滞运，酌折漕额以资治河之议，下所司及督抚悉心筹画。卒以黄、运两河受病已深，非旦夕所能疏治，诏于明年暂行海运一次。新授两江总督琦善言："臣抵清江，即赴运河及济运、束清各坝逐加履勘。自借黄济运以来，运河底高一丈数尺，两滩积淤宽厚，中泓如线。向来河面宽三四十丈者，今只宽十丈至五六丈不等，河底深丈五六尺者，今只存水三四尺，并有深不及五寸者。舟只在在胶浅，进退俱难。济运坝所蓄湖水虽渐滋长，水头下注不过三寸，未能畅注。淮安三十余里皆然，高、宝以上运河全赖湖水，其情大可想见。请饬河、漕二臣将河面淤垫处展挑宽深，再放湖水，藉资挽送，以期不误北上期限。"上以"借黄济运，原系权宜办理，孙玉庭察看漕艘挽运艰难，不早陈奏变计，魏元煜旧任漕督，及与颜检坐观事机败坏，隐忍不言，糜帑病民，是诚何心？令将运河淤垫一律挑深，费由玉庭、元煜、检分赔。"琦善又言，自御黄坝堵闭，运河淤垫不复增高，而洪湖清水蓄至丈余，各船可资浮送，不敢冒昧挑浚。工费至省在百万

外,玉庭等罄其所有,断无如许家资。更可虑者,欲浚运河,必先堵
束清坝,阻绝来源,而后可以涸底挑办。现湖水下注湍急,束清坝外
跌塘甚深,又系清水,不能挂淤闭气。设正事兴挑,而东清坝腾开,
则工废半途,费归虚掷。请停止里、扬运河挑工,以免草率而节糜
费。"允之。是年,筑温榆河上游果渠村坝埽。

七年,东河总督张井、副总河潘锡恩请修复北运河刘老涧石滚
坝、中河厅南纤堤、扬粮二厅东西纤堤及堤外石工,移建昭关坝。上
遣英和等驰勘,乃定移昭关坝于其北三元宫之南,余如所请行。十
一年,高邮湖河漫马棚湾及十四堡,湖河连为一。江督陶澍请依嘉
庆间故事,运河决口,重空粮艘均绕湖行。八月,十四堡塞。冬,马
棚湾塞。先是澍抚苏时,以镇江运河并无水源,只恃江潮浮送,下练
湖湮塞已久,移建黄泥闸于张官渡以当湖之下流,俾得擎托湖流,
使之回漾,稍济江潮之不逮,曾著成效。至十四年迁江督,复偕巡抚
林则徐相度。于湖顶冲之黄金坝及东冈筑两重蓄水坝,培圩埂二千
八百八十丈,使水得入湖。又建减水石坝二于湖之东堤,俾可宣泄
暴涨。于入运处修复念七家古涵,以作水门,并建石闸以放水济运。
是冬工竣,由涵引水出,竟能倒漾上行数十里,军船得衔尾而南。越
二年,溜势变迁,河形湾曲,复移建黄泥闸于迤上二百丈,改为正越
二闸,中建矶心,并改张官渡迤下六十里吕城闸为正越二闸,以利
漕行。十五年,移筑囊沙引渠沙坝于西河滠外,以资收蓄,从东河总
督吴邦庆请也。

十八年,运河浅阻,用河督栗毓美言,暂闭临清闸,于闸外添筑
草坝九,节节擎蓄,于韩庄闸上朱姬庄迤南筑拦河大坝一,俾上游
各泉及运河南注之水,并拦入微山湖。定收潴济运章程六。十九年,
毓美以戴村坝卑矮,致汶水多旁泄,照旧制增高之。初,给事中成观
言淮、扬芒稻闸、人字河不宜堵坝,阻水去路,下陶澍等议。至是覆
称:"此坝蓄水由来已久,并不拦阻众水归江,不得轻议更张。"从
之。时卫河浅涩,难以济运。东抚经额布请变更三日济运、一日灌
田例。诏将百门泉、小丹河各官渠官闸一律畅开,暂避民渠民闸,如

有卖水阻运盗挖情弊,即行严惩,明年,漕督朱澍复言:"卫河不能下注,有妨运道。"命河督文冲、豫抚牛鉴察勘。文冲等言:"卫河需水之际,正民田待溉之时。民以食为天,断不能视田禾之枯槁置之不问。嗣后如雨泽愆期,卫河微弱,船行稍迟,毋庸变通旧章。倘天时亢旱,粮船阻滞日久,是漕运尤重于民田,应暂闭民渠民闸,以利漕运。"从之。

咸丰元年,甘泉闸河撑堤溃塌三十余丈,河决丰县,山东被淹,运河漫水,漕艘改由湖陂行。先是户部尚书孙瑞珍言十字河为全漕之害,若于河西改宽新河,以旧河为囊沙,于彭口作滚坝,纳浊水而漾清流,漕船无阻,可省起剥费二十万。下东河总督颜以燠议。至是以燠言:"改挖新河事无把握,无庸轻议更张。"报闻。二年,决北运河北寺庄堤,命尚书贾桢、侍郎李钧勘堵,并改次年漕粮由海道运津。自是遂以海运为常。同治而后,更以轮船由海转运,费省而程速,虽分江北漕粮试行河运,然分者什一,藉保运道而已。五年,铜瓦厢河决,穿运而东,堤埝冲溃。时军事正棘,仅堵筑张秋以北两岸缺口。民埝残缺处,先作裹头护埽,黄流倒漾处筑坝收束,未遑他顾也。十年,决淮扬马棚湾。

同治五年,决清水潭。八年,河决兰阳,漫水下注,运河堤埝残缺更甚。自张秋以北,别无来源,历年惟借黄济运而已。九年,漕督张之万请于黄流穿运处坚筑南北两堤,酌留运口为漕船出入门户,并筑草坝,平时堵闭以免倒灌。已下所司议,之万旋改抚江苏,继任张兆栋以"既筑堤束水留口门,又筑坝堵闭,恐过水稍滞,而上游一气奔注,新筑堤闸难当冲激。设夺运北趋,则东昌、临清暨天津、河间,淹没在所必至,北路卫河亦将废坏。惟有于郓城沮河一带遏黄东流,即以保南路之运道,于张秋、八里庙等处疏运河之淤垫,即以通北上之漕行,较之筑堤束水,稍有实际。"制可。

十年,侯家林河决,直注南阳、昭阳等湖,郓城几为泽国。漕督苏凤文言:"安山以北,运河全赖汶水分流,至临清以上,始得卫水之助。今黄河横亘于中,挟汶东下,安山以北毫无来源,应于卫河入运及张秋清黄相接处,各建一闸,蓄高卫水,使之南行,俟漕船过齐,即启临清新闸,仍放卫北流,以资浮送。并于张秋淤高处挑深丈余,安山以南亦一律挑浚,庶黄水未涨以前,运河既深,舟行自易。"江督曾国藩言:"河运处处艰阻,如峄县大泛口沙淤停积,水深不及二尺,必须挑深四五尺,并将近滩石堆铲除,与河底配平,方利行驶。北则滕县郗山口入湖要道,浅而且窄,微山湖之王家楼、满家口、安家口,独山湖之利建闸,南阳湖北之新店闸,华家浅、石佛闸,南旺闸分水龙王庙化之刘老口、袁口闸,处处淤浅,或数十丈至百余丈,须一律挑深。此未渡黄以前,阻滞之宜预为筹办者。至黄水穿运处,渐徙而南,自安山至八里庙五十五里运堤,尽被黄水冲坏,而十里铺、姜家庄、道人桥均极淤浅,宜一面疏浚,一面于缺口排钉木椿,贯以巨索,俾船过有所依傍牵挽。此渡黄时运道艰滞,宜预为筹办者。渡黄以后,自张秋至临河二百余里,河身有高下,须开挖相等,于黄涨未落时,闭闸蓄水,以免消耗,或就平水南闸迤东筑挑坝,引黄入运。此渡黄后运道易涸,宜预为筹办者。东平运河之西有盐河,为东省盐船经行要道。若漕船由安山左近入盐河,至八里庙仍归运道,计程百余里,较之径渡黄流,上有缺口大溜,下有乱石树桩者,难易悬殊。如行抵安山,遇黄流过猛,宜变通改道,须先勘明立标为志。此又渡黄改道,宜预为筹办者。"下河、漕督及东抚商筹。

十一年,河督乔松年请在张秋立闸,借黄济运。同知蒋作锦则议导卫济运。上询之直督李鸿章,鸿章言:"当年清口淤垫,即借黄济运之病。今张秋河宽仅数丈,若引重浊之黄以闸坝节宣用之,水势抬高,其淤倍速。至作锦导卫,原因张秋北无清水灌运,故为此议。以全淮之强不能敌黄,尚致倒灌停淤,岂一清浅之卫,遂能御黄济运耶?其意盖袭取山东诸水济运之法。不知泰山之阳,水皆西流,因势利导,百八十泉之水,源旺派多,自足济运。卫水微弱,北流最顺,今必屈曲使之南行,一水两分,势多不便。若分沁入卫以助其源,沁水猛浊,一发难收,昔人已有明戒。近世治河兼言利运,遂致两难,卒无长策。事穷则变,变则通。今沿海数千里,洋舶骈集,为千古以来创局。正不妨借海道转输,由沪解津,较为便速。"疏入,诏江、安粮道漕米年约十万石仍由河运,余仍由海运。光绪三年,东抚李元华条上运河,上中下三等办法,并言量东省财力,拟用中等,将北运河一律疏通,复还旧址并建筑北闸。时值年荒,寓赈于工,省而又省,需费三十万有奇。下所司议。

五年,有请复河运者。江督沈葆桢言:"以大势言之,前人之于河运,皆万不得已而后出此才也。汉、唐都长安,宋都汴梁,舍河运无他策。然屡经险阻,官民交困,卒以中道建仓,伺便转馈,而后疏失差少。元则专行海运,故终元世无河患。有明而后,汲汲于河运。遂不得不致力于河防。运甫定章,河忽改道。河流不时迁徙,漕政与为转移,我朝因之。前督臣创为海运之说,漕政于穷无复之之时,藉以维持不敝。议者谓运河贯通南北,漕艘藉资转达,兼以保卫民田,意谓运道存则水利亦存,运道废则水利亦废。臣以为舍运道而言水利易,兼运道而筹水利难。民田于运道势不两立。兼旬不雨,民欲启涵洞以溉田,官必闭涵洞以养船。迨运河水溢,官又开闸坝以保堤,堤下民田立成巨浸,农事益不可问。议者又太息经费之无措,舳舻之不备,以致河运无成。臣以为即使道光间岁修之银与官造之船,至今一一俱存,以行漕于借黄济运之河,未见其可也。近年江北所雇船只,不及从前粮艘之半,然必俟黄流汛涨,竭千百勇夫之力以挽之,过数十船而淤复积。今日所淤,必甚于去日,而今朝所费,无益于明朝。即使船大且多,何所施其技乎?近因西北连年亢旱,内河来源不旺,遂乃狎而玩之。物极必返,设因济运而夺溜,北趋则畿辅受其害,南趋则淮、徐受其害,如民生何?如国计何?"

八年,伏秋大汛,张家湾运河自苏庄至姚辛庄冲开新河一段,长七百余丈,上下口均与旧河接,形势顺直,大溜循之而下。旧河上口至下口,长六千四百余丈,业已断流,惟新河身系自行冲开,不能一律深通。明年,直督李鸿章饬制新式铁口刮泥大板,在两岸拖拉,使一律通畅。十二年,通州潮白河之平家蝉疃漫口,东趋入箭杆河。

未几,堵复运河故道。十三年六月,复漫刷平家疃新工下之北市庄东小堤,并老堤续塌百数十丈,连成一口,夺溜东趋十之八。寻堵塞之。是年,河决郑州,山东黄水断流,漕船不能南下,向之借黄济运者,至是束手无策。旋将临口积淤疏挑,空船始得由黄入运。十五年,东抚张曜言:"河运未能久停,请改海运漕米二十万仍归河运。"从之。

十六年,用江督曾国荃言,修扬属南运河堤闸涵洞,及附城附镇砖工。又用漕督松椿言,浚邳、宿运河。十九年,潮白河涨溢,运堤两岸决口七十余,上游务关厅决口七。是冬均塞。二十年,浚济宁、汶上、滕、峄、茌平、阳谷、东平各属运河。明年,浚陶城埠至临清运河二百余里。二十四年,侍读学士瑞洵言南漕改折,有益无损,请每年提折价在津购米以实仓庾。御史秦夔扬亦言河漕劳费太甚,请停江北河运。皆不许,仍饬认真疏浚,照常起运。二十六年,联军入京师,各仓被占踞,仓储粒米无存,东北河运行至德州,改由陆路过送山、陕。二十七年,庆亲王奕劻、大学士李鸿章言:"漕粮储积,关于运务者半,因时制宜,请诏各省漕粮全改折色,其采买运解收放储备各事,分饬漕臣仓臣筹办。"自是河运遂废,而运河水利亦由各省分筹矣。

清史稿卷一二八

志第一○三

河渠三

淮河　永定河　海塘

　　淮水源出桐柏山，东南经随州，复北折过桐柏东，历信阳、确山、罗山、正阳、息、光山、固始、阜阳、霍丘、颍上，所挟支水合而东注，达正阳关。其下有沙河、东西淝河、洛河、洱河、茨河、天河，俱入于淮。过凤阳，又有涡河、灈河、东西濛及漴、浍、沱、潼诸水，俱汇淮而注洪泽湖。又东北，径清河、山阳、安东，由云梯关入海。径行湖北、河南、安徽、江苏四省，千有七百余里，淮固不为害也。自北宋黄河南徙，夺淮渎下游而入海，于是淮受其病。淮病而入淮诸水泛溢四出，江、安两省无不病。夫下壅则上溃，水性实然，故治河即所以治淮，而治淮莫先于治河。

　　有清一代，经营于淮、黄交汇之区，致力綦勤，糜帑尤钜。迨咸丰中，铜瓦厢决，黄流北徙，宋、元来河道为之一变。然河徙淤留，导淮之举又乌容已。今于淮流之源委分合，及清口之蓄泄，洪泽湖之堰坝工筑，皆列备焉。

　　顺治六年夏，淮溢息县，坏民田舍。康熙元年，盱、泗民由古沟镇南及谷家桥北盗决小渠八，淮水强半分泄高、宝诸湖，而清口淮弱，无力敌黄。六七年间，淮大涨，冲溃古沟、翟家墩，由高、宝诸湖直射运河，决清水潭，又溢武家墩、高良涧，清口湮而黄流上溃。十五年,淮又大涨,合睢湖诸水并力东激,高良涧板工决口二十六,高堰石工决口七,涓滴不出清口。黄又乘高四溃,一入洪泽湖,由高堰决口会淮,并归清水潭,下流益淤垫。

总河靳辅言:"洪泽下流,自高堰西至清口约二十里,原系汪洋巨浸,为全淮会黄之所。自淮东决黄内灌,一带湖身渐成平陆,只存宽十余丈、深五六尺至一二尺之小河,淤沙万顷,挑浚甚难。惟有于两旁离水二十丈许,各挑引河一,俾分头冲刷,庶淮河下注,可以冲辟淤泥,径奔清口,会黄刷沙,而无阻滞散漫之虞。"辅又言:"下流既治,淮可直行会黄刷沙,但临湖一带堤岸,除决口外,无不残缺单薄,危险堪虞。板工固易坏,即石工之倾圮亦不可胜数。惟堤下系土坦坡,虽遇大水不易冲,今求费省工坚,惟有于堤外近湖处挑土帮筑坦坡。每堤一丈,筑坦坡宽五尺,密布草根草子其上,俟其长茂,则土益坚。至高堰石工,亦宜帮筑坦坡,埋石工于内,更为坚稳,较之用板用石用埽,可省二十一万有奇,且免冲激颓卸之患。"又言:"自周家闸历古沟、唐埂至翟家坝南,估计筑三十二里之堤,并堵此原冲成之九河,及高良涧、高家堰、武家墩大小决口三十四,需费七十万五千有奇,皆系用埽,不过三年,悉皆朽坏。臣斟酌变通,除镶边裹头必须用埽,余俱宜密下排桩,多加板缆,用蒲包裹土,绳扎而填之,费可省半,而坚久过之。今拟改下埽为包土,仍筑坦坡。"制可。十八年,大浚清口、烂泥浅、裴家场、帅家庄引河,使淮水全出清口,会黄东下。

三十五年,总河董安国因泗州知州莫之翰议,请开盱眙圣人山禹王河,导淮注江,略言:"禹王古河,自盱眙圣人山历黑林桥、桐城镇、杨村、天长县迄六合之八里桥,各有河形溪涧岗不等。若开引入江,则天长、杨村、桐城各汊涧,大水时可不入高邮湖,湖水不致泛溢,而下河之水可减。至古河之口,见见淮不通流,必立闸座,水小闭闸以济漕,涨则开闸以泄水,庶淮水汹涌之势可减。"格廷议不行。明年,上有宜堵塞高堰坝之谕。逾二年,总河于成龙申塞六坝之请。会病卒,未底厥绩。其年水复大至,已堵三坝,旋委洪流。三十九年,张鹏翮为总河,尽塞之,使淮无所漏,悉归清口;又开张福、裴家场、张家庄、烂泥浅、三岔及天然、天赐引河七,导淮以刷清口;又以清口引河宽仅三十余丈,不足畅泄全湖之水,加开宽阔。于是十余年断绝之清流,一旦奋勇而出,淮高于黄者尺余。四十年,筑高堰大堤。

四十四年,圣祖南巡,阅高堰堤工,诏于三坝下浚河筑堤,束水入高邮、邵伯诸湖。又洪湖水涨,泗州均被水灾,应于受水处酌量筑堤束水。四十五年,两江总督阿山等请于泗盱溜淮套别开河道,直达张福口,以分淮势,计费三百十余万。部议靳之。廷臣亦以河工重大,请上亲临指示。逾年,上南巡阅河,谕曰:“详勘溜淮套地势甚高,虽开凿成河,亦不能直达清口。且所立标杆多在坟上,若依此开河,不独坏田庐,甚至毁坟冢,何必多此一事。今欲开溜淮套,必凿山穿岭,不独断难成功,且恐汛水泛溢,不浸入洪湖,必冲决运河。”命撤去标杆,并遣阿山、鹏翮等有差。上又谓:“明代淮、黄与今迥异。明代淮弱,故有倒灌之虞。今则淮强黄弱。与其开溜淮套无益之河,不若于洪湖出水处再行挑浚宽深,使清水愈加畅流,为利不浅。”四十九年,加长御黄西坝工程,从河督赵世显请也。

雍正元年,重建清口东西束水坝于风神庙前以蓄清,各长二十余丈。三年,总河齐勒苏因朱家海冲决,湖底沙淤,恐高堰难保,改低三坝门槛一尺五寸以泄湖水,而救一时之急。不知水愈落,淮愈不得出,致力微不能敌黄,连年倒灌,分溜直趋。李卫颇非之。先是高堰石工未能一律坚厚。至七年冬,发帑百万,命总河孔继珣、总督尹继善将堤身卑薄倾圮处拆砌,务令一律坚实。十年秋,高堰石工成。

乾隆元年,用总河高斌言,饬疏浚毛城铺迤下河道,经徐、萧、睢、宿、灵、虹各州县,至泗州之安门陡河,纡曲六百余里,以达洪湖,出清口,而淮扬京员夏之芳等言其不便,下各督抚及河、漕督会议,并召询斌,斌至,进图陈说,及知芳等所言非现在情形,卒从斌议。明年,毛城铺河道工竣。四年,高宗以高堰三坝既改低,过岸之水足泄,用大学士鄂尔泰言,永禁开放天然二坝。五年秋,西风大暴,湖浪汹涌,高堰汛第八堡旧堤掸击,倒卸十四段,旋修补之。六年,斌言:"江都三汊河乃瓜、仪二河口门,瓜河地势低,淮水入瓜河分数少,故溜缓不能刷深,河道致日渐淤垫。应筑坝堵闭瓜河上口门,于洋子桥营房迤下别,挑越河,减淮水入瓜河之分数,则仪河可分流淤,并堵闭瓜洲广惠闸之旧越河,于闸下别开越河,使闸越二河水势均平,既缓淮水直下入江之势,于运道更为便利。"七年,河湖并涨,议者又谓淮河上游诸水俱汇入洪湖,邵伯以下宜多开入江之路。斌亦以为言。于是开浚石羊沟旧河直达于江,筑滚坝四十丈,并开通芒稻闸下之董家油房、白塔河之孔家涵三处河流,增建滚坝,使淮水畅流无阻。

八年,淮暴涨丈余,逼临淮城,改治于周梁桥。十六年,上以天然坝乃高堰尾闾,盛涨辄开,下游州县悉被其患,命立石永禁开放。并用斌言,于三坝外增建智、信二坝,以资宣泄。十八年七月,淮溢高邮,坏车逻坝、邵伯二闸,下河田庐多没。二十二年,以湖水出清口,赖东西二坝堵束,并力刷黄,湖水过大,奔溢五坝,亦恐为下河患。因定制五坝过水一寸,东坝开宽二丈,以此递增,洌石东坝。嗣是遇湖水增长,即展宽东坝以泄盛涨,有展宽至六七十丈者。二十七年,上言:"江南滨湖之区,每遇大汛,霖潦堪虞,洪泽一湖,尤为关键。为泽国计安全,莫如广疏清口,为及今第一要义。见在高堰五坝高于水面七尺有奇,清口口门见宽三十丈,当即依此酌定成算。将来两坝水增长至一尺,拆宽清口十丈,水递长,口递宽,以此为率。"是年六月,五坝水志逾一尺。河督高晋遵旨拆宽清口十丈,宣泄甚畅。三十二年,南河总督李宏言:"正阳关三官庙旧立水志,考验水痕,本年所报消长,与下游不符。请于荆山、涂山间及临淮镇,各增设水志一,以验诸水消长。"允之。

三十四年,上恐高堰五坝顶封土障水,不足当风浪,命酌加石工。高晋等言其不便,乃增用柴柳。四十年,大修堰、盱各坝及临河砖石工。先是上以清口倒灌,诏循康熙中张鹏翮所开陶庄引河旧迹

挑挖,导黄使北,遣鄂尔泰偕斌往勘,以汛水骤至而止。旋完颜伟继
斌为河督,虑引河不易就,乃用斌议,自清口迤西,设木龙挑溜北
趋,而陶庄终不敢议。次年,南河督吴嗣爵内召,极言倒灌为害。萨
载继任,亦主改口议。上乃决意开之。于是清口东陵坝基移下百六
十丈之平成台,筑拦黄坝百三十丈,并于陶庄迤北开引河,使黄离
清口较远,清水畅流,有力攻刷淤沙。明年二月,引河成,黄流直注
周家庄,会清东下,清口免倒灌之患者近十年。

五十年,洪湖旱涸,黄流淤及清口,命河南巡抚毕沅祭淮渎,疏
贾鲁、惠济诸河流以助清,湖水仍不出,黄复内灌。上欲开毛城铺、
王家营减坝,下大学士阿桂等议。阿桂言:"欲治清口之病,必去老
坝工以下之淤,尤当掣低黄水,使清水畅出攻沙,不劳自治。"于是
闭张福口四引河,浚通湖支河,蓄清水至七尺以上,始开王营坝减
泄黄水,尽启诸河,出清口涤沙,修清口兜水坝,易名束清坝。复移
下惠济祠前之东西束水坝三百丈于福神巷前,加长东坝以御黄,缩
短西坝以出清,易名御黄坝。

嘉庆元年,湖水弱,清低于黄者丈余,淮遏不出。淮涨则开山盱
五坝、吴城七堡,黄涨或减水入湖,以救清口之倒灌。五年,用江督
费淳、河督吴璥言,开吴城七堡引渠,使泄湖水入黄,以减盛涨。八
年,黄流入海不畅,直注洪泽湖。璥赴海口相度,请力收运口各坝,
止留口门,清虽力弱难出,黄亦不能再入。七月,淮涨,高堰危甚,开
信、义两坝泄水。西风大作,坏仁、智两坝,淮南奔清口。上责璥,遂
罢免。九年春,湖水稍发,伏汛黄仍倒灌。河督徐端以束清坝在运
口北,分溜入运,致不敌黄,请移建湖口迤南。从之。

十一年,江督铁保言:"潘季驯、靳辅治河,专力清口,诚以清口
畅出,则河腹刷深,海口亦顺,洪泽亦不致泛滥。为今之计,大修闸
坝,借清刷沙,不能不多蓄湖水。即不能不保护石堤,尤不能不急筹
去路。"又偕徐端陈河工数事:一,外河厅之方家马头及三老坝为
淮、扬保障,宜填护碎石;一,义坝宜堵筑;一,仁、智、礼、信四坝残
损宜拆修。廷议如所请。上恐四坝同修,清水过泄,命次第举行。

十五年十月，大风激浪，义坝决，堰、盱两工掣坍千余丈。议者谓宜筑碎石坦坡，以费巨不果。敫与端请加培大堤外靳辅所筑二堤，以为重门保障，亦为廷议所驳。及陈凤翔督南河，复申二堤之请。下江督百龄议。百龄言不若培修大堤。十七年，遣协办大学士松筠履勘，亦主百龄议。于是筑大堤子堰，自束清坝尾至信坝迤南止。凤翔以不知蓄清于湖未涨之先，即启智、礼两坝，致礼坝溃，下游淹清水消耗，贻误全河，为百龄所劾，夺职遣戍。十八年，百龄及南河督黎世序以仁、义、礼三坝屡经开放，坏基跌塘，请移建三坝于蒋家坝南近山冈处，各挑引河，先建仁、义坝，因礼坝基改筑草坝，备本年宣泄。上命先建义坝，如节宣得宜，再分年递修。二十三年，增建束清二坝于束清坝北，收蓄湖水。

道光二年，增修高堰石工。四年冬，河涨，洪泽湖蓄水至丈七尺，尚低于黄尺许，高堰十三堡堤顶被大水掣动，山盱周桥之息浪庵亦过水八九尺，各坝均有坍损。上遣尚书文孚、汪庭珍履勘，而褫河督张文浩职。十三堡缺口旋塞。侍郎朱士彦言：“高堰石工在事诸臣，惟务节省，办理草率。又因抢筑大堤，就近二堤取土，事后亦不培补。至山盱五坝，宣泄洪湖盛涨，未能谨守旧章，相机开放，致石工掣卸。”并下文孚等勘核。明年春，从文孚等议，改湖堤土坦坡为碎石，于仁、义、礼旧坝处所各增建石滚坝，以防异涨。

八年，上以御黄坝上下积淤丈余，清水不能多蓄，御黄坝终不可开，下南总河张井等筹议。井等言：“乾隆间湖高于河七八尺或丈余，入夏拆展御黄坝，泄清刷淤，至冬始闭。嘉庆间，因河淤，改夏闭秋启。而黄水偶涨，即行倒灌。今积淤日久，纵清水能出，止高于黄数寸及尺余，暂开即闭，仅免倒灌，未能收刷淤之效。”上不怿，曰：“以昔证今，已成不可救药之势。为河督者，只知泄清水以保堰，闭御坝以免倒灌，增工请帑，但顾目前，不思经久，如国计何？如民生何？如后日何？”十年，井言：“淮水归海之路不畅，请于扬粮厅之八塔铺、商家沟各斜挑一河，汇流入江，分减涨水，并拆除芒稻河东西闸，挑挖淤滩，可抵新辟一河之用。”从之。十二年，移建信坝于夏家桥。十四年，以义字引河跌深三四丈，堵闭不易，允河督麟庆请，改挑义字河头。二十一年，河决祥符，夺溜注洪泽湖，而江潮盛涨，又复顶托，因拆展御黄、束清及礼、智、仁各坝，并启放车逻等坝，以泄湖水。二十三年，河决中牟，全溜下注洪泽湖，高堰石工掣卸四千余丈，先后拆展束清、御黄、智、信各坝，并启放顺清、礼、义等河，金湾旧坝及东西湾坝同时并启，减水入江。

咸丰五年，河复决铜瓦厢，东注大清河入海。黄河自北宋时一决滑州，再决澶州，分趋东南，合泗入淮。盖淮下游为河所夺者七百七十余年，河病而淮亦病。至是北徙，江南之患息。士民请复淮水故道者，岁有所闻。

同治八年，江督马新贻浚张福口引河，淮遂由清口达运。嗣又挑杨庄以下之淤黄河，以泄中河盛涨。九年，新贻等言："测量云梯关以下河身，及成子河、张福口、高良涧一带湖心，始知黄河底高于洪湖底一丈至五六尺不等，必先大浚淤黄，使淮得畅流入海，继辟清口，导之入旧黄河，再堵三河，以杜旁泄而资抬蓄。然非修复堰、盱石工，坚筑运河两堤，不敢遽堵三河、辟清口。统筹各工，非数百万金不能集事。拟分别缓急，次第筹办，不求利多，但求患减，为得寸得尺之计，收循序渐进之功。"

光绪七年，江督刘坤一言："臣此次周历河湖，知淮扬水利有关国计民生。前议导淮，未可中辍。自杨庄以下，旧黄河淤平，则山东昭阳、微山等湖之水，由中运河直趋南运河，夏秋之间，三闸甚形吃重。自洪泽湖淤浅，淮水不能合溜，北高于南，水之分入张福引河者无多，大溜由礼河径趋高、宝等湖。上年挑浚旧黄河后，山东蛟水屡次暴发，由此分泻入海。筑礼坝后，湖水潴深，且由张福河入运口者颇旺。此挑旧河、筑礼坝之不无微效也。惟是张福河浅，湖水仍趋重礼河越坝，终为可虑。倘遇湖水泛滥，礼河即无越坝，亦难分消，必开信、智两坝，由高宝湖入南运河，亦必车逻、南关等坝，由里下河入海，沿途淹没田庐，所损匪细。今拟就张福河开挖宽深，以引洪泽湖之水，复挖碎石河，以分张福河之水，由吴城七堡汇顺清河。

水小则由顺清入运,途纡而势稍舒,水大则由旧黄河入海,途直而势自顺。约三四年间,便可告竣,所费尚不过钜。议者或谓导淮入海,当尽泻洪湖之水,有妨官运民田。臣以为别开引河,或不免有此患。今循张福河、碎石河故道以归顺清河,自非淮涨一二丈,则顺清河之水何能高过中运河,溢出旧黄河? 如使淮水暴涨,方有溃决之虞,惟恐水无去路,此正导淮之本意也。议者或谓多引湖水入运,恐三闸不能支持。不思洪湖未淤以前,湖水四平,蓄水深广,张福以外,有四引河以济漕运。维时黄未北徙,每遇漕船过闸,方且蓄清敌黄,以五引河全注口门,而三闸屹然,今特张福一河,决无致损三闸之理。且上年挑通旧黄河,已分减中运河水,其入南运河者不过三四成。湖水虽增,与前略等,即遇大水,有旧黄河可以分减,亦不至专出三闸也。议者又谓如此,导淮无弊,亦属无利,何必虚费帑藏。其说亦不尽然。夫治水之道,必须通盘规画,并须预防变迁。洪湖南有礼河,北有张福河,均为分泄淮水。而水势就下,礼河常苦水大,筑礼河坝所以蓄以福之水,浚张福口所以顾礼河之堤,彼此互相维系。如使礼河受全湖之冲,新坝恐不能保,续修则所费弥巨,不修则为害滋深,下者益下,高者益高,张福河渐形壅塞矣。且导淮之举,原防盛涨肆虐。如引湖由张福出,顺清,以旧黄河为出海之路,偶有泛溢,该处土旷人稀,趋避尚易。若张福不畅,全湖之水折而南趋,则淮扬繁盛之区,亿万生灵将有其鱼之叹。导淮之利,见于目前才尤小,见于后才乃大也。"疏入,下部知之。

八年,江督左宗棠言:并"浚沂、泗为导淮先路,洵为确论。惟云梯关以下二百余里,河身高仰,且有远年沙滩。昔以全黄之力所不能通者,今欲以沂、泗分流通之,其势良难。大通在云梯关下十余里,旧黄河北岸,系嘉庆中漫口,东北流四十余里,至响水口,接连潮河,至灌河口入海。就此加挑宽深,出海较便。沂、泗来源,当大为分减,淮未复而运道亦可稍安,淮既复而归海无虞阻滞。此疏浚下游,宣泄沂、泗,实导淮先路,不可不亟筹者也。淮挟众流,汇为洪泽,本江、皖巨浸。自道光间为黄所淤,北高南下,由礼河趋高宝湖以入运者垂三十年。今欲导之复故，不啻挽之逆流。自张福口过大通、响乡水口入海，三百五十余里，节节窒碍，非下游畅其去路，上游塞其漏卮，其不能舍下就高入黄归海也明甚。查张福口及天然引河，皆北趋陈家集之大冲，至碎石河以达吴城七堡，又北至顺清河口，接杨庄旧黄河。张福河面六十余丈，宜加宽深，天然河更须疏瀹，吴城七堡一带高于张福河底丈六七尺，尤必大加挑浚，使湖水果能入黄，然后可堵礼河，以截旁趋之出路，堵顺清河，以杜运河之夺河。此引淮入海工程，当以次接办者也。湖水不高，不能入黄。太高，不特堰、盱石工可虑，运口闸坝难支，且于盱眙五河近湖民田有碍。拟修复智、信等坝以泄湖涨，更建闸大冲，俾湖水操纵由人，多入淮而少入运。此又预筹以善其后者也。”

三十四年，江督端方会勘淮河故道，力陈导淮四难，因于清江浦设局，遴绅筹议。久之无端绪，乃撤局。宣统元年，江苏谘议局开，总督张人骏以导淮事列案交议，决定设江淮水利公司，先行测量，务使导淮复故，专趋入海。二年，侍读学士恽毓鼎以滨淮水患日深，上言：“自魏、晋以降，濒淮田亩，类皆引水开渠，灌溉悉成膏腴。近则沿淮州县，年报水灾，浸灌城邑，漂没田庐，自正阳至高、宝，尽为泽国，实缘近百年间，河身淤塞，下游不通，水无所归，浸成泛滥。是则高堰坝之为害也。异时黄、淮合流，有南下之势，治河者欲束淮以敌黄，故特坚筑高堰坝头，逼淮由天妃闸以济运。今黄久北徙，堰坝无所用之，当别筹入海之途。其道有二，以由清口西坝、盐河至北潮河为便。尾闾既畅，水有所归，不独颍、寿、凤、泗永澹沈灾，即高、宝、兴、泰亦百年高枕矣。”事下江督张人骏、苏抚程德全、皖抚朱家宝勘议。人骏等言：“正事测量，俟测勘竣，即遴员开办。”报闻。

三年，御史石长信言：“导淮一举，询谋佥同。美国红十字会亦拟遣工程师来华查勘。则我之思患预防，尤不可缓。江苏水利公司既允部拨费用，安徽亦应设局测量，以为消弭巨灾之图。”下部议允之。导淮之举，经始于同治六年，时曾国藩督两江，尝谓“复淉之大利，不敢谓其遽兴，淮扬之大害，不可不思稍减。”迨黄流北徙，言者益多，大要不出两策。一谓宜堵三河，辟清口，浚旧河，排云梯关，使由故道入海。一谓导淮当自上流始，洪泽湖乃淮之委，非淮之源，宜于上游辟新道，循睢、汴北行，使淮未注湖，中途已泄其半，再由桃源之成子河穿旧黄河，经中河双金闸入盐河，至安东入海，使全淮分南北二道，纳少泻多，淮患从此可减。二说所持各异。然同、光以来，浚成子、碎石、沂、泗等河，疏杨庄以下至云梯关故道，固已小试其端。卒之淮为黄淤，积数百年，已无经行之渠，由运入江，势难尽挽，迄于国变，终鲜成功。

永定河亦名无定河，即桑干下游。源出山西太原之天池，伏流至朔州、马邑复出，汇众流，经直隶宣化之西宁、怀来，东南入顺天宛平界，径卢师台下，始名卢沟河，下汇凤河入海。以其经大同合浑水东北流，故又名浑河，元史名曰小黄河。从古未曾设官营治。其曰永定，则康熙间所赐名也。永定河汇边外诸水，挟泥沙建瓴而下，重峦夹峙，故鲜溃决。至京西四十里石景山而南，径卢沟桥，地势陡而土性疏，纵横荡漾，迁徙弗常，为害颇巨。于是建堤坝，疏引河，宣防之工亟焉。

顺治八年，河由永清徙固安，与白沟合。明年，决口始塞。十一年，由固安西宫村与清水合，经霸州东，出清河；又决九花台、南里诸口，霸州西南遂成巨浸。康熙七年，决卢沟桥堤，命侍郎罗多等筑之。三十一年，以河道渐次北移，永清、霸州、固安、文安时被水灾，用直隶巡抚郭世隆议，疏永清东北故道，使顺流归淀。

三十七年，以保定以南诸水与浑水汇流，势不能容，时有泛滥，圣祖临视。巡抚于成龙疏筑兼施，自良乡老君堂旧河口起，径固安北十里铺、永清东南朱家庄，会东安狼城河，出霸州柳岔口三角淀，达西沽入海，浚河百四十五里，筑南北堤百八十余里，赐名永定。自是浑流改注东北，无迁徙者垂四十年。三十九年，郎城淀河淤且平，上游壅塞，命河督王新命开新河，改南岸为北岸，南岸接筑西堤，自郭家务起，北岸接筑东堤，自何麻子营起，均至柳岔口止。四十年，加筑南岸排桩遥堤,修金门闸。四十八年,决永清王虎庄,旋塞。五十六年,修两岸沙堤大堤,决贺尧营。六十一年,复决贺尧营,随塞。

雍正二年,修郭家务大堤,筑清凉寺月堤,修金门闸,筑霸州堂二铺南堤决口。三年,因郭家务以下两岸顿狭,永清受害特重,命怡亲王允祥、大学士朱轼,引浑水别由一道入海,毋使入淀,遂于柳岔口少北改为下口,开新河自郭家务至长淘河,凡七十里,经三角淀达津归海,筑三角淀围堤,以防北轶。又筑南堤自武家庄至王庆坨,北堤自何麻子营至范瓮口,其冰窖至柳岔口堤工遂废。十二年,决梁各庄、四圣口等处三百余丈,黄家湾河溜全夺,水穿永清县郭下注霸州之津水洼归淀。总河顾琮督兵夫塞之。十三年,决南岸朱家庄、北岸赵家楼,水由六道口小堤仍归三角淀。

乾隆二年,总河刘勷勘修南北堤,开黄家湾、求贤庄、曹家新庄各引河,浚双口、下口、黄花套。六月,涨漫南岸铁狗、北岸张客等村四十余处,夺溜由张客决口下归凤河。命吏部尚书顾琮察勘,请仿黄河筑遥堤之法。大学士鄂尔泰持不可,议"于北截河堤北改挑新河,以北堤为南堤,沿之东下,下游作泄潮埝数段,复于南北岸分建滚水石坝四,各开引河:一于北岸张家水口建坝,即以所冲水道为引河,东汇凤河;一于南岸寺台建坝,以民间泄水旧渠入小清河者为引河;一于南岸金门闸建坝,以浑河故道接牤牛河者为引河;一于南岸郭家务建坝,即以旧河身为引河。合清隔浊,条理自明。"诏从其请。

四年,直督孙嘉淦请移寺台坝于曹家务,张客坝于求贤庄。又于金门闸、长安城添筑草坝,定以四分过水。顾琮言,金门闸、长安城两坝水势仅一河宣泄,恐汛发难容,拟分引河为两股,一由南洼入中亭河,一由杨青口入津水洼。又言郭家务、小梁村等处旧有遥河千七百丈,年久淤塞,请发帑兴修。均从之。五年,孙嘉淦请开金门闸重堤,浚西引河,开南堤,放水复行故道。六年,凌汛漫溢,固、良、新、涿、雄、霸各境多淹。从鄂尔泰议,堵闭新引河,展宽双口等河,挑葛渔城河槽,筑张客、曹家务月堤,改筑郭家务等坝。八年,浚新河下口,及董家河、三道河口,修新河南岸及凤河以东堤埝。又疏穆家口以下至东萧庄、凤河边二十里有奇。九年,以范瓮口下统以沙、叶两淀为归宿,而汛水多归叶淀,遂疏注沙淀路,并将南北旧减河浚归凤河。

十五年五月,河水骤涨,由南岸第四沟夺溜出,径固安城下至牛坨,循黄家河入津水洼,一由牤牛河入中亭河。命侍郎三和同直督堵御,于口门下另挑引河,截溜筑坝,遏水南溢,使归故道。十六年,凌汛水发,全河奔注冰窖堤口,即于王庆坨南开引河,导经流入叶淀,以顺水性。十九年,南埝水漫堤顶,决下口东西老堤,夺溜南行,漫胜芳旧淀,径永清之武家厂、三圣口,霸州之信安入口。明年,高宗临视,改下游由调河头入海,挑引河二十余里,加培埝身二千二百余丈。二十一年,直督方观承请于北埝外更作迤堤,预为行水地,凤河东堤亦接筑至遥埝尾。从之。二十四年,大雨,直隶各河并涨,下游悉归淀内,大清河不能宣泄,转由凤河倒漾,阻遏浑流,南岸四工堤决。命御前侍卫赫尔景额协同直督克日堵筑。三十五年、三十六年,两岸屡决。

三十七年,命尚书高晋、裘曰修偕直督周元理履勘,疏言:“永定河自康熙间筑堤以来,凡六改道。救弊之法,惟有疏中洪、挑下口,以畅奔流,筑岸堤以防冲突,浚减河以分盛涨。”遂兴大工,用帑十四万有奇。自是水由调河头径毛家洼、沙家淀达津入海。三十八年,调河头受淤,其澄清之水散漫而下,别由东安响水村直趋沙家淀。四十年,堵北三工南头工漫口。四十四年,展筑新北堤,加培旧越堤,废去濒河旧堤,使河身宽展。四十五年,卢沟桥西岸漫溢,北头工冲决,由良乡之前官营散溢求贤村减河归黄花店,爰开引沟八百丈,引溜归河。五十九年,决北二工堤,溜注求贤村引河,至永定河下游入海。旋即断流,又漫南头工堤,水由老君堂、庄马头入大清河,凡筑南堤百余丈。又于玉皇庙前筑挑水坝。

嘉庆六年,决卢沟桥东西岸石堤四、土堤十八,命侍郎那彦宝、高杞分驻堵筑,并疏浚下游,集民夫五万余治之。御制河决叹,颁示群臣。两月余工竣。十五年，永定河两岸同时漫口，直督温承惠驻工堵合之。十七年，河势北趋，葛渔城淤塞，水由黄花店下注。乃于旧淤河内挑挖引河，并于上游筑草坝，挑溜东行，另建圈堤以防泛衍。二十年，拆凤河东堤民埝以去下壅。六月大雨，北岸七工漫塌，开引河，由旧河身稍南，直至黄花店，东抵西洲，长五千六百九丈。九月，水复故道。二十四年，北岸二工漫溢，头工继溢，侧注口门三百余丈，大兴、宛平所属各村被淹。九月塞决口，并重浚北上引河。

道光三年，河由南八工堤尽处决而南，直趋汪儿淀。四年，侍郎程含章勘议浚复，未果。十年，直督那彦成请于大范瓮口挑引河，并将新堤南遥埝加高培厚。报可。十一年春，河溜改向东北，径窦淀，历六道口，注大清河，汪儿淀口始塞，水由范瓮口新槽复归王庆坨故道。十四年，宛平界北中、北下汛决口，水由庞各庄循旧减河至武清之黄花店，仍归正河尾闾入海。良乡界南二工决口，水由金门闸减河入清河，经白沟河归大清河。爰挑引河，自漫口迤下至单家沟，间段修筑二万七千四百余丈。二十四年，南七工漫口，就迤北三里许之河西营为河头，挑引河七十余里，直达凤河。三十年五月，上游山水下注，河骤涨，北七工漫三十余丈，由旧减河径母猪泊凤河。勘于冯家场北河湾开引河，十月竣工。咸丰间，南北堤溃决四次。时军务方棘，工费减发，补苴罅漏而已。

同治三年，因河日北徙，去路淤浅，于柳垞筑坝，堵截北流，引归旧河，展宽挑深张垞、胡家房河身，经东安、武清、天津入海。六年以后，时有溃决。八年，直督曾国藩请于南七工筑截水大坝，两旁修筑圈埝，并挑浚中洪，疏通下口，以免壅溃。从之。十年，南岸石堤漫口，夺溜径良乡、涿州注大清河入海。明年，允直督李鸿章请，修金门闸坝，疏浚引河，由童村入小清河。石堤决口塞。十二年，南四工漫口，由霸州牤牛河东流。爰将引河增长，复筑挑水坝一。

光绪元年，南二汛漫口，随塞。四年，北六汛决口，筑合后，复于坦坡埝尾接筑民埝至青光以下。十年，以凤河当永定河之冲，年久淤垫，以工代赈，起南苑五空闸，讫武清堠上村，间段挑浚，并培筑堤坝决口。十六年,大水,畿辅各河并涨,永定北上汛、南三汛同时漫决。命直督迅筹堵筑,添修挑坝岸堤,又疏引河六十余里。十八年夏,大雨,河水陡涨,南上汛灰坝漫口四十余丈。给事中洪良品言北岸头工关系最重,请接连石景山以下添砌石堤,以资捍卫。下所司筹议。因工艰费巨,择要接筑石堤八里,并添修石格。十九年冬,因频年溃决为患,命河督许振祎偕直督会勘筹办。振祎陈疏下游、保近险、浚中洪、建减坝、治上游五事。直隶按察使周馥并建议于卢沟南岸筑减水大石坝,以水抵涵洞上楣为准,逾则泻去。诏如所请。二十二年,北六工、北中汛先后漫溢,由韩家树汇大清河,遂挑浚大清河积淤二十余里。

二十五年,诏直督裕禄详勘全河形势,以纾水患。裕禄言:"畿辅纬川百道,总汇于南北运、大清、永定、子牙五经河,由海河达海,惟永定水浑善淤,变迁无定。从前下口遥堤宽四十余里,分南、北、中三洪。嗣因南、中两洪淤垫,全由北洪穿凤入运。"因陈统筹疏筑之策七:一,先治海河,俾畅尾闾,然后施工上游;一,宜以凤河东堤外大洼为永定下口;一,修筑北运河西堤;一,规复大清河下口故道于西沽;一,修筑格淀;一,修筑韩家树横直各堤;一,疏浚中亭河,以期一劳永逸。需费七十七万有奇。帝命分年筹办。适有拳匪之乱,不果行。三十年后,南北岸屡见溃决,均随时堵合。论者以为若将险工全作石堤,湾狭处改从宽直,并于南七工放水东行,傍淀达津,再加以石坝分泄盛涨,庶几永保安澜云。

海塘惟江、浙有之。于海滨卫以塘,所以捍御咸潮,奠民居而便耕稼也。在江南者,自松江之金山至宝山,长三万六千四百余丈。在浙江者,自仁和之乌龙庙至江南金山界,长三万七千二百余丈。江南地方平洋暗潮,水势尚缓。浙则江水顺流而下,海潮逆江而上,其冲突激涌,势尤猛险。唐、宋以来,屡有修建,其制未备。清代易土塘为石塘,更民修为官修,钜工累作,力求巩固,滨海生灵,始获乐利矣。

顺治十六年，礼科给事中张惟赤言："江、浙二省，杭、嘉、湖、宁、绍、苏、松七郡皆滨海，赖有塘以捍其外，至海盐两山夹峙，潮势尤猛。故明代特编海塘夫银，以事岁修。近此款不知销归何地，塘基尽圮。倘风涛大作，径从坍口深入，恐为害七郡匪浅。请严饬抚、按勒限报竣，仍定限岁修，以防患未然。"下部议行。

康熙三年，浙江海宁海溢，溃塘二千三百余丈。总督赵廷臣、巡抚朱昌祚请发帑修筑，并修尖山石堤五千余丈。二十七年，修海盐石塘千丈。三十七年，飓风大作，海潮越堤入，冲决海宁塘千六百余丈，海盐塘三百余丈，筑之。五十七年，巡抚朱轼请修海宁石塘，下用木柜，外筑坦水，再开浚备塘河以防泛溢。五十九年，总督满保及轼疏言："上虞夏盖山迤西沿海土塘冲坍无存，其南大亹沙淤成陆，江水海潮直冲北大亹而东，并海宁老盐仓皆坍没。"因陈办法五：一，筑老盐仓北岸石塘千三百余丈，保护杭、嘉、湖三府民田水利；一，筑新式石塘，使之稳固；一，开中小亹淤沙，使江海尽归赭山、河庄山中间故道，可免潮势北冲；一，筑夏盖山石塘千七百余丈，以御南岸潮患；一，专员岁修，以保永固。下部议，如所请行。

雍正二年，帝以塘工紧要，命史部尚书朱轼会同浙抚法海、苏抚何天培勘估杭、嘉、湖等府塘工，需银十万五千两有奇，松江府华、娄、上海等县塘工，需银十九万两有奇，部议允之。六年，巡抚李卫请将骤决不可缓待之工，先行抢修，随后奏闻。"抢修"之名自此始。十一年，命内大臣海望、直督李卫赴浙查勘海塘，谕曰："如果工程永固，可保民生，即费帑千万不必惜。"寻请于尖、塔两山间建石坝堵水，并改建草塘及条石块石各塘为大石塘，更于旧塘内添筑上备塘。十二年，因堵尖山水口、开中小亹引河久未施工，责浙督程元章等督办不力，命杭州副都统隆升总理，御史偏武佐之。五月工竣。十三年，命南河督稽曾筠总理塘工。曾筠言："海宁南门外俯临江海，请先筑鱼鳞石塘五百余丈，保卫城池。"下廷臣议行。

乾隆元年，署苏抚顾琮请设海防道，专司海塘岁修事。曾筠请于仁、宁等处酌建鱼鳞大石塘六千余丈，均从之。明年，建海宁浦儿兜至尖山头鱼鳞大石塘五千九百余丈。四年，允浙抚卢焯请，筑尖山大坝，次年秋工竣，御制文记之。六年，左都御史刘统勋言："前据闽浙总督德沛请改老盐仓至章家庵柴塘为石塘，廷议准行。臣意以为草塘改建不必过急，南北岸塘工实不宜缓。盖通塘形势，海宁之潮犹属往来荡，而海盐之潮，则对面直冲，其大石塘岁久鳝漏，尤宜及早补苴。臣以大概计之，动发七十万金，而通塘可有苞桑之固。"疏入，命统勋会同浙督德沛、浙持常安察勘。寻覆称："改建石工，诚经久之图，但须宽以时日，年以三百丈为率。"七年，总督那苏图请先于最险处间段排筑石篓，俟根脚坚实，再建石塘。越二年，遣尚书讷亲勘视。疏言："仁、宁二邑柴塘稳固，若虑护沙坍涨无常，第将中小故道开浚，俾潮水循规出入，上下塘俱可安堵。"于是改建石工之议遂寝。七月，苏抚陈大受言："宝山地滨大海，月浦土塘被潮冲刷，请建单石坝，外加桩石坦坡各百七十丈，并接筑沙塘，使与土塘联属，中设涵洞宣泄。"下部议行。

十一年，常安言："蜀山迤北有积沙四五百丈，横亘中间。先就沙嘴开沟四，以引潮水攻刷。今伏汛已过，南沙坍卸殆尽，蜀山已在水中，潮汐渐向南趋。倘秋汛不复涌沙，则大溜竟行中小亹矣。"报闻。十二年，常安委员疏浚蜀山一带，用切沙法疏刷。十一月朔，中小亹引河一夕冲开，大溜经由故道，南北岸水远沙长，皆成坦途。十三年，大学士高斌、讷亲先后奉命查勘塘工。斌请于东西柴石各塘后身加筑土堰，挡护潮头。四月，讷亲疏陈善后事宜，命巡抚方观承酌议。观承请于北塘北大亹故道，及三里桥、掇转庙等处，设竹篓滚坝，堵御潮沟，大小山圩改建石塘，南塘各工，预筹防护，并将右营员弁兵丁调派，分汛防驻。下廷议允行。

十六年，允巡抚永贵请，改建山阴宋家溇土塘为石塘，加筑坦水。十七年，巡抚雅尔哈善言："中亹山势仅宽六里，浮沙易淤，且南岸文堂山脚有沙嘴百三十余丈，挑溜北趋，北岸河庄山外亦有沙嘴五十余丈，颇碍中溇大溜。现将两处涨沙挑切疏通，俾免阻滞。"得旨嘉勉。十九年，因浙省塘工无险，省海防道。二十一年，喀尔吉善言："水势南趋，北塘稳固，而险工在绍兴一带。拟于宋家溇、杨柳港，照海宁鱼鳞大条石塘式，建四百丈。"从之。二十三年，增筑镇海县海塘。二十六年，苏抚陈宏谋言，常熟、昭文滨海地方，从太仓州境接筑土塘。嗣开白茆河、徐六泾二口，建闸启闭。本年潮涨，石墙倾圮，请改为滚坝。得旨允行。

二十七年，帝南巡，阅海宁海塘工。谕曰："朕念海塘为越中第一保障。比岁潮势渐趋北大亹，实关海宁、钱塘诸邑利害。计改老盐仓一带柴塘为石，而议者纷歧。及昨临勘，则柴塘沙性涩汕，石工断难措手，惟有力缮柴塘，得补偏救弊之一策。其悉心经理，定岁修以固塘根，增坦水石篓以资拥护。"又谕曰："尖山、塔山之间，旧有石塘。朕今见其横截海中，直逼大溜，实海塘扼要关键。就目下形势论，或多用竹篓加镶，或改用木柜排砌。如将来沙涨渐远，宜即改筑条石坝工，俾屹然如砥柱，庶北岸海塘永资保障。该督抚等其善体朕意，动帑赞办，并勒石塔山，以志永久。"二十八年，苏抚庄有恭言："江南松、太海壖土性善坍，华亭、宝山向筑坦坡，皆不足恃。应仿浙江老盐仓改建石篓塘。"诏如所请。

三十年春，帝南巡，阅视海宁海塘。谕曰："绕城石塘，实为全城保障。塘下坦水，只建两层，潮势似觉顶冲。若补筑三层，尤资裨益。著将应建之四百六十余丈一律添建。"三月工竣。三十五年，巡抚熊学鹏请于萧山、山阴、会稽改建鱼鳞大石塘。帝以潮势正趋北亹，与南岸渺不相涉，斥之。三十七年，巡抚富勒浑疏报中亹引河情形，略言："潮头大溜，一由蜀山直趋引河，一由岩峰山西斜入引河，至河庄山中段会合，互相撞击，仍分两路西行，随令员弁于引河中段挑堰沟二十余道，导引潮溜，俾复中亹故道。"谕曰："潮汛迁移，乃嘘吸自然之势，若开挖引河，恐徒劳无益。只宜实力保卫堤塘，以待其自循旧轨，不必执意开沟引溜，欲以人力胜海潮也。"

四十三年，浙抚王亶望疏陈海塘情形，命江督高晋会同相度。寻疏言："章家庵一带柴工五百丈，潮神庙前柴塘三百丈，应添建竹篓，并排列两层桩木以防动摇。"从之。四十五年，帝南巡，幸海宁尖山阅海塘。十二月，命大学士阿桂、南河督陈辉祖赴浙履勘。疏言：
"海塘工程，应建石塘二千二百丈，若改为条石，施工易而成事速，
约计三年可以蒇工。"又言："办理鱼鳞石塘，仿东塘之例，量地势高
下，用十六层至十八层，约需三十万。"帝命工部侍郎杨魁驻工协
办，次年八月竣工。四十九年，帝幸杭州，阅视海塘，谕曰："老盐仓
旧有柴塘，一律添建石塘四千二百余丈，于上年告竣，自应砌筑坦
水保护。乃该督抚并未虑及，设遇异涨，岂能抵御？著将柴塘后之
土顺坡斜做，并于其上种柳，俾根株盘结，则石柴连为一势，即以柴
塘为石塘之坦水。至范公塘一带，亦必接建石工，方于省城足资巩
护。著拨帑五百万，交该督抚核算，分限分年修筑。"五十二年工竣。

嘉庆四年，浙抚玉德请改山阴土塘为柴塘。十三年，浙抚阮元
请改萧山土岸为柴塘。十六年，浙抚蒋攸铦请将山阴各土塘堤一律
建筑柴塘；苏抚章煦请将华亭土塘加筑单坝二层。均从之。

道光十三年五月，巡抚富呢扬阿疏言"东西两防塘工，先择尤
险者修筑，需银五十一万二千余两"。十一月，又言"限内限外各工
俱挈坍，需银十九万四千余两"。十二月，又言"东塘界内，应于前后
两塘中间，另建鳞塘二千六百余丈，需银九十二万二千两。"均下部
议行。十四年，命刑部侍郎赵盛奎、前东河督严烺，会同富呢扬阿查
勘应修各工。寻疏言："外护塘根，无如坦水，拟自念里亭汛至镇海
汛，添建盘头三座，改建柴塘三千三百余丈；其西塘乌龙庙以东，应
接筑鱼鳞石块；海宁绕城石塘，应加高条石两层。俟明年大汛时续
办。"遣左都御史吴椿往勘，留浙会办。十六年三月工竣，计修筑各
工万七千余丈，用银一百五十七万有奇。三十年，巡抚吴文镕叠陈
海塘石工冲缺，令速抢办。十月工竣。

咸丰七年八月，海塘埽各工猝被风潮冲坍。十二月，次第堵合。
同治三年，御史洪燕昌言浙江海塘溃决，请速筹款修理。部议将浙
海关等税拨用。五年，内阁侍读学士钟佩贤疏陈海塘关系东南大
局，有四害三可虑。命巡抚马新贻详勘，修海宁鱼鳞石工二百六十
余丈。六年，以浙江海塘工钜费多，议分最要次要修筑，期以十年告

竣。七年,两江总督曾国藩等请修华亭石塘护坝,嗣是塘工岁有修
筑。

　　光绪三年,修宝山北石塘护土,建护塘拦水各坝,及仁和、海宁
鱼鳞石塘千三百余丈。十年,修昭文、华亭、宝塘等处山坝及石坦
坡。十二年,浙江巡抚刘秉璋言,海盐原建石塘四千六百余丈,积年
坍损过半,拟择要兴办,埋砌者五百丈,建复者四百六十丈,需银二
十万。允之。十八年,浙抚刘树棠疏言,海宁绕城石塘坍塌日甚,请
添筑坦水,以塘工加抽丝捐积存余款先行开办,随筹款次第兴修。
从之。十九年,修太仓茜泾口桩石坦坡百五十一丈,镇洋杨林口桩
石二百丈,昭文施家桥至老人滨双桩夹石护坝二百丈,华亭外塘纯
石斜坝四十六丈。

　　综计两省塘工,自道光中叶大修后,叠经兵燹,半就颓圮,迄同
治初,兴办大工,库款支绌,遂开办海塘捐输,并劝令两省丝商,于
正捐外,加抽塘工丝捐,给票请奖。旋即停止。光绪三十年,浙江巡
抚聂缉规请复捐输旧章,以济要工。因二十七年以后,潮汐猛烈,次
险者变为极险,拟将柴埽各工清底拆筑,非筹集巨款,不能历久巩
固云。

清史稿卷一二九
志第一○四

河渠四

直省水利

清代轸恤民艰，亟修水政，黄、淮、运、永定诸河、海塘而外，举凡直省水利，亦皆经营不遗余力，其事可备列焉。

顺治四年，给事中梁维请开荒田、兴水利，章下所司。十一年，诏曰："东南财赋之地，素称沃壤。近年水旱为灾，民生重困，皆因水利失修，致误农工。该督抚责成地方官悉心讲求，疏通水道，修筑堤防，以时蓄泄，俾水旱无虞，民安乐利。"

康熙元年，重修夹江龙兴堰，又凿大渠以广灌溉。二年，修和州铜成堰，龙首、通济二渠。交城磁瓦河涨，水侵城，筑堤障之。三年，修嘉定楠木堰。九年，修郿县金渠、宁曲水利。十二年，重修城固五门堰。十九年，浚常熟白茆港、武进孟渎河。二十三年，修五河南湖堤坝。二十七年，修徽州鱼梁坝。

三十七年，命河督王新命修畿辅水利。三十八年，圣祖南巡，至东光，命直隶巡抚李光地察勘漳河、滹沱河故道。覆疏言："大名、广平、真定、河间所属，凡两河经行之处，宜开浚疏通，由馆陶入运。老漳河与单家桥支流合，至鲍家嘴归运，可分子牙河之势。"三十九年，帝巡视子牙河堤，命于阎、留二庄间建石闸，随时启闭。御史刘珩言，永平、真定近河地，应令引水入田耕种。谕曰："水田之利，不可太骤。若克期齐举，必致难行。惟于兴作之后，百姓知其有益，自然鼓励效法，事必有成。"四十年，李光地言："漳河分四支，三支归运皆弱，一支归淀独强。遇水大时，当用挑水坝等法，使水分流，北不至挟滹沱以浸田，南不至合卫河以害运。"如所请行。四十三年，挑杨村旧引河。先是子牙河广福楼开引河时，文安、大城民谓有益，青县民谓不便，各集河干互控。至是河成，三县民皆称便。天津总兵官蓝理请于丰润、宝坻、天津开垦水田，下部议。旋谕曰："昔李光地有此请，朕以为不可轻举者，盖北方水土之性迥异南方。当时水大，以为可种水田，不知骤涨之水，其涸甚易。观琉璃河、莽牛河、易河之水，入夏皆涸可知。"次年部臣仍以开垦为请，谕以此事暂宜存置，可令蓝理于天津试开水田，俟冬后踏勘。

四十八年，浚郑州贾鲁河故道，自东赵讫黄河涯口新庄。于东赵建闸一，黄河涯口筑草坝石闸各一。甘肃巡抚舒图言："唐渠口高于身，水势不畅，应引黄河之水汇入宋澄堡。如水不足用，更于上游近黄处开河引水，酌建闸坝，以资蓄泄。"从之。江苏巡抚于准言："丹阳练湖，冬春泄水济运，夏秋分灌民田。自奸民图利，将下湖之地佃种升科，民田悉成荒瘠。请复令蓄水为湖，得资灌溉。"从之。

五十七年，以沛县连年被水，命河督赵世显察勘。世显言："金乡、鱼台之水，由沛之昭阳湖历微山湖，从荆山口出猫儿窝入运。近因荆山口十字河淤垫，致低田被淹。应将沙淤浚通，再于十字河上筑草坝。若遇运河水浅，即令堵塞，俾水全归微山湖，出湖口闸以济运，则民田漕运两有裨益。"从之。

世宗时，于畿辅水利尤多区画。雍正三年，直隶大水，命怡亲王允祥、大学士朱轼相度修治。因疏请浚治卫河、淀池、子牙、永定诸河，更于京东之滦、蓟，京南之文、霸，设营田专官，经画疆理。召募老农，谋导耕种。四年，定营田四局，设水利营田府，命怡亲王总理其事，置观察使一。自五年分局至七年，营成水田六千顷有奇。后因水力赢缩靡常，半就湮废。是年命侍郎通智、单畴书，会同川督岳钟琪，开惠农渠于查汉托护，以益屯守，复建昌润渠于惠农渠东北。

六年，浚文水近汾河渠，引灌民田，开嵩明州杨林海以泄水成田。八年，帝以宁夏水利在大清、汉、唐三渠，日久颓坏，命通智同光禄卿史在甲勘修。是年修广西兴安灵渠，以利农田，通行舟。浚陈、许二州沟洫。

十年，云贵总督鄂尔泰言："滇省水利全在昆明海口，现经修浚，膏腴田地渐次涸出。惟盘龙江、金棱、银棱、宝象等河俱与海口近，亟宜建筑坝台。"又言："杨林海水势畅流，周围草塘均可招民开垦。宜良江头村旧河地形稍高，宜另开河道以资灌溉。寻甸河整石难凿，宜另浚沙河，俾得畅流。东川城北漫海，水消田出，亦可招垦。"均从之。十二年，营田观察使陈时夏言："文安、大城界内修横堤千五百余丈，营田四十八顷俱获丰收。但恐水涸即成旱田，请于大堤东南开建石闸，北岸多设涵洞，以资宣泄。"从之。

乾隆元年，大学士嵇曾筠请疏浚杭、湖水利。两广总督鄂弥达言："广、肇二属沿江一带基围，关系民田庐舍，常致冲坍，请于险要处改土为石，陆续兴建。"下部议行。江南大雨水，淮阳被淹，命浚宿迁、桃源、清河、安东及高邮、宝应各水道。二年，命总督尹继善筹画云南水利，无论通粤通川及本省河海，凡有关民食者，及时兴修。陕西巡抚崔纪陈凿井灌田以佐水利之议。谕令详筹，勿扰闾阎。

三年，大学士管川陕总督事查郎阿言："瓜州地多水少，民田资以灌溉者，惟疏勒河之水，河流微细。查靖逆卫北有川北、巩昌两湖，西流合一，名蘑菇沟。其西有三道柳条沟，北流归摆带湖。请从中腰建闸，下浚一渠，截两沟之水尽入渠中，为回民灌田之利。"贵州总督张广泗请开凿黔省河道，自都匀经旧施秉通清水江至湖南黔阳，直达常德，又由独山三脚坉达古州，抵广西怀远，直达广东，兴天地自然之利。均下部议行。四年，安徽布政使晏斯盛言，江北凤、颍以睢水为经，庐州以巢湖为纬，他如六安旧有堤堰，滁、泗亦多溪塈，概应动帑及时修浚，从之。川陕总督鄂弥达等言："宁夏新渠、宝丰，前因地震水涌，二县治俱沉没。请裁其可耕之田，将汉渠尾展长以资灌溉。惟查汉渠百九十余里，渠尾余水无多，若将惠农废渠口修整引水,使汉渠尾接长,可灌新、宝良田数千顷。"上嘉勉之。

五年,河督顾琮言:"前经总河白钟山奏称'漳河复归故道,则卫河不致泛溢,为一劳永逸之计'。臣等确勘,自和儿寨东起,至青县鲍家嘴入运之处止,计程六百余里,河身淤浅,两岸居民稠密。若益以全漳之水,势难容纳,则改由故道,于直隶不能无患,然不由故道,又于山东不能无患。惟有分泄防御,使两省均无所害,庶为经久之图。"总办江南水利大理卿汪漋言:"盐城东塘河及阜宁、山阳各河道,高邮、宝应下游,及串场河、潨潼河,俱淤浅,应挑浚。其串扬河之范堤,及拼茶角二场堤工,俱逼海滨,应加宽厚。扬州各闸坝应疏筑,限三年告成。"均如所请。安徽巡抚陈大受言:"江北水利关系田功。原任藩司晏斯盛奏定兴修,估银四十余万。窃思水利固为旱涝有备,而缓急轻重,必须熟筹。各州县所报,如河圩湖泽,及大沟长渠,工程浩繁,民力不能独举,自应官为经理。其余零星塘塼,现有管业之人,原司自行疏浚,朝廷岂能以有限钱粮,为小民代谋畚锸?"上题之。河南巡抚雅尔图言:"豫省水利工程,惟上蔡估建堤坝,系防蔡河异涨之水。其余汝河、洧河堤堰,应令地主自行修补。至开浚汝河、颍河等工,请停罢以节糜费。"报闻。

六年春,雅尔图言:"永城地洼积潦,城南旧有渠身长三万一千余丈,通浍河,年久淤浅。现乘农隙,劝谕绅民挑浚,俾水有归。"又言:"前奉谕旨,开浚省城乾涯河,复于中牟创开新河一,分贾鲁河水势,由沙河会乾涯河,以达江南之涡河而汇于淮,长六万五千余丈,今已竣工。"赐名惠济。

九年,御史柴潮生言:"北方地势平衍,原有河渠淀泊水道可寻。如听其自盈自涸,则有水无利而独受其害。请遣大臣赍帑兴修。"命吏部尚书刘于义往保定,会同总督高斌,督率办理。寻请将宛平、良乡、涿州、新城、雄县、大城旧有淀渠,与拟开河道,并堤埝涵洞桥闸,次第兴工。下廷议,如所请行。先是御史张汉疏陈湖广水利,命总督鄂弥达查勘。至是疏言:"治水之法,有不可与水争地者,有不能弃地就水者。三楚之水,百派千条,其江边湖岸未开之隙地,须严禁私筑小垸,俾水有所汇,以缓其流,所谓不可争者也。其倚江傍湖已辟之沃壤,须加谨防护堤塍,俾民有所依以资其生,所谓不能弃者也。其各属迎溜顶冲处,长堤连接,责令每岁增高培厚,寓疏浚于壅筑之中。"报闻。

十一年,大学士署河督刘于义等疏陈庆云、盐山续勘疏浚事宜,下部议行。青州浊河水涨,冲开百余丈决口,旋堵。博兴、乐安积水,挑引河导入溜河。十二年夏,宿迁、桃源、清河、安东之六塘河,及沭阳、海州之沭河,山水涨发,地方被淹,命大学士高斌、总督尹继善,会同河臣周学健往勘。议于险处加宽挑直,建石桥,开引河,官民协力防护,从之。

十三年,湖北巡抚彭树葵言:"荆襄一带,江湖袤延千余里,一遇异涨,必借余地容纳。宋孟珙于知江陵时,曾修三海八柜以潴水。无如水浊易淤,小民趋利者,因于岸脚湖心,多方截流以成淤,随借水粮鱼课,四围筑堤以成垸,人与水争地为利,以致水与人争地为殃。惟有杜其将来,将现垸若干,著为定数,此外不许私自增加。"报闻。十四年,云南巡抚图尔炳阿以疏凿金沙江底绩,纂进金沙江志。

十七年,江苏巡抚庄有恭言:"苏州之福山塘河,太仓之刘河,乃常熟等八州县水利攸关,岁久不修,旱涝无备。请于附河两岸沾及水利各区,按亩酌捐,兴工修建。"得旨嘉奖。十八年,陕甘总督黄廷桂言:"巴里坤之尖山子至奎素,百余里内地亩皆取用南山之水,自山口以外,多渗入沙碛,必用木槽接引,方可畅流。请于甘、凉、肃三处拨种地官兵千名,前往疏浚。"如所请行。以江南、山东、河南积年被水,而山东之水汇于淮、徐,河南之水达于凤、颍,须会三省全局以治之,命侍郎裘曰修、梦麟往来察阅,会江苏、安徽、河南各巡抚计议。寻曰修言:"包、浍二河在宿、永连界处,为泄水通商之要道。入安徽境内有石桥六,应加宽展。洪河、睢河与虹县之柏家河、下江之林子河、罗家河,应补修子堰。凤台之裔沟、黑濠、泾泥三河应挑深,使畅达入淮。"梦麟言:"砀山、萧县、宿迁、桃源、山阳、阜宁、沭阳共有支河二十余,应分晰疏浚。"均从之。

　　二十三年,豫省开浚河道工竣,允绅民请,于永城建万岁亭,并御制文志之。山东巡抚阿尔泰言:"济宁、汶上、嘉祥毗连蜀山湖,地亩湮没约千余顷,拟将金钱、利运二闸启闭,使湖水济运,坡水归湖,可以尽数涸出。"得旨嘉奖。二十四年,浚京师护城河及圆明园一带河。御史李宜青请疏浚畿辅水源,命直隶总督方观承条议以闻。观承言:"东西二淀千里长堤,即宋臣何承矩兴堰遗迹。今昔情形有异。倘泥往迹,害将莫救。如就淀言利,则三百余里中水村物产,视昔加饶,惟遇旱而求通雨泽于水土之气,则人事有当尽者耳。"四川总督开泰言:"灌县都江大堰引灌成都各属及眉、邛二州田亩,宁远南有大渡河,自冕宁抵会理三口,与金沙江合,支河杂出,堰坝最多,俱应相机修浚。"部议从之。

　　初,御史吴鹏南请责成兴修水土之政,命各督抚经画。浙江巡抚庄有恭言水之大利五,江、湖、海、渠、泉。他省得其二三,而浙实兼数利。金、衢、严三郡,各有山泉溪涧,灌注成渠,堰坝塘荡,无不具备。惟仁和、钱塘之上中市、三河埝、区塘、苕溪塘,海盐之白洋河、汤家铺庙、泾河,长兴之东西南溇港,永嘉之七都新洲陡门、九都水湫、三十四都黄田浦陡门,实应修举,以收已然之利。至杭州临平湖、绍兴夏盖湖,有关田畴大利,应设法疏挑,或召佃垦种,再体勘办理。"允之。

　　二十五年,阿尔泰疏言:"东省水利,以济运为关键,以入海为归宿。济、东、泰、武之老黄河、马颊、徒骇等河,兖、沂、曹之洸、涑等河,共六十余道,皆挑浚通畅。运河民埝计长七百余里,亦修整完固。青莱所属乐安、平度、昌邑、潍县、高密等州县,应挑支河三十余,俱节次挑竣。莱州之胶莱河,纳上游诸水,高密有胶河,亦趋胶莱,易致漫溢,应导入百脉湖,以分水势。沂州属兰、郯境内应开之武城等沟河二十五道,又续挑之响水等沟河二十五道,引洼地之水由江南邳州入运,并已工竣。"帝嘉之。

　　二十六年,河东盐政萨哈岱言:"盐池地洼,全恃姚暹渠为宣泄。近因渠身日高,涨漫南北堤堰禁墙内。黑河实产盐之本,年久浅溢。涷水河西地势北高南下,倘汛涨南趋,则盐池益难保护。五姓湖为众水所汇,恐下游沮滞,逆行为患。均应及时疏通。"从之。明年,帝南巡,谕曰:"江南滨河沮洳之区,霖潦堪虞,而下游蓄泄机宜,尤以洪泽湖为关键。自邵伯以下,金湾及东西湾滚坝,节节措置,特为三湖旁疏曲引起见。若溯源絜要,莫如广疏清口,乃及今第一义。至六塘河尾间横经盐河以达于海,所有修防事宜,该督、抚、河臣会同盐政,悉心核议以闻。"

二十八年,帝以天津、文安、大城屡被淫潦,积水未消,命大学士兆惠督率经理。又以曰修前办豫省水利有效,命驰往会勘,复命阿桂会同总督方观承酌办。阿桂等以"子牙河自大城张家庄以下,分为正、支二河,支河之尾归入正河,形势不顺。请于子牙河村南斜向东北挑河二十余里;安州依城河为入淀尾间,应挑长二千二百余丈;安、肃之漕河,应挑长三千七百余丈。其上游之姜女庙,应建滚水石坝,使水由正河归淀。新安韩家埝一带为西北诸水汇归之所,应挑引河十三里有奇。"如所议行。

二十九年,改建惠济河石闸。修湖北溪镇十里长堤,及广济、黄梅江堤。浚江都堰,开支河一,使涨水径达外江。三十二年,修筑淀河堤岸,自文安三滩里至大城庄儿头,长二千七百余丈。山东巡抚崔应阶言:"武定近海地洼,每遇汛涨,全恃徒骇、马颊二河分流入海。徒骇下游至沾化入海处,地形转高,难议兴挑。勘有坝上庄旧漫口河形地势顺利,应开支河,俾两道分泄。"江苏巡抚明德言:"苏州南受浙江诸山经由太湖之水,北受扬子江由镇江入运之水,伏秋汛发,多致漫溢。请修吴江、震泽等十县塘路。"均从之。

三十三年,滹沱水涨,临正定城根,添筑城西南新堤五百七十余丈,回水堤迤东筑挑水坝五。河神祠前筑鱼鳞坝八十丈。蒿城东北两面,滹水绕流,顺岸筑埽三百六十丈,埽后加筑土埝。三十五年,挑浚苏郡入海河道,白茆河自支塘镇至滚水坝,长六千五百三十余丈;徐六泾河自陈荡桥至田家坝,长五千九百九十余丈。三十六年,浚海州之蔷薇、王家口、下坊口、王家沟四河。以直隶被水,命侍郎袁守侗、德成分往各处督率疏消。尚书裘曰修往来调度,总司其事。山东巡抚徐绩查勘小清河情形,请自万丈口挑至还河口,计四十里,使正、引两河分流,由河入泊,由泊达沟归海。诏如所议行。广西巡抚陈辉祖言:“兴安陡河源出海阳山,至分水潭,旧筑铧嘴以分水势,七分入湘江为北陡,三分入滩江为南陡,于进水陡口内南北建大小天坪,以资蓄泄,复建梅阳坪,以遏旁行故道,并以引灌粮田。近因连雨冲陷,请修复土石各工。”下部知之。

三十八年,挑浚禹城漯河、高密百脉湖引河。四十年,修筑武昌省城金河洲、太乙宫滨江石岸。江南旱,高、宝皆歉收。总督高晋,河督吴嗣爵、萨载合疏言:“嗣后洪湖水势,应以高堰志桩为准,各闸坝涵洞相机启放,总使运河存水五尺以济漕,余水尽归下河以资灌溉。”从之。四十一年,修西安四十七州县渠堰共千一百余处。总叔高晋言:“瓜州城外查子港工接连回澜坝,江岸忽于六月裂缝,坍塌入江约百余丈,西南城墙塌四十余丈。现在水势已平,拟将瓜州量为收进,让地于江,并沿岸筑土坝以通纤路。”谕令妥善经理。

四十二年,山西巡抚觉罗巴延三言:“太原西有风峪口,旁俱大山,大雨后山水下注县城,猝难捍御。请自峪口起,开河沟一,直达汾水,所占民田止四十余亩,而太原一城可期永无水患。”四十三年,疏浚湖州溇港七十二。修昌邑海堤,居民认垦堤内废地千二百余顷。浚镇洋刘河,自西陈门泾上头起,至王家港止。四十四年,改建宣化城外柳川河石坝,并添筑石坦坡。漳河下游沙庄坝漫口,淹及成安、广平,水无归宿。于成安柏寺营至杜木营,绕筑土埝千一百余丈。

四十七年,云南巡抚刘秉恬言:“邓川之㳽苴河,上通浪穹,下注洱海,中分东西两湖。东湖由河入海,河高湖低,每遇夏秋涨发,回流入湖,淹没附近粮田。绅民倡捐,将湖尾入海处堵塞,另开子河,引东湖水直趋洱海,又自青石涧至天洞山,筑长堤、建石闸,使河归堤内,水由闸出,历年所淹田万一千二百余亩,全行涸出。”得旨嘉奖。又言:"楚雄龙川江自镇南发源,入金沙江。近年河溜逼城,请于相近镇水塔挑浚深通,导引河溜复旧。又澂江之抚仙湖下游,有清水、浑水河各一,浑水之牛舌石坝被冲,汇流入清,以致为害。请于牛舌坝东另开子河,以泄浑水,并将河身改直,使清水畅达。"上奖勉之。

五十年,河南巡抚何裕城言:"卫河历汲、淇、滑、浚四县,滨河田亩,农民筑堤以防淹浸,不能导河灌田。辉县百泉地势卑下,而获嘉等县较高,难以纡回导引。其余汲县、新乡并无泉源,只有凿并一法,既可灌田,亦藉以通地气,已派员试开。"浚贾鲁、惠济两河。修宁夏汉延、唐来、大清、惠农四渠。五十一年,山东商人捐资挑浚盐河,并于东阿、长清、齐河、历城建闸入。

五十三年,荆州万城堤溃,水从西北两门入,命大学士阿桂往勘。寻疏言:"此次被水较重,土人多以下游之窑金洲沙涨逼溜所致,恐开挑引河,江水平漾无势,仍至淤闭。请于对岸杨林洲靠堤先筑土坝,再接筑鸡嘴石坝,逐步前进,激溜向南,俟洲坳刷成兜湾,再趁势酌挑引河,较为得力。"报闻。五十四年,浚通惠河、朝阳门外护城河及温榆河。五十五年,培修千里长堤,潴龙河、大清河、卢僧河等堤,凤河东堤,及西沽、南仓、海河等叠道,改建丰城东西堤石工。筑潜江仙人旧堤千二百八十余丈。挑浚永城洪河。

五十七年,两江总督书麟等言:"瓜州均系柴坝,江流溜急,接筑石矶,不能巩固。请于回澜旧坝外,抛砌碎石,护住埽根,自襄头坍卸旧城处所靠岸,亦用碎石抛砌,上面镶埽。嗣后每年挑溜,可期溜势渐远。"得旨允行。又言:"无为州河形兜湾,应将永成圩坝加筑宽厚。拟于马头埂开挖河口三十丈,曾家脑至东圩坝旧河亦展宽三十丈,俾河流顺畅。"上韪之。改萧山荷花池堤为石工,堵河内民堰漫口五十余丈,修复丰城江岸石堤。五十九年,荆州沙市大坝,因江流激射,势露顶冲,添建草坝。

嘉庆五年,挑浚牝牛河、黄家河,及新安、安、雄、任丘、霸、高阳、正定、新乐八州县河道。六年,京师连日大雨,拨内帑挑浚紫禁城内外大城以内各河道,及圆明园一带引河。文安被水,命直督陈大文详议。疏言:"文地极洼,受水浅,地与河平,自建治以来,别无疏浚章程。惟查大城河之广安横堤,为文邑保障,迤南有河间千里长堤,可资外卫。两堤之中,有新建闸座,以泄河间漫水。再于地势稍下之龙潭湾,开沟疏浚,或不致久淹。"从之。

八年,伊犁将军松筠言:"伊犁土田肥润,可耕之地甚多,向因乏水,今拟凤法疏渠引泉,以资汲灌。应请广益耕屯,以裕满兵生计,并借官款备办耕种器物。"如所请行。十一年,疏筑直隶千里长堤,及新旧格淀堤。十二年,湖广总督汪志伊言:"堤埝保卫田庐,关系紧要。汉阳等州县均有未涸田亩,未筑堤塍。应亟筹勘办,以兴水利而卫民田。"从之。十六年,以畿辅灾歉,命修筑任丘等州县长堤,并雄县叠道,以工代赈。十七年,浚武进孟渎河。挑阜宁救生河,太仓刘河。修天津、静海两县河道。浚东平小清河,及安流、龙拱二河,民便河。十八年。江南河道总督初彭龄疏陈江省下河水利,宜加修理。得旨允行。十九年,大名、清丰、南乐三县七十余庄地亩,久为卫水淹没,村民自愿出夫挑挖,请官为弹压。御史王嘉栋疏言:"杭、嘉、湖被旱歉收,请开浚西湖,以工代赈。"皆允之。

二十一年,疏浚吴淞江。二十二年,章丘民言,长白、东岭二山之水,向归小清河入海。自灰坝被冲,水归引河,章丘等县屡被水灾。命礼部侍郎李鸿宾往勘。次年,巡抚陈预疏言:"小清河以章丘、邹平、长山、新城为上游、高苑、博兴、乐安为下游,正河及支派沟多有淤垫。请先疏浚上游,并将浒山等二泊一湖挑挖宽深,则水势不至建瓴直注,下游亦不骤虞漫溢。"得旨允行。建沔阳石闸,挑引渠,以时启闭。

二十五年,修都江堰。御史陈鸿条陈兴修水利营田事宜,命直隶、山东、山西、河南各督抚一体筹画兴举。修襄阳老龙石堤。库车办事大臣嵩安疏报别什托固喇克等处挑渠引水,垦田五万三千余亩。有诏褒勉。

道光元年,修湖州黑窑厂江堤,浚泾阳龙洞渠、凤阳新桥河。二年，加筑襄阳老龙石堤。浚正定柏棠、护城、泄水、东大道等河，并修斜角、回水等堤。兴修杭州北新关外官河纤道。直隶总督颜检请筑沧州捷地减河闸坝，浚青县、兴济两减河，修通州果渠村坝埝。皆如议行。疏浚铜山荆山桥河道，及南乡奎河。挑江都三汊河子、盐河五闸淤浅，及沙漫州江口沙埂。修丰城及新建惠民桥堤。三年，修汾河堤堰，并移筑李绰堰，改挖河身。修天门、京山、钟祥堤垸。及盐利樱桃堰、荆门沙洋堤。挑挖热河旱河，并添修荆条单坝。堵文安崔家窑、崔家房漫口。修河东盐池马道护堤，并浚姚逞渠、李绰堰、涑水河。刑部尚书蒋攸言：“上年漳河漫水下流，由大名、元城直达红花堤，溃决堤埝，由馆陶入卫，应亟筹议。”命大学士戴均元驰勘。寻奏言：“元城引河穿堤入卫，河身窄狭，应挑直展宽，以畅其流。红花堤以下新刷水沟五百余丈，应挑成河道，以期分泄。”又：“漳自南徙合洹以来，卫水为其顶阻，每遇异涨，民埝不能捍御，以致安阳、内黄频年冲决。今漳北趋，业已分杀水势。拟于樊马坊、陈家村河干北岸筑坝堵截，使分流归并一处。自柴村桥起，接连洹河北岸，建筑土坝，樊马坊以下王家口添筑土格土坝，以免串流南趋，使漳、洹不致再合。”诏皆从之。

四年，筑德化、建昌、南昌、新建四县圩堤。修培荆州万城大堤横塘以下各工，及盐利任家口、吴谢垸漫决堤塍。给事中朱为弼请疏浚刘河、吴淞，及附近太湖各河。御史郎葆辰请修太湖七十二溇港，引苕、霅诸水入湖以达于海。御史程邦宪请择太湖泄水最要处所，如吴江堤之垂虹桥、遗爱亭、庞山湖，疏剔沙淤，铲除荡田，令东注之水源流无滞。先后疏入，命两江总督孙玉庭、江苏巡抚韩文绮、浙江巡抚帅承瀛会勘。玉庭等言：“江南之苏、松、常、太，浙江之杭、嘉湖等属，河道淤垫，遇涨辄溢。现勘水道形势，疆域虽分两省，源委实共一流。请专任大员统治全局。”命江苏按察使林则徐综办江、浙水利。

御史陈澐疏陈畿辅水利，请分别缓急修理。给事中张元模请于赵北口连桥以南开桥一座，以古赵河为引河，并挑北卢僧河，以分减白沟之独流。帝命江西巡抚程含章署工部侍郎,办理直隶水利,会同蒋攸铦履勘。含章请先理大纲,兴办大工九。如疏天津海口,浚东西淀、大清河、及相度永定河下口,疏子牙河积水,复南运河旧制,估修北运河,培筑千里长堤,先行择办。此外如三支、黑龙港、宣惠、滹沱各旧河,沙、洋、洺、滋、泫、唐、龙凤、龙泉、潴龙、牤牛等河,及文安、大城、安州、新安等堤工,分年次第办理。又言勘定应浚各河道,塌河淀承六减河,下达七里海,应挑宽鼙口河以泄北运、大清、永定、子牙四河之水入淀。再挑西堤引河,添建草坝,泄淀水入七里海,挑邢家坨,泄七里海水入蓟运河,达北塘入海。至东淀、西淀,为全省潴水要区,十二连桥为南北通途,亦应择要修治。均如所请行。浚虞城惠民沟、夏邑巴清河、永城减水沟。玉庭言:“三江水利,如青浦、娄县、吴江、震泽、华亭承太湖水,下注黄浦,各支河浅滞淤阻,亟应修砌。吴淞江为太湖下注干河,由上海出闸,与黄浦合流入海。因去路阻塞,流行不畅,应于受淤最厚处大加挑浚。”得旨允行。

五年,陕西巡抚卢坤疏报咸宁之龙首渠,长安之苍龙河,泾阳之清、冶二河,周至之涝、峪等河,眉县之井田等渠,岐山之石头河,宝鸡之利民等渠,华州之方山等河,榆林之榆溪河、芹河,均挑浚工竣,开复水田百余顷至数百顷不等。修监利江堤,襄阳老龙石堤。已革御史蒋时进畿辅水利志百卷。直隶总督蒋攸铦疏陈防守千里长堤善后事宜,报闻。安阳、汤阴广润陂,屡因漳河决口淤垫,命巡抚程祖洛委员确勘挑渠,将积水引,入卫河,使及早涸复。筑荆州得胜台民堤。

七年,闽浙总督孙尔准言:“莆田木兰陂上受诸渠之水,下截海潮,灌溉南北洋平田二十余万亩。近因屡经暴涨,泥沙淤积,陡门石堤损坏,以致频岁歉收。现经率同士民捐资修培南北两岸石工告竣。”得旨嘉奖。浚汉川草桥口、消涡湖口水道。御史程德润言荆山王家营屡决,下游各州县连年被灾。请饬相度修筑。命湖广总督嵩孚筹议,因请仿黄河工程切滩法,平其直射之溜势,再将下游沙洲开挑引河,破其环抱,以顺正流。帝恐与水争地,虚糜无益,命刑部尚书陈若霖等往勘。覆言:"京山决口三百二十余丈,钟祥溃口百七十余丈,正河经行二百余年,不应舍此别寻故道。惟有挑除胡李湾沙块,先畅下游去路,将京山口门挽筑月堤,展宽水道,钟祥口门于堵闭后,添筑石坝二,护堤攻沙。"帝韪之,命嵩孚驻工督办。

八年,河南巡抚杨国桢言:"汤河、伏道河并广润坡上游之羑河、新惠等河,向皆朝宗于卫,因故道久湮,频年漫溢。现为一劳永逸之计,因势利导,悉令畅流。又南阳白河、淅川、丹江水势浩瀚,俱切近城根,亟应筑碎石、磨盘等坝二十余道,分别挑溜抵御。"均如所请行。挑浚冀州东海子淤塞沟身,以工代赈。

九年,修宿迁各河堤岸,丹阳下练湖闸坝。浚宿州奎河。筑喀什噶尔新城沿河堤岸。两江总督蒋攸铦言:"徐州河道,如萧县龙山河,邳州睢宁界之白塘河,邳州上城民便河,砀山利民、永定二河,又沛县堤工,邳州沂河民埝,丰县太行堤,皆最要之工,请次第估办兴挑。"从之。十年,修湖北省会江岸,并添建石坝。挑浚漳河故道。修保定南关外河道,及徐河石桥、河间陈家门堤。浚东平小清河,及安流、龙拱二河。修公安、监利堤。

十一年,修南昌、新建、进贤圩堤,及河间、献县河堤,天门汉水南岸堤工。桐梓被水,开浚戴家沟河道。命工部尚书朱士彦察勘江南水患,疏请修筑无为及铜陵江坝。给事中邵正笏言江湖涨滩占垦日甚,谕两江总督陶澍、湖广总督卢坤等饬属详勘,其沙洲地亩无碍水道者,听民认垦,否则设法严禁。十二年,挑除星子蓼花池淤沙,疏通沟道,并筑避沙堰坝。修筑南昌、新建圩堤,又改丰城土堤为石。

十三年,湖广总督讷尔经额请修襄阳老龙及汉阳护城石堤,武昌、荆州沿江堤岸。两江总督陶澍请修六合双城、果盒二圩堤埂,浚孟渎、得胜、湾港三河,并建闸座。均如议行。户部请兴修直隶水利城工,命总督琦善确察附近民田之沟渠陂塘,择要兴修,以工代赈。御史朱逵吉言,湖北连年被水,请疏江水支河,使南汇洞庭湖,疏汉水支河,使北汇三台等湖,并疏江、汉支河,使分汇云梦,七泽间堤防可固,水患可息。御史陈谊言,安陆滨江堤塍冲决为害,请建五闸坝,挑浚河道,以泄水势。疏入,先后命讷尔经额、尹济源、吴荣光等遴员详勘。

十四年,修良乡河道桥座。浚沔阳天门、牛蹄支河,汉阳通顺支河,并修筑滨临江、汉各堤。浚石首、潜江、汉川支河,修荆州万城大堤,华容等县水冲官民各垸。浚砀山利民、永定二河。筑南昌、新建、进贤、建昌、鄱阳、德安、星子、德化八县水淹圩堤。修潜江、钟祥、京山、天门、沔阳、汉阳六州县临江溃堤,以工代赈。修邳、宿二州县沂河堤埝及王翻湖等工。浚太仓、七浦及太湖以下泖淀并修元和南塘宝带桥。

十六年,浚海东姚暹渠。修库车沿河堤坝。浚河盐河道。又贷江苏司库银浚盐城皮大河、丰县顺堤河,并修筑堤工,从两江总督林则徐等请也。命大学士穆彰阿、步军总领耆英、工部尚书载铨,勘估京城内外应修河道沟渠。十七年,修武昌沿江石岸,钟祥刘公庵、何家潭老堤,潜江城外土堤,及丰城土石堤工,并建小港口石闸石埽。十八年,修黄梅堤。浚丰润、玉田黑龙河。

十九年,修武昌保安门外江堤,蕲州卫军堤,汉阳临江石堤。叶尔羌参赞大臣恩特亨额覆陈巴尔楚克开垦屯田情形。先是,帝允伊犁将军特依顺保之请,命于巴尔楚克开垦屯田。嗣署参赞大臣金和疏陈不便,复命恩特额详筹。至是,疏言:“该处渠身仅三百二十八里有奇,沿堤两岸培修,水势甚旺,足资灌溉。并派屯丁分段看守,遇水涨时,有渠旁草湖可泄,不致淹漫要路。”谕:“照旧妥办,务于屯务边防实有裨益。”伊犁将军关福疏报,额鲁特爱曼所属界内塔什毕图,开正渠二万五千七百余丈,计百四十余里,得地十六万四千余亩,实属肥腴,引水足资灌溉。诏褒勉之。是岁汉水盛涨,汉川、沔阳、天门、京山堤垸溃决。二十年,总督周天爵疏报江、汉情形,拟疏堵章程六:一,沙滩上游作一引坝,拦入湖口,再作沙堤障其外面,以堵旁泄;一,江之南岸改虎渡口东支堤为西堤,别添新东堤,留宽水路四里余,下达黄金口,归于洞庭,再于石首调弦口留三四十里沮洳之地,泻入洞庭;一,江之北岸旧有闸门,应改为滚坝,冬启夏闭;一,襄阳上游多作挑坝,撑水外出,再于险要处所,加筑护堤护滩;一,襄阳河四面堤畔,应用砖石多砌陡门,夏令相机启闭;一,襄河水势浩大,应添造滚坝,冬启夏闭,于两岸低洼处所,引渠纳水。下所司议行。是年修华容、武陵、龙阳、沅江四县官民堤垸,又修荆州大堤,及公安、监利、江陵、潜江四县堤工。

二十二年,堵鹿邑涡河决口。先是黄水决口,大溜直趋涡河,将南岸观武集、郑桥、刘洼庄、古家桥及淮宁之阎家口、吴家桥、徐家滩、娄家林、季家楼堤顶漫塌,太和民田悉成巨浸,阜阳以次州县亦被漫淹。至是,安徽巡抚程楙采言:"豫工将次合龙,涡河决口若不及时兴修,下游受害益深。请敕河南抚臣迅筹堵筑。"从之。湖广总督裕泰等疏报江水盛涨,冲陷万城堤以上之吴家桥水闸,并决下游上渔埠头大堤,直灌荆州郡城,仓库监狱监省均被淹漫。水消退后,而埠头漫口较宽,势难对口接筑。拟修挽月堤一,并先于上下游各筑横堤一。如所请行。修筑库伦堤坝,及邹县横河口、李家河口民堰。

二十三年,直隶总督讷尔经额疏陈直隶难以兴举屯政水利,略云:"天津至山海关,户口殷繁,地无遗利。其无人开垦之处,乃沿海滩,潮水咸涩,不足以资灌溉。至全省水利,历经试垦水田,屡兴屡废,总由南北水土异宜,民多未便。而开源、疏泊、建闸、修塘,皆需重帑,未敢轻议试行。但宜于各境沟洫及时疏通,以期旱涝有备,或开凿井泉,以车戽水,亦足裨益田功。"如所议行。修海阳寮哥宫、涸溪、竹崎头堤工。

二十四年,修江夏江堤。浚海州沭河。七月,荆州江泛涨,李家埠内堤决口,水灌城内。江陵虎渡口汛江支各堤亦多漫溢。谕总督裕泰筹款修筑。九月,万城大堤合龙。伊犁将军布彦泰等言:"惠远城东阿齐乌苏废地可垦复良田十余万亩,拟引哈什河水以资灌注,将塔什鄂斯坦田庄旧有渠道展宽,接开新渠,引入阿齐乌苏东界,并间段酌挑支河。"又言:"伊拉里克地亩与喀喇沙尔属蒙古游牧地以山为界,该处河水一道,由山之东面流出,距游牧地尚隔一山,于蒙古生计无碍,堪以开垦。请浚大渠支渠并泄水渠,引用伊拉里克河水。"又言:"奎屯地方宽广,有河一道,系由库尔喀喇乌苏南山积雪融化汇流成河,近水地亩早有营屯户民承种。又苏沁荒地有万余亩,土脉肥润,只须挑渠引水,可以俱成沃壤。"均如所请行。

二十五年,浚贾鲁河,修汶上马踏湖民堰。命喀喇沙尔办事大臣全庆查勘和尔罕水利,疏言:"和尔罕地本膏腴,宜将西北哈拉木扎什水渠并东南和色热瓦特大渠接引,可资耕种。中隔大小沙梁,业已挑通,宜于冲要处砌石钉桩,使沙土不致坍卸,渠道日深,足以灌溉良田。"又言:"伊拉里克地居吐鲁番所辖托克逊军台之西,土脉腴润,谓之板土戈壁,其西为沙石戈壁。二百余里,至山口出泉处,有大阿拉浑、小阿拉浑两水,汇成一河。从前渠道未开,水无收束,一至沙石戈壁,散漫沙中,而板土戈壁水流不到,转成荒滩。今将极西之水导引而东,在沙石戈壁凿成大渠三段,复于板土戈壁多开支渠,即遇大汛,水有所归。又吐鲁番地亩多系掘井取泉,名曰卡井,连环导引,其利甚溥。惟高埠难引水逆流而上,应听户民自行挖井,冬春水微时,可补不足。"下廷臣议行。

二十六年,乌鲁木齐都统惟勤请修理喀喇沙尔渠道坝堤,并陈章程四,命伊犁将军萨迎阿覆核,尚我流弊,诏如所请行。六塘河堤冲溃,各州县连年被水,命两江总督璧昌等核办。覆言:"海州境内六塘河及蔷薇河淤垫冲决,田庐受淹,于运道宣防,大有关系,应从速借款挑筑,允之。修温榆河果渠村坝埤。二十七年,扎萨克郡王伯锡尔呈献私垦地亩,内有生地四千八百三十余亩,接浚新渠二,添开支渠二,以资分灌。

二十八年,两江总督李星沅请修沛县民埝埽坝,裕泰请修江夏堤工、钟祥廖家店外滩岸,直隶总督讷尔经额请修筑万全护城石坝,均如所请。御史杨彤如劾河南抚臣三次挑挖贾鲁河决口,费几百万,迄无成功,请敕查办。诏褫鄂顺安以下职。新任巡抚潘铎疏言："贾鲁河工程应以复朱仙镇为修河关键。惟朱仙镇内及街南北河道淤垫最甚，今议添办柴秸埽工，以防两岸淤沙。其淤沙最深处，挑浚较难，另择乾土十数里，改道以通旧河，责成各员赔修，限四十五日工竣。"从之。

二十九年，江苏巡抚傅绳勋言："阴雨连绵，积水无从宣泄，以致江、淮、扬等属堤圩多被冲破。请仿农政全书柜田之法，以土护田，坚筑高峻，内水易于车涸，劝民举行，以工代赈，并查勘海口，开挖闸洞泄水。"帝嘉勉之。三十年，修襄阳老龙石堤，及汉阳堤坝，武昌沿江石岸，潜江土堤、钟祥高家堤。御史汪元方以浙江水灾，多由棚民开山，水道淤阻所致，疏请禁止。谕巡抚吴文镕严查，并命江苏、安徽、江西、湖广各督抚一体稽查妥办。

咸丰元年，浙江巡抚常大淳疏陈清理种山棚民情形，略言："浙西水利，余杭、南湖骤难浚复，应先开支河、修石闸，以资蓄泄。上游治而下游之患亦可稍平。浙东则绍兴之三闸口外，鄞县、象山等河溪，现经筹挑。"报闻。三年，太常卿唐鉴进畿辅水利备览，命给直隶总督桂良阅看，并著于军务告竣时，酌度情形妥办。

同治元年，御史朱潮请开畿辅水利，并以田地之治否，定府县考绩之殿最。命直隶总督文煜等将所辖境内山泉河梁淀湖及可开渠引水地方详查，并妥议章程。寻覆疏言："有可举行之处，或碍于地界，或限于力量，或当掘井制车，或须抽沟筑圩，均设法催劝，推行尽利。"三年，江苏士民殷自芳等以"山阳、盐城境内市河、十字河、小市河蜿蜒百里，东注马家荡，沿河民田数千顷，旱则资其灌溉，潦则资其宣泄。自乾隆六年大挑以后，迄今百余年，河淤田废，水旱均易成灾。恳请挑浚筑墟，引运河水入市河，以苏民困。"命两江总督、江苏巡抚核办。

五年，御史王书瑞言，浙江水利，海塘而外，又有溇港。乌程有三十九溇，长兴有三十四溇。自逆匪窜扰后，泥沙堆积，溇口淤阻，请设法开浚。又言苏、松诸郡与杭、嘉、湖异派同归，湖州处上游之最要，苏、松等郡处下游之最要。上游阻塞，则害在湖州，下游阻塞，

则害在苏、松，并害及杭、嘉、湖。请饬江苏一并勘治。从之。六年，
浚清河张福口引河。八年，安徽巡抚吴坤修言，永城与宿州接壤之
南股河，久经淤塞，下接灵璧，低洼如釜，旱成巨浸，水无出路，拟查
勘筹办。从之。

九年，浚白茆河道，改建近海石闸。江苏绅民请浚复淮水故道，
命两江总督、江苏巡抚、漕运总督会筹。覆疏言："挽淮归故，必先大
浚淤黄河，以畅其入海之路，继开清口，以导其入黄，继堵成子河、
张福口、高良涧三河，以杜旁泄。应分别缓急兴工，期以数年有效。"
下部议，从之。是年内阁侍读学士钟佩贤亦以疏浚海港为请。于是
浙抚杨昌浚言："溇港年久淤塞，查明最要次要各工，分别估修，拟
趁冬隙时，先将寺桥等九港及诸、沈二溇赶办，其余各工及碧浪湖
工程，次第筹画，应与吴江长桥及太湖出水各口同时修浚。"得旨允
行。

十年，修龙洞旧渠，并开新渠以引泾水。江苏巡抚张之万请设
水利局，兴修三吴水利。于是重修元和、吴县、吴江、震泽桥窦各工。
最大者为吴淞江下游至新闸百四十丈，别以机器船疏之。凡太仓七
浦河，昭文徐六泾河，常熟福山港河、常州河，武进孟渎、超瓢港、江
阴黄田港、河道塘闸、徒阳河、丹徒口支河，丹阳小城河，镇江京口
河，均以次分年疏导，几及十年，始克竣事。行是侯家林决口，河督
乔松年以为时较晚，请来年冬举办。至是，巡抚丁宝桢言，此处决口
不堵，必致浸淹曹、兖、济十余州县，若再向东南奔注，则清津、里下
河一带更形吃重，请亲往督工堵筑。诏奖勉之。

十二年，以直隶河患频仍，命总督李鸿章仿雍正间成法，筹修
畿辅水利。旋议定直隶诸河，皆以淀池为宣蓄。西淀数百里河道，
为民生一大关键，先堵赵村决口，筑磁河、潴龙河南堤，以御外水，
挑浚卢僧、中亭两河，分减大清河水势，以免倒灌。并疏通赵王河
道，将苟各庄以上巨堤及下口鹰嘴坝各建闸座。是年秋，直隶运河
堤决，内阁学士宋晋请择修各河渠，以工代赈，从之。十三年，挑浚
天津陈家沟至塌河淀边减河三千七百余丈，又自塌河淀循金钟河

故道斜趋入蓟运河,开新河万四千一百余丈,俾通省河流分溜由北塘归海。石庄户决口,夺溜南趋,命宝桢速筹堵筑。旋以决口骤难施工,请在迤下之贾庄建坝堵合,即于南北岸普筑长堤。而北岸濮州之上游为开州,并饬直督合力筹办。

光绪元年,浚文安胜芳河,修菏泽贾庄南岸长堤及北岸金堤。二年,浚张家桥新旧泗河。三年,浚济宁夏镇迤南十字河。给事中夏献馨请修水利以裕民食,谕各督抚酌夺情形,悉心区画。四年,修补滨江黄柏山至樊口四十里老堤,并于樊口内建石闸。五年,修都江堰堤,灌县、温江、崇庆旧淹田地涸复八万二千余亩。

七年,挑浚大清河下游,使水畅入东淀,并于献县朱家口古羊河东岸另辟滹沱减河,使水归子牙河故道,达津入海。浚宝坻、武清境内北运减河。大学士左宗棠请兴办顺直水利,以陕甘应饷之军助直隶治河之役。总督李鸿章言:“近畿水利,受病过深,凡永定、大清、滹沱、北运、南运五大河,及附丽之六十余支河,原有闸坝堤埝,无一不坏,减河引河,无一不塞,而节宣诸水之南泊、北泊、东淀、西淀,早被浊流填淤,仅恃天津三岔口一线海河,迤逦出口。平时既不能畅消,秋冬海潮顶托倒灌,节节皆病。修治之法,须先从此入手。五大河中,以永定之害为最深。其大清、北运、南运,须分别挑浚筑堤,修复减河。滹沱趋向无定,自来未设堤防。同治七年,由藁城北徙,以文安大洼为壑,其故道之难复,上游之难分,下游之难泄,曾国藩与臣详陈有案。东西淀宽广数百里,淤泥厚积,人力难施。频年以来,修复永定河金门闸坝,裁湾切滩,加筑堤段。大清河则于新、雄境内开卢僧减河,霸州、文安境内接开中亭、胜芳等河,分泄上游盛涨,于任丘开赵王减河,分泄西淀盛涨,于文安左各庄至台头挑河身二十余里,以畅下游去路。滹沱河则于河间及文安洼开引河二,又于献县朱家口另辟减河三十里,均归子牙河达津。北运河则于通州筑坝,挽潮白河归槽,于香河王家务、武清筐儿港修复石坝,以泄涨水,于天津霍家嘴疏浚引河,以通下口。又于武清、宝坻挑挖王家务、筐儿港两减河,以资畅泄。南运河则于青、沧、静海修堤二百余里，于静壑海新官屯另辟减河六十余里，使别途出海。又于天津城东永定、大清、滹沱、北运交会之陈家湾，开河百余里，分泄四大河之水，径达北塘入海。其无极、蠡、博、高阳一带，则坚筑珠龙河堤，以防滹沱北越。任丘至天津一带，则加筑千里堤、格淀堤，使河自河而淀自淀。又于广平开洺河，顺德挑澧河，赵州浚沸、槐、午诸河。此外河道受害较深者，均酌量疏筑。今宗棠请以随带各营移治上游，正可辅直隶之不逮。此后应修何处，当随时会商，实力襄助。疏入，命恭亲王奕訢、醇亲王奕譞会同办理。是年加修子牙河堤万七千四百余丈，文安西堤二千九进余丈，展宽静海东堤二千四百余丈。

九年，安徽学政徐郙言："江、皖两省水患频仍，亟须挑泗、沂为导淮先路，仿抽沟法，循序疏治，由大通口引河入海，泄水较易。"命宗棠、昌浚会商筹办。寻疏覆言："天下无有利无害之水，疏旧黄河，分减泗、沂，近年已著成效，自当加挑宽深，兼疏大通口以畅出海之途，设复淮局于清江，派员提调。估计分年分段兴办，去其太甚之害，留其本然之利。江北于皖省为下游，下游利，上游自无不利矣。"报闻。

十年，河南巡抚鹿傅传霖言："豫省地势平衍，卫、淇、沁、潭襟带西北，淮、汝、涡、颍交汇东南，如果一律疏通，加以沟渠引灌，农田大可受益。今河道半皆壅滞，沟渠亦多荒废，拟借人力以补天灾，派员分赴各州县履勘筹画，或疏或浚，志在必成，使民间晓然于有利农田，自能踊跃用命。"诏如所请行。宗棠言："兴修江南水利各工，最大者为朱家山、赤山湖。朱家山自浦口至张家堡，接通滁河，绵亘百二十余里。赤山湖自道士坝、蟹子坝至三汊河下游，亦绵亘百二十里。两年工竣，不惟沿江圩田均受其利，而粮艘货船亦可由内河行，尤属农商两便。"下部知之。十一年七月，以张曜所部十营、冯南斌二营、蒋东才四营，浚京师内外护城河，十一月竣工。十三年，河决郑州，全溜注淮，因浚张福口引河，及兴化之大周闸河、丁溪场之古河口、小海三河，俾由新阳、射阳等河入海。十四年，凿广西江面险滩，由苍梧迄阳朔七百余里，共开险滩三十五。

十六年，江苏巡抚刚毅以宝山蕴藻河道失修，迤西大坝壅遏水脉，请兴工挑筑。给事中金寿松言利少害多，命总督曾国荃妥筹。覆疏言，拟拆去同治间所筑土坝，以通嘉定、宝山之水道，仍规复咸丰间所建旧闸，以还嘉定之水利。另开引河以通河流，俾得随时宣泄。下部知之。挑浚余杭南湖，并疏浚苕溪。华州罗纹河下游各村连年遭水，沿河数百顷良田尽成泽国。巡抚鹿传霖请由吴家桥北大荔之胡村，开渠引水注渭，则其流舒畅，被淹民田，即可涸复耕作，从之。

给事中洪良品以直隶频年水灾，请筹疏浚以兴水利。事下总督筹议。鸿章言："原奏大致以开沟渠、营稻田为急，大都沿袭旧闻，信为确论，而于古今地势之异致，南北天地之异宜，尚未深考。夫以太行左转，西北万峰矗天，伏秋大雨，口外数千里溪万派之水，奔腾而下，畿南一带地平土疏，顷刻辄涨数尺或一二丈，冲荡泛溢，势所必然。圣祖虑清浊河流之不可制也，乃筑千里堤、格淀堤，使淀与子牙河各行一路。世宗虑永定河南行之淤淀也，令引浑河别由一道，改移下口。其余官堤民堤，今昔增筑，综计不下三四千里，沙土杂半，险工林立，每当伏秋盛涨，兵民日夜防守，甚于防寇，岂有放水灌入平地之理？今若语沿河居民开渠引水，鲜不错愕骇怪者。且水田之利，不独地势难行，即天时亦南北迥异。春夏之交，布秧宜雨，而直隶彼时则苦雨少泉涸。今釜阳各河出山处，土人颇知凿渠艺稻。节届芒种，上游水入渠，则下游舟行苦浅，屡起讼端。东西淀左近洼地，乡民亦散布稻种，私冀旱年一获，每当伏秋涨发，辄遭漂没。此实限于天时，断非人力所能补救者也。以近代事考之，明徐贞明仅营田三百九十余顷，汪应蛟仅营田五十顷，董应举营田最多，亦仅千八百余顷，然皆黍粟兼收，非皆水稻。且其志在垦荒殖谷，并非藉减水患。今访其遗迹，所营之田，非导山泉，即傍海潮，绝不引大河无节制之水以资灌溉，安能藉减河水之患，又安能广营多获以抵南漕之入？雍正间，怡贤亲王等兴修直隶水利，四年之间，营治稻田六千余顷，然不旋踵而其利顿减。九年，大学士朱轼、河道总督刘于义，即将距水较远、地势稍高之田，听民随便种植。可见直隶水田之不能尽营，而踵行扩充之不易也。恭读乾隆二十七年上谕'物土宜者，南北燥湿，不能不从其性。倘将洼地尽改作秧田，雨水多时，自可藉以储用，雨泽一歉，又将何以救旱？从前近京议修水利营田，始终未收实济，可见地利不能强同。'谟训昭垂，永宜遵守。即如天津地方，康熙间总兵蓝理在城南垦水田二百余顷，未久淤废。咸丰九年，亲王僧格林沁督师海口，垦水田四十余顷，嗣以旱潦不时，迄未能一律种稻，而所费已属不赀。光绪初，臣以海防紧要，不可不讲求屯政，曾饬提督周盛传在天津东南开挖引河，垦水田千三百余顷，用淮勇民夫数万人，经营六七年之久，始获成熟。此在潮汐可恃之地，役南方习农之人，尚且劳费若此。若于五大河经流多分支派，穿穴堤防浚沟，遂于平原易黍粟以粳稻，水不应时，土非泽埴，窃恐欲富民而适以扰民，欲减水患而适以增水患也。"

十七年，刚毅言："吴淞江为农田水利所资，自道光六年浚治后，又经六十余年，淤垫日甚。前年秋雨连旬，河湖泛滥，积涝竟无消路。去年十月，派员开办，并调营勇协同民夫，分段合作，约三月内可告竣。"报闻。鸿章又言："宝坻青龙湾减河，自香河之王家务经宝坻至宁河入海。去岁淫雨兼旬，河流狂涨，横堤决岸，宝坻受害独深。广安桥以下，河身浅窄，大宝庄以上，并无河槽，应与昔年所开之普济河、黄庄新河一律挑深，添建石闸。"沈秉成、松椿言："淮南堰圩厅所管之洪泽湖，关系水道利病盐漕诸务。今全湖之水下趋，毫无节制。现勘得应行先办之工，曰修复三坝，曰修整束水堤，曰展挑三福口，计三项工程，不过数万两可以集事。或有议于礼河迤西蔡家庄建滚水石坝，使水可蓄泄，较有把握。惟巨款难筹，应暂缓办。"均诏如所请。堵筑吴桥宣惠河缺口二。河陕汝道铁珊，以阌乡北滨黄河，城垣屡被冲坍，因于城外筑大石坝，挑溜护城。

十八年，疏凿福山港、徐六泾二河，及高浦、耿泾、海洋塘、西洋港四河。山东巡抚福润言："小清河为民田水利所关，年久淤塞。前抚臣张曜筹议疏通，因工长款绌，仅修下游博兴之金家桥至寿光海道，长百余里。其上游工程，应接续兴挑，庶使历城等县所受各水，悉可入海。今拟规复小清河正轨，而不拘牵故道，由金家桥而西取直，择洼区接开正河，历博兴、高苑、新城、长山、邹平至齐东曹家坡，长九十七里，又于金家桥迤下开支河二十四里，至柳桥，以承济麻大湖上游各河之水，引入新河，计长四千二百余丈。"诏从之。

二十年，崇明海岸被潮冲啮，逼近城墙。于青龙港东西两面设立敌水坝四，加建木桥，叠砌石块，以御风潮。二十一年，署两江总督张之洞言："黄河支流之减水河洪河，自虞城、夏邑、永城经砀山、萧县，达宿州、灵璧、泗州之睢河，而注于洪湖。其间湖港纷歧，皆下注睢河。乾隆年间，以睢河不能容，导水为三，曰北股、中股、南股。中股为睢河正流。咸丰初，黄河日益淤垫，渐及改徙，豫、江、皖各河亦逐段淤阻，水潦泛溢为害，尤以永、萧、砀为甚。同治间建议疏河，恒以工程过大，屡议屡辍。今拟改道办法，导北股河之水以达灵璧岳河，导中股、南股河之水合流入宿州运粮沟，以达浍河，而运粮一沟恐不能容纳，应治沱河梁沟以复其旧，使各河之水皆顺轨下注洪湖，不致横溢，则各属水患永息矣。"诏如所请行。

二十二年，御史华辉疏陈兴修水利八事：曰引泉，曰筑塘，曰开渠，曰通湖，曰开井，曰蓄水，曰用车，曰填石。下所司议。二十四年，浚太仓刘河，自殷港门至浦家港口四千一百余丈。二十八年，江西巡抚李兴锐言："近年水患频仍，皆由鄱阳湖日见淤浅，而长江昔宽今狭，骤遭大雨，疏泄不及，遂至四溢为灾。请于冬晴水浅时，购制挖泥机器轮船数艘，将全湖分别挑挖。其上游河道亦一律择要疏治。既为防水患起见，亦为兴商务张本。"从之。修湖北省城北路堤红关至春山八段，南路堤白沙洲至金口十段，以御外江之泛涨。建石闸数座，以备内湖之宣泄。又于附郭沿江十余里，一律增修石剥岸。浚小清河，开徒阳河百二十余里。

宣统元年，署直隶总督那桐言："通州鲇鱼沟堤岸，自光绪九年决口，流入港沟而归凤河。嗣后屡堵屡溃。至二十四年大汛复决，迄今未能堵闭，以致武清百数十村频年溃没。今拟于鲇鱼沟暂建滚水坝，俾全溜不致旁趋。倘遇盛涨，即将土埝挑除，俾资分泄。一面将上游堤坝挑补整齐，疏浚青龙湾等处引河，以减盛涨，筑拦水埝以御浑流，修估龙凤河以疏积潦。滚水坝工程应即兴办。其修堤及疏引河，应于来年秋后部署，本年二月兴工。拦水埝及龙凤河，应于来年秋后部署，次年二月兴工。均限伏汛前报竣。"下部议行。湖广总督陈夔龙请修复江、襄溃口，略谓："江、襄各堤，以潜江之袁家月堤为最要。此次溃口，堤身冲刷，顿落四百余丈，回流湍急，附近悉成泽国，应及时筑合。此外郭家嘴、禹王庙溃堤，及天门黑牛渡、沔阳吕蒙营、公安高李公、松滋杨家脑、监利河龙庙各堤工，均拟派员督办筹修，以期巩固。"从之。

　　宁夏满营开垦马厂荒地，先治唐渠，以裕潴停之地。挑浚百二十余里，曰正渠；自靖益堡开支口，引水西北行四十余里而入之沟，曰新渠；沿渠列小口四十，挟水以归诸田，曰支渠。唐渠以西，沦为泽国，非沟以宣之不为功。自杏子湖起，穿沟二百八十余里，建大小石闸、木闸四十二，石桥、木桥三十三，经始上年九月，至本年八月告成，名曰湛恩渠，约成腴田二十万亩。是年，东三省总督、奉天巡抚合词请修辽河，先从双台子河堤入手，次年续修鸭岛、冷家口工程，并挑挖海口拦江沙，与辽河工程同时举办。下部知之。

清史稿卷一三〇
志第一〇五

兵　一

八旗

有清以武功定天下。太祖高皇帝崛起东方,初定旗兵制,八旗
子弟人尽为兵,不啻举国皆兵焉。太宗征藩部,世祖定中原,入旗兵
力最强。圣祖平南服,世宗征青海,高宗定西疆,以旗兵为主,而辅
之以绿营。仁宗剿教匪,宣宗御外寇,兼用防军,而以乡兵助之。文
宗、穆宗先后平粤、捻,湘军初起,淮军继之,而练勇之功始著,至是
兵制盖数变矣。道、咸以后,海禁大开,德宗复立海军,内江外海,与
水师并行。而练军、陆军又相继以起,扰攘数年,卒酿新军之变,以
兵兴者,终以兵败。呜呼,岂非天哉!今作《兵志》:一曰八旗;二曰
绿营;三曰防军,附陆军;四曰乡兵;五曰土兵;六曰水师;七曰海
军;八曰边防;九曰海防;十曰训练;十一曰制造;十二曰马政,并分
著于篇。

清初,太祖以遗甲十三副起,归附日众,设四旗,曰正黄、正白、
正红、正蓝,复增四旗,曰镶黄、镶白、镶红、镶蓝,统满洲、蒙古、汉
军之众,八旗之制自此始。每旗三百人为一牛录,以牛录额真领之。
五牛录,领以札兰额真。五扎兰额真领以固山额真。每固山设左右
梅勒额真。天命五年,改牛录额真俱为备御官。天聪八年,定八旗

官名,总兵为昂邦京,副将为梅勒章京,参将为甲喇章京,各分三等。备御为牛录章京。旗长为专达。又定固山额真行营马兵为阿礼哈超哈,真后曰骁骑营。巴雅喇营前哨兵为噶布什贤超哈,其后曰护军及前锋营。驻防盛京兵为守兵,预备兵为援兵。各城寨兵为守边兵。旧蒙古左右营为左右翼兵。旧汉兵为乌真超哈。孔有德之天佑兵,尚可喜之天助兵并入汉军。九年,以所获察哈尔部众及喀喇沁壮丁分为蒙古八旗,制与满洲八旗同。崇德二年,分汉军为二旗,置左右翼。四年,分为四旗,曰纯皂、曰皂镶黄、曰皂镶白、曰皂镶红。七年,设汉军八旗,制与满洲同。世祖定鼎燕京,分置满、蒙、汉八旗于京城。以次厘定兵制。

禁卫兵大类有二:曰郎卫,曰兵卫。郎卫之制,领侍卫内大臣六人,镶黄、正黄、正白旗各二人。内大臣六人。散秩大臣无定员。侍卫分四等。更有蓝翎侍卫。凡御前侍卫、乾清门侍卫由三旗简用,汉侍卫由武进士简用,皆无定员。初,镶黄、正黄、正白三旗,天子自将,选其子弟曰侍卫,凡值殿廷,以领侍卫内大臣统之。宿卫乾清门、内右门、神武门、宁寿门为内班,宿卫太和门为外班。行幸驻跸咸从。其扈从,后扈二人,前引十人,豹尾班侍卫六十人。凡佐领亲军,镶黄旗满洲八十五佐领,蒙古二十八佐领,每佐领亲军二人;正黄旗满洲九十三佐领,蒙古二十四佐领;正白旗满洲八十六佐领,蒙古二十九佐领。三旗亲军选六十人随侍卫行走,余皆值宿。巡幸则御前大臣侍卫、乾清门侍卫咸从。行营则列两厢,余于幔城之隅,环拱宿卫。康熙二十九年,以武进士技优者拔置侍卫,皆三旗值宿。雍正十一年,以亲军未满十年者,挑选前锋。满、汉八旗左右翼各设前锋统领一人,备警跸宿卫。侍卫班内有上驷院侍卫,司辔、司鞍,其兼尚虞、鹰鹞房、鹘房、十五善射、射鹄、善扑等侍卫,统在三旗额内,俱无定员。銮仪卫亦侍从武职。设掌卫司内大臣一人,銮仪使三人,冠军使十人,云麾使、治仪正、整仪尉各有差,专司乘舆卤簿。校尉由内府选者为旗尉,由五城选者为民尉。此八旗郎卫制也。

兵卫之制,定鼎初,即以上三旗守卫紫禁宫阙,以护军统领、参领、前锋统领率之。噶布什贤超哈满洲、蒙古八旗分左右翼备宿卫。内务府三旗，各设佐领三人，旗鼓佐领四人，正黄旗设朝鲜佐领一人，每二丁设马甲一，每佐领各设领催六、护军十五，以领侍卫内大臣率之。内务府官兵守护行宫者，分东西北三路，设千总等官，兵额不等。热河行宫亦如之。其守护陵寝者，顺治初，永陵、福陵、昭陵各设云骑尉、骑都尉。嗣后，盛京三陵增设总管、防御、骁骑校。京师东西陵制亦如之。所属各旗，骁骑有差。八年，制定亲王至辅国公等，以次设长史、护卫等官。十七年，定八旗汉字官名，固山额真曰都统，梅勒章京曰副都统，甲喇章京曰参领，牛录章京曰佐领，昂邦章京曰总管，乌真超哈曰汉军。凡满、蒙、汉各旗共选四千八百人为养育兵，训练技艺。嗣后兵额屡增。乾隆中，满、蒙养育兵至二万三百余人。盛京捕牲乌拉设总管、协领、佐领等员，辖打牲兵丁。吉林之参户、蜜户、渔户、猎户、鹰、狐、獭、鹳诸户，咸隶内府三旗。其巡捕营汛守外七城门，上设步兵汛二十五所，城外分中南北三营，马步兵汛额各有差，统以参将、游击等。畅春、圆明、静明等园守兵，统以守备。康熙初，定驻跸之地，八旗护军分左右翼巡宿，启跸则三旗营总、护军参领随行。十三年，定八旗步兵二万一千余名，鸟枪步兵凡千七百三十七名。又定内九门外七门设城门校，辖十六门门军。其步军营汛守皇城内各汛专用满洲，城外各汛兼用蒙古、汉军。寻定上驻园，则八旗两翼，翼分七汛，更番宿卫。每日当值之前锋、鸟枪护军共七百二十人。二十一年，定田猎每年三举，八旗各简前锋军校以从。二十二年，定车驾巡幸期。八旗骁骑营于内外城并增汛所。二十三年，以黑龙江所进精骑射、善杀虎者编虎枪营。三十年，设火器营。雍正元年，设巡捕营，马兵汛十五，步兵汛五十二。凡朝会期，协尉、副尉率步军巡警。二年，谕各旗共选四千八百教养兵，习长枪挑刀各艺。四年，令八旗前锋习射，月六次。其专司防火者曰防范兵。九年，令五旗门汛护军、马甲均归本营操演。令三旗增训练兵二千，编为二营。十三年，额定马甲五千二百五十，春秋二季合操。乾隆十四年，设云梯兵一营。又于昆明湖设赶缯船，以前锋军习水战。二十五年，令来京回人编一佐领，以和卓为佐领统辖之，后皆准此。三十九年，定大阅头队前锋八旗，分为八队，每队小旗八、海螺四，为殿后兵。四十一年，以来京之番子视回人例，编一佐领，统于内务府正白旗。四十六年，增京师步军左右二营，合南北中为五营，分二十三汛，领兵一万，于八旗汉军鄂尔布、步甲、闲内择壮丁充补。嘉庆四年，令巡捕五营以中营作提标，管圆明园五汛，参将四人，分管南北左右四营，共十八汛，两翼总兵分辖之。十七年，以增设之健锐营归左翼，外火器营归右翼，合八旗前锋、内火器营、骁骑营凡三十六营。咸丰三年，谕京师各旗营兵十四万九千有奇，统兵大臣分班亲阅，马步火器务令精整，不得以临时召募滥充。十年，从胜保请，令八旗兵加练枪炮抬枪。同治四年，谕醇亲王训练神机营，旗、绿各营，亦随时校阅。光绪二十四年，选练神机营马步队，以万人为先锋队，习枪炮及行阵战法。此八旗兵卫制也。

　　八旗驻防之兵，大类有四：曰畿辅驻防兵，其藩部内附之众及在京内务府、理藩院所辖悉附焉；曰东三省驻防兵；曰各直省驻防兵，新疆驻防兵附焉；曰藩部兵。

　　畿辅驻防兵制，顺治初，独石口、张家口、山海关、喜峰口、古北口并设防御一人或二人，采育里、固安县设防守尉，防御有差。康熙十四年，察哈尔八旗，每旗设总管一人，副总管一人，参领三人，佐领、骁骑校、护军校各有差。捕盗官每旗二人，亲军、前锋各二，护军十七，领催四，骁骑二十五。在京蒙古都统兼辖之。山海关总管一人，防御八人，满、蒙、汉兵七百有奇。寻设张家口总管一，防御七，兵百三十有奇。独石口、古北口增防御各二，喜峰口防御二，冷口、罗文口防御各一，兵多则六十八，少则十二人。雍正三年，设天津水师营都统一，协领六，佐领、防御、骁骑校各三十二，旗兵千六百人，蒙古兵四百人，分左右两翼。乾隆三年，增热河驻防兵二千人，委前锋校、前锋、领催、鸟枪领催、马甲、鸟枪马甲、炮甲、弓矢匠各有差，以千四百人驻热河，四百驻喀喇河屯、二百驻桦榆沟。八年，改山海关总管为副都统，增协领、佐领诸属，满、蒙、汉兵共八百人，分左右翼。二十六年,设察哈尔都统一人,驻张家口,理八旗游牧,兼辖防兵;副都统二人,驻左右翼游牧边界。四十五年,设驻防密云满、蒙兵二千。嘉庆三年,增热河围场副都统。九年,改总管。十五年,改设都统一人。以厄鲁特达什达瓦降众徙居科布多,旋分其属为三旗,设总管、副总管、佐领、骁骑校等。寻移至热河,作为官兵。先是康熙中,建避暑山庄于热河,设总管、守备、千总分守各行宫。乾隆间,增建行宫,设千总、委署千总一二人,兵自六人至九十八人不等。木兰围场总管一人。康熙季年,设有防御八及满、蒙兵百余。迨乾隆中年,增左右翼长二,骁骑校八,驻兵共八百人。每一兵给地一顷二十亩,或地不宜耕种,则改给牛羊。木兰之地,周遭树栅为界,设营房八,卡伦四十,八旗各分五卡伦,各以旗兵守之。道光四年,谕驻京旗兵,遇闰月赏给甲米,他省不得援例。此畿辅驻防制也。

东三省驻防兵制,共驻四十四所,兵三万五千三百余人。凡前锋、领催、马甲、守门库等兵,步甲、夜捕手、匠役、养育兵、鸟枪马甲、领催、水手之属,或设或否,名额多寡,各视驻地所宜,损益区置之,初无定限。

其在盛京,天聪间始设驻防于牛庄、盖州,兵九十六人。顺治元年,世祖将迁燕京,设盛京八旗驻防兵,以正黄旗内大臣和洛会总统之,以镶黄旗梅勒章京统左翼,正红旗梅勒章京统右翼。每旗设满洲协领一,佐领四,蒙古、汉军佐领各一。设熊岳城守官,其下满洲佐领三,汉军佐领一,锦州、凤凰城、宁远城守官,其下各设满洲佐领各二,汉军佐领一,兴京、辽阳、牛庄、岫岩、义州城守官,满洲佐领各一人,盖州、海州满、汉佐领各一,统驻防兵。康熙元年,改盛京昂邦章京为镇守辽东等处将军,梅勒章京二人为副都统,统辖协领、佐领、骁骑校。四年,改辽东将军为奉天将军。十四年,设锦州、义州城守尉各一,佐领、骁骑校各有差。各边门皆置防御一。寻设开原防御三,金州防御一,兵弁各有差。五十五年,设金州驻防水师营船十,号兵五百,水手一百。雍正五年,设熊岳副都统一人,广宁、义州、锦州、宁远至山海关设副都统一,复州、南金州、凤凰城、岫岩、旅顺等处设副都统一,分辖旗兵。乾隆十二年,改奉天将军为镇守盛京将军。盛京各额兵都一万五千有奇。

其在吉林,顺治十年,设宁古塔昂邦章京一,梅勒章京二,佐领、骁骑校各八。十八年,设吉林水师营。康熙元年,改宁古塔昂邦章京为将军,梅勒章京为副都统。三年,设水师营总管各员。七年,增宁古塔协领二。十年,以宁古塔副都统一,佐领、骁骑校各十一,兵七百,移驻吉林。又增吉林协领八,佐领、防御、骁骑校各十二,兵六百人。寻增防御十五人。十五年,移宁古塔将军驻吉林,留副都统于宁古塔,增吉林副都统一人。三十一年,设伯都讷协领二人,佐领、骁骑校各三十,防御八。五十三年,设三姓、珲春协领一,佐领、骁骑校、防御有差。雍正三年,设阿勒楚喀协领一人,佐领、骁骑校、防御各五。十年,设三姓副都统一人。寻设吉林鸟枪营参领一人,佐领、骁骑校各八,鸟枪兵千。乾隆十三年,令打牲乌拉兵归吉林将军兼辖。先是顺治时,设打牲乌拉协领二,又设总管一人,统辖珠轩头目,及参、蜜、渔、猎诸户,专司采捕诸役。后增佐领、防御八,骁骑校十或八,额兵千。至是以在吉林境,命兼统于吉林将军。二十一年,设阿勒楚喀副都统一人。道光六年,以双城堡移驻京旗,分左右翼,各设总、副屯达二人。嗣又分一旗五屯,增总、副屯达各六人。

其在黑龙江,当康熙初年,自吉林移驻水师营来驻齐齐哈尔等处,水手一千有奇。盛京壮丁散处者,随时编入八旗。巴尔呼人、锡伯人居近吉林,卦勒察人居近伯都讷,库尔喀人居近珲春,并设佐领、骁骑校等分驻。其东北最远者,索伦、达呼尔二部,天命、天聪间,相率内附,其后分充各城额兵。至鄂伦春所居益远,使马、使鹿部分处山林,业捕貂,审番户比丁,列于军伍。二十二年,初置黑龙江将军,原水师营总管等并属之,设副都统二,协领四,佐领、骁骑校各二十四,防御八,满洲兵千,索伦、达呼尔兵五百,驻爱珲城。二十三年,设打牲处总管一,副总管二,以索伦、达呼尔壮丁编设佐领、骁骑校。寻于墨尔根城设驻防兵。二十九年,移将军驻墨尔根,又增协领四,佐领、骁骑校各七,索伦、达呼尔兵四百余,以副都统一人统兵驻爱珲。寻设兵千余驻防齐齐哈尔。三十八年,将军复自墨尔根移驻齐齐哈尔。四十九年,设墨尔根副都统一人。雍正六年,增设打牲处总管三,满洲、索伦、达呼尔副总管十六,索伦、达呼尔佐领、骁骑校各六十二。十年,设呼伦贝尔统领一,索伦、巴尔呼总管、副总管各二,佐领、骁骑校各五十,兵三千,寻增兵二千有奇。厄鲁特总管、副总管各一。乾隆八年,改呼伦贝尔统领为副都统。嘉庆九年,以齐齐哈尔等处承种官田马甲归各本旗,所垦新田,改增养育兵耕种。咸丰八年,增黑龙江马甲千。光绪八年,将军文绪请由黑省至茂兴设七站,由茂兴至呼兰设五台,共台站六十人,置掌路记防御一,骁骑校二,领催六,分隶钤束。黑龙江八旗兵约分五类:曰前锋,共百四十六人,佩橐鞬,负旗帜,为先导;曰领催,供会计书写,马甲之长也,共七百四十八人;曰马甲,又称披甲,共九千二百十三人;曰匠役,为鸟枪、弓、铁、鞍诸匠,共一百五十二人;曰养育兵,康熙季年,始以旗兵屯田,至嘉庆中,改屯田马甲为养育兵,共八百人。别有未入伍者,曰西丹,译言控马奴,不得预征伐之事。此东三省驻防制也。

各直省驻防制,顺治二年,始设江南江宁左翼四旗,陕西西安右翼四旗,皆置满、蒙兵二千,弓匠二十八,铁匠五十六。六年,于山西太原设正蓝、镶蓝二旗满、蒙驻防兵,暨游牧察哈尔兵。初,太宗亲征察哈尔,降土默特之众,后编为二旗,设左右翼,都统部众得同办事。旋裁都统,以旗务掌之将军、副都统,与内八旗等。至是,游牧察哈尔遂列于山西驻防。十一年,设山东德州镶黄、正黄二旗满、蒙领催、马甲暨弓、铁匠。十五年,增设西安佐领、骁骑校二十八,骁骑一千。设浙江杭州满、蒙八旗马甲、步甲、弓匠,汉军马甲、步甲、铁匠,满、汉棉甲兵,共四千有奇。其后,每旗并增佐领、骁骑校、骁骑。十六年,改设京口驻防镇海将军一,副都统二,协领、参领、防御、佐领、骁骑校有差。寻增江宁、西安步甲各一千。

康熙十三年,增西安右翼四旗满、蒙马甲千,弓、铁匠十四,汉军马甲等,江宁马甲千。后又各增兵二千及弓、铁匠等。是年增京口步甲千人。十五年,设陕西宁夏八旗满、蒙领催,马甲、步甲,弓、铁匠。十九年,设福建福州左翼四旗汉军领催、马甲、步甲、铁匠及满、蒙步甲。二十年,设广东广州镶黄、正黄、正白上三旗汉军领催、马甲、炮甲、弓匠。二十二年,设湖广荆州八旗满、蒙领催,马甲,步甲,弓、铁匠,共二千八百有奇,寻增至四千人。是年又增西安将军,增满洲左右翼副都统各一,汉军左右翼亦如之,八旗满、蒙协领各八,汉协领、佐领、防御、骁骑校不等,满、蒙、汉兵共七千,满、蒙步军七百,暨弓、铁匠等。二十二年,续设广州镶白、正红、镶红、正蓝、镶蓝五旗汉军兵,设将军一人,副都统二,协领、参领各八,防御、骁骑校各四十,八旗鸟枪领催、鸟枪骁骑、领催、骁骑、炮骁骑、弓、铁匠共三千有奇,兼置绿旗左右前后四营,将领八,兵三千四百有奇。寻于福州、荆州、宁夏、江宁、京口、杭州并分设鸟枪领催、鸟枪骁骑、领催、骁骑各有差。京口步军内兼设鸟枪、弓、箭、长枪、藤牌等兵额。是年增设杭州驻防八旗满、蒙、汉兵共三千二百人。三十二年,设山西右卫八旗满、蒙、汉护军领催、马甲、铁匠共五千六百有奇,以将军统之,设随甲四十八,笔帖式六。三十六年,裁京口绿旗水师总兵,改设京口副将,分左右二营,设游击以下将领八人,兵一千九百人。五十九年,设河南开封满、蒙领催,鸟枪领催,马甲,鸟枪马甲,弓、铁匠。六十年,设四川成都副都统一,协领四,佐领、防御、骁骑校、鸟枪领催、鸟枪骁骑、骁骑暨步军,弓、箭、铁匠。

雍正元年,福州驻防汉军步兵悉改马兵。二年,增太原、德州驻防兵各五百人。六年,设福州驻防水师营协领一人,佐领、防御各二,骁骑校六,水师五百。七年,设驻防浙江乍浦水师营。设青州驻防将军、副都统各一人,协领四,佐领、防御、骁骑校十六,暨八旗满、蒙兵弓、铁匠。设广州驻防水师营协领一人,佐领、防御各二,骁骑校、八旗汉军水师领催有差。八年,以各省驻防汉军营伍废弛,令所在将军训练之。设驻防青州八旗满洲兵二千人。增右卫驻防兵五百人,自将军及两翼副都统以下,设协领,佐领,防御,骁骑校,满、蒙前锋,满、蒙、汉领催等,及骁骑三千有奇。十三年,设甘肃凉州八旗满、蒙、汉兵凡二千人。设驻防庄浪八旗满、蒙、汉兵凡千人。

乾隆二年，设驻防绥远城，以征准噶尔之满、蒙、汉开户家丁二千四百，热河驻防兵千，及右卫蒙古兵五百，凡三千九百人。设凉州将军、副都统各一人，满、蒙、汉佐领、防御、骁骑校、步军尉及八旗骁骑二千人，步军六百人。又设庄浪驻防副都统一人，满、蒙、汉协领、佐领、防御、步军尉及八旗骁骑一千人，步军四百人。四年，改宁夏驻防步甲六百为养育兵。增荆州养育兵四百人。十年，设江宁驻防养育兵。二十一年，定开封城守尉归巡抚统辖。二十二年，裁京口将军，以绿旗左右营改隶江宁将军。二十五年，改绥远城将军驻防兵额，步军、养育兵各四百，共领催、前锋、骁骑实二千四百人。二十八年，以土默特二旗归绥远城将军统辖。设归化城副都统一人。三十九年，改杭州驻防步军一百二十八人为养育兵。四十一年，设成都驻防将军一人。四十九年，增西安副都统一人。嘉庆十二年，饬各将军不得以老弱充兵额。此各直省驻防制也。

新疆驻防兵制，乾隆二十五年，始议于新疆设兵驻守。命阿桂率满洲、索伦骁骑五百，绿营兵百，回人二百，至伊犁搜捕马哈沁，招抚厄鲁特，并筑城屯垦。其后陆续由内地增调屯田兵至二千五百人，五年更替，以五百人差操，二千人屯种，分二十五屯，设屯镇总兵。其明年，阿桂奏定卡伦侍卫十五人，增伊犁驻防马兵千五百，合原额兵凡二千五百人。二十七年，以凉州、庄浪驻防兵五千，并户口移驻伊犁。旋以新疆底定，设驻防兵制。凡卡伦兵以侍卫领之，屯田兵以督屯武职领之，驻防马兵以佐领领之，绿旗兵以营员领之，而特设将军为之总辖。侍卫、章京等皆按年番替。二十九年，调绿营兵千，在伊犁河岸筑惠远城。其管理筑城兵，设副将一，守备二，千总二，把总八。以察哈尔移驻兵一千八百户编两昂吉，领队大臣统之，设十二佐领，分左右二翼，每佐领设兵二百。以黑龙江移驻户千编一昂吉，设六佐领，领队大臣统之。又拨锡伯兵、热河满、蒙兵各一千，及达什达瓦厄鲁特兵五百，俱携眷驻伊犁。定马兵永远驻守，绿旗兵五年番换。三十年，以投出之厄鲁特人编一昂吉，与达什达瓦部众俱为厄鲁特昂吉，以领队大臣统之。原厄鲁特兵作厄鲁特右翼。自领队大臣以下，二三等侍卫、蓝翎侍卫无定员。三十一年，定乌鲁木齐驻办事大臣及协办大臣，统驻防兵及工作官兵，置经理新疆贸易、稽察卡伦台站各官。三十二年，定左翼厄鲁特六佐领为上三旗，右翼厄鲁特共十佐领编为下五旗。三十四年，增惠宁城满兵领队大臣一人。三十七年，以投诚之沙毕纳尔人等归入下五旗厄鲁特，增设四佐领统之。嘉庆二十年，于沙毕纳尔四佐领内增副总管一人。道光十年，以惠远城满兵四千六百有奇，巴燕岱满兵二千一百有奇，谕将军等不得议增兵额。同治六年，以哈萨克人东犯，饬李云麟训练厄鲁特、蒙古兵以防之。增布伦托海办事大臣，督率喇嘛，建署治事，并设帮办一人。此属新疆北路者也。

其南路防兵，乌什驻总理回务参赞大臣、协办大臣各一人，统辖满洲、绿旗及屯田各官兵，兼辖阿克苏、赛里木、拜城各驻防兵。所属有侍卫、章京等官。满洲营领队侍卫二，驻辖翼长、参领各一，副参领、委署参领各二，前锋校六，绿旗营游击以下、屯田副将以下各十八人。阿克苏驻章京一，绿旗营游击一。赛里木驻翼长一，兼统拜城驻防。叶尔羌驻办事参赞大臣及领队大臣，统辖满洲营领队副都统、侍卫、参领、副参领等，如乌什例。和阗、喀什噶尔并驻办事大臣及领队大臣，统辖满洲营侍卫、章京、领队侍卫、参领、副参领等，暨绿营总兵、参将等官。库车驻办事官，统辖绿营都司以下官，兼辖沙雅尔事。哈喇沙尔驻办事官，统辖绿旗营城守，及屯田驻防兵。辟展驻领队大臣一，统协领、佐领以下暨步兵、绿旗兵。

乾隆二十四年以后，于乌什驻办事大臣，阿克苏驻办事大臣、协办大臣各一人，叶尔羌办事大臣二人，及章京、卡伦侍卫等。满洲营设副都统一人，统健锐营前锋参领、副参领等，安西满洲营佐领五品官、索伦五品官、察哈尔佐领等，绿营总兵、游击以下各官。又于和阗驻领队总兵官及游击以下。又喀什噶尔驻总兵、理回疆事务大臣、协办大臣各一。满洲营设副都统一，领队侍卫二。领队侍卫兼统索伦兵。索伦设委署副总管及佐领各二，察哈尔总管一，副总管二,及护军校以下。绿营设提督及都司以下官。英阿萨尔驻领队总兵官一,兼统索伦、察哈尔、绿旗兵。又于库车、哈喇沙尔、辟展并驻办事大臣。初,台站之改,属辟展者凡六。每台置外委千、把总一人。叶尔羌西路南北路卡伦六,各置坐卡侍卫一人,东西南三路凡二十一台,各置笔帖式一人。沙雅尔南路卡伦一。库车东路至哈喇沙尔西凡十台。台置笔帖式一人。每台、卡俱置防守兵,多至十人,少或一人,俱有供役回人十户。寻各官兵归并乌什、阿克苏,止驻一章京及游击以下,旋改驻协办大臣及领队侍卫等。喀什噶尔之总理大臣移驻乌什之永宁,寻改设办事大臣二人。三十一年,撤回索伦兵,改遣健锐营兵九百人换防,并令健锐营翼领一人,正副委署参领十八人,护军校二十四人,统兵分驻各回城。四十四年,裁辟展办事大臣,改设领队大臣。旋设吐鲁番屯田都司以下官。

道光八年,以阿克苏为南路适中之地,增兵一千,移柯尔坪防兵五百归阿克苏,裁拜城参将以下弁兵,共新旧防兵二千二百人,守卡借差兵外,得练兵一千三百人,控制各路。九年,于喀什噶尔边增八卡伦弁兵。寻以八卡伦内喀浪圭、图舒克塔、乌拍拉特三处通霍罕要路,于明约洛建堡,设都司一人,绿营兵二百人驻守。阿尔瑚马厂三处建堡,置兵二百或六十人。叶尔羌属卡伦七,以亮葛尔、库库雅尔为通夷要隘,英吉沙尔属卡伦五,惟乌鲁克为要路,皆建土堡兵房,设千总官,其次设把总、外委,驻守兵多者六十人,少者十五或十人。

咸丰三年,以新疆南北两路驻兵四万余人,岁饷一百四十五万,军兴后馈饷艰难,谕陕、甘赴口外驻防官自是年始,即行停止。其喀什噶尔、英吉沙尔、叶尔羌、和阗八城防兵,由乌鲁木齐驻防满洲兵、绿旗兵酌拨。四年,改定新疆南路换防兵制。增伊犁满洲兵二百人,乌鲁木齐绿营兵千二百人,满洲兵三百人。裁叶尔羌、喀什噶尔、乌什、阿克苏四城防兵一千人。七年,以喀城肃清,撤回土尔扈特蒙兵,留伊犁官兵防守。八年,令南路换防官兵自是年始,分六年抽换,以节繁费。天山以南,为回部所居,自设台站、卡伦,无俟重兵防守。乌什、叶尔羌、喀什噶尔、英阿萨尔咸以满、汉兵协力守边。他如和阗、阿克苏、库车、哈喇沙尔、辟展则守以绿旗兵。凡满洲营驻防兵，以三年更换，绿旗营驻防兵，以五年更换。此南路之制也。

同治以来，回疆不靖，钦差大臣左宗棠次第珍平之，新疆渐归版籍。光绪初年，改省议起。左宗棠拟令将军率旗营驻伊犁，塔尔巴哈台改设都统，并统绿、旗各营。迨八年收复伊犁，从谭钟麟、刘锦棠言，于南北两路增设额兵，其旧有参赞、办事、领队各大臣悉予裁汰。即自哈密至伊犁都统暨诸大臣名额亦酌撤之。巴里坤、古城、乌鲁木齐、库尔喀拉乌苏等处所余旗丁，归并伊犁满营，均改从各省驻防将军营制。十一年，行省制成。伊犁旗营实存勇七千，留其精壮，改马队九旗，步队十三旗，以提督、总兵分领之。伊犁开屯由此始，而旗屯居其一焉。盖新疆自藩部迄于设行省，综其驻防旗兵制度，约略如此。

其藩部兵制，曰内外蒙古，曰青海，曰西藏。内外蒙古之兵，设旗编次，略同内八旗。每旗设札扎克一人，汗、王、贝勒、贝子、公、台吉为之。协理旗务二或四人，亦台吉以上充任。按丁数编为佐领。设佐领一，骁骑校六。每六佐领设参领一人。佐领较多者，设章京、副章京。各率所属以听于扎萨克。内扎萨克蒙古凡二十四部、四十九旗。科尔沁六旗，分左右二翼，二翼又各分前后旗。崇德元年，设左翼旗、左翼前旗、右翼旗、右翼前后旗。顺治六年，设左翼后旗。郭尔罗斯前后二旗，杜尔伯特一旗，扎赉特一旗，皆顺治五年设。扎鲁特二旗，左翼崇德元年设。土默特二旗，左翼崇德元年设，右翼顺治二年设。喀沁喇沁三旗，右翼崇德元年设，右翼顺治五年设。喀尔喀左翼一旗，康熙三年设。奈曼一旗，敖汉一旗，皆崇德元年设，左翼顺治五年设，康熙中增设一旗。翁牛特左右二旗，阿鲁科尔沁一旗，皆崇德元年设。巴林左右二旗，顺治五年设。克什克腾一旗，顺治三年设。乌珠穆沁二旗，右翼崇德六年设，左翼顺治三年设。浩齐特二旗，顺治三年设左翼，十年设右翼。阿巴哈纳尔二旗，康熙四年设左翼，六年设右翼。阿巴噶二旗，崇德六年设右翼，顺治八年设

左翼。苏尼特二旗,崇德六年设左翼,七年设右翼。四子部落一旗,
顺治八年设。乌喇特右翼一旗,顺治十年设。茂明安一旗,顺治元
年设。乌喇特前中后三旗,顺治五年设。鄂尔多斯七旗,两翼、中旗、
前旗、后旗皆顺治六年设,雍正九年增设一旗。归化城土默特左右
二旗,崇德元年设,后置副都统,隶绥远城将军辖之。是为内蒙古兵
制。

外扎萨克蒙古,喀尔喀四部,凡八十六旗。喀尔喀土谢图汗部
二十旗为中路。康熙三十年,设十七旗。逮雍正间,递增至三十八
旗。寻分二十旗属三音诺颜部,存十八旗。乾隆初,复增二旗,于本
旗外分十九扎萨克掌之,仍统于土谢图汗部。车臣汗部二十三旗为
东路。康熙三十年,设十二旗。其后增至二十一旗。乾隆间,递增
二旗,于本旗外分二十二扎萨克掌之,仍统于车臣汗。扎萨克图汗
部十七旗为西路。康熙三十年,设八旗。逮雍正间,递增至十五旗。
乾隆时,递增二旗,于本旗外分十六札萨克掌之,仍统于札萨克图
汗。三音诺颜亲王部二十二旗,雍正十年设,即于土谢图汗部内分
辖二十旗。乾隆初,增二旗,于本旗外分二十一扎萨克掌之,仍统于
三音诺颜札萨克亲王。乌兰乌苏、厄鲁特部二旗,康熙二十五年分
设。乾隆间,隶移乌兰乌苏并隶三音诺颜部。贺兰山厄鲁特一旗,
康熙三十六年设。青海厄鲁特部二十一旗,雍正三年设二十旗,乾
隆十一年增设一旗。青海游牧绰罗斯部二旗,辉特部一旗,土尔扈
特部一旗,喀尔喀部一旗,皆雍正三年设。哈密一旗,康熙三十六年
设。吐鲁番一旗,雍正十年设。都尔伯特十四旗,乾隆十八年编设。
土尔扈特部,乾隆三十六年编设。康熙十三年,定每年春季,王、贝
勒以各旗下台吉兵丁合操。乾隆元年,谕内扎萨克六会,防秋兵丁
各备牧马器械,分二班,锡林郭勒、乌兰布、伊克昭三会为一班,哲
里木、昭乌达、卓索图三会为一班,以大扎萨克为盟长,每年遣大臣
会同盟长,按旗察阅兵丁。其喀尔喀四部,游牧防守兵万人,遣参赞
大臣同喀尔喀将军、贝勒、公等分年简稽军实。三年,命赏六会防秋
牧马之兵,视康熙间成例,分给弓矢、衣服、银两有差。五十一年,谕

蒙古兵丁应习围场者，车臣汗、土谢图汗二部，由库伦办事王、大臣，三音诺颜、扎萨克图汗二部，由乌里雅苏台将军、大臣等分领练习，并令各部落汗、王、公选大台吉各四人，小台吉十人，赴木兰围场。道光三年，从陕西总督那彦成言，以青海二十四旗分左右二翼，每翼设盟长、副盟长，每六旗设霍硕扎噶尔齐，每三旗设一梅勒，每旗设一甲喇，各旗兵按人数之多寡，随官兵番值巡防。十一年，允杨遇春请，以蒙古兵五百人析为二班，分防八卡。十五年，谕令察哈尔兵丁选补缺额，与札扎萨克游牧共卫北边。同治十年，谕边外各路台站，都统或盟长分任管辖。每台额定骆驼百头，马五十匹，戈壁地备骆驼百五十头。此内外蒙古及青海兵制也。

蒙古各盟，当雍、乾时，征讨准、回，资其兵力以集事。自俄人阑入，乌兰海南北并受羁牵，喀鲁伦东西侵为田牧，杂居无限，卡伦鄂博，盖同虚设矣。

西藏旗兵，自乾隆五十七年始。前后藏各设番兵千。定日、江孜各设五百。前藏领兵者曰戴琫，其下如琫，又下甲琫、定琫。原置戴琫三人，二驻后藏，一驻定日，复增戴琫一人，驻江孜。前藏番兵，游击统之。后藏及江孜、定日，都司统之。原有唐古特兵，归戴琫督练。初制，每番兵千，弓箭三之，鸟枪七之。嗣选唐古特兵三千，鸟枪、刀矛各半。至是新设额兵三千，每千人五成鸟枪，三成弓矢，二成刀矛。其唐古特兵，由驻防将领督同番目教练。前藏驻游击、守备各一，千总二，把总三，外委五。后藏驻游击、都司各一，守备三，千总二，把总七，外委九。是年，以福康安疏请江孜增守备一，外委一，兵三十人，定日增守备一，把总一，外委一，兵四十人。寻用和琳疏言，定日要隘曰辖尔多，曰察木达杏岭，曰古喇噶木洞，曰宗喀，每处各设定琫一人，番兵二十五人。此西藏兵制大略也。

当乾隆十五年，始除西藏王爵，设驻藏大臣，以达赖喇嘛统前藏，班禅统后藏。前后藏凡设四汛，游击、都司、守备、千把总、外委十六人，兵丁六百六十人，戴琫、如琫、甲琫、定琫百六十六人，番兵三千人，骑兵五百人，驻藏大臣与达赖、班禅参制之。咸、同以后，廓尔喀崛强于西，英吉利侵轶于南，中朝威力羁縻而已。

八旗官兵额数，代有增减，举其最近者以见例。光、宣之季，实存名数，职官约六千六百有奇，兵丁十二万三百有奇。八旗各营印务参领虽设专职，大率参领、副参领兼之。印务章京、印务笔帖式亦兼职。亲军校、亲军、拜唐阿等在各旗支饷，实于他所供差。其醇王园寝守护兵，光绪间始增设前锋、护军统领诸职，虽已汰去，而设官已久，职亦较崇，仍序列之。其他不具录云。

镶黄旗满洲，都统一，副都统二，印务参领二，参领、副参领各五，印务章京八，佐领八十六，骁骑校八十六，印务笔帖式八，凡二百有三人。领催四百二十八，马甲千五百六十二，随甲八十六，养育兵二千二百二十七，亲军校十一，亲军百五十八，弓匠长七，弓匠七十八，仓甲二十五，通州十九，清河六。余如通州领催，备宴马甲，盔、镞、鞍、鞄头、箭、铁诸匠，拜唐阿分网户、粘杆、备箭，一人至九人，陆军部承差三人，凡四千六百三十人。

正黄旗满洲，自都统至印务章京及笔帖式并同镶黄旗，惟佐领九十三、骁骑校九十二，为小异，凡二百十六人。领催四百六十二，马甲千六百二十八，随甲九十三，养育兵二千三百九十三，亲军校十一，觉罗亲军四，亲军百七十一，南苑骁骑校一，弓匠长八，弓匠八十四，余如南苑马甲，备宴马甲，仓甲，盔、镞、鞍匠，库使、守吏、酒吏、鹰手、鞭子手、亭兵，网户、粘杆拜唐阿等一至六人，陆军部承差一人，凡四千九百十二人。

正白旗满洲，都统以下并同上，佐领、骁骑校亦同镶黄旗，凡二百有三人。领催四百三十，马甲千四百十四，随甲八十六，养育兵二千二百四，亲军校十一，觉罗亲军五，亲军百五十六，弓匠长十，弓匠七十六，仓甲三十，通州二十，清河十。余如南苑马甲，备宴马甲，鞄头、鞍、箭、盔诸匠，鞭子手，网户、备箭拜唐阿，传事兵等一至十二人，陆军部承差三人，凡四千四百八十八人。

正红旗满洲，都统以下并同上，惟佐领、骁骑校各七十四，凡一百七十九人。领催三百七十，马甲千二百八十七，随甲七十四，养育兵一千八百八十八,亲军校十六,亲军百三十二,弓匠长二,弓匠七十二,仓甲二十七,通州十九,清河八。余如南苑马甲,守吏,库使,传事兵,粘杆,宰牲拜唐阿等一至九人,凡唐三千八百九十五人。

镶白旗满洲,都统以下并同上,惟佐领、骁骑校各八十四,凡一百九十九人。领催四百二十,马甲千四百十四,随甲八十四,养育兵二千一百八十,亲军校十三,亲军百五十四,觉罗亲军二,弓匠长二,弓匠七十二,帐房头目二,仓甲二十七,通州二十,本裕仓七。余如镞、盔诸匠,鞭子手、传事兵、渡吏、亭兵、备箭,宰牲拜唐阿等一至四人,陆军部承差三人,凡四千三百九十七人。

镶红旗满洲,都统以下并同上,佐领、骁骑校亦同镶黄旗,凡二百三人。领催四百三十,马甲千五百四十八,随甲八十六,养育兵二千二百四,亲军校十九,觉罗亲军三,亲军百五十,弓匠长六,弓匠八十,仓甲二十七,通州二十,本裕仓七。余如盔匠、镞匠、鞭子手、南苑马甲、承差、传事兵、亭兵、宰牲拜唐阿等一至四人,凡四千五百七十七人。

正蓝旗满洲,都统以下并同上,惟佐领、骁骑校各八十三,凡一百九十七人。领催四百十七,马甲千四百九十一,随甲八十三,养育兵二千一百三十九,亲军校十七,觉罗亲军十一,亲军百四十,弓匠长二,弓匠八十三,仓甲十九,通州十七,清河二。余如镞匠、盔匠、鞭子手、承差兵、传事兵、亭兵、南苑马甲、守吏、拜唐阿、宰牲拜唐阿等一至五人,凡四千四百三十三人。

镶蓝旗满洲,都统以下并同上,佐领、骁骑校俱同镶白旗,凡二百有七人。领催四百三十九,马甲千五百九十,随甲八十六,公缺马甲二十四,恩缺马甲一,养育兵二千二百四十九,亲军校十五,觉罗亲军六,亲军百五十五,弓匠长六,弓匠八十八,余如南苑马甲、南苑领催、帐房头目、镞匠、鞭子手、酒醋局吏、库使、传事兵、亭兵、宰牲兵等一至八人,陆军部承差一人,凡四千六百九十人。

镶黄旗蒙古,都统一,副都统二,印务参领一,参领二,副参领二,印务章京四,佐领、骁骑校各二十八,印务笔帖式四,凡七十二人。领催一百四十、马甲四百九十七、随甲二十八、养育兵五百九十二、亲军校四、亲军五十二、弓匠长一、弓匠二十七，余如长号达、长号、盔匠、鞍匠、网户、苑甲、承差、传事兵、亭兵等一至六人，凡千三百六十三人。

正黄旗蒙古，自都统以下至印务章京及笔帖式，并同镶黄旗，惟佐领、骁骑校各二十四，凡六十四人。领催百二十、马甲四百五十二、养育兵五百八、亲军校四、亲军四十四、弓匠二十四，余如长号、拜唐阿、茶拜唐阿、鞍匠，一至七人，凡千一百七十一人。

正白旗蒙古，都统以下并同上，惟佐领、骁骑校各二十九，凡七十四人。领催百四十五、马甲四百八十七、随甲二十九、养育兵六百九、亲军校四、亲军五十四、弓匠长二、弓匠二十七，余如长号、拜唐阿达、拜唐阿、网户拜唐阿、南苑马甲、盔匠、鞍匠、亭兵等一至七人。凡千三百七十八人。

正红旗蒙古，都统以下并同上，惟佐领、骁骑校各二十二，凡六十人。领催一百十、马甲三百八十一、随甲二十二、养育兵四百六十、亲军校六、亲军三十八、弓匠长三、弓匠十八，余如南苑马甲、哈那器马甲、盔匠、粘杆拜唐阿、亭兵等一至五人，凡一千五十人。

镶白旗蒙古，都统以下并同上，佐领、骁骑校俱同正黄旗，凡六十四人。领催一百二十、马甲四百四十、养育兵五百八、亲军校二、亲军四十八，凡千一百十八人。

镶红旗蒙古，都统以下并同上，佐领、骁骑校如正红旗，凡六十人。领催一百十、马甲三百八十八、随甲二十二、养育兵四百五十九、亲军校三、亲军四十一、弓匠长一、弓匠十八、承差、盔匠各一，凡一千四十五人。

正蓝旗蒙古，都统以下并同上，惟佐领、骁骑校各三十，凡七十六人。领催一百五十、马甲五百四十四、随甲三十、养育兵六百三十、亲军校九、亲军五十一、弓匠长二、弓匠二十八、承差、盔匠、马甲、亭兵、蒙古通事兵各一，凡一千四百四十八人。

镶蓝旗蒙古，都统以下并同上，惟佐领、骁骑校各二十五，凡六十六人。领催百二十五,马甲四百四十二,随甲二十五,养育兵五百二十七,亲军校五,亲军四十四,包衣护军校二,弓匠长一,弓匠二十二,鞍匠、盔匠、恩缺马甲、听差马甲、亭兵各一,凡千一百九十八人。

　　镶黄旗汉军,都统一,副都统二,印务参领二,参领、副参领各五,印务章京六,佐领、骁骑校各四十一,印务笔帖式六,凡一百有九人。领催二百五,马甲千六百八十一,随甲四十一,敖尔布三百二十八,养育兵九百三十七,蓝甲三十九,弓匠长六,弓匠三十一,炮手四十,余如更夫、承差兵、拜唐阿、铜匠、盔匠、鞍匠、亭兵等一至五人,凡三千三百三十二人。

　　正黄旗汉军,自都统以下至印务章京及笔帖式,并同镶黄旗,惟佐领、骁骑校各四十,凡一百有七人。领催二百,马甲、随甲千六百八十,敖尔布三百二十,养育兵九百十四,蓝甲三十一,弓匠长三,弓匠三十六,炮手四十,余如更夫、承差兵、拜唐阿、备箭拜唐阿、铜匠、盔匠、鞍匠、听差兵、亭兵一至十二人,随印外郎一人,凡三千二百六十人。

　　正白旗汉军,都统以下并同上,佐领、骁骑校亦同镶黄旗,凡一百有七人。领催二百,马甲千六百四十,随甲四十,敖尔布三百二十,养育兵九百十四,蓝甲五十二,弓匠长二,弓匠三十八,炮手四十,余如更夫、承差兵、拜唐阿、铜匠、盔匠、鞍匠等一至六人,随印外郎三人,凡三千二百六十八人。

　　正红旗汉军,都统以下并同上,惟佐领、骁骑校各二十八,凡八十三人。领催百三十八,马甲千一百五十三,随甲一,敖尔布二百二十,蓝甲五,养育兵六百四十一,弓匠长八,弓匠十四,炮手三十九,余如更夫、拜唐阿、盔匠、鞍匠、亭兵、承差兵等一至五人,凡二千二百三十二人。

　　镶白旗汉军,都统以下并同上,惟佐领、骁骑校各三十,凡八十七人。领催百五十,马甲千二百三十,随甲三十,敖尔布二百四十,养育兵六百九十九,弓匠长四,弓匠十五,炮手四十,余如更夫、备箭拜唐阿、承差兵、盔匠等一至五人，随印外郎一人，凡二千四百二十四人。

镶红旗汉军，都统以下并同上，惟佐领、骁骑校各二十九，凡八十五人。领催百四十五，马甲千一百八十七，随甲二十九，敖尔布二百三十三，养育兵六百七十四，弓匠长二，弓匠二十，炮手四十，余如拜唐阿、更夫、承差兵、盔匠、亭兵，一至四人，随印外郎二人，凡二千三百四十二人。

正蓝旗汉军，都统以下并同上，佐领、骁骑校俱同镶红旗，凡八十五人。领催百四十五，马甲千一百九十四，随甲二十二，敖尔布二百三十二，养育兵六百七十六，弓匠长四，弓匠二十二，炮甲、炮手各二十，余如盔匠、马甲盔匠、公主门甲、更夫、拜唐阿、承差兵、亭兵等一至七人，凡二千三百六十二人。

镶蓝旗汉军，都统以下并同上，佐领、骁骑校亦同镶红旗，凡八十五人。领催百四十五，马甲千二百十八，敖尔布二百三十二，养育兵六百七十五，蓝甲十八，弓匠长五，弓匠二十四，炮手四十，余如更夫、拜唐阿、盔匠、匠役、亭兵等一至五人，随印外郎二人，凡二千三百七十六人。

圆明园随同办事营总二，营总六，护军参领八，副护军参领十六，委护军参领三十二，护军校、副护军校各百二十八，包衣营总一，包衣护军参领、副护军参领各三，包衣护军校九，凡三百三十六人。护军三千六百七十二，马甲三百，枪甲四百，养育兵千八百二十六，包衣护军一百二十，包衣马甲三十，包衣养育兵六十，凡六千四百八人。

健锐营翼长四，正参领八，副参领十六，委参领三十二，番子防御一，前锋校、副前锋校各七十，凡百有二人。前锋千九百六十，委前锋一千，领催四，马甲八十一，养育兵八百三十三，凡三千八百七十八人。

内火器营管营长官二，正翼长、委翼长各一，营总四，正参领四，副参领八，委参领十六，护军校一百十二，凡一百四十八人。鸟枪护军二千五百十二,炮甲五百二十八,养育兵八百八十,凡三千九百二十人。

外火器营全营翼长一,委翼长一,营总三,正参领四,副参领八,委参领十六,护军校一百十二,凡一百四十五人。鸟枪护军二千五百三十,枪甲三百五十二,养育兵八百十八,凡三千七百人。

左右翼前锋营,左右翼前锋统领二,前锋参领、前锋侍卫各十六,委前锋侍卫八,空衔花翎十六,前锋校九十六,空衔前锋校八,蓝翎长四十八,委蓝翎长十六,印务笔帖式四,凡二百三十人。前锋兵千六百六十八人。

八旗护军营,护军统领八,护军参领、副护军参领各一百十二,委护军参领五十六,空衔花翎一百十二,护军校八百八十二,空衔护军校五十六,蓝翎长一百十二,门笔帖式三十六,印务笔帖式十六,凡一千五百有二人。护军万四千八十一人。

八旗包衣属镶黄旗者,参领、副参领各五,佐领十一,管领十,章京一,护军参领、副护军参领各五,护军校三十五,骁骑校十一,凡八十八人。领催七十九,护军四百,披甲千六百八十九,随甲十一,养育兵八十八,拜唐阿四百二十一,凡二千六百八十八人。属正黄旗者,参领、副参领各五,佐领十三,管领十,护军参领、副护军参领、委护军参领各五,护军校三十三,前锋校二,骁骑校十三,凡九十六人。领催九十五,护军四百七十八,披甲千八百,随甲十三,养育兵八十九,拜唐阿等三百四十七,凡二千八百三十一人。属正白旗者,参领、副参领各五,佐领十二,管领十,护军参领、副护军参领、委护军参领各五,护军校三十三,前锋校二,骁骑校十二,凡九十四人。领催八十八,护军三百六十,前锋四十,披甲等千七百三十八,随甲十二,养育兵八十五,拜唐阿等六百三十五,凡二千九百五十八人。属正红旗者,参领五,佐领十一,管领十九,包衣达等十六,护军校六十,骁骑校十二,凡一百二十三人。领催三十四,护军八十五,马甲八百四十六,蓝甲三百三十二,蒙古护军七十,凡千三百六十七人。属镶白旗者,参领五,佐领十四,管领十一,包衣达等三十

二,亲军校一,护军校八十,骁骑校十三,凡一百五十六人。领催七
十四,护军百四十二,蓝甲五百六十六,白甲千一百三十一,拜唐阿
三,凡一千九百一十六人。属镶红旗者,参领五,佐领十七,管领六,包
衣达等六十三,护军校五十八,骁骑校十二,凡一百六十一人。领催
四十七,护军一百八,红甲千一百十八,蓝甲五百四十五,凡千八百
十八人。属正蓝旗者,参领五,佐领六,管领七,包衣达等五十九,护
军校一百三,骁骑校十六,凡一百九十六人。领催七十八,护军二百
二十六,马甲千六百二十四,蓝甲七百六十一,拜唐阿十五,凡二千
七百四人。属镶蓝旗者,参领五,佐领二十一,管领三十八,司库等
九十二,护军校一百三十七,骁骑校十六,凡三百有九人。领催七十
八,护军百八十九,马甲千三百八十六,蓝甲千二百八十二,凡二千
九百三十五人。

　　醇贤亲王园寝翼领一,防御一,骁骑校一,凡三人。领催二,披
甲四十六,凡四十八人。

　　以上凡职官六千六百八十人,兵丁十二万三百有九人。

清史稿卷一三一
志第一○六

兵　二

绿　营

　　绿营规制,始自前明。清顺治初,天下已定,始建各省营制。绿营之制,有马兵、守兵、战兵。战守皆步兵。额外外委皆马兵。综天下制兵都六十六万人,安徽最少,闽、广以有水师故最多,甘肃次之。绿营隶禁旅者,惟京师五城巡捕营步兵。将军兼统绿营者维四川。有屯兵者惟湖南、贵州。其新疆之绿营屯防,始乾隆二十五年,由陕、甘陆续移往驻防。各省标兵规制,督抚得随时疏定。绿营战功,自康熙征三藩时,用旗、绿兵至四十万,云、贵多山地,绿营步兵居前,旗兵继之,所向辄捷。其后平定准部、回疆、金川,咸有勋绩。乾隆四十六年增兵,而川、楚教匪之役,英、法通商之役,兵力反逊于前。迨粤寇起,广西绿营额兵二万三千,土兵一万四千,遇敌辄靡。承平日久,暮气乘之,自同治迄光绪,叠经裁汰,绿营之制,仅存而已。

　　京师巡捕五营,设步军统领一人,统左右翼总兵官以及十六门门千总,海淀、畅春园、树村汛、静宜园、乐善园设副将或守备各官不等,置兵共三千人。京城内九门、外七门,每门设千总二,门甲十或二十,门军四十人。左翼总兵统步军营巡捕南、左二营各汛官,凡兵三千六百有奇。右翼总兵统步军营巡捕北、右二营各汛官,凡兵二千五百有奇。

各直省营制，顺治元年，定直隶官兵经制，设直隶巡抚，标兵分左、右二营，游击以下八人。设宣府、正定、蓟州、通州、天津、山海关六镇总兵官及镇标守备、游击等，设紫荆关等七协副将及协标官兵，设拱极城等十七处参将，山永等营游击，巩华城等处守备、都司，分领各营兵。

定山东官兵经制，设河道总督，标兵分中、左、右三营，设副将或游击以下将领八，兵凡三千，备河防护运。山东巡抚，标兵分左右二营，设游击以下将领八，兵凡二千。设临清、沂州二镇总兵官及将领八，兵共二千四百有奇。设德州、青州、武定三营参将或守备将领八或六，兵共二千二百有奇。设登州水师营守备，登州、莱州、临清、济南各营游击或守备四，兵共一千二百有奇。初，山东与直隶、河南共一总督，康熙元年，设山东提督，寻并裁去，以巡抚兼任。

山西、江南、陕西官兵经制，并于顺治二年定之。山西设宣大总督及巡抚，督标分中、左、右三营，抚标分左右营，各设将领八，兵凡二千。设太原、平阳二协副将及协标官兵。设汾州等营参将、游击、守备，分领营兵。十三年，裁宣大总督，康熙元年，设山西提督，迭裁迭复，雍正九年，仍裁之，以巡抚兼任。

江南设漕运总督，江志、凤庐二巡抚，标兵及左右营如制，将领九或八人，兵共四千有奇，并设奇兵营、游兵营。设江南汉兵提督，分中、左、右、前、后五营，分设将领八，兵凡四千。设苏州、镇江、浦口、安庆、池太、东山、广德八镇总兵官，镇标兵及将领。设狼山等七协副将，金山、常州各营参将、游击、守备分领营兵。国初设江南江西河南总督。其后分合不常。康熙间，定为两江总督。又裁凤庐巡抚归并江苏。设苏松提督。寻定为江宁提督，增安徽提督，分辖营务。又裁安徽提督，改江南水陆提督，统全省官兵。先是，设操江巡抚，辖安庆等五府，滁、和等三州兵。后改安徽巡抚，以凤庐兵并属之。

陕西初设川陕总督，并辖四川兵，标兵分五营。别设西安、延绥、甘肃、宁夏四巡抚，标兵各分左右营，将领略如诸省。设延绥、固原、临巩、凤翔、汉羌、甘肃六镇总兵官，镇标兵亦分五营，将领如之，延绥又分设东西二协。设西安、庆阳等八处副将，宜君、阶州等各营参将、游击、都司及守备分领营兵。康熙时，迭改川陕总督，并辖山、陕、甘，寻改川陕甘总督。乾隆间，甘肃分设总督，以四川总督兼辖陕西兵，为川陕总督，复改陕甘总督。国初设甘肃巡抚，其宁夏、延绥巡抚先后裁撤，宁夏归甘肃，延绥归陕西。后又裁甘肃巡抚，陕甘统督兼总抚标兵。甘州置甘肃总兵官，寻改设甘肃提督。初设陕西汉兵提督及宁夏提督，分五营，皆设将领八，兵凡四千人。后改西安提督，又移驻固原，改固原提督云。

顺治三年，定河南、江西、湖广官兵经制。河南设巡抚，标兵分左右营，将领八，兵二千，制同上。设河南提督，标兵分中、左、右三营，设将领分统。设河北、南阳、开归三镇总兵官，标兵各分左右营，将领兵数如抚标制。设开封副将、守备以下将领七，兵一千人，河南卫辉、汝宁、归德各营各参将等，兵各一千。设磁州营都司，兵五百人，后属直隶嵩县等二营守备，兵三百或二百。先是，河南与直隶、山东共一总督，兼辖河南官兵。其后，或专设河南总督，或裁改之。至雍正十三年，仍为河南巡抚。

江西初设巡抚及南赣巡抚，标兵分左右营，设将领五人，兵凡千五百人。设江西提督，标兵分五营，营设将领八，兵凡五千人。设南赣、九江二镇总兵官，标兵分五营，各设游击以下将领官，兵如提标之数。设袁州等四协副将，分左右营，将领各八，兵凡二千人。设广德各营参将，抚州各水师营守备，兵六百人，南康等营守备兵三百人。康熙初年，裁南赣巡抚，以标兵属江西巡抚。七年，裁提督。十三年，复设。嗣增设抚建提督，旋裁之。并裁江西提督，以巡抚兼任。

湖广设总督，标兵分中、左、右营，将领各八，兵凡三千人。设湖北巡抚、郧阳巡抚、偏沅巡抚，抚标兵分左右营，抚标兵如江西抚标例。设湖广提督，标兵分五营，将领官兵如江西提标例。设荆州、郧阳、长沙三镇总兵官,辰州协副将,标兵各分中、左、右营,各设将领八,兵凡三千人。设黄州、承天、常德三协副将,协标兵各设将领七,兵凡千二百人。承天协后改安陆营。设汉阳等营参将将领各四,兵六百人。夷陵等营游击各设将领三,兵四百人。设三江口等营守备、把总,兵各二百人。康熙初,并湖广总督为川湖总督。其后四川总督不辖湖广,复设湖广总督。裁郧阳巡抚,以湖北巡抚统辖标兵。

顺治四年,定四川官兵经制。设四川巡抚,标兵分左右营,各设将领八,兵凡千三百人。设建昌、保宁、永宁、夔州四镇总兵官,镇标分三营,设将领八,兵凡二千人。设松潘、成都、重庆三协副将,协标兵分二营,设游击以下将领官兵。设威茂等各营参将、游击、守备,分领营兵。四川初仅设巡抚,驻成都府。川陕总督驻陕西,兼辖四川十四年。嗣设四川总督,驻重庆府。其间或并为川湖总督,驻荆州九年,移驻重庆十九年。或云川陕甘,或云川陕,迁改靡常。至乾隆间,定为四川总督。

顺治五年,定浙江官兵经制。设总督,标兵分三营,设副将或游击将领各八,兵共三千。设浙江巡抚,标兵皆二营,将领各八,兵共二千。浙江提督标兵三营,营设将领八,兵共三千。设定海、衢州二镇总兵官,标兵皆三营,营设将领八,共兵各三千。钱塘水师二营,台州水师三营,营设将领八,共兵各三千。衢州设水师左右路总兵官,标兵三营,游击以下将领分统营兵。设衢州、湖州、嘉兴等七协副将,标兵皆三营,营皆设将领八,每协共兵二千五六百。设金华、严州、处州三协副将,标兵二营,将领各八,共兵皆千六百。设吉安等各营守备、参将,分统营兵。先是,设浙江总督,其后,改称闽浙,兼辖福建,裁改不常。雍正间,定为闽浙总督。

顺治七年,定福建官兵经制。设福建巡抚,标兵二营,将领八,兵凡二千。设福建水陆提督,标兵三营,营设将领八,兵凡三千。设汀州、泉州、铜山三镇总兵官,及援剿总兵官、中路总兵官,标兵各二营,各设将领八,兵二千。设福州、漳州、建宁三协副将,标兵三营,各设将领八,兵凡三千。设福州水师,及汀州、兴化、邵武、延平、闽安、同安七协副将,标兵各设将领八,兵凡二千。设福宁协副将二营,将领七,兵凡千八百人。设泉州等营参将、长乐等营游击,将领各八,共兵各一千。

顺治八年,定两广官兵经制。广东设巡抚,标兵二营,将领八,兵凡二千。设广东提督,标兵五营,将领八,兵凡五千。设广东水师总兵官,标兵六千,分左右二协,中、左、右三营。二协设副将,复分二营,设将领八,兵一千五百。三营水师,各设将领八,兵各一千。设肇庆、潮州、琼州三镇总兵官,标兵二营,将领八,兵凡二千。设韶州、惠州、高州、南雄四协副将,协标兵皆二营,将领各八,共兵各二千。惟南雄为一千六百。设肇庆、高州水师及吴川等营参将,柚林镇各营游击,将领各七,共兵各一千。设东莞、始兴等州县守备以下将领,兵二百至五百有差。广西设巡抚,标兵二营,将领八,兵凡千五百。广西提督,标兵分五营,将领八。兵凡四千有奇。设左右翼总兵官,并桂林暨南宁城守营。九年,增设浔梧、柳庆、思南三协,副将以下将领,兵各千二百;郁林、新太、河池三营参将以下将领,兵各六百;永宁、昭平二营参将以下将领,兵各四百;上思、三里二营守备以下将领,兵各二百;贺县营守备,兵百人。十年,定两广总督标兵分五营,中营设将领八,左、右、前、后营共将领八,兵凡五千。国初,置两广总督,康熙二年,专辖广东,四年,兼辖两广,雍正元年,复专辖广东,十三年,仍兼辖两广。

顺治十六年,定云、贵官兵经制。设云贵总督,标兵分中、左、右、前四营,中营设将领八,余三营将领八,兵凡四千。设云南巡抚,标兵二营,将领八,兵一千五百。先一年,贵州设巡抚,营制亦同。及是设贵州提督,标兵分左、右、前、后四营,左营设将领八,余三营将领八,兵凡三千。设大定、黔西、镇远、威宁四镇总兵官,标兵三营,将领八,兵各二千有奇。设贵阳城守协及平远、定广、铜仁、平越、安南五协副将,标兵二营,游击以下将领。设思南营等处参将、游击、守备,分统官兵。国初云贵总督,两省互驻。康熙元年,分置两省总督,自后或改或并。迨乾隆中,仍定为云贵总督。此直省绿营初制也。

雍正四年,靖逆将军富宁安于哈密置大小卡路八,西安总兵潘之善于沙州西南诸隘设哨探、置台站防夷。五年,以浙江绿营积弱,选山、陕、甘兵壮健者移驻之。十年,以苗疆辽阔,贵州改设总兵、游击,统辖丹江、台拱等营及铜仁、镇远、石阡各协,并新设上江、下江诸营协,隶古州,以镇摄之。十一年,谕各总兵官巡察营伍。乾隆五年,用湖广总督那苏图言,裁虚设战船,除私立提塘,及字识占冒口粮之弊。十六年,定哈密驻防兵制,于安、甘、凉、肃四提镇营分遣将弁廿余,兵二千往驻。二年一受代,四月、八月迭更半数,新旧相间,以资教练。回营时,镇臣核其勤惰,分别擢用之。十八年,陕甘总督尹继善疏陈西陲防务,宜慎选安西将材,多备枪弹,预蓄资粮,筑城垣,择畜牧,允行。二十四年,改安西提督为巴里坤提督,设哈密副将以下将领八,兵八百,余裁改有差。寻改设乌鲁木齐总兵官,分中、左、右营及城守营,隶巴里坤提督。凡巴里坤、乌鲁木齐将领官兵,归陕甘总督统属。乾隆四十一年,大小金川平,新入版图,屯兵驻守,制同内地,设懋功、绥靖、崇化、抚边、庆宁等营,置游击、守备等官,兵共二千六百有奇。四十九年,以陕甘总督福康安言,甘肃原设额兵五万六千六百人,陕西额兵三万四千五百九十人,迭经移驻裁并,存兵五万五千九百余,减原额过半。嗣增兵万二千七百余,合旧存兵额凡七万人。而州县墩戍兵力犹单,请于平凉等府州县各增兵额,墩堡四十四座,于各标兵内酌选移驻,从之。旋议再增兵三千。又议陕、甘各营兵习弓矢、鸟枪、马上枪箭,每日在本营习技,五日小合操,十日大合操,演九进十连环阵法,练劲旅三万人。五十三年,谕提镇不得私立旗牌、伴当等名,致侵兵额。嘉庆四年,剿办教匪,各省额兵征调四出,令各省召募补充。五年,陕西设宁陕镇总兵、副将以下官,咸如昔制。十年,谕各督、抚、提、镇,以练习乡勇法练习绿旗兵。道光五年,谕直隶备战兵万五千三百有奇,演习车炮阵式。旋即议裁。十六年,谕直隶营兵以四成习弓矢,二成习步枪兼马枪,其刀矛二技,令藤牌军尽习之。二十二年,直隶芦台增设通永镇总兵官,以北塘、海口等十五营均归统属,分三营,设游击、守备等将领,新镇标兵凡五千四百余,专操水陆技艺。咸丰八年,河南归德营升为镇,设总兵官、左右营都司、游击等,马兵五百八十,步兵千一百有奇。同治元年,谕专设总督之直隶、江南、四川、甘肃及督抚同城之福建、广东、湖北,由总督会同提督节制。其江苏、浙江、安徽、江西、陕西、湖南、广西、贵州各镇兵,就近由巡抚节制。四年,增安徽皖南镇总兵官,设将领弁兵如制。六年,谕宁夏镇绿营兵原额七千,陕西定边协原额千人,回匪乱后,存者寥寥,咸令补足。九年,改广东赤溪营为水师,隶阳江镇统辖,变通巡洋旧章。又移湖北武昌城守营分防金口、簰洲二汛。十二年,于山西南北二镇选兵一千,分二营,设将领训练。光绪十一年,以广西南边二千余里,原设隘一百九,分卡六十六,兵力犹单,分要处为三路,镇南关口关前隘凭祥土州为中路,自关以东诸隘为东路,以西诸隘为西路,就原有防军二十二营并为二十四营,以十二营专防中路,余十二营分防东、西路。广西提督自柳州移驻龙州。其城守营设游击及守备等。增设柳庆镇总兵官,驻柳州。

绿营历年增损规制,大略如是。其移驻编改节目不能缕缕以详也。

若其裁汰之数,自顺治中,所裁山西标兵四千余,陕、甘将领四十八,兵一万六百余,河南五百,湖广五千,江西三千,将领八,江南万九千余,将领百十七,其最多者也。余者海州一协,裁将领七,兵六百余,临清一镇,裁将领五,兵一千三,营兵五百;沂州镇裁将领九;临清城守营将领五,兵三百;寿张营兵二百。又裁江西及南赣抚标二营官兵,四川抚标、湖北及郧阳抚标各二营官兵,多少不等。康熙八年,裁辰常镇总兵,设辰州协标官兵。二十三年,裁崇明提督,设崇明水师总兵,定三营及奇兵营制。三十四年后,计所裁标兵,南赣镇千余,九江协九百余,铜鼓营兵八百余为最多,余者自四、五百以下,少至六、七人。乾隆中,裁抚标新设二营,余所裁最多三百余,最少十人、九人。嘉庆十九年,谕各标额兵六十二万四千余,较雍、乾以来所增实多，令督、抚、提、镇量加裁汰。于是次第减万四千有奇。二十五年，又谕各省勿糜饷以养额兵。道光中，裁陕、甘绿营马兵三千六百余。又裁山东、山西抚标及兖州等三镇，太原、大同二镇，东河河标，云、贵督、抚、镇、协各标兵额，暨福建水陆各营，浙江马、步兵，两广、江苏、安徽马、步、守兵各有差。

咸丰元年，曾国藩疏言："八旗劲旅，以强半翊卫京师，以少半驻防天下，而山海要隘，往往布满，其额数常不过三十五万。缘营兵名为六十余万，其实缺额常六、七万人。乾隆中叶，增兵议起。向之空名坐粮，悉令补足，一举而增兵逾六万。经费骤加，大学士阿桂争之不得。至嘉庆、道光间，睹帑藏之渐绌，思阿桂之远虑，特诏裁兵，而两次所裁仅一万六千。请饬各省留强汰弱，复乾隆初制。"谕如所请，命各督、抚分三年裁复旧额，所裁之数，年终汇陈，不得再有空粮之弊。四年，裁山西马、步、守兵五千八百余，云南步、守兵三千九百余。同治八年，裁九江、洞庭、岳州、荆州等水师营，改城守营，并酌设陆汛。

光绪五年，左宗棠、杨昌浚疏言："军兴未收制兵之效，由饷薄而额多，不能应时精练，兵不练与无兵同，练不精与不练同。甘肃赋少兵多，军实向资他省，饷源稍绌，动滋事端。亟宜量减可裁之兵，以节饷糈，即以所裁军饷加所留之兵，庶可责其勤练。雍正中，甘兵定额较内地为多，后虽陆续裁减，计尚存马、步、守兵五万七千余。即须分成核减。"六年，丁宝桢言："四川自军兴后，招募营勇，裁者少而增者多。同治间，楚、黔、川勇多至六万余。次第裁撤，至今存营勇二千九百余，尚可裁其什一。"是岁，湖南各营弁兵及水陆防勇次第裁者四千三百余，湖北裁者三千二百余，安徽陆续裁者约九千余。八年，张曜疏言："裁汰勇丁，即可规复兵额，变通营制，方能永固边防。"九年，张之洞奏整顿山西绿营练军，裁湘军正勇千人，设筹资遣，寻复裁汰，综合前后裁兵约及六千人。时贵州制兵裁汰二成，守兵裁者三千二百余，战兵二千九百余。江西额兵万一千九百余，近始以制兵作练军，然长年调练，冒替弊生，遂有"兵只一人，人已三变"之诮。因定抚标选锋仍旧操练,裁外属各营抽练之军,悉回原汛。

十一年,谕直省裁汰绿营,卞宝第言:"广西额兵二万三千,土兵一万四千。粤逆初起,不过二千人。合此巨数之兵,不能击少数之贼。广西如此,他可类推。自后发、捻、回、苗恣乱,绿营战绩无闻。今宜以渐变通营制,裁额并粮,以两饷挑一兵。如额兵一万,分二十营,一半驻守,一半巡防。无事则计日操防,有警则随时援应。绿营积习,无许复存。"

二十二年,谕:"近者户部奏请裁兵,宜汰绿营七成,勇营三成。通谕以来,惟山东陈明分限五年裁减五成,此外酌裁无几。综合省兵勇尚八十万有余,岁饷约共三千余万。绿营积惰,久成虚设。当兹借款期迫,弃有用之饷,养无用之兵,因之国穷民蹙。各将军、督、抚亟应定限切实裁减以闻。"

二十四年,从胡燏棻等言,裁并绿营、练勇,选练新操。时山东兵额已陆续裁十之三。至是以不敷分配,未裁之二成,仍止不裁。于是山西以汰存兵额不敷防卡之用,请增练新军数营。恭寿亦言绿营弊深,屡裁而益弱,须藉民力以辅之,宜急行团练。

二十七年,刘坤一、张之洞奏汰绿营,言:"绿营官皆选补,兵皆土著。兵非弁之所自招,弁非将之所亲信,既无恩义,自难钤束。以传舍之官,驭世业之兵,亦如州县之于吏役,欲其整饬变化,服教从风,此必无之事。况绿营将弁熏染官习,官弁且不易教,况于兵乎!层层积弊,已入膏肓,既甚骄顽,又极疲弱,本难练成可用之兵,自非裁汰不可。惟有分年渐裁一策,不分马、步、战、守,每年裁二十分之一,计百人裁五,限二十年而竣。计成扣饷,按次销除,即以节省之饷,作缉捕营察之用。惟湖南镇筸镇,系改土归流,无土著农户,除苗产外,地皆屯田,民皆兵籍,绥靖镇亦然,请于此两镇兵额不再裁汰,但将绿营改为勇营。所裁将领,可用者改隶勇营,不能带勇者,开缺或改官。使武职无把持之弊,合天下兵出于勇营之一途。更定营名,以符名实。"

二十九年，从徐世昌等言，以绿营挑改巡警。

宣统元年，步军统领衙门疏言："巡捕五营，原设马、战制兵万人。嗣因屡次裁并，中营见兵千五百人，内分马兵五百四十，战兵八百六十，简差战兵百人。南营兵千二百五十人，内分马兵三百二十，战兵三百三十，简差战兵百人。左营兵八百人，内分马兵三百二十，战兵三百八十，简差战兵百人。右营兵七百人，内分马、战兵各三百，简差战兵百人。惟南营汛地设巡警，后差务较简，请拨南营兵三百七十五人隶北、左、右三营，每营马兵各三百六十五人，战兵四百十人。"是年，免裁之镇筸、绥靖二镇，定议改为续备军。此外，乾州、永绥、常德诸协，河溪、保靖等营，留兵各三、四百人，去绿营之名，改勇营规制，作为续备军。岳州、沣澧州等营，各裁将弁，存兵六十四人或至九十三人。其余抚、提、镇、协诸营，各裁统将一，以同城将领兼统余兵。湖北通省将领，副将五人裁去一人，参将七人裁二人，游击十七人裁五人，都司十一人裁三人，守备三十三人裁十人。其抚标各营尚未尽裁，俟分军裁汰。是年，裁江北旧役卫兵左右二哨兵。贵州绿营已裁二成，寻裁副将以下各官，归并四营，酌改六营，惟边防要地佐防军所不及者缓裁。

二年，浙江绿营裁汰后，尚余将领三百九十九，兵七千余，一律裁尽，收取马匹军械，改编巡防队八营。四川绿营次第裁尽，挑选精壮改练防军。湖广营已裁十成之七，一、二年后，即可裁尽。湖北自咸丰八年裁马兵改步兵，同治八、九年，先后裁撤水陆军二千一百有奇，马二百余匹，光绪十一年以来，又裁二千九百有奇，马、步、战、守兵七千六百有奇，马八百八十余匹，实存马、步、守兵共七千余，马千六百六十四，以后分年裁尽。寻湖北之汉阳协兴国等营，湖南之衡州协保靖等营，副将以下各官，一律停补。裁福建绿营，计至宣统六年裁尽，现存将领三百八十人，步、战、守、舵、炊、兵夫五千九百有奇。直隶绿营，于同治年间改为练军。光绪以来，通永等镇分年裁减，至二十九年，实存马、步、战、守兵二万六千余人。其天津城守及葛沽、通永、通州、北塘等凡十一营，当庚子之变，溃散无余，遂悉裁撤。此外各营均十裁其三，复裁将弁三百十四人。其大沽六营，庚子年伤亡过甚，亦全裁之，改设巡警。

三年，直隶绿营尚存官弁七百余，兵六千六百余，实行裁汰，惟淮、练、巡防各营，暂仍其旧。四川关外原设台兵，向由绿营拨派，共三十九台，将弁兵丁，一律裁撤。福建绿营，豫定裁尽年限，所节之饷，编练巡防队。江西亦拟裁尽绿营。甘肃边要，陆军尚未成镇，仅存马、步、守兵万七千余，资其防制之力，暂从缓裁。山西绿营所存无几，分三年尽之。江南绿营亦然，惟徐州镇标缓撤。山东以全裁绿营情事窒碍，因请缓裁。广东绿营，三江、崖州二协，儋州营，督标中营均免裁。其余十减其四，将领五百余，除边要及兼防营之缺缓裁，余悉停补，改练陆军。广西绿营，自光绪二十九年裁后，仅存抚、提标将领五或四人，兵四五十人，左江、右江两镇将领各二人，兵各二十人。此历朝裁兵大较也。

绿营积重，沿数百年。同治中兴以后，疆臣列帅，惩前毖后，渐改练勇巡防之制。光、宣间屡加裁汰。宣统三年，武昌事起，陆军部疏言时局艰危，各省绿营、巡防队一律从缓裁撤。绿营之制，遂与有清相终始云。

直隶总督统辖督标四营，节制一提督、七总兵，兼辖保定城守，热河、喀尔沁、吉林、奉天捕盗，永定河、运河等营。

督标四营。左营，右营，前营，后营。保定城守等营。新雄营，涿州营，拱极营，良乡营，中路，东路，南路，西路，北路，张家口，独石口。热河喀尔沁等营。乌兰哈达，塔子沟，承德府，平泉州，三座塔，多伦诺尔厅。吉林捕盗营。宾州厅，五常厅，敦化县，双城厅，伊通州。奉天捕盗营。昌图府，新民厅，海城厅，承德县，开原县，铁岭，辽阳州，锦县，宁远州，义州，广宁县，盖平县，复州，金州厅，怀德县，奉化县，唐平县，海龙厅，凤凰厅，安东县，宽甸县，怀仁县，通化县，兴京，岫严州。永定河、运河等营。北运河务关厅，杨村厅，通惠河漕运厅，南运河。

直隶古北口提督统辖提标四营，节制七镇，兼辖河屯一协三屯等营。提标中营、左营、右营、前营,密云城守营,顺义营,承德府河屯协左营、右营,唐三营,三屯营,喜峰路,燕河路,建昌路,八沟营,建昌营,赤峰营,朝阳营,昌平营,居庸路,巩华营,怀柔路,汤泉营,古北口。

马兰镇总兵统辖镇标二营,兼辖遵化等营。镇标左营、右营,遵化营,蓟州营,曹家路,墙子路,黄花山,余丁营。

泰宁镇总兵统辖镇标二营,兼辖紫荆关等营。镇标左营、右营,水东屯营,紫荆关,白石口营,广昌营,插箭岭,矾山营,易州营,房山营,涞水营,马水口,沿河口。

宣化镇总兵统辖镇标三营,兼辖独石口、多伦诺尔二协,蔚州等营。镇标中营、左营、右营,独石口协左营、右营,镇安营,龙门所营,云州堡,马云堡,镇宁堡,松树堡,滴水堡,赤城堡,君子堡,靖安堡,多伦诺尔协中营、左营、右营,蔚州营,东城营,宣化城守营,怀来营,怀来城守营,岔道营,龙门路营,怀安营,左卫营,柴沟营,西阳河堡营,张家口营,万全营,膳房堡营,新河口堡营,洗马林堡营。

天津镇总兵统辖镇标二营,兼辖河间、大沽二协,务关等营。镇标左营、右营,四党口营,河间协左营、右营,郑家口营,景州营,大沽协前左及中左、后左、前右、中右、后右六营,葛沽营,祁口营,务关营,霸州营,武清营,静海营,旧州营,天津城守营。

正定镇总兵统辖镇标二营,兼辖固关等营。镇标左营、右营,固关营,龙泉关营,倒马关营,忠顺关营,龙固城守营。

大名镇总兵统辖镇标三营,兼辖开州协、大名城守等营。镇标中营、左营、右营,开州协,杜胜营,东明营,长垣营,大名城守营,广平营,顺德营,磁州营。

通永镇总兵统辖镇标二营,兼辖通州、山永二协,北塘等四营。镇标左营、右营,通州协左营、右营,张家湾营,采育营,三河营,山永协左营、右营,山海路营,石门路营,蒲河营,乐亭营,北塘营,丰顺营,玉田营,宝坻营。

山东巡抚兼提督,驻济南府,节制三镇,统辖抚标二营,兼辖登荣水师一协。

抚标左营、右营,登荣水师练军营。

兖州镇总兵统辖镇标二营,兼辖沂州一协、泰安等六营。镇标左营、右营,沂州协,泰安营,台庄营,济南城守营,武定营,安东营,沙沟营。

登州镇总兵统辖镇标二营,兼辖文登等七营。镇标左营、右营,文登营,胶州协,莱州营,即墨营,青州营,宁福营,寿乐营。

曹州镇总兵统辖镇标二营,兼辖临清协、德州等营。镇标中营、右营,临清协,德州营,东昌营,单县营,寿张营,濮州营,高唐营,梁山营,巨野营,桃源营。

河东河道总督统辖河标三营,兼辖济宁城守及运河、怀河、豫河等营。

河标中营、左营、右营,济宁城守营,运河营,怀河营,黄河北岸、下北河、黄沁河、阳封,豫河营上南河,中河下、南河。

山西巡抚兼提督节制二镇,统辖抚标二营,兼辖精兵两哨、口外七厅捕盗营。

抚标左营、右营,精兵两哨,归化厅标,萨拉齐厅,丰镇厅标,宁远厅标,和林格尔厅标,托克托城厅标,清水河厅标。

太原镇总兵统辖镇标二营,兼辖蒲州、潞安二协,太原等营。镇标左营、右营,蒲州协,运城营,吉州营,潞安协,泽州营,东阳营,粟城营,太原营,平阳营,隰州营,汾州营,平垣营,孟寿营,东滩营,平定营。

大同镇总兵统辖镇标三营,杀虎口一协、新平路等营。镇标中营、左营、右营,杀虎协左营、右营,宁武营,偏关营,镇西城,河保营,保德营,水泉营,平鲁营,靖远营,归化城,新平路,天城营,阳和营,浑源营,得胜路,丰川营,助马路,怀仁城,北楼营,东路,忻州营,灵丘路,山阴路。

河南巡抚兼提督,节制三镇,统辖抚标二营,兼辖开封营。

抚标左营、右营,开封城守营。

河北镇总兵统辖镇标二营,兼辖河南城守等营。镇标左营、右营,河南城守营左营、右营,卫辉营,彰德营,陕州营,内黄营,嵩阳营,王禄店营,滑县营。

南阳镇总兵统辖镇标二营,兼辖荆子关、信阳二协,汝宁等营。镇标左营、右营,荆子关协,卢氏营,信阳协左营、右营,汝宁营,邓新营,襄城城守营,新野营,光州营,固始县营。

归德镇总兵统辖镇标二营,兼辖永城等营。镇标左营、右营,永城营,考城营,陈州营。

两江总督统辖督标二营,节制三巡抚、一提督、九总兵,兼辖江宁城守一协、扬州、监捕二营。

督标中营、右营，江宁城守协左、右两营，奇兵营，青山营，浦口营，溧阳营，瓜州营，扬州营，盐捕营。

漕运总督统辖各卫所外，复统辖旗、绿、漕标三营，兼辖淮安城守等营。

漕标中营、左营、右营，淮安城守营，海州营，盐城水师营，东海水师营。

江苏巡抚节制三镇，统辖抚标二营，兼辖苏州城守营。

抚标左营、右营，苏州城守营。

江南水陆提督节制五镇，统辖提标五营，兼辖太湖、松北二协，松江城守等营。提标中营、左营、右营、前营、后营，太湖协左营、右营，松北协，松江城守营，金山营，柘林营，青村营，平望营，江阴营，靖江营，孟河营，常州营，镇江营，松南水师营，南汇水师营。

狼山镇总兵统辖镇标二营，兼辖通州等营。镇标中营、右营，通州水师营，掘港水师营，泰州营，泰兴营，三江水师营。

苏松镇水师总兵统辖镇标三营，兼辖海门一协。镇标中营、左营、右营，海门协。

徐州镇总兵统辖镇标中营，兼辖徐州城守等营。镇标中营，徐州城守营，萧营，宿州营。

淮扬镇总兵统辖镇标三营，兼辖清江城守等营。镇标中营、左营、右营，清江城守营，宿迁营，庙湾水师营，佃湖营，洪湖水师营，苇荡左营，苇荡右营。

福山镇总兵统辖镇标二营，吴淞、川沙二营。镇标左营、右营，吴淞水师营，川沙水师营。

安徽巡抚兼提督，节制二镇，统辖抚标二营，兼辖安庆一协，游兵、潜山二营。

抚标左营、右营，安庆协左营、右营，游兵营，潜山营。

寿春镇总兵统辖镇标二营，兼辖六安等营。镇标中营、右营，六安营，颍州营，泗州营，庐州营，亳州营，龙山营。

皖南镇总兵统辖镇标二营，兼辖徽州等营，镇标中营、右营，徽州营，池州营，芜采营，广德营。

　　江西巡抚兼提督,节制二镇,统辖抚标二营,兼辖南昌城守一协。

　　抚标左营、右营,南昌城守协。

　　九江镇总兵统辖镇标二营,兼辖九江城守等营。镇标前营、后营,九江城守营,广信营,铅山营,饶州营,浮梁营,建昌营,广昌营,武宁营,瑞州营,抚州营,铜鼓营,南康营。

　　南赣镇总兵统辖镇标三营,兼辖袁州一协、赣州城守等营。镇标中营、左营、后营,袁州协,临江营,赣州城守营,宁都营,南安营,吉安营,龙泉营,万安营,永丰营,莲花营,兴国营,文英营,永镇营,横冈营,羊角营。

　　长江水师提督节制四镇,统辖提标五营,兼受两江总督、湖广总督节制。提标中营,金陵营,裕溪营,大通营。芜湖营。

　　长江水师岳州镇总兵统辖镇标四营。镇标中营,荆州营,沅江营,陆溪营。

　　长江水师汉阳镇总兵统辖镇标四营。镇标中营,田镇营,蕲州营,巴河营。

　　长江水师湖口镇总兵统辖镇标五营。镇标中营,安庆营,吴城营,饶州营,华阳营。

　　长江水师瓜洲镇总兵统辖镇标四营。镇标中营,江阴营,三江营,孟河营。

　　闽浙总督节制二巡抚、三提督、十二镇,统辖督标三营,兼辖抚标二营、南台水师营。

　　督标三营。中营、左营、右营,抚标左营、右营,南台水师营。

　　福州将军除统辖八旗驻防官兵外,兼辖福州城守营,节制福宁镇标、福州城守及同安等营。

　　福建陆路提督节制四镇,统辖提标五营,兼辖福州城守、兴化城守二协,泉州城守等营。提标中营、左营、右营、前营、后营,福州城守协左营、右营,兴化城守协左营、右营,泉州城守营,长福营。

　　福宁镇总兵统辖镇标三营,其左营系水师提督节制,兼辖海坛、闽安二协,烽火门四营。镇标中营、左营、右营,海坛协左营、右营,闽安水师协左、右两营,烽火门水师营,桐山营,连江营,罗源营。

汀州镇总兵统辖镇标三营,兼辖邵武城守营。镇标中营、左营、右营,邵武城守营左营、右营。

建宁镇总兵统辖镇标三营,兼辖延平城守协、枫岭营。镇标中营、左营、右营,延平城守协左营、右营,枫岭营。

漳州镇总兵统辖镇标三营,兼辖顺良协、同安等营。镇标中营,顺昌协,同安营,诏安,平和营,云霄营,龙岩营,漳州城守营。

福建水师提督节制三镇及福宁镇左营,广东南澳镇左营,统辖提标五营,兼辖金门协、铜山、湄州等营。镇标中营,左、右、前、后四营,金门协,铜山水师营,湄州水师营。

闽粤南澳镇外海水师总兵。左营。

福建台湾巡抚节制二镇。

台湾镇总兵统辖镇标中营,兼辖台湾北路、台湾水师二协,台湾城守及台湾南路等营。镇标中营,台湾北路协中营、右营,台湾水师协中营、左营、右营,台湾城守营左营、右营,台湾南路营,台湾嘉义营,台湾艋舺水师营,沪尾水师营,噶玛兰营,台湾恒春营,台湾道标,台湾南路下淡水营。

澎湖镇外海水师总兵统辖镇标二营。镇标左营右营。

浙江巡抚统辖抚标二营,兼辖海防营。

抚标左营、右营,巡盐营,海防营。

浙江水陆提督节制五镇,统辖提标五营,兼辖杭州等协、太湖等营。提标中营、左营、右营、前营、后营,杭州城守协,钱塘水师营,嘉兴协左、右两营,湖州协左、右两营,安吉营,绍兴协左营、右营,乍浦水师协左营、右营,太湖水师营,宁波城守营,澉浦水师营,海宁水师营。

定海镇总兵统辖镇标三营,兼辖象山协,镇海、定海城守营。镇标中营、左营、右营,象山协左营、右营,石浦水师营,镇海水师营,定海城守营。

海门镇总兵统辖镇标三营,兼辖台州协、海门城守等营。镇标中营、左营、右营,台州协中营、左营、右营,海门城守水师营,宁海营,太平营。

温州镇总兵统辖镇标三营,兼辖乐清、瑞安、平阳三协,玉环、温州城守等营。镇标中营、左营、右营,乐清协,大荆营,磐石营,瑞安协左营、右营,平阳协左营、右营,玉环营左营、右营,温州城守营。

处州镇总兵统辖镇标三营,兼辖金华协、丽水营。镇标中营、左营、右营,金华协左营、右营,丽水营。

衢州镇总兵统辖镇标三营,兼辖严州协,枫岭、衢州城守等营。镇标中营、左营、右营。严州协左、右两营,枫岭营,衢州城守营。

湖广总督节制二巡抚、二提督、五镇,统辖督标三营。

督标中营、左营、右营。

湖北巡抚统辖抚标二营。

抚标左营、右营。

湖北提督节制二镇,统辖提标五营,兼辖黄州、汉阳二协,荆州城守等营。提标中营、左营、右营、前营、后营,黄州协,蕲州营,汉阳协,荆州城守营,武昌城守营,德安营,兴国营,均光营,襄阳城守营,荆门营,安陆营。

郧阳镇总兵统辖镇标四营,兼辖竹山协、郧阳城守营。镇标中营、左营、右营、前营,竹山协,郧阳城守营。

宜昌镇总兵统辖镇标四营,兼辖施南协、远安等营。镇标中营、左营、前营、后营,施南协左营、右营,远安营,卫昌营,宜都营,荆州堤防营。

湖南巡抚节制三镇,统辖抚标二营,兼辖凤凰等屯军营。

抚标左营、右营,凤坪厅屯,永绥厅屯,乾州厅屯,古丈坪厅屯,保靖厅屯。

湖南提督节制三镇,统辖提标五营,兼辖长沙等协、澧州等营。提标中营、左营、右营、前营、后营,长沙协左营、右营,乾州协左营、右营,镇溪营,河溪营,永顺协,常德协,龙阳城守营,澧州营,岳州营,九溪营,永定营,辰州城守营,古丈坪营。

镇筸镇总兵统辖镇标四营,兼辖沅州、靖州二协,绥宁、长安等营。镇标中营、左营、右营、前营,沅州协,晃州营,靖州协,绥宁营,长安营。

永州镇总兵统辖镇标三营,兼辖宝庆、衡州二协,临武等营。镇标中营、左营、右营,宝庆协,衡州协,临武营,宜章营,桂阳营,武冈营,岭东营。

绥靖镇总兵统辖镇标二营,兼辖永绥协、保靖营。镇标左营、右营,永绥协中营、左营,芭茅坪营,保靖营左营、右营。

陕甘总督节制二巡抚、三提督、十一镇,统辖督标五营。

督标中营、左营、右营、前营、后营。

陕西巡抚统辖抚标三营。

抚标中营、左右两营。

陕西固原提督节制四镇,统辖提标五营,兼辖靖远等协、静宁等营。提标中营、左、右、前、后四营,靖远协,芦塘营,盐茶营,下马关营,八营,潼关协,金锁关,三要司,商州协中营、左营、右营,西安城守协左营、右营,盐至营,静宁营,马营监营,安定营,隆德营,西凤营,邠州营,长武营,庆阳营,泾州营,红德城守营,固原城守营,硝河城汛,平凉城守营,秦州营,利桥营,宜君营,化平营。

延绥镇总兵统辖镇标三营,兼辖定边协、神木等营。镇标中营、左营、右营,定边协,靖边营,镇靖营,安边营,神木营,黄甫营,麻池潢营,高家营,镇羌营,波罗营,绥德城守营,延安营,鄜州营,延绥城守营。

陕安镇总兵统辖镇标三营,兼辖镇安城守等营。镇标中营、左营、右营,镇安城守营,砖坪营,兴安城守营,镇坪营,孝义城守营,紫阳营,白河营,洵阳营。

河州镇总兵统辖镇标二营,兼辖洮岷协、循化等营。镇标左营、右营,洮岷协,阶州营,文县营,西固营,岷州营,旧洮营,循化宫,保安营,起台营,兰州城守营,巩昌营,临洮营,河州城守营。

汉中镇总兵统辖镇标三营,兼辖宁陕等营。镇标中营、左营、右营,宁陕营,阳平关营,宁羌营,略阳营,留坝营,定远营,西乡营,华阳营,东江口营,汉中城守营,汉凤营,铁炉川营,佛坪营。

甘肃提督统辖提标五营,兼辖永固城守协,节制西宁等四镇。提标中营、左营、右营、前营、后营,永固城守协,甘州城守营,梨园营,洪水营,南古城营,山丹营,硖口营,大马营,察汉俄博营。

西宁镇总兵统辖镇标五营,兼辖镇海协、西宁城守等营。镇标中营、左营、右营、前营、后营,镇海协,哈拉库图尔营,西宁城守营,巴燕戎格营,巴暖三川营,贵德营,南川营,大通营,永安营,白塔营,碾伯营,威远营。

宁夏镇总兵统辖镇标五营,兼辖中卫协、花马池等营。镇标左营、右营、前营、后营兼管城守营、城守营,中卫协,石空寺堡,古水井堡,花马池营,安定堡,灵武营,灵州营,同心营,平罗营,洪广营,玉泉营,广武营,兴武营,横城营。

凉州镇总兵统辖镇标五营,兼辖永昌、庄浪二协。镇标中营、左营、右营、前营、后营,西把截堡,永昌协,宁远营,水泉营,新城营,张义营,镇番营,安城营,大靖营,土门营,庄浪协,俄博岭营,松山营,镇羌营,岔口营,红城堡,红水营,三眼井营。

肃州镇总兵统辖镇标三营,兼辖金塔、安西二协,肃州城守等营。镇标中营、左营、右营,金塔协,镇彝营,清水营,高台营,抚彝营,红崖堡,安西协,布隆吉尔营,桥湾营,肃州城守营,嘉峪关营,沙州营,靖逆营,赤金营。

甘肃新疆巡抚节制三镇,统辖抚标四营、玛纳斯协、济木萨等营。

抚标中营、左营、右营,城守协中营,喀喇巴尔噶逊营,玛纳斯协,济木萨营,库尔喀喇乌苏营,精河营,吐鲁番营。

新疆喀什噶尔提督节制三镇,统辖提标五营,兼辖回城、莎车二协,英吉沙尔等营。提标中营、左右两营、前营、城守营,回城协中营、左右两旗,莎车协中营、中左右三旗,英吉沙尔营,和阗营,玛喇巴什营。

新疆阿克苏镇总兵统辖镇标四营,兼辖乌什协、哈喇沙尔等营。镇标中左右三营,城守营,乌什协,喀喇库车营,沙尔营。

新疆巴里坤镇总兵统辖镇标四营,兼辖哈密协、古城等营。镇标中营、左右两营、城守营,哈密协,古城营,塔尔纳沁营,木垒营。

伊犁将军节制一镇,统辖军标二营。军标中营、左营。

伊犁镇总兵统辖镇标四营,兼辖塔尔巴哈台协、霍尔果斯等营。镇标中营、左营、右营、绥定城守营,塔尔巴哈台协,霍尔果斯营,宁远城营。

四川总督节制一提督、四镇,统辖督标三营。

督标中营、左营、右营。

成都将军除统辖八旗驻防官兵外,统辖军标绿营二营,节制建昌、松潘二镇。军标左营、右营。

四川提督节制四镇,统辖提标三营,兼辖阜和、懋功、马边三协,成都城守等营。提标中营、左营、右营,阜和协左营、右营,黎雅营,泰宁营,懋功协,崇化营,绥靖营,庆宁营,抚边营,马边协左营右营,存城营,万全营,平安营,成都城守营、右营,永宁营,泸州营,叙马营,建武营,普安营、右营,安阜营,峨边营、右营,镇远营,绵州营。

川北镇总兵统辖镇标三营,兼辖绥定等营。镇标中营、左营、右营,绥定营,顺庆营,太平营,巴州营,广元营,潼川营,城口营,通江营。

重庆镇总兵统辖镇标三营,兼辖夔州、绥宁二协,忠州营。镇标中营、左营、右营,夔州协左营、右营,巫山营,梁万营,盐厂营,绥宁协左营、右营,酉阳营,黔彭或,邑梅营,忠州营。

建昌镇总兵统辖镇标二营,兼辖会川等营。镇标中营、左营,会川营,永定营,越嶲营,宁越营,保安营,靖远营,泸宁营,会盐营,怀远营,冕山营。

松潘镇总兵统辖镇标三营,兼辖维州协、漳腊等营。镇标中营、左营、右营,维州协左营、右营,茂州营,漳脑营,叠溪营,龙安营,平番营。

两广总督节制二巡抚、三提督、九镇,统辖督标五营,兼辖本标水师、绥瑶等营。

督标中营、左营、右营、前营、后营,督标水师营,绥瑶营。

广州将军除统辖八旗驻防官兵外,节制南韶连镇标、潮州镇标、高州镇标、琼州镇标、惠州协标、肇庆协标、广州城守协、三江口协、黄冈协、罗定协、增城各二营,南雄协、钦州各一营,雷州左营,前山、永靖、连阳、惠来、骁平、潮阳、廉州、儋州、万州、和平、四会、那扶、永安、兴宁、平镇、潮州城守、石城、阳春、三水、徐闻、绥瑶等营。

广东巡抚统辖抚标二营。

抚标左营、右营。

广东陆路提督节制五镇,统辖提标五营,广州城守等协、增城等营。提标中营、左营、右营、前营、后营,广州城守协左营、右营,三水营,惠州协左营、右营,和平营,肇庆城守协左营、右营,四会营,那扶营,增城营左营、右营,永靖营,永安营。

南韶镇总兵统辖镇标三营,兼辖三江口、南雄二协,清远佛冈等营。镇标中营、左营、右营,三江口协左营、右营,连阳营,南雄协,清远营左军、右军,佛冈营。

潮州镇总兵统辖镇标三营,兼辖黄冈协、惠来等营。镇标中营、左营、右营,黄冈协左营、右营,惠来营,饶平营,潮阳营,兴宁营,平镇营,潮州城守营。

高州镇水师兼陆路总兵统辖镇标二营,兼辖罗定协、阳江等营。镇标左营、右营,罗定协左营、右营,阳江营,硇州营,吴川营,电白营,东山营,阳春营。

广东水师提督节制五镇,统辖提标五营,香山等四协,新会、前山等营。提标中营、左营、右营、前营、后营,香山协左营、右营,顺德协左营、右营,大鹏协左营、右营,赤溪协左营、右营,新会营左营、右营,前山营。

碣石镇总兵统辖镇标三营,兼辖平海营。镇标中营、左营、右营,平海营。

琼州镇水师兼陆路总兵统辖镇标二营,兼辖崖州协、海口等营。镇标左营、右营,崖州协,海口营,万州营,儋州营,海安营。

南澳镇总兵分管闽、粤二省,统辖镇标二营,兼辖澄海等营。镇标左营隶福建水师提督节制,右营,澄海营左营、右营,海门营,达濠营。

北海镇水陆总兵统辖镇标二营,兼辖龙门协、雷州等营。镇标左营、右营,龙门协左营、右营,雷州营,钦州营,白龙营,徐闻营,石城营,灵山营。

广西巡抚统辖抚标二营。

抚标左营、右营。

广西提督节制三镇,统辖提标中军一营,兼辖平乐、新太二协,全州等营。提标中军,平乐协左营、右营,富贺营,麦岭营,新太协,馗纛营,全州营,宾州营,三里营,上思营,东兰营,桂林城守营,龙州城守营。

左江镇总兵统辖镇标三营,兼辖梧州、浔州二协,南宁城守等营。镇标中营、左营、右营,梧州协左营、右营,怀集营,浔州协左营、右营,南宁城守营,郁林营。

右江镇总兵统辖镇标三营,兼辖镇安协、思恩等营。镇标中营、左营、右营,镇安协左营、右营,思恩营,隆林营,上林营,恩隆营。

柳庆镇总兵统辖镇标二营，庆远、义宁二协，融怀等营。镇标左营、右营，庆远协左营、右营，义宁协左营、右营，融怀营，永宁营，柳州城守营。

云贵总督节制二巡抚、二提督、十镇，统辖本标三营，兼辖曲寻协、云南城守、寻沾等营。

督标中营、左营、右营，曲寻协左营、右营，云南城守营，寻沾营。

云南巡抚统辖抚标二营。

抚标左营、右营。

云南提督节制六镇，统辖提标三营，兼辖楚雄协、武定、大理城守等营。提标中营、左营、右营，楚雄协，武定营，大理城守营。

临元镇总兵统辖镇标四营，兼辖元新、澂江等营。镇标中营、左营、右营、前营，元新营，澂江营。

开化镇总兵统辖镇标四营，兼辖广南、广西等营。镇标中营、左营、右营、后营，广南营，广西营。

腾越镇总兵统辖镇标三营，兼辖永昌等二协、龙陵营。镇标中营、左营、右营，永昌协左营、右营，顺云协中营、左营、右营，龙陵营。

鹤丽镇总兵统辖镇标三营，兼辖维西协、永北、剑川等营。镇标中营、左营、右营，维西协左营、右营，永北营，剑川营。

昭通镇总兵统辖镇标四营，兼辖东川、镇雄等营。镇标中营、左营、右营，东川营，镇雄营。

普洱镇总兵统辖镇标三营，兼辖威远、景蒙等营。镇标中营、左营、右营，威远营，景蒙营。

贵州巡抚统辖抚标二营，兼辖古州等十卫、都江、下江等营。

抚标左营、右营，古州左卫、右卫，八寨卫，台拱卫，黄施卫，丹江卫，凯里卫，清江左卫、右卫，石岘卫，都江厅厅标，下江厅厅标。

贵州提督节制四镇，统辖提标三营，兼辖大定等协、罗斛等营。提标左营、右营、前营，大定协左营、右营，平远协左营、右营，遵义协左营、右营，定广协左营、右营，罗斛营左营、右营，贵阳营，平越营，归化营，黔西营，安顺城守营，仁怀营，新添营。

安义镇总兵统辖镇标三营，兼辖永安协、长坝等营。镇标中营、左营、右营，永安协左营、右营，长坝营，普安营，安南营，册亨营。

古州镇总兵统辖镇标三营,兼辖上江、都匀二协,朗洞等营。镇标中营、左营、右营,上江协左营、右营,都匀协左营、右营,朗洞营左营、右营,黎平营左营、右军,荔波营,下江营。

镇远镇总兵统辖镇标三营,兼辖清江等三协、台拱等营。镇标中营、左营、右营,清江协左营、右营,松桃协左营、右营,铜仁协左营、右军,台拱营左营、右军,丹江营左营、右军,思南营,凯里营,黄平营,天柱营,石阡营。

威宁镇总兵统辖镇标二营,兼辖毕赤、水城等营。镇标左营、右营,毕赤营,水城营。

绿营兵额,清初未定。考明代京军二十万余,外军九十九万余。顺治间不可考,大约视旧额约裁减十三四。康熙兵制,京巡捕三营经制马步兵三千三百,直隶各标兵三万七百,山西二万五千,川陕总督,陕、甘两巡抚及提镇各标兵八万五千九百七十八,四川四万,云南四万二千,贵州二万,广西二万,湖广四万,广东七万三千一百十人,江南总督,总漕,江宁、安徽两巡抚,京口将军四万九千八百五十,浙江四万三千四百五十,江西万五千,福建六万九千七百二十六,山东、总河及抚镇标兵二万,河南一万,都各省经制马步兵五十九万四千四百十四。逮乾隆二十九年,次第增加,各省多者一千至六千余,惟贵州加至万八千二百余,减者江西七百余,广东四百余,浙江二千余,福建三千余,都六十三万七千三百二十三。

至五十年,各省绿营兵额京巡捕五营一万,直隶三万九千四百二,山东万七千五百四,山西二万五千七百五十二,河南万一千八百七十四,江南四万八千七百四十七,江西万三千九百二十九,福建六万三千一百十九,浙江四万三十七,湖北万七千七百九十四,湖南二万三千六百四,四川三万千一百十二,陕、甘八万四千四百九十六,广东六万八千九十四,广西二万三千五百八十八,云南四万千三百五十三,贵州三万七千七百六十九,都五十九万九千八百十四,综计数减于旧者凡四万余。各省减者,自数百至数千不等,惟陕、甘减至万二千,则以四十六年新增者不在此数,而山东、河南、江南视旧额转多，盖河、漕标兵本定分额，此实并入各省中也。

嘉庆十七年，绿营都数为六十六万千六百七十一，视乾隆中叶增额六万余，各省均所有益，惟浙江减额千余。其江南总额，此分江宁七千三十九，南河万五千六百六十六，漕运三千六百八十一，江苏二万三千七百四十八，安徽八千七百三十八，总为五万六千八百七十二，增旧额八千余。又旧额但举山东，此分山东万五千九百三十三，东河四千二百四十一，增额三千余，略可考见。十九年，山西等省共裁兵万五千四百余，内改马、战兵为步、守兵共千二百余。

道光初元，谕行裁汰，减额万余，复议裁改。二十九年兵额，直隶四万千三百三十五，山东二万五十七，河南万五千三百八十一，_{东河并入河南、山东。}山西二万二千八百五，江苏三万八千一百八，安徽九千四百四十二，_{南河漕运并入江南。}江西万二千四百七十二，福建六万千六百七十五，浙江三万七千五百六十五，陕西二万四千七百二十，甘肃六万八千八百六十二，湖北二万五百五，湖南二万七千百十五，四川三万三千八百十一，广东六万八千三百二十二，广西二万二千四百七十二，云南三万九千七百六十二，贵州三万六千四百七十七，都五十八万五千四百十二，_{京营万名在外。}减于乾隆旧额且逾万矣。

咸丰军兴以来，绿营议裁。迄同治、光绪间，兵制一变，直省厉行简汰，顾不能悉废，存额尚不为少。再综近时绿营兵额，京巡捕营一万外，十六门门甲三百，十门军六百四十，凡万九百五十，直隶四万二千八百十，山东万七千八百七十五，山西万六千四十五，河南万四百六十八，江苏二万五千七百七十，安徽九千三百六十四，江西万一千七百四十，长江水师万一千六十四，福建二万三千六百七十八，台湾八千二百六十八，浙江二万三千四百九，湖北万五千三百四十三，湖南三万零二十四，陕西万八千六百八十七，甘肃万二千七百二十五，新疆二万六千五百十五，四川三万千二百八十一，广东四万六千七百七十四，广西万四千一百十五，云南万二千五百七十二，贵州四万二千九百五，都四十六万二千三百八十二。取道

光末年额较之,减于旧者几十二万,但旧额不及长江水师与台湾
云。

清史稿卷一三二
志第一〇七

兵　三

防军　陆军

防军初皆召募，于八旗、绿营以外，别自成营，兵数多寡不定，分布郡县，遇寇警则隶于专征将帅，二百年间，调发征戍，咸出于此。若乾隆年台湾之役，乾、嘉间黔、楚征苗之役，嘉庆间川、陕教匪之役，道光年洋艘征抚之役，皆暂募勇营，事平旋撤。故嘉庆七年，楚北初设提督，即以勇丁充补标兵。道光十七年，以练勇隶于镇篁镇标，二十三年，以防守海疆之水陆义勇三万六千人仍遣回本籍，无防、练军之名也。道、咸间，粤匪事起，各省多募勇自卫，张国梁募潮州勇丁最多。咸丰二年，命曾国藩治湖南练勇，定湘军营哨之制，为防军营制所昉。迨国藩奉命东征，湘勇外益以淮勇，多至二百营。左宗棠平西陲，所部楚军亦百数十营。军事甫定，各省险要，悉以勇营留防，旧日绿营，遂同虚设。绿营兵月饷不及防勇四分之一，升擢拥滞，咸辞兵就勇。粤、捻既平，左宗棠诸臣建议，防营诚为劲旅，有事则兵不如勇，无事则分汛巡守，宜以制兵为练兵，而于直隶、江、淮南北扼要之处，留勇营屯驻，遂有防军之称。

练军始自咸丰间，以勇营日多，屡令统兵大臣以勇补兵额，而以余勇备缓急，尚无别练之师。至同治元年，始令各疆吏以练勇人数口粮，悉数报部稽核。是年，于天津创练洋枪队。二年，以直隶额兵酌改练军。四年,兵部、户部诸臣会议选练直隶六军,始定练军之名。各省练军乃踵行之。练军虽在额设制兵内选择,而营哨饷章悉准湘、淮军制,与防军同。其绿营制兵分布列郡汛地,练军则屯聚于通都重镇,简器械,勤训练,以散为整,重在屯防要地,其用亦与防军同,故练军亦防军也。

同治、光绪间,各省所增编防、练军,兵部、户部于光绪二十四年核其总数,直隶练军一万一千人,留防淮军三万一千人,新军一万一千四百人,毅军一万人;奉天练军一万一千四百人;吉林防军八千五百九十八人,练军四千四百三十八人,黑龙江练军七千九百七十一人,山西练军四千九百人,河南防军九千一百九十人,陕西防、练军一万四千四百五十人,甘肃防军一万二千五百人,新疆防军二万七千八百四十五人,塔尔巴哈台勇营二千四百一十二人,四川勇营一万五千六百九十八人,云南防军一万五千三十三人,贵州练军九千四百八十六人,广东勇营一万一千八百人,广西勇营一万六千九百四十人,湖南练军一万二千九百七十人;湖北勇营一万二千六百九十人,新军一千九十三人;江西防军九千三百六十三人,安徽防、练军一万一千二百九十人;江苏防军二万三千七百九十人,自强军三千一百七十人,得胜军三千人;浙江防军二万一千三百人,山东防军一万三千九百五十人,福建防军一万五百四十人,各省防军、练勇凡三十六万余人,岁需饷银二千余万两。其后绿营兵屡加裁汰,各省卫戍之责遂专属于防、练军。光绪中叶后,防、练军改为巡防队。光、宣之间,又改为陆军。至宣统三年,各省巡防队犹未裁尽也。兹列同、光、宣三朝改设防、练军规画于篇,而以陆军新制附焉。

防军,同治元年,直隶省于大沽协标六营内选练五百人,复增至二千五百人,分为五营,营分十队,设总统一人,翼长二人,各营管带一人,副管带二人,正副令官二人,带队官十人,分队官二十人。沈葆桢于江苏省额兵一万二千人内严汰老弱,增补精锐,分为二班,一班调至省城操练,一班留防汛地,半年换班。其赴操者,酌加练费,较募勇之费不及其半,练成即调赴前敌助战。

二年,刘长佑以直隶省营务积年废弛,各营兵数多寡悬殊,号令不一,乃改仿湘军成规,以五百人为一营,设营官、哨队官及亲兵,分别队伍旗帜,申明号令,改设六军,凡筑营结阵诸法,一律请求。其步队营制,设营官一人,哨官四人,哨长五人,什长四十人,正兵三百六十人,营官亲兵五十人,哨官护兵四十人,营官自率中哨,凡五百人。其马队营制,设营官一人,帮办二人,督队官五人,每哨五棚,每棚什长一人,正兵九人,营官自率中哨,合伙兵、马夫凡三百十六人。保定练军马、步、守兵一千九百五十人为一军宣化练军,一千四百八十人为一军,古北口练军,二千四百十人为一军,大名练军一千二百三十四人为一军,正定练军一千四百八十人为一军通永练军,一千七百五十四人为一军,共编为六军。

五年,令遵化等处各驻防军,每军定为步队二千人,马队五百人,在督标、提标内选取,凡一万五千人,分为六军,颁练兵章程十七条,隶总督节制,以防畿辅。又于六军外续练防勇二军。以奉天留防队伍调补直隶练军缺额。其训练京营,由神机营量增兵额。是年,左宗棠以福建省绿营额冗饷薄,乃裁兵十成之四,即以裁饷加留营之兵,并营操练。

六年,丁宝桢于山东省增练马队三千人。

七年,以各省绿营日益孱弱,令各省以壮健练勇易之。令曾国藩经理直隶省练兵事宜,就全省绿营内抽练六千人,仿勇营规制,分地巡防。海防议起,调驻天津,分中、左、右、前、后五营,与勇营相犄角。

八年,曾国藩以军事既竣,宜练兵不宜练勇,而勇营良法为练军所当参用者,一、文法宜简。一、事权宜专。一、情意宜洽。减兵增饷,汰弱留强,严杜顶替之弊。于原有练军四千人外,古北口、正定、保定各练千人,统以东南战将。练成之后,分为四军。以二军驻京北,二军驻京南,俟功效既著,增练五千人。全省防营于未撤之九营外,以刘铭传全部淮军驻防张秋,以督标亲军炮队营及前营副营驻天津，以亲军炮队营驻大沽炮台，以盛字中军六营、左军三营，仁军二营，马队五营驻马厂、青县，于运河西岸筑炮台五座，驻盛字前军三营、右军三营、老左军一营，于沧洲驻乐字中、左各一营，其盛字营兼办屯田，以卫畿辅。是年，丁日昌以江苏省自淮军全部撤防以后，江苏抚标兵仅有一千六百余人，乃裁汰老弱，补以勇丁，分左右二营，练习洋枪及开花炮诸技。马新贻以江南全省额兵一万二千七百余人，分防各处，徒有其名，必须化散为整，始能转弱为强，乃于督标内选千人为左右营，浦口、瓜洲营内选五百人为中营，扬州、泰州营内选五百人为前营，驻省城训练，于徐州镇标内选千人为徐防新兵左右营，以地方之轻重，定练兵之多寡。刘锦棠以新疆全境自回民乱后，旗营零落殆尽，乃于乌鲁木齐创设标兵，于天山南北路各置额兵，新疆所有驻防旗兵，归并伊犁整顿，别以精骑重兵居中屯驻，为南北各路策应之师。崇实以四川省军事渐定，酌裁防军，选练旗、绿各营。

九年，曾国藩于直隶省增募马勇千人，分为四营，原有额兵增足万人，分练马队、步队，奏定各营哨之制，及底饷、练饷、出征加饷之制，为北方重镇。

十年，鲍源深以山西省抚标兵仿曾国藩直隶练兵之法，选练马队一营、步队二营，以次推行各镇。吴棠以四川全省额兵类多疲弱，乃归并训练，得精壮万人。王文韶以苗疆戡定，所有湖南省留防军三十营，分布于湖南、贵州接壤之区，又于抚标、提标内各选练精壮一营。

十二年，令陕甘督臣左宗棠、云贵督臣岑毓英各选所部勇丁，以补营兵之额。是时，中外臣工皆注意练兵。李宗羲谓勇与兵有主客聚散勤惰之异，未可易勇为兵。王恺泰谓各省练兵，宜令更番换防，云贵荡平以后，两省制兵亦宜换防调操，以杜久驻疲惰之渐。兵部诸臣会议，以同治初年创议练兵，京师神机营及直隶省六军，别筹练饷，特立营制。福建、浙江、广东、江苏等省，皆就所减之饷加于练军。河南、山西、山东、湖南等省，则按直隶之法，于额兵内抽练，于正饷外略加练费。甘肃省则因军事初定，先练千五百人。但各省所抽拨之兵过原额十之二三。若其余之兵，置之不问，终成疲弱。应令各省统兵大臣，已练之兵，以时休息，其未练者，次第调操，期通省额兵咸成劲旅。

十三年，都兴阿于奉天各城额兵内选练马队二千人，于各城八旗内选苏拉千人为余兵，俟客兵裁撤，再行增练。

光绪二年，崇实因奉天换防旗兵日久弊生，乃于岫岩、熊岳、大孤山、青堆子等处改设练军。

三年，允李庆翱之议，于河南省增设练军步队。

六年，令各疆臣酌量裁兵。各省防军自裁撤后，为数尚多。直隶、陕、甘须办边防，云南、贵州则防军较少，此外各省，均应大加裁汰。水师自设兵轮船后，旧式战船水师，亦分别去留。旋广西抚臣庆裕以广西省兵单饷薄，乃酌裁防军，以所节之饷，仿直隶练兵章程，在省标、提标内各选练二营，左右江两镇各选练一营。岐元以奉天省自同治间马贼四出肆扰，先后商调客军，增练旗、绿各营，而营制饷章未能画一。光绪五年，乃以直隶客军归并奉天省，合枪、炮、马、步各队，厘定营制编为奉字中、左、右、前、后马步队五营，中军增步队一营。丁宝桢因四川省自军兴以后川勇而外，益以湖南、贵州各军多至六万余人，事定次第裁并，至光绪三年，实存防军一万余人，须分守要隘，未可再裁。贵州防军，较他省为少，李明墀于光绪五年后，陆续裁汰四千余人。李瀚章以湖北省防军，若升字三营、忠义八营、武毅七营、水师七营，皆扼要驻守，不宜裁汰，就湖北通省额兵酌量裁去三千余人。裕禄以安徽省自捻寇平后，驻防皖南、皖北各军凡一万八千余人，次第归并训练，实存水陆防军万人。

以裁军补额兵，酌改练军。旋移抚福建，乃率贵州练军二千人赴闽，教练闽省制兵。谭钟麟以浙江省防军于光绪六年募足三十营，旋裁去四营，以练军十营驻温州，海门、省垣各一营，余皆归守汛地。是年，以各省防军岁饷甚巨，令统兵大臣一律严核，不得有吞蚀空额诸弊。

　　八年，崇绮裁并奉天各军，于八旗捷胜营及东边道标兵、蒙古练勇外，所有马步营中之南方防勇迁地勿良，乃裁并为一营，余悉遣归原省。任道熔于山东省抚标及兖、曹镇标内抽调步兵千二百人，分为三营，加饷训练。张曜、刘锦棠以伊犁收复，就关外营勇选练制兵，改行饷为坐粮，略更旧制，增马队重火器，设游击之师，复参用屯田法，以足军食。

　　九年，张之洞练山西省军队，由省标先练，扫除积习，为全省军营模范。李鸿章裁撤直隶省防军，除裁撤外，实存直字、荣字、义胜各营数千人，与淮军之亲兵及仁军、盛军、铭军、楚军等马、步、水师三十九营，分防各地。岑毓英以贵州苗疆多事，原设重兵数逾三万，积久废弛，专恃防军定乱，事定后，以防军归入制兵。云南省制兵，凡战兵九千余人，守兵七千余人，塘汛、堆卡零星散布，而巡防缉捕专任练军，乃以战兵屯聚于统将驻所，随时整饬。潘惄裁并江西省防军，实存七千八百余人，每消续裁十余人，量为省并。曾国荃核广东省募兵之数，于光绪六年，张之洞曾募沙民千人守虎门，杨玉科增募千人及惠清营五百人，郑绍忠募安勇二千人，八年，募劲勇千人驻钦州，郑安邦续募千人，散布广州各属，其广东额兵实存九千余人。

　　十年，奎斌裁汰山西省两镇兵三千余人，挑练大同镇马、步队各一营，太原镇步队一营。

　　十一年，卞宝第裁湖南省绿营，选精壮为练军，给以双饷，其未足之额，以营勇补之。希元等抽拨吉林防军左右路马步营千五百人，又于未练之兵及八旗台站西丹内选三千人，编为吉字营，分左右二翼，修筑壁垒，归营训练。岑毓英以云南省沿边之防军一万六千人分编三十营，于每年瘴消之际，亲历边疆巡视防务。卞宝第分湖南全额兵之半，加以训练，编为巡防营。

　　十二年，刘秉璋以四川省防营渐染习气，所有寿字、武字等十营，巡盐五营，一律选练整饬。

　　十三年，穆图善整理东三省练兵事宜，每省挑练马队二起，步队八营,奉天、吉林、黑龙江各足成四千五百人,以克鲁伯炮六十尊分配三省防营。刚毅裁并山西省额兵六千人,就饷练兵,抚标马队一旗,步队三营太原镇马队二旗,步队四旗大同镇马队七旗,步队二营,编列成军,其北路则以树字各营分地巡防。

十四年,岑毓英就云南省内地防军及边关勇营内共选练九千六百余人,以符通省战兵五成之数。而边境辽阔,分防尚属不敷,乃增练三十营,凡一万五千四百余人,分防腾越、蒙自各边及大理、普洱各府。

十五年,谭钧培更定云南省营制。云南防军,于光绪二年,刘长佑挑练战兵,以三百七十人编为一营。十年,岑毓英以督师出关,改编二百二十人为一小营,营分五哨,哨各四队,队各十人。十一年,合练军各营,以半防内地,半防边境,仍以二百人上下为一小营。凡调防八成战兵七十七营,留防粤勇十二营,猓黑防勇六营,西南土防二十五营。乃裁汰三成,归并整齐,以三营为一营,每营分编五哨,中哨六队,余各三队,以散整。凡战兵二十六营,粤勇五营,猓黑勇二营,土勇十三营。

十六年,张曜练山东省步队一营。

十七年,福润增练步队左营。鹿传霖以陕西省自经乱后兵制未复,乃酌留马步防军并练军各营,居中策应,各路马队,利于巡缉,乃改步队为马队以节饷糈,凡防、练军马队千五百人,在平原及北山扼要驻守。张煦以湖南省自湘勇回籍后,专恃防军弹压各路,凡防军万人,水勇二千四百余人,乃归并损益,互为声援。

二十一年,依克唐阿编定奉天省炮兵三哨,合原有之防军为五营,又以效力猎户二千人编为四营。是年,张之洞创练自强军十三营于江南,器械训练,悉仿欧洲。

二十二年,张之洞练洋操队二营于湖北。聂士成于直隶驻防淮军内选练马步队三十营,仿德国营制操法,编为武毅军。

二十三年,张之洞以练军重在操演,令分防各营,以十之一更番来省,教以新操,俟练成后,转授各营。

二十四年，王毓藻练贵州军队，先就省防三营改习洋操，次第推及各营。王文韶挑留直隶全省准练各军二万余人，编为二十营，分左右翼驻守大沽口及山海关，以练军三十三营分防内地及热河等处。色楞额以热河兼辖蒙古两盟十七旗，而马步防兵仅有千人，乃增练壮丁五百人为一营，马队五百人为二营，佐以炮队百人。增祺以福建省多山，新练防军宜重步队，参以炮队，增制过山快炮十二尊。胡聘之以东、直、秦、豫各省皆有防军，支饷自数十万至百万不等，而山西省屏蔽畿疆，仅有练军五千人，乃增练新军，固西路之防。荣禄因北洋四大军训练已成，分路驻防，以武毅军驻芦台为前军，甘军驻蓟州为后军，毅军驻山海关为左军，新建军驻小站为右军，别练万人驻南苑为中军，军械不足，令江南机器局拨解新式快枪三千枝，快炮七尊，原有之淮军一万二千人防练军一万九千人，归并训练。刘坤一以江南省之江宁、镇江、吴淞、江阴、徐州五路防军悉改习洋操，所用军械统归一律。是年，令王大臣选京师神机营马步万人为选锋营。令北方各省营伍，由新建军遣员教习，南方各省营伍，由自强军遣员教习。东三省防练各营伍，由北洋武备学堂遣人教习。

二十五年，李秉衡上言：奉天、仁育二军，训练已成，应择地修筑营垒，俾成重镇。裕禄以直隶防、练各军为数太多，乃挑留马步精兵一万八百余人，编为练军步队十二营，马队二十营，更定营制，步队以三百人为一营，马队以二百余人为一营，凡三十二营，分为直隶练军左右翼，以通永镇总兵统左翼，天津镇总兵统右翼，其新建等军，仍与宋庆之二十五营各守原防。刘树堂以浙江防军云字、吉字、胜字、旅字各营凡十一营二十三旗，并为五军，名为两浙新军，用北洋武毅军操法训练。松寿以江西省防军有忠新等营二千余人，内江及赣防水师二千四百余人，武威等营旗三千余人，分布各路，乃在省城设全省营务处，为训练各军之总汇。刘坤一以江南各军归并为三十七营，加以新法教练，渐有成效。文兴以盛京八旗制兵汰弱留强，仿北洋练军新法教。练裕祥就四川驻防旗兵内选精锐为一营,阵法营制与防军一式。松寿以江西省新练防军三千人拨解南北洋新式枪炮,以资操练。黄槐森选广西省各军先就省标、提标及左右江各营挑练一千四百人,为各军模范。廖寿丰以浙江省宁波、镇海各营次第改习洋操,省防各军先练步队三哨、炮队一哨,凡标营及防练军,俟四哨教成,更番改练,推及全省。

二十六年,端方以陕西新练洋操之马步十三旗,分防南北山隘。是年,令各省疆臣严定将弁贪墨之刑,并整理浙江省防营积弊。

二十七年,李兴锐以江西防军人数不一,乃分为五路,厘定人数,以中军为常备军,前、后、左、右军为续备军,军各五营,营各五哨。刘坤一以江南武卫先锋军、江胜军各二千人为常备左右军,其余防军四十余营悉编为续备军。岑春煊以山西省兵制纷歧,有练军、防军、晋威军之判,乃仿北洋武卫军制,以省标三千人分左右翼为常备军,以太原、大同二镇兵共练三千人为续备军。魏光焘以云南省防军二十四营,营各二百五十人,改编为常备军十二营,营各三百人,旧有练军改为续备军,均练习洋操。丁振铎于广西省防军三营内选千人为常备军,各属防军,就人数多寡,练一二队不等。郑华熙以贵州防军及威远营并练五营,凡千五百人,为常备军,东西路练军及缉捕营共二十九营,选练五千七百人为续备军,分防各隘。是年,设军政司于天津,总司直隶省淮、练各防军操防事宜。

二十八年,升允以陕西省新旧各军均已改习洋操,乃选精锐六旗为常备新军,其忠靖八旗两翼步队、武威两翼马队改为步队十二旗,以六旗为续备防军,六旗为续备长军。防军有地方之责,长军为开荒之需,以马队、炮队佐之。

二十九年,夏时以江西省新军仅有千二百人,江防重要,殊苦不足,九江为全省门户,乃别募一军,亦为常备军、合中、前常备两军共十营,专防省城及九江二处,以左、右、后续备三军分防各地。

三十年,曹鸿勋以贵州各军于光绪二十六年改编为常备军续备军,共二十四营,嗣因沿边戒严,增募防勇十九营,而筹饷艰难,遂每营酌减人数,凡防练军及亲兵减存一万五百余人,次第改习洋操。潘效苏于新疆标、防、巡、练各军三万二千余人内,选存正勇一万三千余人,于南北各路匀配分防。

三十一年,练兵处王大臣以山东省武卫先锋队二十营分防散漫,令择地屯驻,增募城镇。是年,命铁良校阅江苏、安徽、江西、湖北各省防军、练军、陆军、旗兵、巡警兵。铁良遍阅各军,大都军械不一,操法亦未尽娴,旧营改练,进步甚迟。惟安徽练军二队,九江常备五营、湖北二镇较为生色。

三十三年,张之洞以沿江督捕营、下游缉匪营改编为水陆巡缉队。王士珍以江北巡防队改为步队六营、马队二营,其余淮海水师、练军卫队,悉仍其旧。锡良以云南防军二十七营、铁路巡防十一营、土勇一营、凡三十九营,次第改编新军,以全省防军每营二百五十人为定额,分南防、西防、普防、江防、铁路巡防为五路,凡四十七营。

宣统元年,以热河巡防强胜营改编常备军,以察哈尔原有之精壮、精健等营改编为巡防马队一营、步队二营。徐世昌以奉天巡防队分驻五路剿匪,旋合编为步队一标,其河防营亦一律改编。王士珍因江南防军步队六营、炮队二营改隶江北,乃合原有之巡防队及留防各营编为巡防第七营,共巡防步队八营,以备练成一镇,原有卫队,增募一哨,编为一营,尚有练军三百人,水师十棚,均改为巡防队。沈秉坤以云南防军内有各属之保卫队,系旧日团营,名为营队,实即乡团,未能遽改为巡防队。广福以伊犁军标汉队系金顺西征营勇之旧,其营制饷章均仿湘军,乃遵新章,以步队一营、马队二旗为左路巡防队,马队二旗为右路巡防队,分驻惠远、惠宁各城。袁树勋以山东省原驻淮军于光绪二十四年移防长江,新增防兵二营,驻兖、沂二府及德州,均当南北要道,未能遽裁。联魁以新疆筹饷维艰,就原有防营改编为步队三营、马队二营,又增编工程兵一队、马队一营,勉成一协。宝棻以山西省军队,向分太原、大同、口外三大支巡防队,乃归并分编为中、前、后三路,各以统领节制之,凡马步二十二队。吴重熹以河南省巡防营不合部章,就通省巡防步队二十八营、马队十二营分为五路,豫正左军为中路,南阳镇为前路,归德镇为左路,河州镇为右路,豫正右军为后路。赵尔巽以四川省防军二十九营编为六军,每军六营,分中、前、后、左、右、副中为六路,分驻防境。其防守宁远之靖字二营、游击步队二营,增募宁远之靖字后营,改为巡防副左路、副右路两军,每三营为一军。成都驻防满营亦改编巡防队三营,俾臻一律。瑞澄以江苏省各营练成一协外,尚有太湖水师巡防队、陆师左右巡防队,系陆路三旗及苏捕营卫队等先后改编者,乃次第换防调操,以免弛懈。

二年,岑春煊改编湖南省巡防队,酌定饷章,即日成军,其余缉私三旗改为南路巡防队。孙宝琦改编山东省巡防队,所有中、前、后、左、右五路,各就坐营之中哨改编,其炮队以快炮六尊为一队,各府州县巡勇悉改为巡防队,兖、沂、曹三府原有之巡防营,亦遵新章编练。恩寿以陕西省巡警军悉改为巡防队。杨文鼎以湖南省巡防队分为中、东、西、南四路,驻防各府。昆源以察哈尔八旗壮丁编练巡防马队。松寿以裁撤福建全省之绿营兵改为巡防队十六营,分五路驻防各府。张人骏以两江巡缉队及师船十艘改为探访队,其沿江巡防队深资得力,以协解北洋之淮军饷为巡防军饷,并以江防军分驻江宁省城。锡良以奉天原有之协巡队、备补队、炮队、卫队各防营,遵章改编为陆军步队一标、炮队一营。是年,山东、山西抚臣咸拟缓裁巡防军,以靖地方。

三年,张人骏以两江巡防军关系重要,其属于江宁者,马步三十二营,属于江苏者,步队六营,属于江北者,步队八营一哨、马队一营,江南北地势扼要,未可议裁,并拟以新兵中、副二营留防三队改为第一、二、三巡防队,以一哨为提督卫队。丁宝铨以山西太原满营,于光绪二十八年已改练新操,乃遵章改编为巡防队。恩寿以陕西省巡警军已改编巡防队,并设马步巡防营务处。庆恕以青海垦荒已开垦六万余亩,原有巡防队不敷分布,增练防军一旗。诚勋以热河虽有直隶练军八营,仅防朝建一带,其先后所练巡防队十三营分防各属,未能遽改陆军。张勋以长江巡防马、步、炮队十三营,分驻浦口、六合、江宁、苏州、怀远各府县,并在沿江一带广布侦探,以靖盗源。瑞澂以湖南六营已裁,所有抚标之兵,选精壮编巡防一营。此改设防练军之大略也。

自咸丰军兴,由绿营改为勇营,为留防营,为练军,为巡防队,为陆军,兵制变而益新。至宣统年,非特绿营尽汰,即湘、淮营勇驻防南北洋者,所存亦无几矣。

陆军新制,始于甲午战后,步军统领荣禄疏保温处道袁世凯练新军,是曰新建陆军。复练兵小站,名曰定武军。两江总督张之洞聘德人教练新军,名曰江南自强军。其后荣禄以兵部尚书协办大学士节制北洋海陆各军,益练新军,是为武卫军。

庚子乱后,各省皆起练新军,或就防军改编,或用新式招练。至光绪三十年,画定军制,京师设练兵处,各省设督练公所,改定新军区为三十六镇,新军制始画一。

三十三年,京外新练陆军,除禁卫军外,统计近畿第一镇驻京北仰山洼,官七百四十八员,兵一万一千七百六十四名。第六镇驻南苑,官七百四十七员,兵一万一千八百四十六名。直隶第二镇驻保定、永平等府,官七百三十七员,兵一万一千七百三十一名。第四镇驻马厂,官七百四十八员,兵一万一千七百五十六名。山东第五镇驻省城、潍县、昌邑等处,官七百四十八员,兵一万一千七百六十四名。江苏第二十三混成协驻苏州等处,官二百七十四员,兵四千三百四十五名。江北第十三混成协驻清江浦,官三百七十六员,兵二千四百八十一名。安徽步队二标、马队一营、炮队一队驻省城,官二百五十三员,兵四千一百五十五名。江南第九镇步队一营、马队二队驻省城等,官七百八十九员,兵八千二百五十五名。江西步队一协、马队二队驻省城,官二百三十一员,兵四千二百八十七名。河南第二十九混成协驻省城,官三百三十八员,兵五千六百十八名,步队一协、马、炮队各一营调驻京城,官一百六十二员,兵三千八十五名。湖南步队一协、炮队一营驻省城,官二百四十八员,兵四千五十六名。湖北第八镇驻省城,官七百二员,兵一万五百二名,第二十一混成协驻武昌、汉阳及京汉铁路,官二百八十八员,兵四千六百十二名。浙江步队一协驻省城,官一百五十九员,兵二千三百八十四名。福建第十镇驻省城及福宁、延平等处,官四百五十五员,兵六千七百八十八名。云南步队一协、炮队一营驻省城及临安,官二百三十八员,兵四千二百四十八名。贵州步队一标、炮队一队驻省城,官一百七员,兵一千八百四十六名。四川步队驻省城,官十二员,兵六十一名。山西步队二标,马炮队各一营驻省城,官二百六十二员,兵四千五百五十七名。陕西步队一协、炮队一队驻省城,官二百二十员,兵三千九百三十六名。甘肃步队二标、炮队一营驻省城、河州、固原、西宁,官二百二十一员,兵四千一百二十八名。新疆步队一协、马队一标、炮队一营驻省城,官一百六十七员,兵二千三百二十二名。东三省第三镇驻吉林省城长春、宁安、延吉及奉天锦州等处,官七百五十三员,兵一万一千八百八十三名。第一混成协驻奉天省城,官三百三员,兵三千五十九名。第二混成协驻奉天新民等处,官三百四员,兵五千五十三名,步队一协一标、炮队一营驻吉林,官三百六十一员,兵七千八百七十名。宣统三年统计,除前列外,浙江成第二十一镇,云南成第十九镇,四川成第十七镇,奉天成第二十镇,吉林成第二十三镇,广东成第二十六镇,驻省城,广西成第二十五镇,驻省城及桂林等处,先后共成二十六镇。未几,武昌陆军先变,各省应之,而三十六镇卒未全立云。

清史稿卷一三三
志第一〇八

兵　四

乡　兵

　　乡兵始自雍、乾,旋募旋散,初非经制之师。嘉庆间,平川、楚教匪,乡兵之功始著。咸丰之季,粤东寇起,各省举办团练,有驻守地方者,有随营征剿者。侍郎曾国藩以衡湘团练讨寇,练乡兵为勇营,以兵制部勒之,卒平巨憝,其始皆乡兵也。而边徼之地,剿有乡兵。其在东三省者,则宁古塔以东之赫哲部、克雅克部,混同江东北之鄂伦春部。不设佐领,惟设乡兵姓长。其在黑龙江者,有打牲人,在江以南之锡伯、卦勒察,江以北之索伦、达瑚尔,则附属于满营。在蒙古者,蒙兵而外,有奇古民勇。在山、陕边外者,有番兵,有僧俗兵。在四川、云南、贵州边境者,有夷兵,有土司兵,有黑猓勇丁。在西藏者,有藏番兵。皆与内地乡兵不同,故不详。其各直省之乡兵,曰屯练,曰民壮,曰乡团,曰猎户,曰渔团,曰沙民。额数之多寡不齐,器械之良窳不一,饷章之增减不定,良以聚散无恒,故与额兵迥异,无编制之可纪。兹特志其始末于后焉。

　　雍正八年,鄂尔泰平西南夷乌蒙之乱,调官兵万余人,乡兵半之,遂定东川,是为乡兵之始。

　　乾隆三十八年,用兵小金川,定边将军温福、定西将军阿桂疏言,调满洲兵道远费重,不如多用乡兵,人地相宜。四川乡兵,以金川屯练为强，自平定金川以后，设屯练乡兵，其粮饷倍于额兵，分屯大小金川两路，春夏训练，秋冬搜猎，有战事则搜剿山路，退兵则为殿后之用。

嘉庆初，苗疆事起，傅鼐以乡兵平苗，功冠诸将。诏以总理边务，令各省督抚以鼐练乡兵之法练官兵。川、楚教匪之役，官兵证讨，而乡兵之功为多。其勋绩最著者，文臣则四川按察使刘清，武臣则西川提督桂涵，湖北提督罗思举，各统乡兵，分路剿寇，大小数百战，遂奏肤功。嘉庆十七年，以云南边外野夷猓匪肆扰，而缅宁、腾越各隘皆瘴疠之地，难驻官兵，乃练乡兵一千六百人，以八百人驻守缅宁之丙野山梁等处，以八百人驻守腾越蛮章山等处，省官兵征调之劳。其时苗疆底定，亦增设乡兵，凡屯丁七千人，训练之暇，开垦屯防田数十万顷。

道光二年，令直隶疆臣招集团练，修筑土堡，互为策应。十五年，令各州县额设民壮，一律充补训练，复令各省民壮每月随营操演，范以纪律。是年，调大小金川乡兵千名，给以千人之粮，随营征战，归屯则仍食五百人之粮。二十一年，领山东巡抚于蓬莱、黄县、荣成、宁海、掖县、胶州、即墨所属之十三枭编练乡兵，互相防卫。又令沿海疆臣仿浙江定海县土堡之法，凡近海村落，招募乡兵，兴筑土堡，以联声势。二十三年，令广东省以团练助防海口。旋疆吏疏言，广东民风宜于乡团，招集已得十万人，以升平学社为团练总汇之区，推及韶州、廉州等处，一律举行。二十六年，令各州县民壮随营考察技艺。是年，甘肃沿边番贼肆扰，令疆臣召募猎户千人，编为一军，供远探近防之用。及道光季年，张国梁募广东潮州乡兵追逐粤寇，转战东下，卒以犷悍不驯，遂至溃散。

咸丰二年，令在籍侍郎曾国藩办理湖南乡团。旋国藩疏言先行练勇一千人，所办者乃官勇非团丁，是为乡团改勇营之始。三年，令山东登、莱、青三府举办联庄团练，给以兵械。四年，令甘肃沿边增募猎户三千人，以防番骑。八年，安徽巡抚翁同书疏言，皖省定远、寿州、合肥等县办团练，旬日之间，远近响应，和州踞贼屡出焚掠，多被乡团击回，以其深明大义，踊跃同仇，凡董事团总人等，传谕嘉勉。九年，河南巡抚恒福疏言，皖寇进逼豫境，令道府大员于接近皖寇之地，举办乡团，睢州等州县兴筑堡寨已数十处。旋谕河南官绅训练乡勇，联村筑寨，迅速举行。

十年，谕胜保等督办乡团，以资统率，酌定章程，凡办团州县一律遵行，惟乡团更番调营，所领粮饷，易滋流弊，毋得冒滥。又谕："江苏等省在籍绅士，除已经办理团练外，其明晓大义、律身公正者，自不乏人，所有在京籍隶、江苏、安徽、浙江、河南等省之大小官员，将如何举行乡团随同官兵剿贼，及防守等一切事宜，各陈所见，各举所知，迅即上闻。"

寻侍郎沈兆霖疏陈："自咸丰三年以后，迭奉朝旨举行乡团，已至再至三，各省官绅士民，未尝不遵旨办理，而贼势披猖，卒无成效。良由苟且涂饰，未经实力请求，或募勇以充数，徒取外观，或藉端以营私，转成欲壑，无事则恃为威胁，扰害乡间；有警则首先遁逃，流为盗贼。议者几谓乡团之无益而有损矣。不知名为民团，即当以民为团，而不可以募勇塞责也。民统于绅，则绅之邪正宜慎择也。绅倚于官，则官之贤否宜严辨也。不归并于一路，则督察无人，必不能一律坚固。不专力于四乡，则城守虽严，已难免四面受敌。官与绅宜两相孚，不宜两相厄；兵与民宜两相顾，不宜两相仇。任封疆者，当知民本吾民，用兵数少，何如用民数多。任将帅者，当知兵本卫民，我能救民，自然民能救我。现在贼氛猖獗，非实办民团，更无安全之法。"乃拟上事宜十二条："一、民团须招本地有业之民，不可招市井无赖也。一、宜分别地段，以近贼一二百里为最要，距贼稍远，中隔一、二县者为次要，其远在三四百里外者，则从缓办团也。一、各州县要地，宜一律办团，无使一处疏漏，俾寇得乘隙而入也。一、办团宜四乡加密，有警则互相应援，无事则严诘奸宄，庶城守完固也。一、牧令宜择贤能，与办团之绅不得各存意见，亦不得任用劣绅也。一、宜简道府大员分路办团，俾各县联为一气也。一、民团有急，官兵速往救援，不得观望也。一、宜择要设卡盘查也。一、民团只可就地助战,不宜调遣,变为练勇,失其恒业也。一、立功宜即奖励,视官兵稍优也。一、团费宜自捐自办,不得藉端渔利也。一、民团办成,则分防之兵可省,集合成军,攻剿更为得力也。"

同时应诏陈言者,有载垣等所议团练章程十条,贾桢等所拟办理章程八条。旋命顺天府府丞毛昶熙为督办河南团练大臣,南汝光道郑元善帮办团练事宜,按照怡亲王载垣等所拟章程办理。命户部右侍郎杜翰为督办山东团练大臣,登莱青道贡璜、登州府知府卢朝安帮办团练事宜,按照大学士贾桢等所拟条款,并参酌河南章程,体察情形办理。又以皖南地方紧要,应一律办团,令两江总督曾国藩察看情形,择其谙练军务素有人望者,酌保一人,即令督办皖南团练事宜。

旋曾国藩覆陈:"乡团本是良法,然奉行不善,县官徒借以敛费,局绅亦从而分肥,贼至则先行溃逃,贼退则重加苛派,转为地方之弊。所经过各省,从未见有乡团能专打一股、专克一城者,不过随官兵之后,胜则贪财,败则先奔,常藉口于工食之太少。而办理歧异者,每多给钱文,团丁所领之饷,与官勇例价相同,且有过之。其取之民间,无非劝捐抽厘之类。是于团练已失其本义,于军饷又大有妨碍。今奉谕举行皖南团练,皖南岭隘纷歧,若筑碉设卡,有险可凭,徽、宁各要隘,宜择地筑碉,以资防守。有在籍翰林院编修宋梦兰当贼由太平县窜扰徽州,宋梦兰督带练丁协力严守,众论翕然。请即以该员办理皖南团练事宜,会同委员董劝各属绅民,兴筑碉塞。其未经克复者,官兵攻剿,概不令团丁随往。其已经克复者,绅耆修碉,团丁守之。庶几军民两利,名实相符矣。"

又以四川地属岩疆,毗连云、贵,滇匪滋扰未能肃清。嘉庆间,四川举办乡团,行坚壁清野之法,著有成效,自应仿办。所有应肠行事宜,谕四川在京各员,就地方情形,各抒所见。官绅中有练达时务者,各举所知,以俟后命。同时,尚书陈孚恩等以江西毗连安徽、浙江、广东等省,疏请办理团练,酌保办事人员,并拟团练事宜八条。疏入,允行。命在籍翰林院修撰刘绎为江西督办团练大臣,吉南赣宁道沈葆桢、甘肃安肃道刘于浔帮办团练事宜,按照陈孚恩等所拟章程,妥为办理。

同时督办河南团练大臣、顺天府府丞毛昶熙疏陈团练办法,并酌拟规条:一、添筑堡寨以扼要隘。一、请求险要以便堵御。一、慎择首事以资统率。一、分选团丁以备训练,一、摊派练费以备公用,一、互为声援以资联络。一、申明号令以壹众志,一、严定约束以禁顽暴,一、秉公赏罚以示劝惩,一、严察奸宄以防内应,一、旌表忠义以作民气。一、事贵实力以冀成功。疏入,允行。

毛昶熙又疏陈河南团练,以归、陈二府为先。前统兵大臣胜保因调团不齐,勒派百姓出资雇丁,统计勇粮运费,较正供多至倍蓰,百姓苦累,纷纷禀请,以抽丁一项民力已竭,乡团势难再办。其开封等府百姓,闻归、陈雇勇之苦,亦复观望,不肯实办团练之事,仍恐有名无实。寻奉谕:“用民之法,总宜深得民心。胜保等所办章程,雇与民心不洽,自应改弦更张,以期得力。庆廉即体察情形,将此项雇勇酌量裁撤。毛昶熙按照载垣等会议章程,速即集团练勇,以辅兵力。”又以甘肃控制西陲,地方辽阔,且与陕西、四川毗连,匪患未靖,自应一律举办团练,以靖边陲。所有甘肃省团练事宜,即命陕甘总督乐斌督办,并命甘凉道萧浚兰、刑部员外郎吴可读、江西候补道杨升帮办团练。

十一年,以归化之番众僧俗兵四千余人、马四千余匹,防御抱罕羌人。是年,奉谕:“乡团之设,原以济兵力所不逮。必须官绅一体,兵勇同心协力,内靖土匪,外御贼氛,于地方庶有裨益。若如清盛疏劾山东章丘之水寨街、新城之南娄里等庄,以及博山、莱芜等县乡团,遇有经过客商,往来差役,辄敢擅行杀戮,害及无辜。抚署之差弁马匹,亦被劫夺。是团练御贼尚无成效,而抗官滋事竟有滋蔓之势。巡抚谭廷襄速将清盛所奏各情严密查访。如有藉团为名,肆行不法及私立黑团,聚众抗官,立即严惩。”又谕浙江巡抚:“前以浙省军务未平,筹办团练,劝谕捐输,原以保卫民生。若如王履谦疏劾办团情形,杂乱无章,劝捐委员令捐户加捐至数十倍之多,并于捐户加以威逼。今贼氛逼近浙东，若因劝捐办理不善致失人心，必致激成内讧。巡抚王有龄速即会同王履谦妥为劝办，议定章程，不得徇私委派贪劣之员。"

是年，左副都御史潘祖荫疏言："各省设立团练大臣，办理年余，曾无一效，请奖请叙，纷纷效尤，并未克复一城，其为无益，已可概见。应将团练大臣分别裁撤，以一事机而节糜费。"翰林院侍讲学士颜宗仪疏言："乡团之设，原以百姓之财力，卫百姓之身家，果能众志成城，同仇敌忾，即一举、贡、生、监，足以统领之，无俟大员为之督率。若必以大僚综任之，帮办司员分理之，是督抚之外又设督抚，僚属之外又增僚属，徒滋纷扰。上年豫省办团，各省团练大臣亦纷纷四出。旋因浙江、四川、陕西、甘肃等省情形不同，旋即裁撤。而直隶、山东、江南、江北等处，则仍归由团练大臣办理。于是帮办人员假公济私，百端纷扰。或逼勒州县供应，或苛派民间银钱，或于官设捐局之外，团练再设捐局，或于官抽厘金之外，团练再抽厘金，或查阅各处团防，支应纷烦，地方告乏，或任令家人奴仆勒索规费，约束不严。帮办人员或十余人，或数十人，薪水所出，皆刻剥民间。刁生劣监，因以把持地方，狡吏贪夫，藉以希图名利，流弊实多。各省团练大臣，直隶桑春荣操守尚严，山东杜翰已啧有烦言，至于江北、江南所办乡团，自上年至今，未闻有团练大臣收复一州一县者，徒以骚动天下，无益有损。今山东杜翰已经撤回，河南毛昶熙较有成效，其直隶、江南、江北等处团练大臣，宜一并撤回。其各省州县距贼较远者，停止办团，以安民业。其距贼较近之处，仍责地方官切实办团，而以本省督抚总其成，庶事权不至纷歧，商民可免滋扰。"

旋奉谕："直隶团练大臣桑春荣回京供职，直隶团练事宜，责成文煜办理。江西团练大臣刘绎来京任用，江西团练事宜，责成毓科督同官绅办理。其二省京官如有回籍办团者，各部院查取职名，饬令来京供职。江北团练大臣晏端书，江西团练大臣庞钟璐，其办理团练，是否仍须该员经理，抑或即可裁撤，令曾国藩、薛焕速议以闻。王履谦帮办浙江团练，兼办浙东捐务，今浙江军务方殷，自难遽撤。令王有龄会同王履谦切实筹办，以固疆圉。毛昶熙在河南归德著有成效，应否仍令毛昶熙督办团练，及有无把握之处，令严树森速议以闻。"

旋两江总督曾国藩覆陈："团练之设，只能防小支千余之游匪，不能剿大股数万之悍贼。其练丁口粮，若太多，则与募勇之价相等，不必仅以团名；若太少，则与官勇之饷迥殊，不能得其死力。其团防经费，若取诸丁、漕、厘、捐四者之中，则有碍督抚筹款之途；若设法四者之外，则更无措手之处。事权既无专属，刚柔实觉两难。晏端书在江北不设饷局，但劝各邑筑圩自保；庞钟璐在江南激劝乡民，俾知同仇敌忾之义，办理极有斟酌。今之贼势，决非乡团所能奏功。应俟贼氛稍衰，大功将成，然后办团练以善其后。晏端书、庞钟璐二员，清操雅望，内任最宜。应请裁去团练差使，回京供职。"疏入，允之。

同治元年，谕："乡团之设，原以使民自卫身家，藉可保全地方，以辅官兵。前因各路办理团练大臣随带多员，任意骚扰，有害无利，是以陆续裁撤，仍责令地方官切实经理。乃迩来统兵大员、守土牧令，或恐其分饷而轻为裁撤，或疑其无益而视为具文，于是民心不固，盗贼横行，所过州县村庄，动遭劫掠，是又地方官不能因地制宜举行团练之所致，因噎废食，贻误殊多。嗣后各省团练，仍由督抚臣通饬各州县，选公正绅士，实力兴办。务使官不掣肘，民悉同心，城市乡村，声势联络。其有认真办理保全地方者，将其实在劳绩声明保奖。"

二年，以都察院代递山东贡生朱德秀条陈团练事宜，语多可采，命朱德秀回籍，随同英桂、赵德辙办理团练，并命英桂督饬官绅，就地方情形认真办团，毋得有名无实。

是年，统兵大臣僧格林沁疏言："各省练团筑寨，本以助守望而御寇盗，为权宜补救之法。乃各团每以有寨可据，辄藐视官长，擅理词讼，或聚众抗粮，或挟仇械斗，甚至谋为不规，踞城戕官，如山东之刘德培河南之李瞻，先后倡乱，而安徽之苗沛霖尤为枭桀，反复劳师糜饷,始得次第蒇除。办团之举,始则合一乡为一团,继则联众团为一练,地广人多,良莠不齐,不肖团长有跋扈情形,承办团练绅士又不能杜渐防微,随时举发,致有尾大不掉之势。况捻匪屡经窜扰之区,亦未见各团堵御得力。其河南团练,均由侍郎毛昶熙管理。毛昶熙于通省地方,势难周历兼顾,而各练既有专管大员,地方官转至呼应不灵。今贼氛渐平,请命毛昶熙回京供职,所有团练,视直隶、山东之例,归地方官经理,以一事权。并请饬河南巡抚严查各团,如有增置军械等事,均责令禀请地方官允准置备。如不肖团长借修围制械,种种敛钱,以致苦累乡民,即从严惩办,庶几权归于上,免滋流弊。”御史裴德俊疏言:“团练之举,本属有治人无治法。今直隶善后章程,有抽拨乡团训练之议。但抽拨乡兵,必得贤明牧令,驾驭有方,乃能权不下移,民无扰累。若遇不肖州县,借端苛敛,抽丁派费,吏胥因缘为奸,上下咸思中饱,小民已不聊生,加以每县聚众数百人,游手无著,以强凌弱,甚或恃众把持,一有乱萌,尤易响应,不可不远虑及之。”

旋奉谕:“山东乡团已由官为经理,所有河南省团练事宜,亦统归官办,以一事权。其直隶抽练团丁,督臣刘长佑权其利害,是否可行,如有窒碍之处,即据实以闻。”

六年,李云麟招募奇古民勇驻八里冈,与科布多、塔尔巴哈台蒙兵为犄角。

七年,谕各疆臣:“捻寇荡平,勇丁亦各还乡里,诚恐江南、安徽、河南、山东从前被兵处所,不免伏莽潜匿,乘隙为害。江、皖等省督抚,于徐、海、颍、亳、归、汝、曹、沂等处,饬各地方官劝谕民间照旧修理圩寨,整顿乡团,互相保卫。此外各处民团,亦应一律整饬,慎选牧令,安良除暴,以靖地方。”

十二年,因四川峨边厅蛮族投诚,择充千百户等职,编制夷兵,建修碉堡。

光绪.六年,两广总督张之洞募沙民千人助守虎门,杨玉科增募千人及惠清营五百人,郑绍忠募安勇二千人,所募乡兵,以防勇规制编之。是年,命黑龙江将军于增练马队外,秋冬之季,招集打牲人等,加以训练。

八年,两江总督左宗棠以江苏沿江海州县捕鱼为业者甚多,于内江外海风涛沙线无不熟谙,而崇明尤为各海口渔户争趋之所,其中有技勇而悉洋务者,所在不乏。外洋船驶入内江者,每用渔户为导。江苏自川沙迄赣榆二十二州县,滨临江海,渔户约数万人。乃令苏松太道员为沿海渔团督办,于渔户每百人中选壮健三十人,练渔团五千名,设总局于吴淞口,设分局于滨海各县,每月操练二次,习水勇技艺,用以捕盗缉私,兼备水师之选。

十一年,云贵总督岑毓英厘定云南通省营制,猓黑勇丁,编为六营,西南土防,编为二十五营。又因云南沿边由西而东南,皆野人山寨,布列于九隘之外,乃调兵二千人,与原有防军及乡团土司,协力警备督办广东军务大臣彭玉麟以钦州、廉州地广兵单,招募乡团协守。是年,吉林将军增练防军,佐以乌拉牲丁,凡万五千人。

二十四年,都察院代陈湖南举人何镇圭条陈团练事宜,命兵部议奏。又谕:“侍郎张荫恒疏请实行团练,同时臣工屡有仿西法练民兵之请。若各省实行团练,即以乡团为民兵,用更番替换之法,较诸遴练民兵为有把握。广西会匪滋事,尤宜速办,以收捍御之功。各省督抚一律切实筹办。各省于三月内,广东、广西于一月内,将办理情形具疏以闻。”

三十年,广西巡抚柯逢时令广西各州县增募乡勇八千人,给以毛瑟后膛枪,并令民间多筑碉堡,共御外侮。

三十一年,两广总督李经羲增练防营,并募土著乡兵,备广西边境。新疆巡抚潘效苏以新疆兵费太重,改募土著,仿勇营训练,次第遣散客军。

三十四年,云南防军裁并,于腾越、临安两路创设团练,藉资捍卫。

宣统元年,各省改防营为巡防队。云贵总督沈秉坤以云南防军内有各属之保卫团,系昔日之乡团,名为营队,实即乡兵,未能遽改为巡防队，乃仍其旧。此乡兵举废之概略也。

清史稿卷一三四
志第一○九

兵　五

土　兵

　　土兵惟川、甘、湖广、云、贵有之,调征西南,常得其用。康熙间,莽依图战马宝于韶岭,瑶兵为后援。傅弘烈平广西,亦藉土兵义勇之力。乾隆征廓尔喀,调金川土兵五千,讨安南,以土兵随征。傅恒征金川,疏言:"奋勇摧敌,固仗八旗。向导必用土兵,小金川土兵尤、骁勇善战。"岳钟琪平西藏,咸、同间,讨黔、蜀发匪,其明效也。

　　古西南夷多槃瓠遗种,曰獠、曰伶、曰偏、曰僮、曰瑶、曰苗。其后蕃衍,有西番羮、人、摆夷、麼些、佲僙、咱哩、狸儸、狼、瑶等目。苗蛮种类尤多,如花苗、红苗、花仡佬、红仡佬、白猓㑩、黑猓㑩皆是。土兵多出其中,故骁强可用。土兵之制,甘肃、四川、两广、湖南、云、贵或隶土司,或属土弁,或归营汛。甘肃土兵附番部。四川土兵附屯弁、屯蕃。湖南土兵附练兵、屯兵。别有番民七十九族,分隶西宁、西藏。兹并述于篇。

　　甘肃土兵:

　　狄道州　临洮卫指挥佥事辖十五族。河州指挥佥事辖四十八户。韩家集指挥使辖二族。

　　岷州宕昌城指挥使辖十六族。攒都沟外委百户辖四十一庄。麻龙里委土官辖二族。间井外委百户辖十一庄。归安里副千户辖土民四十八族,番民四十三族。

洮州厅卓泥堡指挥使兼护国禅师辖五百二十族,马兵五百,步兵千五百,土守备一,千总、把总四,外委七。资卜指挥使辖七十六族,土守备一,千总、把总、外委各二,马兵五十,步兵百。著逊百户辖七族,兵十人。西宁县寄彦才沟指挥使辖八族,土千总一,把总二,马兵五十,步兵百。陈家台指挥使辖一百十二户,土千总、把总各一,马兵五,步兵二十。乞塔城指挥使辖四十八族,土千总、把总各一,马步兵各五十。纳家庄指挥佥事辖百二十户,土千总、把总各一,兵二十五人。西川海子沟指挥佥事辖番民十八户,土民三十户,土千总、把总兵额同上。癿迭沟指挥佥事辖九十户,土千总、把总兵额同上。循化厅土千户辖西乡上四工韩姓撒拉。保安堡土千户辖东乡下四工马姓撒拉。撒拉不同番回,似羌而奉回教,旧十三工,今隶循化八工,余隶巴燕戎格。癿藏土百户辖五族。

大通县大通川土千户辖五族。

碾伯县胜番沟指挥同知辖七百户,土千总二,把总四,马步兵百。上川口指挥同知辖四千户,土千户一,百户二,土千总四,把总六,马步兵三百。赵家湾指挥同知辖百二十户,土千总、把总各一,马兵五,步兵二。白崖子指挥同知辖百五十户,兵二十五。美都川指挥佥事辖三百户,土千总、把总各一,兵二十五。朱家堡指挥佥事辖六十二户,兵二十五。米拉沟指挥佥事辖七十户,土千总、把总各一,马步兵二十五。九家巷百户辖百余户,兵二十五。王家堡百户辖百余户,兵二十。喇守庄指挥佥事辖七十二户。

庄浪掌印土司指挥使辖指挥佥事、指挥使、指挥同知、正副千户各一,百户二,土民十旗,番民八旗,文职隶甘凉道,武职隶西宁镇。红山堡掌土司印指挥佥事兵五十。古城及大营湾指挥使、大通峡口指挥同知、古城正千户、马军堡副千户、西坪正千户、西六渠百户均率亲丁效力,不辖土民。

永昌县流水沟寺千户辖番民五旗。

甘肃番部：狄道州三族，河州十八族，皆康熙时旧族，杂处二十四关内。

洮州厅八族，大小九十余处，亦曰南番。土司杨积庆属番民五百二十族。昝天锡属番民七十六族。杨永隆属番民七族。著洛寺僧纲杨溯洛旺秀辖番民二十三族。麻你寺僧纲马昂旺丹主辖番民二十一族。圆成寺僧正侯洛扎旦主辖番民四族。

岷州熟番四十三族，旧属土司，后为归安里，惟白水江以南、南山内外，皆黑番所在，亦称若瓦。南山以东马土司辖，以西杨土司辖，凡番寺三十五所，辖番民古喇哈等二十四族。

文县番族五百族，番地二十二处。马百户番地二十八处，雍正八年，改番归流曰新民。

西宁县番民十三族，番寺三十八族。

贵德厅熟番旧五十四族，存五族；生番旧十九族，存五族；野番十九族。俱插帐河滨，番寺大者六所。

循化厅口内熟番十二族，口外西番四十九寨，口外南番二十一寨。

丹噶尔厅南乡熟番一族，河南西番八族。

武威县峡沟番民三族，沙沟一族，上下大水寺五族，南山八族。

镇番县八力曼插汉番民一族。

永昌县番民五族。

古浪县东山围场沟番民四族。黄羊川五族。柏林沟二族。

平番县熟番三十六族，旧十余万丁，同治间存千余人，番寺十四所。洛洛城十三堡番民八族，二千三百余丁。

张掖县唐乌忒黑番三族，康熙间给首领札衔。抚彝通判辖西喇古儿黄番五族，唐乌忒黑番三族，八族设正副头目，给守备、千总职衔，番民俱充兵伍。

高台县唐乌忒黑番一族，每壮丁一，纳马一匹入营。西喇古儿黄番二族，隶红崖营。

四川土兵：

松潘厅中营所属土司七寨，土百户二，千户五。左营所属土司二寨，土千户、百户各一。右营所属土司一寨，土百户一。漳腊营所属土司五十二寨，土千户十四，百户二十五，土目十三。平番营所属土司二寨、一寺，土千户三。南坪营所属土司二寨，寨首二人。

茂州叠溪营所属土司六寨，土千户、百户各一。

龙安府龙安营所属土司隘口一、堡一，长官司一，土通判、知事各一。

杂谷厅维州协左营所属土司宣慰司一，辖大小二十八寨。右营所属土司宣慰司一，辖十九寨，长官司三，辖四十五寨。

茂州营所属土司长官司一，副长官司一，安抚司、土巡检各一。

懋功厅懋功协所属土司，安抚司、宣抚司各一，辖大小四十六寨。

建昌镇中营所属土司，河东长官司一，土百户三，土目十一，民户皆猓猡罗部落。阿都正长官司一，辖土目四人，阿都副长官司一，辖土目十一，民户皆苗夷。沙骂宣抚司所辖土目五十，民户皆蛮夷。右所属河西土千总一，土目四，民户皆平夷。

越嶲厅越嶲营所属土司，邛部宣抚司一，土目十一。宁越营所属暖带密土千户一，辖乡总七，土目一。暖带田坝土千户一。松林地土千户一，辖土百户五。以上民户皆番夷。

盐源县会盐营所属土司，木里安抚司一。瓜别安抚司一。马喇副长官司一。古柏树土户一，辖土目二。中所、左所辖土目一，右所土千户各一。前所、后所土百户各一。以上民户皆番夷。

冕宁县冕山营所属土千户、土百户十三，土目四，村户皆夷也。

会理州会川所属营司土千户三，土百户四，民户皆番也。永定营所属土千户一，村户皆夷也。

打箭炉泰宁营所属沈边长官司一。冷边长官司一，民户皆番也。

天全州黎雅营所属穆坪宣慰司一。

清溪县黎雅营所属土千户一,土在户二。

打箭炉阜和协所属明正宣慰司一,土千户一,土百户四十八。革什咱安抚司一。巴底宣慰司一。喇衮安抚司一。霍耳竹窝安抚司一,辖土千户、百户各一。章谷安抚司一,辖土百户四。纳林冲长安司一。瓦述色他长官司一。瓦述更平长官司一。瓦述保科安抚司一。以上户皆土民,多少不等。

德耳格忒宣慰司一,辖土百户六,民户皆番。霍耳白利长官司一。霍耳咱安抚司一,辖土百户二。霍耳东科长官司一。春科安抚司一,副土司一。上瞻对茹长官司一。峪纳土千户一。蒙葛结长官司一。林葱安抚司一。上纳夺安抚司一,辖土千户一,百户三。下瞻对安抚司一,辖土百户二。上瞻对撒墩土千户一。中瞻对茹色长官司一。以上户皆土民。

上述土司,其中如春科等,有已纳印者,清季设专官治之。三瞻曾界西藏,为其辖境。其后边衅屡生,宣统初收复。

里塘粮务所属里塘宣抚司一,副土司一,辖长官司三,土百户二,户皆番民。

巴塘粮务所属巴塘宣抚司一,副土司一,辖土百户七,户皆土民。

石砫厅夔州协所属宣慰司一。乾隆间改土通判。

泸州泸州营所属长官司一。

雷波厅普安营所属土千总一,土舍二。安阜营所属土舍一。屏山县所属长官司四。以上民户皆番夷。

马边听马边营所属土千户一,百户九,土外委一。

峨边厅归化汛、冷碛汛所属岭夷十二地,夷人头目十二。赤夷十三枝。瞻巴家土千总、把总各一,辖头目四。哈纳家土千总、把总各一,辖头目三。蛮瓜家千总一,把总二,辖头目二。魁西家土千总把总各一。以上民户娃子为多。娃子者,汉人被掠入夷巢之名。

四川屯弁:

杂谷厅维州协所属杂谷脑屯守备一,辖屯千总二,屯把总四,屯外委八。乾堡寨上孟董、下孟董、九子寨均屯守备一,辖千总、把总、外委十四。以上民户皆番。

懋功厅懋功协所属攒拉八角碉屯守备一,千总、把总、外委六。抚边屯所属屯把总一。攒拉汉牛屯守备一,千总、把总、外委六。抚边屯所属攒拉别思满屯守备一,千总、把总、外委七,马尔富屯外委一,曾头沟千总一。章谷屯属攒拉屯守备一,千总、把总、外委八,分辖宅垄屯把总一、外委四。崇化屯属促侵河东屯守备一,千总、把总、外委十五。绥靖屯属促浸河西屯守备一,千总、把总、外委二十四。以上户皆屯番。

四川已废土司:

建昌道所属天全六番招讨司、副招讨司各一。大凉山阿都宣抚司一。建昌坝南路安抚司一。河西宣慰司一,土百户四。审札等处土百户三。北路甸沙关土千户一。

冕山营所属宁番安抚司一,土百户二。皮罗木罗等处土百户四,头人三枝。靖远营土百户四,头人四枝。凉山等处番夷头人六枝。如昆等处头人九枝。冕山营徵收土千户及头人二枝。

雅州府属司徒一,大国师一。

打箭炉属中瞻对长官司一。

川东道属宣慰司、长官司各一。

松茂道属杂谷土司一。

两广土兵:

广东高州府　茂名县瑶兵六百六十四,狼兵六百六十六,辖瑶山四十四。电白县僮兵百六十五,辖瑶山二十一。信宜县瑶兵百七十七,狼兵五百九十五,辖瑶山四十一。化州瑶兵五百二十四,狼兵百九十四,辖瑶山五十一。石城县瑶兵四百九十七,辖瑶山二。廉州府牛藤闸狼总一,兵四十六。马头闸狼目一,兵十五。水鸣闸狼目一，兵三十四。冷水闸狼目一，兵二十三。九叉闸狼目一，兵十四。沙尾闸狼目一，兵二十。藤柯闸狼目一，兵二十。丹竹闸狼目一，兵十九。樟木闸狼目一，兵三十。

广西桂林府　龙胜厅二堡，堡目各一。临桂十三堡，堡目十三。灵川五堡一隘，堡目五，隘长一。永宁州二镇，狼长二。永福十一堡，堡目十一。义宁五堡，堡目五。全州隘长六。以上各土兵，自二十四至二百九十二。灌阳狼兵最少，临桂最多。

柳州府　雒容土舍一，堡目三。罗城十五堡，堡目十五。柳城二十一堡，堡目二十一。融县二堡，堡目二。以上土兵自十四至二百六十五。融县最少，雒容最多。

庆远府　宜山堡目一。天河堡目一。河池州堡目一。思恩堡目一。东阑土州目一。永定土司一。永顺正、副土司各一。土兵自三十二人至百十人，惟那地土州兵二百八十，南丹土州兵五百十二。土州又各分兵五十属德胜厅。又忻城土县兵三百，数为最多。

思恩府
上林土舍、头目、总练三十八，兵五百七十五为多。土田州兵四百，阳万土州判兵三百次之。土上林县兵三十，武缘堡兵五十为少。

平乐府　恭城凤皇堡队长六。贺县田总一，哨长三，队长十四。荔浦堡目二。修仁堡目五。永安土舍二。以上土兵自六十五至三百十。荔浦最少，永安最多。

梧州府　岑溪狼总狼目。怀集耕总、哨长、耕兵、抚兵。二县兵皆逾三百。

浔州府　桂平、平南、贵县皆兵，武宣为土勇、土兵，自三、四十至三百十四不等。

南宁府　宣化土勇，隆安隘兵。横州狼兵，永淳狼兵、耕守兵。迁隆土侗兵。自三十至三百不等。

太平府　龙州厅属下龙土司、两关、三卡、十四隘。明江厅属上石西州兵。崇善兵、安平土州兵。万承土州九甲兵，应调运粮，及六坊土兵。茗盈、全茗、龙英、佶伦、镇远、思陵等土州兵。土江州兵。

土思州兵。下石西土州兵。上下冻土州兵。罗阳土县兵。上龙土巡检隘兵。以上兵四、五十至五百不等。余如都结土州头目三，兵十六为极少，土思州兵七百余，太平土州兵千余为最多。

镇安府　府额土兵。小镇安厅土勇。天保兵。归顺州隘兵。湖润寨隘目兵。都康、上映两土州兵。下雷土州土勇。自三十至二百五十不等，惟向武土州土目二百二十，土兵额千二百，其最多者也。

郁林州　北流狼兵。陆川狼目、狼兵。兴业狼兵皆不过三、五十。

综广西土兵，盖万三千八百有奇。

湖南土兵：

湖南苗疆，凤凰厅设中营、右营守备各官，苗兵二千，练兵千，屯兵四千。乾州厅设守备各官，苗兵八百，屯兵六百。永绥厅设守备各官，苗兵千八百，屯兵二千。永顺县设守备各官，苗兵、屯兵各百。保靖县设守备各官，苗兵、屯兵各三百。嘉庆十年，设屯弁统屯丁，原有备战练兵千人，准营制操习，著为例。

云南土兵：镇远厅，　大雅口土都司各一。

丽江府，大山茨竹寨土守备各一。中甸迭巴土守备二。

镇边厅黄草岭、杉木笼隘、六库、阿敦子、猛遮、普宁县普藤、维西厅奔子阑、元江州、云龙州老窝、威远厅猛戛、永北厅羊坪、保山县登梗、鲁掌、丽江府、新平县斗门磨沙、大中甸神翁、小中甸神翁、中甸江边神翁、中甸格沙神翁、中甸泥西神翁、镇边厅猛角猛董、圈糯千总各一。临安府稿吾卡、漕涧、奔子栏、阿敦子、澜沧江、临城、其宗喇普、思茅厅倚邦、易武、猛猎、六顺、猛笼、橄榄坝、猛旺、整董、他郎厅懦林里、定南里、威远厅猛戛、猛班、腾越厅大塘隘、明光隘、古勇隘、卯照、下猛引、贤官寨、募乃寨、东河、元江州永丰里、茄革里、喇博、他旦、老是达、岩旺、乌猛、乌得土把总各一。迭宾土把总五。中甸江边、小中甸迭宝、中甸格咱、中甸泥西土把总各三。

　　镇边厅大山分防、猛弄掌寨、猛喇掌寨、水塘掌寨、五亩掌寨、五邦掌寨、者米掌寨、茨桶坝掌寨、马龙掌寨、瓦遮宗哈正掌寨、瓦遮副掌寨,宗哈副掌寨、斗岩掌寨、阿土掌寨、土外委各一。宾川州赤谷里、保山县练地、武定州勒品甸土巡捕各一。

　　止那隘、猛豹隘、坝竹隘、黄草岭隘抚夷各一。八关抚夷。铜壁关、万仞关、神护关、巨石关、铁壁关正副抚夷,各有努练土兵自二十五六户至百五十余户。虎踞关、天马关、汉龙关正副抚夷。

　　贵州土兵:

　　贵阳府属　中曹长官司,养龙长官司,白纳长官司、副长官司,虎坠长官司。

　　定番州属　程番长官司,上马桥长官司,小程番长官司,卢番长官司,方番长官司,韦番长官司,卧龙番长官司,小龙番长官司,金石番长官司,罗番长官司,大龙番长官司,木瓜长官司、副长官司,麻向长官司。

　　开州属　乖西长官司、副长官司。

　　龙里县属　大谷龙长官司,小谷龙长官司,羊场长官司。

　　贵定县属　平伐长官司,大平伐长官司,小平伐长官司,新添长官司。

　　郎岱厅属　西堡副长官司。

　　归化厅属　康庄副长官司。

　　永宁州属　顶营长官司,沙营长官司。

　　镇远府属　偏桥长官司,邛水长官司。

　　黄平州属　岩门宣化长官司。

　　思南府属　蛮夷长官司,朗溪长官司、副长官司,沿河佑溪长官司、副长官司。

　　平越州属　杨义长官司。

　　思南府属　都坪长官司、副长官司,都素长官司、副长官司,黄道溪长官司、副长官司,施溪长官司。

黎平府属　潭溪长官司、副长官司,欧阳长官司、副长官司,龙里长官司,亮寨长官司,中林验洞长官司,古州长官司,湖耳长官司、副长官司,八舟长官司,新化长官司,洪洲泊里长官司、副长官司。

都匀府属　都匀长官司、副长官司,邦水长官司。

麻哈州属　平定长官司,乐平长官司。

独山州属　烂土长官司,丰宁上长官司、下长官司。

铜仁府属　省溪长官司、副长官司,提溪长官司、副长官司。

松桃厅属　乌罗长官司、副长官司,平头著可长官司、副长官司。

西藏土兵:

雍正九年,新抚南称、巴彦等处番民七十九族,地居四川、西藏、西宁间。十年夏,川、藏暨西宁分遣专官会同勘定,近西宁者归西宁管辖,近西藏者暂隶西藏云。

西宁管辖四十族:阿哩克族、蒙古尔津族、雍希叶布族、玉树族、噶尔布族、苏鲁克族、尼雅木错族、固察族、称多族、洞巴族、多伦尼托克安图族、阿萨克族、克列玉族、克阿永族、克叶尔济族、克拉尔济族、克典巴族、隆布族、上隆布族、札武族、上札武族、下札武族、札武班右族、上阿拉克硕族、上隆坝族、下隆坝族、苏尔莽族、白利族、哈尔受族、登坡格尔吉族、下格尔吉族、格尔吉族、巴彦南称族、南称桑巴尔族、南称隆冬族、南称卓达尔族、吹冷多拉族、巴彦南称界住牧喇嘛、拉布库克住牧喇嘛。

西藏管辖三十九族:纳书克贡巴族、毕鲁族、璊盆族、达格鲁族、拉克族、色尔札族、札嘛尔族、阿札克族、上阿札克族、下阿札克族、夥尔川木桑族、夥尔札麻苏他尔族、夥尔札麻苏他尔、只多族、瓦拉族、夥尔族、麻鲁族、宁塔、尼札尔、参麻布玛、尼牙木札族、利松麻巴族、勒达克族、多麻巴族、革只族、依戎夥尔族、夥尔族、彭他麻族、夥尔拉赛族、上刚噶鲁族、下刚噶鲁族、琼布拉克鲁族、噶鲁族、色尔札族、上多尔树族、下多尔树族、三札族、三纳拉巴族、朴族。

　　以上四十族，共八千四百四十三户。三十九族，共四千八百八十九户。雍正间，定族内人户千户以上设千户一，百户以上设百户一，不及百户者设百长一，每千、百户下设散百长数人。至乾隆末，别定三十九族，总百户一，百户十三，百长五十三，后增为百户十六，百长六十一。

清史稿卷一三五
志第一〇

兵 六

水 师

水师有内河、外海之分。初，沿海各省水师，仅为防守海口、缉捕海盗之用，辖境虽在海疆，官制同内地。至光绪间，南北洋铁舰制成，始别设专官以统率之。其内河水师，天聪十年，自宁古塔征瓦尔喀，以地多岛屿，初造战船。

天命元年，以水师循乌勒简河，征东海萨哈连部落。

顺治初，以京口、杭州水师分防海口。八年，始于沿江沿海各省循明代旧制，设提督、总兵、副将、游击以下各武员，如陆营之制。各省设造船厂，定师船修造年限，三年小修，五年大修，十年拆造。十年，以水师克舟山，增造战舰，扩充兵额。十四年，增设崇明水师总兵官，调拨江宁、江苏、安徽各省标兵万人，分防吴淞江及崇明诸口。十六年，增设京口左右两路绿旗水师总兵官。十八年，设吉林水师营造斛船及划子船。

康熙八年，增设福建水师总兵官。十四年，改崇明总兵官为水师提督。十七年，设福建水师提督及参将以下各官。二十四年，裁京口右路水师，改左路水师为京口总兵官。二十六年，增设南台水师营，置参将以下各官。二十九年，更定修造战船之制，外海战船、哨船，自新造之年为始，三年后以次小修、大修，更阅三年，或大修，或改造。内江战船、哨船，则小修、大修后，更阅三年，仍修治用之。三十四年，令督、抚、提、镇，凡修理战船银两，不得浮冒核减，致船料薄弱。五十二年，令赶缯等船，于船之首尾刊捕盗各营镇船名，以次编列。五十三年，增设金州水师营于海岛内，选谙习水性者充之。五十六年，设松江水师营。

雍正二年，令沿海各督、抚出洋巡视。其战船向由地方官修造者，改归营员修造。是年，设乍浦水师营。三年，以满洲兵丁未习水战，增设天津水师营，以满洲、蒙古兵二千人隶之。四年，以福建水师常驻内地，不耐风浪，浙江水师尤甚，乃更改旧制，于本省洋面巡哨外，每年选派船弁，在闽、浙外洋更番巡历会哨，以靖海氛。五年，以杭州驻防旗兵抽练水师。江宁驻防旗兵，即以镇江原有战船隶江宁将军，督率旗兵习水战。寻令旗兵四千人悉习水营事务。令江南、江西各水师营，于弓矢、鸟枪外，增练藤牌、大刀、钩镰枪、过船枪、钺、斧、标弹等武器。战船分大中小三等。增练排枪。湖广水师，每兵千人，增鸟枪四百杆。

六年，令水师船厂附近省城者，凡战船造成，在城之督、抚、提、镇会同验看。是年，因浙江水师技艺生疏，乃于福建水师中择精练之兵，赴浙江教练。寻定浙江战船用木之丈尺，及船身深广之制。奉天水师亦如之。七年，以旅顺水师不谙战务，拨福建水师营精卒赴奉天教练。是年，增浙江乍浦水师营。八年，拨江宁驻防兵八百人隶乍浦营。旋因各省水师营承修造船之员逐层需索，追交收后，复盗卖损毁，各营皆然，京口标兵尤甚，令督、抚严惩之。九年，以文武各员承修战船，每多贻误，弊窦丛生，乃严治各员，限期修竣，以除巧脱中饱之弊。

十年，令天津水师大小赶缯船所用梗木舵牙及藤蔑等具，收存备用。各省战船设承修官，以董造船之役。由督、抚、提、镇委副将、参将会同文职道、府，领价督修，委都司会同文职府佐办料修造。隶将军标者，委参领等官办理。大修小修之年，各营呈报有司，题咨承修官，具册领价。江南、江西、湖广、福建、浙江、广东等省，于届修两月前领银备料。台湾、琼州于四月前备料。天津、山东于八月前备料。各营驾船赴厂，承修官即于次月兴工，如期修竣，违则惩之。其船名号各殊，大小异式，皆因地制宜。山东登州、胶州南北二汛海口赶缯船、双篷船，福建大号赶缯船及二三号船、双篷舢船，江西南湖营沙唬船，天津大小赶缯船，京口水师船，苏州狼山、川沙、吴淞水师船，湖北、湖南、广东各水师船之船身大小，木板厚薄，咸遵定制，令道员会同副将等监视督造。广东外海内河战船亦如之。

十一年，定修造战船限期，直隶限四月福建、台湾限十月，山东限六月江西大修拆造限三月，小修限两月，江南限四月，湖广大修拆造限六月，小修限四月，浙江限四月，广东琼州限六月，其余各厂均限四月。十二年，裁江苏太湖营参将，改设太湖协副将，兼辖浙江太湖营游击各官，定为内河水师营。十三年，议定天津、福建、浙江、广东各战船所需物料，或按年更新，或越年更新。

乾隆元年，议准江南各厂拆造及修理沙唬船、艍缯船，两淮厂拆造沙唬船、修造赶缯船，于部价外，加津贴银两有差。各厂同之。二年，令山东登、胶南北二汛额设双篷船、赶缯船，届修之年，亦增津贴银。三年，拨湖北武昌水师驻汉口，为汉阳水师营中军。议准广东各标营外海战船拆造，视修工大小，加津贴有差。四年，因沿海各省战船报部，有缺少至十之二三者，或侵蚀修船帑银，或赁与商人谋利。令督抚严惩。又谕浙江艍缯船拆修视江苏省之例，舢艄船视江苏省沙唬船之例，量加津贴。五年，复申禁沿海战船缺少赁用之弊。六年，以台湾远隔重洋，修造战船，仍循旧制。其福建各船厂，兴泉道之泉厂，与兴、泉、永三府协办，汀漳龙道之漳厂，与汀、漳、龙三府协办，盐法道承修之福建厂，与延、邵、建三府协办。七年，裁江苏黄浦营弁兵，改为提标水师右营。八年，加福建三船厂津贴银。十二年，加台湾船厂运费。十四年，令外海、内河水师战船、哨船修竣后，承修官以船身丈尺及器具报有司毋损。

十五年，以闽、浙海洋绵亘数千里，远达异域，所有外海商船，内洋贾舶，藉水师为巡护，尤恃两省总巡大员，督饬弁兵，保商靖盗。而旧法未尽周详，自二月出巡，至九月撤巡，为时太久。乃令各镇总兵官，每阅两月会哨一次。其会哨之月，上汛则先巡北洋，后巡南洋。下汛则先巡南洋，后巡北洋。定海、崇明、黄岩、温州、海坛、金门、南澳各水师总兵官，南北会巡，指定地方，蝉递相联，后先上下，由督抚派员稽察。至台、澎水师，仍循曩例。

十六年，令福建三江口营大小战船按季整洗。十七年，令各省水师，除江南省沙唬船、巡快船，福建省艍艋船，轻便易使，广东虎门协营沙礁迂回曲外，其沿海各省战船，一律制备头巾插花，借助风力，以资巡哨。巡船则仿民船，随时修整。五十四年，以外海、内河战船，旧例，酌留一半为捕盗之用，其余各船，次第届期改造，咸令展期三月，福建、浙江、江南、山东各省，咸展期半年。五十五年，以搜捕海盗战船拙滞，允水师将弁之请，仿民船改制战船，以期迅捷。五十八年，因广东海盗充斥，自南澳至琼、崖，千有余里，水师战船，虽有大小百数十号，仅能分防本营洋面，不敷追捕，致商船报劫频闻。历年捕盗，俱赁用东莞米艇，而船只不多，民间苦累。乃筹款十五万两，制造二千五百石大米艇四十七艘，二千石中米艇二十六艘，一千五百石小米艇二十艘，限三月造竣，按通省水师营，视海道远近，分布上下洋面，配兵巡缉，以佐旧船所不及。五十九年，以浙江定海县之舟山外有五奎山，外洋船只，皆于此寄泊，实为海滨要区，于定海镇标内，酌拨弁兵，更番戍守。六十年，以沿海战船过于累重，不便捕盗，每届修造，需费尤多，通饬各督抚，届修造之年，俱仿商船之式改造，以所节浮费，为外洋缉捕之用。

嘉庆二年，浙江战船俱仿民船改造。山东战船亦仿浙省行之。其余沿海战船，于应行拆造之年，一律收小，仿民船改造，以利操防。五年，谕各省水师向设统巡、总巡、分巡及专汛各员，出洋巡哨。奉行日久，有以千总等代巡之弊。嗣后令总兵官为统巡，副将、参将、游击为总巡，都司、守备为分巡，遇有事故，以次代巡，不得以微员擅代。山东水师，向未有统巡等职名，亦一律行之。九年，因各省师船向遵部颁定式，仅能就近海巡查，不能放洋远出，多改雇商船

出洋捕盗。廷臣建议，战船改商船制度，以收实用。旋谕江苏省滨
海之区，屡有盗劫，所有旧式战船，令疆臣仿广东、福建、浙江之例，
即行改制。十一年，谕沿海疆吏，当乾隆五十五年，曾严饬统兵官实
力训练舟师，乃日久玩生，弁兵于操驾事宜全不练习，遇放洋之时，
雇用舵工，名为舟师，不谙水务。嗣后通饬所辖各营，勒期训练，一
切帆舵各技，务皆娴习。其最优者，不次擢用，惰者惩之。二十一年，
规复天津水师营汛，以闽、浙、两广、两江各省所裁水师，遵旧制募
足额数，改隶天津水师，分营管辖。二十二年，增设天津水师总兵
官，以专责成。

　　道光四年，谕福建疆臣，前以闽省战船迟重，驾驶不便，曾裁汰
十五船，其余俟拆修之年，令承修官仿同安梭船式，一律改造。嗣
后，闽洋米艇，缉捕仍不得力，其已改造之胜字六号米艇八艘无须
裁汰外，所有届修之捷字六号十二艘，存营之胜字一号十号两艘，
修竣之胜字三号一艘，悉行裁撤。十年，令直隶、浙江、福建统兵官
增拨哨船，梭巡南北洋面。是年，定水师人员一年试验之制，各统兵
官随带出洋，亲加考验。又严定改用外海水师人员之制，其外省世
职及陆路呈改人员，有才具可用或曾立功绩者，同督抚保题。十三
年，整顿浙江省水师，增造阔船、舢板船。十五年，以各省水师废弛，
惮于出巡，致盗案叠出，严饬水师提、镇实力训练缉捕。十八年，以
各省战船每届修造之年，承办各员昌领中饱不能如式制造，或以旧
代新，或操驾不勤，驯至朽腐，令统兵大臣核实办理。十九年，令督、
抚、提、镇禁将弁扣索之弊，并甄汰劣员，如有呈改召募，不得瞻徇。

　　二十年，以各省战船修造草率，并有迟延积压各弊。福建船厂
所修成字四号大船，甫经拆造，即致破坏。自道光六年至二十年，积
压各船至三十艘之多。承修各员悉予惩处。各厂应修之船，一律严
催。其水师各船巡洋之余，各提、镇大员饬将弁操练燂洗，毋任久泊
海堘。又因广东虎门海口为海防中路要区，以西境之香山，东境之
大鹏为左右两翼。嘉庆十五年，设水师提督，节制各路。香山副将
所辖水师，兵力稍厚。大鹏参将所辖弁兵，仅九百余人。道光十年，

又分为二营,其所辖大屿山及尖沙嘴洋面,为夷船聚泊之所,乃择要建炮台二座,与水师相依护,以澄海副将改为大鹏协副将,移驻九龙山,增额设水师兼守炮台,增造大号、中号米艇四艘,快船二艘,在水师各协营,抽配弁兵,巡缉洋面。

二十一年,以外夷船坚炮利,旧设外海水师强弱不敌,等于虚设,拟改水师为陆师,专防内地。寻以海盗滋扰,全恃水师缉捕,广东之虎门,为外海藩篱,尤藉舟师之力,乃定议缓裁。

二十二年,以海上用兵,专恃炮火,令各疆臣训练弁兵,一律以施放炮位有准为弁兵去取。又以海上用兵二载,闽、粤、江、浙水师迭致挫败,令四川、湖广等省采购巨木,速制坚船,驶往闽、浙等省,防守海疆。寻因各省战船,如快蟹、拖风、捞缯、八桨等船,仅能用于江湖港汊,新造之船,亦止备内河巡缉,难于海上冲锋。惟潘仕成捐资新制之船,坚固适用,炮亦得力,并仿美利坚国兵船制造船样一艘,又仿英吉利国中等兵船之式,调取各省工匠,改造大船。其例修师船一律停造,以资挹注。并以船炮图说,饬江苏、福建、浙江三省督抚详勘,何者利用,由广东省制成,分运各省。又因湖北省所辖长江千余里,旧设宜昌镇标,荆州、汉阳各水师营,战船不能载炮。广东匠役何礼贵曾为外洋造船,能造火轮及各式战船,饬赴湖北,择何项战船利于长江驾驶,即就海船之式,量为变通。裕泰拟造之开浪船,于海战未宜,罢之。

二十三年,饬沿海各提、镇,于每岁出洋及巡洋事毕,所经历情形,悉以上闻。三十年,因浙江省水师废弛,饬有司整治船炮,严禁奸民接济海盗,并令沿海将领,按时出洋会哨。又令山东疆臣,以三汛师船、四县水勇,合而为一,统以专员,往来策应,并于扼要岛屿,设置大炮。

咸丰元年,以长江辖境绵长,令张亮基等购置船炮,择要驻守。三年,调广东外海水师拖罟战船及快蟹、大扒等船百艘,统以大员,由海道驶赴江宁,助剿粤寇。是年,江忠源疏请广制战船,以靖江面。旋令两广督臣,以广东拖罟船式咨行四川、湖广各督抚,或在本省、或在湖北宜昌一带,迅简工匠,造水师船百余艘,每船载兵五十人,于三月内竣事。兼饬湖南、湖北二省,购船募兵,与长江下游艇船协力防江。旋以所购民船不合用,乃收买江船之巨者,仿广东船式,安置炮位,与广东所募红单船及赁用拖罟船,驶赴江南剿寇。又以广东内河及滨海各厅县,均有捐造缉捕快蟹船,道光间,江海捕盗,悉藉其力。船头藏巨炮,旁列子母炮,勇丁咸技艺精练,泅水战最长。令各船由海道至长江会师。是年,曾国藩试造师船于湖南,以规模过小,乃就广东之拖罟船、快蟹船二种,参酌其制,先造十艘,续增二、三十艘,以能载千斤之炮为度。至拖罟船,则由两湖督抚如式制造。

四年,令广东赁用之红单船二十三艘,并修治十九艘,凡四十二艘,统一武员,驶入长江。是年,以粤寇窜扰东南,水师不敷剿堵,下游惟广东红单、拖罟等船渐集瓜洲,上游惟曾国藩新造战船,自湖南顺流而下,已达武昌。其九江、安庆等处,尚无战舰,令张亮基、骆秉章购置江船及钓钩等船,裕瑞、夏廷樾在四川采购材料,与骆秉章商办。旋骆秉章以四川造船,江险而途远,水程不便,仍在湖南购料制造。两湖绅士丁善庆,遵曾国藩所定之式,已成大板艇五十号,长龙等船亦次第告成。长江剿寇,在江南取胜者,以红单船、拖罟船二种为最,体势雄壮,置炮最多,而能顺风不能逆风,宜江面宽阔,不宜港汊。在湖南取胜者,以舢板船、长龙船、快蟹船三种为最,往来轻便,搜捕尤宜,而风急水溜,一下难于遽上,势散而力单。令湖南水师沿江攻剿,与江南水师会合,各用其所长,以期制胜。

六年,以曾国藩在江西所造战船最为得力,令福济选择将弁,率工匠赴庐州仿造,所需洋炮,在上海拨款办解。六年,胡林翼以长江水师,自五年春间回驻武、汉以后,战舰无多,乃与骆秉章协商,督率船炮局各员尽力筹谋,水师复振。湖南绅局所制船械,交至营中者,大小战船凡三百余艘,火药四十余万斤,炮子一百四十万斤,其余各械咸备,请优诏奖之。水师重在炮位,广东运到洋炮二百尊,续运六百尊,配置各师船,自武汉至九江,所向克捷。惟长江水战,上下游形势不同,武、汉以上,利用轻便战船,浔、皖以下,江面渐广,利用巨舰。秋冬风劲,宜巨舰,春夏宜小艇,船炮之大小,宜因时因地而损益之。请令两广督臣,续购大小洋炮,自四百斤至一千五百斤,凡八百尊,尽易旧式炮位,以利东征。八年,以天津原设水师,道光间,先后裁撤,乃筹复设,以重海防。令福建、广东疆吏,各抽调大号战舰,备齐炮械,由海道驶赴天津,设水师三千人。十年,令清淮筹防局筹款,为防湖水师常年经费,增设淮扬水师营,以保两淮盐场,兼佐陆军。芜湖孤悬水中,令曾国藩筹设宁国水师,以攻芜湖,为克金陵之本。增设太湖水师,为克苏州之本。

同治二年,谕沿海督臣举水师将才。又令曾国藩所部内江水师、都兴阿所部扬防水师,有胜外海水师之任者,各举以闻。四年,在山东省仿长江战船之式,造长龙舢板船,于黄河水性驾驶合宜。以水师泊黄、运二河,防堵逸寇,必须分段扼守,而地势绵长,不敷调遣。复由山东增造长龙船,并增舢板船十艘,以武职大员督领巡防。五年,改造江南海口之红单、广艇三十艘,合原有广艇凡四十艘,分防海口。六年,整顿福建、台湾海防,增置龙艚等船。

七年,曾国藩议改水师之制,以江南水师向分外海、内河二支,外海水师六千七百七十六名,武员一百十八人,内河水师八千二十一名,武员一百三十三人。船数则近稽道光二十四年江南旧例,水师船二百七十五艘,朽坏居多,别造舢板船一百三十五艘,大船十二艘,约计各船不过载兵二千数百人,而额定之兵数,尚有万余人。徒费饷项,有水师之名,无舟楫之实,宜大为变通,请求实际。江苏水师,其营制饷章,悉仿长江水师之例,外海之红单、广艇亦略增其饷,与李鸿章、丁日昌诸臣协力筹办,期于外防与内盗并谋,旧制与新章兼顾。俟章程既定,沿海福建、广东各省水师,均可酌改行之。

八年,部臣定议,从曾国藩所陈,改江苏水师为内洋、外海、里河三大支,以资控御。里河水师,以原设提标右营,太湖左营、右营及增设淞北、淞南二营为五营,隶提督统辖。舢板船每营船数不等,一律兴修,不得缺额。所有太湖七营,改为里河五营,其裁员归并提标序补。马新贻等续议,九江水师营改城守营,设陆汛四处。鄱阳营改陆汛二处。洞庭水师营改龙阳城守营。岳州水师营酌留水兵,隶陆路管辖。荆州水师营酌留弁兵有差。九年,谕定安等,以宁灵各军运饷艰难,增造炮船,由黄河运送。所有大小战船三十二艘,编为一营,设统带等官。

十年,沈葆桢以外海兵船制成,应简知兵大员督率操练。寻以福建水师提督李成谋为兵船统领。是年,曾国藩以江南水师章程初议十四条,嗣由马新贻等增为二十五条,乃删减归并定为二十一条。外海六营,以次巡哨。内洋五营,分定汛界。里河五营,分定汛界。淞南营、淞北营、太湖左营、太湖右营酌增战船。水师营所遣陆汛,移并留防。京口三营陆汛炮堤,分别管辖。改定辖营,及留设守备,要汛多留陆兵,定将弁处分则例。规定各营船数,酌定外委员数酌定裁缺薪粮。营官建衙署地方、各营座船之数、官兵额定数目、书吏名数、雨篷旗帜等费、官兵粮额,各船酌用枪炮数目,各船酌用火药枪炮弹,综计饷项之数,下所司核议行之。十一年,丁宝桢调拨福建省所制安澜兵轮赴山东洋面巡缉。瑞麟调拨福建省小号兵轮赴奉天海口巡缉。

光绪四年,裁去广东轮拖巡船水勇二千三百余人。五年,以各省举办水师,奉天、直隶、山东、江苏、浙江、福建、广东次第驻泊兵轮,编制水师,而沿海各省形势不同,操法未能一律,吴淞口为南北海疆适中之地,乃命江南提督李朝斌为外海兵轮统领,督率各省大小兵轮,定期在吴淞口会操。六年,以新置蚊炮船便利合用,续向外洋购置数十艘,募福建、广东沿海精壮之民为水师,分屯北洋各海口。七年,以奉天旅顺口原有旗营艇船朽坏,弁兵疲弱,悉行裁汰,归陆师巡防,别以快炮防海。时丁汝昌由英国率战舰回国,为中国水军航外海之始,乃擢丁汝昌为水师提督。

八年,以江南形势,先海后江,朝议拟以长江水师提督驻吴淞口,狼山、福山、崇明三镇标隶之,以江南提督移驻淮、徐,改福建水师提督为闽浙水师提督。寻左宗棠、彭玉麟议覆,以海防不外战守二端,战宜厚集兵力,守宜因势设险,仍循旧制为宜。福建水师自裁兵加饷后,实存水师六千九百余人,旗营水师三百余人,各营拖罾、龙艒、快艇等大小战船实存四十艘,台湾、澎湖战船六艘,大小兵轮十艘,宜联合浙江省水师会操,官制则仍循其旧。

九年,以广东内河之肇庆河面绵长六百余里,仅有小巡船二十余艘,不敷分布,九龙洋面水浅,大船难于行驶,乃于二处各增设浅水兵轮船。十年,试造尖底舢板船,分布海口。旋以船质弱小,罢之。十一年,彭玉麟以海防日亟,议设水师总统于吴淞,分设二镇:一驻直隶大沽,凡盛京、直隶、山东、江南各海口战船隶之;一驻福建厦门,凡浙江、福建、台湾、广东各海口战船隶之。两镇每年周巡海口,会哨于吴淞。是为南北洋水师建议之始。十二年,议裁减浙江沿海水师。旋浙抚刘秉璋以旧额战船二百五十余艘,粤寇乱后,购造不及半数。光绪八年,裁水师船十三艘,停修旧船三艘,已符裁兵三成之数。惟巡洋之红单船十一艘,不在额设裁减之例。十四年,因台湾疆土日辟,改安平水师副将为台东陆路副将,改鹿港游击为安平水师游击,任新设地方镇守之职。十五年,以福建内河水师炮船旧额共九艘,频年裁撤,实存三十艘每船配置水师六人,专任巡缉内洋。十六年,调拨福建海坛水师驻防福清县属,以靖海盗。十七年,于湖南选锋水师中、前、后、左、右营内拨一千六百余人,分防省城及岳州等处,拨长胜、毅安水师四百余人,分防辰州、沅州、常德等处,拨澄湘水师三百余人,分防衡州等处,以专责成。是年,因奉天辽河下游旧有巡船,上游则仅有陆队兼巡,未有水师。乃增置长龙炮船一艘,舢板船八艘,于练军内选拨弁勇,梭巡辽河上下及省南之洋河。

十九年,令提督黄翼升校阅长江提标五营,上江十三营,下江四营,定训诫之规,禁陆居,戒嗜好,勤练艺,屏虚文,不得蹈绿营之习,日久玩生。闽浙疆臣会议,以浙江省有元凯、超武二兵轮,福建省有伏波、琛航、靖远三兵轮,与沿海水师协力缉捕。而浙省水师船自裁减后,仅存五十余艘,闽省自马江战后仅存艇船二十九艘,乃在宁波海口赁用红单等船八艘,酌拨弁兵,以靖海盗。二十四年,令江苏省之外海、内洋、里河、太湖四支水师,一律酌裁水勇。二十五年,以安徽省江防在下游者为东西梁山,建有炮堤炮台,在上游者为阗江矶前江口及省城之江心洲,咸有炮台,而缺乏水师,乃拨澄清营炮船二十五艘,及长江水师之芜湖、裕溪、大通、安庆、华阳各营,联络防守。又令长江五省督抚,各派将领,不分畛域,严密设防。二十六年,以奉天凤凰厅沿海一带,素称盗薮,曾由北洋拨兵轮巡洋,其支港各处,宜屯泊水师,乃于大孤山、太平沟、沙河三口岸,各造兵船三艘,酌配水师巡缉。三十四年,因浙江杭、嘉、湖三府捕匪兵单,于原有水师中,抽练游击一队,驻嘉兴府,增练游击三队,分布嘉兴、湖州各河港,以游击小队驻杭州省城,赁用上海商人之小轮船十艘,曳带兵梭船巡水道,以期迅捷。在南洋船坞造浅水兵轮船四艘,配快炮八尊,江苏亦制浅水兵轮船四艘,协同内河水师,仿欧西各国章程,编为联队,以资防剿。此整治水师之概略也。

其兵额之增减,船械之配置,各省随时编定。外海水师,北自盛京,南讫闽广,凡拖缯、红单等船隶焉。内河水师,各省巡哨舢板等船隶焉。奉天、直隶、山东、福建水师船均属外海。江西、湖广水师船均属内河。江南、浙江、广东水师船分属外海、内河。其别练之师,有巡湖水师、巡盐水师、亲兵营、练军营。同治以后,增定长江水师、太湖水师之制,视旧制加详矣。

其巡防之规,外海水师巡防盛京,以协领为总巡,佐领、防御、骁骑校为分巡。直隶等沿海各省,以总兵官为总巡,副将以下为分巡。各于所治界内,率水师沿海上下,更番往来,诘奸禁暴,两界相交之处,戒期会哨,以巡缉情形申报所属将军、总督、提督,委员稽察。若因风阻滞,各厂到界之日具报。其每岁定期,以二月、四月、五月为始,至九月事竣回营。有引避不巡,或巡而不周遍者,论如军律。其内河水师巡防之制,长江自四川巫山而东,出三江口,至湖广界,经岳州、武昌、兴国至江西界,经九江、江宁、京口等处,东至于海,各省将军、总督、提、镇分委旗标弁兵,沿江游巡,及界而还。

　　自康熙以后，以外海利用巨舰，内河利用轻舟，故船制屡改，而辖境辽阔，水师兵额，时有增加，遇有战事，增舰尤多。征吴三桂之役，命尚善率舟师入洞庭湖取岳州。及鄂蒲统水师，增造鸟船百艘、沙船四百三十八艘，置水师三万人。征台湾之役，命万正色督率湖南、浙江战船二百艘，由海道赴福建。姚启圣亦修战船三百艘，水师二万人。施琅之克澎湖，用战船三百艘，水师二万人。施世骠之平朱一贵，用大小战船六百余艘。乾隆间，征缅甸之役，命湖广船匠造船于蛮暮，取道金沙江以攻缅甸，兼调福建、广东水师助之。李长庚之剿海寇，在福建造大船三十艘，名曰霆船，配置大炮四百尊，合闽、浙水师全力，转战重洋，遂平蔡牵。

　　道光以后，海警狎至，木质旧船不敌外洋铁舰之坚利。同治五年，始仿欧洲兵轮船式，于福建省开厂制造轮船。江苏初设轮船四艘。十一年，广东、山东各设轮船一艘，奉天设小轮船一艘，咸配置水师。其后沿海各省购置兵轮，岁有增益，旧式水师战船分别裁汰。至光绪中叶，综各省外海、内河实存师船之数，奉天外海缯船十艘。直隶外海长龙船二艘，先锋舢板船四十八艘。山东外海拖罾船十四艘，内河哨船六艘。江苏外海轮船二艘，艇船八艘，内洋轮船二艘，舢板船六十艘，内河舢板船、艇船三百八十五艘，长江舢板船七十六艘，督阵舢板船七艘，长龙船十艘，巡哨舢板船一百二十八艘。安徽舢板船二百八十二艘，长龙船十五艘，八团船一艘，枪划十艘，护卡巡船十五艘，督阵舢板船七艘，轮船二艘。江西长龙船十五艘，舢板船二百六十三艘，督阵舢板船六艘，轮船一艘。福建外海长龙船一艘，舢板船十九艘，小艇十四艘，哨船十四艘，龙艚船二艘，拖艚船一艘，内河炮船三十艘。浙江外海钓船二十七艘，艇船十二艘，龙艚船十七艘，哨船二艘，快船一艘，内河大舢板船五十八艘，中舢板船八十四艘，飞划船四十九艘，长龙船、座船二百十三艘，枪船八艘，炮船五艘。湖北督阵大舢板船八艘，长龙船十二艘，舢板船一百八十艘。湖南督阵大舢板船四艘，长龙船四艘，舢板船六十艘。广东外海大小轮船二十二艘，巡船十四艘拖船十艘，长龙船一艘，扒船一艘内河两橹桨船一艘,橹船一艘,桨船四十艘,巡船一百九十六艘,急跳船十五艘,平底桨船二艘,快哨船二艘,快船十四艘,快桨船七艘,舻船四艘,船二艘。

各省战船,咸分隶标营,择地屯泊,以时会哨。外海师船,以海军规制渐立,仅任沿海捕盗之责。各省内河师船,均仿长江水师舢板船之式。惟巡缉等船,分巡支河汊港,利用轻捷,船制少殊耳。其漕、河水师营制,始于明代隆庆间。清代略更其制。以卫卒专司挽运漕粮,以营兵专任护漕,别设城守营守护城池。分漕院与巡抚为二,漕运总督标下,统辖左、右、中三营及城守四营,驻山阳境及漕运要地,分别置兵。淮郡旧为黄、淮二河交注之区,特建两大闸,设河兵及堡夫守之。河营遂与漕营并重,各有副将、参将、游击、守备等官。河营升迁之例,与军功等,专司填筑堤防之事,而缉捕之责不与焉。

清代水师武功之盛,守洞庭而平吴逆,战重洋而歼蔡牵,下长江而制粤寇,东南数千里,威行桴鼓,劳臣健将,蹈厉功名,超逾曩代。及海禁宏开,铁船横驶,舟师旧制,弱不敌坚,遂尽失所恃。时会迫迮,非规画之疏也。

凡直省旧额船数分防之制,分列于篇:曰东三省,曰直隶,曰山东,曰江南,附太湖湖标、漕标各水师,曰浙江,曰福建,曰广东,曰广西,曰湖南,曰湖北,曰安徽,曰长江水师。

东三省沿海各口岸,以金州、旅顺口为尤要。清初即有水师之制。松花江、嫩江贯注吉林、黑龙江二省腹地。所设水师营汛,由吉林而北抵墨尔根、黑龙江一带。至光绪间,旅顺筑海军港,屯驻铁舰,迥殊曩制。其东部之图们、混同江上,时有俄罗斯战舰侵轶,非旧制师船械弱兵单所能控制矣。列经制水师于后:

奉天旅顺口,于顺治初年设水师营,以山东赶缯船十艘隶之,始编营汛。康熙十五年,设水师协领二人、佐领二人、防御四人、骁骑校八人,水兵五百人。五十三年,由浙江、福建二省船厂造大战船六艘，由海道至奉省，驻防海口。

金州水师营隶城守尉，水兵百人。

吉林水师营，顺治间，设四、五、六品官。光绪十四年，增设总管一人，六品官二人。

齐齐哈尔水师营，康熙二十三年，设总管一人，四品官二人，六品官二人，造船四、五、六品官各一人，领催八人。水兵二百六十八人，后增至五百六十八人。大战船二艘，二号战船十五艘。康熙四十年，拨归黑龙江十艘。雍正间，拨归墨尔根六艘，存大小战船二十五艘，江船五艘，划子船十艘。

墨尔根水师营，康熙二十三年，设四品官一人，领催一人，由本城协领兼辖，凡战船六艘，水兵四十三人，雍正间增战船六艘。

黑龙江水师营，康熙二十三年，设总管一人，五品官二人，六品官二人，领催八人，战船三十艘，水兵四百十九人。四十年，自齐齐哈尔拨船增之，凡大战船十艘，二号占船四十艘，江船十艘，划子船十艘。

直隶省水师，始于雍正四年，设天津水师营，都统一人，驻天津，专防海口，水师凡二千人。省内各河，咸归陆汛，无内河水师。乾隆八年，增设副都统一人，水师千人，大小赶缯船二十四艘，艍仔船八艘。三十二年，以海口无事，徒费饷糈，全行裁汰。嘉庆二十一年，复设水师千人。旋裁大名镇，以水师总兵归并，大名实存守备一人、参将一人、千总二人、把总三人、水师四百九十一人。嘉庆十九年，直隶督臣那彦成以官兵虚设，兵船多朽，疏请裁撤，仍并入大名镇。咸丰八年，以海疆多警，增设海口六营，于大沽南北两岸修筑炮台，凡大炮台五座，平炮台十座，大炮九十九尊，水师三千人，以五百人为一营，分编左右六营。九年，改为一千八百人。同治八年，督臣李鸿章疏请酌定营制，设大沽协副将，驻新城海口，防守炮台。光绪元年，李鸿章于大沽、北塘等处，增建炮台，购置欧洲铁甲快船、碰船、水雷船，以海军将领统之，不隶旧制协标之内。

其内河水师船,始于同治间,仿长江水师之制,设督标水师中营,管带官一人,哨官三十二人,水师四百七十六人,舢板战船三十二艘,驻三岔河口,亲兵总哨官一人,哨官十四人,水师二百二人,舢板战船十四艘,驻西沽河口。

山东,顺治元年,始于登州府设水师营,领以守备、千总等官,凡沙唬船、边江船十三艘,水兵三百八十六人,驻扎水城,分防东西海口。十五年,移沂州镇于胶州,改胶州水师为陆营。十八年,移临清镇于登州,以隶属城守营之水师,改为前营水师。康熙四十三年,增设游击二员及守备以下各官,增水师为千二百人,改沙唬船为赶缯船,为二十艘,分巡东西海口,东至宁海州,西至莱州府,分为前后二营,各专其职。四十五年,以前营水师移驻胶州,巡哨南海,后营水师驻水城,巡哨北海。五十三年,裁后营经制员弁,裁水师七百人,拨赶缯船十艘赴旅顺口,仅存前营水师游击等官,赶缯船十艘,分南北二汛,以游击、守备分辖兵船之半。雍正七年,每船增兵十人,两汛共增兵百人,增双篷艍船七艘,每艘配兵三十人,南汛艍船三艘,北汛艍船四艘,北汛增将弁一人。九年,又增设艍船三艘,增兵一百九十人,每艍船共配兵四十人,南北汛各五艘。十二年,增将弁六人,又于成山头增设东汛水师,抽拨南北汛赶缯船各一艘,双篷艍船各一艘,分配战守兵,拨南北汛将弁四人,配船巡哨成山、马头嘴一带,与各汛会旗,总归水师前营管辖,以本镇统之。列定制于后:

前营水师,游击、守备各一人,千总二人,把总四人,外委千总二人,外委把总四人,水战兵八百人,守兵二百人,赶缯船十艘,双篷艍船十艘,每船各带脚船一艘。南汛驻胶州之头营子,游击一人,把总二人,外委千总、把总各一人,赶缯船四艘,双篷艍船四艘,共配战守兵四百人,南境巡哨至江南交界之鸳游山,东至荣成县马头嘴,与东汛会旗。东汛驻养鱼池,千总、把总各一人,外委千总、把总各一人,赶缯船四艘,双篷艍船四艘,共配战守兵四百人,南境巡哨至马头嘴,与南汛会旗,北境巡渭至成山头,与北汛会旗。北汛驻登州府水城,中军守备、千总、把总各一人,外委把总二人,赶缯船四艘,双篷艍船四艘,共配战守兵四人,南境巡哨至成山头,与东汛会旗,北境巡哨至隍城岛,与直隶水师、盛京水师分界。

江南水师,顺治初年,江苏松江等营,各有捕盗小快船四十艘,常州、镇江等营,各有一二十艘不等。自康熙七年,查毁沿江海各营出海之船,其内河快船亦从裁汰。嗣巡抚马祜、提督杨捷疏请苏、松、常、镇四府,各塘汛设水师巡船三百二十五艘,以靖水盗。雍正元年,江苏、浙江督抚会商,以太湖连跨二省,凤为盗薮,乃于湖滨各口,增设水师营汛巡船,分界巡防。其湖内各地,系二省交会者,令参将各率水师会同巡缉。雍正五年,令京口八旗营仿天津水师之制,设京口水师营,分拨京口大小战船二十艘至江宁练习。其驻宁水师,凡满洲、蒙古兵千人,设协领四人,佐领、防御、骁骑校各十二人,是为江南水师之始。

镇守京口左右两路水师,设统兵官二人,分统左右营,各置沙船二十八艘,水艍船八艘,犁缯船八艘,舵碇手二百二十人,水手、匠役四百九十二人。康熙二十一年,改隶江南提督标下,分为中、左、右三营。三十六年,裁总兵官,设副将以下各官,每营设沙船二十三艘,唬船七艘,小巴船四艘,水手四百六十八人。自雍正二年后,迭有改拨,每营存唬船二艘,小巴虎船六艘,渡马浅船六艘。

江南提督水师标兵,顺治四年,始设参将以下各官,分为中、左、右、前、后五营及城守六营。中营唬船一艘,巡船十五艘,中号四橹哨船二艘,桨橹快哨船二艘,左营虎船三艘,巡船十五艘,中号四橹哨船二艘,桨橹快哨船二艘。右营浦江游巡哨船四艘,改设哨船一艘,桨船一艘,二橹哨船一艘,巡船七艘。前营中号四橹哨船二艘,桨橹快哨船一艘,巡船二十二艘。后营唬船一艘,中号四橹哨船二艘,桨橹快哨船二艘,巡船八艘。

松江城守营唬船一艘,中号四橹哨船二艘,桨橹快哨船二艘,巡船一艘。

金山营巡船十三艘。

柘林营巡船四艘。

青村营巡船二艘,小哨船一艘。

南汇营大罟船二艘,小哨船四艘。

川沙营捕匪大罟船三艘,放大罟船三艘,大罟船二艘,小哨船二艘,小号二橹哨船二艘。

刘河营巡船八艘。

吴淞营沙船三艘,艍艄船四艘。

福山营沙船四艘,官渡船四艘,巡船十六艘,后改为福山镇标,设总兵以下各官。

太湖营沙船、快船、巴唬船共三十二艘,后改为太湖协标,设副将以下各官。

常州营巡船二十九艘。

江阴营唬船二艘,巡船七艘。

靖江营唬船二艘。

杨舍营巡船二艘。

镇江城守营,顺治十五年,设镇守苏松水师总兵官,分中、左、右水师三营,各设沙船九艘,赶缯船五艘,寻改为参将等官,设巡船二十三艘。

江南督标游兵营,顺治初年,隶操江巡抚标下,设游击以下各官,大唬船一艘,小唬船二十七艘。康熙元年,裁并入督标。

奇兵营,顺治初年,随操江巡抚赴安徽省驻防,改为太平右营,设游击以下各官。康熙元年,裁并入安庆营。

瓜洲营,顺治二年,设守备以下各官,专防江北水汛,唬船八艘。康熙元年,改为参将,并入江南督标。十一年,改为瓜洲城守备,唬船八艘。其各县分防水师,宝应汛船十五艘,氾水汛船十四艘,永安汛船二十三艘,高邮汛船十六艘,江都汛船十四艘。

淮安庙湾营,顺治初年,设游击以下各官,沙船五艘,唬船四艘。

佃湖营，雍正九年，由庙湾营分防，设都司以下各官，沙船三艘，巡船四艘，唬船一艘，内河巡哨船一艘。

营城营，顺治三年，设守备以下各官，唬船四艘，小巡船四艘。乾隆十一年，改为唬船一艘，巡海哨船二艘，三号四号沙船二艘，小巡船四艘。

小关营，雍正十一年，由盐城营分防，设都司以下各官，沙船二艘，唬船一艘，快船一艘。

海州营，顺治四年，设游击以下各官，小巡船五艘。康熙三年，并入东海营，增设沙唬船十艘。

东海营，顺治初年，设守备以下各官。十八年裁撤。康熙十八年复设。其分防汛地，鹰游内外洋汛觇船二艘，大浦汛商船二艘，海头汛唬船一艘，临洪口汛哨船二艘，高公岛汛沙船一艘。

江苏抚标左右营，顺治四年，设参将以下各官，左营巡船十艘，右营巡船十艘。

苏州城守营，顺治四年，设参将以下各官，巡船五十八艘。

平望营，顺治三年，设游击以下各官，巡船十七艘。初隶提督标，乾隆以后，改隶巡抚标，巡船二十艘。

福山营，自提督标分防，设游击以下各官，其沙船四艘，巡船六艘，官渡船四艘，船数仍如曩制。道光间，以海疆要地，改为镇标，设总兵以下各官，分为中、左、右三营。

淞北营，原隶督标内河水师，同治十一年，改隶江南提标水师，增设副将以下各官，仿长江水师之制，设舢板船十六艘。

淞南营，同治十一年，改隶里河淞北协标，增设游击以下各官，仿长江水师之制，设舢板船、座船凡三十七艘。

江北狼山镇标，顺治十八年，设总兵以下各官，分中、左、右三营。中营赶缯船一艘，沙船一艘，唬船三艘，渡船五艘。左营赶缯船一艘，沙船二艘，唬船三艘，渡船六艘。右营赶缯船六艘，沙船一艘，唬船四艘，渡船三艘。

泰州营,顺治二年,设游击以下各官,赶缯船二艘,沙船二艘。

掘港营,顺治三年,设守备以下各官,唬船三艘。

康熙二十三年,以京口将军标下沙船二十二艘,唬船十八艘,隶狼山镇标,为海口巡防水师。二十八年,以战船四艘,仍拨归京口。四十八年,改为中、左、右三营。中营赶缯船三艘,沙船二艘。左营赶缯船三艘,沙船三艘。右营赶缯船四艘,沙船二艘,唬船四艘。雍正十年,实存大小水师船二十二艘。十三年,右营增小哨沙船一艘。同治五年,增设绥通、绥海二营,隶长江水师提督。

江南福山镇标,道光二十三年,设总兵以下各官,分中、左、右三营,以旧有之福山营水师为福中营,苏松奇兵营水师为福左营,杨库水师为福右营。中营旧设巡船十五艘,日久朽坏无存,以沙船四艘增换阔头舢板船五艘。左营设大小舢板船八艘,右营设大小舢板船五艘。同治九年,改定营制,以中营并入左右营。以左营原辖之海门厅属西半洋沙等汛,隶通州营,以左营分中左右三哨,分驾巡船十二艘,出巡洋面,以右营驻防陆路各汛。

太湖水师,始于雍正间。太湖连跨苏州、常州、湖州之境,为全吴巨浸。湖中风浪与江海异,故巡湖水师船制亦殊。其卫所巡司则以巡船,水师则以哨船。雍正二年,设太湖营游击、千总、把总各一人。五年,以大钱汛口为浙江省濒湖要道,增守备、千总各一人,把总三人,战守水兵原额千人,历年裁并,实存水战兵一百八十六人,守兵四百七十二人,分防各处:角头汛兵一百八十五人,沙快船五艘;西山汛兵六十九人,沙快船二艘;浙江乌程汛兵一百九十七人,沙快船九艘;伍浦汛兵六十九人,快巡船九艘;南浦汛兵一百七人,快巡船九艘。七年,以沙船六艘为湖中大汛巡防,其余改小号巡船二十艘,巡缉支河小港。九年,分水师为左右二营,左营守备驻简村,列汛凡六,当震泽县界。千总一人,驻鲇鱼口,列汛十有二,当吴县、吴江、震泽界。把总二人:一驻东山,列汛凡八,当吴县界;一驻吴江,列汛凡八,当吴江、震泽界。右营守备驻周铁桥,列汛凡六,当宜兴、阳湖界。千总一人,驻马山,列汛十有四,当常州、无锡、阳湖界。把总二人：一驻鼋山，列汛凡七，当吴县界；一驻凤川，列汛凡七，当宜兴、荆溪界。乾隆间，设副将以下各官，水师战船，凡巴唬船十六艘，沙船三艘，大快船七艘，小快船三十二艘。至道光间，存巴唬船十六艘，沙船二艘，大快船六艘，小快船二十艘，桨船十艘。迨咸丰年粤匪乱后，营伍船械全失。同治间，重整水师，尽易旧制，仿长江营制，设太湖协标二营，舢板战船三十六艘。此江南水师之制也。

其长江水师之在江南省者，为瓜洲镇标，辖瓜洲营、孟湖营、三江营、江阴营，战船兵额与各省长江水师同。

河道总督标营凡二十营。雍正七年，以漕标右营改隶河标设，巡船九艘。山清里河上营，康熙十七年设，船六十八艘。里河下营，雍正六年，由里河营分设，船十三艘。外河上营，船一百十四艘。山安海防河营，雍正七年，由外河营分设，船五十四艘。高堰上营，康熙三十八年，由盱眙营分设，船三十四艘。山盱下营，雍正七年，由高堰营分设，船十七艘。桃源安清营，康熙三十八年设，船二十三艘。扬河上营，康熙十七年设，船八十二艘。扬河下营，雍正七年设，船十四艘。徐河南北营，雍正六年设，船三十艘。邳睢河营，顺治初年设，船七十五艘。宿虹南北营，顺治初年设，船百艘。桃源南北营，顺治初年设，船六十八艘。宿迁运河营，雍正六年设，船十九艘。凡河防各营，设守备以下各官，大小各船，分浚船、柳船二类，修防河工，以营制部勒之。

漕运总督水师标营，分中营、左营、右营、城守四营，以中、左、右三营任护漕之责，以城守四营任地方之责，驻山阳境及漕运所经之地。其运挽漕粮，则以卫卒任之。

浙江水师，杭州协钱塘水师营，顺治初年，设守备各官，兵一百十五人，鳖子门汛兵七十九人，新城汛兵三十一人，塘栖汛兵九十三人，钱江汛兵七十七人，富阳汛兵一百五十人，防守河庄山唬船四艘，运河内河快唬船十一艘，钱塘江渡马船六艘。

乍浦水师营,雍正二年,以定海镇右营改归乍浦,设参将各官,水战兵二百四十人,守兵二百七十六人,战船十艘,内洋岑港辖洋面汛三十三,内洋沥港辖洋面汛十五,内洋岱山辖洋面汛十九。

嘉兴协营,设副将各官,驻防府城,兵四百三十二人,快哨船五艘。海盐汛兵一百七十五人,快哨船三艘。乍浦汛兵二百十三人,快哨船二艘。澉浦汛兵百人,快哨船一艘。石门汛兵一百十人,快哨船四艘。桐乡汛兵七十六人,快哨船二艘。濮院汛兵六十一人,快哨船三艘。新城汛兵四十人,快哨船一艘。平湖汛兵九十九人,快哨船三艘。嘉善汛兵七十人,快哨船二艘。嘉兴汛兵六十九人,快哨船二艘。王江泾汛兵五十六人,快哨船二艘。雍正十年,裁撤快哨船二十艘,改造大号巡船二十艘,小号巡船二十艘,分配各汛。

湖州协营,设副将各官,驻防府城,兵四百七十六人,快巡船十三艘。左营分防双林汛兵五十人,快巡船三艘,德清汛兵三十四人,快巡船四艘,新市汛兵四十二人,快巡船四艘,含山汛兵四十二人,快巡船四艘,菱湖汛兵三十九人,快巡船五艘。右营分防泗安汛兵五十人,快巡船三艘。长兴汛兵四十四人,快巡船二艘。武康汛兵二十人,快巡船一艘。马要汛兵二十人,快巡船一艘。乌镇汛兵十四人,快巡船一艘。南浔汛兵五十八人,快巡船六艘。菁山汛兵十六人,快巡船一艘。梅溪汛兵八十人,快巡船二艘。

绍兴协营,设副将各官,水师一千八百七十二人,用卫所之制,设临海、观海二卫,沥海、三江二所。雍正十年,设周家路水师汛,置绍字一、二号巡船二艘。

宁波府,顺治三年,设水师营参将二人,分左右二营,水战兵四百人,守兵四百人。十四年,设宁台温水师总兵官及以下各官。康熙九年,设水师提督及左右二路总兵官,七年罢之。设总兵官一人,辖中左右水师三营,兵三千人。春秋二汛,率战船出洋巡缉。其战船之数,随时增改。顺治三年,水师左右二营,大小战船五十二艘。九年,定海镇左右二营,战船四十九艘。十四年,水师左右前后四营,战船二百二艘。康熙元年,水师前左右三营,战船一百七十三艘。九年,定海镇中左右三营,战船八十艘,增设哨船二十艘。历年裁汰,定为水艍船十二艘,犁缯船七号水艘中艍船一艘,中号犁缯船五艘,沙船七艘,双篷 船十三艘,唬船二艘,哨二十艘。象山城守营,设副将各官,哨船四艘,海口汛兵一百五十人,哨船十艘。雍正四年,裁存四艘。昌石营,设都司等官,汛兵五百六十五人,战船六艘。镇海营,原设定海水师左右二营。雍正二年,改设镇海营参将各官,汛兵二百三十五人,哨船八艘。

台州府,顺治十四年,设宁台总镇。十五年,改水师提督。寻改总兵。设黄岩镇标三营,水师二千七百七十五人,战哨船二十五艘。海门驻游击等官。前所驻都司等官。右营分防海洋七汛:玉环山、干江、鸡齐山、标桃屿、石塘、龙王堂、沙护。中营分防海洋六汛:郎几山、黄礁门、深门、三山、老鼠屿、川礁。左营分防海洋八汛:圣堂门、米筛门、白岱门、牛头门、靖寇门、狗头门山、茶盘山、迷江山。

温州府,顺治三年,设副将各官。十三年,改总兵官,设镇标中左右水师三营,战哨船二十二艘。中营水战兵六十五人,守兵一百五十二人,战船九艘,快哨船二艘,钓船三艘。分巡二处:一专防三盘口,水师百六十二人,战船二艘;一专防长沙海洋,水师一百二十八人,沙战船二艘。分防汛地凡七:曰霓岙黄大岙、三盘、大门、长沙、鹿西、双排。左营水战兵六十八人,守兵一百七十三人,战船九艘,快哨船二艘。分巡二处:一专防凤山汛,一专防南龙海洋。分防汛地凡五:曰凤皇山、铜盘山、南龙山、大瞿山、白脑门。右营辖陆地汛兵。瑞安水师营,设副将各官,水战兵九十八人,守兵一百四十三人,内洋巡哨战船四艘,外洋巡哨战船五艘,快哨船四艘,钓船二艘。分巡二处:一专防北关洋,水师七十人,战船一艘;一专防官山洋,水师五十人,战船一艘。分防汛地凡六:曰北关、官山、金乡岙、琵琶山、南鹿山、四大屿。玉环水师营,设参将等官,水战兵一百四十五人,守兵二百五十四人,八桨船四艘,战船四艘,快哨船四艘。左营辖陆地汛兵。右营水师一百八十四人,战船四艘。分巡二处:一专防坎门,水师六十五人,战船一艘;一专防长屿,水师三十四人,战船一艘。内洋凡三汛:曰乌洋、梁湾、黄门。外洋一汛,曰沙头。左右营率水师一百八十四人,战船一艘,轮巡洋面。又江口水师一百八十四人,战船四艘。

雍正二年,额定四种战船:曰水䑿船,曰赶缯船,曰双篷船,曰快哨船。其六桨船、八桨船,雍正七年后所增设也。

福建水师,顺治十三年,始设福建水师三千人,唬船、哨船、赶缯船、双篷船百余艘。康熙二十四年,裁撤双篷船八十艘,以二十艘分防台湾及澎湖岛。雍正三年,于福州、漳州、台湾三处各设船厂,制造外海内河大小战船。七年,设泉州船厂,修造各提、镇、协标水师战船。福州船厂承修四十六艘。泉州船厂承修四十八艘。漳州船厂承修五十二艘。台湾船厂承修九十六艘。乾隆十六年,令三江口战船按季燂洗。三十三年,裁撤哨船五十艘。嘉庆四年,令战船悉改同安船式。五年,裁撤内地额设战船三十艘,增造米艇船三十艘,编为胜字号。七年,以福宁府陆路镇标左营改为水师左营,驻三沙海口,编新字号战船十二艘。十年,增台湾水师同安梭船三十艘,编为善字号,分设台湾协标中左右三营。十一年,增米艇八艘,编为捷字号,又增大横洋梭船二十艘,分编为集字号十艘,成字号十艘,分防内地。十三年,裁撤中号、小号梭船十七艘。十四年,增集字号、成字号大同安梭船二十艘,捷定号米艇八艘。十五年,裁撤台湾港口善字号船二十一艘。于鹿耳门增守港师船十六艘,编为知字号,增八桨快船十六艘,编为方字号。十六年,裁撤各营中号、小号梭船三十七艘。道光二年,裁撤捷字号米艇、胜字号米艇共十五艘,余改为一、二、三号同安梭船之式。七年,裁撤台湾水师营知字号、方字号船共三十二艘,善字号船九艘,别造白底䑿船三十二艘,编为顺字号十六艘,济字号十六艘,分拨台湾协标中左右三营,澎湖协标艍舺营。

其外海战船名号凡十类:曰赶缯船,曰双篷䑿船,曰双篷船,曰平底哨船,曰圆底双篷舿船,曰白艕舿船,曰哨船,曰平底船,曰双

篷哨船,曰平底颵船。内河战船名号凡九类:曰八桨船,曰六桨平底
小巡船,曰花驾座船,曰八桨哨船,曰小八桨船,曰中八桨船,曰大
八桨船,曰花官座船,曰哨 船。各船水师多寡之数,以船之大小为
衡。

提督标分中、左、右、前、后五营,中营战船九艘,左营八艘,右
营八艘,前营十艘,后营十艘。总督标水师左营战船二艘。金门协
标后改镇标,左营战船九艘,右营九艘,改镇标后,增战船二艘。海
坛协标后改镇标,左营战船十艘,右营八艘。闽安协标左营战船七
艘,右营七艘。福宁镇标左营战船十艘。烽火营战船十一艘。南澳
镇标战船十艘。铜山营战船十一艘。台湾协标中营战船十九艘,左
营十四艘,右营十六艘。澎湖协标左营战船十七艘,右营十六艘,艍
舺营十四艘。

广东水师,自顺治九年设官弁千人,嗣设总督标水师,驻肇庆
府,分为中、左、右、前、后五营。中营二舻桨船一艘,急跳船一艘。左
营桨船二艘,急跳船一艘,舢板船三艘。右营桨船二艘,急跳船二
艘。前营急跳船二艘,舢板船四艘。后营桨船一艘,急跳船一艘,舢
板船三艘。水师营二舻桨船十四艘,四舻桨船六艘,急跳船六艘。四
会营四字号桨船三艘。新会营急跳船一艘,急跳桨船一艘,小舢板
船二艘。后改肇庆城守协标,辖左右营、四会营、那扶营、永安营。以
新会营改隶提标水师之顺德协。

巡抚标辖水师左右营、广州协左右营、三水营、前山营、顺德协
左右营、新会左右营、增城左右营、大鹏营、永靖营。光绪二十九年,
裁广东巡抚,以各营分隶提督标及广州城守协。

水师提督标,康熙元年设,驻惠州府,辖四营。嘉庆后移驻虎
门,分中、左、右、前、后五营,香山协左右营,顺德协左右营,新会左
右营,大鹏左右营,赤溪协左右营,清远右营,广海寨营,永靖营。凡
六舻船十一艘,八舫船四艘,十舻船二艘,十二舻船二艘,米艇十一
艘,捞缯船六艘,快桨船二十七艘,浅水桨船十二艘,巡船十四艘,

二舻船六艘,四舻船十二艘,艍船四艘。嗣后裁广海寨营,以清远左右营隶三江口协标,以永靖营改隶抚标,又改隶城守协标,增设赤溪左右营。

南澳水师镇标,左营战船十艘,属福建省,右营赶缯船九艘,艍仔船六艘,八桨船二艘。澄海协,左营艍船二艘,艍仔船二艘,乌舨船一艘,快桨船三艘;右营赶缯船一艘,艍船二艘,艍仔船一艘,乌舨船一艘,快桨船二艘。海门营赶缯船二艘,艍船二艘,艍仔船四艘,快桨船四艘。达濠营艍船二艘,艍仔船一艘,快桨船一艘。

碣石水师镇标,康熙八年展界,分中左右三营,米艇十艘,哨船一艘。平海营,康熙元年,以惠州协右营驻平海所,雍正四年,设平海营,隶镇标,一号赶缯船一艘,二、三、四号艍船三艘,五、六、七、八号拖风船四艘,一号愉船一艘。归善城守营,舢板哨船十三艘。惠来营,属陆路。潮州镇标,分中左右三营。城守营快船五艘。饶平营快船四艘。黄冈协左右营,左营哨船二艘,右营哨船二艘。

北海镇标及城守营,康熙初年设。二十三年,改设龙门水师协标,分左右二营,左营水师八百二十三人,右营八百十一人,共大米艇三艘,中米艇四艘,小米艇一艘,捞缯船三艘,艍船一艘。乾隆二十年后,实存赶缯船二艘,艍船四艘,拖风船一艘,快马船三艘。旧辖有硇州营,大小战船二十七艘,后改隶高廉水师镇标。

高廉镇标阳江营,嘉庆十五年,以南韶连镇标左翼兵移驻阳江,设阳江镇标,左营大米艇五艘,捞缯船二艘,右营大米艇三艘,捞缯船一艘,后改隶高廉镇标。电白营双篷艍船七艘。吴川营外海双篷艍船二艘,外海拖风船三艘,桨船二艘。硇州营旧为乾体营,大战船十三艘,龙艇六艘,哨船五艘。康熙四十二年,改为硇州营,存赶缯船三艘,艍船六艘,拖风船十二艘,外海双篷船四艘,快桨船七艘。东山营大米艇一艘,捞缯船二艘。

雷琼镇标,康熙二十七年设,分左右二营,赶缯船二艘,船六艘,快哨船六艘。雍正间,增快哨船十艘。嘉庆十五年,改称水师营,左营水师八百七十六人,右营水师八百八十八人。海安营,康熙初年,设副将各官。八年,改设游击,隶镇标,大小哨船九船凡二十艘。白鸽寨营,顺治初年,设参将各官,大小哨艘。康熙间裁撤,存哨船三艘。海口营,嘉庆十五年,设水师协标,左营水师四百九十二人,右营四百八十五人,后改参将,并左右营为一营。崖州水师协标,中营属陆路,右营水师一、二、三号拖风哨船三艘,四、五、六号艍船三艘。

又广东驻防八旗营水师,乾隆十年,设领催等三十人,水师四百七十人,分左右二营,匠役十二人,教习副工兵百人。

广西水师,旧设驻柳州,后移驻龙州。康熙二十一年,以梧州地居两广之中,扼三江之要,分额设弁兵之半,于浔、南一带,设哨船巡防。其后惟梧州、浔州、平乐、南宁、庆远各府有经制水师,为数无多。

至光绪初年,以漓江、左江、右江水程绵亘,盗贼充斥,设水师五营。嗣因饷绌,并为三营。旋增募勇丁,凡巡哨船一百四十艘,兵丁一千三百余人。仍苦不敷分布,乃复设水师五军,以水程之长短,定师船之多少。自桂林府至平乐府,为中军汛地,设将领四人,巡船四十艘,兵五百人。自梧州府至浔州府,为前军汛地,设将领二人,巡船二十艘,兵三百五十二人。自太平府至南宁府,为左军汛地,设将领三人,巡船三十艘,兵三百七十六人。自庆远府至武宣,为右军汛地,设将领四人,拨车扒船四艘,巡船三十六艘,兵五百三十六人。自南宁府至百色等厅河面,为后军汛地,设将领三人,扒船八艘,巡船二十艘,兵四百二十四人。此光绪季年之制也。

其旧设水师弁兵船数列后:梧州府水师三营,设副将各官,水师千人,塘船十三艘,快船六艘,舢板船三十八艘。庆远府协标左营,兼辖水师哨船二艘。平乐府水师哨船四十七艘。广运营八桨哨船七艘,柳兵哨船七艘。大亮营八桨哨船一艘,柳兵哨船一艘。大定营八桨哨船一艘,柳兵哨船二艘。足滩营柳兵哨船十二艘。浔州府左营,兼辖来宾江口水师哨船,勒马汛水师哨船。南宁府隆安县水塘十八处，哨船十五艘，水师一百四十人，横州水塘二十处，哨船三艘，水师三十四人。永淳县水塘九处，哨船一艘，水师十人。

湖北水师，武昌府城守营，旧有水师营，设守备以下各官。乾隆二年，拨入汉阳营，任江、汉巡防之责。武昌省城，存城守营内河巡哨船五艘，下游道士洑营巡江船三艘。汉阳城守营兼辖水师营，战船三艘，虎战船一艘，汉川虎战船二艘。黄州协营，巡江船三艘。蕲州城守营，巡江船二艘。荆州水师营，设守备以下各官，战船二十五艘，巡江船二艘。宜昌府水师，顺治十三年设彝陵镇，辖水师前后二营。康熙十九年，改为彝陵水师协标。乾隆元年，改为宜昌镇标，仍设水师前后二营，战船三十艘，小艍船十一艘。经粤寇之乱，旧制无存。同治间，充长江水师。其属湖北省者，为汉阳水师镇标，辖汉阳营、田镇营、簰洲营、巴河营。其战船、兵额，与各省长江水师同制。

江西水师，清初设九江镇标水师营，南湖水师营、鄱湖水师营，唬船二十艘，分防水巡，各营设塘船一艘。康熙元年，改九江镇标为九江协标，水师七百七十三人，增设沙船三十艘，水汛巡哨船十七艘。乾隆间，实存沙船八艘，唬船二十三艘。后改为城守营。同治八年，裁撤城守营。其南湖水师营、鄱湖水师营，自设长江水师后，亦皆裁撤。长江水师之属于江西省者，为湖口水师镇标，辖湖口营、吴城工宫、饶州营、华阳营、安庆营，战船、兵额，与各省长江水师同制。

安徽省水师，安庆镇标、寿春镇标及游兵营、泗州营，均有战船。顺治初年，安庆镇标游兵营隶操江巡抚标。康熙元年，改隶江南总督标。泗州营旧隶江南提督标，后改隶安徽巡抚标。安庆镇标，分防怀宁、桐城、望江、东流、贵池、铜陵及江西彭泽县等处，大唬船一艘，小唬船二十二艘。游兵营，分防和州、无为、含山、铜城、繁昌、芜湖、当涂等处及江苏之江宁县，大唬船一艘，小唬船二十七艘。寿春镇标,颍州营哨船二艘,泗州营扒唬船四艘。经粤寇之乱,师船尽毁。同治间,设长江水师,属安徽省者,为长江提督标中营,驻太平府,辖裕溪营、芜湖营、大通营、金陵营,战船、兵额,与各省长江水师同制。

湖南水师,清初设辰州、洞庭二营。康熙二十八年,裁辰州水师,改设岳州水师营,归岳州营参将兼辖,设守备各官,头舵战兵六十八人,水步战兵六十五人,水守兵一百四十八人,分防岳州府城及东西湖、上下江二汛。自雍正至嘉庆,迭有增减,存头舵战兵三十四人,水步战兵三十九人,水守兵一百四十二人,战船十八艘。

洞庭水师营,原设洞庭协标。嘉庆二年,以洞庭副将、都司移驻常德,改常德为协。以常德游击、守备移驻洞庭,改洞庭协为水师营,设游击各官,战兵一百九人,守兵四百三十六人,战船十二艘,分防小船、游巡小船各十艘,分驻龙阳县及东西湖各汛。承平日久,将弁兵丁,咸居陆地,船敝不修,旧制浸废。

咸丰三年,曾国藩治水师于湖南,造船练兵,以长龙船、舢板船尤为便利,粤寇定后,至同治八年,裁撤水勇,设长江水师。在湖南境者,设岳州镇标四营,为岳州营、沅江营、荆州协标营、陆溪营。原设之岳州水师,归并岳州城守营。原设洞庭水师,归并龙阳城守营。

咸丰军兴以后,常于省城驻水师二营,湘潭驻水师一营,衡州驻水师一营,益阳县则由省城拨师船驻防,常德驻水师一营,辰州驻一营,靖州之洪江驻一营,澧州则由常德拨师船驻防,又于岳州、安乡合驻水师一营,不在经制水师之列,而分地驻巡,参错布置,实与经制水师相辅云。

长江水师,道光季年,各省内河水师及沿江水师,船多朽敝,值操练之期,虚衍仪式。粤寇东犯,无以制之。咸丰三年,江忠源始建制舰练兵之议。四年,命侍郎曾国藩治水师于衡州,造拖罟、快蟹、长龙、舢板各船,惟舢板船尤为轻捷制胜,长龙船次之。大率水师一营，长龙船一、二艘，舢板船或十余艘，或二十余艘，以拖罟船、快蟹船守营，不以出战。其后水师日增，悉废拖罟、快蟹旧式之船，专以舢板船摧敌。任彭玉麟、杨岳斌为水师统帅，循长江转战东下，克名城以百计，睛巨憝于金陵。

同治三年，东南底定，曾国藩、彭玉麟以江防重要，疏请设立长江经制水师。简授长江水师提督一人，得专折奏事，隶两江、湖广总督节制，率提标五营驻安徽太平府。每岁于所辖湖南、湖北、江西、安徽、江南五省江面巡阅。设岳州、汉阳、瓜洲、湖口四总兵官。每镇标各统水师四营，惟湖口镇标五营，以狼山镇标水师二营并隶之，凡二十四营。总兵及参将、游击，于收泊战舰处所立汛建署，为营汛治事之地。以船为家，不得在署常居。都司、守备各官以至兵丁，不得陆居。

总兵座船三艘，督阵舢板二艘，亲兵十二人。副将座船二艘，督阵舢板一艘，长龙二艘，亲兵十二人。游击座船二艘，督阵舢板一艘。长龙一艘，亲兵十二人。都司二人，各座船一艘，长龙一艘。守备二人，各座船一艘，舢板一艘，飞划一艘。四哨千总八人，各座船一艘，舢板一艘，飞划一艘。四哨把总九人，各座船一艘，舢板一艘，飞划一艘。四哨外委十一人，各座船一艘，舢板一艘，飞划一艘。又外委一人，管带督阵舢板，有座船一艘，无舢板。战船之大者，每艘或设兵二十人，为舵兵一人，头兵一人，炮兵二人，桨兵十六人；或设兵二十五人，为舵兵一人，舱兵一人，头兵一人，炮兵四人，桨兵十八人。舢板船每艘设兵十四人。

总兵以下各官，设稿书、书识，自七人至一人不等。以都司一人管驾长龙船为领哨，守备为副领哨。每哨战船十艘。惟岳州、汉阳系游击营制，而统战船三十三艘，视参将例。左哨都司专任钱粮，右哨都司专任船炮军械及巡查诸务。

大小战船咸设炮位。长龙船千斤头炮二位，七百斤边炮四位，艄炮一位。舢板船八百斤头炮一位，六、七百斤哨炮一位，船边五十斤转珠小炮二位。洋枪刀矛之属，随宜分配。旗帜以桅旗为主，悬方式长龙旗,凡长一丈二尺。舢板船旗长九尺,船艄悬尖式龙旗,书某标某营某哨。桅上小旗,或船首立旗,书驾船将弁之姓,以示区别。

凡驻师之处,渔船由水师编号稽查,以清盗源。其疏防之责,以哨官为专汛,营官为本辖,遇有盗劫,视汛地所辖题参。江鄂各营,半年更调一次。副将与副将之营互调,参将、游击与参将、游击之营互调。每营调居客汛二次,又调回本汛一次,如承缉盗案未获,则不得更调。

凡副将、参将以下,由本境巡抚节制,总兵由总督节制。土匪猝发,须用战船,由督抚檄调境内水师往剿。总兵奉檄即发兵。督抚调水师操练,亦奉檄即行。其事涉重大者,督抚会同长江提督疏陈。其余水营政务,由长江提督主持。

饷糈之制,将弁则视其职以定廉养公费。兵丁月饷,每名银三两有差。全军饷糈,由沿江厘捐局指定支拨。

设火药局于湖北、安徽,购硝斤于江苏、江西、湖南。设子弹局于湖南之长沙。设造船厂于湖北之汉阳,江西之吴城,江南之草鞋夹。战船均三年一修,十二年更换。

定水师事宜三十条,未尽者续定十条。银米有稽,铨补有章,训练有规。郑重江防,严申禁约,有犯必惩。自荆州以达海门,沿江数千里,称天堑雄师。至光绪季年,特命大臣查阅长江营伍,实存长龙、舢板战船七百六十二艘,飞划船六百四十二艘,水师弁兵一万有七十九人。

其自荆州以上,溯江至宜昌、巴东,汉阳以上,溯江至襄阳、郧阳,湖南之湘江、沅江,江西之吴城,以上诸河,各疆吏自设防营。其淮河一带,自正阳关至洪泽湖,及江苏境各支河水师,隶淮阳镇标,光绪间,改设江北提督。凡清江营、洋河营、庙湾营、佃湖营、洪湖营、苇荡营咸隶之。自镇江以东,内河各汛及太湖水师五营,则统以江南提督。凡各省内河有水师者,悉改旧式,一准长江水师。其海口原有之狼山镇、福山镇,仍如前制,由镇将督率大号战船,巡防内海。惟狼山镇兼隶长江水师提督,每营设大舢板船二十艘,并仿红单、拖罟船式,设大号战船数艘,多置炮位,为巡缉内洋之用。其长江水师营制防汛列后:

岳州设总兵官,置中军中营游击,战船三十三艘,仿参将营之例,分防自城陵矶至鹿角、垒石、泸陵潭、湘阴一带。沅江设参将,属岳州镇左营,分防君山、西湖及常德、龙阳、华容等河通洞庭湖之处。其沅、湘等水汛,由湖南省别行设防。荆州设副将,属岳州镇后营,分防自荆州以下江面石首、监利一带,至荆河口止。陆溪口设游击,属岳州镇前营,分防自荆州河以下江面,螺山、新堤及倒口内之黄盖湖。

汉阳设总兵官,置中军中营游击,战船三十三艘,仿参将营之例,分防自沌口以下江面,至团风等处,并防省城两岸,后湖、青林湖。其汉水上通樊城千余里及各河汊,由湖北省别行设防。簰洲设参将,属汉阳镇后营,分防自倒口以下江面至沌口,兼防金口以内之斧头湖。巴河设游击,属汉阳镇右营,分防自团风以下江面,黄州、兰溪至道士洑,兼樊口以内之梁子湖。田家镇设副将,属汉阳镇前营,分防自道士洑以下江面沛源口、蕲州、武穴至陆家嘴,兼防沛源口及隆平以内之湖。

湖口设总兵官,置中军中营游击,分防自陆家嘴以下江面,至九江老洲头。吴城设参将,属湖口镇左营,分防自湖口以内姑塘、南唐、渚矶一带。饶州设参将,属湖口镇后营,分防都昌、鄱阳、康山一带。其彭蠡湖东境各湖,南达省城赣江,由江西省别行设防。华阳镇设游击,属湖口镇右营,分防自老洲头以下江面,彭泽县、香口至东流等处,兼防吉水沟以内各湖。安庆府设副将,属湖口镇前营,分防自东流以下江面,黄石矶、李阳河至枞阳,兼防北岸盐河及枞阳以下,南岸通殷家汇之河。

太平府设长江水师提督衙署,置中军中营副将,分防金柱关以下江面至乌江。大通设参将,属提标后营,分防自枞阳以下江面,池州土桥至荻港。芜湖设游击,属提标右营,分防自荻港以下江面至

裕溪口,并湾沚、青弋江等处。裕溪口设参将,属提标左营,分防东
西梁山江面至金柱关,兼防运漕、无为州各内河,及巢湖百余里水
汛。金陵草鞋夹设参将,属提标前营,分防乌江以下江面至通江集,
兼防江浦、六合内河。

瓜洲设总兵官,置中军中营游击,分防通江集以下江面至焦
山,兼防内河至扬州。自扬州以上,高邮等湖,由淮扬镇别行设防。
孟河营设游击,属瓜洲镇右营,分防南岸各夹江自焦山至江阴口。
其南岸内河,由松江提标别行设防。三江营设游击,属瓜洲镇左营,
分防北岸各夹江自焦山至靖江口。其北岸内河,由淮扬镇别行设
防。江阴设副将,属瓜洲镇前营,分防自江阴以下江面,而至鹿苑港
及寿兴等河。其鹿苑港以下,由福山镇标接防。

狼山镇总兵,循旧日之制,增水师二营,兼隶长江提督。原统中
左右三营,盐捕、扬州、三江、泰州、泰兴、掘港各营,悉仍其旧。惟通
州设绥通营,置游击各官,分防自靖江八团港以下江面至通州,凡
长龙战船二艘,督阵舢板一艘,舢板十艘,大舢板十艘,仍酌增红
单、拖罟等船。海门厅设绥海营,置副将各官,分防自狼山至海门北
岸江口海汊,凡长龙战船二艘,督阵舢板二艘,大舢板二十艘,仍酌
增兵轮船及红单、拖罟等船。其崇明南岸海汊,由江南提督别行设
防。

综长江经制水师,副将六营,参将七营,游击十一营,凡二十四
营。

清史稿卷一三六
志第一一一

兵 七

海 军

中国初无海军,自道光年筹海防,始有购舰外洋以辅水军之议。同治初,曾国藩、左宗棠诸臣建议设船厂、铁厂。沈葆桢兴船政于闽海,李鸿章筑船坞于旅顺,练北洋海军,是为有海军之始。而甲申马江,甲午东海,师船尽毁。嗣后兵舰岁有购置。自光绪中叶迄宣统初,南北洋海军仅有船五十余艘,旧式居半。其能出海任战者,止海筹、海圻等巡洋舰四艘,楚泰、楚谦、江元、江亨等炮舰十余艘而已。爰纪开创之渐,修缮之规,厂坞之建筑,兵舰之购造,咸列于篇。

道光二十二年,文丰疏言购吕宋国船一艘,驾驶灵便,足以御敌。旋谕隶水师旗营操演,并谕绅商多方购置。是为海军购舰之始。

咸丰六年,怡良疏言,允英国司税李泰国之请,置买火轮船,以剿粤匪。旋隶向荣调遣。

十一年,曾国藩疏请购买外洋船炮。奕欣等请以关税款购外洋小兵轮十余艘。饬广东、江苏各督抚募内地人学习驾驶。以已租之美利坚轮船二艘,一名土只坡,一名可敷本为护运之用,配以炮械,驶赴安庆,隶曾国藩调遣。

同治元年,曾国藩于安庆设局,自造小轮船一艘。二年,令容闳出洋购买机器。四年,曾国藩、丁日昌于上海设铁厂造枪炮。

五年,左宗棠疏请于福建省择地设厂,购机器,募洋匠,自造火轮兵船。聘洋员日意格等,买筑铁厂船槽及中外公廨、工匠住屋、筑基砌岸一切工程。开设学堂,招选生徒,习英、法语言文字、算学、图画。采办钢铁木料。期五年内成大小轮船若干,均仿外洋兵船之式,需银三百万两。并阵船政事宜十则,请简重臣督理。旋以沈葆桢为船政大臣。

六年,李鸿章迁虹口制造局于高昌庙,建船坞,名曰江南制造局。沈葆桢疏言:"福州马尾山,为省垣奥区天险,设船坞于马尾之中歧。坞周四百五十丈有奇。铁船槽长三十丈,宽十五丈,可修造二千五百吨之船。坞内滨江者为铁厂、轮厂、木匠架木栈房。坞东北为船政大臣驻所、绅员公所及外国匠房。其左为法文、英文学堂及生徒住舍。江干为煤厂,山麓为中国匠房,山之左驻楚军一营,山之右为洋员驻所。傍江岸为官街,以便贸易。"旋派洋员日意格回国采办器具,选用工匠。是年,瑞麟向英国订购六兵船。

七年,沈葆桢疏言:"于船坞之右,创建船台四座,台长二十余丈,船成入水,顺推而下。其旁增五厂,曰铁厂,曰水缸厂,曰打铁厂,曰铸铁厂,曰合拢器厂。规模既具,次第兴工。"寻疏陈:"外洋机器到闽,复运煤运木于台湾,运砖于厦门。厂内增设转锯厂、木模厂、铜厂、风洞、绘事厂、广储厂、储材厂、东西考工所,先后告竣。"疏入,谕英桂、马新贻、李福泰、卞宝第等筹给经费,俾藏要工。是年,曾国藩疏言:"上海设厂,自造第一号轮船告成。汽炉船身皆考究图说,自出机杼。长十八丈,宽二丈余,命名恬吉。请续造二十余丈之大舰。"旋谕两江总督马新贻等,从曾国藩、李鸿章所请,制器设厂,增建译馆诸端,悉心请求。是年,福州船厂自造安澜等小轮船十艘告成,济安、永保、海镜等轮船亦告成。

八年,沈荷桢疏言:"厂中自制第一号大轮船下水,长二十三丈八尺,宽二丈七尺八寸,每小时行八十里,以副将率弁兵水手管驾,安置巨炮,驶出大洋,暂名曰万年青。第二号暂名曰湄云,俟驶赴天津,再请锡名以光海宇。"是年,购法国澄波兵船。江南制测海、操江兵船成。又购建威、海东云二船。

九年,沈葆桢疏言:"第三号福星船,第四号伏波船告成,本属战舰,利于巡洋,以学堂上等学生移处船中,令洋员教其驾驶,由近而远,以收实效。"是年,江南威靖兵船成。

十年,令学生十八人驾建威练船,巡历南北各海口。是年,曾国藩疏请仿英国小铁船式,令沪厂制造,为守海口之用。

十一年,船政制安澜、镇海、扬武、飞云、靖远五兵船成。文煜、宋晋等以造船费重,疏请暂罢,不许。是年,李鸿章疏言:"沪厂造成第五号船,长三十丈,锅炉均在水线之下,置大炮二十六尊,系仿外洋三枝樯兵船式,英、法人称为中国最巨之船。请饬沿江海各省,不得自向外洋购船,如有所需,向闽、沪二厂商拨订制,以节度支。"

十二年,江南制海安兵船成。沈葆桢疏言:"闽厂七号扬武、八号飞云兵船下水。扬武用英国前膛炮,飞云用布国后膛炮。以后十三、十四、十五号兵船,请兼仿外洋商舶之式,运裁货物,以裕经费。九号靖远、十号振威、十一号济安、十二号永保、十三号海镜兵船已告成,以都司、游击等官驾出洋。其建威练船,巡历浙江、上海、天津、牛庄及香港、新加坡、槟榔屿等处。在船学徒练习风涛,成绩甚优。来年遣散洋匠,以中国学徒自造。然能守已成之法,不能拓未竟之绪。请选择学生,分赴英、法二国,深究造船驾驶之方,练兵制胜之理。"

十三年,船政制济安、琛航、大雅三运船成。福建善后局购美国二炮船,曰福胜、建胜。李鸿章疏言:"中国东南北三洋,请各设大兵船六艘,根钵小兵船十艘,合成四十八艘。三洋各需大铁船二艘,北洋驻烟台、旅顺等处,东洋驻长江口外,南洋驻厦门、虎门等处。铁甲船每艘需银百万两外,分年向外洋购置。余船由闽、沪二厂仿造,以足四十八艘之数。请饬沿江沿海各省,裁并新旧红单、拖罟、艇船、舢板等船,以节省之款,专练海军。"是年,沈葆桢疏言:"续办船工,尚有三端:一、挖土大机船,一、船土铁胁,一、新式轮机。铁胁须购自法国,以闽船皆法匠所造也。卧机、立机须购自英国,以其制精无弊也。"

光绪元年,制造局制驭远兵船成。船政制元凯兵船成。以扬武练船令学生游历南洋各处,至日本而还。寻谕南北洋大臣筹办海防,令总税务司赫德赴天津,与李鸿章商订购英国二十六吨半、三十八吨半之炮船各二艘,专备海防之用。是年,沈葆桢购法国威远兵船。

二年,沈葆桢会同李鸿章奏派学生,分赴英、法各国,入大学堂、制造局练习。此为第一届出洋学生。是年,船政制登瀛洲、蓺新两兵船成。制造局制金瓯小铁甲船成。

三年、四年,泰安、威远、超武兵船亦成。沈葆桢疏请各省协款,每年解南北洋各二百万,专储为筹办海军之用,期十年成南洋、北洋、粤洋海军三大枝,犹恐缓不济急,请以四百万先解北洋,俟成军后,再解南洋。

五年,李鸿章疏言,外洋订购之四炮船来华,以福建船政局员管驾,名飞霆、策电、龙骧、虎威,炮射甚远,轮机亦精,请再购四艘。沈葆桢疏言,续购蚊炮船四艘到华,以留学英国毕业生管驾,名镇东、镇西、镇南、镇北,分防吴淞、江阴二口,为夹护炮台之用。何璟疏言:"闽厂制造各兵船,惟扬武、威远、济安较为得力,其余止供巡缉内洋之用。"旋谕沿江海各督抚整顿海军。沈葆桢旋卒,海军属李鸿章。设海军营务处于天津。

六年,江督刘坤一疏言:"蚊炮船购自外洋,费巨而炮位过重。请由粤自造木壳船,丈尺与包铁者同,炮位改用三万余斤之后膛炮,先造二艘,以备守口之用。"李鸿章疏请购外洋每半时行十五海里之快船及碰船、蚊子船。又疏言:"购办铁甲船之举,倡议已历七年,福建已定购蚊子船四艘,碰船二艘。请移二碰船之价一百三十万两,先购铁甲船一艘,专归台湾防剿。以原有之福胜、建胜二蚊子船及船厂自造兵轮之坚利者,合为一军,则台防可固。南洋拟购之快碰船二艘,亦请抵购铁甲船一艘。当与南洋大臣会商,合原有之各兵轮，编练海军，互为应援。"旋以沪厂因铸造枪炮经费过重，停造轮船。闽厂亦以财绌停造木质兵船，专造快船与铁甲船。是年，吉林将军铭安请于三姓一带造舢板战船。谕李鸿章筹度。鸿章覆陈俄国于库叶岛设厂造兵轮，辄由混同江驶入松花江等处，非舢板所能敌。请于三姓水深之处设厂造蚊子船，可巡驶及黑龙江，以佐陆军。鸿章寻向英订造新式铁甲船，并饬闽厂仿造。彭玉麟亦请饬闽厂分造十七、八丈之小兵轮十艘，以长江任战之员为管带，巡缉洋面。谕两江、福建、广东各省筹办。是年，在英厂订造之超勇、扬威快碰船来华，令提督丁汝昌管驾，与镇中、镇边蚊炮船二艘同泊旅顺。又于闽厂订造快船二艘，专为朝鲜口岸之用。李鸿章设水师学堂于天津。旋以在德国船厂定购之定远、镇远二铁舰，济远穹甲舰将成，令管轮学生赴德国练习。令洋教习率镇东等四兵船赴渤海一带梭巡。是年，船政制澄庆兵船成。

七年，李鸿章在大沽口建船坞。九月，超勇、扬威二舰制成来华。鸿章乘赴旅顺，察看形势，筹备建筑船坞、炮垒。大沽设水雷营、水雷学堂。旅顺设水雷鱼雷营、挖泥船。威海设鱼雷局、机器厂，并设屯煤所。以丁汝昌统领北洋海军。定兵舰国旗质地章色之制。会同福建船政，派学生赴欧洲肄业。

八年，北洋、粤督各购德国雷艇数艘。以英人琅威理司海军训练，与各国兵舰相遇，始有迎送交接之礼。李鸿章疏言："英、法、美、德国近年所造船，曰穹面钢甲快船，入水十五尺八寸，马力二千八百匹，奈水力二千三百吨，每时行十五海里，合中国五十里，机舱等钢面厚三寸半，炮台周围钢面厚至十寸，每艘需银六十二万两，与铁舰相辅，最为海军利器。闽厂自造快船不及其精，已由出使大臣订购一艘，与镇远铁舰同驶来华。

九年，船政制开济快碰船成。南洋向德国购南琛、南瑞二巡洋舰。

十年，船政制镜清快碰船、横海兵船成。李鸿章疏言："自光绪元年至六年，经营北洋海防，有龙骧等蚊炮船八艘，水雷小艇一艘。

其龙、虎、霆、电四船,于六年拨赴南洋调遣。七年以后,先后购到超勇、扬威快碰船二艘,镇中、镇边蚊炮船二艘。由闽厂调至北洋,修改练船之威远、康济兵轮二艘。调赴朝鲜、旅顺等处,海镜一艘。在沪制造之快马小轮船一艘。在津制造之利顺小轮船一艘。守雷、下雷所用之暗轮包钢小轮船二艘。察看船只之大小,吨载之轻重,机器、炮位、桅帆器械之繁简,配定人数、饷章,与水师统领、教习洋员分别损益,务使利器可得实用。”是年五月,以长江水师提督李成谋总统南洋兵轮。总督曾国荃疏言:“江南购买兵轮蚊、快等船及自造者,为数无多。所有登瀛洲、靖远、澄庆、开济、龙骧、虎威、飞霆、策电、威靖、测海、驭远、金瓯大小兵轮,及新购之南琛、南瑞,上海机器局所造之钢板保民兵轮,各船大小不齐,兵额不一,以之海战则不足,以之扼守江海门户,与炮台相辅,藉固江防。”八月,法国海军犯福建。驻防福州海口之扬武、振威、飞云、伏波、济安、福星、藐新兵船七艘,蚊炮船二艘,琛航、永保商轮二艘,与法国兵船战于马江,悉数沈毁,存者惟伏波、藐新二船。时李鸿章令德国武员率快船五艘,与曾国荃所部开济、南琛、南瑞、澄庆、驭远五船援闽,未至而闽师已覆,澄庆、驭远二船亦沉于石浦。是年,总理衙门请设海军专部。出使大臣许景澄在德国订购之定远、镇远铁甲舰二艘,济远钢甲舰一艘均告成。粤督向德国订购雷艇八艘。

十一年,曾国荃疏言:“于福建、广东、浙江三省增设铁舰、快舰、雷艇。嗣后各兵船专事操练巡洋,不得载勇施船。”与北洋大臣会奏,派第三届学生出洋。同时,左宗棠疏请开采铁矿,择吴楚扼要处立船政炮厂,专造铁甲兵船、后膛巨炮。制造局制保兵钢板船成。九月,海军衙门成立。以醇亲王总理海军,庆郡王、李鸿章为会办,曾纪泽、善庆为帮办。

十二年,粤省造浅水兵轮,曰广元、广亨、广利、广贞,防护海口。向德国购福龙鱼雷艇一艘。三月,南洋兵船赴北洋会操。命醇亲王、李鸿章校阅海陆军及沿海台垒。丁汝昌率兵船巡历朝鲜。船政大臣裴荫森于福州增设练船,造铁甲船,疏言:“江苏之上海,广东之黄埔,虽有船坞,而港道狭浅。福建罗星塔之下、员山寨之上,两山间有天成巨港,请建大船坞,备定远等铁舰修理之处。"

十三年,闽厂寰泰快碰船、广甲兵船造成,并造双机钢甲轮船及穹式快船、浅水兵轮。是年,北洋向英国购左一出海鱼雷大快艇一艘,向德国购左二、左三、右一、右二、右三鱼雷艇五艘,挖泥船一艘。北京设水师学堂于昆明湖,广东设水师学堂于黄埔。

十四年,海军衙门奏定官制,设提督、总兵、副将、参将、游击、都司、守备、千总、把总、经制外委等官。是年,在英、德厂所造致远、靖远、经远、来远四快船来华。英百济公司所造出海鱼雷快艇亦告成。六月,台湾番民叛,命致远、靖远二舰往剿平之。

十五年,船政制平远钢甲船、广庚兵船成。

十六年,裴荫森疏言:"闽厂修整龙威钢甲兵轮,更名平远,广乙鱼雷快船亦告成,并入北洋舰队操演。"又言:"石船坞告成,请简专员董理。"八月,北洋设水师学堂于刘公岛,南洋设水师学堂于南京。十月,李鸿章疏言:"旅顺口船坞工竣,堪为修理铁舰之用,并筑刘公岛、青岛等处沿海炮台。北洋所聘海军总查英人琅威理,以争提督升旗,辞职回国。英政府遂拒我海军学生在英留学。"

十七年,船政制广丙鱼雷快船成。二月,命直隶总督李鸿章、山东巡抚张曜出海阅海军操。北洋之定远等十二舰,广东之广甲等三舰,南洋之寰泰等六舰,毕会于旅顺口,操演船阵枪炮鱼雷,并勘炮台、船坞。四月,户部请停购外洋枪炮船只机器二年,以所节价银解部充饷。六月,提督丁汝昌率兵舰六艘赴日本东京。七月,威海增设鱼雷三营。

十九年,船政制福靖鱼雷快船成。粤督改水师请堂为水师学堂。

二十年,船政制通济练船成。订购英国炮舰一艘,命名福安。二月,镇远、定远二舰置新式克鹿卜快炮十二尊。四月,朝鲜内乱,北洋遣兵舰往剿。五月,与日本兵船战于牙山口外,济远船伤,广乙船沉,操江船失,载兵之高升商船亦沉。九月,丁汝昌率北洋兵舰与日本战于大东沟,失致远、经远、超勇、扬威四舰。

二十一年,日本以师船攻威海,定远、镇远各舰亦失,丁汝昌败死。冬,南洋订购之辰、宿、列、张四雷艇来华。飞霆、飞鹰二驱逐舰在英、德厂造成。以康济、飞霆、飞鹰、建靖各舰驻防北洋。以南洋之开济、镜清、寰泰、南琛,福建之福靖兵舰往来调防。

二十二年,福州罗星塔石坞成。闽浙总督边宝泉请设法扩充船政。总理衙门疏陈:"船政始于大学士左宗棠、两江总督沈葆桢。嗣后十余年,泰西制造日精,闽厂虽有出洋毕业学生,而财力短绌,既不能增机拓厂,复不能制料储材。自光绪八、九年后,以购买之机器就厂合拢,成寰泰、镜清、平远、开济各快舰。而新出之法,以无机无厂,不能急起谋新。同治年间所制之琛航、靖远木质各舰,马力微者,又不适于用。凡一船之成,材居其七,工居其三。各材之中,属煤、铁、土、木等为生料,有产自中国者,有产自外洋者;属钢甲、铁甲、帆、缆等为熟料,有能自制者,有必待增机厂而制者。请简用重臣督办,开采矿产,增购机械,奖励学生,筹度经费,以期日起有功。"四月,在德国订造海容、海筹、海琛三巡洋舰。五月,在英国订造海天、海圻二巡洋舰。是年,以福州将军裕禄兼船政大臣,谕加整顿。

二十三年,德国据山东胶州湾,法租广州湾,英租威海卫,俄租旅顺、大连湾。是年,船政制福安运船成。

二十四年,船政制吉云拖船成。谕各督抚,于船政原有经费外,别筹专款,以振海军。

二十五年,在德订购之海龙、海华、海青、海犀来华。谕沿海疆臣,增设海军学堂,请求驾驶战术。

二十六年,拳匪乱作,北洋各舰悉赴南洋。

二十七年,和义成,海容军舰回防。

二十八年,船政制建威、建安鱼雷快船,建翼鱼雷艇成。又制浅水巡洋兵船二艘,一曰安海,一曰定海。是年,船政会办魏瀚以监督杜业尔不职,遣回法国。

二十九年，张之洞疏言："南洋各兵舰年久，咸不适用，徒费国帑。各舰惟寰泰、镜清二兵轮，威靖、登瀛二运船，尚可备巡缉之用。其南瑞、南琛、保民三兵轮，龙骧、虎威、飞霆、策电四蚊船，请一律裁停。钧和一船，令商人自养，为护商之用。以所节之款，积之十年，可购长江浅水新式快船六、七艘。"允之。是年，烟台设海军学校。江督向日本订造江元浅水快船。

三十年，端方疏请选择水师学生，由驻沪英国水师总兵，分派在英舰学习，较出洋游历，费少而收效同。报可。南洋大臣周馥等，疏请以提督叶祖珪督办南洋水师学堂、上海船坞。湖广总督张之洞在日本厂购雷艇四艘，曰湖鹏、湖鹗、湖鹰、湖隼；浅水炮舰六艘，曰楚泰、楚同、楚豫、楚有、楚观、楚谦。两广总督岑春煊开办鱼雷局于黄埔。

三十一年，以萨镇冰总理南北洋海军。江督在日本厂购浅水快舰三艘，曰江亨、江利、江贞。

三十二年，政务处王大臣疏言："振兴海军，首重军港。沿海惟象山港形势合宜。请饬南北洋大臣勘度经营，以重戎备；并饬各省选派学生四十人，赴日本留学海军。"

三十三年，设海军处附于陆军部内，设正副二使，机要、船政、运筹、储备、医务、法务六司。北洋大臣令海筹、海容二舰巡历西贡、新加坡等处。商部令海圻、海琛二舰巡历菲律宾岛、爪哇岛、苏门答拉等处。粤督令广亨、广贞、安香、安东四舰巡历九洲洋等处。

三十四年，江南船坞制甘泉、安丰二船成。派学生赴日本习航海各技术。

宣统元年，以贝勒载洵、提督萨镇冰为筹办海军事务处大臣，度支部拨开办费七百万两，各省每年分筹海军费五百万两。六月，事务处成立，设参赞及八司，统一南北洋各舰为巡洋舰队、长江舰队。八月，载洵等赴欧洲各国考察海军。令学生留学英国。

二年，江南船坞制联鲸兵船成。日本订购之二炮舰亦成。七月，载洵等赴日、美二国考察。寻在英造应瑞、肇和，在德造建康、豫章、同安、江鲲、江犀,在日本造永翔、永丰,在江南船坞造永建、永绩,在扬子江造船公司造建中、拱辰、永安,在胶州船坞造舞风各军舰。冬,改海军事务处为海军部,以载洵、谭学衡为海军部正副大臣,萨镇冰为海军统制,定九级官制。

三年,令海琛军舰赴南洋各埠,抚慰华侨。六月,查察沿海炮台。令海圻军舰赴英贺加冕礼,旋赴美国。八月,江南船坞造澄海炮船成。是月,武昌变起,江海各兵舰悉附民军。此建置海军之概略也。

北洋海军规制,北洋海军,设于光绪中叶,直隶总督李鸿章实总之。其时有镇远、定远铁甲船二艘,济远、致远、靖远、经远、来远、超勇、扬威快船七艘,镇中、镇边、镇东、镇西、镇南、镇北蚊炮船六艘,鱼雷艇六艘,威远、康济、敏捷练船三艘,利运运船一艘。镇远、定远弁兵各三百二十九人。致远、济远、靖远、来远、经远弁兵各二百二人。超勇、扬威弁兵各一百三十七人。左队一号鱼雷艇,弁兵二十妁人。二号鱼雷艇,三号鱼雷透过,二号鱼雷艇,三号鱼雷艇,弁兵各二十八人。镇中、镇东蚊炮船弁兵各五十五人。镇边、镇西、镇南、镇北弁兵各五十五人。威远、康济练船弁兵各一百二十四人。敏捷夹板练船弁兵六十人。利运运船弁兵五十七人。练勇学堂弁兵十四人。炮目练勇二百七十人。凡弁兵四千余人。

其员弁之目:曰管带,曰帮带大副,曰鱼雷大副,曰驾驶二副,曰枪炮二副,曰船械三副,曰舢板三副,曰正炮弁,曰水手总头目,曰副炮弁,曰巡查,曰总管轮,曰二、三等管轮,曰水手正、副头目,曰一、二、三等水手,曰一、二等管旗,曰鱼雷头目,曰一、二、三等升火,曰二等管舱,曰一、二等管油,曰一等管汽,曰油漆匠,曰木匠,曰电灯、锅炉、洋枪、鱼雷等匠,曰夫役,曰文案,曰支应官,曰医官,曰一、二等舵工,曰一、二等雷兵,曰一、二、三等练勇,曰教习,曰学生。

其官制,海军提督一员,统领全军,驻威海卫。总兵二员,分左

右翼，各统铁舰，为领队翼长。副将以下各官，以所带船舰之大小，
职事之轻重，别其品秩。总兵以下各官船居，不建衙署。副将五员，
参将四员，游击九员，都司二十七员，守备六十员，千总六十五员，
把总九十九员，经制外委四十三员。

其升擢之阶，分为三途：曰战官，由水师学堂出身，兼备天算、
地舆、枪炮、鱼雷、水雷、汽机诸学及战守机宜，充各船管带，暨大、
二、三副职事。曰艺官，由管轮学堂出身，充各船管轮，专司汽机者。
曰弁目，由练勇水手出身，充炮弁、水手等，专司枪炮、帆绳者。各归
各途，论资升转。提镇大员等，请旨简放。弁目等咨选海军衙门送
兵部带领引见。统由北洋大臣节制调遣。

其考选海军官学生也，一、英国语言文字。二、地舆图说。三、
算学至开平方诸方。四、几何原本前六卷。五、代数至造对数表法。
六、平弧三角法。七、驾驶诸法。八、测量天象、推算经纬度诸法。九、
重学。十、化学格致。肄业期四年，学成录用。

其考选练勇也，招沿海渔户年壮者充之。在练船练习帆绳荡桨
泅水及轮炮之操法，洋枪刀剑之操法。由三等递升至一等，以备充
补水手。水手以上各级，核其才艺劳绩，以次递擢。

其俸饷规制，曰官弁俸银、兵匠钱粮、船上差缺薪粮，各船俸
饷、官弁伤废俸、兵丁加赏、行船公费。医药费，酬应公费，岁需银一
百七十六万八千一百余两。

其定仪制也，曰冠服，曰相见礼节，曰国乐，曰军乐，曰王命旗
牌，曰印信。

其立军规也，由提督秉公酌拟，呈报北洋大臣核办，轻者记过，
重者降级、革职、撤任。其余不法等事，由提督援引《会典》雍正元年
军规四十条，参酌行之。

其简阅巡防也，逐日小操，按月大操。立冬以后，各舰赴南洋，
与南瑞、南琛、开济、镜清、寰泰、保民等舰合操，巡阅江、浙、闽、广
沿海要隘，至新加坡以南各岛，保护华商，兼资历练。每逾三年，钦
派王大臣与北洋大臣出海校阅，以定赏罚。

水师后路,储备有资,应时取给。船政由本境驻防提督主之。枪炮药弹,收发考验,则总管军火专员主之。兵弁衣粮,因公用费,总管粮饷专员主之。他若学堂专员,测候译书画图专员、医药专员,皆受命于海军部,以专责任。旅顺口大石船坞,及海口操防,特命文武大员董理。其大沽木船坞,海防支应局,旅顺、天津军械局、制造局,旅顺鱼雷营,威海机器厂、养病院,由北洋大臣简员董理,规模略备。

自光绪二十一年海军挫败,所余南洋各兵舰,新旧大小不齐,仅备巡防之用。后虽复设北洋统领及帮统官,董理海军事宜,名存而已。

福州船厂,同治五年,创于闽浙总督左宗棠、船政大臣沈葆桢。闽县马尾江,距省会四十里,海口六十里。船坞,光绪十三年,创于船政大臣裴荫森,十九年告成。罗星塔距船厂三里,费二千余万,实为中国海军之基。

其船厂所分隶者:一曰工程处办公所。以洋员领办公所,华员入工程处。

一曰绘事院。承绘船身、船机、锅炉以及镶配等总图、分图,图成,乃按图造船,兼精测算之学。院广六千八百方尺,绘生三十九人。

一曰模厂。专任制造船模、汽鼓模各机件,以及细木雕刻各工。其能力须审图理,谙折算,悉模型奥窍,辨五金冷热涨缩之度。厂广一万五千一百二十方尺,设各种锯机、刨机,各种旋机,凡二十具。工程繁时,匠额一百六十人,恒时四十七人。

一曰铸铁厂。专任船上所需之铸铜铁机件。其能力须谙图理,明算术,仿木模制土模,及鼓铸之时,辨明火候,研考铜铁原质。曾铸成重大铁件达三万斤,铜件达一万斤。厂广二万八千八百余尺,设铸铜铁大小炉凡十一座,转运重件之将军柱、碾机、风箱、风柜凡二十三具。工程繁时,匠额一百六十余人,恒时五十余人。

一曰船厂。凡舢板、皮厂、板筑厂咸属之，专任船身工程。设石制船台一座，长二百九十七英尺，木制船台一座，长二百七十六英尺。凡船身长短广狭，桅舵、舱位、吨载、速率、中心黠度数，咸均算之。先绘经寸总图，后绘全船，按图造船。曾造木质、铁质、钢质、穹甲、钢甲各式兵船四十余艘。其能力可制四、五千吨之船。所有起盖镶配，亦厂中经理。设有锯木机八架。所辖之皮厂，则制皮带及各式皮件。舢板厂则制桅舵及大小舢板船。板筑所则造船上炉灶，及各烟筒炉灶一切泥水修筑各工。厂广十五万六千四百余尺。工程繁时，匠额一千三百余人，恒时一百五十人。

一曰铁胁厂，专任制造钢铁船胁、船壳、龙骨横梁及船上钢铁件、拗弯镶配各工厂。于光绪元年增设。其能力须审识船身图理制度、钢铁原质各法。曾制成钢甲钢铁船身二十余艘。厂广七万九千八百余尺，配设锯机、翦机、钻机、卷机、碾机、刨机三十五具。工程繁时，匠额七百人，恒时六十八人。

一曰拉铁厂。专任拉制铜铁，为制船所必需。能拉制重大之铜钢铁板、铜铁槽条，及重大之轮机、转轮轴、车轴、转轮臂、汽饼杆、活轨、铁锚各件。厂广九万四千四百余尺，设汽锤七架，汽锤力大者至七吨。此外拉机翦旋床、钻机刨床并转运重机之将军柱，凡大小五十一具。拉铜铁打铁各炉，凡大小一十七座。工程繁时，匠额三百八十余人，恒时八十七人。

一曰轮机厂，附属有合拢厂，专任全船大小机器，制成，先在厂试验，故合拢厂属之。须较准中线，尤须审明图理，通晓进脱冷暖压助嘘吃机关各窍汽力。厂广三万三千二百余尺，设车光机、削机、刨机、砺石机、螺丝床、钳床等，凡大小二百二十三具。工程繁时，匠额三百六十人，恒时一百二十人。

一曰锅炉厂。专任锅炉、烟筒、烟舱、汽表、向盘各工。其能力须审辨钢铁原质，究汽机之理由、天气之涨力以及镶配法度。厂广二万九千六百尺，配设掷铁床、水力泡丁机翦床、钻床、船床，凡四十一具。工程繁时，匠额三百五十人，恒时一百十七人。

一曰帆缆厂。专造船上之风帆、天遮、帆索桅上镶配绳索，及起重塔架各工。其能力须审帆缆制度，登高工作及风帆面积、绳索力度。厂广一万八千五百尺，不设机器，以手制为多。工程繁时，匠额七十人，恒时四十人。

一曰储炮厂，专备收储各船炮械、炮弹、鱼雷各件。厂广二千六十尺，恒时守兵二人。

一曰广储所，附设储材所，专任收发铜铁煤炭机件油杂各料件，储材之所，专任收发各种木料。凡船政料件到工，先由两厂验收。其职任须审料质之良窳，慎重存储。凡储料栈房九座，广四万二千一百尺。储煤厂广一万五千一百尺。广储所夫役，工程繁时六十人，恒时四十人。储材所簰夫，工程繁时三十六人，今存二人。

一曰船槽，各国自建船坞后，多不设船槽，此槽乃初兴船政时所设，可修一千吨以上之船。年久多损，仅能修整小船，较入坞为易。槽长三百二十二尺，上设机房，凡广一万七千三百尺。设拖船机四十架，大螺丝四十条，四十匹马力一副。工程繁时，匠额六十人，恒时三十七人。

一曰船坞，建筑费五十万，坞身纯用石砌，长四百二十尺，广一百十尺，足容定远等铁舰，闽、粤、江、浙各兵舰，及外国兵舰，咸得入坞修整。并建抽水机厂、机器厂、丁役水手房、木料栈房等。面积凡二十九万三千尺。有船入坞，由各厂饬匠修之。恒时匠额二十七人。

船政经费，同治十三年，首次报销造船购费、盖厂各费达五百十六万两，养船费十九万两。光绪二年后，船政常年费为六十万两。自同治五年至光绪三十三年，造船四十艘，用银八百五十二万两。营造厂屋，用银二百十一万两。装造机器，用银六十四万两。洋员岁俸及修机器、置书籍，用银五百五万两。学堂费六十七万两。养船费一百四十六万两。经营船政四十余年，凡用银一千九百万两有奇。此福州船厂、船坞之概略也。又制火砖炼铁，亦具规模。至光绪三十三年以后，洋监工全数遣散，遂无续制之船云。

旅顺船坞,创议于光绪七年直隶总督李鸿章。时值外洋订购兵舰到华,鸿章疏言,奉天金州旅顺口形势险要,局厂、船坞各工,当陆续筹兴。九年二月,续陈旅顺工程,开山浚海,工大费巨,实难预为估定。旋由法国人德威尼承揽,鸿章派员督同兴办,并增筑拦潮石坝。

十六年秋,全工告成,派员赴旅顺验工。所筑大石船坞,长四十一丈三尺,宽十二丈四尺,深三丈七尺,石阶、铁梯、滑道俱全。坞口以铁船横拦为门。全坞石工,俱用山东大方石,垩以西洋塞门德土,凝结坚实,堪为油修铁甲战舰之用。其坞外停舰大石澳,东南北三面,共长四百十丈六尺,西面拦潮大石坝,长九十三丈四尺,形如方池。潮落时,尚深二丈四尺。西北留一口门,为兵船出入所由。四周悉砌石岸。由岸面量至澳底,深三丈八尺。周岸泊船,不患风浪彭鼓。凡兵舰入坞,油底之后,即可出坞傍岸,镶配修整,至为便利。坞边修船各厂九座,占地四万八千五百方尺,为锅炉厂、机器厂、吸水锅炉厂、吸水机器厂、木作厂、铜匠厂、铸铁厂、打铁厂、电灯厂。又澳南岸建大库四座,坞东建大库一座。每座占地四千八百七十八方尺,备储船械杂料。以上厂库,既用铁梁铁瓦,高宽坚固,足防风雪火患。又于澳坞之四周,联以铁道九百七丈,间段设大小起重铁架五座,专起重大之物,以济人力之穷。又于各厂库码头等处,设大小电灯四十六座,为并作夜工之用。虑近海咸水之不宜食用也,远引山泉,束以铁管,由地中穿溪越陇,曲屈达于澳坞四旁,使水陆将士,机厂工匠,不致饮水生疾。又虑临海远滩之不便起卸也,建丁字式大铁码头一座,使往来兵舰上煤运械,不致停滞。其余如修小轮船之小石坞,藏舢板之铁棚,系船浮标铁臼,以及各厂内一应修船机器,设置完备。于是年九月二十七日工竣。由是日起,限一年,系代德威尼担保之银行照料。限满,再保固十年,均与包工监工洋人订明。此项工程,共用银二百余万两。甲午后,遂迭为日、俄所踞云。

沿海军港，旅顺、威海既失，海军无驻泊之所，于是筹边者起议筑港。宣统初，命亲藩南下，建筑未遑。而沿海七千里，港湾鳞次，就海军部所预筹，分为四区。第一区，营口在奉天辽河左岸锦州湾，为渤海两岸之良港。大沽口为直隶诸水入海所汇。秦皇岛东控山海关，为不冻之港。长山列岛分内外三层，为旅顺外援。大连湾在辽东半岛南。芝罘港在山东福山县，三面负山，北临渤海。第二区，扬子江口为沿江七省之门户，沙滩连亘，多暗礁。舟山在定海县，诸山环列，为杭州海湾之屏蔽。象山港海深可泊巨舰，为宁波后路。三门湾在临海县，有三门列岛，海水甚深。第三区，永嘉湾即瓯江口，三都澳即三沙湾，在福建霞浦县，港口水浅，港内水深，容大军舰。福州湾即闽江口，群岛林立，浅岸交错，为完固之港。海檀岛为闽省海岸中枢。厦门港有厦门、金门二岛，近接台湾。汕头港在广东澄海县，崖岸峻险。番禺湾即广州湾，巨石环列，擅天然形势。第四区，海口岛在广东琼山县北，与雷州岛对峙，为拒隘之所。榆林港在琼州岛南，背负崖壁，前临东京湾。以上各港，惟象山港、三都澳确定为修筑军港之地。他如北塘口、荣成湾、靖海湾、葫芦岛、大鹏湾、庙岛等处，亦由渐扩充云。

外国订购各兵舰，始于咸丰十年，廷议购船舰炮位助剿粤寇。十一年，总理各国事务衙门与总税务司会商购买。自同治、光绪朝迄宣统初年，历五十年，得船不及百艘，爰依次岁月列其船名。凡所购之国，所造之厂，及丈尺、马力、吨数、炮位、兵弁咸详之。其应瑞巡洋舰一艘，永丰、永翔炮舰二艘，建康、豫章、同安驱逐舰三艘，建中、永安、拱辰浅水快船三艘，告成于宣统三年后者不与焉。

金台船、原名北京。一统船、原名中国。广万船、原名厦门。得胜船、原名穆克德恩。百粤船、原名广东。三卫船、原名天津。镇吴船、原名江苏。同治元年，在英国订购。二年到华，价银八十万两。以英国总兵阿思本为总统，以长江水师武员分统各船。旋议以武职大员为汉总统，阿思本副之。是年六月，李鸿章以金陵垂克，勿庸外国兵船助剿,疏请所购七船,令阿思本驾驶回英,变价售卖,款归中国。所募水兵,一律遣散。

天平船,同治二年,由总税务司购买。

安澜船、定涛船、澄清船、绥靖船、飞龙船、镇海船,同治五、六年间,两广总督瑞麟自英国购置,价银二十四万两。

恬波船,同治七年,两广总督瑞麟自法国购置,价银四万两。

海东云船,原名五云车。同治九年,闽浙总督英桂自洋商购置,以武员管驾,巡缉台湾洋面。

建威练船,同治九年,闽浙总督英桂购自德国,为驻练学生之用。

福胜炮舰、建胜炮舰,同治十三年,福建善后局购自美国,光绪二年到华,价银二十四万两。

龙骧炮舰、虎威炮舰、飞艇炮舰、策电炮舰,光绪元年,直隶总督李鸿章自英国阿摩士庄厂订购,繁艘价银十五万两,拨归南洋调遣。

镇东炮舰、镇西炮舰、镇南炮舰、镇北炮舰,光绪元年,两江总督李宗羲自英国阿摩士庄厂订购,每艘价银十五万两,拨归北洋调遣。

镇中炮舰、镇边炮舰,光绪七年,李鸿章代山东省自英国船厂订购,每艘价银十五万两。

超勇巡洋舰、扬威巡洋舰,光绪五年,李鸿章自英国阿摩士庄厂订购。六年,令提督丁汝昌率员弁二百余人,赴英国驾驶回华。二舰均木身钢板。

定远铁甲舰、镇远铁甲舰,光绪六年,李鸿章自德国伏尔铿厂订购,价银六百二十万马克。十一年来华,附小鱼雷艇三艘,鱼雷筒三具,小轮船一艘。

济远钢甲舰,光绪六年,与定远船同厂订购。

单雷艇二艘,光绪八年,由德国订购,归北洋调遣。

雷龙鱼雷艇、雷虎鱼雷艇、雷中鱼雷艇,光绪八年,两广总督张之洞由德国订购。

雷乾鱼雷艇、雷坤鱼雷艇、雷离鱼雷艇、雷坎鱼雷艇、雷震鱼雷艇、雷艮鱼雷艇、雷巽鱼雷艇、雷兑鱼雷艇，光绪十年，两广总督张之洞由德国订购。

南琛巡洋舰、南瑞巡洋舰，又名运送舰。光绪九年，两江总督左宗棠由德国伏尔铿厂订购。

福龙鱼雷艇，光绪十二年，由德国订购。十六年隶北洋海军。

致远巡洋舰、靖远巡洋舰、光绪十二年，由英国订购，船价及炮位，凡银一百六十九万有奇。经远巡洋舰、来远巡洋舰，光绪十二年，由德国订购，船价及炮位，凡银一百七十三万有奇。光绪十三、四年，与致远、靖远先后到华，均隶北洋海军。

左队一号鱼雷大快艇，光绪十二年，直隶总督李鸿章由英国百济公司订购，价银八万有奇，十三年到华。

左队二号鱼雷大快艇、左队三号鱼雷大快艇、右队一号鱼雷大快艇、右队二号鱼雷大快艇、右队三号鱼雷大快艇，以上鱼雷艇六艘，光绪十二、三年，先后由德国船厂购买材料，到华配合，以德员教授。

辰字鱼雷艇、宿字鱼雷艇，由德国伏尔铿厂订购，光绪二十一年到华。

列字鱼雷艇、张字鱼雷艇，由德石效厂订购，光绪二十一年到华。

福安炮舰，光绪二十年，由英国阿摩士庄厂订购。

飞霆驱逐舰，光绪二十一年，由英国阿摩士庄厂订购。

飞鹰驱逐舰，光绪二十二年，由德国伏尔铿厂订购。

海天巡洋舰、海圻巡洋舰，即穹甲快船。光绪二十二年，由总税务司在英国阿摩士庄厂订购，每艘价值三十二万八千二百四十二镑。

海筹巡洋舰、海容巡洋舰，光绪二十二年，由总理衙门在德国伏尔坚厂订购，每艘价值十六万三千镑。二十四年，与海天、海圻巡洋舰先后到华。

江元炮舰、江亨炮舰、江利炮舰、江贞炮舰，由两江总督在日本川畸厂订购。江元于光绪三十三年告成，江亨于三十四年告成，江利、江贞于宣统元年告成。先造一艘，价日本金三十一万五千元。续造三艘，每艘价日本金二十九万三百二十五元。

湖鹏鱼雷艇、湖鹗鱼雷艇、湖鹰鱼雷艇、湖隼鱼雷艇，由湖广总督张之洞在日本川畸厂订购。湖鹏、湖鹗二艇，于光绪三十三年到华。湖鹰、湖隼二艇，于三十四年到华。每艘合日本金三十八万元。

楚泰炮舰、楚同炮舰、楚豫炮舰、楚有炮舰、楚观炮舰、楚谦炮舰，均航海炮舰。由湖广总督张之洞在日本川畸厂订购。楚同、楚泰、楚有三炮舰，于光绪三十三年二月到华。楚豫、楚观、楚谦三炮舰，于十月到华。每艘合日本金四十五万五千元。

海龙鱼雷艇、海青鱼雷艇、海华鱼雷艇、海犀鱼雷艇，在德国实硕厂订购，于光绪三十四年到华。

舞凤航海炮舰，宣统三年，在青岛德国船厂订购。

江犀炮舰、江鲲炮舰，均浅水炮舰，原名新璧、新珍。江犀舰在德国克鲁伯厂订购，江鲲舰在德国伏尔铿厂订购，均以材料运华，宣统三年，在江南造船所配合，每艘价值一万八千九百八十镑。

肇和巡洋舰，宣统三年，在英国阿摩士庄厂订购，价值二十一万镑。

福州船厂，自造各兵舰。始建船厂，聘工师于法，延教员于英。建船台，购机器。同治八年秋，第一号万年清轮船成。十二年冬，华匠渐谙制造，厂机亦称备，乃遣散洋员。凡九年，成大小兵船、商船十五艘，成于洋员者十二，成于华匠者三。光绪三年，始遣学生、艺徒至英、法二国留学。六年归国，制造、驾驶，悉以任之。其制船之质，始皆以木，继易木胁为铁胁，易木板为铁板，更进则纯用钢胁、钢板，且护以钢甲。船机则由立机改卧机。船式则由常式为快船、为穿甲、为钢甲。至光绪三十三年，成船达四十艘。凡商船八艘，木质兵船十四艘,铁胁木质兵船五艘,钢胁木质兵船一艘,铁甲双重木质快碰船三艘,钢甲兵船一艘,钢甲钢胁鱼雷快船六艘,钢胁拖船一艘,钢胁练船一艘。已失者二十六艘。存者十四艘,曰湄云、曰伏波、曰靖远、曰琛航、曰元凯、曰登瀛洲、曰镜清、曰通济、曰福安、曰吉云、曰建威、曰建安、曰建翼、曰浅水江船。备列船制于后:

湄云,木质兵船,船价银十六万三千两,同治八年八月造成。

福星,木质兵船,船价银十万六千两,同治九年九月造成。

伏波,木质兵船,船价银十六万一千两,同治十年二月造成。

安澜,木质兵船,船价银十六万五千两,同治十一年十一月造成。

镇海,木质兵船,船价银十万九千两,同治十一年六月造成。

扬武,木质兵船,船价银二十五万四千两,同治十一年十一月造成。

飞云,木质兵船,船价银十六万三千两,同治十一年九月造成。

靖远,木质兵船,船价银十一万两,同治十一年十一月造成。

振威,木质兵船,船价银十一万两,同治十二年二月造成。

济安,木质兵船,船价银十六万三千两,同治十三年三月造成。

永保,木质武装商船,船价银十六万二千两,光绪元年八月造成。

元凯,木质兵船,船价银十六万二千两,光绪元年八月造成。

艺新,木质兵船,船价银五万一千两,光绪二年闰五月造成。

登瀛洲,木质兵船,船价银十六万二千两,光绪二年七月造成。

泰安,木质兵船,船价银十六万二千两,光绪三年三月造成。

威远,铁胁木壳兵船,船价银十九万五千两,光绪三年八月造成。

超武,铁胁木壳兵船,船价银二十万两,光绪四年八月造成。

澄庆,铁胁木壳兵船,船价银二十万两,光绪六年十一月造成。

开济,铁胁双重快碰船,船价银三十八万六千两,光绪九年八月造成。

横海,铁胁木壳兵船,船价银二十万两,光绪十年二月造成。

镜清,铁胁双重木壳快碰船,船价银三十六万六千两,光绪十年七月造成。

寰泰,铁胁双重木壳快碰船,船价银三十六万六千两,光绪十三年七月造成。

广甲,铁胁木壳兵船,船价银二十二万两,光绪十三年十月造成。

平远,钢甲钢壳兵船,船价银五十二万四千两,光绪十五年四月造成。

广乙,钢胁钢壳鱼雷快船,船价银二十万两,光绪十六年十月造成。

广庚,钢胁木木壳兵船,船价银六万两,光绪十五年十月造成。

广丙,钢胁钢壳鱼雷快船,船价银十二万两,光绪十七年十月造成。

福靖,钢胁钢壳鱼雷快船,船价银二十万两,光绪十九年十月造成。

通济,钢胁钢壳练船,船价银二十二万六千两,光绪二十年八月造成。

吉云,钢胁钢壳拖船,船价银五万六千两,光绪二十四年八月造成。

建威,钢胁钢壳鱼雷快船,船价银六十三万七千两,光绪二十八年十一月造成。

建安,钢胁钢壳鱼雷快船,船价银六十三万七千两,光绪二十八年十一月造成。

建翼,钢胁钢壳鱼雷艇,船价银二万四千两,光绪二十八年五月造成。

广东船厂,自造各兵舰,光绪十二年,两广总督张之洞于省河设厂,选募华工,采用香港英国船厂图说,自造浅水兵轮四艘,曰广元、广亨、广利、广贞。

　　直隶大沽船坞，自造拖船，遇顺暗轮钢拖船，光绪十四年造成，又守雷暗轮包钢小轮船一艘，下雷暗轮包钢小轮船一艘。

　　江南船厂，自造各兵舰。咸丰十一年，曾国藩始有购买船炮及中国试造轮船之疏。同治二年，于安庆设局，不用洋员，自造一小轮行驶。令容闳出洋购买机器。四年，国藩于上海虹口奏设制造局。李鸿章抚苏，偕丁日昌于上海铁厂专造枪炮，以供征伐。六年四月，国藩疏请拨留洋税一成，为专造轮船之用。汽炉、机器、船壳三者，咸研究图说，自出机杼。先造汽炉厂、机器厂、熟铁厂、洋枪楼、木工厂、铸铜铁厂、火箭厂、库房、栈房、工务房、工匠室，以应要需。复筑船坞以整破舟，建瓦棚以储材料，立学馆以译图说。建筑既坚，规模亦肃。同治六年，李鸿章建江南制造局，从事制船。八年，测海、操江两兵船制成。九年，威靖兵船成。以万金购德国船为练船之用。十二年，海安兵船制成。光绪元年，驭远兵船制成。二年，金瓯小铁甲船制成。五年，两江总督沈葆桢疏言：“江南船厂所制兵船，五百匹马力以下者五艘，其兵数饷章，与福州所造各兵船相等。”八年，购外洋商船一艘，改造为防缉之用，名曰钧和。嗣后未有造作。

　　光绪三十年，南洋大臣周馥等，以南洋近年以来，旧有兵船日益窳朽，徒糜饷项，无裨实际，亟应分别裁留，认真整理。非定章程，不能革除旧习；非专派大员督办，不能造就将才。因奏派现统北洋海军广东水师提督叶祖圭督办南洋水师学堂、上海船坞，凡饷械支应一切事宜，有与海军相关者，均归考核。嗣复奏称江南制造机器总局内旧有船坞，本为制造官商轮船并修理船械而设，日久弊生，多糜经费，而办理之员，类无造船专门之学，以致承修船只，工价高昂。近年以来，商船裹足不前，兵船反入洋坞，非认真整理，无由振兴。经与北洋大臣会商，定议船坞别简大员经理，仿商坞办法，扫除旧习，妥筹改良船坞，与海军事相表里。广东水师提督叶祖圭，系总理南北洋海军，往来津、沪，则上海船坞事宜，自应归其督察，以一事权。遂将船坞与制造局划分，名曰江南船坞，制造局归陆军部辖，船坞归海军部辖，以专责任。

　　此后制造复兴，三十四年，甘泉、安丰二兵船成。宣统二年，联鲸兵船成。三年，澄海炮船成。

　　海军自甲午战后，所余南洋各舰，不复成军。嗣后逐渐购置，其编制非复北洋旧章。每舰设舰长一员，副长一员，协长一员，航海正一员，航海副一员或二员，枪炮正一员，枪炮副一员或二员，鱼雷正、鱼雷副一员或二员，轮机长一员，轮机正一员或二员，轮机副一员至八员，军需正一员，军需副一员或二员，军医正一员，军医副一员或二员，书记官一员。

　　其战舰约分新旧二类，新式而有武力者，巡洋舰四，曰海圻、四千三百吨。曰海容、曰海琛、曰海筹。各二千九百五十号。炮舰十一，曰楚泰、曰楚谦、曰楚观、曰楚豫、曰楚有、曰楚同、各七百八十吨。曰江元、曰江亨、曰江利、曰江贞、曰江镜。各五百号。水雷炮舰一，曰飞鹰。八百五十顿吨。其属于旧式者，巡洋舰五，曰通济、一千九百吨。曰南琛、一千九百零五吨。曰镜清、一千一百吨。曰保民、一千四百七十七吨。曰登瀛洲。一千一百五十八吨。水雷炮舰二，曰建威、曰建安。各八百一十七吨。炮舰二十，曰泰安、曰甘泉、曰广玉、曰广戊、曰靖海、曰荫洲海、曰并徵、曰海镜清、曰广金、曰广己、曰广庚、曰策电、曰第电、曰海长清、曰清海、曰钧和、曰飞虎、曰靖远、曰绥远、曰镇涛。共一万零八百二十七吨。报知舰四，曰超武、曰琛航、曰元凯、曰伏汉。共五千一百七十七顿。雷鱼艇八，曰湖鹏、曰湖隼、曰湖鹗、曰湖鹰、曰辰、曰宿、曰列、曰张。共一千顿。新旧大小各舰凡五十五艘。

清史稿卷一三七
志第一一二

兵　八

边　防

　　中国边防，东则三省，北则蒙边，西则新、甘、川、藏，南则粤、湘、滇、黔，而沿边台卡，亦内外兼顾，盖边防与国防并重焉。兹分述之：曰东三省，曰甘肃，曰四川，曰云南，曰广东，曰广西，曰蒙古，附直隶、山西、蒙边防务，曰新疆，曰西藏，曰苗疆，曰沿边墩台、卡伦、鄂博、碉堡。

　　东三省为陪都重地，曰奉天，曰吉林，曰黑龙江，东连日、韩，北连俄罗斯，边防尤要。

　　奉天当康熙元年，廷臣建议，自兴京至山海关，东西千余里，自开原至金州，南北千余里，有河东西之分：河东自开原至牛庄，河西自山海关历松杏山、大凌河，为明季边防之地，户口寥落，请预筹实边。嗣后休养生聚，城镇日繁。凡大城十四，边门二十余。至同治间，边界渐广。将军都兴阿以凤、嫒二边门外之地，自嫒阳门外八里甸子东至两江汇口，转西南至海沿而下，直至贡道北老边墙，南路经孤顶子等冈，由西南至旧边小黑山，均展拓为边界。此外若大东沟江海相连之处，一律查勘，以绥藩服。寻以地方辽阔，增调防军。其防军之外，尤以练军为重。光绪二年，崇实以金州、大东沟等处，旗兵不足，增练步队分防。十一年，王大臣等会议，奉天界接朝鲜，旧以辽阳迤东凤凰城等四城为要地。今则水路趋重大连湾、旅顺口，陆路自同治间开垦荒地以后，耕廛比栉，直抵鸭绿江西岸。额设防兵二万二千余人，新设练军及缉捕勇丁一万三千余人，而练习新式枪炮者不及半数，宜加练大支劲旅，扼要屯驻。宣统元年，以延吉厅一带为交涉要地，令奉省疆吏调遣军队，分配宪兵，建筑营房。新设之长白厅，开山通道，驻兵建署。鸭绿江上游之防务，亦次第筹备。盖自日据朝鲜，与奉、吉接壤，东边防务，日益亟矣。

吉林凡大城八，边门四。其防务至重者，一为珲春，与俄罗斯逼壤，兼接朝鲜，旷无障阻。一为三姓，乃松花江之上游，伯都讷腹地之屏蔽。其三岔口，可由蒙古草地达奉天法库边门。光绪初年，就未练之兵及八旗台站西丹内，选精壮者，练马步四营。七年，吴大澂始于吉林创设机器局，制造军械，并于扼要处建筑炮台。以陆路转运维艰，协商直隶督臣李鸿章，派员及熟手工匠至吉林开厂。俟厂局告成，再于宁古塔、珲春等处增筑炮台。十一年，增练马队步队共六营，足四千五百人之数，隶左右翼统率训练。吉林额设防兵及乌拉牲丁，凡一万五千余人，内靖崔苻，外支强敌，时虞不给云。

黑龙江凡大城六，新旧卡伦七十一。中、俄接界，向以尼布楚与恰克图为重地，故斥堠之设，多在北徼。旧制于岁之五、六月间，齐齐哈尔、墨尔根、黑龙江三处疆吏，各遣协领、佐领等官，率兵分三路，至格尔毕齐、额尔古讷、墨里勒克、楚尔海图等处巡视，岁终具疏以闻。康熙二十三年，始设将军以下各官以镇守之。凡前锋、领催、马甲、匠役、养育兵，咸归统率，额设之兵，一万三千余人。光绪元年，以正兵六千人、西丹四千人，合练步队万人。时俄骑东略，沿边自北而东，列戍防秋，遂无宁岁。六年，加练西丹五千人，分布爱珲、呼伦贝尔、布特哈、墨尔根、呼兰、齐齐哈尔等处。原有马队二千人，加练千人，秋冬之际，招集打牲人等，加以训练，以佐兵力。八年，筹备黑龙江边防，在奉天调教习，在天津运炮械，共练马队五千人，分驻各城。裁旧设卡伦二十六处，以新练之队伍巡防。十一年，命奉天、吉林、黑龙江三省疆吏各练劲兵，为东西策应之师，并垦辟荒地，开采矿山，为实边之计。黑龙江复增练马步各营。盖自俄人侵食黑龙江以北及乌苏里江、兴凯湖以东各地，处处与我连界，边防日重。及俄筑东清铁道，日占南满，于是防不胜防云。

甘肃北达蒙部，南杂番、回，西接新疆、宁夏，以河套为屏藩，西宁与撒喇相错处，为西陲奥区。

康熙三十三年，增戍兵五百于大马营，控扼雪山要路，增马步兵三千人于定羌庙，以守碛口，咸隶于肃州总兵官。

雍正二年，青海荡平，于西宁之北，川边之外，自巴尔托海至扁都口一带，创筑边墙城堡，于青海、巴尔虎、盐池等处，设副将以下各官，于大通河南北，设参将以下各官。以西陲重要，全省马步战守兵凡五万七千余人，关外换防兵凡九千余人，兵额独多于他省。三年，以布隆吉尔为安西镇，设总兵等官，额兵五千人。因庄浪西之仙米寺地方山深林密，设守备等官，移凉州高古城额兵驻守。五年，于大通镇设马步兵二千人，以白塔川、侧尔吐二处逼近边境，各设兵八百人。以插汉地方辽阔，设宝丰、新渠二县，设文武各官，并增戍兵，控制贺兰山一带。八年，岳钟琪于吐鲁番通伊犁之要路严设卡伦，巴尔库库等处多驻防兵，阔舍图地方为南北二山锁合处，屯驻重兵，分防南北山口。十一年，因西路之布隆吉尔北连哈密，西接沙州，为关外重地，乃建筑城垣，屯兵防守。

乾隆四十九年，福康安、阿桂筹备边防，自兰州迤东至泾州一千余里，北达边城，外则番族环居，内则回民错处，墩戍寥落，乃择要增设营戍，凡将弁二十三人，兵丁二千人。嗣又增兵三千人，北路靖远，南路秦、阶，大河东西各处，互为捍卫。

道光二年，以察罕诺门汗投诚，其所辖二十族分为左右二翼，视蒙古例，每翼统以专员，严稽关卡，以孤河北野番之势。三年，因青海蒙古向未有受事盟长，乃就青海二十旗内，设正副盟长各一人，随同官兵习武，以防番众渡河。十一年，杨遇春于察罕托洛地方增设蒙古兵,分作二班,布守各卡,以佐官兵。二十三年,富尼扬阿于将军台会亭子二处,各建城垣,防御西番。二十六年,布彦泰以番贼扰边,规复防河旧制,增兵千人,分布沿河渡口。又哈喇库图尔营所属之南山根,及南川营所属之青石坡二处,为野番出入总路,各以汛兵驻守。永安营、红崖营、永昌协所属之扁都口、石灰关各要口三十八处,均拨兵巡守,自数十人至百余人不等。沿边小口,各备坑堑,以遏贼骑。时番贼恃其枪马便利,频年窜扰。亦斯门沁地方为番骑来往要区,募猎户千人编为一军,供远探近防之用。旋以亦斯门沁设兵,仅可防甘、凉二州之扁都口等隘二十七处,兵力尚嫌不足,复于沙金城设兵千人,以防凉州所属之一棵树等三十处隘口,于野牛沟设兵千人,以防甘州所属之大磁窑等十八处隘口。提镇大员,复督率沿边将弁,先事预防。

自粤寇披猖,回匪乘之,玉关、雪岭间骚然不靖。咸丰元年,以番贼复出,令琦善等拨兵设卡,严密巡防。二年,令舒兴阿等督率边卡文武,修濠垒,增马探,各营定期会哨,分途堵截。四年,因西宁一带番族窥伺,增募猎户三千人,分防隘口。八年,以青海迤西戈壁给番民暂居,令西宁总兵、道员,定立界址。九年,令甘肃省疆臣督办团练事宜。

同治十年,豫师等于甘、凉各处边隘,自平番至威远各口,及巴燕戎格山后与西宁番地通连者,一律加意严防。张曜因甘肃之金塔一带,边墙损坏,平番之裴家营,古浪之大靖、土门,甘、凉之南山各口,时有土番窜扰,分遣员弁侦探防堵。十一年,左宗棠于河州迤西之西南北三面,毗连番界,及槐树关、老鸦关、土门关三隘口,与抱罕羌人接境之处,以归化之番众僧俗四千人,马四千余匹,防守各关。是时,平定关、陇,皆客军之力,数万兵额几同虚设。左宗棠惩前毖后,乃减兵加饷,缮器械,简军实,以重边防。惟新设之灵武、化平、硝海三营兵数无多,逼近蒙、番之永昌、庄浪、松山三营,仍循旧额云。

四川西连卫、藏,北接青海,南尽蛮夷。自雍正、乾隆间,青海、大小金川次第绥定,沿边之防,以打箭炉为尤重。

康熙三十九年,移化林营于打箭炉,以防炉番。

雍正元年,年羹尧于川、陕各处边隘,择要增兵。一为中渡河口乃通西藏要路,修筑土城,以守备移驻。一为保县,在大河之南,乃土番出没之所,一为越巂,地多蛮保,一为松潘外之阿树及黄胜冈、察木多,均拨兵驻守,设游击、千总等官。二年,青海荡平,于边外单葛耳斯地方设参将等官。暗门、拉科、恒铃子三处,设守备等官。河州保安堡,设游击等官。打箭炉外之木雅吉达、鸦龙江中渡、里塘、巴塘、鄂洛五处,设总兵、副将等官,率兵驻守。六年,岳钟琪因河东西苗民改土归流以后,建昌遂为沿边重镇,乃于柏香坪、冕山、宁番、宁越、盐井、波沙、托木、热水等处,增设将备营汛,合原有之弁兵,咸隶于建昌镇标。十年,黄廷桂以建昌之竹核及凉山西南之鱼红地方,当诸蛮出入门户,谷堆、格落二处,大赤口、小河坝、勒必铁、阿都四处,皆系边要,乃于竹核设将备兵丁,共三千人,阿都设兵千人。

乾隆十七年,岳钟琪因番众投诚,以威茂副将移驻杂谷脑,设兵千二百人,西南境与梭卓接壤之处,均设汛驻兵。四十一年,金川平定,于雅州建城,命提督移驻,增兵六千五百人,分守沿边。四十四年,设懋功、绥靖、崇化、抚边、庆宁五营,制同内地,隶松潘镇总兵,以控番徼。四十五年,特成额因川边外之察木多,曾设游击等弁兵,控制西藏。今藏事敉平,乃抽拨营兵,移防江卡,增筑碉房,并于三暗巴一带设守备等官。

道光十三年,以副将率兵二千人,驻大树堡,浚濠建碉,兼防河道。以松潘屯千九百人归并峨边。十九年,因川边防兵仅四千余人,不敷防守,于马边、雷波、越巂、峨边、屏山各厅县增兵二千人,增练兵千六百人,改营制,修碉堡,并饬镇道各员,于秋冬分巡边界。寻以马边等厅,夷匪不靖,命大臣齐慎亲往筹防。

同治十二年,因峨边厅蛮族投诚,择充千、百户等职,编制夷兵,建修碉堡。

光绪二十三年，鹿传霖以三瞻地接里塘，为入藏北界，拟设定瞻直隶厅，而移建昌道于打箭炉，仿金川五屯之制，设立屯官及将弁汛兵，并接展电线至前藏。其事议而未行。三十三年，部臣议裁并边防军，赵尔巽以川边原有巡防五营，已属不敷调遣，遂定议缓裁。

宣统初年，赵尔巽以打箭炉外所有改土归流属地，拟悉隶于边务大臣，并增设官吏，宽筹经费，协济兵食，以固边圉。三年，赵尔巽收回三瞻，土司之梗化者，遂自请归流云。

云南沿边，环接外夷，南境之蒙自，当越南国，西南境之腾越，当缅甸国，尤为南维锁钥。腾越界连野番，旧设八关九隘，以土练驻防。缅甸国入贡之道，向由虎踞关入，经孟卯、陇川等处，以达南甸，设南营都司以备之。自外海轮舶南来，直抵新街，商贾咸趋北道，由腾城西南行，经南甸、千崖、盏达三宣抚司，历四程而至蛮允，过此即野人境。其间有三路，下为河边路，中为石梯路，上为炎山路。下路较近，上路则柴草咸便，行四日至蛮暮，入缅甸界。舟行一日，可达新街。又印度东境之野山，系珞瑜番族，英吉利人由印度侵入，辟地种茶桑，其地可通孟养而达腾越，边外强邻野俗，错处可虞。明代旧置铜壁、巨石、万仞诸关，以固边圉。水道则海珀江自千崖以下，水势渐宽，与大金沙江合流，元代征缅甸，以舟师制胜，取建瓴之势也。其永昌、顺宁、大理三府，及蒙化一厅，楚雄府之姚州，皆迤西边界，山深箐密，汉夷杂处。清初原设永顺镇总兵，迨改镇为协，仅于永昌城驻兵，沿边一带，有鞭长莫及之虞。

雍正二年，青海平定，于鸦龙江各处设副将等官，宗郡地方，当云南孔道，设参将等官，以靖边服。三年，因威远大山为苗、猓盘踞之所，乃于普茶山各处设参将等官，兵丁千二百人，并于九龙江口设立防汛。四年，以四川阿墩子地方当中甸门户，移其防汛归云南省管辖，与里塘、打箭炉相为犄角。五年，以中甸延袤千里，为滇省西南藩篱，维西乃通西藏要隘，增设参将营于中甸，守备营于维西。

六年，因乌蒙、镇雄二处地方辽阔，于乌蒙设总兵等官，镇雄设参将等官，分隘驻防。所有旧设之贵州威宁营，云南镇雄营、东川营咸隶乌蒙镇总兵调遣，建筑城垣。旋增兵千五百人，设寻甸州参将等官。七年，设普洱府及普洱镇将，标兵三千二百人，分防各路。

乾隆三十二年，以木邦为通缅甸要路，并九龙江、陇川、黑山门各隘，咸以兵驻守。四十三年，李侍尧因永昌、普洱等府，向以镇、协标千五百人，在三台山、龙江一带驻营防缅，冬去春回，颇形烦累。云南省控制全边，重在腾越。其南甸之东南为杉木笼，距虎踞关百余里，当腾越左臂。南甸之西南为千崖，距铜壁、万仞、神护、巨石诸关，均一、二百里，实为各路咽喉。乃于杉木笼、千崖二处各增将弁营汛。龙陵地方，道通木帮，原驻兵千五百人，其南三台山尤为扼要，亦增设弁兵。以顺宁一路旧有之额兵分驻缅宁，与永顺右营协同防守。总督、提、镇大员，每年酌赴腾越边外巡阅一周，以期严密。

嘉庆十七年，以云南边外野夷保匪肆扰，而缅宁、腾越各隘，皆瘴疠之地，难驻官兵，复设土练兵一千六百人，以八百人驻守缅宁之丙野山梁等处，八百人驻守腾越之蛮章山等处，省官兵征调之劳。

道光间，林则徐于迤西移改协、营，增设弁兵。其扼要之处为永平县、永昌府龙街汛、永定汛、漾濞汛、姚关汛等，凡二十一汛，咸增兵驻防，而澜沧江桥尤为扼险。顺宁府毗连夷地，以龙陵协与顺宁参将对调。缅宁厅、锡腊、右甸、阿鲁、史塘等处防军，或分汛多而存城少，或分汛少而存城多，地之夷险与兵之多少不均，咸酌量增调。大理府原驻提督，而上下二关及太和县城、弥渡、红岩、赵州等处，尚属空虚，均增兵填防。姚州、蒙化二处，亦改汛增兵。

同治间，云南平定，岑毓英因迤西丽江府城地处极边，界连西藏，丽江、剑川交界之喇鸡鸣地方，系江边要隘，江外即野人境，向未设兵。乃以丽鹤镇都司移驻丽江府，剑川营都司移驻喇鸡鸣。此外楚雄府属之八哨地方三、四百里间，倮夷杂居，亦系要地，令楚雄协副将设汛驻兵。十三年，以昭通标兵之半，赴金沙江外驻守。

光绪七年，刘长佑因剑川城地当孔道，为迤西要区，以喇井营移驻剑川。喇井亦澜沧江要地，以吉尾汛移驻，互相会哨。十一年，岑毓英因滇省入越南之路，以白马关为要，法兰西人通商之路，以蒙自县为冲，沿边千里，处处错壤，留防之兵一万六千人，编为三十营，以白马关隶开化镇总兵，蒙自隶临元镇总兵，每年瘴消之际，亲赴边陲，简阅营伍。个旧锡厂，规制宏大，厂丁数万人，汉夷杂处，且通三猛、蛮耗各路，乃增设同知一员，移临元之都司营兵驻防个旧，调原驻开化游击移守白马关，以右营都司分防古林，移右营守备驻长冈岭，以临元游击驻蒙自县，右营都司分防水田，右营守备分防嵩田，为因地制宜之计。自云南入缅甸，共有六途，以蛮允一途为捷径，沿边由西而南而东，皆野人山寨，布列于九隘之外，兵团守望，时虞不足。乃调关外劲旅二千余人，与原有防军及乡团、土司协力警备。十四年，岑毓英以边境㑩黑夷匪频年滋事，分别剿抚。㑩黑所屯踞之地，分上下改心，在澜沧江畔，界接土司，其东西大路与缅甸逼处，为顺宁、普洱两府屏蔽，其下改心地方，尤为扼要。乃增设镇边抚夷厅，择地建筑城垣，并设参将等官，驻防兵丁一千一百五十八人。二十二年，鹿传霖以维西协所属阿墩子汛地，界接川边之巴塘，左临澜沧江，右挹金沙江，地势至要，英缅甸铁路所经，相距渐近，仅四、五日程。乃协商四川疆臣，酌设重镇，并于川、滇交界处，两省各设交武员弁，协力防边。云南自英据缅甸，法夺越南，防守两难。光绪之季，西南腾越、临安两路，创设团练，稍资捍卫。而饷绌兵单，国防渐弛矣。

广东边防，海重于陆。同治十三年，越南不靖，督臣瑞麟虑其越界，以防勇二千人扼守钦州。光绪八年，曾国荃因钦州之东兴街地接越南，拨劲兵二营驻守，续拨老勇三营助之。十年，法兰西侵夺越南，彭玉麟督办粤防，以钦州与廉州并重，增调营勇赴钦、廉，恐地广兵单，以团练协守。至省内防务，则有三江口之排猺、琼、崖之黎匪，时或出巢滋事。排猺山境四百余里，康熙四十一年，于瑶境适中之三江口,设立寨城,置副将等官,兵丁千余人。道光十二年,增三江口戍兵二千人,建筑碉台,以控制悍猺。光绪十三年,张之洞剿平琼州黎匪,山路开通,收抚黎众十万人,定抚黎章程十二条。粤省负山带海,西来欧舶,首及粤洋,陆路仅钦、廉一路当敌,防戍较易于海疆也。

广西南边,绵亘千余里,原设隘所百有九处,分卡六十六处,与越南之谅山、高平、宣光等处接壤。丛山密箐中,小径咸通。镇南关至龙州一路,地较宽平,为中越商旅通衢,东出太平、南宁,西出归顺、镇安之总汇。自龙州以东,下水直达梧、浔,有建瓴之势。历朝南藩向化,自清初至道光、咸丰间,惟于龙凭营所辖水陆各隘口,以戍兵及沿边土司协力防守。

同治十一年,令冯子材等就戍所之镇拣选各营,分布各隘,是为防军守边之始。迨法、越战事起,边氛日亟,征调频烦,兵无久驻之地。

光绪十二年,中、法款议既成,两广总督张之洞以镇南一关钤辖中外,固属极冲之地,即镇南关之中后左右各路,亦须分兵设防。关以内之关南隘及凭祥土州为中路。自关以东,明江厅辖之由隘,宁明州辖之罗隘,思陵土州辖之爱店隘,上思州辖之百仑隘、剥机隘为东路。自关以西,龙州厅辖之平西关、水口关,下冻土州辖之布局隘、梗花隘,归顺州辖之频峒隘、龙邦隘,镇安厅辖之猛峒隘、剥淰隘、百怀大隘等为西路。以上各隘,咸增兵屯守。以十二营防镇南关中路,以四营防东路,六营防西路。其道路宽者,筑台置炮;路窄者,设卡浚濠;甚僻者,则据断径路,禁阻往来。豫造地营,无事则操练,有警则征调赴援。广西提督由柳州移驻龙州,以控制边夷。而边境过长,贵能扼要。关前隘为谅山来路,罗隘为间道所通,归顺之龙邦隘,镇安之那坡隘,分扼牧马、保乐夷寇来路,由隘当文渊之冲,即龙州后路,下冻土州通镇边声息,令驻边各将领,宜加严防。旋督臣张之洞以沿边之新太协、上思营、镇安协各营兵,或改勇补兵，或裁兵留勇，各就所宜，即分防之举，为并省之谋。十三年，复移驻镇、道各员，以资分任。

二十三年，谭钟麟因边境迤长凡千七百里，仅恃营汛，终嫌单薄，乃扼要建筑炮台。原有防军二十营，以分防见少，每营止能抽拨二棚驻守炮台。二十六年，苏元春因南、太、泗、镇及上思、归顺四府二厅州，皆为边地，勇丁数仅万人，凡三关百隘、沿边炮台，皆须防守。乃以新募调赴江南之五营，并抽调边军五营，合成十营，为剿办沿边游勇土匪之用。三十年，柯逢时令各州县增募勇丁八千余人，给以毛瑟后膛枪，以佐防军，并令各属劝民间多筑碉堡，藉御外侮。

三十一年，李经羲以广西沿边全恃防军，近年边防大军专驻龙州训练，而南、太、镇等郡迄滇边，无复边营踪迹，客军又撤回过半，乃酌增防营，募土著亲兵，就地防御。盖广西制兵，旧额六万二千余人，自同治四年以后，屡加裁汰，由制兵而趋重防军。法、越事起，于边地防军尤为注重。至光绪季年，改练新军，非复防营规制矣。

蒙古以瀚海为界画，其部落之大类有四：曰漠南内蒙古，曰漠北外蒙古，曰漠西厄鲁特蒙古，曰青海蒙古。清初，漠南蒙古臣服最先。至康熙初年，而漠北喀尔喀三部内款。及亲征准噶尔，而青海诸部来庭。惟漠西厄鲁特部，至乾隆间始征定焉。漠北外四盟蒙古，康熙间初定，增为五十五旗。雍正间，增三音诺颜部，共前三部为四部。乾隆中，增至八十二旗。其会盟分四路：土谢图汗为中路，车臣汗为东路，札萨克图汗为西路，三音诺颜为北路。乾隆间，筑城于乌里雅苏台及科布多二处以镇抚之。其统率蒙兵之制，内札萨克之兵，统于盟长。外札萨克之兵，统于定边左副将军。杜尔伯特及新土耳扈特和硕特之兵，统于科布多办事大臣。土耳扈特之兵统于伊犁将军。青海各部落之兵，统于西宁办事大臣。雍正间，西陲未靖，阿尔泰及河套以北，迤西直达巴里坤，平原沙碛，数千里间，无险可扼。乃于四台至三十五台，每台选精兵驻守，互为声援。于乌里雅苏台城外山颠扼要处，复各建炮台，屯重兵于特斯台锡里。旋增设卡路八处于盐口、戈壁二口,遣兵更番巡探,以期严密。其时防在西徼,而北鄙无惊。自乾隆间荡平准部,而卫拉特来归,内外各盟长,从征回、准,屡奏边勋,新旧土耳扈特,同膺茅土,北境俄罗斯亦方辑睦,阴山、瀚海间,百有余年无事矣。

追咸丰、同治间,中原多故,蒙边亦多不靖。同治四年,增热河马队三百人。五年,以包头镇为绥远要区,原有防兵,积年疲乏,调吉林马队协同驻守。六年,李云麟以三音诺颜蒙兵专防乌城,而招募奇古民勇驻八里冈,与科布多、塔尔巴哈台二城蒙兵为犄角。八年,以布伦托海各领队大臣所有旗兵,改隶科布多大臣,分防热河等处。令乌梁海总管,自卜果苏克霸至沙宾达巴哈与俄罗斯接界处,新立鄂博界牌八处,严密巡察。徙厄鲁特僧众于阿尔泰山,徙俗众于青格里河。九年,调大同、宣化练军二千人驻防库伦,修复推河以北至乌城十五台站,并牧马三千匹,热河增练洋枪队三百人,以固库伦西路之防。十年,以济斯洪果尔台站为察哈尔及归化、绥远运粮要区,拨兵驻守。令蒙古各台,自张家口至八台,以察哈尔都统管理。自九台至科布多,及库伦、归化二路,以各盟长管理。每台增设驼马百五十匹,凡军械粮食,接护转运,以利军行。十一年,改建乌里雅苏台石城,并整顿沿边台务。库伦西接俄疆,向未设兵,乃于图、车两盟蒙兵内轮派四百人,分驻库伦四境。十二年,调察哈尔马队协防乌里雅苏台。旋以军台四十四站,地势绵长,分防散漫,乃分为四路,于中二路择要驻营,调绥远城马队移防哈尔尼敦,以原有之兵守塞尔乌苏。

至光绪间,新疆大定,西顾无虞,而北境俄患渐逼。光绪六年,调宣化练军、直隶步队赴库伦防俄。七年,因乌城三面邻俄,边防重要,而原有防军技艺生疏,乌城共驻蒙古练军及黑龙江、察哈尔马队二千五百人,由京营派教习前往教练,俾成劲旅。十八年,李鸿章以热河东境山谷丛杂,毗连奉天,拨直隶练军马步队各一营择要驻防。二十四年,以热河、察哈尔为蒙边要地,令各都统等选练兵丁,整备军实。三十二年,以热河马步队三营改编为常备军,其兵额均次第补足。时内外蒙古兵日益孱弱,俄人遂骎骎阑入,乌梁海以南受其牢笼,喀鲁伦河以东恣其垦牧,鄂博、卡伦遂同虚设矣。

直隶沿蒙边防务,雍正九年,令直隶疆臣修治边墙,其古北、宣化、大同三处,咸募兵增防。自独石口以西,至杀虎口一带要隘,亦酌增弁兵。十年,于独石口改设副将以下各官,增额兵八百人,边墙冲要处,增设鹿栅木栅,以备堵御。自清初至乾隆、嘉庆朝,蒙边绥辑。咸、同之间,西陲用兵,蒙匪亦渐滋事。同治四年,以直隶北境沿边关口五十余处,兵数甚单,调拨京师火器营、威远队、提标马步队,分驻喜峰口、铁门关、滦阳、洒河桥、遵化、罗文峪迤北迤西等处。光绪七年,李鸿章以北边多伦厅地兼蒙旗,仅有新旧防军七百余人,不敷分布,增调宣化练军马队一营分段梭巡。十八年,以直隶防军五营驻古北口。十九年,李鸿章因古北口防营调回内地,而热河地广兵单,乃别练马队三哨,与原有之朝阳马队一营、围场马队百人,互为援应。直隶边务,重在海疆,东之山海关,为辽、沈门户,南之天津、大沽,为京师屏蔽。其北境惟缉捕蒙匪,无事重兵屯戍也。

山西边界之归化、绥远、包头镇,控扼草地,毗连大青山,南抵杀虎口,西逾缠金,东接得胜口,与蒙古、回部错壤。咸丰军兴以后,官兵四出征讨,边备空虚,寇盗乘机窃发。同治六年,左宗棠督师秦、晋,以山西省弁兵团勇均不可恃,乃分拨营勇,驻守黄河西南两岸,别募三千人,赴禹门、保德间防守,并造炮船四十艘,酌配水师,驻垣曲、三门一带。军事定后,防军旋撤。光绪间,曾国荃调拨湘军,择要屯守,而兵数仅一千二百人。九年,张之洞以雁门关为晋边要口,止有练军千人,令各营以次抽练,以固边防。十年,增练大同、太原二镇马步营。卫荣光增练马队五旗,以三旗驻口外,二旗驻口内,以佐湘军之不逮。由山西省迤西,为陕西之北境,惟榆林、神木一隅,地接蒙疆,而障以长城,环以河套,民情驯朴,防备更简于燕、晋也。

新疆为西域三十六国故壤，历代筹边列戍，近在玉门，远亦仅龙堆而外。自乾隆年准部平，道光朝回疆定，至光绪间，再定天山，开省治于迪化城，设五府三十六县。而俄罗斯边境由北而西，绵延错互。自夺取霍罕三部后，伊犁及南路喀什噶尔皆与俄属相接。全境中界天山，分南北二路。北路为准噶尔部落，西北以伊犁为重镇，乌鲁木齐当往来孔道，塔尔巴哈台为北境屏藩。南路悉回族所居，乌什当适中之地。叶尔羌、喀什噶尔雄冠诸城。英吉萨尔西达外藩。

乾隆十八年，以准噶尔逼处边境，哈密及西藏北路虽已设防，而选将备，具驼马，简军实，勘水草，储粮饷，修城垣，诸端待理。命疆吏先事筹备，次第施行。哈密已驻重兵，而防所全恃卡伦。天山冰雪严寒，加意抚循士卒。南路各城，以满洲营、绿旗营协同防守。和阗、库车、辟展诸城，则但设绿旗营兵。其卡伦台站，自哈密西至辟展，北至巴里坤，自辟展西至库车，北至乌鲁木齐，自库车西至乌什，又西至叶尔羌，又西至喀什噶尔，其南至和阗，视卡伦之大小，定戍兵之多寡。各台站设驼马车辆毋缺，前行阻水，则造舟以济之。二十四年，戡定准部，北路重地，咸分兵设防，山川隘口，悉置卡伦台站。各卡伦设索伦、锡伯、厄鲁特兵丁自十名至三十余名有差。各台站设满洲、绿旗、察哈尔兵丁各十五名。南路各城设办事大臣。其理事回官阿奇木伯克以下，各有所司，分统回兵，隶驻防大臣调遣。二十六年，设伊犁马步兵二千五百人。二十七年，设伊犁将军及参赞领队大臣。三十一年，设乌鲁木齐办事大臣。

嘉庆二年，于惠远城之北关增调戍兵。

道光六年，以新疆防军已增至万余人，令疆吏调兵四千人赴回疆，二千人赴阿克苏，协力防堵。又因喀什噶尔防兵较少，于城北要隘增兵三营，城南增兵二营。八年，分遣喀什噶尔防兵四千三百人防守各路，选精壮二千人分十班教练。那彦成因阿克苏为南路要地，增兵千人，合原有防兵凡二千余人，以控制南北二路。其冰岭一路，北通伊犁西南卡伦，外通乌什之捷径，一律封禁。喀什噶尔、叶尔羌、英吉萨尔各卡伦，向仅驻兵十余名，乃于各卡伦适中处，凡通霍罕、巴达克山、克什米尔外夷之路，增筑土堡，以都司等官率兵驻守，兵数自数十人至二百人不等。九年，于喀什噶尔边界增卡伦八处。十一年，回疆大定，命参赞大臣驻叶尔羌，总理八城回务，节制巴里坤、伊犁两路满、汉兵一万四千余人，分防各路。喀什噶尔之八卡伦，道通霍罕，筑土堡三座，增建兵房。叶尔羌所属卡伦，通克什米尔外夷要隘，英吉萨尔通布鲁特要隘，各修土堡驻兵。于乌克苏、乌什二处，各驻八旗兵一千三百人。于喀什噶尔驻绿营兵三千人，为前锋，兼守边卡。英吉萨尔驻马队五百人，绿营兵千人，为前后二城中权接应之师。巴尔楚克绿营兵三千人，筑堡屯守。和阗增足防兵五百人。所余满、汉兵六千余人，悉数驻叶尔羌，隶参赞大臣统辖，遇警援剿。其喀什噶尔、叶尔羌旧额回兵，仍挑补训练，以替防兵。十四年，以索伦、锡伯、察哈尔、额鲁特四处营兵，守卫伊犁沿边大小卡伦七十余座，按期会哨，统兵将领不得轻出邀功。

咸丰二年，廷臣会议，以新疆南北路驻兵益多，数逾三万，频年由内地换防，殊苦烦费，乃于伊犁等处绿营兵内调拨换班，其不足者，就地募之。

咸、同间，中原用兵，关外南北各城，边氛四起。同治二年，调察哈尔蒙兵，悉数由科布多赴乌鲁木齐屯守。五年，调乌里雅苏台蒙兵六千人赴伊犁。九年，调黑龙江兵二千人，察哈尔兵千人，马队二百余人驰赴乌城，并令喀尔喀各盟长，随时整顿蒙兵。十年，在乌梁海一带安设台站，迤西亦一律设台，直抵塔尔巴哈台。十一年，因库尔喀喇乌苏等处，为晶河要地，招募勇丁，协同马队防守。调宣化、古北口营兵，分赴乌城。十二年，调大同、宣化兵千人，赴防塔尔巴哈台。十三年，以塔城为西路防务扼要之区，调伊犁迤北之察哈尔兵二千人及蒙古兵益之。寻命左宗棠由关、陇西征，天山内外，次第戡平，而俄罗斯亦归我伊犁。

光绪三年，左宗棠于伊犁增筑炮台，多驻劲旅。刘锦棠就关外营勇之精壮者，编为制兵，改行饷为坐粮，参用屯田之法，以足军实。张曜更定新疆营制三事：一、增骑兵，佐步兵之不逮；一、重火器，减养兵之费，为购器之资；一、设游击之师，驻南北路之间，预防俄患。六年，恭镗因乌鲁木齐之巩宁城接壤精河，旁达乌城间道，而旧城已圮，乃于迪化城外高原，别建新城，以驻防兵，而资控扼。十二年，刘锦棠以巴里坤满营归并古城，伊犁共驻马步防军二十八营，酌裁新募之勇，编留精壮，为马队九旗，步队十三旗，自伊犁至大河沿及精河以东，分路驻防。十四年，额尔庆额因塔尔巴哈台驻防汉队，久役思归，就甘肃额兵及察哈尔部内，选二千六百人调防。十五年，复于塔城增募防兵，凡步队三营，马队四旗，弁勇二千人。十六年，以伊犁满洲营经兵乱后，额数久虚，酌量挑补，定为二千人，再挑留锡伯、新满洲千人，以备不足。伊犁汉队改立标营，凡步队一营，马队二营，格林炮队一哨。惠远城北关设炮队一哨，定远城设马队三旗。十七年，杨昌浚因塔城境内，汉、蒙、回、哈杂居，东接乌梁海，西接伊犁，地既险要，路复分歧，共增将弁三十一员，步队三旗，马队四旗，以备巡防弹压。十九年，以总兵官驻防绥定，统汉队三千人，策应四境，若广仁城、果子沟、三台、瞻德城、三道河、霍尔果斯、拱宸城、宁远城，以马步炮队分防。三十一年，潘效苏因新疆兵费过重，改练土著，遣散客军。回缠民性各殊，以二三成搀入汉军训练，汉军则各营旗皆减为哨，节饷防边，始能兼顾。

宣统二年，札拉丰阿因塔尔巴哈台屏蔽西北，以原有马步炮队及左右旗蒙、满队，悉改新式操法。时中朝方议减饷裁兵，未遑远略。俄罗斯正经营东陲，遂暂安无事云。

西藏初设驻藏大臣，而番众仍统属于喇嘛。当崇德七年，达赖、班禅与厄鲁特同时入贡。顺治、康熙间，朝请不绝。康熙之季，准噶尔侵藏，由西宁进兵平之。

雍正五年，珲噶隆之争，以颇罗乃有定乱功，进封郡王。十年，留云南兵于察木多，以防番众。

乾隆十五年，除颇罗乃王爵，始设驻藏大臣，与达赖、班禅参互制之。其西南之廓尔喀，时窥藏境，中朝以兵力佐之，收复巴勒布所侵占藏地，增设塘汛守兵十三处，以寨落之多寡为衡，前藏增唐古特兵八百人，后藏增四百人。五十四年，始于前后藏各设番兵千人。其通内地之定日、江孜二处要隘，各设番兵五百人，就近选补。设戴琫三人，以二人驻后藏，一人驻定日。增江孜戴琫一人。前藏番兵隶驻防游击，后藏番兵隶驻防都司。令四川督臣以头等将备为驻藏之选，统以大臣。其驻藏之兵，令驻藏大臣新为校阅。嗣因定日、江孜为各部落来藏必经之路，各增防汛，设守备等官。打箭炉之外，择地设游击等官。五十八年，和琳等会勘后藏边界及鄂博情形，江孜番、汉兵已敷防守，惟定日地方辽阔，为聂拉木、宗喀、绒辖三处总汇之区，其捷径如辖尔多、古利噶等处，均为要隘，增设番兵，统以戴定琫，修寨落以备栖止，立鄂博以守界画。

道光二年，惩治聂拉木、绒辖各营官私释喇嘛之罪，别遣番兵补营兵之额。二十一年，令番兵习弓矢者改习鸟枪。二十二年，令后藏大臣督率弁教练堆葛尔本挖金番民武技。

咸丰五年，以廓尔喀不靖，驻防兵单，令喇嘛等联络防范，调前藏僧俗土兵二千人赴策垫地方防范。

同治四年，驻藏大臣满庆等，调派土兵及统兵番员防备披楞。八年，因披楞侵占哲孟雄，与唐古特相持，令恩麟等整顿后藏番、汉营伍。十一年，命德泰赴藏，校阅江孜、定日、后藏三汛防营，以固哲孟雄及聂拉木门户。

光绪二十四年，驻藏大臣文海因后藏定日地方营伍及靖西设防，驻藏大臣久未巡视，乃率兵亲往各处校阅。光绪季年，驻藏大臣联豫仿内地制，设武备学堂，择营弁卫队及达木三十九族中之优秀者，习速成科，俟毕业后，先练一营，以开风气。

宣统二年，联豫因工布平定，以马步炮队工程队分地驻守。旋疏请裁去帮办大臣，设左右参赞，分驻前后藏。三年，波密野番滋事，即以工布之兵剿办，并以步队择地驻防，为各营后援。

至川军入藏之举，始于雍正初年，准噶尔窥边，诏以川、陕兵二千人驻防，设正副大臣，分驻前后藏。其时，云南省军队亦分途入藏。事定，仍撤归原省。历朝镇抚藏地，多用汉军、番卒。至光绪三十一年，四川督臣锡良奏调川军出打箭炉，并招募土勇为向导，以剿窜回。是年八月，巴塘喇嘛戕害大臣，全藏震动。四川提督马维祺、建昌道赵尔丰合兵进克巴塘、里塘，勘平边乱。三十二年，里塘逆番桑披复率众倡乱，锡良命赵尔丰等以川军讨平之。其时，番僧与北部回民日就衰弱，全藏边境为英吉利、俄罗斯远势所包，藏事遂不可问云。

苗疆当贵州、湖南之境，叛服靡常，历朝皆剿抚兼施。康熙三十八年，以镇筸居苗疆冲要，改沅州镇为镇筸镇，设总兵以下各官，增额兵千人，合原有之兵凡二千一百人，以防红苗。雍正九年，复增兵二千人。是年，鄂尔泰因都江与清水江形势划分，增设清江镇标，以新设之丹江、台拱等营及原有之铜仁、镇远等营，咸隶清江镇，而都匀、黎平并上江、下江各协、营，隶于古州镇总兵。乾隆元年，杨名时锐意治苗，以贵州省苗众分生熟二苗，生苗在南，熟苗在北，乃屯驻重兵于内地，而择邻苗之要道，增修壁垒，使民有所归，兵有可守。遇苗众山巢滋事，则互相援剿，战胜勿事穷追，兼抚熟苗，俾渐知向化。五年，那苏图因永顺所属紧接苗疆，且与湖北省之容美土司、四川省之酉阳土司连界，乃以永顺协标兵改隶镇筸镇总兵，联络楚南声势，合力防苗。

嘉庆初年，戡定苗疆以后，于凤皇、乾州、永绥、古丈坪、保靖各厅县，沿边次第建修屯堡碉台，筑边墙以严界画，筑土堡以资守御，筑哨台以凭了望，碉卡则战守咸资，炮台则堵截尤利。设练勇千余人，屯丁七千人，垦辟屯防田十三万一千余亩，悉以屯兵耕种。其地皆附近碉堡，以便驻守，且节饷糈。历嘉、道两朝，沿边宁谧。

咸丰军兴以后，苗众乘机肆扰。至同治年，席宝田等大举平苗，虽间有剿掠之事，以防勇随时剿抚。光绪十二年，谭钧培因苗民驯扰无常，乃仿傅鼐防苗之法，增修石碉土堡，由附郭而渐及山林险阻之处，互为守望，以备苗民出入，于旧日之苗疆营制，无所变更也。

　　沿边墩台、卡伦、鄂博、碉堡，清初于各省边境扼要处，设立墩台营房，有警则守兵举烟为号。寇至百人者，挂一席，鸣一炮；至三百人者，挂二席，鸣二炮；至五百人者，挂三席，鸣三炮；至千人者，挂五席，鸣五炮；至万人者，挂七席，连炮传递。康熙七年，谕各省将领，凡水陆孔道之旁，均设墩台营房，驻宿兵丁，传报紧急军机，稽察匪类，护卫行人。乾隆三年，兵部议定，下汛兵缺少处，按地方卫僻情形，酌量拨补器械，务令整备，随时察验。有离汛误防者革责，官吏严惩之。

　　其军台之制，始于顺治四年，自张家口迤西，黄河迤东，设台三百四十四座，台军七百三十二名。自张家口迄山海关迤西，设台四百十七座，台军一千二百五十一名。

　　蒙古各旗台、卡、鄂博之制，以大漠一望无垠，凡内外扎萨克之游牧，各限以界，或以鄂博，或以卡伦。盛京、吉林则以柳条边为界，依内兴安岭而设。其内蒙古通驿要口凡五道，曰喜峰口、古北口、独石口、张家口、杀虎口，以达于各旗。内蒙路近，商旅通行，水草无垠。其外蒙古之驿，则由阿尔泰军台以达于边境各卡伦。康熙朝征准噶尔时，设定边左副将军，而外蒙古军台之设，由内而外，其制始密。自察哈尔而北，而西北，而又西，迄乌里雅苏台，共置四十八台。康熙三十一年，自古北口至乌珠木秦，置台九。自独石口至浩齐忒，置台六。自张家口至四子部落，置台五。自张家口到归化城，置台六。自杀虎口至吴喇忒，置台九。自归化城至鄂尔多斯，置台八。自喜峰口至扎赉特，置台十六。乾隆三十四年，自喜峰口路扎赉特尽处起，置台十四。自古北口路乌珠木秦尽处起，置台六。自杀虎口路吴喇忒大路外起，置台七。自张家口路四子部落尽处起，置台十六。喀尔喀则自备邮站。其东路首站曰尼尔得尼拖罗海，西路首站曰哈拉尼敦，后路首站曰肯特山。迤逦而北，直抵三音诺颜境，其首站曰博罗布尔哈苏。凡汗、王、贝勒过境，警晨夜，饲牲畜。商旅出其途，亦资捍卫焉。

围场卡伦之制，规取高地为之，或于冈，或于阪，或于山川之隙，随宜设置。其柳条边境之设立卡伦者，东为崖口，西为济尔哈朗图，北为色堪达巴汉色钦等处，又西为库尔图罗海等处，又南为木垒喀喇沁等处，又南而西为珠尔噶岱等处，又南为海拉苏台等处，又南而东为巴伦克得依等处。老柳边在外，卡伦在内。其故地在周陆之中者，为翁牛特，为哈喇沁，为敖汉，为奈曼，为喀尔喀，左翼等故地咸在焉。

其恰克图及沿边鄂博、卡伦之制，因山河以表鄂博，无山河则表以卡伦。鄂博者，华言石堆也。其制有二：以垒为鄂博，以山河为鄂博。蒙古二十五部落，察哈尔牧厂八旗各如其境，以鄂博为防。其与俄罗斯接界，中间隙地，蒙古语曰萨布。凡萨布皆立鄂博以申画之。恰克图之中、俄边界，凡俄国卡伦、房屋，在鄂尔怀图山顶，中国鄂博、卡伦，适中而平分之。如有山河，即横断山河为界。由沙毕纳依岭至额尔古讷河岸，向阳为中国，背阴为俄国。盖沿边之地，自黑龙江、库伦、乌里雅苏台、科布多四属递迤而西，凡八十二卡伦。科布多所属极西之卡伦，曰和尼迈拉呼。由此渡额尔齐斯河至辉迈拉呼一带卡伦，均与俄罗斯接壤。

其在黑龙江境内之卡伦，以将军辖之。在蒙古喀尔喀等部落之卡伦，按其游牧远近，每卡伦设章京一员，率兵携眷戍守。遇森林丛杂，难立鄂博、卡伦之处，则削大树而刊识之。

自同治七年裁撤科布多境内卡伦以后，各项哈萨克人赴界强据。光绪初年，乃于乌克克等处，由沁达盖图乌尔鲁向西南至马尼嘎图勒斡止，与塔尔巴哈台卡伦相接，一千数百里之要隘，与俄罗斯接壤者，均设卡伦。所有协理台吉等员，咸复旧制。

其新疆全境之卡伦，分南北二路。北路之塔尔巴哈台，与科布多毗连，以额尔齐斯河为界，河东卡伦隶科布多，河西卡伦隶塔尔巴哈台。自辉迈拉呼至塔城，夏季设大小卡伦十三处，冬季设卡伦八处。此外皆哈萨克游牧之地。塔城西南一带卡伦八处，界连伊犁。

卡伦以外，为哈萨克游牧。伊犁东北七百余里，与塔城接界之处，由哈布塔海达阑一带而南，设大小卡伦二十三处。此外亦哈萨克游牧。又西而南，至伊犁河北岸，设大小卡伦八处，乃索伦领队大臣专辖。自伊犁河南而西，设大小卡伦十六处，乃锡伯领队大臣专辖。卡伦之外，与哈萨克接壤。其锡伯屯牧西南，因有回子屯所，每年夏秋设卡伦于达耳达木图，以资巡察。由锡伯卡伦迤西转南而东，设大小卡伦十七处，乃厄鲁特领队大臣专辖。西南为布鲁特游牧，西北为哈萨克游牧。又厄鲁特游牧东南，界连喀喇沙尔之土尔扈特、和硕特游牧，设大小卡伦八处，亦厄鲁特领队大臣专辖。其伊犁城北塔耳奇一带，及伊犁河渡口，设卡伦七处，专为哈萨克贸易交通，并稽察逃人而设，乃惠宁领队大臣专辖。此伊犁及塔尔巴哈台大小卡伦之方向也。

其南路自伊犁南经木苏耳达巴罕至回疆乌什城西北一带，设卡伦六处，外通布鲁特，乃乌什办事大臣专辖。自乌什而西，经草地及布鲁特游牧地树窝子等处七百余里，直达喀什噶尔城，由城东北而西转南，设卡伦十七处，外通布鲁特，西达霍罕安集延，乃喀什噶尔领队大臣专辖。自喀什噶尔东南行二百余里，至英吉沙尔城，由城西北而南，设卡伦十二处，外通布鲁特，西南行千数百里，至巴达克山，乃英吉沙尔领队大臣专辖。自英吉沙尔东行三百余里，至叶尔羌城，由城西南转而东北，设卡伦七处，西南一带，外通布鲁特，东北一带，专为稽查逃人，乃叶尔羌办事大臣专辖。又东南行七百余里，至和阗城，城外之东西河，共设卡伦十二处，为稽查采玉回民，又札马耳路通河克苏，专设卡伦一处，均和阗领队大臣专辖。自叶尔羌东北行一千四百里，至阿克苏城，其东北路通著勒士斯，专设卡伦一处，稽查喀喇沙尔所属之土耳扈特游牧，乃阿克苏办事大臣专辖。又东北行七百余里，至库车城，由城西北而南，设卡伦五处，又东北行八百余里，至喀喇沙尔城，城之东北设卡伦二处，又东北行九百余里，至吐鲁番城，由城西南而东，设卡伦六处，又东北行一千七百余里，至哈密城，城东北设卡伦四处，均由驻扎各城大臣专辖。此回疆各城所属大小卡伦之方向也。

　　自咸、同朝回逆鸱张,俄罗斯复乘机蚕食,边堠尽废。迨新疆定后,至光绪五年,收回伊犁,与俄罗斯画定边界,规复旧日卡伦之制。卡伦之例有三:其在内者曰常设卡伦,在外者曰移设卡伦,最在外者曰添设卡伦。三者惟常设卡伦为永远驻守之地。余皆值气候和暖则外展,寒则内迁,进退盈缩,或千里,或数百里不等,沙漠浩荡,漫无定准,皆在常设卡伦之外。自西域乱作,凡移设、添设之卡伦,悉为俄人所攘夺。左宗棠平定新疆,乃与俄罗斯重定界约,凡常设卡伦以外,均作为瓯脱之地,中、俄边境之民,彼此不居,以免逼处。其常设卡伦,严申旧制,边烽少息矣。

　　其黔、楚苗疆碉堡之制,始于嘉庆朝征苗之役,傅鼐精练乡兵,遍设碉堡,师苗技以制苗,遂平边患。自湖南乾州界之木林坪起,至中营之四路口,筑围墙百数十里,以杜窜扰。其险隘处增设屯堡,联以碉卡。凤凰厅境内,设堡卡碉台八百八十七座。永绥厅境内,设堡卡碉台一百三十二座。乾州厅境内,设汛碉一百二十一处。古丈坪及保县境内,设汛碉六十九处。环苗疆数百里,烽燧相望,声息相闻。关墙则沿山涧建之。炮台则择冲要处筑之,哨台则于关墙之隙修之。卡碉屯堡,则因地制宜,或品字式,或一字式,或梅花式。其修建之制,关墙则土石兼施,炮台则以石砌而筑土以实中心,哨台亦石砌,环凿枪孔,高峻坚实。碉楼之制亦然。关墙以严边界,炮台以备堵截战守,哨台为巡逻了望之用,屯堡为边民聚卫之所,卡碉则战守兼资。其防守兵丁,有警则荷戈,无事则秉耒,进攻退守,为持久计,以待敌之可胜,遂以底定蛮荒云。

清史稿卷一三八

志第一一三

兵　九

海　防

　　国初海防,仅备海盗而已。自道光中海禁大开,形势一变,海防益重。海防向分南北洋。山东烟台归北洋兼辖。闽、浙、粤三口,归南洋兼辖。兹取沿海各省有海防者分述之,曰东三省,曰直隶,曰山东,曰江南,附江防,曰浙江,曰福建,曰广东。

　　奉天沿海,南自牛庄至金、盖各州,转东至鸭绿江口,西则自山海关至锦州,地皆滨海,口岸凡三十九处。康熙初,廷议锦州一带筹备沿边。旋定金州旅顺口设水师战船,隶金州副都统督率训练,战船皆木质旧式。雍正四年,将军噶尔弼以自旅顺海口至凤凰城,水程千里,仅恃旅顺水师一营,议增二营,联络巡哨。道光二十一年,耆英以奉省海防经营不易,有移民内徙之议,海防渐重。咸丰之季,欧舰北犯津、沽,奉天亦严海防。同治四年,崇厚调天津洋枪队千人赴营口屯驻。五年,以奉天兵船拙重,调天津轻利兵船十余艘赴长岛驻防。复增新练洋枪队五百人于营口。十一年,瑞麟以南洋自制兵舰告成,炮械咸备,乃商拨兵舰一艘,巡防牛庄海口。光绪初年,以俄罗斯有窥北边,沿海亦有俄舰游弋,乃于制兵外加饷练兵,几选练马步队四千二百余人。又增绿营兵四千人,调拨吉林、黑龙江、蒙古马队各二百余人驻营口，与宋庆豫军协同防守。其东边道之练军马步队一千三百人，则分驻凤凰城、大孤山、北河、长甸河口及安东等处。额设正兵，几同虚设，海上有警，全恃客军。金州与海参崴毗连之处，尤为重要。李鸿章遣镇东等四炮舰巡防奉省海口。八年，鸿章以北洋迤东口岸，惟奉天旅顺口为首冲，乃在旅顺之黄金山顶，仿筑德国新式炮台，设巨炮多尊，并建筑兵房、子药库，近山要路，复设行营炮垒，海口内则布置水雷，沿海岸可登陆处，择要埋藏地雷，陆路则有护军营八哨，毅军十一营，水路则有快炮船、蚊炮船各二艘，表里依护。其次为营口，海滩平衍，敌易抄袭，复调劲旅接应后路。十年，将军定安于营口创设水雷营，电线火药，建雷库十间存储。十七年，李鸿章以大连湾为渤海门户，筑老龙头等处炮台六座，仿西洋曲折式，兵房、药库皆备。二十六年，将军增祺以岫岩、安东沿海，虽有北洋兵舰巡防，而海滨港汊纷歧，乃增造大号水师船八艘，布列于沙河、大孤山、太平沟等处。

至吉林、黑龙江之海防，以有松花、黑龙二江，贯省境而趋海，旧制二省各设水师营巡防，水师船止运船三十艘，桨船二十艘，每为运粮及采东珠、取桦皮之用，亦称水手营，非战舰也。

吉林海防，首重珲春。松花江虽可行海舶，而江水浅处为多。同治四年以后，屡有俄罗斯兵船，乘江水涨时，驶入至阿勒楚喀及伯都讷境内。将军岐元拟于三姓设水师营，不果。光绪六年，府丞王家璧有整顿东省水师改造战舰之议。李鸿章以长江水师船不适用于松花、黑龙二江，宜于吉林、三姓左近，择水深溜大之处设船厂，造小号兵轮船，如广东蚊炮船之式，入水不深，上可行驶伯都讷、省城附近，下可巡行黑河口，转入黑龙江，以佐陆军，备俄船侵入。并拨开花炮、新式马枪、快枪等，为吉省练兵之用。时将军铭安、及督办宁古塔等处防务吴大澂、喜昌，以俄患未平，于吉省沿江沿边，增练防军马步队五千人，各旗及西丹又募千五百人，练成即赴珲春驻守，并设护江关，防范水路。又臣俄国海军船坚力猛，水关不能阻其冲突，乃择要依山建筑炮台，以御俄舰。

黑龙江省于光绪三年始筹办海防,通省额兵及西丹共一万人,增鄂伦春兵五百人,兼习新式枪炮。黑省近俄,俄人环黑龙江左岸盘踞,达二千余里,每相间百余里,辄有俄兵屯驻之所,刁斗相闻。故黑省防务,重在陆而不在海。其江流入海之口,在省境东北隅,虽额设师船三十余艘,仅循例操演。

东三省海防,奉天尤重。自日占旅、大,辽东半岛藩篱尽撤。而吉、黑二省,向受俄患,北海屡警,防务益形棘手云。

直隶津、沽口,为南北运河、永定、大清、子牙五河入海处,北连辽东,有旅顺、大连以为左翼,南走登、莱,有威海卫以为右翼,为北洋第一重镇。顺治初,天津巡抚雷兴疏言,“大沽海口为神京门户,请置战船以备海防。”下所司议行。雍正四年,于海口芦家嘴创设天津水师营,令满洲兵丁驻扎,学习水师,特简都统大员,守御海口。复自天津城南门外起至庆云县止,所有沿海各州县,设立海拨二十五处,分置守兵,扼要防范。

乾隆四年,直隶总督高斌请拓天津水师营、汛,增驻满兵一千,合旧额为三千。及道光六年,那彦成奏请裁撤海口官兵,改归大名镇。十二年,琦善奏天津地处海隅,与山东登州、奉天锦州遥相拱卫,沙线分歧,非熟习海径者,无由曲折而至。县海口二十里外,有拦港沙一道,融结天成,俨若海口外卫。总兵陆路营伍,足资捍卫,所有天津水师,无庸复设。于是水师营遂裁。二十年,又据琦善奏英舰到粤,难保不分投窜扰,天津密迩京畿,尤宜慎重防堵。遂复严旨派员驻扎要隘,协同防御。二十一年,天津海口增设官兵,建炮台营房,近海村落,招集团练,修筑土堡,互为策应。二十二年,令直隶沿海营兵,善于凫水及谙习风涛驾驶之技者,饬统兵官训练,并增设巡哨兵船,以芦台为北塘后路,设通永镇标十五营驻守。二十三年,令天津水师营每年拨战船六艘,分三路巡防,与奉天、山东师船,定期会哨,以登州、岫岩城、锦州三处为呈票考验之地。有畏避风浪,巡哨贻误者,严惩之。三十年,令讷尔经额察视海防。

　　咸丰八年,令僧格林沁在大沽口及双港修筑炮台,设水路木筏,及沿岸营垒,调宣化镇兵会大沽协兵,守护海口炮台。又令史荣椿等由天津赴山海关履勘海防要隘。同治元年,令曾国藩、薛焕等购买外洋兵船巨炮,统以镇将,酌分数艘,驻泊天津海口。九年,山东巡抚丁宝桢以大沽、北塘等处为京师门户,虑直隶兵力不足,调山东旧部十八营,赴直隶边境候调。十年,直隶总督李鸿章增设大沽协海口六营,酌定营制。修筑大沽口南北两岸炮台,与北塘相犄角,调遵化练军千人移驻。十三年,又以北洋海防,仅恃大沽、北塘二海口炮台,后路尚恐单薄,乃就运河北岸,用三合土建筑新城,四围设大小炮台,护以金刚墙,引海河为城濠,屯驻重兵,与大沽防营相应。

　　光绪元年,李鸿章复于大沽、北塘、新城各处,增筑洋式炮台营垒,购置铁甲快船、碰船、水雷船,以备攻守。二年,令总兵周盛传率淮军马步二十余营,建筑新城炮台。三年,成之。六年,李鸿章以北塘迤东至山海关,延长数百里,调宋庆、郭松林二军,分驻沿海蒲河口、秦皇岛等处,并增建炮台。又以淮、练各军驻天津,防守大沽、北塘各口。以鲍超全军三十营驻昌黎、乐亭,防守大清河、洋河各口。以山海关防军,兼顾金山嘴、秦皇岛、老龙头各处。时曾国荃建议直隶海防,不宜远守营口,宜以重兵守山海关。乃命曾国荃统率安徽、湖北、山西各军赴山海关驻守。八年,李鸿章于大沽、北塘炮台下埋伏水雷,大沽口内设拦河木筏,山海关内外筑三合土大炮台一,土炮台二,濒海营墙,均仿炮台建筑。又宁海城临海受敌,于炮台墙外,悉以沙土掩护。其时大沽南北岸炮台大小共数十座,辅以水雷铁舰,沿岸以陆军驻守。十一年,因京东沿海空虚,调练军各营,移驻滦州、昌黎等处。二十三年,直隶总督王文韶以武毅军训练初成,率前后二军及马队一军,周历山海关沿海一带,以重防务。自欧舰来窥,僧格林沁战败,廷议始专津、沽之防。中日之役,旅顺、威海相继沦陷,而津海未开战事。及拳匪肇衅,联军北犯,沽口炮台,毁于一旦,北洋沿海防务,遂日形懈弛云。

山东海岸绵亘,自直隶界屈曲而南以达江苏,其间大小海口二百余处。东北境之登、莱、青三府,地形突出,三面临海。威海、烟台岛屿环罗,与朝鲜海峡对峙,为幽、蓟屏藩。海禁既开,各国商帆战舰,历重洋而来,至山东成山而折入渤海,以达沽口。故创练海军,以威海、旅顺为根据地。欲守津、沽,先守威、旅。齐、鲁关山,遂与畿疆并重矣。

顺治十一年,令苏利为水军都督,驻军碣石,为山东防海之始。乾隆五十五年,以胶州、文登、即墨等营,兼防海口,以总兵驻登州,统水师三营,战船十二艘,修治各海口炮台。道光二十一年,以芝罘岛扼东海之口,拨兵防守。蓬莱、黄县、荣城、宁海、掖县、胶州、即墨所属之十三岛,编练民团,互为防卫。三十年,以濒海之三汛师船,四县水勇,合并防守海口,并扼要安设大炮。咸丰元年,登州总兵陈世忠以海寇夺掠官船,山东水师无多,会闽、粤大号师船,合力截捕。三年,于登、莱、青三府举办联庄团练,给以兵械。八年,饬天津镇总兵赴山东,详勘海丰一带海口。九年,以海丰县之大沽河有防营故址,饬崇恩等拨兵防守。十年,文煜令青州等沿海各城满、绿营兵,勤加训练,分守城官兵之半以守海口。同治九年,丁宝桢以东境海口纷歧,惟有扼要防守。其文登县属之马头石岛,福山县属之烟台,蓬莱县属之庙岛,掖县属之小石岛,为洋船北来所必经,地居险要,共拨兵六千余人分守。十一年,拨大号兵船一艘,驻泊登州洋面。光绪元年,丁宝桢以山东之东三府,三面环海,外寇随处可登,宜扼要屯守。其要地有三:一、烟台,于通申冈设防营,驻兵三千。烟台山下及八蜡庙、芝罘岛之西,共建浮铁炮台三座。芝罘岛之东,筑沙土曲折炮台一座。一、威海卫,于刘公岛之东口,建浮铁炮台一座,而于岛口内筑沙土曲折炮台,于口外海面密布水雷,其北口内亦建沙土浮铁炮台,可作兵轮船水寨之用。一、登州,于城北建沙土高式炮台,城内建沙土圆式炮台。长山之西,建沙土曲折炮台,与郡城相犄角。炮台用克鲁伯后膛大炮,参用阿姆司脱朗前膛大炮。兵丁用格林炮、克鲁伯四磅炮、亨利马悌尼快枪,讲求行阵攻守之法。
六年,以新购外洋蚊炮船驻防烟台海面。十二年,许景澄建议山东
胶州湾当南北洋之中,东为浮山,西为灵山,口狭而水深,宜规画形
势,为新练海军屯港,与旅顺口东西相应。是年,李鸿章于威海卫南
北岸筑炮台,布水雷。十七年,于威海黄泥岩增筑新式炮台,又于南
岸龙庙嘴炮台外,增筑赵北口炮台。刘公岛新筑地阱炮台,设后膛
巨炮于隧道。其西之黄岛,水中之日岛,亦设炮台,与南岸相应。刘
公岛又设大铁码头,为海军寄碇上煤之所,防务益周密。

　　东省形势,以威海、胶州为要口,于海军屯泊尤宜。乃甲午一
役,威海水陆之防既毁于日本,而德因教案,曾以大队铁舰夺踞胶
州湾,辟商埠,开铁路,浸窥腹地。东省海防,遂无所藉手云。

　　江南海防,自海州南历长江、吴淞江二口,稍折而西,至松江奉
贤县境之海湾,南接浙江洋面,其间港口罗列。惟江阴、吴淞二处,
一为长江之筦键,一为苏、松之门户,防务尤重。至江阴以上,以江
流深广,外海兵舰商船,溯流而上,西达夔、渝,三千里流域,虽皖、
赣、楚、蜀各有江防,实以江南当下游之冲。自狼、福山以迄京口、金
陵,炮垒防营,星罗棋布。上游防卫,与下游繁简迥殊。而江苏辖境,
长江千里,兵舰炮台,无异海防,水陆营汛,亦与海疆联络。故安徽
省以上江防,即隶于苏省海防焉。

　　自海州南抵江口,乃昔年黄河入海处,泥沙积久,凝结内海,称
五条沙,海潮甚急。海舶北赴燕、齐者,必东行一昼夜以避其沙,故
淮、海州郡,得稍宽海防者,以五条沙为之保障也。自狼、福山口南
抵吴淞,沙凝潮急,略同北境。惟长江、吴淞二口,水深溜大,巨舰可
直驶内江,故海口防务,视海滨倍重。

　　清初平定江南,分八旗劲旅驻京口,以镇海大将军统之,设水
师营,造沙唬船以习水战。旋以沙唬船难涉大洋,乃改造鸟船。时
郑成功据台湾,以师船进窥江表,由京口薄金陵,梁化凤击败之。顺
治十四年,命梁化凤为水军都督,率军万人,驻防崇明、吴淞。以松

江府三面临海,设提督,驻重兵。康熙六年,因崇明孤悬大海,严出
海之禁。十四年,以提督统八营驻崇明。二十三年,减存四营,列汛
六十有八。太仓州为元代海运放洋之口,明代置兵屯守,清初设游
击,以刘河营移驻茜泾镇。雍正四年,分设宝山县,列汛五十有七。
上海县当发黄浦江之冲,原有墩台十七座,康熙二年,以墩台距海
较远,乃建外塘斥堠。其南为金山县,踞青浦、南汇之上游,设参将
驻守,列汛七十有八。常熟之福山,与隔江之狼山对峙,常熟、昭文
濒海之口,为许浦、徐陆泾、白第港,康熙间,设墩堡戍守,列汛二十
有四。通州为狼山营汛地,如皋为掘港营汛地,皆近海要区也。其
北境之海州,为南北襟要,海口之大者凡九,最北为获水口,其东北
云台山,清初曾徙民内地,阻塞入海之道,康熙二十年复开通,设通
海营,列汛五十有五。淮安府昔为淮河入海之处,设庙湾、盐城二
营,会哨巡防,列汛四十有二。扬州府北之兴化,南之泰州,为滨海
之县,清初设守备,康熙十一年,设游击镇之,列汛凡十。雍正八年,
以福山营为江海门户,于江苏镇标四营内分兵船二艘隶之,与狼山
营会哨。此清初至雍正年江南之海防也。

　乾隆至道光,江海清平,防汛率循旧制。及道光中叶,海警骤
起,东南戒严。二十一年,以宝山海口为江南要区,屯驻大营,分设
游缉之兵。吴淞亦屯兵,增设濠垒。二十二年,令耆英等周历吴淞、
狼山、福山、圌山关各处,整顿战船炮械。二十三年,以江阴鹅鼻嘴
为由海入江要口,设险守御。又防堵瓜洲及南河、灌河、射阳湖之
口。令璧昌等察沿海城邑,联络保障。所用炮位,设局开铸,并造水
师舢板船,筑炮台于江岸南北。二十四年,璧昌因狼、福山江面太
宽,于刘闻沙、东生洲、顺江洲、沙圩等处,修筑炮堤。水师各营,增
大战船一百三十余艘,分厂制造。二十七年,李星沅筹防洤湖,贮石
沈船,增置木牌,并存储炮位,分布重兵。而其时所筑炮台,实止因
土为堤,且器械窳旧,布置多疏,非特不足御欧洲巨舰,咸丰间,粤
寇东下,沿江防戍,咸望风奔靡。及湘军底定东南,军势始振。

　同治元年,谕薛焕等购西洋兵舰,在上海等要口防守。四年,曾

国藩于狼山镇标，每营增造大舢板船二十号，仿红单船之式，多设炮位，巡缉内洋。海门设绥海营，置大舢板船二十号，酌设兵轮，分防北岸海汊。七年，更定内洋水师五营，外洋水师六营之制。以兵轮四艘，分隶苏松、狼山、福山三镇总兵，驻防海口。九年，南洋初设兵轮统领，驾驶出洋，周历岛屿。十三年，调陕防武毅军马步二十二营，赴山东、江南沿海适中之地驻防日本。时台湾告警，李宗羲以苏、松之门户，吴淞为要，长江之关键，江阴为先，而镇江府属之焦山、象山，对岸之都天庙，江宁府属之乌龙山，省城外之下关，均为扼要。以大木方石为基，三合土，筑炮台炮门，护以铁柱铁板，空其下以藏炮兵。先筑乌龙山炮台十六座，以次江阴、都天庙、象山、焦山、下关各筑明暗炮台，置巨炮。北岸之沙州圩、吴淞口，及江阴北岸之刘闻沙，亦一律增建炮台，以严防务。

　　光绪元年，刘坤一于江阴鹅鼻嘴炮台外，复于下游增筑炮台。其北岸之十圩港，亦增筑炮台，与南岸相犄角。又修改焦山、圌山关、乌龙山等处炮门，以期合法。五年，以外海兵轮统领驻吴淞口，凡沿海各省兵轮，悉归调遣。七年，令彭玉麟筹办江阴至吴淞口一带海防。重修圌山关、东生洲两岸旧筑炮堤，并筑营垒，置大炮。又改天都庙旧式炮台为明炮台。八年，左宗棠举办沿海渔团，选渔户精壮者五千人隶吴淞镇，给以粮械，随时操练。彭玉麟以狼、福山为长江总口，长江下游虽修治炮台，而江面空虚，铁甲大战舰无多，止有海防，未能海战。议造铁甲小兵舰十艘，专顾内洋，与炮台相掩护。十年，令安徽疆臣筹备上游江防。乃于安庆城外，筑明暗炮台各一座，石营一座。拦江矶北岸、建明炮台二座，石营一座，南岸建明炮台、碛各一座。西梁山建明炮台四座，石营一座，土营二座。东梁山就其形势，筑石城、炮堤各一道，以控制江面。十年，曾国荃以新购西洋十四口径八百磅子大炮及开花子弹，分置江阴、吴淞二口炮台。又购马梯尼快枪二千枝，分给各营。又于吴淞炮台增兵八营，江阴炮台增兵十二营，扼守江海总路。十三年，又增建吴淞、江阴炮台，以铁木石土各料筑成，各设新式后膛大炮，其旁佐以哈乞开司炮。江阴之四门大炮台,分建于小角山、黄山二处。黄山旧炮台所存之八十磅子后膛炮,移设于大石湾明炮台。凡炮台之门,各建炮房,护以三合土墙。又田鸡炮为军中利器,于江干要隘,建炮房,置田鸡炮,以资操练。二十二年,张之洞以江南各炮台分为四路,南路狮子林、南石塘各台为一路,南北岸各台为一路,象山、焦山、圌山关、天都庙各台为一路,江宁之狮子山、幕府山、钟山、下关各台为一路,设总管炮台官四员,以新购外洋四十余磅子快枪炮三十具分置各炮台。二十五年,以长江水师兵力单弱,皖省防军尤少,令沿江督抚,不分畛域,节节设防。

三十一年,以东南各省新军,次第练成,命兵部侍郎铁良至江南考察江海防务。旋铁良覆陈,江南之沿江海炮台,分为四路,曰吴淞,曰江阴,曰镇江,曰金陵。第一路吴淞炮台,在宝山县南,分设三台,置前后膛大小炮三十四具,炮勇三百余人,水旱雷营二哨,雷勇一百余人,以盛字五营驻防。第二路江阴炮台,在县城北,于长江南北岸分设炮台,南岸置前后膛大小炮三十七具,北岸置炮二十具,炮勇共四百余人,水旱雷营三哨,雷勇二百余人,以合字、南字等八营分两岸驻守。第三路镇江炮台五处,曰圌山关,曰东生洲,曰象山,曰焦山,曰天都庙。南岸各台置炮十五具,北岸各台置炮六具,炮勇二百余人,以新湘二旗驻防。溯江至镇江府城,南岸象山,北岸天都庙,中流焦山,分设三台,象山置炮十八具,焦山六具,天都庙九具,炮勇三百余人,以武威六营、新湘三旗驻防。金陵城外炮台七处,曰乌龙山,曰幕府山,曰下关,曰狮子山,曰富贵山,曰清凉山,曰雨花台。乌龙山在省城外四十里,于南岸分设五台,置炮十二具,炮勇一百余人。幕府山在北门外,炮台依次置炮七具,迤西老虎山置炮四具,炮勇一百余人。下关炮台在城外东面对岸,东岸置炮二具,西岸置炮十具,炮勇一百余人。狮子山在城内,分设东西二台,置炮八具,炮勇九十人。富贵山在钟山之麓,置炮六具,炮勇四十余人。清凉山在西门内,依城为炮台,置炮二具,炮勇十四人。雨花台在聚宝门外,置炮二具,炮勇十四人。

安徽省炮台分为四路,曰东西梁山,曰拦江矶,曰前江,曰棋盘山。梁山夹江对峙,东台置炮十四具,西台十二具,以精锐营步兵三哨为炮兵。拦江矶炮台在省城外四十里西岸,置炮十五具,以续备步队中营驻台为炮兵。前江口炮台在上游十余里,踞东岸高阜,分上下二台,置炮十二具,由续备中营拨兵分驻。棋盘山炮台在安庆东门外北岸,置大小炮六十八具,以步兵前营驻防。

江西省炮台分为四路,曰马当,曰湖口,曰金鸡坡,曰岳师门。马当在彭泽县东南岸,分设五台,置炮五具,炮勇六十人。湖口炮台在县城北之东西岸,分设二台,置炮十具,炮勇七十人。金鸡坡炮台在九江府十里外东西岸,分设三台,列东西北三面,置炮十二具,炮勇二百人。岳师门炮台在九江东门外,分上下二台,沿江岸建筑,置炮二十一具,炮勇七十人。

湖北省炮台,仅田家镇一路,分中南北三台,置炮三十一具,炮勇五十人。自同治间,经营江海防务,历四十余年,始称完密云。

浙江东南境濒海者,为杭、嘉、宁、绍、温、台六郡,凡一千三百余里。南连闽峤,北接苏、松。自平湖、海盐西南至钱塘江口,折而东南至定海、舟山,为内海之堂奥。自镇海而南,历宁波、温、台三府,直接闽境,东俯沧溟,皆外海。论防内海,则嘉兴之乍浦、澉浦,海宁之洋山,杭州之鳖子门,绍兴之沙门为要。论防外海,则定海县与玉环厅皆孤峙大洋。定海为甬郡之屏藩,玉环为温、台之保障,尤属浙防重地。定海之东,其远势罗列者,首为海中之马迹山。山北属江苏境,山南属浙江境,而五奎山亦为扼要。陈钱山则在马迹之东北,山大而隩广,可为舟师屯泊之所。迤南经岱山、普陀山,出落迦门,至东霍山,与陈钱山南北相为犄角。其南有昌国外之韭山,均可驻泊舟师。自宁波而南,内有佛头、桃渚、松门、楚门诸山,外有茶盘、牛头、积谷、石塘、大小鹿山,为温、台所属水师会哨之所。由玉环厅而更南,历渔山、三盘、凤凰、北屺、南屺而至此关,则接闽省防地矣。

　　清初平定浙江后，沿明制严海防。顺治八年，令宁波、温州、台州三府沿海居民内徙，以绝海盗之踪。康熙二年，于沿海立桩界，增设墩堠台寨，驻兵警备。四年，以钦差大臣巡视浙江海防。七年，命偕总督出巡沿海，直至福建边境，提督则每年必巡历各海口，增造巨舰，备战守。二十九年，命江、浙二省疆臣，会勘辖境海面，分界巡哨，勒石于洋山，垂为定制。雍正五年，以提标之游击、守备二员，统率兵丁，改隶水师。六年，定沿海商船渔船之帆樯符号，以别奸良，并增设汛弁。选福建之精练水兵至浙，教练浙军十二营水战诸务，巡游海口。七年，增建沿海要口炮台，增设巡船，及防汛移驻之区，总兵官出巡之制。乾隆五十九年，以五奎山为浙洋扼要之地，拨定海标兵驻守。道光二十年，奇明保等以杭州之鳖子门，为钱塘通海要口，于潮神庙江狭之处，屯兵防守。二十一年，令沿海疆臣，仿定海土堡之法，凡近海村落，招募团练，筑土堡，互相联络。三十年，以渔山孤悬海外，令黄岩镇总兵以舟师靖盗。光绪六年，谭钟麟以浙省沿海各口，巨舰之可深入者，距省最近为乍浦，次则宁波之镇海、定海、石浦，台州之海门，温州之黄华关，旧有炮台三十余座，惟海门镇炮台建筑合法。其澉浦之长山，乍浦之陈山，定海之舟山，海门镇之小港口各炮台，咸加修改。镇海之金鸡、招宝二山，于原有炮台外，增筑金鸡山嘴炮台一座。十三年，刘秉璋以浙江海防，首重舟山，次以招宝、金鸡二山为要塞。乃酌度形势，分建宏远、平远、绥远、安远炮台四座，置克鲁伯后膛大小铜炮，东御蛟门海口。十四年，卫荣光以浙江原有之营勇炮兵，已陆续汰弱留强，加以整练，镇海新筑炮台，及改造旧工炮台，皆已竣工，增置新购后膛巨炮，以新练之军驻守。十九年，谭钟麟以浙江水师船仅五十余艘，增红单船八艘，助巡洋面。二十五年，刘树棠以浙江武备新军左营操法最精，其陆军水师前敌驻防洋枪队各营，步伐分合进退，亦均娴熟，饬分驻宁、台、三门湾各隘，并澉浦、乍浦沿海口岸。三十三年，张曾扬建言，浙江象山港在定海之南，深入象山境六十六里，口宽而水深，群山环绕，作海军根据地最宜。寻谕南北洋大臣勘度经营。

浙江海岸绵长,省垣据钱塘江上游,外恃龛、赭二山为口门,江狭沙横,俨如天堑,敌舰卒难阑入。道光以后,海疆屡警,虽宁、台戒严,而不致牵动全局。中法之役,法舰曾至宁波洋面,招宝山炮台却之。此后遂无欧舰之踪。惟象山港天然形胜,与胶澳、旅顺鼎峙而三,惜筑港未成云。

福建东南沿海凡二千余里,港澳凡三百六十余处,要口凡二十余处。额设水师二万七千七百余人,分三十一营,大小战船二百六十六艘。自清初以迄乾隆,削平郑氏,三定台湾,及嘉庆间靖海之役,福建用兵海上,较他省为多。岛屿星罗,处处与台、澎相控制,故海防布置,尤为繁密。其州郡滨海者,为福宁、福州、兴化、泉州、漳州五府,而台湾障其东方。五府防务,各有注重之处。福宁重在各港口,自北境之南关山、沙埕港口迤逦而西南,为乌岐港口、盐田港口、白马门口、金垂港口、飞鸾江口、东冲总口,海舶之轻利者,随处可入。其外海岛屿较大者,为东西台、七星礁、浮瀛、大小崳山,足资屏卫。此福宁之防也。福州重在闽江,以江口内为省治所在。其外自北境松崎、江户,经东西洛、南北竿塘、鳌江口,至闽江近口之琅崎岛、金牌、五虎门,皆扼要之所。入口经大小崳、罗星塔,乃同、光间所创建之海军船厂、军械制造局,咸在于是。出口沿海而南,经梅花江口、龙江口,少东即海坛岛,水师重镇所在。其外海之岛,若猴屿受闽江之冲,东永当长乐之臂,较白大、东沙诸岛为要。此福州之防也。兴化重在海滨诸岛,自三江口经鹿耳、大小丘,循平海卫、湄洲屿,至双溪港口,乃沿海之境。其外海岛屿,为平海、南日二岛,列汛置官,视为重地,而湄洲亦兴郡屏藩。此兴化之防也。泉州重在金、厦二岛。自北境惠安峰、崎港口,经雒阳江、晋江、安海港三口。其南为金州镇。又西经大登、小登,即厦门岛。岛北为同安港口。金、厦二门,远控台、澎,近卫泉、漳,为海防重地。其外海之永宁、定安、乌浔诸岛,亦设汛置兵。此泉州之防也。漳州重在南澳,鼓浪屿为南境尽处,尤擅形势。其沿海之境,自九龙江口折而西南,经六鳌港、漳江二口,循铜山而南,为诏安港口。其南隔海为南澳镇,南疆要地，与粤海共之。其外海岛屿，首为乌丘，最当冲要。而鼓浪屿当海门之口，与镇海城炮台同为重地。此漳州之防也。中国沿海各省，自浙洋而北，海滨淤沙多而岛屿少，其海岸径直，故防务重在江海总口，而略于海岸。自浙洋而南，岛屿多而淤沙少，其海岸纡曲，故防务既重海口，而巨岛与海岸亦并重焉。

顺治十七年，王命岳以闽省之海门与厦门相望，左为镇海卫，乃漳州府之门户，同安县之高浦城等处，地近厦门，为泉州府屏卫，乃屯兵于镇海、高浦二城，而分营以防邻近隘口。雍正四年，浙闽总督高其倬奏陈操练沿海水师，并令闽洋水师巡视本省各口，兼赴浙洋巡缉。嘉庆四年，令闽省水师仿商船式改造战船八十艘，编为两列。自泉州之崇武，分南北犄角。由崇武而南，令南澳、铜山、金门及提标后营各镇将率船巡缉。崇武而北，令海坛、闽安及金门右营各镇将率船巡缉。道光二十年，谕郑廷桢招募练勇，严守澎湖，以扼闽省赴台湾之路。二十二年，谕怡良等屯兵福州金牌各要口。其距省二十里外之洪塘河及少岐，均沈船布桩设防。闽省门户在外洋者，为五虎、芭蕉二口。入口为壶江，水势稍狭，无险可扼。进至金牌、长门，有巨石横亘中流，扼守较易。又进乃闽安之南北岸，为水路总汇，两山夹峙，可称天险。光绪六年，于南岸建铁门暗炮台六、明炮台八，北岸建铁门暗炮台七。七年，又于长门建暗炮台四、明炮台六，悉仿洋式。二十四年，增祺因闽省滨海，屯戍空虚，增练旗、绿各营，以厚兵力。二十五年，许应骙以漳州之鼓浪屿设防尚未周备，增建炮台，置新式炮。

综闽省海防，所注重者，随时异宜。当康熙间，以郑氏由台、澎据海坛、金、夏，故海防独重泉、漳。其时水师以沙唬船不适于海战，改造鸟船。施琅之平台湾，即藉鸟船之力。及嘉庆间，海盗蔡牵窜扰浙、闽、粤三省洋面，而闽省当其中，宁、福、兴、泉、漳五郡皆剽掠经由之冲，故列郡咸重海防。其时水师利用巨舰，季长庚造霆船三十艘，置大炮四百余具，屡败牵于闽海，卒合闽、浙水师之力，围而歼之。最后为光绪中法之战，法人以大队铁舰专攻福州。故海防独重闽江口,而各郡无惊。同治以后,创船厂,造铁舰,筑炮台,制枪炮,海防渐臻严密。乃马江失律,尽隳前功,良足慨耳。

台湾西与福、兴、泉、漳四府相值,距澎、厦各数百里。其山脉北起鸡笼,南尽沙马碕。东西沃野,一岁三熟。宋称毗舍那国。明季日本、荷兰人迭踞之。顺治间,郑成功占台湾、金、厦,时犯泉、漳。康熙初,姚启圣以闽省水师三百艘讨之,先克金、厦。二十二年,施琅以水师二万克台湾。乃置台湾府,设厅县各官,铸铁币,开学校,筑城垣,逐生番,戍兵万有四千,遂为海外重镇。康熙六十年,朱一贵之叛,施世骠由厦门率水师六百艘进攻,七日而克之。乃以总兵官镇台湾,副将守澎湖。乾隆间,福康安平林爽文之乱,台湾北境乃渐展拓。其山后之地,至嘉庆间始辟之。光绪十三年,开台湾为省治,设巡抚以下各官,为中国海南右臂。及中日之战,割让于日本,而疆事益不可问云。

广东南境皆濒海,自东而西,历潮、惠、广、肇、高、雷、廉七郡,而抵越南。其东境始于南澳,与闽海接界。潮郡支山入海,有广澳、赤澳诸岛,皆水师巡泊所在。迤西为惠州,民性剽悍,与潮郡无异,设碣石镇总兵以镇之。又西为广州境,其海湾深广。自新安折而北,又折而南,至香山,是为内海,群岛环罗,为广州省治之外护。又西为金州、马鞍诸山,则肇郡、阳江之屏障也。又西为高州海,多暗礁暗沙,海防较简。又西为雷州,其南干突出三百余里,三面皆海。渡海而南为琼州。又西为廉、钦,与越南错壤。廉州多沙,钦州多岛,襟山带海,界接华夷。琼州孤悬海表,其州县环绕黎疆,沿海多沉沙,行舟至险,水师可寄泊港口仅有六七处。此全境海防之形势也。

广州海防,自零丁洋过龙穴而北,两山斜峙,东曰沙角,西曰大角,由此入内洋,为第一重隘。进口七里有山曰横当,前有小山曰下横当,左为武山,亦曰南山,为海船所必经,乃第二重隘。再进五里曰大虎山,西曰小虎山,又西曰狮子洋,乃黄埔入省城之路,为第三重隘。历朝于此虽筑垒驻兵,而设备未周。欧舰东来,粤东首当其冲。道光禁烟之役，英舰进薄广州内海，林则徐督粤，屡战却之。其时布防较密，而壁坞皆循旧式。至光绪间，彭玉麟、张之洞守粤，始有曲折掩护之炮台，后膛连珠之枪炮，防务益严矣。

清初规制，设大小兵船一百数十艘，仅能巡防内洋，不能越境追捕，遇有寇盗，则赁用民船。康熙五十六年，始建广州海滨横当、南山二处炮台。乾隆五年，以广东战船年久失修，谕疆吏加意整顿。四十六年，巴延三以各海口时有寇船出没，于石棋村总口设立专营，与虎门营汛联络。五十八年，吴俊以东莞米艇坚固灵捷，便于追捕海寇，造二千五百石大米艇四十七艘，二千石中米艇二十六艘，一千五百石小米艇二十艘，分布上下洋面，配置水兵，常年巡缉。嘉庆五年，于沙角建炮台。九年，倭什布以粤海穷渔伺劫商船，遇水师大队出巡，辄登陆肆扰，遂无宁岁，乃规画水陆缉捕事宜。十五年，设水师提督驻虎门，扼中路要区，以二营驻香山，一营驻大鹏，为左右翼。二十年，就横当炮台加筑月台，又于南山之西北，增建镇远炮台，置炮多具。二十二年，建大虎山炮台，置炮三十二具。

道光十年，于大角山增建炮台一，置炮十六具。十五年，在虎门炮台置六千斤以上大炮四十具。又于南山威远炮台前环筑月台，亦置炮位于横当之阴，及对岸芦湾山，增建永安、巩固二炮台，沙角、大角并增建了望台。十九年，林则徐筹防粤海，以零丁洋入口之要隘数重，历年虽增筑炮台，而武山、横当海面较狭，设大木排八千排，分为二道，大铁练七百丈，临以炮台，辅以水兵，以阻敌船来路。时邓廷桢因虎门当粤海中路，亦于横当山前海狭之处，增设练排。又于武山下威远、镇远二炮台之间，增大炮台一座，置炮六十具，以护排练。二十年，林则徐以大鹏营所辖尖沙嘴一带海门岛屿，为海舶东赴惠、潮，北往闽、浙所必经，乃于尖沙嘴之石脚上官涌偏南之处，皆建炮台，并药库兵房。二十三年，祁贡等以广东民风宜于团练，招集已得十万人，以升平社学为团练总汇之所，推及韶州、廉州等处。二十七年，增筑高要县属琴沙炮台，并虎门广济墟兵卡。同治十年，瑞麟以钦州海面与越南接界，调拨兵轮，会同舟师巡洋。时闽、沪二厂兵轮次第告成,粤省亦仿造兵轮,以备巡防。

光绪六年,刘坤一修整大黄窖及中流砥柱、虎门各炮台,威远及下横当共筑炮台六十余座,沙角及浮舟山各炮台亦依次建筑。八年,曾国荃以琼、廉二郡洋面,与越南沿海相通,拨兵轮八艘,拖船二艘,赴北海驻防。九年,国荃以虎门为省城门户,而黄埔、长洲、白兔、轮冈、鱼珠、沙路尤为要区,乃于南岸屯重兵,为炮台犄角,兼顾后路。十年,彭玉麟办理广东军务,就粤省原有各炮台,修整改造,并于炮台后辟山开路,以藏弁兵。筑绵亘墙濠,联络各炮台声势。自虎门、大角、沙角以次各隘,节节设防。其新会、香山、顺德等县,选练精壮渔团,及新编靖海营兵,防堵各口。十一年,玉麟以省城要口虽已严防,而横门、磨刀门、崖口皆可由海口互达,窥伺后路,浅水兵轮尚未造成,先造舢板船百艘,编为水师,以散御整,藉固内口。十二年,张之洞于广州驻防兵内,选千五百人,习洋枪洋炮,以旗营水师并入,编为两翼,分防海疆。十四年,张之洞、吴大澄以琼州一岛,内绥黎族,外通越南,就琼州原有制兵,酌设练军,并加练饷,一洗绿营积弊,旧额四千九百余人,按七底营抽练,共编练一千七百五十人。崖州等处水师,加以整顿,原有拖船,亦配拨练军,以二艘驻崖州,二艘驻海口二艘驻儋州,二艘驻海安。其守兵二千人,匀拨紧要塘汛。三十三年,以广东民风不靖,已裁之广东水师提督,复其旧制,以资镇慑。此粤海防务之概略也。

历朝海疆有警,若大沽,若吴淞,若马江,迭遭挫败。惟林则徐、彭玉麟先后守粤,忠勇奋励,身当前敌,将士用命,敌舰逡巡而退云。

清史稿卷一三九
志第一一四

兵十

训　练

　　清代训练军士，综京、外水陆各营，咸有成规。而历朝整军经武之谕，则随时训练，因地制宜。兹分述之。

　　其定期训练者，为领侍卫府三旗亲军训练之制，镶黄旗、正黄旗、正白旗每月分期习骑射二次，习步射四次。八旗骁骑营训练之制，每月分期习射六次，次都统以下各官亲督之。春秋二季，擐甲习步射，由本旗定期。擐甲习骑射，由部臣定期。春月分操二次，合操一次，秋月合操二次，预奏操期。仲春孟秋，登城操习，兵部稽察之。岁以为常。八旗汉兵训练之制，于春秋月试炮于芦沟桥，各旗咸出炮十位演放，五日而毕。越三年，鸟枪营兵与炮兵合演枪炮藤牌于芦沟桥。其春秋季常操，四旗合操四次，八旗合操二次，初冬则分遣各旗演习步围。前锋营训练之制，月习步射六次，春秋擐甲习骑射二次，左右翼各分前锋之半，兼习鸟枪，月习十次，均由统领督率。每年秋季，前锋统领会同护军统领奏闻，率所属兵演习步围二、三次。护军营训练之制，月习步射六次，春秋擐甲习骑射二次，与前锋同。圆明园八旗护军营训练之制，作习步射六次，春秋习骑射，兼习鸟枪。步军营及巡捕营训练之制，八旗步军习步射，城门骁骑习鸟枪，均以春秋操演。内九门，外七门，咸设炮位。每届三年，随同八

旗兵运炮至芦沟桥演放。巡捕营参将、游击,月考其属之弓矢,守备
等各练其汛兵。春秋兼习鸟枪,与城门骁骑同。内府三旗训练之制,
月习步射六次,春秋擐甲习射二次,立冬后,内府护军及尚虞处执
事等演习步围,别选三旗护军习马射各技。火器营训练之制,月习
步射六次,骑射六次,马上技艺六次。统辖鸟枪炮兵护军骁骑各官,
按日于本旗考验。至合操之日,八旗分左右翼列阵,环施枪炮。秋
季至芦沟桥演炮五日。健锐营训练之制,月习云梯鸟枪各艺六次,
余射步射鞭刀等艺六次,余日于本期习枪箭。值驻跸圆明园,左右
翼各以舟演习水战。旗营校阅之时,自七月开操至次年四月,设教
场于九门外,将军、都统、副都统掌校阅骑射枪炮之事,第其优劣,
以为赏罚。春秋合操,与京营同。

　　陆路绿旗营训练之制,总督所属为督标兵,巡抚所属为抚标
兵,提督所属为提标兵,总兵所属为镇标兵。每岁秋季霜降日,先期
各营将弁肃伍赴教场,设军幕。届时军士擐甲列阵,中军建大纛于
场中,统兵大臣于将台上传令合操,中军扬旗麾众,台下举炮三,军
中鸣角伐鼓,步骑甲士列队行阵,施放火枪,连环无间,如京营之
制。若长矛、藤牌、扁刀、短刀之属,各因其地之宜,以教士卒,咸有
成法。阅竟,试材官将士骑射技勇,申明赏罚,犒军,释甲归伍。漕
运总督标、河道总督标训练之制,咸与京营同,各营将弁率其所属,
按日督练。八旗水师营训练之制,每年春秋二季,将军、都统、副都
统督率官兵,分驾战舰,奉天、福建、浙江、广东水师,各赴海口,齐
齐哈尔、墨尔根、江宁省水师,各赴江面,天津水师赴海口洋面。每
年自四月至八月,于潮平风顺时,张帆起碇,列阵出洋,以次鸣炮操
演,余日各率所属讲习水务。其绿旗水师营,有内河水师、江海水
师,出洋会哨,信候各省不同。每岁春秋之季,乘舰列阵,扬帆驶风,
鸣角发炮,操演咸如军律。

　　其随时训练者,天聪七年,太宗始举大阅之典。八旗护军、汉军
马步、满洲步军咸集。分八旗为左右翼,汉军、满洲步兵为二营,四
方环立,前设红衣炮三十位。上擐甲乘马,诸贝勒率护军如对严敌,

亲军为后盾。传令闻炮而进,闻蒙古角声而退。次汉军马步,次满洲步军,进攻炮军。大阅礼成。严申退后之令。崇德八年,大阅于沈阳北郊,前列汉军炮手,次满洲步兵、蒙古步兵,次骑兵,次守城应援兵,次守城炮兵,绵亘二十里,闻炮合战。上亲临简阅,步伐止齐,军容整肃。

顺治七年,诚各将领勿以太平而忘武备,弓马务造精良。十一年,定每年阅操赏银之制。定骑射各兵分期演习之制。定督、抚、提、镇奖赏优等弁兵之制。

康熙十一年,令各省营伍,须武职大员巡察。嗣后各镇臣以巡察之期上闻,不得扰累各营。十二年,以汉军不能骑射者甚多,每旗宜增练火器。寻议八旗汉军骁骑,每佐领下,增鸟枪兵十八名。十六年,令各营于安营驻宿之道,驰骋奔走之劳,皆须习练,不得仅拘操演成法,直省提、镇,每岁督选标兵行围,以习劳苦。十九年,定每年演放红衣大炮之期。二十八年,定演炮之制。每年九月朔,八旗各运大炮十位至芦沟桥西,设枪营、炮营各一,都统率参领、佐领、散秩官、骁骑炮手咸往。工部修炮车,治火药,日演百出,及进步连环枪炮。越十日开操。太常寺奏简都统承祭,兵部奏简兵部大臣验操。各旗演炮十出,记中的之数。即于炮场合队操演,严鼓而进,鸣金而止,枪炮均演九进十连环,鸣螺收阵还营。三十年,定春操之制。每旗出炮十位,火器营兵千五百名。汉军每旗出炮十位,鸟枪兵千五百名。每佐领下之护军鸟枪兵、护军骁骑,每参领下之散秩官、骁骑校,及前锋参领、护军参领、侍卫等,更番以从。既成列,演放鸟枪,鸣螺进兵,至所指处,分兵殿后而归。五十年,定火器营合操阵式。八旗炮兵、鸟枪兵,护军骁骑,分立十六营。中列镶黄、正黄二旗,次六旗,按左右翼列队,将台在中,两翼各建令纛以下加工为表。每旗鸟枪护军在前,次炮兵,次鸟枪兵,次骁骑。台下鸣海螺者三,以次整械结队出营。施号枪三,台下及阵内海螺递鸣,乃开阵演枪炮九次至十次,炮与鸟枪连环无间。

雍正四年,改定芦沟桥演枪炮为三年一次,均演一月。兵校等火药器用，由工部预储。五年，以满洲凤重骑射，不可专习鸟枪而为废矢，有马上枪箭熟习者，勉以优等。七年，以直隶营汛多演空枪，通饬直省将帅，令各营以铅子演准，八年，刘汝麟建议，汉军应习步围。寻谕各旗兵于初冬行步围，每旗行二、三次，统以各旗大臣，步行较猎，侍卫、打牲人等，一律学习。九年，以八旗官兵未能精整，统兵各官，择不堪骑射者，立为一营，稍优者，别立一营。每营千人，勤加操练，化弱为强。又以兵丁重在步行，凡八旗兵给限一年习步，以日行百四十里为率，优者赏之。十年，以边陲用兵，操演加勤，免各旗轮班值日，专习骑射长枪。十二年，定八旗汉军骁骑演习鸟枪之制。春季二月为始，秋季八月为始，各习枪四十五日，本旗四翼仍合操二次。

　　乾隆四年，定旗兵合操之制。每年春季，本旗各营官兵，于本旗教场分操二次。八旗各营官兵，于镶黄、正黄二旗教场合操一次。至秋季合各营大操，其队伍号令，旗纛器械，均遵大阅之制。六年，议准八旗骁骑营步射由本旗定期，骑射由兵部定期，八年，令八旗汉军至芦沟桥演放枪炮，于九月朔为始，演放一月，简都统大臣监视，日演十出，兵部阅操之日，每旗各演百出，演毕，合操枪炮。其金鼓号令，悉如大阅之制。十年，以沿海水师，经大臣察阅，其操演多属具文，未谙水务，通饬将军、督、抚、提、镇，实心训练甄别。十四年，以旗兵习练云梯，随征金川有功，凯旋后，别立健锐营，云梯兵千名为一营，统以大臣，专练云梯、鸟枪、马步射及鞭刀等艺，并随侍行围。又于昆明湖设赶缯船，以前锋军习水战驾船驶风之技。是年，莽阿纳上言，整顿边省营伍章程：一、步弓均改五力以上，一、马射与步射一式，一、马兵骑射宜枪箭二技，一、鸟枪专练准头。一、枪兵兼习弓矢。一、定优劣赏罚。一、预储军械。以固边陲。十七年，定八旗汉军藤牌兵之制，春季与旗兵一律操演，遇大阅及诸营合操，则守护炮位，入队演习。三十六年，令鸟枪兵宜遵定例，于演枪时，检回铅子，以励勤能。三十八年，定各营增演马上四箭四枪之制。三十九年，以金川用兵，京城之健锐、火器二营，功绩最多，令各省绿营习鸟枪兵弁,悉仿火器营进步连环之法操练,不得虚演阵式。寻定各营枪兵升补之序,以资鼓励。四十年,令健锐营兵月习枪十二日,定三等为赏罚。四十三年,令各省习枪兵弁,仿京营火器操练之法,各总兵于巡阅时,有进步连环精熟者纪功。四十四年,令各省绿营兵习射,以五矢中三为一等。五十年,以绿营阵法,向习两仪四象方圆等旧式,无裨实用,改仿京营阵式,由提督颁发各标镇,如式教演。各营每月定期合操,并演九进十连环之阵。其堆拨应差兵丁,暇日一律练习。又以各省巡抚标兵,向供给使,训练甚稀,饬各抚臣实力整理。其旧式之藤牌兵,均兼习鸟枪。五十五年,令军机大臣会同兵部,审定演放炮位步数及惩劝之例。

嘉庆二年,罢水师冬令凫水习艺,以恤兵艰。四年,令水营兵丁一律兼习陆战。又令新疆屯田之兵,每营分半屯种,余悉回营操练。令各省督抚,修理营汛墩台。督操将备,加力振奋。九年,令各统兵官习射以六力弓为度,习枪以迅速命中为度,申明教诫,力挽积习,不得养尊处优。十一年,令德楞泰等兵丁,以十成之一兼习长矛,其制不得逾丈。

道光元年,令各军均习长矛步枪,不得专精马枪。是年,杨芳上言:“兵丁于练骑射枪矛之外,加以车骑合步连环三项,融结参合,日操一队,以五队更番演习,六日合操为一阵。直隶额兵,抽练四成,得一万五千三百余人,成二百四十队,按图操演,以齐勇怯而节进退。”允之。二年,以广东营伍废弛,严饬抚臣,实力练习,不得多立章程。四年,罢撤梅花车炮阵式,专习部颁九进连环阵式。五年,允英和之请,以八旗圈马四百匹,改拨巡捕营,令满洲、蒙古马兵演习骑射,春秋二季,步军统领会同左右翼总兵简阅,三年后亲临大阅。八年,令那彦成等回疆增设防兵,筹给饷糈,议定操兵章程,并于喀什噶尔防兵内,抽练二千名,伊犁满兵亦勤习骑射,由参赞大臣及总兵督操。十五年,以山西满、汉营伍废弛,严饬阅兵大臣严明甄别。是年,常大淳上言,新疆、湖南、广东、四川各营伍,日久生玩,满营则奢靡自逸汉营则粮额多虚。由于拔补之循私,操演之不实,以国家养兵之资，为众人雇役之用。请饬将军、督、抚，力除积习。遇剿匪保案，不得冒滥，以励戎行。允之。并令各州县额设民壮，一律充补训练。十七年，令各省民壮，每月随营操演，授以纪律，以辅兵力所不及。十八年，令盛京满洲兵各勤操务，遇行围之时，不得有雇役情弊。十九年，以四川各营，技疏胆怯，致夷匪日张，特简大臣，督率镇、道，亲往校阅。二十二年，令天津增兵六千余人，饬各将、备率新旧兵丁，悉加练习，首火炮，次鸟枪刀矛，辅以马队。遇警则各营联合南北炮台。命精能武员，专司稽察，讲求方略。二十六年，令各州县民壮，随营调考刀矛杂技。三十年，令各督、抚、提、镇，汰老弱冗滥之兵，抽练精壮，俾各营皆有选锋劲旅。不得以工匠仆役，虚占兵粮。

咸丰元年，奕山等以伊犁及乌鲁木齐二处满洲营增练鸟枪，拟定考验章程，并绿营一律办理。三年，综各省绿营额兵共六十余万人，除征调之兵，所余存营者，汰弱留强，定期分练。各省驻防旗兵亦如之。五年，令健锐、火器、圆明园轩八旗营，及前锋、护军、八旗汉军营，饬阅兵大臣核实校令，分别劝惩。又令僧格林沁等增满洲火器营操演阵式。十一年，以盛京、吉林、黑龙江马队官兵，日就疲弱，饬将军、副都统，无谕在城在屯，一体挑练，可造者多方鼓励，贫苦者酌量周恤，遇行围兵数不足，以余丁随同操演。

同治元年，以上海、宁波等海口官兵，延欧洲人训练，令曾国藩、李鸿章、左宗棠等，酌选武员数十人，在上海、宁波习外国兵法，以副、参大员统之，学成之后，自行教练中国兵丁。又以广东、福建营伍久弛，饬耆龄、刘长佑等于旗、绿营营内，择骁勇员弁，习外国兵法。天津练军亦如之。其内地营兵，仍遵旧章，随时训练。是年，令文煜等定京营绿旗兵枪队炮车合阵之制。四年，醇郡王等训练神机营兵及练兵三万余人，操演渐著成效，绿营亦就整肃。令仍隶醇郡王节制，督操阅兵大臣，一并阅看。是年，令崇厚率洋枪队千五百人赴畿南，饬天津镇、芦台镇选择标兵，增练新式洋枪。六年，以丁宝桢所拟训练马队章程十四条，饬特普钦于黑龙江所属、富明阿于吉林所属打牲人内，招募壮丁三千人，遵章速练马队，以剿捻匪。曾经出师回旗之员，分起训练，入关候调。十年，曾国藩建议，"用兵十余年，绿营几同虚设。查阅江南营伍，约有四宗：曰经制绿营，曰新设水师，曰挑练新兵，曰留防勇营。凡陆兵四十一营，水师十一营，水师十一营，新兵十一营，防勇十二营，兵数实存二万四千余人。旧习宜改者，约有四端：一、兵丁应差与操演分为二事，应差以分塘分汛为额，操演以分营分哨为额。一、绿营饷薄兵疲，宜仿新军练军之制，裁兵加饷。一、旧用鸟枪土药，不利战阵，各营宜以次悉改洋枪。一、水师不得仍沿马兵、战兵、守兵之名，各省水师，皆应筹造船之费，以船为家，但兼陆操，不得居陆，外海、内洋、里河水师，器械船支，力求精整。凡此皆事关全局，请特旨通行内外臣工，合议遵行。"是年，令长江水师，及外海、内洋、里河水师，均应专习枪炮，不得藉口演习弓矢，致开陆居之渐。沿海兵轮水师，亦免习弓矢。十二年，沈葆桢以各兵轮虽分驻各省，而操演徵调必应声势联络，请饬兵轮统领，躬历各海口，随时调操。十三年，李鸿章以八旗、绿营兵，用弓矢刀矛抬枪鸟枪旧法训练，固难制胜，即新练各军，用洋枪者已少，用后膛枪及炸炮者更少，可靖内匪，而不可御外侮。曾国藩曾拟以新械练兵，沿海七省，共练陆兵九万人，沿江三省，共练三万人，计年饷八百万，两总理衙门议以制胜之洋枪队练习水战，丁日昌议合各省练精兵十万人，皆以费重未能遵行。陆军与水师规制各殊，训练亦异，水师犹可陆战，陆军不能操舟。请以现有陆营，一律选练洋枪，裁绿营疲弱之额，加新军之饷，沿海防营，悉改后膛枪，于海岸要口，屯大支劲旅，专请操练及筑垒诸事。各海口修洋式沙土炮台，置十余寸口大炮，择良将劲兵练习，以命中及远为度，以固海疆。

　　光绪五年，李鸿章以德国陆军步队尤精，得力在每日林操，熟演料敌应变之法，夏秋大操，熟演露宿野战攻守之法。其法备于一哨，扩而充之，可营可军。前于海防营内，选游击等七员，赴德国学习林操及迎敌、设伏、布阵、绘图各法三年余，学成回国。乃于亲军营内，挑选哨队，仿德国一哨之制，依法教练，渐次扩充。九年，李鸿

章始创设水师学堂于天津,习驾驶等艺。十一年,张之洞酌定海防
各营操练章程,旧式刀叉弓矢已无实用,改用新操,一练卧枪,一练
过山炮队,一练掘造地营,一练安放水雷,一练修筑炮台,一练临敌
散队,一练洋式火箭,一练安设行军电线,一练疾步逾濠越岭,一练
夜战,一练坚守地营及浚濠筑墙一切工程。是年,李鸿章以外洋留
学生回华,于操法、阵法、电学、水雷、旱雷,均有心得,饬分赴各营
教练弁兵,并设武备学堂。十二年,张之洞以广东省驻防营,于光绪
六年,选甲兵千五百人,改练洋枪洋炮及阵法,乃裁汰旗营水师,附
入步军,编为两翼,合阵操演。饬制造局移解新式枪炮,增练炮队。
十三年,李鸿章以北洋武备学堂学生,于炮台、营垒、马队、步队、炮
队诸新法,咸有成就,饬令回营,转相傅授。是年,张之洞始于广东
设水师、陆师学堂,水师分管轮及驾驶攻战二种,陆师分马步、枪
炮、营造三种,兼采各国之长。二十年,张之洞以南洋水师学堂著有
成效,加以奖励。又于江宁省设陆军学堂,讲求地理、测量、营垒诸
术,马、步、炮队诸法。

　　二十一年,张之洞建议,旧营积弊太深。人皆乌合,来去无恒,
一弊也。兵皆缺额,且充杂差,二弊也。里居不确,良莠不分,三弊
也。摊派刻扣,四弊也。新式枪炮,抛弃损坏,五弊也。营垒工程,
不知讲求,六弊也。营弁习尚奢华,七弊也。若以洋将统之,期其额
必足,人必壮,饷必裕,军火必精,技艺必娴,勇丁不供杂差,将领不
得滥充,此七者练兵之必要。所聘德国武将三十五人已来华,即仿
德国营制,设步队八营,二百五十人分为五哨,马队二营,一百八十
骑分为三哨,炮队二营,二百人分为四哨,工程队一营百人,医官、
枪匠等咸备。凡勇丁二千八百六十人,饷四十四万两。俟操练有效,
推广加练,增至万人。以此军洋将移练第二军,俾次第以成劲旅。是
年,胡燏棻建议,新练各军,宜用一律枪炮。北洋先练五万人为大
军,南洋练三万人,广东、湖北练二万人,余省万人,操法军械,务归
一律,以便征调。各省应一律设立武备学堂。

　　二十二年,始以新法训练海陆各军。各省设立学堂,同时举办。

是年,张之洞始裁撤湖北武防等三旗,改练洋操二营,工程队一营,仿直隶武毅军新练洋操章程,参用德国军制,聘德国武员为教习,以开风气。是年,盛宣怀建议,全国绿营兵岁饷千余余,练勇岁饷亦千余余,凡八十余余人,徒耗财力,无裨实用,宜悉行裁撤。共练新军三十万人,就各省情形轻重,定兵数多寡,征募训练,悉仿西法。旋总理衙门以各省营伍,骤难尽裁,先就北洋新练两军,及江南自强军、湖北洋操队,切实教练。俟裁兵节饷,次第推广。饬两江、两湖督臣,较准制造局枪炮画一办理。又于武昌城设武备学堂,聘洋员教习。

二十四年,令各省稽察缺额摊派之弊,严行革除。至操练之法,宜不拘成格,尽力变通,饬督办军务王大臣识之。寻以神机营、火器营、健锐营、武胜新队,操演娴熟,赏统兵大臣有差。令满、蒙、汉各军骁骑营、两翼前锋、护军营,五成改习洋操,五成改用洋枪,八旗汉军炮队营、藤牌营,一并改练,神机营汰弱留强,共练马步兵万人。其阵法器械营制饷章,酌仿泰西兵制。是年秋,上亲诣团河及天津大阅新操。又令各省增水师学堂学额,增造练船,习驾驶诸术。二十五年,以北洋各军训练三年,饬统兵大臣取各种操法,绘图贴说以闻。步队以起伏分合为主。炮队以攻坚挫锐为期。马队以出奇驰骤为能。工程队以扩地利、备军资为事。以平时操练之法,备异日战阵之需。二十六年,邓华熙于安徽省城设立武备学堂,习枪炮战阵诸学。

二十七年,以各省制兵防勇,积弊甚深,饬将军、督、抚,就原有各营,严行裁汰,精选若干营,分为常备、续备、巡警等军,更定饷章,一律操习新式枪炮。又令南北洋、湖北之武备学堂,山东之随营学堂,酌量扩充,认真训练。是年,刘坤一、张之洞等,以二十年来,各省练习洋操,屡经整顿,而旧日将领,于新操多未谙习。东西各国教将练兵要旨,约有十二:一曰教士以礼,使知有耻自重,一曰调护干卒起处饮食,一曰讲明枪炮弹药质性源流之法,一曰枪炮线路取准之法,一曰掘濠筑垒避枪炮之法,一曰马步各队择地借势之法,一曰测量绘图之法，一曰队伍分合转变之法，一曰守卫侦探之法，一曰行军工程制造之法，一曰筹备行军衣粮辎重之法，一曰行军医药之法。各疆臣均应选择统领、营、哨各官，均切实研究。练兵固亟，练将尤要。数年以后，非武备学堂出身者，不得充将弁。更请仿英、法之总营务处，日本之参谋部，于都城专设衙门，掌全国水陆兵制、饷章、地理绘图、操练法式、储备粮饷、转运舟车、外交侦探等事。平日之预筹，临时之调度，悉以此官掌之。兼采众长，务求实用。令内外臣工合议。二十八年，设北洋行营将弁学堂，实演战击诸法。此历朝训练之规也。

清史稿卷一四〇
志第一一五

兵十一

制　造

清代以弧矢定天下，而威远攻坚，亦资火器。故京营有火器营鸟枪兵之制，屡命各省防军参用枪炮。初皆前膛旧制，继购欧洲新器。其后始命各省设局制造。制造之事，实始天津。当咸、同间，中原未靖，李鸿章疏请在天津设机器局，自造枪炮，以供北方军队之用。同时，江苏亦创立机器局。

同治四年，江苏巡抚李鸿章疏言，"统军在江南剿贼，习见西洋火器之精，乃弃习用之抬枪、鸟枪，而改为洋枪队。留防各军五万余人，约有洋枪四万枝，铜帽月须千余万颗，粗细洋火药十数万斤，均在香港、上海购买。又开花炮四营，每炮一具，重者千余斤，轻亦数百斤，炮具精坚，药弹繁重。惟器械子弹皆系洋式，所用铜铁木煤各项，均来自外洋。必须就近设局自造，以省繁费。江苏先设三局。嗣因丁日昌在上海购得机器铁厂一座，将丁日昌、韩殿甲二局移并上海铁厂。以后能移设金陵附近，滨江僻地，最为久远之谋。"五年，闽浙总督左宗棠疏言，"外洋开花炮，近日督饬工匠仿造，已成三十余尊。用尺测量，施放与西洋同其功用。"十三年，船政大臣沈葆桢疏请饬沿江海各省，仿津、沪二厂，自设枪炮子药厂局。

光绪二年，李鸿章、沈葆桢、丁日昌疏请选派制造学生十四人，制造艺徒四人，由出洋监督带赴法国学习制造。此项学生，既宜另延学堂教习课读，以培植根本，又宜赴厂习艺，以明理法，俾兼程并进，以收速效，备他日监工之选。其艺徒学成后，可备分厂监工之选。凡所习之艺，均须新巧，勿循旧式。如有他厂新式机器，及炮台、兵船、营垒、矿厂，应行考订之处，由监督酌带生徒前往学习。山东巡抚丁宝桢疏言："今在山东省城创立机器制造局，不用外洋工匠一人，局基设在泺口，自春及秋，将机器厂、生铁厂、熟铁厂、木样厂、绘图房，及物料库、工料库大小十余座，一律告成。其火药各厂，如提硝房、蒸硫房、煴炭房、碾炭房、碾硫房、碾硝房、合药房、碾药房、碎药房、压药房、成粒房、筛药房、光药房、烘药房、装箱房，亦次第告竣。其各厂烟筒，高自四十尺至九十尺不等，凡大小十余座。所买外洋机器，次第运取。俟机件煤炭各种备全，厂局告成，不逾一年，即可开工。将来如格林炮、克鲁伯炮、林明登枪、马梯尼枪，均可自造，不至受制于人，并可接济各省，由水路转运。即使洋商闭关，不虞坐困也。"直隶总督李鸿章、两江总督沈葆桢、江苏巡抚吴元炳疏言："上海制造局自同治四年开办，阅七年，曾请奖一次。今又阅七年，先后增造机器二百三十三座，大小铜铁炮三百四十八尊，炮架七百八十余座，开花实心炮弹十万一千余颗，各式洋枪一万八千六百余枝，枪弹八十余万颗，火药十七万磅，其他零件关系军事者甚多。在事诸人，寝馈于刀锯汤火之侧，出入于硝磺毒物之间，积数年之辛苦，乃克有此成绩。请优奖以资鼓励。"

三年，湖南巡抚王文韶疏言："近年上海、天津、江宁均有制造局，滨海固宜筹备，而内地亦应讲求。湘省一年以来，先建厂，次制器，仿造洋式，规模粗具。后膛枪及开花炮子，试演均能如法，与购自外洋者并无区别。以后随时添造，自数千斤以至万斤大炮，或钢或铜，均可自造。湘省向产煤铁，修县、安化各处所产之铁，与洋铁一律受钻。火药一项，督匠精造，与洋火药不相上下。自光绪元年五月开办，至二年十月，共用二万二千余两。以后每月以三千两为度。请援津、沪二局成案，专折奏销。"四川总督丁宝桢疏言："川省已设机器局,今外洋机件运到,即行开局,自造洋枪子弹等项。"

四年,总理衙门王大臣疏言:"前陈海防事宜,有简器一条,巨炮应如何购办,各军洋枪应如何一律,以后应如何自行仿造,请饬疆臣切实详议以闻。"嗣据各将军、督、抚覆陈,"有言前膛枪稳实者,有言后膛枪灵捷者,有言线枪胜于洋枪者,有言宜勤加操练磨洗者,有言不宜多购防新出更胜者,有言宜派人赴外洋学习者,有言宜内地设局以防后患者。臣等查外洋枪炮,近时皆用后膛,名目甚多,必须择其至精之品,一律切实办理,庶在彼不敢售其欺,在我得以适其用。外洋军械价值,本无成案可考,故承办之员,视为利薮。查上海为各洋商聚集之地,多在该处交易。请以精明廉正之员,总理其事。各省有委办军火者,责成该员核定。如有浮冒等事,严行治罪。至仿造外洋军火,李鸿章先后奏在上海、天津设局制造。丁宝桢、王文韶亦在山东、湖南二省各设局厂,不用洋人,其费最省。丁宝桢复于四川设局。以上三局,均设在内地。沪局制造枪药,岁用银四、五十万两。津局岁用银二十余万两。近据李鸿章、沈葆桢奏报,津局造后膛炮,沪局则前膛、后膛洋枪并造,既非通力合作,未必易地皆宜。请饬两局派得力人员,随时酌核,画一办理。"时廷臣有议以上海机器局款充固本饷及赈捐者。两江总督沈葆桢疏陈,谓机器局缔造十余年,仅恃二成洋税,入不敷出,而南北洋所用枪炮子药,咸取给于此。海防重要,未可停工。

五年,丁宝桢疏言,"四川机器局近以恩承、童华疏请停办,奉谕令酌度办理,仍请设法兴办,毋令废堕,"遂复开局制造。

七年,两江总督刘坤一疏言:"金陵制造局,于光绪六年,即饬工匠加工制造。各军拨用洋枪,先后已及万枝。今军械所尚存来福前膛枪一万三千余枝,马梯尼后膛枪七千余枝,林明登后膛枪八千余枝,细洋火药六十五万余磅,洋炮火药四十余万磅,棉花火药九万九千余磅,铜火一千万磅,各项铜管火十七余万件,又水雷应用之电线七十五车,所储尚不为少。而上海制造局现造之洋药及林明登枪,可随时接济金陵。复定购机器,增设洋火药局,并定购前后膛枪一万五千枝,尚不在此数内。至各处明暗炮台所用之炮位,有上海制造局现造之一百二十磅子之钢炮,年内可成。金陵局中所造陆营之炮,亦多可用。"是年,督办宁古塔等处事宜吴大澂疏请吉林创办机器局。

十一年,直隶总督李鸿章疏言:"上海、江宁、天津、广东各机器局,大都分造炮械子药,以供各军操练战守之用,尚未能仿造后膛大炮。至若三、四寸口径后膛小炮,后膛连珠炮,为水陆军必需之利器,应就内地已开煤铁矿近水之处,分设造枪、造炮专厂。至克鲁伯钢炮,近来德、奥、义各国,恐纯钢不尽合用,均改造硬铜后膛小炮,融炼别有新法。日本已聘洋匠仿造。中国亦宜踵行。各国后膛枪式样不一,新式改用连珠,或六、七响,精利无匹。日本已设厂自造,中国亦宜专造,以应各省之用。约计造枪及小炮机器皆不过数十万金,尚不甚钜。水师所用之鱼雷、伏雷,与炮并重。各种伏雷,中国机器局多能自造。至鱼雷则理法精奥,别有不传之秘,只可向西洋订购。天津机器局已购备试雷修雷之具,仿造则未易言也。"两广总督张之洞疏言:"粤省请募款开设枪、雷各局,其大炮仍归沪、闽二厂制造。"又疏言:"省城有机器局,城西增步地方有军火局,以器具未备,仅能制小钢炮开花子、寻常洋火药、白药、水雷壳、洋火箭、修理船炮寻常机器,除火药、火箭尚可用,其余能成而不能精。设局十余年,用银数十万,迥非津、沪、闽各局之比。今重加整顿,以机器、军火二局,并入城西增步一局,以就水运之便,名曰制造局,仍制枪炮弹火药等物。其修理鱼雷,归黄埔雷局。就制械而言,以枪弹与行营炮为尤要。盖购枪可用数年,购弹不能支三月,一举而购枪数千则易,一举而购炮数十则难。自宜分条并举,循序图功。期以一年半而铸枪炮厂成,两年而炮台备,庶足以御强敌。"大学士左宗棠疏言:"各省制造局厂,宜合并筹办,以专责成。前曾疏请开徐州、穆源各矿,为铁甲钢炮材料。兹奉谕饬议设厂处所,若论常格,自应由两江、闽浙筹款试办,或委公正富绅,集股创办,并招通晓化学之人,研求炼法,俾速出钢铁应用。其实矿政船炮,相为表裹。应设海防全政大臣,所有制造船炮矿厂军火事宜,皆宜一手经理,以归画一。"

十二年,两江总督曾国荃疏报金陵洋火药局竣工。四川总督丁宝桢疏言:"川省建设制造局,已及五年。仿造洋枪,为数不下一万五千余枝。除接济广西、云南军营外,局中尚存后膛洋枪三千五百枝,前膛洋枪四千枝。恐不敷用,向上海洋商订购克鲁伯开花炮、格林炮各十尊,另造得用之劈山炮七十余尊,抬枪五百枝备用。其火器弹丸铜帽等,除拨用外,尚存九万余斤。今加工制造,每月可得火药七千余斤,以资接济。"

十三年,四川总督刘秉璋疏言:"川省机器委员曾照吉等,能用巧思,不招洋匠,自教工徒,仿造外洋枪炮,创用水轮机器,以省煤力。又于省城外设局,以水机制造火药。数年以来,成机三部,机器一千五百九十件,洋枪一万四千九百枝,火药二十八万余斤,铜火帽一千三百七十五颗,后膛药弹六十八万五千五百颗,铅子六十万五千颗,洋炮三具,成绩甚优。"两广总督张之洞疏言:"前以筹办海防,购支军火,并济云南、广西军营,而后膛枪弹需用尤多,必须购置机器,自行仿制。乃在上海洋行购运制造枪弹机器来粤。正拟设厂开办,适广西抚臣李秉衡,以广西所购枪弹机器一部,支解到粤,而广西撤防,且无力设局,请留在广东备用。当即在省城之北石井墟地方,创立制造枪弹厂一所。所有机器大厂一座,打铁、烘铜壳、锅炉、造木箱、装子药房共五处,储料、发料库各一处,又有装蜡饼纸饼火药及工匠等房,共安设机器二副,能造毛瑟、马梯尼、士乃得、云者士得四种枪弹。试办之初,每日约造二千颗。熟习之后,每日可造八千颗。目前即可开造。尚有需用熔铜、碾铜等机器,并增建厂屋,俟次第到齐,即可举办。"

十五年,张之洞疏言:"广东筹建水师、陆师学堂,并于堂外建机器厂一座,铸铁厂一座,烟筒一座,及储料所、打铁厂、工匠房、操场、演武厅、石堤、马头等,约用银六万两。机器厂内有十二匹马力汽锅机炉全座,大小旋铁床、削铁床、钻铁机、剪铁机共一十七架,手用器具,铜铁钢料,约用英金二千五百镑。其机器在英国厂订购之。"又疏言:"前曾由文武官绅及盐埠各商分年捐银八十万,造小兵轮十号。今接续捐募三年,专为购买制造机器并建筑厂屋经费。乃电询德国柏林地方力拂机器厂,订购新式制造连珠毛瑟枪,及造克鲁伯炮、过山炮各项机器全副,其汽机马力加大,以例枪炮兼造,锅炉并为一厂,较为节省。旋由出使德国大臣与该厂订造枪机器一分,每日能造新式连珠十响枪五十枝,汽机马力一百二十匹,又造炮机器一分,每年能成克鲁伯炮口径七生的半至十二生的之过山炮五十具,又购枪尾尖刀机器全分,价共一百八十一万七千两。今择定省城西北石门地方,依山临江,输运便利,于建厂相宜,乃即日开工起筑。其枪管钢料及炼钢罐等,均向德国名厂购备,以期精良。他日铁矿各山开采得法,则钢铁材料取给内地,次第扩充,并可接济各省军营也。"

十六年,湖广总督张之洞于湖北省城初建兵工厂。是年,总理海军事务大臣与户部会议,以广东枪炮厂改移湖北省,开厂后,常年经费,由湖北筹办。旋由湖广总督张之洞覆陈:"鄂省开厂后,督饬洋匠,悉心考求。原定造枪机器一副,每年能造新式连珠十响毛瑟枪一万五千枝,造炮机器每年能成克鲁伯七生的半至十二生的行营炮及台炮共一百具。又应添购造枪炮药、造白药、造弹、造炮车、造炮架各机器。每枪一枝,随弹五百颗,每年须成枪弹七百五十万颗。每炮一尊,外洋向例随带炮弹三百颗,兹就最少之数,亦须随弹二百颗,每年须成实心弹、开花弹各种弹共三万颗。统计一切经费,约需银七十五万两。计一年所造枪炮全分,比外洋买价所省甚多。特是钜款难筹,此次开厂试办,所有枪炮药弹,每年各造一半,约需银四十万两。机器今已到鄂,置闲必至锈壤,工匠亦必练习,方能精熟。就鄂省财力自行筹措,查四川机器制造局,系奏明支用土药税厘,今湖北枪炮厂乃奉旨特办,较四川制造局大小悬殊,关系尤重。请将湖北省岁入土药税银二十万两,川监加价银十万两,共三十万两,拨充枪炮厂常年经费。将来各省需用,拨款由鄂厂代造,则随时收回价本,即可推广多造。此次鄂省新设枪炮厂所造各械,皆系南北洋、广东、山东、四川等省制造局所无者。至鄂厂所造克鲁伯各种连炮,尤为边防海防及陆道战守必不可少之利器。前大学士左宗棠曾言“购械外洋,以银易铁,实为非计,一旦有警,敌船封口,受制于人,运购均无从下手。况陆续远购之器,种式既殊,弹码亦异,每至误事。惩前毖后,则建厂自造,乃未雨绸缪之计也。”是年,兵工厂成。

十九年,直隶总督李鸿章、两江总督刘坤一疏言:“上海机器局于光楮十五年,令道员刘麒祥办理局务,专心创造新式枪炮,及自炼钢料。外洋新出利器,不肯以秘法示人。其机括灵巧,猝难臆测。开办之始,几无端绪可寻。乃精选洋匠,博访穷控,考索成式,参以心得,造成试验之,有稍不如法者,拆改重造。于二年之内,尽群才之力,竟造成新式枪炮,并练就钢料,迭次考验,与西洋所造一律精坚。”湖广总督张之洞疏言:“湖北新建炼铁厂告成,开炼时铁炉一座,已练成生熟铁具铜碾铁轨铁条,均有成效。其炼西门士钢厂,开炼时极险,北洋、上海各炉,迭有炸裂堵塞之患。鄂省此项钢炉,饬洋匠详考火候,向来至速须六点余钟出钢,今止三点余钟已能炼就钢料,成色无异洋制,足以为造炮之用。炮厂亦即开工,即以炼出之钢,试造六生的半及七八生的克鲁伯陆路车炮。若能钢料精坚,演放有准,即可造十二生的大炮。以军需孔急,饬工匠多炼西门士钢,及贝色麻钢,为制造枪炮之用。外洋陆战,全恃连珠快炮,仅有后膛枪炮,不足以尽之。鄂厂添购制快炮机器,尤为利用也。炼铁厂之铁路运道,及洋匠华工,原为二炉之用。今止一炉,每年只能出铁一万五千余顿,折亏甚钜。马鞍山煤井焦炭炉完工在即,拟以湖南省所出白煤和搀焦炭冶练,勉供二炉之用,始足以资周转。”

二十年,总理衙门王大臣疏言:“军务紧急,以赶造军火为先务,而经费有限。以之购买外洋军火则不足,且多须时日,以之就各省现有局厂加工制造,则军火可倍而出之。前由户部拨款,在吉林设立机器局,专供吉林、黑龙江二省常年操防之用。请饬吉林机器

局加添工料,增造军火,以应急需。"湖广总督张之洞疏言:"湖北新
设之汉阳铁厂,先开生铁大炉一座,日夜出铁八次,共五十余顿,以
后日见进步,有每日出六七十顿者。其次乃炼熟铁、炼贝色麻钢、碾
铁条、制钢轨以及锤炼烘压各法,一时并举。所出之铁,虽系初炼,
已与外洋相较,无甚轩轾。现在江夏马鞍山煤井所出之煤,可作焦
炭,合于炼铁之用,已开横穴煤巷,现拟进掘三层横穴。外洋之大洗
煤机及运煤之铁挂线路,均已次第竣工。洋式焦炭炉十座,年内当
可一律告成,足敷生铁一炉及各厂炼钢之用。参以湖南所产白煤油
煤,即可二炉齐开。"此制造钢铁已有成效之情形也。

又疏言:"铁厂之设,实兼采铁、炼钢、采煤三大端为一事。而开
煤所费,几与炼铁相等,本难并入造厂炼铁计算。开平煤矿,费至二
百万,始克成功。今铁厂自经始至观成,用款繁钜,所有奏明拨用之
款,早经用罄,虽以枪炮经费匀拨,不敷仍多。非原估续估之多疏
漏,实因开炼以后,经费与造厂工程本系二事,必须先行筹垫一年。
且事皆创举,机局变更无常,随时补救,多在洋匠原拟之外,非预料
所及。其增出之款,除零星杂费数十项不计外,举其重大者数端:
一、增购机炉工料,如增置十五顿大汽锤一具,增贝色麻大压汽机
一副,增造西门士炉底火泥管及造火砖机器,增改生铁大炉架一
座,炉内用砖,令与矿煤之性相合,增生铁厂内之铁瓦敞棚,增中西
两式洗煤机,增内地火砖焦炭炉,增铺地铁板,增厂内运物铁路,增
运矿煤铁车,增炉上铁盖,炉外水池水沟,及四周之保险门,增铜铁
管及水箱,增化验煤铁大小各项器具材料,以及汽表风表水表,皆
为精细贵重之件。一、增募开炼洋匠,原拟雇用八人,其余雇用熟手
之华匠百余人应用。开炼之事,以生铁大炉为重,中国向未炼过。若
欲选用华匠,非有极聪明之人在厂精练多年,难与此选。即练钢各
厂,亦非得专门名家之洋匠领首作工不可。若手法稍不中程度,即
致变生意外,危险之至。现募至洋匠二十八人,均万不可少,较原估
八人多出二倍余。一、添补不全机器,外洋运到之机件,沿途损缺颇
多。其简便者,由汉阳本厂自行修补。二千余件外,其重大精细机

器,必须由外洋或上海洋行重行购补。或此种不甚灵动,则洋匠必另购一机以救之。或此式之炉,试练焦炭不净,或旧法所采之矿不多,则洋匠又思一法以损益之。旷日加工,致多糜费。一、外洋金镑值价日昂,此初定机器时,价高过半。而改换机器,访订洋匠等事,日积月累,亦成钜款。一、多用煤斤。凡铁山煤矿,开采转运,以及铁厂起重运料、试钻开井、抽水奈气,无在不需机器,即无日不用煤斤,为数甚钜。又生铁大炉,购用外洋焦炭,试炼两月,费亦不赀。各款皆原估所难周悉,加以煤井开至数十丈,已费尽人工机器之力,而煤层忽脱节中断。外洋办法,必仍就原处追寻,另行开井。而重开一井,非钜款不办。现实无此财力。若非马鞍山煤井有成,则全恃湘煤,所费更钜。此则时局变迁,多费用款,初非意料所及。前曾督饬局员及洋匠矿师,续估用款,以为能销货周转,不致再有增加之款。乃移步换形,层折过多,加工遂致加料,费日因以费工,不特非局员所能限定,并非洋匠所能预知,多方补救,繁费滋多。今拨借各款,所余无几,若行销挹注,必俟两炉齐开,一年以后,始能流通周转。尤须钢铁各料,胥臻精美,合于制造之用,方可期流通无滞。至畅销后,尤防洋铁有减价夺售之患。此开炼之初,必须宽筹经费,庶不致停炉待款。原拟就枪炮厂经费挹注,无如枪炮厂增设炮弹、枪弹、炮架三厂,计机器运费等,已需银三十万两,建厂之费,尚不在内,势不能全行拨用。值此厂工已竣,炼铁已成之际,所欠者仅此筹垫之款。若熔钢炼铁,因此停工,则制造枪炮,何所取资?当海防紧急之秋,而军械缺乏,贻误戎机,关系匪浅。今各省财力,自顾不遑,岂能协助。惟有就湖北本省各款,竭力匀拨周转,机炉勿使停工,军实得资接济,庶不致功亏一篑也。”

又疏言:“前因开炼钢铁为造械之本,以枪炮厂经费匀拨济用,而枪炮厂更形支绌。前办海防所购军械。每枪式参差,弹码互异,及旧枪搀杂,药弹潮湿,流弊滋多。故炮架、炮弹、枪弹三厂之设,万不可缓。今竭力筹款,先将炮架、炮弹机器,于十八年夏间,在德国力拂厂购定制造水陆行营各种炮架机器全副,每年能成六七生的至十二生的炮架炮车一百副。购定制造克鲁伯炮弹机器一副，每日能成六七生的至十二生的炮弹一百颗。其他开花弹、实心弹、群子弹、子母弹，均能自造。又购定小口径枪弹机器一副，每日可成枪弹二万五千颗，造铜板、造铅条、装药入弹、修理器具俱全，共用银三十万两有奇。又添厂屋、大小铁梁、铁地板、水泥、火砖各种建筑工程，三厂合计共用银十五万八千两。近日外洋快炮益精，即兵船八十磅至百磅之大炮，亦用机器造成。鄂厂本系制造新式连珠枪，若能兼造快炮，于军事尤多裨益。已电询洋厂，增购新式快炮机器及炮管各件，共价银三万两有奇。其厂仍旧，俟机器到齐，即可改制，较之另起厂屋，所省经费实多。此种快炮六生的者，每分钟可放三十出，九生的者，每分钟可放二十余出，洵为制胜之具也。”是年，陕西巡抚鹿传霖疏请以甘肃省旧存制造军火机器全具，运至陕西省城，试造枪炮子药。

二十一年，奉天增练新军，将军依克唐阿遣员在山东、吉林、奉天、辽阳等处，制造铜铁等各项炮位，华、洋各式步枪，以及炮车炮架，并购制子弹、碾火药、造地雷器具，暨刀矛等件，在正饷动支。山东巡抚李秉衡以山东省自设立枪炮机器局后，供给各路军火，逐年增加制造，请增常年经费。两江总督张之洞以前年任湖广总督，创办湖北汉阳炼铁厂，及兴国州、马鞍山二处采煤，以供炼铁之用，著有成效，请优奖在事人员。陕西巡抚张汝梅以陕西省各军所用里明、毛瑟、中针、后膛各式洋枪，皆由他省协拨，不尽合用。咨商甘肃省拨旧存制造军火之机器等件，运至陕西，即在省城设立机器局，试造枪炮子药，随时修理旧械。

两江总督张之洞上言：“天津、江南、广东、山东、四川原有制造局，所造军需水陆应用各件颇多，而所成枪炮甚少。或止能造枪炮弹而不能造枪炮，或能造枪，而汽机局厂尚小，均宜量加扩充。福建船政局现有大锅炉机器及打铁各厂，并我谙悉机器员司工匠，若增置造枪炮机器，费省而工亦易集。如奉天为根本重地，而道远难于接济，宜专设一厂。陕西为中原奥区，且可以接济西路，亦宜专设一厂。至各厂制造,大率皆宜以小口径快枪及行营快炮为主,或枪炮亦造,或枪炮分造,宜每项择定一式,各厂统归一律,以免参差。腹省各局,只须陆路过山小炮,即足供陆战之用。若沿江沿海数局,并宜造船台大快炮,每厂每年至少须出快枪五六千枝,陆路过山二种小快炮一百余尊,方能济用。一百雇用洋匠,一面选派工匠赴外洋名厂学习,冀他日能扩充制造厂数处。惟各省局厂,上海、金陵二处虽各有制造局,而金陵局规模颇小,机器未备,所出枪炮无多。其设局之处,限于地势,不能展拓,仅能择行军要需者酌增机器,究不能多。上海制造局虽较宏大,惟所造枪弹、炮弹、水雷、火药及修理轮船等门类颇多,而不专一,并非专造快枪之机器,每月成枪不过百余枝,亦无造陆路、过山二种快炮之机器。至大炮则一年或出一、二尊不等。且该局军械,须运出吴淞江后,再转入长江。若有兵事,敌人以战船封口,一切转运,立即束手。前此开局沪上,只图取材便利,未能尽善。故沿江内地,必须添设局厂。湖北枪炮厂,因上年枪厂被火后,改造铁料厂屋,修补机器,甚费经营。快炮所增新机,以工匠初试,未熟线路,猝难较准。今甫造快枪式样数十枝,快炮式样一尊,车炮二尊,均尚合用。以后所出,自可日多。惟枪机曾经火灼,敏速之力稍减。一年以内,人器相习,每年约计可造成快枪七八千枝,陆路、过山二种快炮百尊。局厂地踞上游,最为稳固。上可接济川、湘、陕、豫,下可接济江、皖,转运甚便。若在江南另行择地建造,所费至钜。不如就湖北厂添购机器,广为扩充,其钢铁即用鄂省铁厂所炼。除鄂厂原造之数外,今每年能加出快枪一万枝,无烟药枪弹一千万颗,陆路、过山二种快炮二百尊,炮弹二十万颗。湖北向无新式药厂,拟并造无烟药、棕色药、黑药,令足敷各种枪炮之用。合计枪炮架药弹各项机器,与外洋名厂考较,诸从节省,凡运费造厂,约需银二百万两。又因湖北省铁厂,开煤井,炼焦炭,炼各种精钢、熟铜、熟铁,正在紧要之际,枪炮厂则赶造五处厂屋,试造枪炮。此二厂皆经费支绌,所造军械,非专供湖北之用,请就江南筹防局拨款协济。"

又以"江南省制造局,自光绪十七八年,沿江各省,教案会匪纷起,深恐海上有警,当将制造局应行增制快枪快炮、新式火药各件,筹议购机试造。迨光绪二十年,日本军事起,各省徵调频繁,处处调拨军火,局中积年所造之枪炮药弹,几至拨发一空。自应及时扩充机器,加紧制造。近年军械,以枪炮药弹为先,而枪炮尤以新出快式为利。是以鄂省设厂自炼钢料,为炮筒枪管之用。又因新式巨炮,皆用栗色火药饼,快炮快枪皆用无烟火药,局中自造者无多,应增置各项机器,择要先办。将炼钢、制药、及造快枪、快炮各机器数十座,向洋商定购。又购买基地,增建炼钢厂、造栗色火药饼厂、无烟火药厂、及添购制造钢料,与造火药物料,合计用银四十余万两。其在外洋订购之器件,与洋商筹议,令其暂行垫办,不致稽延时日,先将各项机器运到,即可开厂制造。自光绪二十年海防戒严,各省防军需用军火甚急,而火药子弹尤为大宗。外洋守局外之例,不肯代购。即使设法运购,而价值骤增数倍,远涉重洋,敌船又不时邀截,至为困难。今江南制造局购机设厂,自能仿造,不待外求,自为当务之急。但局中常年经费,仅有二成洋锐数十万两,只能制造各项子药,分济南北两洋操练防守之需。若加造新式枪炮接济各军,则机厂既增,工料自倍加于昔。拟于江海关常年洋税,或洋药税厘,每年加拨银二十万两,为扩充制造后常年工作之需。"

二十二年,成都将军恭寿因四川省军实不充,而防务重要,乃与驻防川省之八旗协领等量力捐廉,制造抬枪九十六枝,鸟枪四百八十枝,均用煅炼纯铁缠丝制造,坚实可恃。其旧存枪枝,一律修整,为操练之需。直隶总督王文韶以北洋机器局所造各种炮子,名目虽不同,而十生的半之子弹居多,皆系旧式,不尽合用。乃向洋商订购洋式翻沙泥,及造弹各机器,自行仿欧西新式制造。两江总督刘坤一考核机器局成绩,于常年制造之外,炼钢厂每年可出快炮快枪筒及枪炮枪件炮架器具等钢料共二千二百余顿,栗色火药厂每年可出栗色火药二十余万磅,无烟火药厂每年可出无烟火药六万余磅。所创立造枪炮新厂,购机已备,加工制造,每年可出快利新式枪一千五百枝，一百磅子之快炮六尊，四十磅子之快炮十二尊，快利新枪子一百三十余万颗，快炮子弹一千五百颗，大小铁弹一万余颗，渐著成绩。四川总督鹿传霖以四川省机器局自光绪十二年至十七年，前督臣刘秉璋曾将在局出力人员奖励。今又届五年，所陆续造成机器药弹等项，皆精良合用，增造后膛毛瑟抬枪亦颇快利。在局各员，仍行奖励之。

直隶总督王文韶因京师练兵处王大臣以京营训练，需用打帽抬枪一千五百枝，令北洋制造局如式制造，以应要需。乃造成边机抬枪、中机抬枪各一枝，试放均属灵捷合用。惟边机抬枪分两太重，不便施放。若用中机抬枪改造边机，其尺寸斤两，仍与中机抬枪一致。即令制造局按照此式，制造边机前门大式抬枪五百枝，随枪物件共五百分，以中机抬枪改造边机前门小式抬枪一千枝，随枪特件共一千分。其制造款项，由北洋作正开支。北洋制造局向有岁造荷炮子弹经费银四万两，本年以此项荷弹岁费，改造后门抬枪。今练兵处需枪孔急，拟即以此款移用。

湖广总督谭继洵以"湖北省制造军火，向年所造旧式抬枪、线枪、抬炮、劈山炮等项，均系前膛，不及后膛新枪炮之敏捷，拟向外洋购置机器，改造各项后膛枪炮，并制造炮弹枪弹铜壳等项。今因部臣允从奉天府丞李培元之议，令各省制造局兼造抬枪，并造内地火药，筹度办理。因抬枪、抬炮本中国向日制胜之具，将弁兵丁素所习练，今若改用后膛，操演易于精熟，用款不多，而日后可收大效。虽汉阳枪炮厂规模宏远，而机器种类各有不同，若抬枪、抬炮等器，他日能制造精纯，亦可为汉厂之助也"。山东巡抚李秉衡考核机器局成绩，于光绪二十一年所造成各种火药十五万六千九百六十斤，大铜帽火七十二万颗，开花炸子一千六百颗，炸子铜螺丝引门一千六百副，克雷力伯铜炮拉火铜管四万四千枝，带活架瓶炮九尊，大炮子一千四百九十颗，洋铅弹丸一百三十九万四百五十粒，添造各厂应用机器及熟铁大锅炉一具，修理各营损坏洋枪洋炮，制成各项军火箱盒，修理枪子厂、轧铜厂房屋及大锅炉，炉台、烘铜炉、大烟筒、生铁厂、保险炉、提硝房、工务厂之屋宇等，又采买硝磺铜铁钢铅及华、洋各种物料，暨员匠工役薪工运脚杂费等，共支用银六万四千七百余两有奇。是年，户部从吉林将军长顺之议，增吉林机器局制造军火常年经费除黑龙江军队领用外，其余分给奏天防军。

二十三年，大学士荣禄上言：“制造军火，以煤铁为根本。外洋购价日昂，中国各省煤铁矿产，以山西、河南、四川、湖南为最，应令山西等疆吏筹款，从速开采，设立制造局厂，渐次扩充，以重军需。”廷议允之。令督抚臣就地方情形认真筹办，总期有备无患，庶足仓卒应变。是年，湖北巡抚谭继洵以湖北省制造军火，增置炮架、枪弹、炮弹三厂，所有机器工料之价，并改换新式快炮机器，尚需银十四万余两，即在筹捐项下拨给。

山东巡抚李秉衡上言：“山东机器局于光绪二十二年间所造军火，共造成各种洋火药十九万六千余斤，坚利远后膛大抬枪二百十六枝，步枪六枝，大铜帽火四百四十二万颗，粗细铜管拉火六万二千枝，铜炮炸子二千一百颗，炸子引门二千一百副，炮子一千一百九十个，各种群子八万四千八百个，各种后膛自来火带药枪子一百十六万八千四百颗，洋铅丸一百七十二万一千五百粒，抬枪、抬炮、来福枪、鸟枪及装配毛瑟枪、哈乞开司枪各种大小铅丸一百五十九万粒，卷筒铅子二万一千二百斤，并修成各营抬枪、抬炮、洋枪、洋炮，添买车床、钻床及各项杂费，均归户部核销。原有机器局，设法扩充制造，添造枪械，采购应用材料，增建厂屋，购买机器，乃于机器厂后建设洋式大枪厂一所。造枪需用铜铁零件甚多，则熟铁厂必须扩充，乃于旧铁厂之后，另建洋式熟铁大厂一所。造枪则用枪子倍多，乃于旧枪子厂之东，另建洋式枪子厂一所。枪子需铜最多，乃另建轧铜大厂一所。外洋制造厂，视锅炉之大小，以定烟筒之高下。今造成九十五尺高之烟筒一座，七十五尺高之烟筒一座，五十五尺高之烟筒一座，铁烟筒一座。厂基深掘五尺，烟筒基深掘八尺，均密钉排桩，上筑三合土，盖以大石板，再砌条石墙脚，则扁砖实砌，纯灌灰浆，梁栋皆用外洋木之方而巨者，屋柱则生铁铸成，即机器常年震动,不致有鼓裂之虞。此外所增建者,军械日富,则有存储之区,工匠日多,则有休息之所,乃建军火库二十间,工匠房四十间。又建水龙房以备不虞,泥工厂以资修葺,皆不可少之工。共增厂四座,群屋八十余间,较原厂扩充三分之二。至制造抬枪机器,外洋本无抬枪名目,故无此专用机器。嗣选通晓制造之员,与洋商参酌,定造抬枪机器,并可兼造毛瑟洋枪机器共六十余种。此外地轴、皮带、锤钳轴枕螺丝各种轮模刀钻,共一百七十余件,已陆续运解到省。俟机器及铜铁钢料运齐,工匠募足,即可开车制造。共用银十二万两,先由藩库及南运局筹给。"

　　大学士荣禄建议,通饬各省制造快枪、快炮、无烟火药,并炼钢铁各项机器。海疆多事,武备为先,须通力合作,以备强敌。河南巡抚刘树棠上言,"河南机器局规模甚小,若遵荣禄所议,兼造各式军械,财力实有未逮。豫省机器局建设于省城南门外卓屯地方。其造弹机器,已向上海信义洋行定购,在外洋加工造成,陆续运至河南,安置妥贴,开工制造枪弹火药。其造抬枪车床,亦经运到,并订购钢筒五百枝。先造后膛抬枪五百杆,以资应用。本省新练之豫正全军,一律改习洋操。又通令各州县,筹款自练勇队,所需枪械子药,皆省局自造。"

　　湖广总督张之洞上言:"大学士荣禄议令产煤铁各省,咸从速开采,已经设立有制造局厂省分,规模未备者,尤宜扩充,自炼钢以迄造无烟药弹各项机器,均须实力讲求,以重军需。所言切中机宜,亟应筹办。湖北制造厂所造快枪、快炮,为新式最精之械。若有械无弹无药,仍属虚器。故既添设铜壳厂,又须添设无烟药厂。因外洋装配快枪、快炮,悉用无烟火药,他项洋药皆不合用。又枪管炮身,必须精炼之罐子钢,方足以受无烟火药之涨力。湖北铁厂所炼之西门马丁钢,以之制他器,则已称精良。以之制枪炮,则尚非极致。外洋罐子钢之价值,数十倍于常钢,非徒购运道远也。故钢药二者,必须购机自造。虽物力困绌,终不敢畏难自沮,致已成之枪炮厂,有不全不备之弊。故于上年即饬局员在汉口礼和洋行方定向德国格鲁森厂添购无烟火药机,每十点钟能出火药三十三磅,每年约出火药五十顿,共价德银十三万六千八百马克。今机器已运至上海。上年又与礼和洋行订购德国名厂炼罐子钢机器全副,每日能炼罐子钢二、三顿,铸钢机能铸块钢,每块重二顿,价值运保各费,共用德银十三万马克,久已起运,即可到沪。至厂中尽制行营快炮,以备陆战之用。因经费太绌,故于炮台之大炮,未经议及。外洋新式十二生的长快炮,安置沿江炮台,能施放有准,足御敌舰。上年由出使德国大臣许景澄在力拂厂订购十二生的快炮并架弹等机,共用德银三十二万五千马克,机器月内可到。以上各机,皆属无款可筹,不得不与洋商婉商垫欠,分期归款,庶可及早举办。加以添购大小新式样炮、碾铜板机、拉钢机、压钢机、大汽锤以及添配最精之钢模样板等件,约须银十数万两。再加增建厂屋,又需银十余万两。其增雇华、洋工匠常年制造工料之费,为数甚钜,又需银二十三万两。各款均无所出。如上海制造局年拨八十万两,嗣因浦制快枪,并加拨常年工作之需,每年用款已逾百万两。现在湖北厂所造枪炮子弹,比津局既逾数倍,比沪局亦复加多,近又添造无烟火药,添炼罐子钢,添造炮台所用十二生的大快炮,功用益广,而常年经费仅土药税等三十六七万两,较沪局止及三分之一。惟有请加拨常年专款,符原估七十五六万之数,庶可增料加工,使旧有各厂得尽机器之力,新增各厂早收美备之功。况近年武备最重,鄂厂调拨枪炮供给各处,为数甚多,造成枪炮,并非湖北一省之用。事关全局,沪厂、鄂厂,理无二致,军实要需,必多为筹备也。"

　　二十四年,山西巡抚胡聘之以山西省向无机器制造局,亟宜筹办。因派员赴天津向洋商定购制造枪炮各种机件,并酌建厂屋,雇集工匠,仿洋式自行制造。在省城北关外择地建厂。因山西僻在内地,非通商口岸,凡办料募匠等事,用费极昂,即以归化城关税盈余之款拨用。各机器运到晋省,开厂兴工。山东巡抚张汝梅以山东省机器局自创造至今,并未延聘西人,而内地风所初开,其精于制造人员,实不多见。且所造全系铜铁硝磺等火器,局员工匠,素鲜经验,非洋匠专门之比,稍一不慎,即有损伤炸裂之虞,至难极险,与寻常差使不同,乃量予奖叙。

直隶总督裕禄以北洋之军械共有二局,一为机器局,一为制造局。机器局所有制造火药、毛瑟枪子铜帽、各式后膛炮弹及硝磺镪水、雷电器具、卷铜炼钢等机,每年能造黑色火药七十余万磅,栗色火药二十五万余磅,棉花火药五万余磅,无烟火药八千余磅,毛瑟后膛枪子四百余万粒,铜帽火二千八百余万粒,钢弹一千二百颗,大小炮子一万四千余颗。制造局每年能造七生的半开花炮子一万二千颗,铜件一万六千副,克鲁伯铁身炮车十具,铜管拉火二万四千枝,哈乞炮子五万余颗,哈乞开司枪子二百十万余粒,云者士得枪子一百四十余万粒。而外洋所出军械,日新月异。今各路军营所用毛瑟快枪、小口毛瑟枪、格鲁森五生的过山快炮、克鲁伯七生的半陆路行营快炮、七生的过山快炮,颇为合用,宜次第仿造。

两江总督刘坤一以江南省制造局之后膛抬枪,上海制造局之快利新枪,及大小炮位,均称合用。金陵局机器无多,凡大宗军火,胥由上海制造局供用。近年增设炼铜厂、栗色火药厂、无烟火药厂三处,其所制炮,有十二磅子六磅子二种快炮,与北洋所用快炮口径相同。惟北洋之七生的快炮,湖北之三生的七快炮,南洋之六生的快炮,若购自外洋,终非久计。乃拟增换机炉,自行制备,专精仿造。所有枪炮子弹,与天津、湖北二厂咸归一律。四川总督文光因前奉朝旨,令四川制造局渐次扩充。前督臣恭寿拟就川省原有机器局扩充制造,不必另设局厂。但机器局虽创设多年,而规制未宏,若欲广制枪炮,殊不敷用。乃拟增置长刨床一部、小东床及压铜机器、引长机器、齐口机器各四部,紧口机器二部,均已一律制全,灵动坚固,与购自外洋者不异。惟机器既已增加,则制造亦宜推广,应加常年经费银二万两,以备制造之需。

二十五年,湖广总督张之洞上言:"军实最为急需,利器必须完备,近日炼钢造药,尤为枪炮厂必不可少之需,无罐子钢则枪炮不精,非无烟药则枪炮无用。屡经奉旨,责令湖北与上海各局,赶造军械,供京营之用。而筹款艰难,何从赶办。丧所请加拨宜昌关税银五万两,仍请照拨,俾购机建厂制造等事,徐底于成。上海制造局增钢药三厂,每年加拨经费银二十万两,鄂厂事同一律,旧设各厂,经费本属不敷,新厂所需,更无从出。若从部议,不得动用关税,则制造将无可措手。综计新厂需款共二十余万两,但能加拨宜昌税银五万,当设法周转,不使厂务停滞也。"吉林将军延茂于吉林省机器局增置机器,并代造黑龙江镇边军及靖边新军各营军火。山东巡抚毓贤扩充东省机器局,增建制造新枪大厂、造枪子厂、熟铁厂、轧铜厂、化铜厂、泥工厂、军火库房、水龙厂房、法蓝炉房、储器房。又造大小砖铁烟筒铁栅等件。黑龙江将军恩泽上言:"黑龙江镇边军,每年由练饷内提银三万两充军火经费,归吉林机器局兼造。近年物料昂贵,实不敷用。以新编之师,操练宜勤,军火尤为繁巨。应仿照奉天、吉林二省设局自造军火成案,于黑龙江省城择地设立专局,悉心制造。此项购买机器建筑厂房各费,约用银十万余两,在镇边新军岁需军火经费内分年筹拨。"

　　是年,令各省疆臣,制造枪炮,为边防第一要著。惟各省财力不齐,自应就原有局厂切实扩充,以备邻近各省就近购用。又令各疆臣:"天津、上海、江宁、湖北等处,均有制造枪炮局厂,曾令督抚臣切实会商,务将所制枪炮膛口,子弹大小,各局统归一律,以期通用。并将每年所造枪件子药若干,据实上闻,并按季咨报户部、神机营查核。乃为时已久,并未据报有案。枪炮为行军要需,岂容因循延宕。"令裕禄、刘坤一、张之洞:"详析查明各厂局所造枪炮,究系何项名目,是否业已会商,造成一律,迅即切实复陈。嗣后仍遵前旨,按年按季分别奏咨,毋得延缓。各督抚督率承办各员,认真经理,精益求精。并将枪炮膛口子弹,彼此比较画一,务令不差累黍,庶各省互相接济,临时不致缺误。倘管理局员草率从事,虚糜经费,或演放时有炸裂等事,治以重罪。"旋经两江总督刘坤一覆陈:"当饬沪、宁二处制造局员,将出入款项,核实勾稽,制造军械,详细考究。并令与天津机器局、湖北枪炮厂随时知照,互相讲求。复由上海制造局员驰赴湖北比较数次，两局所制成枪炮子弹，格式分量，口径大小，一律合膛，并无歧异。惟江宁制造局所造后膛抬枪，系出新创，各省枪械，均无此式。其两磅子、一磅子后膛快炮，亦与上海局中所造一律。此外炮架、炮弹、各种枪子拉火等件，分解南北洋各军应用。以经费有限，未能加拨扩充。该局在江宁城外，粗具规模。且居腹地形胜之区，一旦海上有事，在内地制造，接济军需，庶几缓急足恃。至上海制造局，并能造各项快炮，除炮台所用之大炮外，其所造四十磅一种，即北洋之十二生的快炮，其十二磅一种，即北洋之七生的半快炮，其六磅子一种，即北洋之五十七米里快炮，其两磅子一种，即湖北三生的七快炮。洋厂名称虽殊，其尺寸大小，则不差累黍。今由上海制造局派员与天津、湖北二局逐一比试，均无参差。其快利新枪，系以旧机参用人工所造，亦颇便利。究嫌费用多而出枪少，去年饬各军改用小口径毛瑟快枪。本拟订造此种枪枝及造枪弹机器，专一仿制，以归一律。访之上海各洋行，需款数十万，为期且甚久，一时无此财力。遂仍用旧机，更易机簧，添配车座，订购改造七米里之毛瑟枪枝枪弹等件，按照合同，每日可出枪十枝。俟安装全备，即日开工，严定章程，按年按季上闻，以期核实。各局兼造各项快炮，均系新式，尚敷应用。至仿造小口径毛瑟枪，仅有湖北、上海二厂，其机器一系新购专门，一系旧式更改，能力所限，每年造枪不多，各路军营，恐难遍给。曾与直隶、湖广督臣商酌添购造枪新机，无论在津、鄂、宁、沪何厂承造，均以款绌，未能即行扩充。南洋军火经费，但期洋税畅收，并竭力撙节，另款存储，以备添置仿造小口径毛瑟枪机器一部，能数年之内，机器购全，与湖北枪炮厂分途仿造，以期器械日精。又拟请设立工艺学堂，学习船械枪炮汽雷等各种制造，以广人才。”是年，浙江巡抚刘树堂向金陵军械所拨用德国老毛瑟枪三千枝，子弹一百五十万颗，供浙省防军之用。

二十六年，直隶总督裕禄上言：“北洋机器局经费，每年用银二十五万余两，所造军火，向供北洋海军及淮、练各营操防之用。近年经费减收，而向例拨解军火之外，又加以新练武卫等五大军，而京师神机、虎神等营，复时有调拨，每虞缺乏。况增募各军，皆以快枪、快炮为利器，各项枪炮子弹，必须自行制造，始能不误操防。因于光绪二十四年，始陆续购办制造快炮快枪子弹及造无烟枪炮火药等项机器，今始由外洋次第运至天津，安设入厂。并派员赴上海、江宁等处，将各局所造快枪、快炮格式，及枪子、炮弹分量，互相讨论，取到江南、湖北二局所造枪炮各种子弹，详加比较，以求画一。所有北洋增造快枪子厂、无烟火药厂、快炮子厂，并整顿炼钢厂等项经费，每年至少须增用银十五万两，应由部臣在各海关洋税内加拨，以济军用。"

二十八年，两江总督刘坤一以上海制造局自制之新式无烟快枪、车轮快炮协济广西军营。四川总督奎俊以四川省机器局自光绪三年创建厂房，制造枪炮，五年停办。六年奉旨复开局制造，并增修熟铁锅炉碾火药各厂房，各洋火药局，迄今二十余年，所造军械，成绩颇多。而屋宇年久渐多朽坏，一律修造，以济要工。上年因扩充制造，已增设绘图委员，既经培修各厂，乃增绘图房、白火药房各一所。四川人心浮动，调拨威远军一营，常年驻守局旁，以资巡察。并建修表码厂一所，为演试枪炮之地。闽浙总督许应骙以上年防务戒严，福建机器局制造枪子所需用鱼子火药，及海口炮台所用炮位药饼，因外洋禁售军火，乃采购土硝硫磺，以备制造。复饬机器局，按照洋式，自造车轮快炮并快枪，共采买土硝七万斤，硫磺一万斤，自制成鱼子洋式火药五万磅，各大炮药饼六百九十三出，三磅子车轮快炮十二尊，十二磅子快炮二尊，后膛新式抬枪一百枝，修改后膛子轮快炮六尊，在海防经费内开支。

二十九年，两江总督张之洞以沪上之制造局所有机器，七年以前所造，系林明登枪，乃外洋陈旧不用之式。两年以前所造，系快利枪，乃制造局臆造之式，亦不甚合用。故枪械新旧凑配，出数无多，炮机亦未能完备，而岁费巨款，颇为可惜。当整顿武备之时，军营所用枪械，宜归一律。乃定议上海厂仿照湖北厂，改造小口径新式毛瑟快枪。惟上海厂枪机不能全备，必须兼以人工，费工多而出枪少。

近年虽增机整顿,每日止能出枪七枝,一年出二千余枝,于武备大局无裨。其炮厂所造车轮炮,亦不甚合用,必须购新式造枪机器,每年能造五万枝快枪者,添配新式造炮机器,每年能造大台炮十尊,七生的半口径快炮二百尊者,庶数年之后,足以应各省之求,而归画一。

江西巡抚夏𣿰以江西省制造局规模狭小,拟先造快枪,向外洋定购小口径毛瑟枪新式机器全副,每日约能出枪十五枝,弹壳机器全副,每日约能造枪弹三千颗,并向洋商酌配购机件,俾一机能造数器,以期价省而用宏。另备公用机器一副,为添配修理各厂机器之用。

闽浙总督崇善以福建省于光绪二十五年,将前所移附马尾船厂之机器,仍移设省城水部门内,专制各炮台炮子炸钉等项。旋于二十六年,在机器局旁扩充地基,增建枪子厂屋一座。又于二十八年,在省城西关外另设制造局,专造无烟快枪。其机器枪子二厂,自开办至二十八年,止共用经费银一十七万八千余两,制成三磅子快炮二十四尊,与上海局所造炮同式,福字一号二号陆军后膛快炮二尊,洋式十二磅半快炮二尊,而机簧标准,均不甚灵捷。尚有修改船厂旧式陆路快炮四尊,福强军后膛车炮六尊,制造新式后膛抬枪一百技,改造短柄洋枪一百枝,制造各项后膛枪子三百二十余万颗。其余修理各项洋枪,制造前膛炮子弹等件,为费甚多。其机器枪子二厂,建设在水部门内人烟稠密之处,存储军火,大非所宜,不如西关外制造局地面宽大,不近民居。盖制造枪炮,与制造子弹,本系一事,与其分厂而费大,不如合厂而费省。乃饬二厂一律暂行停造,归并制造一局,将制成枪炮子弹及机件材料,妥为存储。其员役工匠,大加裁减,每年只造各式抬枪,及各式子弹,以备操防所用。

山东巡抚周馥以山东省为海防要地,而军队器械不足。请向金陵制造局购新制三十七米里小快炮,湖北枪炮厂购格鲁森五生的七过山快炮,并开花子弹。两江总督张之洞以东西洋各国章程,于枪炮等件,每得新式,一律通行,其旧式军械概行作废。今湖北、上海二局，一律专造小口径毛瑟快枪，乃将上海制造局所存快利枪枝悉行报废，期军火日精。河南巡抚张人骏以河南省机器局制造军械，规模未备亟应增购枪炮子弹需用铜铁各料，并自造毛瑟快枪、无烟火药。山东巡抚周馥以山东省机器局历年造成各种西式枪枝火药枪丸，今复采买外洋铜铁各料，增造各厂机器炉房箱盒。是年，以湖北汉阳厂仿格鲁森新式所造五生的三及五生的七之开花炮弹二种，又曼利亚枪弹、黎意枪弹各枪拉火，拨毅军备用。福建机器局增造无烟火药机器。

三十年，河南巡抚陈夔龙以河南省原有机器局，因陋就简，未能讲求新法，请增购机器十部，及一切应用物件，并购两磅铜炮胚二十尊，四磅铜炮胚十尊，以备自行制造，逐渐开拓。两江总督魏光焘扩充金陵机器局，仿照外洋，制造各式炮位架具、炸弹铜火，及炮台需用各件，分设机器翻沙、铁木、火箭各厂。

三十一年，兵部议江南、天津、山东各处机器局，并金陵洋火药局，所有运送军装军火等运费，一律报部。四川总督锡良因奉部臣议，自光绪三十年以后，所有修整厂房机器，并造成机器火药洋枪等件，遵新章呈报户部。山东巡抚杨士骧以山东省机器局自创设以来，所造西式各种火药大铜帽火，各种后膛枪来福枪，各式洋铅丸，并增各厂机器炉房，尚不敷用。又采买外洋铜铁物料，扩充制造。河南巡抚陈夔龙扩充河南机器局，即开工制造枪炮子弹，以供军实。是年，户部定议，通饬各省所有机器制造局，以后如采购物料，必报部核销。

三十二年，四川总督锡良综核机器局成绩，续造机器枪械、蜀利抬枪、利川手枪先进一百有四起，火药二万余斤，马梯尼枪弹、毛瑟枪弹三十余万颗。湖广总督张之洞以湖北省新增钢药各厂，所有经费，由兵工总局兑收。两江总督周馥上言，上海制造局各项军火，悉仿西式造成，分给各省，共经费二百三十八万两有奇，所用材料，多系洋产，工资物价，均无定例，难以常例相绳。陕西巡抚曹鸿勋以陕西省制造局陆续制给各营火药三万余斤，铅丸七千余斤，为满、绿各营操防之用。直隶总督袁世凯、两江总督端方会议,令金陵机器局仿照外洋制造各式炮位车辆架具、炸弹铜火以及修配炮台等处需用物件,分设机器翻沙、铁木、枪子、卷铜、火药各厂,雇募工匠,常川制造。四川总督锡良扩充川省制造枪炮所,造毛瑟枪弹,一切改良,仿造外洋九响毛瑟等枪子弹,亦能如式命中,修造机件,日益加多。是年,命政务处大臣会同部臣,严核各省机器枪炮局厂,五年保奖一次。

三十三年,陆军部议建四大兵工厂,使所出军械,日精日多,以备缓急之用。护理四川总督赵尔丰综核机器局成绩,于光绪三十二年内,共修理机器五十九起,旧式洋枪一千余枝,新造法蓝单响毛瑟枪一千四百余枝,标刀帽火针簧一千四百二十余起,洗把一百四十余个,九响毛瑟枪药弹一百零四万二千余颗,毛瑟枪药壳三十三万余颗,单响毛瑟枪药弹三十三万六千颗,铜击火八百颗,十三响马枪弹一千二百颗,碰火二千颗,红铜小火四十六万颗,黄铜钉五十二万颗,火枪八枝,洋鼓二百十二个,各项机件一万五千十一起,已成洋火药二万八千一百八十五斤,均经试放合用,分别存储。

湖广总督张之洞创建湖北兵工厂,始于光绪十六年,经营筹度,至是年而规模始具。初办时,每日所出七米里九口径毛瑟快枪不过十余枝,复经设法扩充,增置机器,以后每日可造成五十余枝。枪弹一项,仅日造数千颗,逐渐加造至五万余颗。所造三生的七格鲁森快炮,自开机至二十五年止,共造成六十余尊。嗣于二十五年改造五生的七过山快炮,每年可造成六十余尊至九十尊。开花炮弹,由五万余颗递加至每年七万余颗。所造各项枪炮子弹,与来自外洋者无所区别。至钢药二种,逐年次第增设炼钢、拉钢各厂,所炼出钢质,亦颇精良合用。火药厂所造成无烟火药,足能源源接济,使兵工厂无误制造子弹之用。所造军械至三十二年年底止,共造成马步快枪十万一千六百九十枝,枪弹四千三百四十三万七千九百三十一颗,各种快炮七百三十尊,前膛车炮一百三十五尊,各种开花炮弹六十三万一千七百颗,前膛炮弹六万零八百六十颗。办事各员，不辞劳瘁，寒暑无间，乃能有此成绩。光绪二十四年，曾加奖励，今又及十年之久，仍汇案给奖。

安徽巡抚冯煦以安徽省所用枪弹，向年购自他省，乃以原有之造币厂改为制造局，为自造子弹及修理枪械之用，遂购机募匠，开局兴办。四川总督锡良以上年曾派员出洋考察制造军械事宜，即在德国名厂订购制造小口径毛瑟快枪及造子弹、造无烟火药各种机器，分运到川。因旧日制造局无可展拓，乃另择相宜之地，建筑造枪厂、造枪弹厂、造无烟火药厂，仿德国蜀赫厂新式自造。

三十四年，直隶总督杨士骧在保定省城内军械局增建火药库及兵房。东三省总督徐世昌以近年东省新军日增，乃于省城设立军械总局，吉林、黑龙江二省各设分局，以修械司附属之。

宣统元年，陆军部建议，泰西各国军械制造局厂内首领以次各官，多与我国副、协都统、参领、军校诸秩埒。我国制造军械，设立学堂，将来制造人才造就日多，应仿各国成规，于各制造厂设工官以供驱使。湖广总督陈夔龙以湖北省兵工钢药厂自成立以来，为军械要需，每年经费，增银至八十万两，以维局务。

二年，东三省总督锡良在奉天省垣设立军装制造局，选集木材铁革各工师，分科制造，以供奉、吉、黑三省军队、巡警之用。

三年，吉林巡抚陈昭常以吉林省陆军改编成镇，设立军械专局，附设修械司，备军警之需。

综举各省制造军械之事，同治元年，天津初造枪炮，二三年间，江苏分设机器局于江宁、上海，共设三局。四年，并三局于上海，定名机器制造局。六年，天津扩充制造，设军火机器局。九年，改名天津机器局。十三年，福建设机器局，自造开花炮。上海制造局仿造林明登枪。天津、上海二局，均仿造水雷。广东设机器局、军火局。上海、江宁二局，增枪炮子弹机。光绪二年，派学生艺徒出洋，分赴各国学习制造。湖南、山东二省，均设机器局，自造军械，不用洋匠。三年，四川设局专造马梯尼后膛枪。四年，津局造后膛炮。六年，江宁局造来福枪、马梯尼枪、林明登枪。七年，上海局造炮台钢炮。吉林设机器局。江宁增设洋火药局。十一年,广东设制造局及水雷局。十三年,江宁局造田鸡炮。广东设枪弹厂。十六年,湖北设兵工厂,所造新式枪炮,为南北洋、川、广各制造局所无,并筹备炼铁厂及开煤矿,为制造之基。十八年,贵州设炉炼铁。十九年,天津、上海二局,均设炉炼铁。上海局增造新式枪炮。湖北设炼铁厂。二十年,湖北增设炮架、炮弹、枪弹三厂。陕西运取甘肃旧存机器以备造械。二十一年,天津机器局改名总理北洋机器局。广东造抬枪、线枪。湖北、江南二省,均增设练钢厂、栗色火药厂、无烟火药厂。陕西设机器局。二十二年,江南新厂造快利新枪。天津局购机造新式炮子。四川局造后膛毛瑟抬枪。天津局造中机,边机前门抬枪,湖北厂以旧日之抬枪,线枪,抬炮,劈山炮均改造后膛。山东增熟铁厂、轧铜厂、枪子厂、大枪厂。河南局增造枪弹火药及造抬枪机器。二十三年,湖北厂曾造仓贯子钢及造无烟火药机器。二十四年,山西设制造枪炝厂。上海、天津二局,均增造快炮机器。二十五年,山东增建造枪、造弹、化铜、轧铜各厂。黑龙江设机器局。二十六年,福建增建枪子厂。天津增建快炮子厂、快枪子厂、无烟火药厂。二十八年,江西局增造枪炮机器。二十九年,福建并造枪造药二厂为一厂。三十年,河南局增造枪炮机器。三十三年,陆军部议建四大兵工厂。四川设造枪厂、造弹厂、造无烟火药厂。安徽建枪弹厂。宣统二年,奉天建军装制造局。宣统三年,吉林设军械局。各省机器局厂之设,历时垂五十余年,开局遍十七行省,几经增改,渐就精良。此制造军械之大概也。